U0133153

国家出版基金项目
NATIONAL PUBLICATION FOUNDATION

"十三五"国家重点
图书出版规划项目

第二卷　1915—1931　上

中国近代思想通史

(1840—1949)

郑大华　著

岳麓书社·长沙
人民出版社·北京

王伟光为首席专家和主编的中国社会科学院创新工程特别重大课题和国家社会科学基金重大委托课题"中华思想通史"阶段性成果！

教育部人文社会科学重点研究基地中华伦理文明研究中心资助研究成果！

郑大华

　　湖南永顺县人，1990年北京师范大学毕业，获历史学博士学位。湖南省首批"芙蓉学者"，湖南帅范大学特聘教授，教育部人文社会科学重点研究基地中华伦理文明研究中心特约研究员，中国社会科学院近代史研究所研究员，并任国内外多所大学和科研机构的兼职教授、兼职研究员、国际学术顾问，中华民族团结进步协会专家委员会主任，享受国务院特殊津贴专家。第十三届全国政协委员、提案委员会委员，中央统战部"党外知识分子建言献策专家组"成员，湖南省人民政府参事。

　　长期从事中国近代思想史研究。主持国家社科基金重大招标课题、重点课题、特别委托课题、一般课题、青年课题，中国社会科学院创新工程重大招标课题、重大、重点课题，国家民委重大委托课题、重点课题，湖南省特别委托重大课题等共24项。出版著作18种，译著5种（含合译），点校整理资料10种25册，发表学术论文180多篇、报纸学术文章30多篇；获国家及省部级优秀成果特别奖2项，一等奖4项，二等奖3项，三等奖4项。其著作多次入选《国家哲学社会科学成果文库》《中国社会科学院文库》《湖南省哲学社会科学成果文库》和十九大前"砥砺奋进的五年"大型成就展。

第二卷目录

（上）

（下）

第 九 章

"吾人之最后觉悟"：
新文化运动及其意义

　　1915 年 9 月 15 日，《青年杂志》（自第二卷第一号起改名为《新青年》）在上海创刊，标志着新文化运动的兴起。为什么本书没有像学术界所通行的那样，使用"五四新文化运动"这一概念呢？因为"五四运动"和"新文化运动"指涉的是两个性质不同的历史事件：五四运动指的是发生于 1919 年 5 月 4 日的学生游行示威活动以及后来的发展（如"六三运动"），到 6 月 28 日中国代表拒签和约告一段落，其性质是以"外争主权，内除国贼"，要求"收回山东利权""拒绝在巴黎和约上签字"为主要诉求的反帝爱国运动；新文化运动指的是发生于 1915 年 9 月 15 日《青年杂志》创刊到 1924 年大革命兴起前，亦即"武器的批判取代了批判的武器"前，以"民主和科学"为口号、为旗帜，以反孔批儒和伦理道德革命、文学革命和白话文运动、输入各种新思想新学说、整理国故、再造文明为主要内容的思想启蒙运动。二者虽然有联系，有交集，新文化运动的兴起和发展，为五四运动的发生奠定了基础，提供了条件，而五四运动的发生，又推动了新文化运动的进一步发展，但它们是不同性质的两个历史事件，不能把它们合在一起，统称为"五四新文化运动"。学术界还有两种通用的说法本书也没有采用，即"五四时期的新文化运动"和"五四前后的新文化运动"。因为

"五四时期"和"五四前后"都是比较模糊的时间概念，"五四时期"和"五四前后"，究竟指的是什么时候？是从哪一个时间点到另一个时间点？没有人做过明确的说明。但无论如何理解，"五四时期"和"五四前后"都应以"五四"这一时间点为中心，前后有所延伸，但不能无限制地延伸，否则"五四"就失去了时间上的意义。所以本书认为，我们可以说"新文化运动时期的五四运动"，而不能说"五四时期的新文化运动"或"五四前后的新文化运动"，因为新文化运动的时间是从1915年9月15日《青年杂志》创刊到1924年大革命运动兴起前，它包含了"五四时期"，而"五四时期"或"五四前后"则包含不了"新文化运动"，"新文化运动"要比"五四时期"或"五四前后"的时间更长一些。说"五四时期的新文化运动"或"五四前后的新文化运动"，指涉的仅是"五四时期"或"五四前后"这一短暂时期内的"新文化运动"，而非"新文化运动"的全过程。另外，以1920年下半年《新青年》群体发生分化为标志，新文化运动又可分为前、后两个阶段，到了后一阶段，传播马克思主义和社会主义，并与各种非马克思主义思想和思潮进行论战，是《新青年》群体分化后陈独秀、李大钊等人所致力的方向之一，换言之，也是后一阶段的新文化运动的主要内容之一，但这一内容将放在下一章"社会主义思潮和马克思主义的传播"中做集中讨论，本章少有涉及，这是需要向广大读者说明的。

第一节　新文化运动的兴起和发展

《青年杂志》于 1915 年 9 月 15 日在上海创刊，标志着新文化运动的兴起。1917 年，陈独秀被蔡元培聘任为北京大学（以下简称"北大"）文科学长，《新青年》编辑部也因而迁到了北大，并于 1918 年 1 月实现了与北大的结合。《新青年》与北大的结合，极大地推进了新文化运动。新文化运动的发展，促成了五四运动的发生，而五四运动的发生和发展，又对新文化运动的进一步发展起了积极的推动作用。五四运动后，尤其是 1920 年下半年后，因一校一刊的结合而形成的《新青年》群体开始走向分化。《新青年》群体的分化是《新青年》群体内部各种分歧与矛盾的必然结果。

一、《新青年》的创刊：新文化运动的兴起

1915 年 9 月 15 日，《青年杂志》在上海创刊。《青年杂志》的创刊标志着新文化运动的兴起。新文化运动的兴起，既是清末民初中国社会急剧变迁的产物，也是鸦片战争以来中国近代社会和近代文化发展的必然结果。

鸦片战争后，国门初开，中国社会在西方殖民主义的外部强力下开始了不自觉的近代化运动。从林则徐、魏源等提出"师敌之长技以制敌""师夷之长技以制夷"，到曾国藩、左宗棠、李鸿章等为"自强""求富"而发起洋务运动，中国近代化运动最先是从器物和技艺层面开始的。器物和技艺层面的近代化运动虽然没有使中国真正实现近代化，却为近代化运动的深入发展创造了历史条件。正是在洋务运动中分化出来的早期维新思想家提出了"政治不改良，实业万难兴盛"[①] 的思想，从而使中国的近代化运动从器物和技艺的层面向制度层面深化。从戊戌维新运动到辛亥革命时期，维新派和革命派都把批判矛头指向封建专制的政治制度，并提出了建立资产阶级民主政治制度的主张。在为资产阶级民主政治制度而奋斗的过程中，

---

① 郑观应：《〈盛世危言后编〉自序》，载夏东元编《郑观应集》下册，上海人民出版社，1988，第 11 页。

维新派和革命派都认识到合格的国民对于建立资产阶级新国家的重要性，这就使中国的近代化运动从制度层面开始深入到人的层面。辛亥革命推翻了封建专制统治，建立了中华民国，然而资产阶级的民主政治制度并没有真正建立起来。在当时的一些人看来，民主政治制度在中国之所以不能真正建立起来的根本原因在于多数国民没有民主政治的自觉："所谓立宪政体，所谓国民政治，果能实现与否，纯然以多数国民能否对于政治自觉其居于主人的主动的地位为唯一根本之条件。自居于主人的主动的地位，则应自进而建设政府，自立法度而自服从之，自定权利而自尊重之。倘立宪政治之主动地位属于政府而不属于人民，不独宪法乃一纸空文，无永久厉行之保障，且宪法上之自由权利，人民将视为不足重轻之物，而不以生命拥护之，则立宪政治之精神已完全丧失矣。……共和立宪而不出于多数国民之自觉与自动，皆伪共和也，伪立宪也，政治之装饰品也，与欧美各国之共和立宪绝非一物，以其于多数国民之思想人格无变更，与多数国民之利害休戚无切身之观感也。"[1] 因此，他们提出要建立真正的民主共和国，"非先将国民脑子里所有反对共和的旧思想，一一洗刷干净不可"。否则，"不但共和政治不能进行，就是这块共和招牌，也是挂不住的"。[2] 正是出于这样的目的，他们发起了旨在对国民进行思想启蒙的反封建思想文化运动——新文化运动。这就把近代化运动从制度层面深化到了人的素质和思想文化的层面。在这一意义上，我们说新文化运动是中国近代化趋势的发展，也是中国近代化运动的重要阶段。

新文化运动作为一场思想文化启蒙运动，也是中国近代文化转型的必然结果。鸦片战争后尤其是第二次鸦片战争后，西方文化开始以前所未有的规模和势头进入中国。面对汹涌而至的西方强势文化，当时包括个别封疆大吏在内的一些中国人，一方面希望能够用西学来维护和挽救中华帝国的统治；另一方面又担心西方的强势文明冲击中国传统文明的根基，特别是他们担心西学将取代他们赖以安身立命的儒家思想文化的正统地位。于是，出于一种极其矛盾的心理他们提出了"中体西用"的口号，试图在为

---

[1] 陈独秀：《吾人最后之觉悟》，《青年杂志》第 1 卷第 6 号，1916 年 2 月 15 日。
[2] 陈独秀：《旧思想与国体问题——在北京神州学会讲演》，《新青年》第 3 卷第 3 号，1917 年 5 月 1 日。

西学争得一席之地的同时，将其作用限制在为中国封建统治和传统文化服务的范围之内。然而，历史的进程并不是他们能够左右的，"中学"的防线既然已经被西学打入了第一个楔子，那么，整个防线的瓦解就是早晚的事了。戊戌维新和辛亥革命期间对西方近代政治制度的推崇实际上已经在"中学"的防线上撕开了一条更大的裂缝。更具有革命意义的是，伴随着西方政治制度和政治思想的传入，进化论也传入中国，并对中国思想界产生了巨大而深刻的影响。在进化论全面传入中国以前，以儒学为核心的中国传统思想文化尽管受到了西学的冲击，但它对中国人尤其是士大夫仍然保持着一种主流的影响力。即使是在戊戌前，康有为在宣传他的变法思想时，也不得不披上孔子儒学的外衣。但自从严复于 1897 年翻译出版《天演论》以后，西方进化论思想极大地震动了中国的思想学术界，儒家思想因无法回答近代中国的一系列现实问题，而开始失去往日的那种一统思想学术的地位。到了 20 世纪初，特别是科举制度被废除后，儒学维持其主导思想地位的制度保障不再存在，儒学进一步衰落。民国初年的"国学"复兴运动和孔教运动固然说明了一部分知识分子试图恢复儒学主导思想地位的努力，但更说明了儒学地位衰落的既成事实。正是在这种思想文化条件下，新文化运动中的知识分子以西方进化论为理论武器，并全面引进和传播以进化论为理论基础的自由、民主、人权、科学等西方价值观，对中国传统思想文化的核心——儒家学说展开了更为猛烈的进攻。《新青年》的创办者陈独秀的一段话颇能反映出这一时代诉求："欲建设西洋式之新国家，组织西洋式之新社会，以求适今世之生存，则根本问题，不可不首先输入西洋式社会国家之基础，所谓平等人权之新信仰。对于与此新社会新国家新信仰不可相容之孔教，不可不有彻底之觉悟，猛勇之决心。否则不塞不流，不止不行！"[1] 由此可以看出西方进化论的传播使中国近代文化发展到一个新的阶段：以进化论为理论基础的新文化与以守旧封闭为特征的旧文化的地位发生了根本的变化，两者之间"新旧思潮之激战"已经是不可避免的了。因此，新文化运动是在中国近代文化转型的基础上发生和发展的，并且将近代中国文化的转型向前推进了一大步。

---

[1] 陈独秀：《宪法与孔教》，《新青年》第 2 卷第 3 号，1916 年 11 月 1 日。

　　新文化运动的兴起和发展又与清末民初的社会变迁有着密切的关系。这突出表现在清末科举制度的废除及其在此前后的教育改革为新文化运动准备了社会力量。首先，新文化运动的兴起是以新知识分子阶层的形成和壮大为其前提的。作为一种新思想和新文化的启蒙运动，新文化运动的领袖们固然有唤起"多数国民之自觉与自动"的用意，然而他们首先面对的应该是知识分子的启蒙问题，特别是青年知识分子的启蒙问题。新文化运动的领袖们都把希望寄托在青年一代身上。实际上早在清末，梁启超等思想家们就已认识到青年于近代中国觉醒的重要意义，梁启超称"青年"为"少年"，写有《少年中国说》一文，指出"少年"决定着国家和民族的未来命运："少年智则国智，少年富则国富，少年强则国强，少年独立则国独立，少年自由则国自由，少年进步则国进步，少年胜于欧洲，则国胜于欧洲，少年雄于地球，则国雄于地球。"① 在这段读来让人心潮澎湃的假设句中，梁启超不仅阐述了"少年"与"少年中国"之间的因果关系，同时也阐述了负有实现"少年中国"梦想之责任的"少年"所应具备的质量，这就是"智""富""强""独立""自由"和"进步"。他并翘首以待"少年中国"的横空出世，用诗一样的语言写下了这段千古绝唱："红日初升，其道大光；河出伏流，一泻汪洋。潜龙腾渊，鳞爪飞扬；乳虎啸谷，百兽震惶。鹰隼试翼，风尘吸张；奇花初胎，矞矞皇皇。干将发硎，有作其芒。天戴其苍，地履其黄。纵有千古，横有八荒。前途似海，来日方长。美哉我少年中国，与天不老！壮哉我中国少年，与国无疆！"② 陈独秀继承和发展了梁启超的"少年中国说"思想，他创办刊物取名"青年"就是把启蒙的希望寄托在了广大青年知识分子的身上。在《青年杂志》创刊号上发表的《敬告青年》一文中他开宗明义便写道："青年如初春，如朝日，如百卉之萌动，如利刃之新发于硎，人生最可宝贵之时期也。青年之于社会，犹新鲜活泼细胞之在人身，新陈代谢，陈腐朽败者无时不在天然淘汰之途，与新鲜活泼者以空间之位置及时间之生命。人身遵新陈代谢之道则健康，陈腐朽败之细胞充塞人身则人身死；社会遵新陈代谢之道则隆盛，陈腐朽败之分子

---

① 梁启超：《少年中国说》，载《饮冰室合集》第1册，文集之五，中华书局，1989，影印本，第12页。
② 梁启超：《少年中国说》，载《饮冰室合集》第1册，文集之五，第12页。

充塞社会则社会亡。准斯以谈，吾国之社会，其隆盛耶？抑将亡耶？非予之所忍言者。彼陈腐朽败之分子，一听其天然之淘汰，雅不愿以如流之岁月，与之说短道长，希冀其脱胎换骨也。予所欲涕泣陈词者，惟属望于新鲜活泼之青年，有以自觉而奋斗耳！"①无独有偶，1916 年 5 月，年仅 27 岁的李大钊结束了在日本两年多的留学生活，回到上海，参与《晨钟报》的筹办和编辑工作。这年 8 月 15 日，《晨钟报》创刊，他在创刊号上有《〈晨钟〉之使命——青春中华之创造》一文发表，提出了"青春中华之创造"的思想。他开篇便指出："一日有一日之黎明，一秋有一秋之黎明，个人有个人之青春，国家有国家之青春。今者，白发之中华垂亡，青春之中华未孕，旧秋之黄昏已去，新秋之黎明将来"，中国正处于一个"方死方生、方毁方成、方破坏方建设、方废落方开敷"的新旧交替的重要变革时期。和清末的梁启超一样，李大钊也把整个中华民族的发展存亡设置在一个整体的发展过程中，将现今中国的衰败看作白发之中华，在这个基础上又孕育着青春（即梁启超的"少年"）之中华，青春之中华是中华民族的美好未来。既然中华未亡，中华民族定当努力为之，"发愤为雄"，而不是斤斤计较于外人言论，忌讳"衰老""颓亡"等字眼。因为，依据"宇宙大化之流行，盛衰起伏，循环无已，生者不能无死，毁者必有所成"的自然规律，"健壮之前有衰颓，老大之后有青春，新生命之诞生，固常在累累坟墓之中也"。更何况作为一个拥有几千年发展历史的民族，中华民族能够"巍然独存，往古来今，罕有其匹"，实有她独特的存在价值。"吾人须知吾之国家若民族，所以扬其光华于二十秋之世界者，不在陈腐中华之不死，而在新荣中华之再生；青年所以贡其精诚于吾之国家若民族者，不在白发中华之保存，而在青春中华之创造。《晨钟》所以效命于胎孕青春中华之青年之前者，不在惜恋黤黤就木之中华，而在欢迎呱呱坠地之中华。"就此而言，中华民族是"以青年之运命为运命"的，只要"青年不死，即中华不亡……国家不可一日无青年，青年不可一日无觉醒，青春中华之克创造与否，当于青年之觉醒与否卜之"。②因此，一个具有新知识、新思想的青年知识分子阶层，是新文化运

---

① 陈独秀：《敬告青年》，《青年杂志》创刊号，1915 年 9 月 15 日。
② 李大钊：《〈晨钟〉之使命——青春中华之创造》，《晨钟报》创刊号，1916 年 8 月 15 日。

动得以兴起的社会基础。

而在新文化运动兴起之时，由于清末科举制度的废除和新式学堂的创办，在中国社会中已经形成了一个不同于传统士大夫的新式知识分子阶层。中国新式知识分子群体主要形成于清末民初，这与1905年废除科举制度后大量新式学堂的出现和留学生的急增有着很大的关系。中国最早派遣留学生是洋务运动时期，如将西方达尔文的进化论第一次比较系统介绍到中国来的严复、中国第一条铁路——京张铁路的设计师詹天佑、曾先后担任过清朝的海军统制（总司令）和民国海军总长等重要军职的萨镇冰就是洋务运动时期留学生的杰出代表，但那时留学生人数还不多，留学的国家主要是英国和美国。甲午战争后，战胜中国的日本成了中国人学习的对象，加上地理邻近、费用较低、语言易学等原因，中国留学主要是去日本。据《日本留学中国学生题名录》统计，1898年，在日本的中国留学生仅为77人，但到1905年就达到了8000多人，形成了一股所谓"航东负笈，络绎不绝"的留日热潮。辛亥革命时期许多同盟会的领导人，如黄兴、宋教仁等都曾留学过日本。到了民国建立前后，乃至整个民国时期，留学目的国再次发生变化，留美学生大幅度增多起来。原因便是美国政府退还中国的庚子赔款，用于资助中国学生去美国留学，胡适就是1910年考取的第二批官费留美生。新文化运动前后，清末民初去美国留学的学生纷纷学成归国，胡适便是1917年回到国内的。与此同时，由于清末"新政"中新式教育的推广，特别是1905年科举制度的被废除，促进了新式学堂如雨后春笋般地在全国各地涌现。据清政府的学部统计，1904年全国学堂总数为4222所，学生92169人；1909年学堂总数猛增到52346所，学生达1560270人。进入民国后，新式学堂毕业的学生更多，一个不同于旧式文人和封建士大夫阶层的新型知识分子群体在20世纪初年已经形成的基础上有了进一步的壮大。新式知识分子阶层尤其是那些自由职业者不再像传统知识分子那样对于政府有着极强的依赖性，而是更多地表现出一种对于政府的离心力，并且具有更强烈的社会参与意识和政治敏感。这种不同于以往旧式文人和封建士大夫阶层的新型青年知识分子群体，为新思想的传播提供了不可缺少的条件，为新文化运动的开展和持续发展准备了接受群体。

科举制度的废除、留学生的增多以及随之而突飞猛进发展的新式教育不仅为新文化运动中新思想的传播准备了一大批接受群体，同时也为新文化运动中新思想的传播者也是运动的实际领导者、推动者群体的形成创造了条件。从新文化运动中新思想的传播者和运动的领导者、推动者所具有的共同属性来看，他们大多具有留学生的身份。《青年杂志》创刊时主编为陈独秀，到第六卷时实行轮流编辑，其担任轮流编辑的六人陈独秀、钱玄同、刘半农、陶孟和、沈尹默、胡适以及后来陆续参加编辑部工作的李大钊、周作人、鲁迅、高一涵、沈兼士、陈大齐等，除刘半农等个别人外（刘于1920年也去欧洲留学了），都是留学生出身，在新文化运动中非常活跃的易白沙、吴虞等人也都有留学的经历。另外，新文化运动期间担任北京大学校长、对新文化运动兴起和发展发挥过特殊作用的蔡元培也曾留学过德国和法国。这说明新文化运动的兴起和发展与清末民初的留学生教育的发展有着非常密切的联系。有研究者在论述新文化运动的历史原因时，提到海外留学生对新文化运动的影响，认为"近代中国的改革运动，是由从不同国家归来的中国留学生以及中国自身的传统和历史先例等因素，以不同方式引发的。可是在清朝末年，从西方回国的留学生和后来的情形并不一样，他们差不多没有一个参与当时正在发展的改革运动。那时发起和领导改革的通常是那些不懂西方语言的人"[1]。这是清末改革运动不能取得成功的一个重要原因。作为过来人，梁启超对此也有过深刻的反省。他在《清代学术概论》中谈到清末的思想运动时指出：清末的思想运动"最大不幸者一事焉，盖西洋留学生殆全体未尝参加于此运动。运动之原动力及其中坚，乃在不通西洋语言文字之人（指他自己及其一样的人——引者）。坐此为能力所限，而稗贩，破碎，笼统，肤浅，错误诸弊，皆不能免。故运动垂二十年，卒不能得一健实之基础，旋起旋落，为社会所轻。就此点论，则畴昔之西洋留学生，深有负于国家也"[2]。但是到了新文化运动时期，"思想和运动的新的方向则往往是与从海外归国的留学生相联系的"[3]。如"陈独秀1915年自日本回国后创办的《新青年》杂志，标志着一个根本性改革运动的开始。这个运动由于蔡元培1916年从法国回国并随后着手重建北大的活动而得到加

① 周策纵：《五四运动：现代中国的思想革命》，周子平等译，江苏人民出版社，1996，第28页。
② 梁启超：《清代学术概论》，载《饮冰室合集》第8册，专集之三十四，第72页。
③ 周策纵：《五四运动：现代中国的思想革命》，第28页。

强。1917年夏季，胡适也从美国回国，加入了这些新知识分子领导人的行列"①。有意思的是，这里所列举的这三位新文化运动的领军人物留学的国家恰恰是清末民初在思想文化方面对中国影响最大的国家，也是中国留学生前往留学的主要国家。还有一个有意思的现象是，清末民初到日本和欧美留学的知识分子与洋务运动时期到国外留学的知识分子有一个不同的地方，即：洋务运动时期的留学生基本上学的都是自然科学以及有关学科（清政府派严复去英国留学也是要他学习海军，但他"不务正业"，天天跑到大英图书馆看社会科学书籍，后来成为中国最早也最著名的启蒙思想家之一），而清末民初到日本和欧美留学的人中学习西方人文社会科学的大为增多，上述加入《新青年》编辑部的成员和主要作者在留学期间绝大多数学习的是政治学、哲学、文学，即使原来有人学习医学（如鲁迅）、建筑学（如周作人）、农学（如胡适），后来也转而学习文学和哲学。他们之所以选择人文社会科学，主要是为了回国后改造国民的思想文化。正如鲁迅后来提及他弃医从文的动机时所说的："凡是愚弱的国民……第一要著，是在改变他们的精神，而善于改变精神的是，我那时以为当然要推文艺，于是想提倡文艺运动了。"②因此，他们回国后大多从事的是教育、文学创作以及报刊编辑工作，很多还是北大或其他国内知名大学的教授，这为他们成为新文化运动中的青年导师和新思想的传播者创造了非常重要的条件。就此而言，新文化运动也可以看作是近代中国留学运动的重要成果。

新文化运动虽然是一场文化革新和思想启蒙运动，然而，它与民国初年的社会政治发展和政治局势的变化有着非常密切的关系，可以说，辛亥革命和中华民国的建立为新文化运动提供了必不可少的政治条件。民国建立后，新的政治体制及民主共和思想的传播为思想自由、言论自由创造了一定的条件，政治上也有一个相对和缓的空间，民主宪政、议会政治、政党政治等西方资产阶级政体形式使中国的政治体制发生了前所未有的变化，尽管这些变化很多还是形式上的，而非内容上的变化，也并不为广大国民所理解，甚至也没有被当时的知识分子精英们所完全理解和把握，但是它

---

① 周策纵：《五四运动：现代中国的思想革命》，第55页。
② 鲁迅：《呐喊·自序》，载《鲁迅全集》第一卷，人民文学出版社，1981，第417页。

对国人的政治心理还是产生过巨大的影响，人们在这种政治体制下享受到了在专制政体下所不敢想象的思想和言论自由。虽然后来在袁世凯和北洋军阀统治期间，当局对报章杂志进行了一些限制，但这种限制毕竟是有限的，特别是像上海这样的大城市，言论自由的程度较高。人们常说袁世凯上台后，因袁的种种倒行逆施，中华民国成了一块"空招牌"，但有没有这块"空招牌"，或者说保不保留这块"空招牌"，结果是不一样的。有这块"空招牌"，无论是袁世凯，还是后来的北洋军阀，他就不得不遵守共和制度的一些程序，尽管这种遵守对他们来说是不情愿的，甚至是不得已而为之的，如曹锟想当总统，他还必须遵守选举的民主程序，通过收买议员来选举他为总统，而不能不通过选举自我宣布为总统。袁世凯也一样，他废除《临时约法》，制定《天坛宪法草案》，改大总统任期制为终身制，甚至改共和制为洪宪帝制，他也是走了投票和选举程序的。即使他操纵了程序，程序成了有名无实的遮羞布，但还是与封建帝王不同。封建帝王继承皇位，或颁布一项重大政令，需要投票和选举吗？根本不需要，也没有相关机构的设立。后来国民党取代北洋政府上台执政，虽然还保留了"中华民国"的国号，但它废除了民主共和制度，实行所谓"训政"，搞一党独裁，蒋介石上台下台，根本不需要国会议员投票，也没有什么国会议员，只有国民党的中央委员会委员和中央执行委员会委员，他只要给国民党的中央委员会委员或中央执行委员会委员打个招呼，中央委员会或中央执行委员会给他通过就行，甚至不需要打招呼，自我宣布就行。这就是有或没有"民主共和"这块"空招牌"的差别。据学者研究，新文化运动兴起后，"北洋政府固然对《新青年》的言论和北京大学的活动不满，但是《新青年》及当时新文化运动所受到的限制并不厉害，北洋政府最在乎的是宣传'社会革命'，即所谓'过激派'，对着重于思想方面的新文化运动总体上干预不大"[1]。相反，当时北洋政府推行的"国语运动"与新文化运动倡导的白话文运动不谋而合。1917年1月由北洋政府教育部指导建立的国语研究会成立，标志着北洋政府推动的国语运动正式开始。国语研究会到1920年发展到12000多名会

---

[1] 谷银波、郑师渠：《北洋政府与新文化运动》，《中州学刊》2006年第3期。

员，"实际上成了政府内知识分子与民间知识分子的大同盟"①。在国语研究会的推动下，北洋政府教育部于 1918 年 11 月颁布注音字母，从而奠定了国语和白话文的基础。后来教育部又通令全国，规定将教材所用文体由文言文改为白话文。胡适在谈及白话文运动时也认为，北洋政府的支持是白话文运动能迅速展开并取得巨大成功的重要原因，他说："数年前曾主张白话，假如止是这样在野建议，不借政府的权力，去催促大众实行，那就必须一二十年之后，才能发生影响。即使政府中有一部分人，对于这件事，曾欲提倡，也仍然没有多大的效果。现在因为有一道部令，令小学校通同用白话文教授。这样一来，从前反对的人，近来也入国语传习所，变成赞成的了；从前表示赞成的，这时更高兴，更来实行起来了。试思以二三十字之一道好的命令（部命——引者），而可以缩短二十年三十年的少数人鼓吹的工具之实施期间，政府权力之重要，为何如者！"②

就民国建立以后的形势来看，新文化运动的兴起也是对封建复古思想泛滥的一种回击或反动。陈独秀认识到，尽管建立了民国，告别了帝制，但封建的帝王思想仍然在国民头脑中根深蒂固，"中国多数国民口里虽然是不反对共和，脑子里实在装满了帝制时代的旧思想，欧美社会国家的文明制度，连影儿也没有，所以口一张手一伸不知不觉都带君主专制臭味"③。高一涵也认识到，"共和政治，不是推翻皇帝，便算了事。国体改革，一切学术思想亦必同时改革；单换一块共和国招牌，而店中所买（应是"卖"，此笔误——引者）的，还是那些皇帝'御用'的旧货，绝不得谓为革命成功。法国当未革命之前，就有卢梭、福禄特尔、孟德斯鸠诸人，各以天赋人权平等自由之说，灌入人民脑中。所以打破帝制，共和思想，即深入于一般人心。美国当属英的时候，平等自由民约诸说，已深印于人心，所以甫脱英国的范围，即能建设平民政治。中国革命是以种族思想争来的，不是以共和思想争来的。所以皇帝虽退位，而人人脑中的皇帝尚未退位。所以入民国以来，总统行为，几无一处不摹仿皇帝。皇帝祀天，总统亦祀天；皇帝

---

① 谷银波、郑师渠：《北洋政府与新文化运动》，《中州学刊》2006 年第 3 期。
② 胡适：《好政府主义》，载胡适著、季羡林主编《胡适全集》第 21 卷，安徽教育出版社，2003，第 259 页。
③ 陈独秀：《旧思想与国体问题》，《新青年》第 3 卷第 3 号，1917 年 5 月 1 日。

尊孔，总统亦尊孔；皇帝出来地下敷黄土，总统出来地下也敷黄土；皇帝正心，总统亦要正心；皇帝'身兼天地君亲师之众责'，总统也想'身兼天地君亲师之众责'。这就是制度革命思想不革命的铁证"①。民国初年袁世凯的种种倒行逆施，使一些具有革命意识的知识分子认识到，仅仅进行制度革命、推翻帝制、建立民国是不够的，要想共和制度能真正得到落实，就必须进行思想革命，对广大国民进行思想启蒙教育，使天赋人权自由平等学说能深入人心。一些具有革命意识的知识分子的上述认识，则为新文化运动的兴起提供了历史性的机遇。

　　当然，是陈独秀，而不是其他人在上海创办《青年杂志》，从而拉开了新文化运动的帷幕，这又与陈独秀的生活经历、知识学养等个人素质是分不开的。陈独秀（1879—1942），安徽怀宁人，从小受传统教育，1901年到日本留学，不久投身反清革命。辛亥革命爆发后，出任安徽都督府秘书长。"二次革命"中，他主持宣布了安徽独立。"二次革命"失败后，出亡日本，协助章士钊办《甲寅》杂志。陈氏虽然是著名的革命党人，但他从未加入过同盟会和后来的国民党，政治上始终保持着超然独立的地位。他在从事革命的同时，对思想启蒙的重要性，特别是民主与科学的重要性也有深刻的认识，认为"一国非民智大开，民权牢固，国基总不能大安"②。因此，早在1904年他在芜湖就创办过一份《安徽俗话报》，提倡白话文，宣传科学与民主思想，批判封建专制与愚昧主义。陈氏早年的这种生活经历和知识学养就决定了是他而不是别人在上海创办《青年杂志》，发起新文化运动。因为他既受过传统教育，又留学过日本，对中西文化都有比较系统的了解，深知其利弊优劣；也因他在政治上保持着超然独立的地位，不受党派利益和意识形态所限，从而能以冷峻的批判态度反省辛亥革命及其结果；更因他早就认识到了思想启蒙，特别是民主与科学的重要意义，并有一段办报的经历，知道报刊如何组稿、如何编稿、如何发行、如何把读者的胃口吊起来；此外，协助章士钊办《甲寅》又使他结识了一批作者，所以在辛亥革命已经失败，政治斗争前途未卜的情况下，他能以比较健全的心态，重操旧

---

① 高一涵：《非"君师主义"》，《新青年》第5卷第6号，1918年12月15日。
② 三爱（陈独秀）：《中国历代的大事·十四年共和》，《安徽俗话报》第7期，1904年7月13日。

业，从事思想启蒙，尤其是民主与科学的宣传工作。据汪原放的回忆，陈独秀想创办一刊物的打算可以追溯到 1913 年"二次革命"失败之后："据我大叔（汪孟邹——引者）回忆，民国二年（1913 年），仲甫（即陈独秀——引者）亡命到上海来，'他没有事，常要到我们店（即上海亚东图书馆，汪孟邹是亚东图书馆的老板——引者）里来。他想出一本杂志，说只要十年、八年的功夫，一定会发生很大的影响，叫我认真想法。我实在没有力量做，后来才介绍他给群益书社陈子沛、子寿兄弟。他们竟同意接受，议定每月的编辑费和稿费二百元，月出一本，就是《新青年》'。"①

目前学术界有这样一种观点，认为新文化运动的兴起应以 1917 年 1 月胡适在《新青年》第 2 卷第 5 号上发表《文学改良刍议》为标志，比如 2017 年就召开过全国性的纪念新文化运动一百周年的学术研讨会。本书是不同意此种观点的。顾名思义，胡适《文学改良刍议》谈的主要是文学问题，而不是文化问题，文中所讲的"八事"涉及的都是文学的形式和内容，它可以说是新文学运动兴起的标志，而不是新文化运动兴起的标志，新文化运动兴起的标志是《青年杂志》的创刊。在《青年杂志》的创刊号上，陈独秀发表《敬告青年》一文，除向青年提出了（一）自主的而非奴隶的、（二）进步的而非保守的、（三）进取的而非退隐的、（四）世界的而非锁国的、（五）实利的而非虚文的、（六）科学的而非想象的这六条原则外，还首次提出了"科学与人权并重"的命题，并把人权和科学看作是民族发展、社会进步的两个重要条件，就好像是"舟车之有两轮焉"，缺一不可。②"人权"后来又被解释为"民主"，而民主和科学则是近代思想文化的核心价值观念。另外，就新文化运动和新文学运动的范畴而言，新文化运动包含着新文学运动，而新文学运动则只是新文化运动的一个方面，二者不是并列的关系，新文学运动更不能取代新文化运动。

当然，我们也承认，在创办之初，《青年杂志》困难重重，影响也不大，它基本上是陈独秀一人之力创办的。因经费欠缺、稿源不足、少有读者等原因，它的许多栏目，如《时评》《政论》《诗》《译介》等大多直接复制

---

① 汪原放：《回忆亚东图书馆》，学林出版社，1983，第 31—32 页。
② 陈独秀：《敬告青年》，《青年杂志》创刊号，1915 年 9 月 15 日。

于《甲寅》，尤其是它"借以招徕读者的'通信'，更是《甲寅》杂志的核心栏目"①，因此它给人的印象是《甲寅》的姊妹刊物，绝大多数作者也是安徽人，在某种意义上，可以说是安徽人在上海创办的一份同乡刊物，但这并不影响它的创办标志着新文化运动的兴起这一历史定位。因为此后《新青年》的办刊方针以及所进行的思想启蒙，如提倡民主与科学、批判儒家思想、主张个性自由、发起文学革命、介绍西方文明和思想文化等都是在办刊初期所确立的。它的第一篇倡导民主和科学的文章，是我们前面提到的陈独秀发表在创刊号上的《敬告青年》，从此，民主与科学成为新文化运动高举的两面旗帜。它的第一篇批判儒学及其创始人孔子的文章，是易白沙发表在第 1 卷第 6 号上的《孔子平议（上）》，从此，"打孔家店"，把国民从"吃人的礼教"中解放出来，成了新文化运动的主要诉求；它的第一篇主张文学改良的文章，是胡适发表在第 2 卷第 5 号上的《文学改良刍议》，为配合胡适此文，陈独秀又在第 2 卷第 6 号上发表《文学革命论》，提出"文学革命"的"三大主张"，从此，新文学运动开始蓬勃兴起；它的第一篇介绍西方文明和思想文化的文章，是陈独秀发表在创刊号上的《法兰西与近世文明》，从此，"输入学理"成了新文化运动的主要内容之一；它的第一篇讨论妇女问题的文章，是陈独秀翻译并发表在创刊号上的法国 Max O'Rell（1848—1903）的《妇女观》一文，从而揭开了《新青年》讨论妇女问题的序幕；它的第一篇翻译的外国文学著作，是陈独秀的侄儿陈嘏翻译、自创刊号开始连载的俄国著名作家屠格涅夫的《春潮》，翻译并发表外国文学著作后来成了文学革命最主要的内容之一，如此等等。实际上，任何一个新的思想或政治运动，其开始时都是困难重重、影响不大，接受的人也不多，如果一开始就一帆风顺，很多人都拥护参加，那就很难说是新的思想和新的政治运动了，因为新的思想和新的政治运动是在旧的土壤中慢慢地发芽和成长起来的，有一个从量变到质变的演进过程，我们不能因为它面临的困难大、产生的影响小、赞成的人不多而否认新的思想或政治运动的兴起或开始。比如孙中山领导反清革命，推翻清王朝，建立中华民国，是在 1911 年底的辛亥革命，但其革命思想和运动的

---

① 张耀杰：《北大教授与〈新青年〉——新文化运动路线图》，中国言实出版社，2007，第 23 页。

源头则要追溯到他 1894 年 11 月在檀香山成立第一个革命团体兴中会，因为兴中会的宗旨是"驱除鞑虏，恢复中华，创立合众政府"，亦即第一次提出了推翻清朝封建君主专制政府、建立民主共和国的革命纲领。他成立兴中会时，影响大吗？不大！支持的人多吗？不多！困难少吗？不少！但正是从成立兴中会开始，孙中山走上了反清革命的道路，并最终推翻了清王朝。所以兴中会成立的意义值得充分肯定。《青年杂志》的创刊对新文化运动的意义，犹如兴中会的成立对于辛亥革命的意义一样，是不能贬低和否定的。

二、一校一刊的结合对新文化运动的推进

《新青年》成为全国最著名杂志的起点是 1917 年。先是前一年亦即 1916 年的 12 月 26 日，蔡元培被北洋政府正式任命为北京大学校长。就在同一天，蔡元培到北京前门外中西旅馆拜访当时正在北京为《新青年》筹款的陈独秀，并当面邀请他出任北大文科学长。当时北大共分四科，即文科，下辖中文、哲学、英文、法文、历史等系；理科，下辖物理、化学、数学、地理等系；法科，下辖政治、经济、商学等系；工科，下辖土木工程、矿业冶金两个系。据十多年后蔡元培的回忆，他之所以邀请陈独秀出任北大文科学长，源自时任北京医专校长汤尔和的推荐："我到京后，先访医专校长汤尔和君，问北大情形。他说：'文科预科的情形，可问沈尹默君；理工科的情形，可问夏浮筠君。'汤君又说：'文科学长如未定，可请陈仲甫君；陈君现改名独秀，主编《新青年》杂志，确可为青年的指导者。'因取《新青年》十余本示我。我对于陈君，本来有一种不忘的印象，就是我与刘申叔君同在《警钟日报》服务时，刘君语我：'有一种在芜湖发行之白话报，发起的若干人，都因困苦及危险而散去了，陈仲甫一个人又支持了好几个月。'现在听汤君的话，又翻阅了《新青年》，决意聘他。从汤君处探知陈君寓在前门外一旅馆，我即往访，与之订定；于是陈君来北大任文科学长，而夏君原任理科学长，沈君亦原任教授，一仍旧贯；乃相与商定整顿北大的办法，次第执行。"[1]

---

① 蔡元培：《我在北京大学的经历》，《东方杂志》第 31 卷第 1 号，1934 年 1 月 1 日。

　　文中提到了"刘申叔"，即大名鼎鼎的刘师培。他曾是光复会会员，国粹派的核心成员之一，和蔡元培、陈独秀一起从事过革命活动，他们都是上海暗杀团的骨干，也都曾一度信仰过无政府主义，所以彼此比较熟悉。关于蔡元培的这次拜访，曾陪同陈独秀到北京筹款的亚东图书馆老板汪孟邹在日记中记载："早九时，蔡子民先生来访仲甫，道貌温言，令人起敬，吾国唯一之人物也。"[①]

　　1917 年 1 月 4 日，蔡元培正式走马上任。1 月 11 日，蔡元培呈文教育部，请求批准陈独秀为北大文科学长；14 日，公文得到教育部的批复。不久，陈独秀也正式到北大任职。北京大学的前身是戊戌时期创办的"京师大学堂"，1912 年改名为国立北京大学。北京大学虽被称之为中国的最高学府，但素以保守著名，"学生把大学看作是官场进爵的跳板，而不是做学问的场所。对于大半是由官僚而变成的教授，评论的标准不是他们的教学和学问，而是官阶。他们被称为'中堂'或'大人'，学生们则被称为'老爷'。教授和学生的道德风气败坏，常常聚赌和嫖妓"[②]。蔡元培走马上任后，即在陈独秀等人的支持下，进行了大刀阔斧的改革。1917 年 1 月 18 日，亦即蔡元培走马上任后的第 14 天，他在复吴稚晖的信中写道："弟到京后，与静声、步洲等讨论数次，觉北京大学虽声名狼藉，然改良之策，亦未尝不可一试，故允为担任，业于一月四日到校，九日开学。虽一切维持现状，然改革之计划，亦拟次第着手。大约大学之所以不满人意者，一在学课之凌杂，二在风纪之败坏。救第一弊，在延聘纯粹之学问家，一面教授，一面与学生共同研究，以改造大学为纯粹研究学问之机关。救第二弊，在延聘学生之模范人物，以整饬学风。适前任学监主任张君坚欲辞职，意欲请先生惠然肯来，屈就此职。"[③]不久，在《蔡校长发刊词》中，蔡元培宣布了治理学校的三条方针："一曰：尽吾校同人力所能尽之责任。"大学不仅仅是为多数学生按时授课，使他们能获得毕业的资格而已，而且还是"共同研究学术之机关"。研究并非是仅仅引进西方文明，实现欧化，而是要在引进

---

① 汪原放：《回忆亚东图书馆》，第 35 页。
② 周策纵：《五四运动：现代中国的思想革命》，第 64 页。
③ 《复吴稚晖函》（1917 年 1 月 18 日），载高平叔撰著《蔡元培年谱长编》第二卷，人民教育出版社，1999，第 6 页。

西方文明的过程中创造出一种更好的文明；研究也并非是仅仅"保存国粹"，而且还要以科学方法对国粹进行研究，以揭示出国粹之真相。"二曰：破学生专己守残之陋见。"学生不能以大学为旧式科举，只要能取得毕业资格则无他求；也不能以大学为旧式书院，死守一先生之言而排斥其他；除本专业之外，学生还应"网罗各方面之学说"，加以学习和研究，"以祛其褊狭之意见"。"三曰：释校外学者之怀疑"。大学是"囊括大典，网罗众家"之学府，应像《礼记》《中庸》所说的那样："万物并育而不相害；道并行而不相悖"，遵守学术自由、兼容并包的教育宗旨，不同的理论，如哲学的唯心论与唯物论，文学、美术的理想派与写实派，经济学的干涉论与放任论，伦理学的动机论与功利论，宇宙论的乐天观与厌世观，都应允许它们自由存在、彼此争论，"此思想自由之通则，而大学之所以为大也"。① 在 1919 年 3 月 21 日《北京大学日刊》上发表的《蔡校长致公言报函并附答林琴南君函》中，针对林琴南对北京大学允许教员"覆孔孟、铲伦常"的攻击，蔡元培进一步阐述了自己所推行的学术自由、兼容并包的教育宗旨：其一，"对于学说，仿世界各大学通例，循'思想自由'原则，取兼容并包主义……无论为何种学派，苟其言之成理，持之有故，尚不达自然淘汰之运命者，虽彼此相反，而悉听其自由发展"。其二，"对于教员，以学诣为主。在校讲授，以无背于第一种之主张为界限。其在校外之言动，悉听自由，本校从不过问，亦不能代负责任。……夫人才至为难得，若求全责备，则学校殆难成立。且公私之间，自有天然界限"。②

蔡元培大刀阔斧的改革，尤其是所推行的学术自由、兼容并包的教育宗旨，使北大发生了天翻地覆的变化，一大批既有真才实学、又具有新思想的人先后成为北大的教授，如钱玄同、刘半农、沈尹默、胡适、周作人、鲁迅、吴虞、李大钊、陶孟和、高一涵、陈大齐、王星拱等；与此同时，不少具有新思想的学生，如罗家伦、傅斯年、顾颉刚、毛子水等，也在这些具有新思想的老师的教育与影响下，开始关心起国家大事来，成为新思想、新文化的弄潮儿。1918 年冬，在陈独秀、李大钊、胡适等教授以及校方的支持

---

① 蔡元培：《发刊词》，《北京大学月刊》第 1 卷第 1 号，1919 年 1 月。
② 蔡元培：《蔡校长致公言报函并附答林琴南君函》，《北京大学日刊》第 338 期，1919 年 3 月 21 日。

下，傅斯年、罗家伦等一些具有新思想的学生创办了一份杂志——《新潮》月刊，以批评的精神、科学的主义和革新的文词为办刊宗旨。

　　陈独秀受蔡元培之邀，北上担任北京大学文科学长的同时，也把《新青年》的编辑部迁到了北京，北京大学的一些具有新思想的教员开始成为《新青年》的作者，并积极为如何办好《新青年》出谋划策。1917 年 10 月 6 日，北大预科教授刘半农在回复钱玄同的信中，谈到了他对如何推动文学改良的一些设想："文学改良的话，我们已锣鼓喧天的闹了一闹；若从此阴干，恐怕不但人家要说我们是程咬金的三大斧，便是自己问问自己，也有些说不过去罢！……比如做戏，你、我、独秀、适之，四人，当自认为'台柱'，另外再多请名角帮忙，方能'压得住座'；'当仁不让'，是毁是誉，也不管他，你说对不对呢？"①据研究者研究，"这是有据可查的关于组建《新青年》编辑部及同人团队的最早动议"②。为了适应新形势发展的需要，1918 年 1 月，根据刘半农等人的动议，陈独秀宣布对《新青年》编辑部进行改组，即从第 4 卷第 1 号起，改原来由他一人编辑，为陈独秀、钱玄同、刘半农、陶孟和、沈尹默、胡适六人轮流编辑，并组成编辑部，"采取集议制度，每出一期，就开一次编委会，商定下一期的稿件"；取消原来的投稿章程，"所有撰译，悉由编辑部同人共同担任，不另购稿"。不久，李大钊、鲁迅、周作人、沈兼士、高一涵、陈大齐等也先后加入编辑部之中，共同负责《新青年》的编辑工作。这些人中，除鲁迅不是北大的专任教员外，其他人都是北大的专任教员。这样，《新青年》就从原来陈独秀一人主编的普通刊物，变成了由陈独秀、钱玄同、刘半农、陶孟和、沈尹默、胡适、李大钊等人共同编辑的北大同人刊物，实现了一校（北京大学）一刊（《新青年》）的结合。一校一刊的结合，扩大了作者队伍③，提高了稿源质量，丰

①《中国现代散文经典文库·刘半农卷》，印刷工业出版社，2001，第 232 页。
② 张耀杰：《北大教授与〈新青年〉——新文化运动路线图》，第 76 页。
③ 据学者粗略统计，《新青年》从第 4 卷第 2 号到第 6 号的半年里，作者队伍在不断增加，其增加的具体情况是：第 2 号增加：刘叔雅、林语堂、吴稚晖；第 3 号增加：吴祥凤、张祖荫；第 4 号增加：林损、王星拱；第 5 号增加：陈大齐、鲁迅、俞平伯、陵霜、叶渊、蔡元培；第 6 号增加：吴弱男、袁振英。[参见陈思和的《重读有关〈新青年〉阵营分化的信件——〈新青年〉研究中的两个问题》（下），《上海文化》2015 年第 6 期]

富了思想内容，这不仅极大地推动了新文化运动的发展，同时也使《新青年》迅速成为全国最著名的刊物。所以，胡适称《新青年》编辑部的改组为《新青年》之"复活"。他在《中国新文化大系·建设理论集·导言》中写道："民国七年一月《新青年》复活之后，我们决心做两件事：一是不作古文，专用白话作文；一是翻译西洋近代和现代的文学名著。那一年的六月里，《新青年》出了一本'易卜生专号'，登出我和罗家伦先生合译的《娜拉》全本剧本，和陶履恭先生译的《国民之敌》剧本。这是我们第一次介绍西洋近代一个最有力量的文学家，所以我写了篇《易卜生主义》。在那篇文章里，我借易卜生的话来介绍当时我们新青年社的一班人公同信仰的'健全的个人主义'。"① 另据汪原放的回忆，编辑部改组、成为北大同人刊物之后，"《新青年》愈出愈好，销数也大了，最多一个月可以印一万五六千本了（起初每期只印一千本）"②。其发行量扩大了十五六倍。在当时，发行量能达一万五六千本的刊物并不多。

三、启蒙推动救亡：五四运动的发生

《新青年》编辑部改组后一年（1919 年），发生了一件在中国近代史上具有标志性意义的重大事件，这就是五四运动。著名五四运动史专家周策纵先生在他的《五四运动：现代中国的思想革命》一书中对"五四运动"的定义是："它是一种复杂的现象，包括新思潮、文学革命、学生运动、工商界的罢市罢工、抵制日货以及新式知识分子的种种社会和政治活动。"③显然，周先生是从"广义用法"的角度下此定义的。如果从狭义上来理解，新文化运动和五四运动则有着明显的区别。前者是以"民主"和"科学"为旗帜，以封建主义的意识形态为斗争对象的一场思想文化运动；而后者则是以反帝爱国为旗帜，以帝国主义和卖国政府为斗争对象的一场政治运动。但是，五四运动之所以爆发与新文化运动又有着密不可分的关系。换言之，"启蒙"的新文化运动对"救亡"的五四运动的发生起了积极的推动作用。

---

① 胡适：《中国新文化大系·建设理论集·导言》，载胡适著，季羡林主编《胡适全集》第 12 卷，第 295 页。
② 汪原放：《回忆亚东图书馆》，第 32 页。
③ 周策纵：《五四运动：现代中国的思想革命》，第 5 页。

首先，"启蒙"的新文化运动为"救亡"的五四运动提供了思想上的准备。一方面，新文化运动中的"民主"和"科学"思想的传播以及对孔教和封建专制主义的批判，使知识分子特别是青年学生的思想得到了空前的解放。受到西方近代"民主"和"科学"思想洗礼的青年学生不再相信和服从于任何权威——无论这种权威是历史的还是现实的，是思想的还是政治的。特别是在早期新文化运动中，以陈独秀等人为代表的新文化派从反对封建专制主义的立场出发，对北洋军阀政府的统治进行了激烈的抨击，这实际上是对当时的政治权威的挑战，从而使北洋政府的声誉和威信下降。由于新文化运动的洗礼，广大知识分子意识到争取国家的主权不能靠独裁专制的北洋政府，而必须依靠广大民众。因此，当巴黎和会中国外交失败的消息传来，陈独秀认为国人应该"发生对外对内两种彻底的觉悟"，即"（一）不能单纯依赖公理的觉悟；（二）不能让少数人垄断政权的觉悟"，从这"两种彻底的觉悟"，他又提出两大宗旨："强力拥护公理！平民征服政府！"[①] 于是，我们看到，新文化运动中宣传的民主政治理想在五四爱国运动中与实际的民主政治运动联系起来了。在五四运动中，学生们不仅喊出了"外争主权，内惩国贼"的口号，而且将抨击的矛头直指北洋政府和整个统治阶级。另一方面，新文化运动中宣传的人权至上、人格独立和自由平等诸观念对五四运动中青年学生的爱国主义思想产生了深刻的影响。新文化运动中宣传的"民主"不仅仅是一种政治制度，更重要的是独立、自由、平等以及人格独立、个性解放的观念，而且在新文化派的潜意识中这种观念是与国家和民族的独立和自由联系在一起的。正是在这种观念的影响下，广大学生和其他民众把为国家和民族利益进行游行示威当成自己的权利，把发表反帝反专制的言论看作是思想自由。正如周策纵先生所说的："与这个运动有关的许多重要的学生领袖从一开始就觉察到他们的运动的真正精神并不是单纯的爱国主义，而是与民意至上、人权至上和思想觉醒等观念密切相连的。他们的活动不限于反对军阀主义，也不仅是关心外交问题。随着事件的发展，他们不但注意鼓动爱国热情，也同样注意社会和思想的改革。"[②]

---

① 陈独秀：《山东问题与国民觉悟》，《每周评论》第 23 号，1919 年 5 月 26 日。
② 周策纵：《五四运动：现代中国的思想革命》，第 5 页。

其次，"启蒙"的新文化运动为"救亡"的五四运动创造了有利的社会环境。上述民主和科学思想的广泛传播及其对青年学生和广大民众的影响实际上也是五四运动爆发的社会条件。除此外，蔡元培在北京大学进行的一系列改革使北京大学成为五四运动的摇篮和中心，从而为五四运动的爆发提供了最为重要的社会环境。我们前面已经提到，蔡元培出掌北京大学是在 1917 年初。他在北京大学所遵循的办学宗旨是"学术自由，兼容并包"。根据这一办学宗旨，蔡元培在北京大学进行了一系列改革，使北京大学一改原来思想保守、校风腐败、生活散漫的局面，成为当时思想最活跃、学术风气最浓厚的高等学校。陈独秀就是在蔡元培的聘请下到北大担任文科学长的。陈独秀到职后，即把原来创刊于上海的《青年杂志》迁往北京大学，这使得在北京大学形成一个以《新青年》为中心的新知识分子的联合体成为可能。在此前，《新青年》的作者主要是陈独秀和章士钊办《甲寅》时的作者。但是从第 3 卷开始，加入了许多新的作者，这些作者大多是北大的教员或学生，如李大钊、胡适、钱玄同、刘半农、沈尹默、周作人、王星拱等。1918 年初《新青年》编辑部的改组，实现了一校一刊的结合，北京大学也因而成为新文化运动的中心。蔡元培还大力提倡和鼓励北大师生组织各种学会、社团，以引发他们研究学问的兴趣。据不完全统计，在蔡元培的提倡和推动下，"北大成立的各种社团有 27 个"[1]，其中也包括一些思想性和政治性的社团。社团尤其是一些思想性和政治性社团的成立为北京大学的学生参与社会上的政治活动提供了方便，当然也为北京大学的学生在发起五四运动中发挥骨干作用提供了条件。由此可见，正是由于蔡元培在新文化运动中对北京大学的改革使北京大学形成了思想活跃、社团活动频繁的局面，并对北京的其他高校乃至全国的其他地区都产生了重要影响，从而使北京大学不仅成为新文化运动的中心，也成为五四运动的摇篮。

再次，"启蒙"的新文化运动也为"救亡"的五四运动的爆发准备了一批鼓动者和骨干。"许多在鼓动示威、罢工、抵制日货等活动中起领导作用的人，实际上也是那些推动新文学、新思想以及社会改革的新兴知识分子。

---

[1] 金林祥：《蔡元培教育思想研究》，辽宁教育出版社，1994，第 121 页。

他们在思想和行动上的反对者则或确是或自称是中国固有传统的代表者。"①
在早期新文化运动中，最能够被称之为"推动新文学、新思想以及社会改
革的新兴知识分子"的人无疑是陈独秀、李大钊、胡适、蔡元培、钱玄同、
鲁迅、周作人、高一涵等《新青年》和《每周评论》的主要撰稿人。这些人
"通过激发学生对中国时事的兴趣，使他们对当代世界的现实有所意识，从
而促进了运动的发展。他们虽然没有直接提出'五四'游行的建议，但是
这一群人中的好斗分子宣称，青年应当担负起监督政府的政策、实行社会
改革的责任。从这个角度看，'五四'游行可认为是这些新知识分子领导者
教导的逻辑结果"②。事实上，在五四运动中，这些人都以自己的方式对学生
的爱国行动表示了支持和鼓动。更重要的还在于，在早期新文化运动中涌
现出来的一些积极的青年学生在五四运动中起到了直接的发动和领导作用。
新文化运动的倡导者从进化论的观点出发，对青年寄予了很高的希望。陈
独秀之所以以"青年"命名他创刊的杂志，并在创刊号上发表《敬告青年》
的文章，就是出于对青年的希望。他在《敬告青年》中写道："青年如初春，
如朝日，如百卉之萌动，如利刃之新发于硎，人生最可宝贵之时期也"，他
希望青年"自觉其新鲜活泼之价值和责任，而自视不可卑也"，"奋其智能，
力排陈腐朽败者以去，视之若仇敌，若洪水猛兽，而不可与为邻，而不为
其菌毒所传染也"。③李大钊也在《新青年》上发表《青春》一文，号召"青
年之自觉，一在冲决过去历史之网罗，破坏陈腐学说之囹圄，勿令僵尸枯
骨，束缚现在活泼泼地之我，进而纵现在青春之我，扑杀过去青春之我，
促今日青春之我，禅让明日青春之我"④，这些充满着激情的言论无疑鼓舞着
青年学生积极投身新文化运动。北京大学的"新潮社"就是这些青年学生
投身新文化运动所组织的团体。胡适、陈独秀、李大钊、周作人等对新潮
社的建立起了很大的鼓励促进作用，胡适还担任了这一团体的顾问。而新
潮社和其他一些学生团体的主要骨干，在五四运动中都发挥了很重要的骨
干和领导作用，如新潮社的傅斯年、罗家伦既是新文化运动的积极参与者，

---

① 周策纵：《五四运动：现代中国的思想革命》，第5页。
② 周策纵：《五四运动：现代中国的思想革命》，第237页。
③ 陈独秀：《敬告青年》，《青年杂志》创刊号，1915年9月15日。
④ 李大钊：《青春》，《新青年》第2卷第1号，1916年9月1日。

也是五四运动的主要领导者。罗章龙曾经回忆，"五四"时陈独秀"一再强调，要采取'直接行动'对中国进行'根本改造'。他的这些言论非常符合当时激进青年的心意。青年们对他十分敬佩，亦步亦趋团结在他的周围。正是在他这些号召的鼓动下，易克嶷、匡互生、吴坚民、宋天放、李梅羹、王复生、刘克俊、夏秀峰、张树荣、吴慎恭、吴学裴、王有德和我等各院校的青年学生，在'五四'前夕，秘密组织了一个行动小组"①。而这个小组对五四运动的发动起了非常重要的作用。

四、救亡促进启蒙："五四"后新文化运动的发展

当然，"启蒙"的新文化运动推动了"救亡"的五四运动的发生，而"救亡"的五四运动的发生又推动了"启蒙"的新文化运动的深入发展。正是以五四运动为契机，新文化运动开始从上海、北京等少数几个中心城市逐渐发展到全国。"救亡"的五四运动对"启蒙"的新文化运动的推动作用主要体现在以下几个方面：

首先，推动了新文化运动向全国的发展。五四运动发生以前，新文化运动仅限于上海、北京等少数几个中心城市，在广大中小城市尤其是农村，新文化运动基本没有什么影响。但五四运动后，得益于五四运动的推动，新文化运动迅速在全国开展起来。以湖南为例。由于湖南地处内地，信息相对闭塞，当新文化运动在上海、北京等地蓬勃兴起和发展之时，湖南基本上还是死水一潭，很少有人关注《新青年》和新文化运动。湖南的新文化运动真正开始是在五四运动之后。时人宫廷璋在《湖南近年来之新文化运动》一文中这样写道：湖南"新文化运动之酝酿。民国八年以前，鼓吹新文化之《新青年》杂志在湖南虽得杨怀中先生等赞许，而销行极少。自五四运动，霹雳一声，惊破全国大梦，于是湘人亦群起研究新文化"②。当时长沙有一份很有影响的民营报纸《大公报》，在五四运动之前，几乎没有报道过新文化运动，五四运动后该报则成了宣传和介绍新思想、新思潮和新知识的主要阵地，用《大公报》上一篇《通讯》的话说："自去年五四运

---

① 罗章龙：《椿园载记》，生活·读书·新知三联书店，1984，第26—27页。
② 宫廷璋：《湖南近年来之新文化运动》，载湖南省哲学社会科学研究所现代史研究室编《五四时期人民革命斗争史料选编》，湖南人民出版社，1979，第305—306页。

动以来，新潮流汹涌澎湃，达于极点。在湖南这方面，觉悟的固大有其人，而视之为'洪水猛兽'的又何止百十？贵报（指《大公报》——引者）却具一种特别的眼光，首先迎受新思潮，并加入新文化运动的团体。什么改组啰、辟研究调查栏啰，风起云涌，极一时之进步，为我们湖南文化运动尽力不少。"[①]湖南如此，其他内地省份莫不如此。例如云南，也是受五四运动的推动，新文化运动才逐渐开展起来，而在五四运动之前，新文化运动没有引起什么反响。[②]

其次，推动了新文化运动的进一步扩大。这主要表现在：

（一）新的报刊的大量创办。蒋梦麟在 1919 年底写道："自 5 月以后，大约有 350 种周报出版，都是学生或同情学生的人士主编的。这些周报通常印在一大张大纸上，有半张日报那样大，中间折起来，变成 4 页。"1920 年初正在中国访问讲学的杜威写信告诉他在美国的朋友："据说两年以前只有一两种用白话文写的试验性的杂志，而今天有了 300 种，自去年 5 月以来，学生们开始创办一批又一批杂志，都是用白话文写的，都是用老百姓可以理解的词语来讨论问题。"根据时人王苣章的统计，在"1917 年文学革命开始后的 4 年中，出版了 300 多种学生杂志，其中只有一两种不是用白话文写的"。不过他同时又声明，"有些作者认为总数在 400 种以上"。这"有些作者"中就包括胡适。胡适在 1922 年说过，1919 年至少创办了 400 种白话文期刊。[③]周策纵估计，"五四"时期全国新出的报刊有 1000 种以上，仅"在'五四事件'后的半年中，中国出现了大约 400 种新的白话文刊物"。[④]另据《第二届世界报界大会记事录》的记载，1921 年时，全国有报纸 1134 种，其中日报 550 种。[⑤]尽管以上各家的说法不尽相同，但"五四"以后新的报刊如雨后春笋般地涌现则是事实。这些新的报刊创办后，便积极宣传新知识、新思想，批判旧知识、旧思想。正如周策纵在《五四运动：现代中国的思想革命》一书中所指出的那样："新的出版物包括了现代知识

① 《通讯》，长沙《大公报》1920 年 7 月 20 日。
② 杨青田：《五四运动在云南》，《云南日报》1979 年 5 月 2 日。
③ 以上引文和数字，见周策纵《五四运动：现代中国的思想革命》，第 247 页注 1。
④ 周策纵：《五四运动：现代中国的思想革命》，第 246—247 页。
⑤ 戈公振：《中国报学史》，中国新闻出版社，1985，第 287 页。

和生活的几乎所有的重要方面，其中许多方面在五四运动以前几乎还没有引起中国公众的注意，当然介绍的方法也与以前不同。"①与此同时，原来的一些报刊，"如《东方杂志》、《教育杂志》、《小说月报》、《妇女杂志》、《学生杂志》、《中华教育界》等都转而使用白话文，并开始介绍现代西方的思想和知识。为了便利和促进这些改变，老的编辑人员十之八九都被有进取心的、具有现代头脑的年轻人所取代"②。如创办于1904年的《东方杂志》，在五四运动以前，是以保守主义面目出现的，其主编杜亚泉与陈独秀围绕东西文化和新旧文化等问题展开过激烈论战。五四运动后，杜亚泉辞去主编一职，由钱智修继任，实际主编是对新文化运动持积极支持态度的胡愈之。在胡愈之的主导下，从1920年起，《东方杂志》开始采用白话文，栏目设置也做了一些调整，增加了《时事评论》《世界新潮》《文苑》等，使之成为一个社会科学的综合性杂志。《小说月报》这方面的变化更大。1920年12月，沈雁冰被聘为主编，从此，刊物的面貌一新，"它翻译和介绍了西方当代文学，并首次发表了新的中国文学作品"③。

（二）新的社团的纷纷成立。"'五四事件'以前，在中国商人、工人、教师甚至学生中很少有西方式的组织良好的团体。在1917年和1918年，随着新文学和新思想运动的兴起，学生们开始建立学习组织，但这只限于一些活跃的学生，社会组织在一般老百姓中还不流行。'五四事件'以后，像出版业的发达一样，一种建立组织的热潮遍及中国的各个城市。知识分子以一种多少不同于中国以前的作法、更为民主和开放的方式来处理这些组织的事务。"④五四运动后全国究竟新成立了多少新的社团没有人做过具体统计，也无法统计，因为当时成立的社团"太多"，而且各社团之间分分合合，存在的时间长短不一，有的较长，有的则很短，性质也很不相同，有学生自治性团体，如中华民国学生联合会；有学术研究性团体，如中国哲学会、罗素学会、文学研究会、社会主义研究会等；也有一些社会政治性

---

① 周策纵：《五四运动：现代中国的思想革命》，第248页。
② 周策纵：《五四运动：现代中国的思想革命》，第249页。
③ 周策纵：《五四运动：现代中国的思想革命》，第250页。
④ 周策纵：《五四运动：现代中国的思想革命》，第257页。

团体，如少年中国学会、觉悟社、民治主义同志会等。这些新成立的社团，尽管类型不同，政治取向也各异，"有自由派的、社会主义的以及其他政治色彩的"①，但它们都以不同的方式、在不同程度上支持或参加了新文化运动。比如少年中国学会，它发起于 1918 年 6 月，1919 年 7 月 1 日在北京正式成立，同时出版机关刊物《少年中国》，李大钊任主编，其总会设于北京，并在会员较集中的南京、成都以及法国巴黎等地设分会，出版分会刊物《星期日》《少年世界》等。学会的宗旨是"本科学的精神，为社会的活动，以创造'少年中国'"。尽管后来因会员政治立场的不同，学会内部出现分化，并于 1925 年停止活动，但学会的成立还是团结了不少知识分子（会员最多时达到 120 多人），做了许多有益于新文化、新文学传播的工作。"从 1919 年秋季起，青年们成立了许多政治性或半政治性的组织，这些青年人中有一些后来成了中国共产党的领导人，虽然在 1920 年以前他们只是倾向于理想社会主义或自由主义，而不是把共产主义作为信条。"②

（三）政党或政治力量参与新文化运动。新文化运动时期，除北洋政府外，活跃于当时中国政治、思想舞台上的主要有三大政治力量，这就是以孙中山为代表的国民党人、以梁启超为代表的研究系知识分子和以李大钊、陈独秀为代表的中国早期马克思主义者。在五四运动以前，虽然有个别国民党员参加了新文化运动，但就孙中山和整个国民党而言，对新文化运动持的是观望、怀疑甚至是反对的态度。五四运动发生后，孙中山则改变了对新文化运动的看法，认为"吾党欲收革命之成功，必有赖于思想之变化。兵法'攻心'，语曰'革心'，皆此之故。故此种新文化运动，实为最有价值之事"③。他因而命令戴季陶、沈玄庐等人于 1919 年 6 月在上海创办《星期评论》，宣传新知识、新思想，参加新文化运动。《星期评论》创刊不久，他又命胡汉民、汪精卫、朱执信、廖仲恺等组织"建设社"，发行《建设》杂志。1919 年 8 月 1 日《建设》正式创刊。《星期评论》和《建设》月刊

① 周策纵：《五四运动：现代中国的思想革命》，第 259 页。
② 周策纵：《五四运动：现代中国的思想革命》，第 259 页。
③ 孙中山：《致海外国民党同志函》，载广东社会科学院历史研究室、中国社会科学院近代史研究所中华民国研究室、中山大学历史系孙中山研究室编《孙中山全集》第五卷，中华书局，1985，第 210 页。

创刊后，都成了五四运动后新文化运动的重要刊物。1929 年胡适在《新文化运动与国民党》一文中就写道："民国七八年之间，孙中山先生还反对白话文，而八年'五四运动'以后，中山先生便命他的同志创办《星期评论》和《建设》杂志，参加新文化运动。这便是国民党的'思想之变化'。"① 虽然与孙中山不同，早在五四运动之前，梁启超对新文化运动持的便是认同和支持的态度，但以他为代表的研究系知识分子大规模地参加新文化运动则是在五四运动之后。五四运动后，梁启超、张东荪、蒋百里等人先后发起成立了共学社和讲学社。共学社除出版《改造》杂志（1919 年 9 月创刊），积极从事新知识、新思想的介绍和宣传外，还兴办松坡图书馆、选派留学生出国留学以及组织编译出版了百余种新书，书籍内容涉及"新文化运动时期"思想文化界流行的众多的外来思想和学术流派。讲学社的活动主要是邀请"国外名哲"来华讲学，先后邀请了美国哲学家杜威、英国哲学家罗素、德国生命派哲学家杜里舒以及印度大诗人泰戈尔到中国访问讲学。此外，讲学社还曾邀请柏格森、爱因斯坦、居里夫人、凯恩斯、威尔斯等学者，但由于各种原因未能如愿。"'四大名哲'的来华，特别是杜威、罗素两位具有世界影响的思想家、学者的到来，给五四时期的中国知识界送来了逻辑实证主义、基尔特社会主义、实用主义、资产阶级自由主义等西方的先进文化，为五四启蒙和思想解放运动提供了先进的理论武器和思想方法，极大地推动了五四新文化运动中百家争鸣的开展。"② 至于以李大钊、陈独秀为代表的中国早期马克思主义者，早在五四运动之前，他们作为激进的民主主义者就参加了新文化运动，李大钊、陈独秀还是新文化派的主要代表人物，五四运动后，他们接受了马克思主义，并以新的姿态投入到新文化运动之中，从而给新文化运动注入了新的思想和活力。例如毛泽东于五四运动后不久，创办《湘江评论》，发表《民众的大联合》等文章，宣传广大民众联合起来进行反帝反封建革命的思想。

如何看待五四运动后马克思主义在中国的传播以及中国的早期马克思主义者与新文化运动的关系，这在目前思想和学术界存在着不同的争论。有

---

① 胡适：《新文化运动与国民党》，载《胡适全集》第 21 卷，第 449 页。
② 元青：《梁启超与五四新文化运动》，《南开学报》2005 年第 2 期。

人认为马克思主义的传播以及陈独秀、李大钊等人成为早期马克思主义者，
是对新文化运动的否定或误读。本书不赞成此种观点。因为：第一，新文
化运动的旗帜是民主与科学，中国的早期马克思主义者并不反对民主与科
学，只是他们对民主与科学的理解和五四运动之前的新文化运动有所不同
而已。五四运动之前的新文化运动宣传和主张的民主是资产阶级的民主。
但在中国早期马克思主义者看来，资产阶级的民主只是少数人的民主，是
十分狭隘或虚伪的民主，只有马克思主义所主张的无产阶级和劳苦大众的
民主才是多数人的民主，亦只有多数人的民主才是真正的民主。五四运动
之前新文化运动所宣传和主张的科学，除自然科学外，主要指的是科学态
度和科学方法，具体来说，指的是杜威的实用主义、罗素的新唯实主义、
柏格森的创造进化论以及其他西方资产阶级的学说和理论。但在中国早期
马克思主义者看来，科学态度和科学方法虽然重要，然而它不是西方资产
阶级的学说和理论，而是马克思主义的学说和理论。陈独秀就曾指出：我
们应当"用科学的方法从客观上潜心研究人事物质底分析"，不应当"天天
用冥想的方法从主观上来解决宇宙人生问题"。[1] 而"马克思所说的经济学或
社会学，都是以这种科学归纳法作根据，所以都可相信的，都有根据的"[2]。
第二，新文化运动的主要内容是反对封建主义思想和文化，主张把人从封
建主义思想和文化的束缚中解放出来，实现人的个性自由和人格独立，但
五四运动之前新文化运动仅仅停留在揭露和批判封建主义思想和文化的种
种表现以及对人的束缚和残害方面。五四运动以后的马克思主义者，除继
续揭露和批判封建主义思想和文化的种种表现以及对人的束缚和残害外，
还运用他们刚刚学来的马克思主义唯物史观，分析了封建主义思想和文化
产生的社会经济原因（如李大钊），认为要反对封建主义思想和文化，首先
就必须铲除封建主义思想和文化赖以生存的封建主义的社会经济制度，不
仅要把人从封建主义思想和文化的束缚中解放出来，更重要的是要把人从
封建主义社会经济制度的压迫和剥削下解放出来；人的个性自由和人格独
立固然重要，但在民族危机日益严重的时代，要争取的首先是民族自由和

---

① 陈独秀：《通信·答皆平（广东—科学思想）》，《新青年》第 9 卷第 2 号，1921 年 6 月 1 日。
② 陈独秀：《马克思的两大精神》，《广东群报》1920 年 4 月 1 日。

国家独立，没有民族自由和国家独立，就不会有人的个性自由和人格独立，即使有了也会丧失。第三，新文化运动的另一项内容是文学革命和白话文运动，而五四运动后以李大钊、陈独秀为代表的中国早期马克思主义者都是文学革命和白话文运动的坚定支持者和积极参加者，比如他们发表的文章、创办的刊物，使用的都是白话文。就以上我们对五四运动后中国的早期马克思主义者的认识、主张及其实践来看，与其说马克思主义的传播以及陈独秀、李大钊等人成为中国的早期马克思主义者是对新文化运动的否定或误读，还不如说是对新文化运动的进一步推动和深化。

实际上，五四运动推动了新文化运动的进一步发展，时人对此就有很深刻的感受。1920年1月，孙中山在给海外的国民党员的信中就写道："自北京大学学生发生五四运动以来，一般爱国青年，无不以革新思想为将来革新事业之预备。于是蓬蓬勃勃，发抒言论。国内各界舆论，一致同倡。各种新出版物，为热心青年所举办者，纷纷应时而出。扬葩吐艳，各极其致，社会遂蒙绝大之影响。虽以顽劣之伪政府，犹且不敢撄其锋。此种新文化运动，在我国今日，诚思想界空前之大变动。"[①]胡适当时也注意到，学生运动促进了文学革命的成功，"使白话的传播遍于全国"，"民国八年以后，白话文的传播真有'一日千里'之势。白话诗的作者也渐渐的多起来了"。[②]1921年4月，一位在美国居住了近十年的中国人第一次回到上海时，对中国思想文化方面发生的巨大变化感到十分惊讶："我几乎立刻被一种无形的力量和气氛所包围。我感到有一种生命在躁动——一种我前几年所不曾见到的'新的生命'。我所遇到的人、我与他们进行的谈话、他们所持的态度、所表达的观点、对于当今各种问题所作的判断；我所读到的报纸、字里行间所反映的舆论情绪、所讨论的议题，一切都说明了这种新生命的存在。一天傍晚，我沿街散步，随意走进各种书肆和报摊，收集了47种各类杂志，包括周刊、季刊、半年期刊等。我用了整整一个晚上浏览了一下内容，发现这些杂志中所讨论的问题之新、发表意见之广，是美国报摊上所能搜集到的任何47种刊物加起来所不能比拟的。在我随后从一个地方到另

① 孙中山：《致海外国民党同志函》，载《孙中山全集》第五卷，第209—210页。
② 胡适：《五十年来中国之文学》，载《胡适全集》第2卷，第339页。

一个地方访问、对各种听众的发表演讲、在四五所大学执教过程中，我对
这种在我看来不断发展的'新生命'越来越感到兴趣。"①周策纵在其名著
《五四运动：现代中国的思想革命》中撰写五四运动后的新文化运动这一章
时，其标题用的也是"新文化运动的扩展"②。他写道："尽管在这几个月中
（指五四运动——引者），知识分子所取得的政治成就是有限的，他们却在
其他方面取得了成功。在这段时期里，新知识分子与社会上的其他团体有
了比以往任何时候都更为密切的联系。以前躲在象牙塔中的知识分子，现
在不得不走出来投身到公众集体中去。各种事件使他们获得了与商人、职
员、城市工人、实业家以及职业政治家和政党工作人员交往的经验。通过
这些冒风险的经历，新知识分子开始意识到必须制定'到人民群众中去，教
育民众，组织民众'的长远和广泛的计划。这导致在紧接着的一个时期中
新文化运动的扩展。"③

20 世纪八九十年代，学术界有一种比较流行的观点，说近代中国有两
大历史任务，一是救亡，二是启蒙，也就是所谓的"救亡与启蒙"之"双
重变奏"。而在此"变奏"中，救亡压倒了启蒙，或者说是不那么紧迫的启
蒙任务为迫在眉睫的救亡任务让了路，这也是造成后来封建主义思想泛滥、
人们的思想没有得到解放的重要原因。但就发生于"启蒙"的新文化运动
与"救亡"的五四运动的关系来看，与此恰恰相反，不是救亡压倒了启蒙，
而是启蒙运动推动了救亡运动的兴起；救亡运动的兴起，又进一步推动着
启蒙运动的向前发展。

实际上，就整个中国近代史上救亡与启蒙的关系来看，主要存在着两种
模式，一种就是"五四模式"，即启蒙运动推动救亡运动的兴起，救亡运动
的兴起，又进一步推动着启蒙运动的向前发展；另一种是"戊戌模式"，即
救亡运动推动着启蒙运动的兴起，启蒙运动的兴起又进一步推动着救亡运
动的发展。关于"戊戌模式"，我们在本书第一卷第四章中已有阐述。但无
论"五四模式"也好，还是"戊戌模式"也罢，它们所反映出来的"救亡"

---

① 刘延芳，1921 年 5 月在天津的一篇演讲稿，发表在基督教在中国的英文期刊《中国记录者》
　上，转引自周策纵《五四运动：现代中国的思想革命》，第 253 页。
② 周策纵：《五四运动：现代中国的思想革命》，第 237 页。
③ 周策纵：《五四运动：现代中国的思想革命》，第 229 页。

与"启蒙"的关系，都不是谁压倒谁、谁取代谁的关系，而是相互推动、彼此促进的关系。"救亡"与"启蒙"的这种相互推动、彼此促进的关系，实际上是近代中国社会的主要矛盾及其由此决定的中国人民的历史任务的反映。近代中国社会的主要矛盾有二，一是中华民族与帝国主义的矛盾，二是人民大众与封建主义的矛盾。受此矛盾所决定的近代中国人民的历史任务，一是反帝，二是反封。一部中国近代史，在某种意义上说，就是帝国主义与封建主义相勾结把中国变为半殖民地半封建社会之过程的历史，也是中国人民反对帝国主义和封建主义、争取民族独立和社会进步之过程的历史。如果说反帝是为了"救亡"的话，那么反封就必须进行"启蒙"。反帝和反封，也即"救亡"和"启蒙"，是近代中国民族民主革命的两个重要组成部分，始终相伴而行，缺一不可，它们之间的关系不是谁压倒谁或谁取代谁的关系，而是相互推动、彼此促进的关系。当然，我们也不否认在某一时期或阶段，"救亡"或"启蒙"的任务更突出些，比如九一八事变之后尤其是七七事变之后，由于日本帝国主义的军事侵略，中国面临着亡国灭种的现实危险，这时中华民族与日本帝国主义的矛盾上升为社会最主要的矛盾，与此相一致，"救亡"也就成了这一时期中国人民最主要的历史任务。但这并非是"救亡"对"启蒙"压制的结果，更非某个个人、某个政党、某种政治力量的主观选择。而且即使在这样特定的历史时期，"启蒙"也没有被"压倒"，相反它依然发挥着重要的历史作用，如 30 年代的"大众语运动""新启蒙运动"以及七七事变后文艺界掀起的"抗战文艺运动"等等，都具有启蒙的思想意义。

五、《新青年》群体的分化及其影响

"救亡"的五四运动推动了"启蒙"的新文化运动的发展。但与此同时，因一校一刊的结合而形成的《新青年》群体，其内部的矛盾也日益显现出来。

我们前面已经提到，1918 年第 4 卷之前，《新青年》由陈独秀一人编辑，一人负责，从 1918 年第 4 卷第 1 号开始，则由陈独秀、钱玄同、刘半农、陶孟和、沈尹默、胡适六人轮流编辑，共同负责；不久，李大钊、鲁迅、周作人、沈兼士、高一涵、陈大齐等人又先后加入编辑部。鲁迅就曾

回忆："《新青年》每出一期，就开一次编辑会，商定下一期的稿件。其时最惹我注意的是陈独秀和胡适之。"[1]在开始轮流编辑的六人（这六人也是编辑部的核心成员）中，钱玄同、沈尹默、陶孟和都是浙江人，钱玄同、沈尹默而且还都是章太炎的弟子；刘半农虽是江苏人，和章太炎也没有师生的关系，但他与钱玄同的关系非常密切，与沈尹默的交情也不错。陈独秀和胡适是安徽同乡，早在《新青年》创刊之初，两人就通过朋友的介绍建立了很好的关系。"研究新文化运动、研究北京大学校史的人都曾注意到，在1920年前后一段时期里，籍隶浙江的章太炎的门生故旧，一度占据着北京大学国学教授队伍的优势地位。在《新青年》编辑群体中，他们的优势地位虽不甚明显，但相对于其他分子比较分散而言，他们还是颇能构成有影响的一股势力"，因为，"在中国传统社会，地域观念是非常重要的。同乡之间保持联络，相互援引，相互照应，是很自然的事，遇到关键时刻，患难与共，拔刀相助，也是该有的情谊"。[2]省籍的不同以及由此产生的隔阂和矛盾，这是引起《新青年》群体发生分化的第一个原因。[3]

引起《新青年》群体发生分化的第二个原因，或更主要的原因，是思想上的不同以及由此产生的分歧和矛盾。这种不同又可分为两个方面：一是文字表述上（或文风上）激进与稳健的不同；二是对《新青年》要不要谈政治以及谈什么样的政治（马克思主义还是自由主义）认识的不同。

首先，在文字表述上（或文风上），钱玄同、刘半农、陈独秀、鲁迅等较为激进，甚至有些霸道，往往有语不惊人死不休之举，尤其是容不得反对意见；而胡适、李大钊、陶孟和就平和得多，稳健得多，允许有不同意见的存在。我们前面提到的胡适发表在《新青年》第2卷第5号上的《文学改良刍议》一文，是新文学运动兴起的标志，但通篇文字则十分平和，他在提出文学改良的"八事"后写道："上述八事，乃吾年来研思此一大问题之结果。远在异国，既无读书之暇晷，又不得就国中先生长者质疑问难，其所主张容有矫枉过正之处。然此八事皆文学上根本问题，一一有研究之

---

① 鲁迅：《忆刘半农君》，载《鲁迅全集》第六卷，人民文学出版社，1981，第71—72页。
② 耿云志：《〈新青年〉同人分裂过程中的一个重要细节》，《广东社会科学》2018年第5期。
③ 有关具体情况，可参见耿云志的《〈新青年〉同人分裂过程中的一个重要细节》，《广东社会科学》2018年第5期。

价值。故草成此论，以为海内外留心此问题者作一草案。谓之刍议，犹云未定草也，伏惟国人同志有以匡纠是正之。"①这里所表达的是一种商量的态度，所以标题用的是《文学改良刍议》。陈独秀赞同胡适的基本主张，但认为胡适的文字过于温和，于是在下一期的《新青年》上发表了《文学革命论》一文，与胡适的"改良"相比，他首先在题目上就冠以"革命"这个颇为激烈的字眼。他在文中一开始便道："今日庄严灿烂之欧洲，何自而来乎？曰革命之赐也……故自文艺复兴以来，政治界有革命，宗教界亦有革命，伦理道德亦有革命，文学艺术亦莫不有革命，莫不因革命而新兴而进化。"他进而在提出了文学革命的"三大主义"后，于结语又以激昂的语气宣称："欧洲文化，受赐于政治科学者固多，受赐于文学者亦不少。予爱卢梭、巴士特之法兰西，予尤爱虞哥、左喇之法兰西；予爱康德、赫克尔之德意志，予尤爱桂特郝、卜特曼之德意志；予爱倍根、达尔文之英吉利，予尤爱狄铿士、王尔德之英吉利。吾国文学界豪杰之士，有自负为中国之虞哥、左喇、桂特郝、卜特曼、狄铿士、王尔德者乎？有不顾迂儒之毁誉，明目张胆以与十八妖魔宣战者乎？予愿拖四十二生的大炮，为之前驱。"②胡适和陈独秀的文章发表后，尤其是陈独秀"文学革命"的提出，立即得到了一些具有新思想的知识分子的支持，钱玄同连续给陈独秀写了几封信，攻击旧文学流派及其代表人物是"桐城谬种""选学妖孽"③，刘半农也公开支持"文学革命"，态度非常坚决④。但胡适则对陈独秀、钱玄同、刘半农的这种激进甚至霸道的文风不太赞同。1917 年 4 月 9 日，他从美国写信给陈独秀，认为"文学改良"或"文学革命"一事，"非一朝一夕所能定，亦非一二人所能定。甚愿国中人士能平心静气与吾辈同力研究此问题。讨论既熟，是非自明。吾辈已张革命之旗，虽不容退缩，然亦决不敢以吾辈所主张为必是，而不容他人之匡正也"。⑤然而陈独秀在回复胡适的信中指出："改良文学之声，已起于国中，赞成反对者各居其半。鄙意容纳异议，自由

---

① 胡适：《文学改良刍议》，《新青年》第 2 卷第 5 号，1917 年 1 月 1 日。
② 陈独秀：《文学革命论》，《新青年》第 2 卷第 6 号，1917 年 2 月 1 日。
③《通信》，《新青年》第 2 卷第 6 号，1917 年 2 月 1 日。
④ 刘半农：《我之文学改良观》，《新青年》第 3 卷第 3 号，1917 年 5 月 1 日。
⑤《通信》，《新青年》第 3 卷第 3 号，1917 年 5 月 1 日。

讨论，固为学术发达之原则。独至改良中国文学，当以白话为文学正宗之说，其是非甚明，必不容反对者有讨论之余地，必以吾辈所主张者为绝对之是，而不容他人之匡正也。其故何哉？盖以吾国文化，倘已至文言一致地步，则以国语为文，达意状物，岂非天经地义，尚有何种疑义必待讨论乎！"① 钱玄同、刘半农，尤其是陈独秀和胡适之文风的激进与稳健的不同，由此可见一斑。

为了推动"文学革命"，刘半农负责编的《新青年》第 4 卷第 3 号在《文学革命之反响》的标题下，发表钱玄同假托王敬轩之名写给《新青年》编者的一封信，公开反对文学革命。同期发表的刘半农答复王敬轩的信，则对王极尽嬉笑怒骂之能事。这本是一出双簧戏，但外人不知道，因而有位名叫汪懋祖的读者在给编辑部的来信中，则对刘的复信提出了不同意见，认为"两党讨论是非，各有其所持之理由。不务以真理争胜，而徒相目以'妖'，则是滔滔者妖满国中也，岂特如尊论所云，桐城派之为妖于文界哉！"又说："独秀先生答钱君书（见《新青年》第 3 卷第 4 号——原注）亦有'焚十三经毁孔庙'之说。知十三经之不适于共和，不读可也；以孔子为不足尊崇，小祀可也；焚经毁庙，果有何十思想之革新耶？"又说：《新青年》记者之文有"如村姬泼骂，似不容人以讨论者，其何以折服人心？"② 汪懋祖的这封信先刊发于《季报》，胡适看到后，认为汪懋祖的信，对于《新青年》来说是"诤言"，说明他是"爱本报"的，"故肯进此忠告"，于是他将此信转发于《新青年》的第 5 卷第 1 号上，并在回复中明确表示，"一切有理由的反对，本报一定欢迎，绝不致'不容人以讨论'"。③ 正是本着这种宽容态度，胡适拟邀请反对文学革命、反对戏剧改革的张厚载给《新青年》写文章，却遭到钱玄同的激烈反对，认为张的文章最多也只能发表在《新青年》的《通信》栏，而不能作为正式文章在《新青年》上发表。他告诉胡适："老兄的思想，我原是极佩服的。然而我却有一点不以为然之处，即对于千年积腐的旧社会，未免太同他周旋了。平日对外的议论，很该旗帜鲜明，不必和那些腐臭的人去周旋。"胡适则认为，学术问题应该允许不同

---

① 《通信》，《新青年》第 3 卷第 3 号，1917 年 5 月 1 日。
② 《通信》，《新青年》第 5 卷第 1 号，1918 年 7 月 15 日。
③ 《通信》，《新青年》第 5 卷第 1 号，1918 年 7 月 15 日。

意见的发表，对的，我们可以改正；不对的，我们可以据理去说服对方，从而求得共识，而不是把对方拒之于千里之外。因而他在回复钱玄同的信中写道："至于老兄说我'对于千年积腐的旧社会，未免太同他周旋了'，我用不着替自己辩护。我所有的主张，目的并不止于'主张'，乃在'实行这主张'。故我不屑'立异以为高'。我'立异'并不'以为高'。我要人知道我为什么要'立异'。换言之，我'立异'的目的在于使人'同'于我的'异'。"[①] 他还写道："吾辈不当乱骂人，乱骂人实在无益于事。""至于老兄以为若我看得起张缪子（张厚载的笔名——引者），老兄便要脱离《新青年》，也未免太生气了。我以为这个人也受了多做日报文字和少年得意的流毒，故我颇想挽救他，使他转为吾辈所用。若他真不可救，我也只好听他，也决不痛骂他的。我请他作文章，也不过是替我自己找做文的材料。我以为这种材料，无论如何，总比凭空闭户造出一个王敬轩的材料要值得辩论些。老兄肯造王敬轩，却不许我找张缪子做文章，未免太不公了。老兄请想想我这话对不对。"[②] 后来，胡适不顾钱玄同、刘半农等人的反对，将张厚载所写的《我的中国旧戏观》，作为附录全文发表在《新青年》第5卷第4号上。同期作为附录发表的还有欧阳予倩《予之戏剧改良观》。前文反对戏剧改革，后文拥护戏剧改革，两文放在一起发表，充分体现了胡适的允许不同意见存在、学术问题应该心平气和地开展讨论、以理服人的主张。

其次，在要不要谈政治的认识上，陈独秀自始就对谈政治有着浓厚的兴趣，而胡适、周作人等甚至包括鲁迅的兴趣主要在思想和文化方面。《新青年》创办初期，陈独秀的主要精力还能放在思想文化的启蒙方面，陈独秀在创刊号上宣称："改造青年之思想，辅导青年之修养，为本志之天职，批评时政，非其旨也。国人思想，倘未有根本之觉悟，直无非难执政之理由。"[③] 但从1918年4月15日出版的第4卷第4号开始，《新青年》增辟《随感录》专栏，陈独秀经常在上面发表一些针砭时弊的"谈政治"的短文。比如：在第4卷第4号的《随感录》中，陈独秀写了这样一条"随感"："世人攻击国会议员最大之罪状有二：一曰捣乱，一曰无用。所谓捣乱者：大约

---

① 胡适：《致钱玄同》，载《胡适全集》第23卷，第255页。
② 胡适：《致钱玄同》，载《胡适全集》第23卷，第271页。
③《通信》，《青年杂志》创刊号，1915年9月15日。

以其时与政府冲突，或自相冲突；所谓无用者，大约以其未尝建立利国福民之事业；为此言者，盖不知国会之为何物也。国会唯一之责任与作用无他，即代表国民监督行政部之非法行动耳；此外固无事业可为，安得以有用无用评判之耶？吾国会时与政府捣乱者，正以实行监督政府之非法行动，若大借款，若外蒙俄约，若宋案，若伪公民团围攻议院事件，此之谓尽职，此之谓有用。其或自相冲突，亦因发挥民主政治之精神，与政府与党相搏战耳，此得谓之无用耶？国人须知国会之用处，正在捣乱。若夫不捣乱之参政院及今之参议院，斯真无用矣。"[①] 在第 5 卷第 1 号的《随感录》中，陈独秀又写了这样一条"随感"："德意志以军国主义为厉世界，吾人之所恶也，列国讨之，亦以尊重自由、正义与和平，不得不掊此军国主义之怪物。独不可解者，北京东京两政府，方极力模仿普鲁士以军阀势力耀武于国中，奈何亦自标扶持自由、正义与和平之旗帜而对德宣战耶？毋怪德人齿冷！"[②] 这无疑与《新青年》创刊时所表示的"批评时政，非其旨也"的宗旨不符，从而引起了《新青年》同人以及一些读者的不满。胡适曾回忆道："在民国六年，大家办《新青年》的时候，本有一个理想，就是二十年不谈政治，二十年离开政治，而从教育思想文化等等，非政治的因子上建设政治基础。但是不容易做得到，因为我们虽抱定不谈政治的主张，政治却逼得我们不得不去谈它。民国六年第二学期陈先生来到北大，七年陈先生和李大钊先生因为要谈政治，另外办了一个《每周评论》，我也不曾批评它，他们向我要稿子，我记得我只送了两篇短篇小说的译稿去。"[③] 为此，陈独秀在 1918年 7 月 15 日出版的《新青年》第 5 卷第 1 号上发表《今日中国之政治问题》一文，他开宗明义便写道："本志同人及读者，往往不以我谈政治为然。有人说我辈青年，重在修养学识，从根本上改造社会，何必谈甚么政治呢？有人说本志曾宣言志在辅导青年，不议时政，现在何必谈甚么政治惹出事来呢？呀呀！这些话却都说错了。……政治问题，往往关于国家民族根本的存亡，怎应该装聋推哑呢？我现在所谈的政治，不是普通政治问题，更不是行政问题，乃是关系国家民族根本存亡的政治根本问题。此种根本问题，

---

① 《随感录（二）》，《新青年》第 4 卷第 4 号，1918 年 4 月 15 日。
② 《随感录（十一）》，《新青年》第 5 卷第 1 号，1918 年 7 月 15 日。
③ 胡适：《陈独秀与文学革命》，载《胡适全集》第 12 卷，第 227 页。

国人倘无彻底的觉悟，急谋改革，则其他政治问题，必至永远纷扰，国亡种灭而后已！国人其速醒！"① 为了消除"本志同人及读者"对自己"谈政治"的不满，维护《新青年》内部的团结，陈独秀还为自己辩解，"你谈政治也罢，不谈政治也罢，除非逃在深山人迹绝对不到的地方，政治总会寻着你的"②。

如果说在五四运动之前，陈独秀与胡适、周作人等人的分歧是对《新青年》要不要谈政治之认识的不同，那么五四运动之后，原来不谈政治的胡适等人也谈起政治来了，借用胡适在《我的歧路》（1922年6月）一文中的话说："国内的'新'分子闭口不谈具体的政治问题，却高谈什么无政府主义与马克思主义。我看不过了，忍不住了，——因为我是一个实验主义的信徒，——于是发愤要想谈政治。"③ 因而五四运动之后《新青年》内部的思想分歧，已不是要不要谈政治的分歧，而是谈什么样的政治的分歧。概而言之，陈独秀、李大钊要谈的政治是马克思主义，而胡适、周作人等要谈的政治是自由主义。马克思主义与自由主义的分歧或对立，这是导致《新青年》群体最终走向分化的一个重要原因。

我们前面已经提出，陈独秀、李大钊于五四运动前后选择了马克思主义，成为中国的早期马克思主义者，胡适、周作人等人则仍然坚持其自由主义的思想立场，尤其是胡适，是这一时期中国自由主义知识分子的代表人物。而在一系列重大问题上，马克思主义与自由主义都存在着根本分歧或对立。比如，马克思主义主张根本解决的社会革命，而自由主义则主张一点一滴的社会改良，1919年夏天发生在李大钊与胡适之间的问题与主义之争，就是围绕这一问题而进行的。这年的7月20日，胡适在《每周评论》上发表《多研究些问题，少谈些主义》一文，批评人们空谈这种主义或那种主义是解决不了任何实际社会问题的，与其空谈这种主义那种主义，还不如多研究一些实际问题，"'主义'的大危险，就是能使人心满意足，自以为寻着了包医百病的'根本解决'，从此用不着费心力去研究这个那个具体问题的解决法了"。但实际上，世上根本就不存在"包医百病的'根本解决'"

① 陈独秀：《今日中国之政治问题》，《新青年》第5卷第1号，1918年7月15日。
② 陈独秀：《谈政治》，《新青年》第8卷1号，1920年9月1日。
③ 胡适：《我的歧路》，《努力周报》第7期，1922年6月18日。

的药方，社会问题只有通过一点一滴的改良来解决。"现在中国应该赶紧解决的问题真多得很！从人力车夫的生计问题到大总统的权限问题……"，不研究这些具体的问题，而高谈阔论什么主义，并且"还要得意扬扬的夸口道：'我们所谈的是根本解决'。老实说罢，这是自欺欺人的梦话！"[①] 李大钊看到胡适这篇文章后，便写了《再论问题与主义》一文，发表在 8 月 17 日的《每周评论》上，他不同意胡适将问题与主义完全对立起来的观点，而是认为主义与问题"有不能十分分离的关系。因为一个社会问题的解决，必须靠着社会上多数人，共同的运动"，这说明需要"先有一个共同趋向的理想、主义"将"社会上多数人"动员起来，"所以我们的社会运动，一方面固然要研究实际的问题，一方面也要宣传理想的主义。这是交相为用的，这是并行不悖的"。李大钊还根据马克思主义的唯物史观指出，经济构造是社会上法律、政治、伦理等一切精神构造的基础，经济组织一有变动，建立在经济基础之上的法律、政治、伦理等都会发生相应的变动，"换一句话说，就是经济问题的解决，是根本解决。经济问题，一旦解决，什么政治问题、法律问题、家族制度问题、女子解放问题、工人解放问题，都可以解决"。针对胡适以及其他一些非马克思主义者对布尔什维克的批评甚至攻击，李大钊则公开表示，"我是喜欢谈谈布尔扎维主义的"。[②] 李大钊此文刊出后，胡适又在《每周评论》第 36 号上发表《三论问题与主义》，进一步阐述自己的观点。他还写了《四论问题与主义》，并且已在《每周评论》第 36 号上排版，但尚未刊行，《每周评论》就被北洋政府查封，问题与主义之争也就此而暂告结束。

关于这次李、胡的问题与主义之争，传统的观点认为是马克思主义传播过程中，与资产阶级唯心主义、改良主义的一次激烈斗争，是新文化运动时期中国的早期马克思主义者与非马克思主义者之间所进行的三次大的争论的第一场争论，具有十分重要的思想意义。改革开放以来，尤其是 20 世纪 90 年代以来，学者们又提出了许多新的观点：如有的学者认为，李、胡的问题与主义之争是新文化派内部的一次学术之争，而非政治之争，更不

---

① 胡适：《多研究些问题，少谈些主义》，《每周评论》第 31 号，1919 年 7 月 20 日。
② 李大钊：《再论问题与主义》，《每周评论》第 35 号，1919 年 8 月 17 日。

是马克思主义者与反对马克思主义者的阶级斗争；也有学者提出，李、胡的问题与主义之争是学术之争与政治之争兼而有之，或者说，学术之争是形式，而政治之争是实质；更有学者在评价问题与主义之争时，不再固执于这一争论的性质界定，甚至不提"主义"，否认是"主义"之争，凡此种种。在本书看来，首先，不能把李、胡的问题与主义之争说成是中国的早期马克思主义者与非马克思主义者之间的第一场大的争论，因为无论就参加的人数而言，还是从社会和思想的影响来看，李大钊与胡适的问题与主义之争都不能与此后发生的中国的早期马克思主义者与非马克思主义者之间关于社会主义和无政府主义的争论相提并论（关于社会主义与无政府主义之争，本卷第十章第三节将有讨论）。尤其重要的是，胡适发表《多研究些问题，少谈些主义》时，马克思主义刚刚开始在中国的广泛传播，除李大钊外，还没有其他人成为中国的早期马克思主义者，甚至包括陈独秀，都还没有完成从激进的民主主义者向马克思主义者的转变。[①] 所以胡适文章的矛头所指不仅仅是马克思主义，而且还有无政府主义等其他主义，甚至可以说主要指向的是后者。其次，李、胡的问题与主义之争是发生在《新青年》群体内部的思想争论，具有浓厚的学理之辨的色彩，但双方争论的焦点则是政治问题，即要不要进行社会革命以求中国社会问题的根本解决。就此而言，这场争论与发生在《新青年》群体内部的其他争论，如关于文学改良与革命的争论等不同，与其说它是一场纯粹的学理之争，还不如说它是一场具有浓厚的学理之辨色彩的政治之争。否认这场争论具有浓厚的学理之辨的色彩是不对的，同样，不承认这场争论的实质是政治之争，也不符合历史事实。再次，李、胡的问题与主义之争使《新青年》群体内部的思想分歧第一次以公开争论的形式表现了出来，尽管它没有影响到李大钊和胡适的关系，借用胡绳晚年的话说："争论之时，胡适与李大钊之间，友谊依旧。争论过后的相当长的时间里，陈独秀、李大钊与胡适，也并没有

[①] 尽管目前学术界对陈独秀何时完成了从一个激进的民主主义者向马克思主义者的转变存在着不同的看法，但有一点是共同的，即完成转变是在1920年后。只是在1920年后的某一具体时间点上存在着争论，有说是1920年5月前的，有说是1920年下半年的，有说是1920年9月的，有说是1920—1921年中国共产党成立。我采用的是1920年下半年说，见本卷第九章有关内容。

因为对马克思主义的态度迥异而反目为仇。"① 但个人之间的友谊是一回事，思想上的分歧甚至对立是另外一回事，将个人的友谊与学术、思想乃至政治见解的不同相区隔，换言之，学术、思想乃至政治见解的不同并不影响个人的友谊，这是民国时期一代学人的优良传统，他们可以因学术、思想乃至政治观点的不同而争得面红耳赤，大打笔墨官司，甚至你来我往，相互批斗，但这并不影响他们的个人友谊，朋友依然是朋友。不像现在的有些学人，只能听奉承话，学术观点批评不得，一旦被人批评，就与批评者割袍绝交，相互敌对。正是以李、胡的问题与主义之争为起点，《新青年》群体内部的思想分歧开始公开化，并进而导致了《新青年》群体的分化或分裂。

问题与主义之争发生前不久，即 1919 年 6 月，陈独秀因散发传单、支持学生运动而被北洋政府逮捕入狱。也正因为陈独秀的被捕，胡适才接替陈独秀主编《每周评论》，于是也才有他的《多研究些问题，少谈些主义》一文在《每周评论》上发表，从而引发了他与李人钊的问题与主义之争。这年 9 月，陈独秀出狱。这时，李、胡的问题与主义之争刚刚结束。陈独秀出狱后，鉴于形势的变化，提出自第 7 卷第 1 号起，《新青年》改由他一人编辑。10 月 5 日，陈独秀在胡适寓所召开《新青年》编辑部会议，会议接受了他的提议，即自第 7 卷 1 号起，《新青年》仍由陈独秀一人主编。这有周作人日记作证："（十月）五日晴，上午得尹默函，往厂甸，至公园。下午二时，至适之寓，议《新青年》事，自七卷始，由仲甫一人编辑。"② 1920 年2 月，陈独秀离开北京，南下上海，同时也把《新青年》的编辑工作带到了上海。自第 8 卷起，陈独秀将《新青年》的编辑工作委托陈望道主持，作者群也逐渐发生变化，陈望道、李达、李汉俊、沈雁冰、周佛海等一批初步具有共产主义思想的人逐渐成为《新青年》的主要作者，而原《新青年》群体，除李大钊外，其他人的文章则明显减少。5 月，共产国际代表维经斯基到上海，就创建中国共产党的问题与陈独秀多次会谈，陈独秀表示愿接受共产国际的帮助和领导，并开始在共产国际的支持和帮助下着手创建

---

① "从五四运动到人民共和国成立"课题组：《胡绳论"从五四运动到人民共和国成立"》，社会科学文献出版社，2001，第 67 页。

② 周作人：《周作人日记》（中），大象出版社，1996，影印本，第 52 页。

中国共产党。① 陈自己也在此过程中最终完成了从一个激进的民主主义者向马克思主义者的转变。与此相一致，"《新青年》也完成了由一份广受大学教授和青年读者欢迎的自由主义的思想文艺性的杂志，变成宣传马克思主义、社会主义和俄国革命的刊物"②。《新青年》性质的这种转变，从其刊发的文章内容的变化可以看出："《新青年》第 8、9 卷（1920 年 9 月—1921 年7 月）中，前期热衷的个性解放已然不见，论及道德革命的文章也只有零星几篇。而这两卷中宣传马克思主义的文章有 7 篇，关于社会主义讨论的文章有 27 篇，俄罗斯研究的文章有 40 篇。其余大都是反映各地劳工情况和关乎时局的政论。"③

　　《新青年》性质的改变，成为"宣传马克思主义、社会主义和俄国革命的刊物"，这当然是作为自由主义知识分子代表人物的胡适不愿看到的，也是绝对不能接受的。于是他提出，《新青年》编辑部再回北京，由他负责。陈独秀理所当然地拒绝了胡适的要求。后几经陈独秀与胡适的交涉，双方无法谈拢。④ 最后的结果是：《新青年》继续由陈独秀负责，并成为宣传马克思主义的主要阵地，中国共产党成立后又成为中国共产党的机关刊物，而胡适则于 1922 年 5 月，办了一份主要谈政治的《努力周报》。自此，因一校（北京大学）一刊（《新青年》）的结合而形成的《新青年》群体完全分化，不复存在。

　　《新青年》群体的分化，不可避免地影响到新文化运动的发展。此后，陈独秀、李大钊的精力主要放在了积极宣传和介绍马克思主义学说以及组

① 维经斯基后来在给组织汇报工作的信件中有一段十分重要的话，描绘了他在上海的工作情况："目前，我们主要从事的工作是把各革命团体联合起来组成一个中心组织。'群益书店'可以作为一个核心把这些革命团体团结在它的周围。中国革命运动最薄弱的方面就是活动分散。为了协调和集中各个组织的活动，正在着手筹备召开华北社会主义者和无政府主义者联合会议。当地的一位享有很高声望和有很大影响的教授（陈独秀），现在写信给各个城市的革命者，以确定会议的议题以及会议的地点和时间。"（《维经斯基给某人的信》，载中共中央党史研究室第一研究部译《共产国际、联共（布）与中国革命档案资料丛书》第一卷《联共（布）、共产国际与中国国民革命运动（1920—1925）》，第 29 页）
② 耿云志：《〈新青年〉同人分裂过程中的一个重要细节》，《广东社会科学》2018 年第 5 期。
③ 鲁萍：《"德先生"和"赛先生"之外的关怀——从"穆姑娘"的提出看新文化运动时期道德革命的走向》，《历史研究》2006 年第 1 期。
④ 有关围绕《新青年》的主办权陈独秀和胡适的交涉情况，可详见耿云志的《〈新青年〉同人分裂过程中的一个重要细节》，《广东社会科学》2018 年第 5 期。

建中国共产党、从事工人运动上，而胡适、周作人等人的精力仍然主要放在对人的思想启蒙上。1924 年 1 月，标志着国共实现第一次合作的国民党第一次全国代表大会在广州召开。会后，在国共合作的推动下，大革命开始兴起。由此，武器的批判取代了批判的武器，因 1915 年 9 月《青年杂志》的创办而兴起的新文化运动最终为大革命所取代。

第二节 新文化运动的主要内容

新文化运动的主要内容，主要体现在五个方面：一是民主、科学和个性解放；二是反孔批儒和伦理道德革命；三是文学革命和白话文运动；四是输入各种新思想、新学说；五是整理国故。这一切的目的都是为了"再造文明"，亦即中国文化向何处去的问题，所以"再造文明"既是新文化运动的内容，也是新文化运动的目的。

一、民主、科学和个性解放

民主和科学是新文化运动的口号和旗帜，也是新文化运动的主要内容之一。在《青年杂志》的创刊号上，陈独秀发表《敬告青年》一文，他向国人疾呼："国人而欲脱蒙昧时代，羞为浅化之民也，则急起直追，当以科学与人权并重。"[1] 这期的创刊号还发表有陈独秀的《法兰西人与近世文明》一文，指出："近代文明之特征，最足以变古之道，而使人心社会划然一新者，厥有三事：一曰人权说，一曰生物进化论，一曰社会主义"，而作为居近代三大文明之首的"人权说"，则首倡于"法兰西拉飞耶特（Lafaveite，美国《独立宣言书》亦其所作）之《人权宣言》"，所以"人类之得以为人，不至永沦奴籍者，非法兰西人之赐而谁耶？"[2] 不久，他在《本志罪案之答辩书》中又生动地将民主与科学称之为"德先生"与"赛先生"，并明确表示，"西洋人因为拥护德、赛两先生，闹了多少事，流了多少血；德、赛两先生才

---

[1] 陈独秀：《敬告青年》,《青年杂志》创刊号，1915 年 9 月 15 日。
[2] 陈独秀：《法兰西人与近世文明》,《青年杂志》创刊号，1915 年 9 月 15 日。

渐渐从黑暗中把他们救出，引到光明世界。我们现在认定只有这两位先生，可以救治中国政治上道德上学术上思想上一切的黑暗。若因为拥护这两位先生，一切政府的迫压，社会的攻击笑骂，就是断头流血；都不推辞"①。这样，民主与科学就成了新文化运动的两面旗帜。

　　新文化运动所宣传的民主有两层含义：一层含义是就国家政治制度而言，即反对封建君主专制统治，建立自由平等的资产阶级民主共和国；第二层含义是民主精神，即独立、自由、平等的精神，这种独立、自由、平等的精神又具体表现为个性解放。就这两层含义的比较而言，以陈独秀、胡适为代表的新文化运动的发动者和倡导者们更重视民主精神，重视个性解放，并视个性解放为思想启蒙的主题。陈独秀在《敬告青年》一文中称欧洲历史为"解放历史"，而所谓"解放云者，脱离夫奴隶之羁绊，以完其自主自由之人格之谓也"。那么，怎样才算"完其自主自由之人格"呢？据陈氏的解释，要有"人间百行，皆以自我为中心"的自我意识；"纵横一世，独立不羁"的自主精神；不迷信，不盲从，敢于怀疑的独立思考；勇于进取，敢担干系的负责态度。一句话，"我有手足，自谋温饱；我有口舌，自陈好恶；我有心思，自崇所信。绝不认他人之越俎"，"一切操行，一切权利，一切信仰，唯有听命各自固有之智能"。②不久，陈独秀在《一九一六年》一文中又希望青年"尊重个人独立自主之人格，勿为他人之附属品"，因为"以一物附属一物，或以一物附属一人而为其所有，其物为无意识者也，若有意识之人间，各有其意识，斯各有其独立自主之权。若以一人而附属一人，即丧其自由自尊之人格，立沦于被征服之女子奴隶捕虏家畜之地位。此白皙人种所以兢兢于独立自主之人格，平等自由之人权也。"③胡适称这种个人独立自主的观念为"健全的个人主义"，并认为这种"健全的个人主义"必须以个人之自由选择和自我负责为条件。个人如果没有自由权而不负责任，便无异于奴隶，而绝不可能发展个人的人格。④

　　个性解放，这是近代思想启蒙运动的历史主题。按照康德的解释，所谓

---

① 陈独秀：《本志罪案之答辩书》，《新青年》第6卷第1号，1919年1月15日。
② 陈独秀：《敬告青年》，《青年杂志》创刊号，1915年9月15日。
③ 陈独秀：《一九一六年》，《青年杂志》第1卷第5号，1916年1月15日。
④ 胡适：《"易卜生主义"》，《新青年》第4卷第6号，1918年6月15日。

启蒙，就是人从不成熟的依附状态中解放出来，达到自觉以及不需要外来权威主宰的"自立"状态，具体内容包括自我意识的复苏、自由平等权利的确认和独立自主人格的树立，其核心是个人主义。启蒙运动的这一历史主题有其历史之必然性，实际上它是人类从封闭的农业社会走向开放的工业社会，从封建主义社会走向资本主义社会的历史序曲。欧洲的文艺复兴、法国的启蒙运动都曾为这历史序曲演奏过雄浑壮丽的旋律。瑞士史学家雅各布·布克哈特在其名著《意大利文艺复兴时期的文化》中谈到个性的觉醒和解放时指出："人类只是作为一个种族、民族、党派、家族或社团的一员——只是通过某些一般的范畴，而意识到自己。在意大利，这层纱幕最先烟消云散；对于国家和这个世界上的一切事物做客观的处理和考虑成为可能的了。同时，主观方面也相应地强调表现了它自己；人成了精神的个体，并且也这样来认识自己。"[1]

中国近代的思想启蒙可追溯到戊戌变法时期，但是由于当时民族危机的空前严重，和文化结构本身所规定的逻辑，戊戌变法呼唤的是整个中华民族的觉醒，而不是个体价值意识的觉醒，致力的是救亡图存的呐喊和政治制度的改革。虽然康有为、严复、梁启超等人也从事过思想启蒙的工作，严复提出过"鼓民力、开民智、兴民德"的主张，但它是服从和服务于救亡图存的呐喊和政治制度的改革的，只是到了新文化运动时期，个性解放才成为思想启蒙的真正主题，成为民主的重要内容。

个性解放在新文化运动时期成为思想启蒙的真正主题，成为民主的重要内容，从其思想认识的根源来看，主要是出于以陈独秀、胡适为代表的新文化运动的发起者和倡导者们对于辛亥革命失败教训的总结。辛亥革命为什么会失败？在西方是"良法美意"的民主共和制度到了中国为什么就成了"逾淮之枳"？经过痛苦的反思，他们认识到："所谓立宪政体，所谓国民政治，果能实现与否，纯然以多数国民能否对于政治，自觉其居于主人的主动的地位为唯一根本之条件。"[2]而要使多数国民能"自觉以主人的自动地位"参与政治活动和国家管理，首先就必须将他们从封建专制主义的思想

---

① 雅各布·布克哈特：《意大利文艺复兴时期的文化》，何新译，商务印书馆，1979，第139页。
② 陈独秀：《吾人最后之觉悟》，《青年杂志》第1卷第6号，1916年2月15日。

禁锢中解放出来，脱其奴性与愚昧，从而树立起独立自主的人格，成为真正自由的个体。所以，在《敬告青年》中，陈独秀号召中国青年以"利刃断铁，快刀理麻"的精神，从六个方面对人生做出抉择，其中第一条就是"自主的而非奴隶的"。①

　　在新文化运动的个性解放与民主和科学的关系问题上，学术界有两种见解：一是认为新文化运动是以民主和科学为自己的旗帜和口号的，个性解放虽然具有反对封建专制主义的积极意义，然而由于它提倡的是"个人本位主义""为我主义"和"健全的个人主义"，而"个人本位主义""为我主义"和"健全的个人主义"，都是"资产阶级的个人利己主义"，不能把它们与民主和科学放置在一起。与此相反，另一种观点认为，新文化运动的基本精神就是个性解放，民主和科学不过是围绕个性解放而提出并为之服务的两个口号而已，如果借用传统的体用范畴来表示，那么，个性解放是体，民主和科学是用。换言之，个性解放是目的，而民主和科学只是实现这一目的的手段。这两种观点虽然立论不同，但有一点是一致的，即都视个性解放与民主和科学为二物，个性解放并不包含在民主和科学的范畴之内。这种观点是否正确，有待商榷。

　　众所周知，中国人所说的民主（或民治、平民主义、民有主义、庶民主义等）是从西方的 Democracy 一词翻译过来的。在西方，对"民主"一词的理解有狭义和广义之分。狭义的民主意指人民的权力，即多数人的统治，是与专制、极权相对立的一种政治制度。广义的民主除了上述含义外，自由、平等、公正、理性、人权、反对权威、个性解放、人格独立以及一切与封建主义相对立的思想、观念、制度都属于民主的范畴。就当时人们对民主的讨论来看，取的是广义的民主。如陈独秀就指出："原来'民治主义'（Democracy），欧洲古代单是用做'自由民'（对奴隶而言。）参与政治的意思，和'专制政治'（Autocracy）相反；后来人智日渐进步，民治主义的意思也就日渐扩张；不但拿他来反对专制帝王，无论政治、社会、道德、经济、文学、思想，凡是反对专制的、特权的，遍人间一切生活，几乎没有一处不竖起民治主义的旗帜。所以杜威博士列举民治主义的原素，不限于

---

① 陈独秀：《敬告青年》，《青年杂志》创刊号，1915 年 9 月 15 日。

政治一方面。我们现在所盼望的实行民治，自然也不限于政治一方面。"① 一位名叫仲九的作者也认为，德莫克拉西可应用于政治、国际、经济、社会、艺术、宗教一切方面，而"尊重人格和解放束缚二种意义，无论政治的德莫克拉西国际的德莫克拉西以及其他种种德莫克拉西，没有一种不含藏的。所以这两种可称为德莫克拉西的共通性质"。在他看来，德莫克拉西的内容有三：一曰"个人健全的发展"；二曰"社会公平的进步"；三曰"人类圆满的幸福"。② 对民主做上述理解，可以说是新文化运动时期很多人的共识。胡适就认为："'民主'是一种生活方式，是一种习惯性的行为。'科学'则是一种思想和知识的法则。科学和民主两者都牵涉到一种心理状态和一种行为的习惯，一种生活方式。"③ 梁漱溟认为，民主的含义是"个性的伸展"和"社会的发达"④。由此可见，陈独秀、胡适等新文化运动的发动者和倡导者所理解的民主本来就包含有个性解放的内容，我们又有什么理由和必要依照自己对民主的狭义理解，或为了强调个性解放的意义，而将它们分开而论呢？此其一。

其二，陈独秀、胡适等人之所以呼唤个性解放，如前所述，是因为他们通过对辛亥革命失败教训的总结，认识到如果没有个性解放，没有广大国民对政治活动的积极参与，民主共和制度就不可能在中国真正建立起来。质言之，个性的解放是建立民主政治的前提和保证。同时他们又认为，民主政治制度一旦建立起来后，又能促进个性解放，使每一国民能处于独立自主的主人地位。用陈独秀的话说："盖以共和民政为自动的自治的政制，导吾人于主人地位，于能力伸展之途，由乱而治者也。王者仁政为他动的被治的政制，导吾人于奴隶地位，于能力萎缩之途，由治而乱者也。"⑤ 据此而论，即使从狭义上来理解民主，在陈独秀、胡适等人那里，也是与个性解放、独立自主之人格的确立互为因果，互为目的和手段的，二者之间不存在所谓体与用、主与次、目的和手段的截然划分。所以，他们一再强调

---

① 陈独秀：《实行民治的基础》，《新青年》第7卷第1号，1919年12月1日。
② 仲九：《德莫克拉西的教育》，《教育潮》第1卷第1期，1919年4月25日。
③《胡适口述自传》，载《胡适全集》第18卷，第353页。
④ 梁漱溟：《东西文化及其哲学》，载中国文化书院学术委员会编《梁漱溟全集》第一卷，山东人民出版社，1989，第349页。
⑤ 陈独秀：《通信》，《新青年》第2卷第4号，1916年12月1日。

民主所包含的两个方面（即民主政治制度和民主精神）是互相联系、相辅相成的，民主政治制度的建立必须以国民的个性解放为基础；而国民的个性解放又必须以民主政治制度的建立为保障。前面已经提到，陈独秀认为立宪政体或国民政治能否实现，"纯然以多数国民能否对于政治，自觉其居于主人的主动的地位为唯一根本之条件"①。这里所讲的"政治自觉"和"居于主人的主动的地位"，实际上指的就是个性解放，国民的自由、独立的地位，这正是民主政治实现的最根本的条件。用他的话说："集人成国，个人之人格高，斯国家之人格亦高，个人之权巩固，斯国家之权亦巩固。"②胡适也说过："争你们个人的自由，便是为国家争自由！争你们自己的人格，便是为国家争人格！自由平等的国家不是一群奴才建造得起来的！"③这就更明确说明了民主两层含义之间互为条件的关系。实际上，在《敬告青年》中，陈独秀在提出个性解放的同时，也打出了"科学与人权并重"的旗帜。那种认为民主与科学是围绕个性解放而提出并为之服务的观点，缺乏历史的依据，不能成立。

新文化运动时期的"个性解放"，包括两个方面的内容：一是批判封建之纲常名教对人的束缚和压迫；二是倡导一种个人主义的人生观。这两个方面相辅相成，前者是破，后者是立。关于新文化运动对封建之纲常名教的批判，我们在下一子目中将有详尽的讨论，此不展开，这里主要介绍下新文化运动倡导的个人主义的人生观。

新文化运动对于个人主义之人生观的倡导，首先是围绕"人"是什么这样一个问题展开的。在陈独秀、胡适等人看来，人不过是动物的一种，他和别种动物只有程度的差异，而无种类的区别。"他的生活现象，与别的动物并无不同。所以我们相信人的一切生活本能，都是美的善的，应得完全满足。凡是违反人性不自然的习惯制度，都应排斥改正。"但"人是一种从动物进化的生物。他的内面生活，比他动物更为复杂高深，而且逐渐向上，有能够改造生活的力量。所以我们相信人类以动物的生活为生存的基础，而其内面生活，却渐与动物相远，终能达到高上和平的境地。凡兽性的余

① 陈独秀：《吾人最后之觉悟》，《青年杂志》第 1 卷第 6 号，1916 年 2 月 15 日。
② 陈独秀：《一九一六年》，《青年杂志》第 1 卷第 5 号，1916 年 1 月 15 日。
③ 胡适：《介绍我自己的思想》，载《胡适全集》第 4 卷，第 663 页。

留，与古代礼法可以阻碍人性向上的发展者，也都应排斥改正"。总之，"人是两手动物"，是"灵"与"肉"的结合，"灵肉本是一物的两面，并非对抗的二元。兽性与神性，合起来便只是人性"。①

尽管上述对什么是人的解释是不全面、不科学的，具有一定的片面性（因为人虽然是从动物演化而来的，然而人与动物又有着质的区别，人有理智，有情感，有社会性，不仅能被动地适应环境，而且还能主动地改造环境），但它包含了人的启蒙的基本内容，摒弃了古代唯心主义与中世纪宗教哲学灵与肉相脱离的二元论，把人看成是完整的灵与肉相结合的独立个体。既然是灵与肉的结合，那么，人的生活也就理所当然地包括物质生活和精神生活两个方面，二者缺一不可，无论物质还是精神方面，"去苦就乐，亦乃人性之自然，天赋之权利"②，天经地义，无可指摘。"人之生也，求幸福而避痛苦，乃当然之天则。"③ 他们还充分肯定人的自然情感和欲望，尤其是对"人类的基本欲望"——"物质上的享受"给予了很高评价，视之为推动人类物质文明和精神文明不断进步的根本动力，并把它与人生幸福联系了起来，认为后者的实现是以前者为前提的，从而建立起了享乐主义的人生观。他们甚至认为，西方近代文化之所以比中国固有文化优越，就在于西方近代文化是建立在"个人幸福的基础之上的"，能最大限度地满足最大多数人在物质上和精神上的欲望，而中国固有文化"逆天而拂性"，"多数人不肯努力以求人生基本欲望的满足，也就不肯进一步以求心灵上与精神上的发展了"。④ 故此，他们对封建统治者的"惩忿窒欲""克己制欲"说，特别是宋明理学家"存天理，灭人欲"的禁欲主义主张给予了严厉抨击："宋儒的理学是从中古的宗教里滚出来的，中古的宗教——尤其是佛教——排斥肉体，禁遏情欲，最反乎人情，不合人道。宋儒用人伦的儒教来代替出世的佛教，固然是一大进步，然而宋儒在不知不觉之中受了中古禁欲的宗教的影响，究竟脱不了那些排斥情欲的根本态度，所以严辩'天理''人欲'的区分，所以有许多不人道的主张。戴东原说宋儒的流弊遂使后世儒者'以

---

① 周作人：《人的文学》，《新青年》第 5 卷第 6 号，1918 年 12 月 15 日。
② 李亦民：《人生唯一之目的》，《青年杂志》第 1 卷第 2 号，1915 年 10 月 15 日。
③ 陈独秀：《新青年》，《新青年》第 2 卷第 1 号，1916 年 9 月 1 日。
④ 胡适：《我们对于近代西洋文明的态度》，《现代评论》第 4 卷第 83 期，1926 年 7 月 10 日。

理杀人'，近人也有'吃人的礼教'之名言，这都不算过当的判断。"①

　　当然，肯定人的欲望这不是问题的关键，问题的关键是如何才能实现自己的欲望。新文化运动的发动者和倡导者认为，要实现自己的欲望，首先必须改变中国人传统的"安分、安命、安贫、乐天、不争"的人生观，而"顺人性之自然，堂堂正正，以个人主义为前提，以社会主义为利益个人之手段"。②故此，他们提出了"个人本位主义""为我主义""自利主义""易卜生主义"等主张，其中尤以胡适的"易卜生主义"影响最大，也最具代表性。胡适之所以要提倡"易卜生主义"，因为在他看来，易卜生主义"最可代表十九世纪欧洲个人主义的精华"，是"一种健全的个人主义的人生观"。③

　　根据胡适的解释，所谓"健全的个人主义的人生观"，有"两个中心见解：第一是充分发展个人的才能，就是易卜生说的，'你要想有益于社会，最好的法子莫如把你自己这块材料铸造成器。'第二是要造成自由独立的人格，像易卜生的《国民公敌》戏剧里的斯铎曼医生那样'贫贱不能移，富贵不能淫，威武不能屈'"。④下面我们不妨就这"两个中心见解"胡适的"健全的个人主义的人生观"做一考察和剖析。

　　胡适指出："健全的个人主义"实质上也是一种"真实纯粹的为我主义"。所谓"真实纯粹的为我主义"，用易卜生的话说，说是"要使你有时觉得天下只有关于我的事最要紧，其余的都算不得什么……有的时候我真觉得全世界都像海上撞沉了船，最要紧的还是救出自己"。而救出自己"最好的法子莫如把你自己这块材料铸造成器"，使之成为真正具有独立自由之人格的人。⑤故此，他特别欣赏易卜生戏剧《娜拉》中的娜拉这个角色。《娜拉》又译《玩偶之家》或《傀儡家庭》，写了一对表面上婚姻似乎非常幸福美满的年轻夫妇，丈夫海尔茂是位自负但有良知的律师和家庭之主，妻子娜拉是个被丈夫当作"小鸟儿"和"小松鼠"的弱女子，她的人格和意志全都从属于海尔茂的大男子主义。娜拉为此还感到幸福。然而，当有一天海

①　胡适：《〈老残游记〉序》，载《胡适全集》第3卷，第583页。
②　李亦民：《人生唯一之目的》，《青年杂志》第1卷第2号，1915年10月15日。
③　胡适：《介绍我自己的思想》，载《胡适全集》第4卷，第662页。
④　胡适：《个人自由与社会进步——再谈五四运动》，《独立评论》第150号，1935年5月12日。
⑤　胡适：《"易卜生主义"》，《新青年》第4卷第6号，1918年6月15日。

尔茂得知她曾经为挽救丈夫、伪造签字借债一事而大发雷霆，恶毒地咒骂她是"下贱的女人"时，娜拉终于醒悟了，开始认识到自己原来是一个没有独立人格和个性自由的人，只是丈夫的玩偶，自己的家是一个玩偶之家。因而，为了"救出自己"，为了寻求独立人格和个性自由，把自己铸造成器，娜拉拒绝了海尔茂关于家庭神圣的宗教和道德说教，毅然抛弃了家庭、丈夫和儿女，"飘然而去"，离家出走了。而对那些随波逐流，明知世界要"陆沉"、要堕落，却要跟着"陆沉"，跟着堕落，不肯"救出自己"，结果使自己成了家庭和社会牺牲品的"懦夫"，胡适则是冷嘲热讽，给予了辛辣的批判。

胡适进一步指出，"救出自己"虽然是"真实纯粹的为我主义"，但同时又是"最有价值的利人主义"。因为社会是由无数的个人组成的，社会和个人之间存在着一种互害或互利的关系，"社会的最大罪恶莫过于摧折个性（人）的个性，不使他自由发展"，如果个人的个性真的被社会摧折完了，自由独立的精神真的没有了，人人都成了奴隶，那么，社会本身也就没有任何生气了，也就不会再继续前进了。[1] 反之，要是人们都能"救出自己"，"把自己铸造成器"，永葆独立自由的精神，"你自然会不知足，不满于现状，敢说老实话，敢攻击社会上的腐败情形，做一个'贫贱不能移，富贵不能淫，威武不能屈'的斯铎曼医生"，那么，社会就能得到改造，就能得到进步。正是在这个意义上，胡适认为"救出自己""把自己铸造成器"，"真实的为我，便是最有益的为人"，"有益于社会"。[2] 他说："社会是个人组成的，多救出一个人便是多备下一个再造新社会的分子。所以孟轲说'穷则独善其身'，这便是易卜生所说'救出自己'意（应为"的"字，属笔误——引者）意思。这种'为我主义'，其实是最有价值的利人主义。"[3]

其实，不唯胡适，当时不少参与新文化运动的人都认同和提倡这种"自利利他主义"，而反对那种自私狭隘的个人主义。如高一涵在《共和国家与青年之自觉》一文中就指出："自利利他主义即以小己主义为基，而与牺牲主义及慈惠主义至相反背者也。"这是因为"先有小己，后有国家，非先有

---

[1] 胡适：《"易卜生主义"》，《新青年》第 4 卷第 6 号，1918 年 6 月 15 日。
[2] 胡适：《介绍我自己的思想》，载《胡适全集》第 4 卷，第 662—663 页。
[3] 胡适：《"易卜生主义"》，《新青年》第 4 卷第 6 号，1918 年 6 月 15 日。

国家，后有小己"，国家本来就是为了"保护小己之自由权利"而设的。另外，从小己和社会的关系来看，"社会集多数小己而成者也，小己为社会之一员，社会为小己所群集，故不谋一己之利益，即无由致社会之发达"，小己和社会存在着一种互害或互利的关系。所以，他认为："损社会以利一己者固非，损一己以利社会者亦谬"，"小己"和"社会"应该互利互惠。①

要"救出自己"，"把自己铸造成器"，就必须具备两个条件，"第一，须使自己有自由意志；第二，须使个人担干系，负责任"。娜拉之所以要出走，"救出自己"，就是因为她的丈夫海尔茂只把她当成"玩意儿"，既不许她有自由意志，又不许她担负家庭的责任，使她没有发展自己个性的机会，所以当娜拉一旦觉悟到自己"也是一个人"时，便极恨自己的丈夫，决定离家出走。胡适强调："世间只有奴隶的生活是不能自由选择的，是不用担干系的。个人若没有自由权，又不负责任，便和做奴隶一样，所以无论怎样好玩，无论怎样高兴，到底没有真正乐趣，到底不能发展个人的人格。"② 他还认为，自由意志和承担责任是不能分开的，因为个人有了自由意志，有了独立自由的人格，才能为自己的行为负责。同时，也只有使人承担责任，人的意志才能真正获得自由，独立自由的人格才会真正具有意义。否则，所谓的自由，只能成为一种盲目的冲动，甚至成为一种不顾后果的捣乱和破坏。

就个人的自由意志而言，它要求人们独立思想，对一切事情或思想观念要做出自己的独立判断，而不能把别人的耳朵当作自己的耳朵，把别人的眼睛当作自己的眼睛，把别人的脑筋当作自己的脑筋，只认同真理，服从真理，而不惧怕权威，屈从权威，要敢于说真话，敢于追求真理。胡适指出，只要一个人有了自由意志，有了真正的独立自由的人格，那么，就能像易卜生戏剧《国民公敌》的主人翁斯铎曼医生那样，"贫贱不能移，富贵不能淫，威武不能屈"，成为一个"爱自由过于面包，爱真理过于生命的特立独行之士"。胡适特别欣赏如斯铎曼医生那样因"不满足于现状，敢说老实话，敢攻击社会上的腐败情形"，而为社会不理解、受打击迫害乃至完全

① 高一涵：《共和国家与青年之自觉（续）》，《青年杂志》第 1 卷第 2 号，1915 年 10 月 15 日。
② 胡适：《"易卜生主义"》，《新青年》第 4 卷第 6 号，1918 年 6 月 15 日。

孤立的"特立独行之士"，他在引用了斯铎曼的话"世上最强有力的人就是那最孤立的人"后写道：这便是"健全的个人主义的真精神"。①胡适把因"敢于讲真话"而成为"最孤立的人"，视为"健全的个人主义的真精神"，从而充分肯定自由意志的作用，充分肯定"把自己铸造成"具有"独立自由的人格"的人，这无疑是对封建专制主义绝对权威的否定。同时，和他的"救出自己"是"真实的为我，便是最有益的为人"一样，胡适也把"独立自由之人格"的铸造，与社会国家的进步联系在一起。他说："社会国家没有自由独立的人格，如同酒里少了酒曲，面包里少了醇，人身上少了脑筋，那种社会国家决没有改良进步的希望。"②胡适尤其强调个人要勇于担负起社会国家的责任。他指出：当时的中国之所以会吏治腐败，军阀横行，社会危机日益加深，究其原因，就是像他这样的知识精英未能承担起社会国家的责任。

从以上的介绍中可以看出，胡适的"易卜生主义"所提倡的个性解放，是人的自我实现问题，这对当时深受封建专制主义统治和禁锢的中国人来说，无疑"是最新鲜最需要的一针注射"，起到了"最大的兴奋作用和解放作用"。③鲁迅后来在谈到新文化运动时期对"易卜生主义"的介绍时也说过："因为 Ibsen 敢于攻击社会，敢于独战多数，那时的绍介者，恐怕是颇有以孤军而被包围于旧垒中之感的罢，现在细看墓碣，还可以觉到悲凉，然而意气是壮盛的。"④因此，它具有积极的思想解放意义。借用阿英在《易卜生的作品在中国》一文中的话说："易卜生主义"的提倡，"配合了五四社会改革的需要"，因而"在当时的中国社会里，就引起了巨大的波澜，新的人没有一个不狂热地喜欢他，也几乎没有一种报刊不谈论他，在中国妇女中出现了不少的娜拉。易卜生的戏剧，特别是《娜拉》，在当时的妇女解放运动中，是起了决定性作用的"。⑤继 1918 年 6 月《新青年》第 4 卷第 6 号的"易卜生专号"刊发了胡适、罗家伦合译的《娜拉》后，又有陈嘏译的

① 胡适：《介绍我自己的思想》，载《胡适全集》第 4 卷，第 663 页。
② 胡适：《"易卜生主义"》，《新青年》第 4 卷第 6 号，1918 年 6 月 15 日。
③ 胡适：《介绍我自己的思想》，载《胡适全集》第 4 卷，第 662 页。
④ 鲁迅：《集外集〈奔流〉编校后记（三）》，载《鲁迅全集》第七卷，第 163 页。
⑤ 转引自邹振环《译林旧踪》，江西教育出版社，2000，第 141 页。

《傀儡之家》（商务印书馆 1918 年 10 月出版）、潘家洵译的《娜拉》（收入潘氏译《易卜生集》，商务印书馆 1921 年 8 月出版）、欧阳予倩译的《傀儡家庭》（《国闻周报》14—16 期连载）、沈佩秋译的《娜拉》（启明书局 1937 年出版）、芳信译的《傀儡家庭》（金星书店 1940 年出版）、翟一我译的《傀儡家庭》（世界出版社 1947 年出版）、沈子复译的《玩偶夫人》（永祥印书馆 1948 年出版）等多种译本发表或出版。这正如陈平原在《娜拉在中国》一文指出的那样："世界上不知有哪个国家能象中国一样创作了如此众多的娜拉型剧本。中国人把娜拉迎进家门后，进行了新的创造，使她在中国复活和再生。这里有从沉睡中醒来的娜拉，也有尚在痛苦中呻吟的娜拉；有从家庭出走以谋求自立的娜拉，也有从追求个性解放到投身社会革命的娜拉……可以说，娜拉随着中国人民走完了整个新民主主义革命的历程。"[1] 同时，我们还需指出，胡适等人主张或提倡的个人主义虽然是从西方资产阶级的思想武库中找来的，但是由于文化背景尤其是历史处境的不同，在西方，个人主义是与个人财产私有制度紧密地联系在一起的，而在中国，在新文化运动时期，胡适等人主张和提倡的个人主义则是与国家和民族的前途紧密地联系在一起的，体现的是知识分子的社会良心。因此，无论是"救出自己"的呐喊，还是"把自己铸造成器"的呼声，或是"自由独立的人格"的鼓吹，其出发点是"真实的为我，便是最有益的为人"，"为社会"，为国家，是一种"健全的个人主义"。尽管它颠倒了个人、群体和社会或国家的利益关系，没有正确处理好改造个人与改造社会、个性解放与国家、民族解放之间的对立统一问题，也无法回答"救出自己后怎么办？娜拉出走后怎么办？"的问题，然而它与那种纯粹的利己主义或极端的个人主义则有着本质的区别，因为用胡适的话说，后者"只顾自己的利益，不顾群众的利益"。[2]

新文化运动提出的另一个响亮口号是科学。陈独秀在《敬告青年》中指出："无常识之思，惟无理由之信仰，欲根治之，厥维科学。夫以科学说明真理，事事求诸证实，较之想像武断之所为，其步度诚缓，然其步步皆

---

① 陈平原：《娜拉在中国》，载《在东西方文化碰撞中》，浙江文艺出版社，1987，第 242 页。
② 胡适：《个人自由与社会进步——再谈五四运动》，《独立评论》第 150 号，1935 年 5 月 12 日。

踏实地，不若幻想突飞者之终无寸进也。宇宙间之事理无穷，科学领土内之膏腴待辟者，正自广阔。青年勉乎哉！"[1] 因此他提出"科学与人权并重"，并把"科学的而非想象的"作为对青年的要求之一。不久，他又在《新文化运动是什么》一文中写道："我们中国人向来不认识自然科学以外的学问……向来不认识中国底学问有应受科学洗礼的必要。我们要改去从前的错误，不但应该提倡自然科学，并且研究、说明一切学问（国故也包含在内），都应该严守科学方法，才免得昏天黑地乌烟瘴气的妄想、胡说。"[2] 和他们所宣传的民主一样，以陈独秀、胡适为代表的新文化运动的发起者和倡导者们所提倡的科学也包括两层含义，它既指具体的自然科学知识，又指认识世界的科学方法和科学态度。陈独秀在《敬告青年》一文中便指出："科学者何？吾人对于事物之概念，综合客观之现象，诉之主观之理性而不矛盾之谓也。想像者何？既超脱客观之现象，复抛弃主观之理性，凭空构造，有假定而无实证，不可以人间已有之智灵明其理由、道其法则者也。"[3] 在这里，陈独秀把科学与想象截然割裂、对立起来，显然是不合适的。但是，他正确地指出，科学要求主观思想反映客观实际；同时，科学能够在人类已有知识的基础上运用逻辑推理等理性思维方式来认识世界。显然，这里指的是一种科学的认识方法。而这种建立在逻辑思维基础上的认识方法被普遍理解为"科学方法"。如《新青年》曾载文论述"科学方法"："自孔德提倡实证主义，穆勒实行逻辑革命以来，科学方法之重要，渐渐为公众所承认了。科学方法是什么呢？换一个名子说，就是实质的逻辑。这实质的逻辑，就是制造知识的正当方法。"[4] 也有人将"科学"理解为一种"科学的精神"。毛子水在谈到"科学"的含义时认为，从广义上来说，科学有两种含义，一种含义指的是各门具体的科学，另一种含义则是指"科学的精神"。什么是"科学的精神"呢？他说："'科学的精神'这个名词，包括许多意义，大旨就是从前人所说的'求是'。凡立一说，须有证据，证据完备，才可以下判断。对于一种事实，有一个精确的，公平的解析：不盲从

① 陈独秀：《敬告青年》，《青年杂志》创刊号，1915 年 9 月 15 日。
② 陈独秀：《新文化运动是什么》，《新青年》第 7 卷第 5 号，1920 年 4 月 1 日。
③ 陈独秀：《敬告青年》，《青年杂志》创刊号，1915 年 9 月 15 日。
④ 王星拱：《什么是科学方法？》，《新青年》第 7 卷第 5 号，1920 年 4 月 1 日。

他人的说话，不固守自己的意思，择善而从。这都是'科学的精神'。"①这里所讲的"科学的精神"与前面陈独秀所讲的与"想象"相对的"科学"其基本内容应该说是一致的，即都强调主观必须符合客观。只是陈独秀侧重于认识过程的科学方法，而毛子水则侧重于认识主体的科学态度。还有人将"科学"理解为一种世界观和人生观："应用者，科学偶然之结果，而非科学当然之目的。科学当然之目的，则在发挥人生之本能，以阐明世界之真理，为天然界之主，而勿为之奴。故科学者，智理上之事，物质以外之事也。专以应用言科学，小科学矣。"②很明显，这是从认识主体和认识客体的关系角度阐述科学认识的功能与目的。它强调的是发挥人的主观能动性，认识客观世界的规律，从而做自然界的主人，而不做自然界的奴隶。

以上各种对于"科学"的不同理解并没有否定科学是反映客观世界本质和规律的知识体系这一基本含义。而只是在承认这一基本含义的前提下，从不同的角度来强调"科学"对于人们认识和行为的规范作用。正是因为有共同的前提，以陈独秀、胡适为代表的新文化运动的发动者和倡导者们在倡言"科学"时都普遍认为必须用科学的法则来认识客观事物。正如陈独秀在《敬告青年》中所指出的："举凡一事之兴，一物之细，罔不诉之科学法则，以定其得失从违，其效将使人间之思想云为，一遵理性，而迷信斩焉，而无知妄作之风息焉。"③这就是说，只有用科学法则来观察事物才能使人们的思想言行遵循理性的原则，从而摈弃迷信和盲目无知的风气。这一对于"科学"的普遍认识，正体现了新文化运动中科学思潮的理性主义色彩。

以陈独秀、胡适为代表的新文化运动的发动者和倡导者提出民主和科学的口号，这既是对民国初年民主政治受挫和复古思潮泛滥的一种回应，更是中国近代知识分子向西方学习、追求现代化思潮的一种发展，民主和科学的思潮大大促进了人们的思想解放，对中国近代思想和文化的转型具有十分重要的意义。

---

① 毛子水：《国故和科学的精神》，《新潮》第 1 卷第 5 号，1919 年 5 月 1 日。

② 任鸿隽：《科学与教育》，《科学》第 1 卷第 12 期，1915 年 12 月。

③ 陈独秀：《敬告青年》，《青年杂志》创刊号，1915 年 9 月 15 日。

二、反孔批儒与伦理道德革命

在以陈独秀、胡适为代表的新文化运动的发动者和倡导者看来，作为民主与科学的对立面，专制和武断、迷信和愚昧的理论根源都来自孔子所创立的儒学及其封建的纲常名教；同时国民的各种病态心理和性格弱点，也在很大程度上是在孔子所创立的儒学及其封建的纲常名教的熏陶下形成的。出于民主和科学启蒙的需要，也出于改造国民性的需要，他们又将批判的矛头引向了孔子所创立的儒学及其封建的纲常名教。

首先，他们批判孔子学说是封建专制主义的意识形态和理论基础。在新文化运动中第一个点名批判孔子的易白沙在 1916 年 2 月发表的《孔子平议》（上）中说："孔子尊君权，漫无限制，易演成独夫专制之弊"；"孔子讲学，不许问难，易演成思想专制之弊"。正因为如此，孔子成为历代封建专制统治者乐于利用的"百世之傀儡"。① 陈独秀也指出："孔教之精华曰礼教，为吾国伦理政治之根本"，而孔教所主张的别尊卑、重阶级、事天尊君思想正适应了专制帝土的需要，是"制造专制帝王之根本恶因"；而"此等别尊卑明贵贱之阶级制度，乃宗法社会封建时代所同然，正不必以此为儒家之罪，更不必讳为原始孔教之所无。愚且以为儒教经汉宋两代之进化，明定纲常之条目，始成一有完全统系之伦理学说。斯乃孔教之特色，中国独有之文明也"。② 他又说："孔子生长封建时代，所提倡之道德，封建时代之道德也；所垂示之礼教，即生活状态，封建时代之礼教，封建时代之生活状态也；所主张之政治，封建时代之政治也。封建时代之道德、礼教、生活、政治，所心营目注，其范围不越少数君主贵族之权利与名誉，于多数国民之幸福无与焉。何以明之？儒家之言社会道德与生活，莫大于礼；古代政治，莫重于刑。而《曲礼》曰：'礼不下庶人，刑不上大夫。'此非孔子之道及封建时代精神之铁证也耶？"③ 被胡适誉为"四川省只手打孔家店的老英雄"的吴虞敏锐地看到了封建帝制复辟活动与尊孔读经活动之间的密切联系，着重揭露了帝制与儒教"交相为用"的关系。他认为"霸主民贼"利用儒家

① 易白沙：《孔子平议》（上），《青年杂志》第 1 卷第 6 号，1916 年 2 月 15 日。
② 陈独秀：《宪法与孔教》，《新青年》第 2 卷第 3 号，1916 年 11 月 1 日。
③ 陈独秀：《孔子之道与现代生活》，《新青年》第 2 卷第 4 号，1916 年 12 月 1 日。

的经传"以遂其私而钳制天下"，而儒教则利用"霸主民贼之力，以扩张其势而行其学"。因此袁世凯复辟帝制时就大搞"祭天祀孔"的活动。他还将批判矛头直接指向孔子本人，把孔子称为"盗丘"和"国愿"，指斥孔子是"诪佞之徒"，"湛心利禄，故不得不主张尊王，使君主神圣威严，不可侵犯，以求亲媚"，"诚可为专制时代官僚派之万世师表者也"。①陈独秀同样认识到，"孔教与帝制，有不可离散之因缘"②，"盖主张尊孔，势必立君；主张立君，势必复辟。理之自然，无足怪者"③。这是袁世凯和康有为一面大搞帝制复辟，一面又积极尊孔复古的重要原因，也是新文化运动之所以要反孔批儒的重要原因。他在《驳康有为致总统总理书》中指出："中国帝制思想，经袁氏之试验，或不至死灰复燃矣。而康先生复于别尊卑、重阶级、事天尊君、历代民贼所利用之孔教，锐意提倡，一若惟恐中国人之'帝制根本思想'或至变弃也者。近且不惜词费，致书黎段二公，强词夺理，率肤浅无常识，识者皆目笑存之。本无辩驳之价值，然中国人脑筋不清，析理不明，或震其名而惑其说，则为害于社会思想之进步也甚巨，故不能已于言焉。"④

　　其次，**他们批判封建的纲常名教和宗法制度摧残人性，阻碍个性自由，是君主专制统治的社会基础。**陈独秀视儒家的"三纲"说为封建社会"一切道德政治"的根本，而封建社会的一切道德准则和政治信条都是由这"三纲"派生的，正是这"三纲"使天下所有的人都丧失了独立自主的人格，平等自由之人权，成为封建专制统治的附属品和奴隶。他在《一九一六年》一文中写道："儒者三纲之说，为一切道德政治之大原：君为臣纲，则民于君为附属品，而无独立自主之人格矣；父为子纲，则子于父为附属品，而无独立自主之人格矣；夫为妻纲，则妻于夫为附属品，而无独立自主之人格矣。率天下之男女，为臣，为子，为妻，而不见有一独立自主之人者，三纲之说为之也。缘此而生金科玉律之道德名词，曰忠，曰孝，曰节，皆非推己及人之主人道德，而为以己属人之奴隶道德也。人间百行，皆以自我

---

① 吴虞：《儒家主张阶级制度之害》，《新青年》第3卷第4号，1917年6月1日。
② 陈独秀：《驳康有为致总统总理书》，《新青年》第2卷第2号，1916年10月1日。
③ 陈独秀：《复辟与尊孔》，《新青年》第3卷第6号，1917年8月1日。
④ 陈独秀：《驳康有为致总统总理书》，《新青年》第2卷第2号，1916年10月1日。

为中心，此而丧失，他何足言?"① 吴虞认为后世统治者"主'三纲'之说"，提倡"忠义"和"孝悌"的最终目的，便是要维护君主专制制度。他指出："儒家以孝弟二字为二千年来专制政治家族制度联结之根干，贯彻始终而不可动摇。"② 表面看来，礼教之"父慈子孝""君礼臣忠"似近于平等，但子不孝、臣不忠则罪大恶极，而父不慈、君无礼则无所制裁，所以在实质上，礼教的尊卑贵贱是不平等的，"父"和"君"是"子"和"臣"的压迫者。他并引用孟德斯鸠对礼教的评论，强调家族制度为专制主义之根据，孝为忠之基础。"夫孝之义不立，则忠之说无所附；家庭之专制既解，君主之压力亦散；如造穹窿然，去其主石，则主体堕地。"③ 在吴虞看来，忠孝的本质在于维护专制主义，君主圣人他们之所以教孝，所以教忠，"也就是教一般人恭恭顺顺的听他们一干在上的人愚弄，不要犯上作乱，把中国弄成一个'制造顺民的大工厂'。孝字的大作用，便是如此!"④ 鲁迅则在《狂人日记》中将封建礼教和仁义道德的本质归之于"吃人"。他在文中写道："翻开历史一查，这历史没有年代，歪歪斜斜的每页上都写着'仁义道德'几个字。我横竖睡不着，仔细看了半夜，才从字缝里看出字来，满本都写着两个字是'吃人'!"⑤ 这种对封建礼教的深刻揭露产生了极大的社会震动，反对"吃人的礼教"成了当时人们的心声和口头禅。鲁迅还撰有《我之节烈观》《我们现在怎样做父亲》等批判礼教的杂文，批判"节烈"是非人道的封建夫权主义的畸形伦理，它是用历史和数目的力量杀人的"无主名无意识的杀人团"⑥。而孝道的实质是"长者本位道德"，是反进化思想的，因而应该用进化的"幼者本位道德"来取代礼教的"长者本位道德"。⑦ 受鲁迅《狂人日记》的启发，1919 年 11 月，吴虞也写了篇《吃人与礼教》，发表在《新青年》第 6 卷第 6 号上，他开宗明义便写道："我读《新青年》里鲁迅君的《狂人日记》，不觉得发生了许多感想。我们中国人，最妙是一面会吃人，一面

① 陈独秀:《一九一六年》,《青年杂志》第 1 卷第 5 号, 1916 年 1 月 15 日。
② 吴虞:《家族制度为专制主义之根据论》,《新青年》第 2 卷第 6 号, 1917 年 2 月 1 日。
③ 吴虞:《家族制度为专制主义之根据论》,《新青年》第 2 卷第 6 号, 1917 年 2 月 1 日。
④ 吴虞:《说孝》, 载《吴虞文录》, 黄山书社, 2008, 第 9 页。
⑤ 鲁迅:《狂人日记》,《新青年》第 4 卷第 5 号, 1918 年 5 月 15 日。
⑥ 唐俟（鲁迅）:《我之节烈观》,《新青年》第 5 卷第 2 号, 1918 年 8 月 15 日。
⑦ 鲁迅:《我们现在怎样做父亲》,《新青年》第 6 卷第 6 号, 1919 年 11 月 1 日。

又能够讲礼教。吃人与礼教，本来是极相矛盾的事，然而他们在当时历史上，却认为并行不悖的，这真正是奇怪了。"在列举了历史上一些君主和圣贤"一面会吃人，一面又能够讲礼教"的事例后，他在文章的结语中又写道："到了如今，我们应该觉悟！我们不是为君主而生的！不是为圣贤而生的！也不是为纲常礼教而生的！甚么'文节公'呀，'忠烈公'呀，都是那些吃人的人设的圈套，来诓骗我们的！我们如今应该明白了！吃人的就是讲礼教的！讲礼教的就是吃人的呀！"① 这是对"吃人的礼教"的血泪控诉！

再次，他们还从反对文化专制主义的角度批判了孔子和儒家学说。陈独秀在《答吴又陵》中认为："无论何种学派，均不能定为一尊，以阻碍思想文化之自由发展。况儒术孔道，非无优点，而缺点则正多。尤与近世文明社会绝不相容者，其一贯伦理政治之纲常阶级说也。此不攻破，吾国之政治、法律、社会道德，俱无由出黑暗而入光明。"② 在《答俞颂华》信中，陈独秀又指出："孔教为吾国历史上有力之学说，为吾人精神上无形统一人心之具，鄙人皆绝对承认之，而不怀丝毫疑义。盖秦火以还，百家学绝，汉武独尊儒家，厥后支配中国人心而统一之者，惟孔子而已。以此原因，二千年来迄于今日，政治上、社会上、学术思想上遂造成如斯之果。设全中国自秦、汉以来，或墨教不废，或百家并立而竞进，则晚周即当欧洲之希腊，吾国历史必与已成者不同。……及今不图根本之革新，仍欲以封建时代宗法社会之孔教，统一全国之人心，据已往之成绩，推方来之效果，将何以适应生存于二十世纪之世界乎？吾人爱国心倘不为爱孔心所排而去，正应以其为历史上有力之学说，正应以其为吾人精神上无形统一人心之具，而发愤废弃之也。"③ 在《再答常乃德》中他再次强调："孔学优点，仆未尝不服膺，惟自汉武以来，学尚一尊，百家废黜。吾族聪明，因之锢蔽，流毒至今，未之能解。又孔子祖述儒说阶级纲常之伦理，封锁神州。斯二者，于近世自由平等之新思潮，显相背驰。不于报章上词而辟之，则人智不张，国力浸削，吾恐其敝将只有孔子而无中国也。即以国粹论，旧说九流并美，倘尚一尊，不独神州学术，不放光辉，即孔学亦以独尊之故，而

---

① 吴虞：《吃人与礼教》，《新青年》第6卷第6号，1919年11月1日。
② 陈独秀：《通信·答吴又陵》，《新青年》第2卷第5号，1917年1月1日。
③ 陈独秀：《通信·答俞颂华》，《新青年》第3卷第1号，1917年3月1日。

日形衰落也。（人间万事，恒以相竞而兴，专占而萎败。不独学术一端如此也。）"① 陈独秀认为，正是独尊儒术，导致了中国两千多年来政治上、社会上和学术思想上落后的局面，阻碍了中国社会的发展。因此这种独尊一家的文化专制主义既不符合思想自由的精神，也不适应于 20 世纪之世界。易白沙在《孔子平议》（上）中也指出："孔子讲学不许问难，易演成思想专制之弊。诸子并立，各思以说易天下。孔子弟子受外界激刺，对于儒家学术不无怀疑，时起问难。孔子以先觉之圣，不为反复辨析是非，惟峻词拒绝其问，此不仅壅塞后学思想，即儒家自身学术，亦难阐发。"② 这种对孔子的批判，当然不完全符合历史事实，但易的主旨是要说明"真理以辩论而明，学术由竞争而进"，反对独尊儒家思想，主张学术自由。

在反孔批儒的同时，陈独秀、胡适等人还大力倡导伦理道德革命。1916 年 2 月 15 日，陈独秀在《青年杂志》第 1 卷第 6 号上发表《吾人最后之觉悟》一文，提出"伦理的觉悟"为"吾人最后觉悟之最后觉悟"。他写道："伦理思想影响于政治，各国皆然，吾华尤甚。儒者三纲之说，为吾伦理政治之大原，共贯同条，莫可偏废。三纲之根本义，阶级制度是也。所谓名教，所谓礼教，皆以拥护此别尊卑、明贵贱制度者也。近世西洋之道德政治，乃以自由、平等、独立之说为大原，与阶级制度极端相反，此东西文明之一大分水岭也。吾人果欲于政治上采用共和立宪制，复欲于伦理上保守纲常阶级制，以收新旧调和之效，自家冲撞，此绝对不可能之事。盖共和立宪制以独立、平等、自由为原则，与纲常阶级制为绝对不可相容之物，存其一必废其一。倘于政治否认专制，于家族社会仍保守旧有之特权，则法律上权利平等、经济上独立生产之原则，破坏无余，焉有并行之余地。自西洋文明输入吾国，最初促吾人之觉悟者，为学术相形见绌，举国所知矣。其次为政治，年来政象所证明，已有不克守缺抱残之势。继今以往，国人所怀疑莫决者，当为伦理问题，此而不能觉悟，则前之所谓觉悟者，非彻底之觉悟，盖犹在惝恍迷离之境。吾敢断言曰：伦理的觉悟为吾人最后觉悟之最后觉悟。"③ 不久，他在《文学革命论》一文中更进一步明

① 陈独秀：《通信·再答常乃德》，《新青年》第 2 卷第 6 号，1917 年 2 月 1 日。
② 易白沙：《孔子平议》（上），《青年杂志》第 1 卷第 6 号，1916 年 2 月 15 日。
③ 陈独秀：《吾人最后之觉悟》，《青年杂志》第 1 卷第 6 号，1916 年 2 月 15 日。

确提出了"伦理道德革命"的主张。他指出：欧洲"自文艺复兴以来，政治界有革命，宗教界亦有革命，伦理道德亦有革命，文学艺术亦莫不有革命，莫不因革命而新兴而进化"，这也是欧洲"今日庄严灿烂"的重要原因。而反观我国，"政治界虽经三次革命而黑暗未尝稍减"，其主要原因，就在于"盘踞吾人精神界根深底固之伦理、道德、文学、艺术诸端莫不黑幕层张，垢污深积"。因此，鉴于"单独政治革命所以于吾之社会，不生若何变化，不收若何效果也"，他提出中国应该像欧洲那样，进行"伦理道德革命"和"文学革命"，而"孔教问题，方喧哓于国中，此伦理道德革命之先声也"。①

和他们提倡的个性解放一样，陈独秀、胡适等人所倡导的"伦理道德革命"，也包括两个方面的内容：第一，批判旧伦理旧道德；第二，提倡新伦理新道德。关于陈独秀等人对旧伦理旧道德的批判，主要是批判儒家的"三纲"说以及"忠""孝""节""义"等封建礼教，概而言之，一是批判儒家"三纲"说以及"忠""孝""节""义"等封建礼教为封建专制主义服务，成了封建专制主义的护身符；二是批判儒家"三纲"说以及"忠""孝""节""义"等封建礼教对人性的摧残，成了"吃人的礼教"；三是批判儒家"三纲"说以及"忠""孝""节""义"等封建礼教的等级制度，在封建礼教支配下的臣、子、妻、卑、幼，自然是君、父、夫、尊、长的奴隶。有关这方面的内容我们在前面论述他们反孔批儒的思想时已有涉及，此处不再重复，这里主要就他们提倡的新伦理新道德，做些介绍。

首先，他们认为，伦理道德不是一成不变的，而是随着时代的发展而发生变动的。陈独秀在《答淮山逸民》的信中指出："盖道德之为物，应随社会为变迁，随时代为新旧，乃进化的而非一成不变的，此古代道德所以不适于今之世也。"②在《孔子之道与现代生活》一文中他又强调："宇宙间精神物质，无时不在变迁即进化之途，道德彝伦，又焉能外。"③伦理道德要随着时代的发展而发生变动，这是陈独秀等人将伦理道德区分为新和旧，从而主张"伦理道德革命"，即批判旧伦理旧道德、提倡新伦理新道德的思想

---

① 陈独秀：《文学革命论》，《新青年》第 2 卷第 6 号，1917 年 2 月 1 日。
② 陈独秀：《通信·答淮山逸民》，《新青年》第 3 卷第 1 号，1917 年 3 月 1 日。
③ 陈独秀：《孔子之道与现代生活》，《新青年》第 2 卷第 4 号，1916 年 12 月 1 日。

基础。李大钊还依据唯物史观探讨了伦理道德之所以会随着时代的发展而发生变动的原因。他在《物质变动与道德变动》一文中写道："马克思一派唯物史观的要旨，就是说：人类社会一切精神的构造，都是表层构造；只有物质的经济的构造，是这些表层构造的基础构造。……物质既常有变动，精神的构造也就随着变动。所以思想、主义、哲学、宗教、道德、法制等等不能限制经济变化物质变化，而物质和经济可以决定思想、主义、哲学、宗教、道德、法制等等。"道德既是随着生活的状态和社会的要求发生的，就是随着物质的变动而变动的，那么物质若是开新，道德亦必跟着开新，物质若是复旧，道德亦必跟着复旧。因为物质与精神原是一体，断无自相矛盾、自相背驰的道理。所以，"一代圣贤的经训格言，断断不是万世不变的法则。什么圣道，什么王法，什么纲常，什么名教，都可以随着生活的变动，社会的要求，而有所变革；且是必然的变革。因为生活状态社会要求既经变动，人类社会的本能自然也要变动。拿陈死人的经训抗拒活人类之社会的本能，是绝对不可能的事"。[1]后来在《由经济上解释中国近代思想变动的原因》（《新青年》第 7 卷第 2 号，1920 年 1 月 1 日）中，李大钊又依据唯物史观关于经济基础决定上层建筑、经济基础发生变化必然会引起上层建筑发生变化的原理，对伦理道德之所以会随着时代的发展而发生变动的原因做了进一步的论述。

其次，他们认为，"个性解放"是新伦理新道德的核心。新伦理新道德的建立，第一，要以个人为本位。陈独秀指出：个人本位是西方近代文化最本质的特征之一，"举一切伦理、道德、政治、法律、社会之所向往，国家之祈求，拥护个人之自由权利与幸福而已。思想言论之自由，谋个性之发展也。法律之前，个人平等也。个人之自由权利，载诸宪章，国法不得而剥夺之，所谓人权是也。人权者，成人以往，自非奴隶悉享，此权无有差别，此纯粹个人主义之大精神也"。而以中国为代表的东方固有文化一项最本质的特征，"是以家族为本位，而个人无权利"。这种"以家族为本位"的文化之"恶果"有四："一曰损坏个人独立自尊之人格；一曰窒碍个人意思之自由；一曰剥夺个人法律上平等之权利（如尊长卑幼同罪异罚之类）；

---

[1] 李大钊：《物质变动与道德变动》，《新潮》第 2 卷第 2 号，1919 年 12 月。

一曰养成依赖性戕贼个人之生产力"。他因而主张"以个人本位主义易家族本位主义"。① 胡适则大力倡言"易卜生主义"。周作人提出"人的文学"，他强调：在中国，人的问题从未解决，所以"我们现在应该提倡的新文学，简单的说一句，是'人的文学'。应该排斥的，便是反对非人的文学"。而要提倡"人的文学"，其第一步就是要从人说起，重新发现"人"，"辟人荒"。他因而希望从文学上入手，"提倡一点人道主义思想"，具体来说，就是通过文学作品，来"扩大读者的精神，眼里看见了世界的人类，养成人的道德，实现人的生活"。② 第二，要有独立的人格。陈独秀在《敬告青年》中向青年提出的六条希望，第一条就是"自主的而非奴隶的"。他指出"等一人也，各有自主之权，绝无奴隶他人之权利，亦绝无以奴自处之义务"。奴隶与普通人的最大不同，就是奴隶受人"羁绊"，没有"自主自由之人格"。所以"解放云者，脱离夫奴隶之羁绊，以完其自主自由人格之谓也"。③ 在《一九一六年》中，陈独秀再次向青年大声疾呼："自负为一九一六年之男女青年，其各奋斗以脱离此附属品之地位，以恢复独立自主之人格。"④ 在《孔子之道与现代生活》中，陈独秀又提出，新伦理新道德与旧伦理旧道德的根本区别就在于个人的"独立人格"。在封建旧伦理旧道德下，个人是没有独立人格可言的，君、父、夫处于绝对统治和支配地位，臣、子、妻则受君、父、夫的统治和支配，而新伦理新道德则"莫不发挥个人独立信仰之精神，各行其是，子不必同于父，妻不必同于夫"。他还把个人人格独立与经济学上之个人财产独立相联系："现代生活以经济为之命脉，而个人独立主义乃为经济学生产之大则，其影响遂及于伦理学。故现代伦理学上之个人人格独立与经济学上之个人财产独立，互相证明，其说遂至不可摇动。"⑤ 胡适强调了具有"特立独行"的独立人格的重要意义。如前所述，他在《"易卜生主义"》中号召人们，一方面要向娜拉学习，"努力把自己铸造成器"；一方面又向斯铎曼医生学习，"特立独行，敢说老实话，敢向恶势力作战"。⑥

---

① 陈独秀：《东西民族根本思想之差异》，《新青年》第 1 卷第 4 号，1915 年 12 月 15 日。
② 周作人：《人的文学》，《新青年》第 5 卷第 6 号，1918 年 12 月 15 日。
③ 陈独秀：《敬告青年》，《青年杂志》创刊号，1915 年 9 月 15 日。
④ 陈独秀：《一九一六年》，《青年杂志》第 1 卷第 5 号，1916 年 1 月 15 日。
⑤ 陈独秀：《孔子之道与现代生活》，《新青年》第 2 卷第 4 号，1916 年 12 月 1 日。
⑥ 胡适：《"易卜生主义"》，《新青年》第 4 卷第 6 号，1918 年 6 月 15 日。

胡适对个人保持有"特立独行"的独立人格非常推崇，认为它是"健全的个人主义"所追求的理想境界。

再次，他们认为，在建立新伦理新道德的过程中，要重视国民性的改造，改造国民性与建立新伦理新道德应相辅相成。陈独秀对改造国民性的重要性有深刻的认识。1915 年 11 月，他在《青年杂志》第 1 卷第 3 号上发表《抵抗力》一文，专门论述了国民抵抗力的薄弱是中国衰亡的原因。他说："吾国衰亡之现象，何只一端？而抵抗力之薄弱，为最深最大之病根。退缩苟安，铸为民性，腾笑万国。"[1]1916 年 10 月 1 日，他又在《新青年》第 2 卷第 2 号上发表的《我之爱国主义》一文中指出："外人之讥评吾族，而实为吾人不能不俯首承认者，曰'好利无耻'，曰'老大病夫'，曰'不洁如豕'，曰'游民乞丐国'，曰'贿赂为华人通病'，曰'官吏国'，曰'豚尾客'，曰'黄金崇拜'，曰'工于诈伪'，曰'服权力不服公理'，曰'放纵卑劣'。凡此种种，无一而非亡国灭种之资格。"他认为，这种国民的劣根性是几千年的封建君主专制主义统治以及为封建君主专制主义服务的儒家学说造成的恶果。如果得不到改造，不仅新伦理新道德建立不起来，中华民族也很难立于世界民族之林："一国之民，精神上物质上，如此退化，如此堕落，即人不我伐，亦有何颜面有何权利，生存于世界？一国之民德民力在水平线以上者，一时遭逢独夫强敌，国家濒于危亡，得献身为国之烈士而救之，足济于难；若其国之民德民力在水平线以下者，则自侮自伐。其招致强敌独夫也，如磁石之引针，其国家无时不在灭亡之数，其亡自亡也，其灭自灭也。"所以，中国的当务之急，是要在提倡和建立新伦理新道德的过程中，重视国民性的改造。用陈独秀的话说："今其国之危亡也，亡之者虽将为强敌为独夫，而所以使之亡者，乃其国民之行为与性质，欲图根本之救亡，所需乎国民性质行为之改善。"[2]李大钊对国民性问题也非常重视，1918 年他发表《东西文明根本之异点》一文，通过对东西文明之根本差异的比较，认为以中国为代表的东方文明存在着：（一）厌世的人生观不适于宇宙进化之理法；（二）惰性太重；（三）不尊重个性之权威与势力；

---

① 陈独秀：《抵抗力》，《新青年》第 1 卷第 3 号，1915 年 11 月 15 日。
② 陈独秀：《我之爱国主义》，《新青年》第 2 卷第 2 号，1916 年 10 月 1 日。

（四）阶级的精神，视个人仅为一较大单位中不完全之部分，部分之生存价值全为单位所吞没；（五）对于妇人之轻侮；（六）同情心之缺乏；（七）神权之偏重；（八）专制主义之盛行等八个方面的弊端。[1]其中像"厌世的人生观""惰性太重""不尊重个性""对于妇人之轻侮""同情心之缺乏"等反映的是国民的劣根性。在改造国民性的历史上，鲁迅是一座迄今为止没有人越过的丰碑，他以思想家惊人的深刻性和洞察力，对中国国民性进行了深入的观察和思考，写下了大量的揭露和批判国民劣根性的著作，如《阿Q正传》中对愚昧、麻木、保守、自私、狭隘、狡黠、惧强凌弱、以精神胜利法来实现自我安慰等种种国民劣根性的揭露和批判，具有强烈的心灵冲击力。鲁迅还分析了产生国民劣根性的原因：一是悠久的历史造就古代中国文明，高于邻国，从而傲睨万物，自尊自大，久而久之，以"固有文明"为口头禅，不思进取，害怕革新，闭关自守，故步自封，民族精神日益颓萎；二是封建专制制度压制个性发展，大搞"愚民统治"，社会生机日益丧失；三是封建主义社会意识形态引导人们向后看，培养苟安退守自满的民族性格，进取的民族精神日益堕落；四是自给自足的小农经济培育了驯服盲从迷信保守的民族精神。[2]和陈独秀一样，李大钊、鲁迅等人揭露和批判国民劣根性的目的，也是要引起人们对改造国民性的高度重视。鲁迅就通过对民国以后十余年间社会状况的考察得出结论："最初的革命是排满，容易做到的，其次的改革是要国民改革自己的坏根性，于是就不肯了。所以此后最要紧的是改革国民性，否则，无论是专制，是共和，是什么什么，招牌虽换，货色照旧，全不行的。"[3]

最后，他们在提倡新伦理新道德的过程中，特别重视妇女的解放问题。马克思曾指出，妇女解放的程度是衡量一个社会解放程度的标准。而在中国两千多年的封建社会中，中国的广大妇女不仅深受君权和父权的压迫，还深受夫权的压迫，"三纲"中的第三纲，就是"夫为妻纲"，无论在社会上，还是在家庭中，妇女都没有任何地位和权力。清末时，一些思想家就发出了妇女解放的呼声。新文化运动兴起后，妇女解放成了新文化运动

---

① 李大钊：《东西文明根本之异点》，《言治》季刊第 3 册，1918 年 7 月 1 日。
② 张艳国：《排孔开新与国民性改造》，《河北学刊》2003 年第 5 期。
③ 鲁迅：《两地书》，载《鲁迅全集》第十一卷，第 31 页。

的重要内容之一。在《青年杂志》的创刊号上，发表有陈独秀翻译的法国
Max O'Rell 的《妇女观》一文，从而揭开了《新青年》讨论妇女问题的
序幕。从第 2 卷第 6 号起，《新青年》还开辟了《女子问题》专栏，其原因
正如胡适主编的第 6 卷第 4 号上《新青年记者启事——"女子问题"》所说：
"女子居国民之半数，在家庭中，尤负无上之责任，欲谋国家社会之改进，
女子问题固未可置诸等闲，而家族制度不良造成社会不宁之象，非今日重
大问题乎？欲解决此问题，无一不与女子有关"；除了欢迎全国作者，尤其
是"女同胞诸君，于'女子教育''女子职业''结婚''离婚''再醮''姑
媳同居''独身生活''避孕''女子参政''法律上女子权利'等关于女子
诸重大问题，任择其一，各就所见，发表于本志"外，陈独秀、胡适等人
还发表了大量批判封建纲常名教对妇女的压迫和束缚、主张妇女解放的文
章。[①] 比如，在《孔子之道与现代生活》一文中，陈独秀就痛陈"中土儒者，
以纲常立教，为人子为人妻者，既失个人独立之人格，复无个人独立之财
产"，与西方人"莫不发挥个人独立信仰之精神，各行其是，子不必同于
父，妻不必同于夫"相反，中国人则"律以儒家教孝教从之义，父死三年，
尚不改其道；妇人从父与夫，并从其子，岂能自择其党，以为左右袒耶？
妇人参政运动，亦现代文明妇人生活之一端。律以孔教，'妇人者伏于人者
也''内言不出于阃''女不言外'之义，妇人参政岂非奇谈？西人媚居生
活，或以笃念旧好，或尚独身清洁之生涯，无所谓守节也。妇人再醮，决
不为社会所轻。中国礼教，有'夫死不嫁'之义，男子之事二主，女子之
事二夫，遂共目为失节，为奇辱。礼又于寡妇夜哭有戒，友寡妇之子有戒，
国人遂以家庭名誉之故，强制其子媳媚居。不自由之名节，至凄惨之生涯，
年年岁岁，使许多年富有为之妇女，身体精神，俱呈异态者，乃孔子礼教
之赐也"。[②] 吴虞以其妻吴曾兰的名字，在 1917 年 6 月 1 日出版的《新青年》
第 3 卷第 4 号《女子问题》专栏上发表《女权平议》一文，一字一泪地控诉
了封建礼教对广大妇女各方面的奴役、压迫和束缚，并大声疾呼："天尊地
卑，扶阳抑阴，贵贱上下之阶级，三从七出之谬谈，其于人道主义，皆为

①《新青年记者启事——"女子问题"》，《新青年》第 6 卷第 4 号，1919 年 4 月 19 日。
② 陈独秀：《孔子之道与现代生活》，《新青年》第 2 卷第 4 号，1916 年 12 月 1 日。

大不敬，当一扫而空之，正不必曲为之说也。"[1] 周作人翻译了日本与谢野晶子的《贞操论》一文，发表在《新青年》第4卷第5号上。在译文的前面，周作人写道："我译这篇文章，并非想借他来论中国贞操问题；因为中国现在，还未见这新问题发生的萌芽，论他未免太早。我的意思，不过是希望中国人看看日本先觉的言论，略见男女问题的情形。……但是女子问题，终竟是件重大事情，须得切实研究。"[2] 正是受这篇文章的影响，胡适开始研究贞操问题，并先后有《贞操问题》《论贞操问题》《论女子为强暴所污》《美国妇女》等文章发表，批判旧的贞操观、婚姻观和孝道观，控诉封建之纲常名教对广大妇女的残酷压迫。他指出："贞操是男女相待的一种态度，乃是双方交互的道德，不是偏于女子一方面的。"然而依据封建的纲常名教，贞操只有针对女子而言的，"中国的男子要他们的妻子替他们守贞节，他们自己却公然嫖妓，公然纳妾，公然'吊膀子'。再嫁的妇人在社会上几乎没有社交的资格；再婚的男子，多妻的男子却一毫不损失他们的身分"。他尤其对守节和殉烈的风俗进行了抨击，认为"替未婚夫守节和殉烈的风俗"是"贞操问题之中第一个无道理的"陋习，"在文明国里男女用自由意志，由高尚的恋爱，订了婚约，有时男的或女的不幸死了，剩下的那一个因为生时情爱太深，故情愿不再婚嫁，这是合情理的事。若在婚姻不自由之国，男女订婚以后，女的还不知男的面长面短，有何情爱可言？不料竟有一种陋儒，用'青史上留名的事'来鼓励无知女儿做烈女，'为伦纪生色'，'风化所关，猗欤盛矣'！我以为我们今日若要作具体的贞操论，第一步就该反对这种忍心害理的烈女论，要渐渐养成一种舆论，不但不把这种行为看作'猗欤盛矣'可旌表褒扬的事，还要公认这是不合人情、不合天理的罪恶；还要公认劝人做烈女，罪等于故意杀人"。他强调：北洋政府"褒扬烈妇烈女杀身殉夫，都是野蛮残忍的法律，这种法律，在今日没有存在的地位"。[3] 鲁迅分析了贞烈观念这一"畸形道德"给妇女造成的"精神上的惨苦"和生活上的"大宗的痛楚"。他指出："节烈这两个字，从前也算是男子的美德；所以有过'节士''烈士'的名称。"然而在儒家纲常名教的影响下，"现在

---

① 吴曾兰：《女权平议》，《新青年》第3卷第4号，1917年6月1日。

② 与谢野晶子著，周作人译《贞操论》，《新青年》第4卷第5号，1918年5月15日。

③ 胡适：《贞操问题》，《新青年》第5卷第1号，1918年7月15日。

的'表彰节烈'，却是专指女子，并无男子在内。据时下道德家的意见来定
界说。大约节是丈夫死了，决不再嫁，也不私奔；丈夫死得愈早，家里愈
穷，他（应为"她"——引者，下同）便节得愈好。烈可是有两种。一种无
论已嫁未嫁，只要丈夫死了，他也跟着自尽；一种是有强暴来污辱他的时
候，设法自戕，或者抗拒被杀，都无不可。这也是死得愈惨愈苦，他便烈
得愈好"。所以，"节烈"对于女子而言，是"极难极苦"的事，是一种"不
愿身受，然而不利自他，无益社会国家，于人生将来又毫无意义的行为"，
早已"失去了存在的生命和价值"。既然"节烈"早已"失去了存在的生命
和价值"，那么，我们就应"发愿"，要废除这一陋习，"要除去于人生毫
无意义的苦痛。要除去制造并赏玩别人苦痛的昏迷和强暴。我们还要发愿：
要人类都受正当的幸福"。[①] 李大钊的《战后之妇人问题》一文，在详细介绍
了第一次世界大战后西方兴起的女权运动后，希望中国女界对于世界的妇
女问题能发生兴趣，希望中国这"半身不遂"的文明不要长期下去，"不要
因为世界上有我们中国，就让这新世纪的世界文明仍然是'半身不遂'文
明"。[②] 胡适也有《美国的妇人》一文在《新青年》上发表，介绍美国妇女在
参政、就业、受教育等方面的状况，以及美国妇女的婚姻和家庭观念。该
文是他在北京女子师范学校演讲的演讲稿，他认为中国妇女应该像美国妇
女学习，树立一种"超于良妻贤母的人生观"，也就是一种"'自立'的观
念"，即："无论做何等事业，无论已嫁未嫁"，都要"存一个'自立'的
心"。而"'自立'的意义，只是要发展个人的才性，可以不倚赖别人，自
己能独立生活，自己能替社会作事"。[③] 除了与罗家伦合作翻译易卜生的戏剧
《娜拉》外，胡适还创作了中国戏剧史上第一部"社会问题剧"，也是第一
部话剧《终身大事》。女主人翁田亚梅可以说就是中国觉醒了的娜拉，她反
对父母利用封建迷信和风俗祠规干涉自己的婚姻自由，最后她给父母留了
一张纸条，表明自己的"终身大事"，应该由自己决断，便离家与自己的心
上人一起坐车走了。无论是《娜拉》的主人翁娜拉也好，还是《终身大事》
的主角田亚梅也罢，她们都是妇女追求自我解放的先行者或代表人物，胡

---

① 唐俟（鲁迅）：《我之节烈观》，《新青年》第 5 卷第 2 号，1918 年 8 月 15 日。
② 李大钊：《战后之妇人问题》，《新青年》第 6 卷第 2 号，1919 年 2 月 15 日。
③ 胡适：《美国的妇人》，《新青年》第 5 卷第 3 号，1918 年 9 月 15 日。

适将她们翻译出来或写出来，其意义非常明显，就是要中国妇女像娜拉和田亚梅学习，冲破传统观念和纲常名教的束缚，自己解放自己。

提倡伦理道德革命，是新文化运动的重要内容之一，是以陈独秀为代表的新文化派的重大贡献。这正如1932年傅斯年在论及陈独秀时所指出的："独秀当年最受人攻击者是他的伦理改革论，在南在北都受了无数的攻击、诽谤及诬讯。我觉得独秀对中国革命最大的贡献正在这里，因为新的政治决不能建设在旧的伦理之上，支持封建时代社会组织之道德决不适用于民权时代，爱宗亲过于爱国者决不是现代的国民，而复辟与拜孔、家族主义与专制政治之相为因果，是不能否认的事实。独秀看出徒然的政治革命必是虎头蛇尾的，所以才有这样探本的主张。"①

目前学术界流行着这样一种观点，即认为新文化运动反孔批儒和提倡伦理道德革命是"全盘性的反传统主义"。如美籍华裔学者、美国威斯康星大学林毓生教授在他的《中国意识的危机——五四时期激烈的反传统主义》一书中开宗明义就指出："20世纪中国思想史的最显著特征之一，是对中国传统文化遗产坚决地全盘否定的态度的出现与持续"，它的"直接历史根源，可以追溯到本世纪初中国现代知识分子起源的特定性质，尤其可以追溯到1915—1927年五四运动时代所具有的特殊知识倾向"。正是由于新文化运动时期"反传统主义"是非常激烈的，"所以我们完全有理由把它说成是全盘的反传统主义。就我们所了解的社会和文化变迁而言，这种反崇拜偶像要求彻底摧毁过去一切的思想，在很多方面都是一种空前的历史现象"。基于上述认识，林教授分别考察了新文化运动的三位主要倡导者陈独秀、胡适和鲁迅的"全盘性的反传统主义"的表现与实质，认为"在胡适的意识中占统治地位的是他的以全盘西化主张为基础的全盘性的反传统主义"。②

要判定陈独秀、胡适等新文化派有或没有"全盘性的反传统"，其关键是看他们究竟反了哪些传统。如我们前面分析的，新文化运动时期的陈独秀、胡适等人反对的主要是儒学，特别是它的核心——礼教。就是那些认为

---

① 傅斯年：《陈独秀案》，《独立评论》第24号，1932年10月30日。
② 林毓生：《中国意识的危机——五四时期激烈的反传统主义》（增订再版本），穆善培译，贵州人民出版社，1988，第2、6、140页。

陈、胡等人是"全盘性的反传统"的学者，也主要是从他们的激烈反儒学、反孔教来立论的。比如林教授批评陈独秀全盘性反传统的依据是说他全面反孔教。他在《中国意识的危机——五四时期激烈的反传统主义》中写道："我们必须把陈独秀对孔教的整体攻击，看作代表他的整体性的反传统主义。"[①] 这里有两个问题必须搞清楚：第一，陈、胡等人为什么要反儒学、反孔教？第二，反儒学、反孔教是否就等于全盘性的反传统？

陈、胡等人之所以要反儒学、反孔教，有其深刻的思想认识根源和社会历史根源。就思想认识根源而言，首先，在陈、胡等人看来，儒学是中国传统文化的核心，是封建专制制度的理论基础，是"历代帝王专制之护符"，正是儒学和孔子造成了今日中国的落后。因此，要推翻封建专制制度，谋求祖国的富强，实现平等自由，就必须反儒学，反孔教。用陈独秀的话说："儒教孔道不大破坏，中国一切政治、道德、伦理、社会、风俗、学术、思想，均无有救治之法。"[②] 其次，孔子生活于封建时代，其所提倡之道德，垂示之礼教，主张之政治，皆封建时代之道德、礼教、政治，"所心营目注，其范围不越少数君主贵族之权利与名誉，于多数国民幸福无与焉"，因而不适应现代生活。基于前两点认识，陈、胡等人又得出了第三点认识：儒学特别是它的核心礼教，与西方近代文化之民主和科学精神格格不入，要引进后者就非批判反对前者不可。用陈独秀在《答佩剑青年》中的话说，孔教之"根本的伦埋道德，适与欧化背道而驰，势难并行不悖。吾人倘以新输入之欧化为是，则不得不以旧有之孔教为非；倘以旧有之孔教为是，则不得不以新输入之欧化为非。新旧之间，绝无调和两存之余地"[③]。在《宪法与孔教》中，陈独秀又指出："吾人倘以为中国之法，孔子之道，足以组织吾之国家，支配吾之社会，使适于今日竞争世界之生存，则不徒共和宪法为可废，凡十余年来之变法维新，流血革命，设国会，改法律（民国以前所行之大清律，无一条非孔子之道——此为陈自注）及一切新政治新教育，无一非多事，且无一非谬误，应悉废罢，仍守旧法，以免滥费吾人之财力。万一不安本分，妄欲建设西洋式之新国家，组织西洋式之新社会，以求适

---

① 林毓生：《中国意识的危机——五四时期激烈的反传统主义》（增订再版本），第 119 页。
② 陈独秀：《通信·答孔昭铭》，《新青年》第 2 卷第 5 号，1917 年 1 月 1 日。
③ 陈独秀：《通信·答佩剑青年》，《新青年》第 3 卷第 1 号，1917 年 3 月 1 日。

今世之生存，则根本问题，不可不首先输入西洋式社会国家之基础，所谓平等人权之新信仰，对于与此新社会新国家新信仰不可相容之孔教，不可不有彻底之觉悟，猛勇之决心，否则不塞不流，不止不行。"① 就陈、胡等人的上述三点认识来看，尽管其中有一些不妥之处，比如把新、旧看成是完全对立的两极，认为它们"绝无调和两存之余地"，否认了文化发展的连续性，然其基本见解是正确的（虽不全面），其分析也有理有据，特别是他们能从发展的观点说明儒学和孔子的现世作用，既较深刻，又令人信服，体现了新文化运动的理性精神。

从历史根源来看，如前所述，新文化运动时期的陈、胡等人反儒学，反孔教，与辛亥革命后袁世凯之流借尊孔搞帝制复辟，康有为要求北洋政府"以孔子为大教，编入宪法"之孔教运动也颇有关系。胡适曾指出："孔教的问题，向来不成什么问题；后来东方文化与西方文化接近，孔教的势力渐渐衰微，于是有一班信仰孔教的人妄想要用政府法令的势力来恢复孔教的尊严；却不知道这种高压的手段恰好挑起一种怀疑的反动。因此，民国四五年的时候，孔教会的活动最大，反对孔教的人也最多。"② 陈独秀在分析新文化运动的激烈反儒学、反孔教的原因时也认为："学理而至为他种势力所拥护所利用，此孔教之所以一文不值也。此正袁氏执政以来，吾人所以痛心疾首于孔教而必欲破坏之也。"③ 由此可见，陈、胡等人于新文化运动时期激烈的反儒学、反孔教，有其历史的合理性及其意义。

陈、胡等人虽然反儒学、反孔教，但对于孔子本人及其全部学说并没有采取简单地全盘否定的态度，他们批判的主要是儒学的现实价值，而非历史价值，对于后者，他们还是承认的。胡适自己就说过："有许多人认为我是反孔非儒的。在许多方面，我对那经过长期发展的儒教的批判是很严厉的。但是就全体来说，我在我的一切著述上，对孔子和早期的'仲尼之徒'如孟子，都是相当尊崇的。我对十二世纪'新儒学'（'理学'）的开山宗师的朱熹，也是十分崇敬的。"④ 陈独秀在当时也一再声明，"我们反对孔教，

① 陈独秀：《宪法与孔教》，《新青年》第2卷第3号，1916年11月1日。
② 胡适：《"新思潮"的意义》，《新青年》第7卷第1号，1919年12月1日。
③ 陈独秀：《通信·答常乃德》，《新青年》第3卷第2号，1917年4月1日。
④ 《胡适口述自传》，载《胡适全集》第18卷，第425页。

并不是反对孔子个人，也不是说他在古代社会无价值。不过因他不能支配现代人心，适合现代潮流，还有一班人硬要拿他出来压迫现代人心，抵抗现代潮流，成了我们社会进化的最大障碍"。他并针对一些复古守旧人士对《新青年》批孔的攻击，强调指出："本志诋孔，以为宗法社会之道德，不适于现代生活，未尝过此以立论也。"[①] 李大钊能客观地将孔子创立的儒家学说和孔子本人分开评判，认为"孔子于其生存时代之社会，确足为其社会之中枢，确足为其时代之圣哲，其说亦确足以代表其社会其时代之道德"[②]。同时他又强调："孔子或其他古人，只是一代哲人，决不是'万世师表'"[③]，孔子创立的儒学已不适应现代生活。鲁迅对"吃人的礼教"做过激烈的批判，但他并没有完全否定孔子，例如，他虽然对孔子删《诗》使之"温柔敦厚"表示出强烈不满，但同时对孔子保留了"时日曷丧，予及汝皆亡"这样并不"纯厚"的语句甚为赞赏[④]；他对孔子"知其不可为而为之"的精神也十分佩服，认为"一定要有这种人，世界才不寂寞"[⑤]。

假如我们不囿于儒家中心主义的成见，不把儒学看成是唯一传统，更不把儒学之礼教与儒学、与传统等同起来，而是承认传统只是历史的沿袭，是我们先辈们所创造、吸取并发展至今的一切文化形式，包括有文字记载和无文字记载的，好的和坏的，进步的和落后的，有生命力的和陈旧腐朽的……那么显而易见，新文化运动时期的陈独秀、胡适等人没有"全盘性的反传统"。

同时我们还应看到，新文化运动时期的陈独秀、胡适等人一方面在反儒学，反孔教，或反传统，但另一方面他们自身又是传统的载体，没有也无法脱离传统。因为传统虽然是历史的沿袭和沉淀，但它并不是已陈刍狗，一堆听任人们任意割舍的"死物"，而是一种"活"的精神，永远蕴含于现实之中，不管人们愿意不愿意，自觉不自觉，它都会以各种形式表现出来，对人们发生作用。人们尚未出生，传统就已存在，人们出生之后，尚

① 陈独秀：《通信·答佩剑青年》，《新青年》第3卷第1号，1917年3月1日。
② 李大钊：《自然的伦理观与孔子》，《甲寅日刊》1917年2月4日。
③ 李大钊：《由经济上解释中国近代思想变动的原因》，《新青年》第7卷第2号，1920年1月1日。
④ 鲁迅：《花边文学·古人并不纯厚》，载《鲁迅全集》第五卷，第448页。
⑤ 鲁迅：《而已集·反"漫谈"》，载《鲁迅全集》第三卷，第464页。

未有能力做出理智的选择，传统就通过其环境和社会影响，家庭和学校教育，潜入人们的意识和非意识层面，型塑其思维方式、知识结构、价值取向、审美情操以及人格和爱好。更何况陈独秀、胡适等人从小接受的还是正统的儒学教育，他们熟读"四书五经"，旧学功底颇为深厚，如胡适在家乡接受过九年的家塾教育，陈独秀考取过秀才，钱玄同、鲁迅是古文经学大师章太炎的弟子。尽管他们出过洋，留过学，相对于那些依然身着长袍马褂的士大夫来说，他们是够"西化"的知识分子，但这并没有改变人们从小便浸染其中的文化传统，可以说传统与他们的关系是形离而神合。胡适晚年曾多次谈到他早年所受的传统教育对他的影响。他写道："我至今还记得我做小孩子时代读的朱子小学里面记载的几个可爱的人物，如汲黯、陶渊明之流。朱子记陶渊明，只记他做县令时送一个长工给他儿子，附去一封家信，说'此亦人子也，可善遇之'。这寥寥九个字的家书，印在脑子里，也颇有很深刻的效力，使我三十年来不敢用一句暴戾的辞气对待那帮我做事的人。"① 又说："回想到安徽南部山中我第一次进入那个乡村学校。……我认出来这张书札开头引用的就是立德、立功、立言的三不朽论。五十年匆匆地过去了，但是我第一次发现这些不朽的话的深刻印象却一直没有毁灭。"② "原来在我十几岁的时候，我就已经深受老子和墨子的影响。这两位中国古代哲学家，对我的影响实在很大。墨子主'非攻'；他底'非攻'的理论实在是篇名著，尤其是三篇里的《非攻上》，实在是最合乎逻辑的反战名著；反对那些人类理智上最矛盾、最无理性、最违反逻辑的好战的人性。老子对我的影响又稍有不同。老子主张'不争'（不抵抗）。'不争'便是他在耶稣诞生五百年之前所形成的自然宇宙哲学之一环。……所以我个人对不抵抗主义的信仰实发源于老子、耶稣基督，和教友派基督徒的基本信仰。"③ 陈独秀在《我之爱国主义》一文中提出，他主张的爱国主义，"不在为国捐躯，而在笃行自好之士，为国家惜名誉，为国家弭乱源，为国家增实力"。他认为，为国捐躯之士虽然值得我们服膺和崇拜，尤其当国家需要之时，

---

① 胡适：《领袖人才的来源》，《独立评论》第 12 号，1932 年 8 月 7 日。
② 胡颂平编著《胡适之先生年谱长编初稿》第 5 册，（台北）联经事业出版公司，1984，第1882 页。
③ 《胡适口述自传》，载《胡适全集》第 18 卷，第 211—212 页。

作为国人的我们更应该"决然为之，无所审顾"，但"此种爱国行为，乃一时的而非持续的，乃治标的而非治本的"，"持续的治本的爱国主义"主要体现在以下六个方面，即：勤、俭、廉、洁、诚、信。这六个方面"固老生之常谈，实救国之要道"。①显而易见，陈独秀所提倡的六项意见，都源之于传统，而且与儒家思想分不开，他称之为"诸德"。钱玄同是《新青年》群体中思想最为激进者，曾提出过废除汉字的主张，但他对宋明学者的修养功夫是充分肯定的，并深受其影响，他在 1923 年 2 月的日记中写道："我近来觉得个人的修养真不可少，不必远谈欧美，即宋明学者的修养，能够取他们几点为法，便已毕生受用不尽，此乃人命关头，吾侪实不可不力勉。我近日来常常看《传习录》等书，即是此意。"②

正因为陈独秀、胡适等人没有也不可能完全割舍与传统文化的联系，因此他们的文化取向呈现出二元性的特点：既要向西方学习，拥抱西方文化的价值体系，又自觉或不自觉地依恋于传统的价值，无法完全从传统的网罗中冲破出来，学习西方的呐喊不时被回归传统的吆喝声所校正和吞没。这方面以胡适表现得最为明显。譬如，他一方面把西方个人主义人生观的建立视为思想启蒙的主要内容，为此，他写了《"易卜生主义"》一文，要求人们学习娜拉，实现个性解放和人格独立，从而树立起"一种健全的个人主义人生观"；另一方面又念念不忘传统的融个人之"小我"于社会之"大我"的人生思想，在《不朽》一文中提倡"社会不朽论"，主张"小我"依赖于"大我"，个人尽责于社会，以便实现"小我"的不朽。他一方面对于封建之"吃人的礼教"予以了猛烈抨击，赞誉吴虞是四川"只手打孔家店"的"老英雄"；另一方面他为人处事恪守的又恰恰是旧的道德伦理规范，不敢越礼教雷池于半步。他一方面仰慕西方文化，向往恋爱自由、婚姻自由，反对父母包办、干涉儿女的婚事，并且模仿易卜生的社会问题剧的思想和方法，写了《终身大事》的剧本。剧中女主角田亚梅，简直就是中国的娜拉，她与陈先生一同在东洋留过学，是多年的朋友，正热烈地自由恋爱。田女士的母亲见过陈先生，认为他人还不错，但她还不放心，便向观音菩

---

① 陈独秀：《我之爱国主义》，《新青年》第 2 卷第 2 号，1916 年 10 月 1 日。
② 杨天石主编《钱玄同日记（整理本）》（中 1923—1933），北京大学出版社，2014，第 510 页。

萨求"神签"，请张瞎子算"八字"，菩萨和瞎子都说这门亲事要不得。田女士的父亲倒也不迷信菩萨和算命，对陈先生也挺喜欢，然而却谨遵祖宗定下的祠规，相信族谱，说二千五百年前陈、田是一姓，而同姓不能通婚。故田女士的父母都反对女儿的婚事。田女士则勇敢地冲破了这些封建迷信和传统习俗的阻挠，留下一张纸条，说："这是孩儿的终身大事，孩儿应该自己决断"，便离开了家庭，坐陈先生的汽车，与陈先生私奔了。田女士是与传统道德观念和意识决裂的形象，是胡适心中理想的化身；另一方面他本人却又没有田女士那样的勇气敢于冲破传统的阻力，去追求恋爱和婚姻的自由，相反为了"尽孝"，不得不遵从母命，与自己并不喜欢，而由母亲一手包办的既无学识、又从小缠足的旧式乡村女子结婚，委曲求全，违心地做出闺房之乐。1918 年 5 月 2 日，他婚后不久在给族叔兼挚友胡近仁的信中谈到自己的婚事，说："吾之就此婚，全为吾母起见，故从不曾挑剔为难。（若不为此，吾决不就此婚，此意但可为足下道，不足为外人言也。）今既婚矣，吾力求迁就，以博吾母欢心。吾之所以极力表示闺房之爱者，亦正欲令吾母欢喜耳。"[1] 如此等等。故此，胡适的学生、密友兼传记作者唐德刚称他的思想是"三分洋货，七分传统"。最能形象地说明胡适这种二元文化取向的大概是蒋介石送给自己的这位"净友"的那副挽联："新文化中旧道德的楷模；旧伦理中新思想的师表。"

　　与"全盘性的反传统"相联系的，是说陈独秀、胡适等人提出过"打倒孔家店"，"打倒孔家店"是新文化运动的主要内容之一。比如，1935 年陈序经的《关于全盘西化答吴景超先生》："我回忆十多年前一般革命名流之到南洋，向着我们一般十岁八岁不知孔教经书为何物的小孩子，提倡打倒拥护专制政治的孔家店，而今又来提倡'开张骏发'，真有隔世之感了！"[2] 文章回忆的"十多年前"，正是新文化运动时期。1936 年陈伯达的《哲学的国防动员——新哲学者的自我批判和关于新启蒙运动的建议》："五四时代一批思想界的人物：如'打倒孔家店'、'反对玄学鬼'，在考古学上推翻传统历史的这一切老战士，我们都应该重新考虑和他们进行合作"；拟建立的中国

─────────────────

① 石原皋：《闲话胡适》，安徽人民出版社，1985，第 15—16 页。
② 陈序经：《关于全盘西化答吴景超先生》，《独立评论》第 142 号，1935 年 3 月 17 日。

新启蒙学会"的基本纲领……接受五四时代'打倒孔家店'的号召，继续对于中国旧传统思想、旧宗教，作全面的有系统的批判"。[1] 同年陈伯达的《论新启蒙运动》："'打倒孔家店'，'德谟克拉西与赛因斯'，'提倡白话文'——这是当时新文化运动的中心口号。""五四时代的口号，如'打倒孔家店'、'德赛二先生'的口号，仍为我们的新启蒙运动所接受。"[2] 1958 年牟宗三、徐复观、张君劢、唐君毅联名发表的《为中国文化敬告世界人士宣言——我们对中国学术研究及中国文化前途之共同认识》："陈独秀办《新青年》之标出科学与民主之口号，固皆是民主思想。但是陈独秀等，一方（面）标榜科学与民主之口号，一方面亦要反对中国之旧文化，而要打倒孔家店。"[3] 1985 年匡亚明著的《孔子评传》："'五四'新文化运动……高举民主与科学两面大旗，向封建专制主义的礼教和封建迷信思想发动强大攻势，'打倒孔家店'实际上成为这次运动的一个重要目标。"[4] 1995 年萧超然的《北京大学与五四运动》：陈独秀"高举'打倒孔家店'的大旗，与当时甚嚣尘上的尊孔复辟倒退逆流进行了针锋相对的斗争，产生了重大影响"[5]。

上述这些人中，有中共理论工作者（陈伯达、匡亚明、萧超然）、全盘西化论者（陈序经）、文化保守主义者（牟宗三、徐复观、张君劢、唐君毅），尽管由于时代不同以及思想文化取向不同等原因，他们或肯定，或否定，但都认为新文化运动提出过"打倒孔家店"的口号，新文化运动的内容之一是"打倒孔家店"。事实果真如此吗？我们查遍相关资料，无论是陈独秀、胡适，或是钱玄同、鲁迅，或其他《新青年》群体的成员，其实都没有说过类似的话，更甭说提什么口号了，只是胡适在给吴虞的《吴虞文录》写"序"时，称他为"'四川省只手打孔家店'的老英雄"。胡适的序文是这样写的："吴先生（指吴虞——引者）和我的朋友陈独秀是近年来

① 陈伯达：《哲学的国防动员——新哲学者的自我批判和关于新启蒙运动的建议》，《读书生活》第 4 卷第 9 期，1936 年 9 月 10 日。
② 陈伯达：《论新启蒙运动——第二次的新文化运动——文化上的救亡运动》，《新世纪》第 1 卷第 2 期，1936 年 10 月 1 日。
③ 牟宗三、徐复观、张君劢、唐君毅：《为中国文化敬告世界人士宣言——我们对中国学术研究及中国文化前途之共同认识》，载杜维明等著，周阳山编《中国文化的危机与展望：当代研究与趋向》，（台北）时报文化事业出版有限公司，1981，第 140 页。
④ 匡亚明：《孔子评传》，齐鲁书社，1985，第 379 页。
⑤ 萧超然：《北京大学与五四运动》，北京大学出版社，1995，第 41 页。

攻击孔教最有力的两位健将。他们两人，一个在上海，一个在成都，相隔那么远，但精神上很有相同之点。独秀攻击孔丘的许多文章（多载《新青年》第二卷）专注重'孔子之道不合现代生活'的一个主要观念。当那个时候，吴先生在四川也做了许多非孔的文章，他的主要观念也是'孔子之道不合现代生活'的一个观念。吴先生是学过法政的人，故他的方法与独秀稍不同。……他的非孔文章大体都注重那些根据孔道的种种礼教、法律、制度、风俗。他先证明这些礼法制度都是根据于儒家的基本教条的，然后证明这种种礼法制度都是一些吃人的礼教和一些坑陷人的法律制度。他又从思想史的方面，指出自老子以来也有许多古人不满意于这些欺人吃人的礼制，使我们知道儒教所极力拥护的礼制在千百年前早已受思想家的批评与攻击了，何况在现今这种大变而特变的社会生活之中呢？吴先生的方法，我觉得是很不错的。我们对于一种学说或一种宗教，应该研究他在实际上发生了什么影响：'他产生了什么样子的礼法制度？他所产生的礼法制度发生了什么效果？增长了或是损害了人生多少幸福？造成了什么样子的国民性？助长了进步吗？阻碍了进步吗？'这些问题都是批评一种学说或一种宗教的标准。用这种实际的效果去批评学说与宗教，是最严厉又最平允的方法。……那些'卫道'的老先生们也知道这种实际标准的厉害，所以他们想出一个躲避的法子来。他们说：'这种种实际的流弊都不是孔老先生的本旨，都是叔孙通、董仲舒、刘歆、程颢、朱熹……等人误解孔道的结果。你们骂来骂去，只骂着叔孙通、董仲舒、刘歆、程颢、朱熹一班人，却骂不着孔老先生。'于是有人说《礼运》大同说是真孔教（康有为先生）；又有人说四教、四绝、三慎是真孔教（顾实先生）。关于这种遁辞，独秀说的最痛快：'足下分汉宋儒者以及今之孔道、孔教诸会之孔教，与真正孔子之教为二，且谓孔教为后人所坏。愚今所欲问者，汉唐以来诸儒，何以不依傍道、法、杨、墨，而人亦不以道、法、杨、墨称之？何以独与孔子为缘而复败坏之也？足下可深思其故矣。（《新青年》二卷四号）这个道理最明显：何以那种种吃人的礼教制度都不挂别的招牌，偏爱挂孔老先生的招牌呢？正因为二千年吃人的礼教法制都挂着孔丘的招牌，故这块孔丘的招牌——无论是老店，是冒牌——不能不拿下来，捶碎，烧去！我给各位中国少年介绍这位'四川省只手打孔家店'的老英雄——吴又陵

（吴虞字——引者）先生！"[1]

从胡适的"序"中可以看出：第一，胡适只说吴虞是"'打孔家店'的老英雄"，"打"和"打倒"虽一字之差，但性质和程度是不同的。这只要有一点中文常识的人都能理解；第二，吴虞之所以要"打孔家店"，是他认为"孔子之道不合现代生活"；第三，吴虞"打孔家店"的文章，也就是批孔的文章，涉及的主要是"那些根据孔道的种种礼教、法律、制度、风俗"；第四，批评一种学说或一种宗教的标准，是看这种学说或这种宗教实际的效果。胡适也一再申明，这也是他和陈独秀等人对待孔子和儒学的态度。应该说，这是一种科学的实事求是的态度，从这里根本得不出"打倒孔家店"和"全盘性的反传统"的结论。

当然我们也承认，新文化运动时期的确提出过一些过激的反传统主张，比如钱玄同就主张废除汉字，采用世界语。1918 年 3 月 14 日他在致陈独秀的信中写道："中国文字，论其字形，则非拼音而为象形文字之末流，不便于识，不便于写；论其字义，则意义含糊，文法极不精密；论其在今日学问上之应用，则新理新事新物之名词，一无所有；论其过去之历史，则千分之九百九十九为记载孔门学说及道教妖言之记号。此种文字，断断不能适用于二十世纪之新时代。"因此，"我再大胆宣言道：欲使中国不亡，欲使中国民族为二十世纪文明之民族，必以废孔学、灭道教为根本之解决；而废记载孔门学说及道教妖言之汉文，尤为根本解决之根本解决。至废汉文之后，应代以何种文字，此固非一人所能论定；玄同之意，则以为当采用文法简赅，发音整齐，语根精良之人为的文字 ESPERANTO"。[2] 这也是一些人在说明新文化运动是"全盘性的反传统"时经常引用的一条资料。这里有三个问题需要辨明：第一，钱玄同主张废除汉字是否等于"全盘性的反传统"？第二，钱玄同废除汉字的主张是否为《新青年》群体的其他人，如陈独秀、胡适所赞同？第三，如果说《新青年》群体的其他人并不赞同钱玄同的废除汉字主张，那么钱一人的主张是否就能说明新文化运动也"全盘性的反传统"？

---

① 胡适：《〈吴虞文录〉序》，载《胡适全集》第 1 卷，第 761—763 页。
②《通信·中国今后之文字问题》，《新青年》第 4 卷第 4 号，1918 年 4 月 15 日。

　　先讨论第一个问题，即：钱玄同主张废除汉字是否等于"全盘性的反传统"？要回答这一问题先要追溯他之所以提出废除汉字主张的思想源流。实际上，最早提出废除汉字的是吴稚晖。1907 年，吴稚晖就在《新世纪》上大力宣传"废除汉字、提倡世界语"，遭到国粹派领袖章太炎的激烈反对，双方由此展开过一场汉字存废问题的论战。当时钱玄同正师从章太炎学习经学、训诂和音韵等，深受老师思想的影响，思想比较保守。他后来回忆道："我那时底思想，比太炎先生还要顽固得多呐。我以为保存国粹底目的，不但要光复旧物；光复之功告成以后，当将满清底政制仪文一一推翻而复于古……而同是汉族的之中，则愈古愈好。"① 他不仅不赞同吴稚晖废除汉字、代以世界语的主张，而且还一度接受了章太炎改用小篆书写汉字的改良方法。随后，他就有用小篆书写的《说文管窥》和依小篆结体用楷书笔势书写的《小学答问》和《三体石经考》。但进入民国后，袁世凯、北洋军阀以及康有为的种种倒行逆施，使他的思想逐渐告别了保守而趋于激进，新文化运动兴起后，他积极投入。作为文字学家，钱玄同在投入新文化运动的过程中，就很自然地从自己所学的专长出发，把批孔反儒、提倡道德革命与文字改良联系起来。1917 年他写信给陈独秀，就"应用之文亟宜改良"之"大纲十三事"谈了自己的看法，并明确表示，"今日遽欲废弃汉文而用世界语，未免嫌早一点"。② 但随着新文化运动的发展，尤其是批孔反儒的进一步深入，钱玄同对汉字的认识也进一步激进起来，于是便有了他写给陈独秀的那封主张废除汉字的信。从该信的内容看，钱玄同的主张无疑是偏激和错误的，应该给予批判和否定。但同时我们也应看到：第一，钱玄同主张废除汉字，首先是因为汉字难识、难写，妨碍了教育的普及和文化的传播。1922 年他在《国语月刊》发表《汉字革命》一文，首倡"汉字革命"，因为"汉字的罪恶，如难识、难写，妨碍于教育的普及，知识的传播：这是有新思想的人们都知道的"，如果"汉字不革命，则教育决不能普及，国语决不能统一，国语的文学决不能充分的发展，全世界的人们公有的新道理、新学问、新知识决不能很便利、很自由的用国语写出"。③ 客观看来，言辞

① 钱玄同：《三十年来我对于满清的态度底变迁》，《语丝》第 8 期，1925 年 1 月 5 日。
②《通信》，《新青年》第 3 卷第 4 号，1917 年 6 月 1 日。
③ 钱玄同：《汉字革命》，《国语月刊》第 1 卷第 7 期，1923 年 8 月 20 日。

固然有些尖锐，但他所揭示的汉字的弊端："难识、难写，妨碍于教育的普及，知识的传播"则是事实。这正如有的学者所指出的那样："钱玄同主张过'废除汉字'，这里的'革命'是激进的，但激进的他同时也是中国传统语言文化杰出的研究者，为中国文字学、音韵学的现代发展作出了巨大贡献，他的目标不是为了摧毁传统文化，而是为现代文化与现代文学的发展打开空间。"① 第二，从钱玄同主张废除汉字的理由来看，可以说是激烈的反传统，或非理性的反传统，但我们还不能得出他全盘反传统的结论。因为他要废除汉字的理由之一，是汉字记载的是"孔门学说及道教妖言"，所以要"废孔学、灭道教"，就必须废除汉字。就此而言，他是全盘反孔学、反道教；但孔学和道教只是传统文化的重要组成部分，除孔学和道教外，还有其他诸子学说，还有其他思想文化，对于其他诸子学说，钱玄同采取的则是认同的态度，即使对儒家学派，钱玄同也并非全盘反对，比如他对"王学""颜学"的评价就与"朱学""汉学"不同，他写于1923年2月的日记有这样一段话："今年以来，我颇觉内心有修养的必要，事功有看重的必要，历史尤要有研究的必要，故最近一个月中，常常翻阅王守仁、黄宗羲、颜元、费密、章学诚、宋衡（初名恕）诸人的著作。近来觉得王学、颜学的精神，的确远胜于读死书的朱学和所谓'汉学'。"②

再讨论第二个问题，即：钱玄同废除汉字的主张是否为《新青年》群体的其他人，如陈独秀、胡适所赞同？回答是否定的。陈独秀在回复钱玄同的信中写道："鄙意以为今日'国家''民族''家族''婚姻'等观念，皆野蛮时代狭隘之偏见所遗留，根底甚深，即先生与仆亦未必能免俗。此国语之所以不易废也。倘是等观念，悉数捐除，国且无之，何有于国语。"陈独秀因此主张，"当此过渡时期，惟有先废汉文（即文言文——引者），且存汉语，而改用罗马字母书之；新名悉用原语，无取义译；静状介连助叹及普通名代诸词，限以今语；如此行之，虽稍费气力，而于便用进化，视固有之汉文，不可同日而语"。③ 这段话的意思，就是废除文言文，实行白话文，同时用罗马字母拼音。陈独秀的这一主张得到了胡适的支持，"独秀先

① 李怡：《五四文学运动的"革命"话语》，《中国社会科学》2016年第12期。
② 杨天石主编《钱玄同日记（整理本）》（中1923—1933），第524—525页。
③《通信·中国今后之文字问题》，《新青年》第4卷第4号，1918年4月15日。

生主张'先废汉文（即文言文——引者），且存汉语，而改用罗马字母书之'
的办法，我极赞成。凡事有个进行次序。我以为中国将来应该有拼音的文
字。但是文言中单音太多，决不能变成拼音文字。所以必须先用白话文字
来代文言的文字；然后把白话的文字变成拼音的文字。至于将来中国的拼
音字母是否即用罗马字母，这另是一个问题"①。实际上，除了陈独秀和胡
适，《新青年》群体的其他成员也都不支持钱玄同废除汉字的主张。陈独秀
在《本志罪案之答辩书》中就明确表示，尽管钱先生是因为"自古以来汉
文的书籍，几乎每本每页每行，都带着反对德赛两先生的臭味；又碰着许
多老少汉学大家，开口一个国粹，闭口一个古说，不膚声明汉学是德赛两
先生天造地设的对头；他愤极了才发出这种激切的议论，像钱先生这种用
石条压驼背的医法，本志同人多半是不大赞成的"②。周作人就认为，钱玄同
提出废除汉字的主张，这说明"他对于中国文化遗产的某些方面缺乏理解"，
是一种"极端的反复古主义"。③

　　最后讨论第三个问题，即：如果说《新青年》群体的其他人并不赞同钱
玄同的废除汉字主张，那么钱一人的主张是否就能说明新文化运动是"全盘
性的反传统"呢？回答也是否定的。因为第一，我们前面已经论证，钱玄
同主张废除汉字，但从所提出的理由来看，我们可以说他是激烈的反传统，
或非理性的反传统，但并没有"全盘性的反传统"；第二，即使他是"全盘
性的反传统"，但这一主张并没有得到《新青年》群体的其他人，特别是作
为核心成员的陈独秀和胡适的支持。任何一场大规模的思想运动，难免有
各种思想主张的提出，包括激进思想，但决定这场思想运动性质的是主流
的思想和主张，或者说是引导这场思想运动发展和走向的思想和主张，我
们不能依据个别人的思想和主张，或非主流的思想和主张来评价思想运动
的性质。比如，莫尔在欧洲文艺复兴的早期就提出了空想社会主义的思想，
他的《乌托邦》（全名是《关于最完美的国家制度和乌托邦新岛的既有益又
有趣的金书》）一书，描写了一个虚构的航海家航行到乌托邦（一个奇乡异
国）的所见所闻：在那里，一切财产公有，实行按需分配的原则；公民们

①《通信·中国今后之文字问题》，《新青年》第 4 卷第 4 号，1918 年 4 月 15 日。
② 陈独秀：《本志罪案之答辩书》，《新青年》第 6 卷第 1 号，1919 年 1 月 15 日。
③ 周作人：《钱玄同》，载《周作人集》，知识出版社，1997，第 32 页。

的经济、政治权力方面都是平等的，官吏由秘密投票方式选举产生，职位不得世袭；居民每天劳动六小时即能满足社会需要，其余时间从事科学、艺术、智慧游戏活动；没有商品货币关系；等等。从此，"乌托邦"就成了空想社会主义的代名词。但我们不能依据莫尔提出了空想社会主义的思想就说欧洲的文艺复兴运动是空想社会主义运动。同理，我们也不能依据钱玄同或其他人提出的个别激进主张，而说新文化运动是"全盘性的反传统"运动。

三、文学革命和白话文运动

文学革命和白话文运动是新文化运动又一重要内容。而首举"文学革命"旗帜的是胡适。实际上早在 1915 年，留学美国的胡适就已经萌生了文学革命的思想。这年的夏天，胡适与朋友在绮色佳（Ithaca）关于中国文学的讨论，已谈到"文学革命"的问题。"任叔永（鸿隽）、梅觐庄（光迪）、杨杏佛（铨）、唐擘黄（钺）都在绮色佳（Ithaca）过夏，我们常常讨论中国文学的问题。从中国文字问题转到中国文学问题，这是一个大转变。这一班人中，最守旧的是梅觐庄，他绝对不承认中国古文是半死或全死的文字。因为他的反驳，我不能不细细想过我自己的立场。他越驳越守旧，我倒渐渐变的更激烈了。我那时常提到中国文学必须经过一场革命；'文学革命'的口号，就是那个夏天我们乱谈出来的。"[1] 9 月 17 日，在一首赠友人梅光迪的诗中，胡适第一次明确使用了"文学革命"的概念："梅生梅生毋自鄙。神州文学久枯馁，百年未有健者起。新潮之来不可止，文学革命其时矣。吾辈势不容坐视，且复号召二三子，革命军前杖马棰（之累反），鞭笞驱除一车鬼，再拜迎入新世纪。"[2] 在诗中，胡适已感受到的"文学革命"时代的即将来临（"文学革命其时矣"），因而他充满着对改革文学的期望和热情（"鞭笞驱除一车鬼，再拜迎入新世纪"）。1916 年 8 月，胡适在分别写给朱经农和陈独秀的信中，通报这一场"文学革命"的议论，并提出了"文学革命"的"八事"主张。他在给陈独秀的信中写道："年来思虑观察所得，

---

[1] 胡适：《四十自述·逼上梁山》，载《胡适全集》第 18 卷，第 103—104 页。
[2] 胡适：《留学日记》，载《胡适全集》第 28 卷，第 268 页。

以为今日欲言文学革命，须从八事入手。八事者何？一曰，不用典。二曰，不用陈套语。三曰，不讲对仗。（文当废骈，诗当废律。）四曰，不避俗字俗语。（不嫌以白话作诗词。）五曰，须讲求文法之结构。此皆形式上之革命也。六曰，不作无病之呻吟。七曰，不摹仿古人，语语须有个我在。八曰，须言之有物。此皆精神上之革命也。"①陈独秀收到胡适的来信后，即给胡适回信，并把胡适的来信和他的回信刊发于1916年10月1日出版的《新青年》第2卷第2号上。在回信中陈独秀写道："承示文学革命八事，除五、八二项，仆无不合十赞叹，以为今日中国文界之雷音。倘能详其理由，指陈得失，衍为一文，以告当世，其业尤盛。"②

胡适收到陈独秀的回信后，即根据陈的建议，很快便写成《文学改良刍议》一文，交陈独秀发表在1917年1月1日出版的《新青年》第2卷第5号上。该文的主要内容是根据陈独秀的建议，对他前次在给陈独秀信中所提"文学革命八事"，一一"详其理由，指陈得失"，但"八事"的排位顺序则有所调整：一曰，须言之有物。二曰，不摹仿古人。三曰，须讲求文法。四曰，不作无病之呻吟。五曰，务去烂调套语。六曰，不用典。七曰，不讲对仗。八曰，不避俗字俗语。原来"须言之有物"，排在最后一位，即第八位，现在排在了最前面，成了第一位。"须讲求文法"，原来排在第五位，现在提前到了第三位。这两项位置的变化，尤其是所陈述的理由，应该与陈独秀的回信有关。陈独秀在回信中对胡适所提"文学革命八事"的其他六项，都表示"无不合十赞叹"，唯独对五、八两项提出了异议。比如，关于第八项，陈独秀写道："第八项'须言之有物'一语，仆不甚解。或者足下非古典主义，而不非理想主义乎？鄙意欲救国文浮夸空泛之弊，只第六项'不作无病之呻吟'一语足矣。若专求'言之有物'，其流弊将毋同于'文以载道'之说。以文学为手段为器械，必附他物以生存。"③所以后来胡适在《文学改良刍议》中，在解释"须言之有物"时，一再强调："吾所谓'物'，非古人所谓'文以载道'之说也。吾所谓'物'，约有二事：（一）情感……（二）思想。"他认为，"文学无此二物，便如无灵魂无脑筋之美

①《通信》，《新青年》第2卷第2号，1916年10月1日。

②《通信》，《新青年》第2卷第2号，1916年10月1日。

③《通信》，《新青年》第2卷第2号，1916年10月1日。

人，虽有称丽富厚之外观，抑亦末矣"。①1918 年 4 月，胡适又在《新青年》第 4 卷第 4 号上发表《建设的文学革命论》一文，将"文学革命"的"八事"称之为"八不主义"。

胡适的《文学改良刍议》发表在《新青年》第 2 卷第 5 号上，随即《新青年》第 2 卷第 6 号发表了陈独秀的《文学革命论》一文，陈独秀肯定"文学革命之气运，酝酿已非一日，其首举义旗之急先锋，则为吾友胡适"，表示自己"甘冒全国学究之敌，高张'文学革命军'大旗，以为吾友之声援"，并提出了"曰推倒雕琢的、阿谀的贵族文学，建设平易的、抒情的国民文学；曰推倒陈腐的、铺张的古典文学，建设新鲜的、立诚的写实文学；曰推倒迂晦的、艰涩的山林文学，建设明了的、通俗的社会文学"的"三大主义"。在文中的结尾，陈独秀又再次表示，"予愿拖四十二生的大炮"，为文学革命之"前驱"。②

如何评价胡适的《文学改良刍议》和陈独秀的《文学革命论》，目前学术界存在着不同意见。传统的流行观点认为人们否定胡适的《文学改良刍议》，认为它是改良主义的代表作，改良主义是对革命的反动，所以应该否定。而到了"改良主义"已成香饽饽的今天，学术界，尤其是在胡适的研究者和崇拜者中，又出现了一种肯定胡适的《文学改良刍议》而贬低甚至否定陈独秀的《文学革命论》的倾向，认为《文学革命论》宣扬的是一种激进主义的革命观，激进主义只能造成破坏，造成对立，形成武断。前一种观点，现在已少有市场；而第二种观点，则有愈来愈盛行之势。这些观点，本书是不赞成的。

首先，我们应该看到，陈独秀在《文学革命论》中所讲的"革命"，并非是我们通常所讲的那种以暴力反抗暴力的政治"革命"，不具有政治激进主义的色彩。这正如学者所指出的："重审五四文学运动的'革命'话语，需要认真辨析历史当事人的话语逻辑，也应该充分还原当时的历史语境。五四文学的'革命'话语发生史告诉我们，'革命'之于五四文学，并不指涉任何现实的暴力行为，只不过就是对改革意志的一种'比喻'，意气风发

---

① 胡适:《文学改良刍议》,《新青年》第 2 卷第 5 号，1917 年 1 月 1 日。
② 陈独秀:《文学革命论》,《新青年》第 2 卷第 6 号，1917 年 2 月 1 日。

的陈独秀高扬着'革命'，温和稳健的胡适同样一开始就召唤着'革命'。"①
当然，由于性格、环境以及所受文化影响的差异，如我们在前面已提到的
那样，陈独秀的文风倾向于激进、武断，甚至可以说霸道，而胡适的文风
倾向于温和、稳健，有一种"有话慢慢说、有事好商量"的雅量。所以，胡
适文章中使用的都是"刍议""匡纠"一类商量的词语，而陈独秀文章中使
用的是"革命""打倒""推翻""不容他人之匡正"一类的词语。我们可以
批评陈独秀文风的激进、武断，有违学术自由、百家争鸣的原则，但它与
政治激进主义风马牛不相及，更何况在当时"黑云压城城欲摧"，保守势力
过于强大，"矫枉必须过正，不过正就不能矫枉"的形势下，恰恰是陈独秀
的那种激进决绝、不容丝毫妥协的文风，引起了社会的广泛注意，并取得
了理想的效果。1935 年，郑振铎在评价新文化运动时期的"文学革命"时
指出：胡适的《文学改良刍议》发表后，"陈独秀继之而作《文学革命论》，
主张便鲜明确定得多了"，"他是这样的具着烈火般的熊熊的热诚，在做着
打先锋的事业。他是不动摇，不退缩，也不容别人的动摇与退缩的！革命
事业乃在这样的彻头彻尾的不妥协的态度里告了成功"。②据学者研究，郑振
铎的上述观点，"今天几乎成为文学史的不移之论"③。胡适自己后来在《四十
自述》中也认为：陈独秀"这样武断的态度，真是一个老革命党的口气。我
们一年多的文学讨论的结果（指 1915 年后他在美国与其他人的讨论——引
者），得着了这样一个坚强的革命家做宣传者，做推行者，不久就成为一个
有力的大运动了"④。就此而言，尽管胡适是"文学革命"义旗的首举者，他
的《文学改良刍议》的发表标志着新文学运动的兴起，然而，对于新文学
运动的兴起和"文学革命"的取得成功，陈独秀的贡献不容忽视，甚至比
胡适的贡献可能更大一些。

　　其次，胡适的《文学改良刍议》主要是提倡文学形式的改革，他在写给
陈独秀的谈"文学革命"之"八事"的信中自己就承认，他提出的"文学
革命"的"八事"，其中有五事是"形式上之革命"，只有三事是"精神上

① 李怡：《五四文学运动的"革命"话语》，《中国社会科学》2016 年第 12 期。
② 郑振铎：《中国新文学大系·文学论争集·导言》，上海良友图书公司，1935，第 2—3 页。
③ 李怡：《五四文学运动的"革命"话语》，《中国社会科学》2016 年第 12 期。
④ 胡适：《四十自述·逼上梁山》，载《胡适全集》第 18 卷，第 132 页。

之革命"。① 后来在《建设的文学革命论》中，胡适又把"八不主义"归纳为四个方面："一、要有话说，方才说话。这是'不做言之无物的文字'一条的变相。二、有什么话，说什么话；话怎么说，就怎么说。这是（二）（三）（四）（五）（六）诸条的变相。三、要说我自己的话，别说别人的话。这是'不摹仿古人'一条的变相。四、是什么时代的人，说什么时代的话。这是'不避俗话俗字'的变相。"② 这几条涉及的也主要是形式的变革。后来胡适自己也认为，他提倡的文学革命的理论，是一种"活的文学"，而"活的文学"是"文字工具的革新"，而不是"文学内容的革新"。③ 所谓"活的文学"，也就是白话文学。因为在胡适看来，文言文是死文字，白话文是活文字，文言文写的文学作品是"死的文学"，白话文写的文学作品才是"活的文学"。与胡适的《文学改良刍议》不同，陈独秀的《文学革命论》强调的主要是义学内容的改革，他提出的"文学革命"的"三大主义"涉及的是文学的本质、文学的目的等文学观念的深层次问题。陈独秀在谈到他提出"三大主义"的理由时说："际兹文学革新之时代，凡属贵族文学、古典文学、山林文学，均在排斥之列。以何理由而排斥此三种文学耶？曰，贵族文学，藻饰依他，失独立自尊之气象也；古典文学，铺张堆砌，失抒情写实之旨也；山林文学，深晦艰涩，自以为名山著述，于其群之大多数无所裨益也。其形体则陈陈相因，有肉无骨，有形无神，乃装饰品而非实用品；其内容则目光不越帝王权贵，神仙鬼怪，及其个人之穷通利达。所谓宇宙，所谓人生，所谓社会，举非其构思所及，此三种文学公同之缺点也。"④ 正是针对"贵族文学""古典文学""山林文学"的这些"缺点"，他提出了建设"国民文学""写实文学""社会文学"的任务。"文学革命"本来就包括形式与内容两个方面，要取得"文学革命"的成功，既离不开形式的变革，也离不开内容的变革，二者相辅相成，缺一不可。所以，我们既不能以胡适的《文学改良刍议》来贬低或否定陈独秀的《文学革命论》，也不能以陈独秀的《文学革命论》来贬低或否定胡适的《文学改良刍议》，它们实际上存在着一种互为

---

① 《通信》，《新青年》第 2 卷第 2 号，1916 年 10 月 1 日。
② 胡适：《建设的文学革命论》，《新青年》第 4 卷第 4 号，1918 年 4 月 15 日。
③ 胡适：《中国新文学大系·建设理论卷·导言》，载《胡适全集》第 12 卷，第 280 页。
④ 陈独秀：《文学革命论》，《新青年》第 2 卷第 6 号，1917 年 2 月 1 日。

补充的关系，但我们也要承认，内容的变革要比形式的变革更难，更富有挑战性，更具有革命的意义，同时，也更容易引起人们的关注，遭至保守派的反对。这也是陈独秀的《文学革命论》发表后产生较大社会反响的重要原因。

再次，"文学革命"是新文化运动时期思想启蒙运动的重要组成部分，具有思想启蒙的意义，"在五四新文学破旧立新、开天辟地的语境中，'刍议'也好，'革命'也罢，几乎都是同义语，胡适侧重述'白话'，陈独秀偏向论'思想'，但胡适、陈独秀……都是立足于'新思想'之上的语言文学主张，其变革求新的思想底蕴和历史效果并无本质区别"①。但就胡适的《文学改良刍议》的文本来看，基本上是就文学而谈文学，没有涉及思想启蒙的议题。然而陈独秀的《文学革命论》则不然，他开篇就提出，今日之欧洲之所以能"庄严灿烂"，就在于自文艺复兴以来，经历了政治、宗教、伦理、道德、文学等革命；中国之所以"政治界虽经三次革命，而黑暗未尝稍减"，其原因也就在于中国没有经历过伦理道德革命和文学革命。他因而要为文学革命鼓与呼，提出文学革命的"三大主义"。他在提出了文学革命的"三大主义"后又再次强调：贵族文学、古典文学、山林文学，"盖与吾阿谀夸张虚伪迂阔之国民性，互为因果"。因此，"今欲革新政治，势不得不革新盘踞于运用此政治者精神界之文学，使吾人不张目以观世界社会文学之趋势，及时代之精神，日夜埋头故纸堆中，所目注心营者，不越帝王权贵鬼怪神仙与夫个人之穷通利达，以此而求革新文学、革新政治，是缚手足而敌孟贲也"。② 由此可见，陈独秀高举"文学革命"的大旗、提出文学革命的"三大主义"的目的，是要"革新政治"，对国民进行思想启蒙，改造他们的国民劣根性。可以说，思想启蒙是《文学革命论》一文的出发点和落脚点。这与胡适的《文学改良刍议》形成了鲜明对比。正因为《文学革命论》涉及的不是纯粹的文学问题，而是思想启蒙的问题，是中国向何处去，中国的思想文化向何处去的问题，所以发表后能引起如此巨大的社会反响，激起那么多保守人士的激烈反对。

胡适的《文学改良刍议》和陈独秀的《文学革命论》的接踵发表，立即

① 李怡：《五四文学运动的"革命"话语》，《中国社会科学》2016 年第 12 期。
② 陈独秀：《文学革命论》，《新青年》第 2 卷第 6 号，1917 年 2 月 1 日。

得到了《新青年》群体和其他新文化运动同人的响应和支持，用一年后胡适的话说："我的《文学改良刍议》发表以来，已有一年多了。这十几个月之中，这个问题居然引起了许多狠（很）有价值的讨论，居然受了许多狠（很）可使人乐观的响应。"① 率先响应的是《新青年》群体成员钱玄同。他看到胡适的《文学改良刍议》后即给陈独秀去信，认为胡适"斥骈文之不通之句及主张白话体文学，说最精辟"②。除攻击旧文学流派及其代表人物是"桐城谬种""选学妖孽"外，钱氏还在信中提出，"文学之文，用典已为下乘，若普通应用之文，尤须老老实实讲话，务期老妪能解"，他强调："应用之文，以为非做到言文一致地步不可"。③ 继钱玄同之后，起而响应的是另一位《新青年》群体成员刘半农。1917 年 5 月 1 日，刘半农在《新青年》第3 卷第 3 号上发表《我之文学改良观》一文，他开篇便写道："文学改良之议，既由胡君适之提倡之于前，复由陈君独秀、钱君玄同赞成之于后"，自己虽然学识简陋，但也"为立志研究文学之一人"，所以除赞同胡适、陈独秀的意见外，也愿意提出自己的文学改革建议供大家讨论。他认为，欲发起新文学，须从散文和戏剧的改革做起。就散文改革而言，他提出，第一，曰破除迷信，如不顾自己只是学着古人，便是古人的子孙，如学今人，便是今人的奴隶。如果想不做他人之子孙和奴隶，非从破除迷信做起不可。第二，曰文言白话可暂处于对待的地位，二者各有所长、各有不相及处，未能偏废。第三，曰不用不通之文字。从新诗的创作来看，他提出，第一，曰破坏旧韵，重造新韵。第二，曰增多诗体。第三，曰提高戏曲对于文学上之位置。④ 这期的《新青年》还刊有胡适的《历史的文学观念论》，认为"居今日而言文学改良，当注重'历史的文学观念'。一言以蔽之曰：一时代有一时代之文学。此时代与彼时代之间，虽皆有承前启后之关系，而决不容完全钞袭。其完全钞袭者，决不成为真文学"。据此，他提出："古人已造古人之文学，今人当造今人之文学"，而"今日之文学，当以白话文学为

---

① 胡适：《建设的文学革命论》，《新青年》第 4 卷第 4 号，1918 年 4 月 15 日。
②《通信》，《新青年》第 2 卷第 6 号，1917 年 2 月 1 日。
③《通信》，《新青年》第 3 卷第 1 号，1917 年 3 月 1 日。
④ 刘半农：《我之文学改良观》，《新青年》第 3 卷第 3 号，1917 年 5 月 1 日。

正宗"。[1] "一时代有一时代之文学"以及"今日之文学，当以白话文学为正宗"这一重要观点的提出，是胡适对"文学革命"理论的重要贡献。不久，胡适又在《新青年》第4卷第4号上发表《建设的文学革命论》一文，提出了"建设的文学革命论"的主张，强调"'建设新文学论'的唯一宗旨只有十个大字：'国语的文学，文学的国语。'我们所提倡的文学革命，只是要替中国创造一种国语的文学。有了国语的文学，方才可有文学的国语。有了文学的国语，我们的国语才可算得真正国语。国语没有文学，便没有生命，便没有价值，便不能成立，便不能发达"。[2] 另一位《新青年》群体成员周作人认为，"文学革命"应该包括文字改革和思想革命两个方面，"文字改革是第一步，思想改革是第二步，却比第一步更为重要"。[3] 为此，1918年12月，他在《新青年》第5卷第6号上发表《人的文学》一文，提出了"人的文学"的口号。他指出：新文学应该以"人道主义为本，对于人生诸问题，加以记录研究的文字，便谓之人的文学"。其中又可以分为两个方面：（一）是正面的，写这理想生活，或人间上达的可能性；（二）是侧面的，写人的平常生活，或非人的生活。他尤其强调写第二种生活的重要性，"因为我们可以因此明白人生实在的情状，与理想生活比较出差异与改善的方法"。[4] 不久（1919年1月），周作人又有《平民文学》一文发表，他指出：平民文学是与贵族文学正好相反，贵族文学形式上的缺点，"是偏于部分的，修饰的，享乐的，或游戏的"；而平民文学是"内容充实的，就是普遍与真挚两件事"。具体来说："第一，平民文学应以普通的文体，记普遍的思想与事实"；"第二，平民文学应以真挚的文体，记真挚的思想与事实"。[5] "人的文学"和"平民文学"的提出，尤其是"人的文学"的提出，将"人"以及"人的生活"视为文学内容改革的核心问题，从而把文学革命的理论进一步引向了深入。胡适后来曾把文学革命的理论，概括为"活的文学"和"人的文学"，"前一个理论是文字工具的革新，后一种是文学内容的革新，中

---

[1] 胡适：《历史的文学观念论》，《新青年》第3卷第3号，1917年5月1日。
[2] 胡适：《建设的文学革命论》，《新青年》第4卷第4号，1918年4月15日。
[3] 仲密（周作人）：《思想革命》，《每周评论》第11号，1919年3月2日。
[4] 周作人：《人的文学》，《新青年》第5卷第6号，1918年12月15日。
[5] 仲密（周作人）：《平民文学》，《每周评论》第5号，1919年1月19日。

国新文学运动的一切理论都可以包括在这两个中心思想的里面"。① 除此，傅斯年、欧阳予倩等人先后也有《文学革新申义》（《新青年》第 4 卷第 1 号）、《文言合一草议》（《新青年》第 4 卷第 2 号）、《予之戏剧改良观》（《新青年》第 5 卷第 4 号）等文发表，提出了他们自己的文学革命或改良主张。

胡适希望提倡文学革命的人共同努力，能在"三五十年内，替中国创造出一派新中国的活文学"。他在《建设的文学革命论》一文中写道："我们提倡文学革命的人，固然不能不从破坏一方面下手。但是我们仔细看来，现在的旧派文学实在不值得一驳。什么桐城派的古文哪，文选派的文学哪，江西派的诗哪，梦窗派的词哪，聊斋志异派的小说哪，——都没有破坏的价值。他们所以还能存在国中，正因为现在还没有一种真有价值、真有生气、真可算作文学的新文学起来代他们的位置。有了这种'真文学'和'活文学'，那些'假文学'和'死文学'，自然会消灭了。所以我希望我们提倡文学革命的人，对于那些腐败文学，个个都该存一个'彼可取而代也'的心理；个个都该从建设一方面用力，要在三五十年内替中国创造出一派新中国的活文学。"② 应该说，胡适的希望很快就实现了。在文学革命的旗帜下，新文学的作家们秉承着以"人生"为主题的文学观念全力进行创造，将文学形式的变革与文学内容的变革结合起来。1918 年 5 月 15 日，鲁迅的《狂人日记》在《新青年》第 4 卷第 5 号上刊出。鲁迅的《狂人日记》不仅是中国思想史上的一座里程碑，也是中国文学史上的一座里程碑，它标志着现代文学从形式到内容、从思想性到艺术性的基本成熟。此后，在小说、诗歌、散文、戏剧等方面都涌现出大量优秀作品。

我们前面已经提到，文学革命既包括文学形式的变革，也包括文学内容的变革，而所谓形式的变革，也就是从文言文学，变为白话文学。胡适的《文学改良刍议》主要是提倡文学形式的变革，即变传统的文言文学为白话文学。所以他在文中一再强调：中国"今日之文学，其足与世界'第一流'文学比较而无愧色者，独有白话小说一项"。又说："以今世历史进化的眼光观之，则白话文学之为中国文学之正宗，又为将来文学必用之利器，可断

---

① 胡适：《中国新文学大系·建设理论卷·导言》，载《胡适全集》第 12 卷，第 280 页。
② 胡适：《建设的文学革命论》，《新青年》第 4 卷第 4 号，1918 年 4 月 15 日。

言也。"① 胡适的这一立场得到《新青年》群体的大力支持。陈独秀表示："改
良中国文学，当以白话为文学正宗之说，其是非甚明，必不容反对者有讨
论之余地，必以吾辈所主张者为绝对之是，而不容他人之匡正也。"② 钱玄同
在致陈独秀信中写道："弟于胡君采用白话之论，固绝对赞同也"，"语录以
白话说理，词曲以白话为美文，此为文章之进化，实今后言文一致之起点。
此等白话文章，其价值远在所谓'桐城派之文''江西派之诗'之上，此蒙
所深信不疑者也"。③ 刘半农在《我之文学改良观》一文中也对"胡、陈二
君之重视'白话为文学之正宗'，钱君之称'白话为文学之进化"的观点，
表示"深信不疑"。④ 除《新青年》群体外，胡适提出的以白话文取代文言
文、变传统的文言文学为白话文学的主张，也得到了其他一些新文化运动
的支持者和拥护者的赞同，从第 3 卷开始，《新青年》几乎每期都刊有讨论
白话文的文章和通信，一些人在文章和通信中还提出了一些有益的改革方
案，如应用文改革的问题、汉字横排的问题、新式标点符号的问题、汉字
拼音化的问题，等等。于是，继清末之后，一场新的白话文运动，随着新
文学运动的兴起而开始兴起。1917 年 5 月，在《历史的文学观念论》一文
中，胡适进一步提出了"今日之文学，当以白话文学为正宗"的主张。一
年后（1918 年 4 月），在《建设的文学革命论》一文中，胡适更明确地表示
出要以"国语的文学，文学的国语"，作为文学革命的宗旨。他认为，中国
二千年来之所以没有产生真正有生命力的"文言的文学"，原因就在于二千
年来文人所做的文学都是用"已经死了的语言文字做的。死文字决不能产出
活文学，所以中国这二千年只有些死文学，只有些没有价值的死文学"。而
真正有价值的文学，"没有一种不带有白话的性质，没有一种不靠这个'白
话性质'的帮助"。因此，"中国若想有活文学，必须用白话，必须用国语，
必须做国语的文学"。他建议："我们提倡新文学的人，尽可不必问今日中国
有无标准国语。我们尽可努力去做白话的文学。我们可尽量采用《水浒传》
《西游记》《儒林外史》《红楼梦》的白话；有不合今日的用的，便不用他；

---

① 胡适：《文学改良刍议》，《新青年》第 2 卷第 5 号，1917 年 1 月 1 日。

② 《通信》，《新青年》第 3 卷第 3 号，1917 年 5 月 1 日。

③ 《通信》，《新青年》第 3 卷第 1 号，1917 年 3 月 1 日。

④ 刘半农：《我之文学改良观》，《新青年》第 3 卷第 3 号，1917 年 5 月 1 日。

有不够用的，便用今日的白话来补助；有不得不用文言的，便用文言来补助。这样做去，决不愁语言文字不够用，也决不用愁没有标准白话。中国将来的新文学用的白话，就是将来中国的标准国语。造中国将来白话文学的人，就是制定标准国语的人。"他强调指出："我这种议论并不是'向壁虚造'的。我这几年来研究欧洲各国国语的历史，没有一种国语不是这样造成的。没有一种国语是教育部的老爷们造成的。没有一种是言语学专门家造成的。没有一种不是文学家造成的。"他并且列举了意大利、英国、法国等国的例子加以说明。最后他写道："我们今日提倡国语的文学"的目的，就是"要使国语成为'文学的国语'，有了文学的国语，方有标准的国语"。[①]"国语的文学，文学的国语"的提出，使文学革命与国语运动结合了起来，对推动白话文运动的发展起了非常重要的积极作用。

为了使提倡白话文的主张付诸实践，并迅速在全国推广应用，《新青年》自第4卷（1918年1月）起，白话文文章的数量迅速增多，并开始采用新式标点，到第6卷时几乎完全采用白话文了。白话诗作也日益增多起来。在《新青年》的影响下，这一时期创办的一些报刊也都采用的是白话文，如《新潮》《每周评论》等。与此同时，胡适等人所倡导的白话文运动开始与北洋政府所倡导和推动的国语运动合流，《新青年》群体的许多成员都是当时国语研究会的成员，国语研究会的活动成为《新青年》报道的重要内容。由于政府内的知识分子和民间知识分子的共同推动，使白话文很快成为规范的、正式的书面语。在1919年4月召开的国语统一筹备委员会成立大会上，周作人、胡适、钱玄同、刘半农等提出了一个《国语统一进行方法的议案》，主张"国民学校全用国语，不杂文言，高等小学酌加文言，仍以国语为主体"，这一主张得到官方认同。1919年五四运动的发生，对白话文运动的进一步发展起到了非常重要的推动作用。如前所述，五四运动后，白话报刊在全国如雨后春笋般地涌现，一般保守地估计，都在数百种以上，原来一些保守的报刊，如《东方杂志》《教育杂志》《小说月报》《妇女杂志》《学生杂志》《中华教育界》等，也都转而使用白话文。白话文运动实现了与社会的结合，成为一种社会运动。当时在各地兴起的平民识字运动，采用的就

---

① 胡适：《建设的文学革命论》，《新青年》第4卷第4号，1918年4月15日。

是白话文。正因为白话文运动已成为一种社会运动，这促使教育部于 1920 年
1 月通令全国："自本年秋季起，凡国民学校一二年级，先改国文为语体文，
以期收言文一致之效。"同年 4 月，教育部又发出通告，规定截至 1922 年止，
凡用文言文编的教科书一律废止，要求各学校逐步采用经审定的语体文教科
书，其他各科教科书也相应改用语体文。[①] 至此，白话文运动取得巨大成功。

　　正如我们在本书第一卷第六章中的有关章节中已论述的那样，无论是文
学革命，还是白话文运动，其最早源头都可以追溯到戊戌变法时期，到了
19 世纪末 20 世纪初，中国曾兴起过一场思想启蒙运动，而文学改革和白
话文运动是这场思想启蒙运动的重要内容，梁启超提出过"史界革命""诗
界革命""文界革命"的口号，创立过通俗易懂、充满激情的"梁启超体"。
后来钱玄同在我们前面多次提到的那封他写给陈独秀的信中就指出："梁任
公实为创造新文学之一人。虽其政论诸作，因时变迁，不能得国人全体之
赞同，即其文章，亦未能尽脱帖括蹊径，然输入日本新体文学，以新名词
及俗语入文，视戏曲小说与论记之文平等，（梁君之作《新民说》《新罗马
传奇》《新中国未来记》，皆用全力为之，未尝分轻重于其间也。）此皆其识
力过人处。鄙意论现代文学之革新，必数梁君。"[②] 钱玄同此论，客观公正。
陈独秀、胡适等人还是这一时期的文学改革和白话文运动的参与者，陈独
秀办过《安徽俗话报》，胡适也有办白话报刊的经历。然而，为什么 19 世
纪末 20 世纪初的文学改革和白话文运动没有获得如同新文化运动时期的
"文学革命"和白话文运动如此巨大的成功呢？如果有了 19 世纪末 20 世
初的文学改革和白话文运动的巨大成功，也就不可能有新文化运动时期的
"文学革命"和白话文运动了。原因是多方面的，最主要的原因还是时代环
境的不同，19 世纪末 20 世纪初的文学改革和白话文运动发生在清王朝统
治的末期，借用梁启超的话说，这是中国近代化的第二个时期，即政治制
度的近代化时期；而新文化运动时期的"文学革命"和白话文运动则发生
在 1917 年后，先后经历过辛亥革命和民国成立的洗礼，如果再借用梁启超
的话说，这是中国近代化的第三个时期，即思想文化的近代化时期，无论

①　王建军：《中国近代教科书发展研究》，广东教育出版社，1996，第 252—253 页。
②《通信》，《新青年》第 3 卷第 1 号，1917 年 3 月 1 日。

是人们的思想观念，还是传播思想观念的工具，以及政治制度和经济基础，
都发生了很大变化，与 19 世纪末 20 世纪初比较，都有很大进步，这是新
文化运动时期的"文学革命"和白话文运动能取得巨大成功的最主要原因。
如我们在本章第一节时已指出的，胡适就认为北洋政府对白话文运动的支
持，至少使白话文成为全国的通用语言提前了一二十年。当然，除了时代
不同的原因外，也与提倡者或发起者的个人有关。作为 19 世纪末 20 世纪
初的文学改革和白话文运动的提倡者或发起者，梁启超以及严复、章太炎
等人都是一些半新半旧的人物，尽管如钱玄同所说的那样，他们的"识力过
人"，然而由于他们所接受的教育，对中西文化的认识，以及所处的具体环
境等原因，他们还远远未能达到作为新文化运动时期的"文学革命"和白话
文运动的提倡者或发起者的胡适、陈独秀等人的思想水平。比如，他们中
就没有人提出过如同胡适提出的那些"文学革命"和白话文运动的理论及
其方案，这也是 19 世纪末 20 世纪初的文学改革和白话文运动未能取得如
同新文化运动时期的"文学革命"和白话文运动那样巨大成功的一个原因。

四、各种新思想、新学说的输入

1919 年 12 月 1 日，胡适在《新青年》第 7 卷第 1 号上发表《"新思潮"
的意义》一文，他提出："新思潮的根本意义只是一种新态度。这种新态度
可叫做'评判的态度'。……这种评判的态度，在实际上表现时，有两种趋
势。一方面是讨论社会上、政治上、宗教上、文学上种种问题。一方面是
介绍西洋的新思想、新学术、新文学、新信仰。前者是'研究问题'，后者
是'输入学理'。这两项是新思潮的手段。"[1] 胡适这里所讲的"新思潮"，实
际上指的就是新文化运动，所以说，"输入学理"，亦即各种新思想、新学
说的输入，是新文化运动的又一重要内容。

"输入学理"虽然是 1919 年 12 月胡适首次提出来的，但自《青年杂
志》创办之日起，陈独秀就十分重视对各种新思想、新学说的输入。在其
创刊号上，除《敬告青年》外，陈独秀还发表有《法兰西人与近世文明》
一文，通过对东西文明和思想的比较，肯定和介绍以法兰西人为代表的西

---

[1] 胡适：《"新思潮"的意义》，《新青年》第 7 卷第 1 号，1919 年 12 月 1 日。

方近代文明与思想，他指出："近世文明，东西洋绝别为二，代表东洋文明者，曰印度，曰中国。此二种文明虽不无相异之点，而大体相同，其质量举未能脱古代文明之窠臼，名为近世，其实犹古之遗也。可称曰近世文明者，乃欧罗巴人之所独有，即西洋文明也，亦谓之欧罗巴文明。移植亚美利加，风靡亚细亚者，皆此物也。欧罗巴之文明，欧罗巴各国人民皆有所贡献，而其先发主动者，率为法兰西人。"[①] 以法兰西人为代表的西方近代文明与思想的特征主要有三：一是人权说，二是生物进化论，三是社会主义。陈独秀所摘译的法国作家纽伯著《现代文明史》也发表在这期的《青年杂志》上，它较为详细地介绍了西方"十八世纪之新思想"，包括："重商政策""英吉利之哲学者""法兰西之哲学者""法兰西精神之影响"等。除此，《青年杂志》改名为《新青年》之前，还先后发表了汝非翻译的《铁与血》（第 4 号）、刘叔雅翻译的《佛兰克林自传》（第 5 号）、李穆翻译的《英国少年团规律》（第 5 号）、刘叔雅翻译的《美国人之自由精神》（第 6 号）等介绍西方思想尤其是自由思想的文章。陈独秀还认为，文学是传播思想的最有效的工具，"西洋所谓大文豪，所谓代表作家，非独以其文章卓越时流，乃以其思想左右一世也。三大文豪之左喇，自然主义之魁杰也。易卜生之剧，刻画个人自由意志者也。托尔斯泰者，尊人道，恶强权，批评近世文明，其宗教道德之高尚，风动全球，益非可以一时代之文章家目之也。西洋大文豪，类为大哲人，非独现代如斯，自古尔也。若英之沙士皮亚，若德之桂特，皆以盖代文豪而为大思想家著称于世者也"[②]。因此，他在翻译和介绍西方的思想文化著作时，也十分重视对西方文艺思想和文学作品的翻译和介绍。《青年杂志》第 1 卷第 3 号上刊发有他翻译的泰戈尔的《赞歌》和"美国国歌"《亚美尼加》。泰戈尔虽非陈独秀所说的"世界三大文豪"或"近世四大代表作家"，但他作为东方"诗圣"的文名却是无可置疑的。"陈独秀在译诗后面的说明中，专门强调了泰戈尔诺贝尔奖得主的身份。不过，陈独秀在这里犯了两个小错误，一是'亚美尼加'并非美国国歌，二是将泰戈尔的诺贝尔文学奖写成了诺贝尔和平奖。"[③]《青年杂志》第

---

① 陈独秀：《法兰西人与近世文明》，《青年杂志》创刊号，1915 年 9 月 15 日。
② 陈独秀：《现代欧洲文艺史谭》，《青年杂志》第 1 卷第 4 号，1915 年 12 月 15 日。
③ 赵稀方：《〈新青年〉的文学翻译》，《中国翻译》2013 年第 1 期。

3 号和第 4 号还发表有他的《现代欧洲文艺史谭》一文，介绍欧洲的文艺思想是如何从古典主义演变为理想主义，又从理想主义演变为写实主义，更进而为自然主义的，重点介绍了托尔斯泰的思想。陈独秀不仅自己身体力行，他还组织其他人翻译外国的文学作品，在《青年杂志》上发表。俄国著名作家屠格涅夫的《春潮》，自创刊号起开始在《青年杂志》连载，翻译者是陈独秀的侄儿陈嘏。《春潮》是屠格涅夫小说在中国的第一次翻译。除《春潮》外，陈嘏还先后为《青年杂志》翻译了屠格涅夫的《初恋》、王尔德的剧作《弗罗连斯》以及龚古尔兄弟的长篇小说《基尔米里》等。"屠格涅夫、王尔德、龚古尔兄弟等等，都是陈独秀推崇的近世文豪。陈嘏的翻译，无疑准确地体现了陈独秀的思路。"① 薛琪瑛用白话文翻译的王尔德的剧作《意中人》开始在《青年杂志》第 2 号上连载。这是王尔德剧作在中国的首次翻译，也是《新青年》发表的第一篇用白话义翻译的外国文学作品。在"译者识"中，薛琪瑛写道："此剧描写英人政治上及社会上之生活与特性，风行欧陆，每幕均为二人对谈，表情极真切可味。"她并大力推崇王尔德的"大家"地位："作者王尔德，晚近欧洲著名之自然派文学大家也。"② 陈独秀也在"记者识"中对薛琪瑛做了介绍：她是清末思想家薛福成的孙女，桐城派大师吴汝纶之外孙女，"幼承家学，蜚声乡里"，毕业于苏州景海女学英文高等科，兼通拉丁文。"兹译此篇，光宠本志，吾国文艺复兴之嚆矢，女流作者之先河，其在斯乎?"③ 这是"吾国文艺复兴"这一提法在《青年杂志》以及改名后的《新青年》上的第一次出现，它说明陈独秀组织翻译和刊发西方文艺作品的目的是为了思想启蒙。据研究者初步统计：《青年杂志》未改称《新青年》前，亦即第 1 卷，共发表文章 149 篇，其中著作 130 篇，译作 19 篇，但"不管是从其文字数量，还是从其价值取向确是宣传西方文化的刊物。《新青年》传播的西方文化相当广泛。其中尤以西方的'青年组织'、'人物'、'民主'、'科学'、'小说'、'戏剧'为传播重点。'青年组织'主要介绍了德国、英国、美国青年团体的组成方式和对青年的教育方式。'人物'中主要介绍的是'革命家'、'企业家'、'军事家'、'政治家'，其

---

① 赵稀方:《〈新青年〉的文学翻译》,《中国翻译》2013 年第 1 期。
② 薛琪瑛译《意中人》"译者识",《青年杂志》第 1 卷第 2 号, 1915 年 10 月 1 日。
③ 薛琪瑛译《意中人》"记者识",《青年杂志》第 1 卷第 2 号, 1915 年 10 月 1 日。

共性是均为积极进取开拓有为的杰出人物。'民主'的内容主要是介绍'人权'、'平等'、'自由'的价值观。'科学'的内容主要是'进化论'和'生理知识'。'小说'是俄国作家屠格涅夫的《春潮》和《初恋》。'戏剧'是连载共五期的英国作家王尔德的《意中人》"①。

　　胡适是《新青年》群体的核心成员，但在《青年杂志》未改名为《新青年》之前，他并没有加盟作者队伍。胡适加盟作者队伍是从《新青年》第2卷第1号开始的，这一期刊发有他用白话翻译的俄国作家泰莱夏甫的小说《决斗》。《新青年》第2卷第5号又发表了他的《文学改良刍议》一文，新文学运动由此兴起，胡适本人也因而开始成为有影响的作者，而且随着他在《新青年》上发表的文章越来越多，提出的思想越来越多，其影响也越来越大，到了第5卷、第6卷时，甚至有超过陈独秀之势。胡适的加盟，对推动《新青年》的进一步"输入学理"，介绍西方的各种新思想、新思潮起了积极的促进作用。因为与陈独秀以及《青年杂志》第1卷的主要作者高一涵（发文7篇）、易白沙（发文4篇）、李亦民（第一卷"世界说苑"专栏全部31篇作品的唯一作者。他的发文数仅次于陈独秀，陈独秀是76篇②）等人不同，胡适在美国待了整整七年，攻读哲学博士学位，对西方的思想文化有较为深入和系统的学习和了解。这是陈独秀、高一涵、易白沙、李亦民等人无法比拟的，加上他的思想又较为开放，所以他加盟不久，就逐渐成了"输入学理"的领军人物。从第2卷第4号起，胡适开始在《新青年》连载《藏晖室札记》，其中颇多介绍西洋文学和思想的内容：如第2卷第4号介绍霍甫特曼、易卜生，介绍欧洲的问题剧；第2卷第5号介绍诺贝尔奖（胡适称为"诺倍尔赏金"）及近年来诺贝尔文学奖得主名单，这是国内较早介绍诺贝尔文学奖的文字。"自陈独秀《现代欧洲文艺史谭》以后，国内文坛对于西洋名家名著等级有了大体的概念。不过，陈独秀事实上只熟悉法国文学，对于西洋文学大势的了解未必全面准确，胡适身在美国，对于西洋文学的了解更为直接，他从英语世界发回来的文章，不啻为对于陈独秀的一个有力补充。"③第3卷第1号，《新青年》刊发有胡适翻译的莫泊

① 张涛：《新文化运动的兴起与〈青年杂志〉第一卷》，《史学月刊》1995年第5期。
② 张涛：《新文化运动的兴起与〈青年杂志〉第一卷》，《史学月刊》1995年第5期。
③ 赵稀方：《〈新青年〉的文学翻译》，《中国翻译》2013年第1期。

桑的《二渔夫》。《二渔夫》原名"两个朋友"，是莫泊桑的著名作品，写的是普法战争。胡适对普法战争的题材一直有浓厚的兴趣，早在 1912 年，他就翻译了都德的《最后一课》(开始译名为《割地》)，1914 年又翻译了都德的《柏林之围》，都是写普法战争的。"这些小说通过个人命运写亡国之感，哀楚动人，胡适显然意欲借此唤醒危亡中的国人。从思想上看，胡适这一时期翻译仍然延续着晚清以来爱国主义主题。"[1]他发表在《新青年》第 4 卷第 4 号上的《建设的文学革命论》提出，要建设"国语的文学，文学的国语"，而其方法之一就是向西方学习，因为"西洋的文学方法比我们的文学实在完备得多，高明得多"，所以他主张"赶紧多多的翻译西洋的文学名著做我们的模范"，并就如何翻译西洋的名著提出具体建议：(一)"只译名家著作，不译第二流以下的著作"；(二)"全用白话韵文之戏曲，也都译为白话散文"。[2]胡适这两点的提出，使新文化运动时期对西方文学作品的翻译与清末林纾等人对西方文学作品的翻译区别了开来，因为林译不仅采用的是文言文，而且由于林氏不懂西方语言，对西方文学作品没有任何了解，他是采取与懂西方语言的人合作的方式来翻译西方作品的，所以翻译的西方文学作品中，既有如《茶花女》这样的名著，也有二流、三流，甚至不入流的次品，作品质量参差不齐。除此，还产生了一些疵误，如把名著改编或删节的儿童读物当作名著原作，把莎士比亚和易卜生的剧本译成小说，把易卜生的国籍误成德国等。

胡适的"输入学理"影响最大的，一是他对易卜生作品的翻译和"易卜生主义"的提倡，二是他对自己的老师杜威的实用主义(他称之为实验主义)学说的宣传和介绍。《新青年》第 4 卷第 6 号推出"易卜生专号"，除与罗家伦合作翻译易卜生的名著《娜拉》(罗家伦译第一、第二幕，他译第三幕)外，胡适还发表有《"易卜生主义"》一文，宣传和提倡"健全的个人主义"。《娜拉》和《"易卜生主义"》发表后，曾产生过很大的社会反响，"娜拉"为什么要出走？"娜拉"出走后怎么办？我如果是"娜拉"会出走吗？成了那一时期人们讨论的话题。为配合他老师杜威的访华讲学，1919

---

① 赵稀方：《〈新青年〉的文学翻译》，《中国翻译》2013 年第 1 期。
② 胡适：《建设的文学革命论》，《新青年》第 4 卷第 4 号，1918 年 4 月 15 日。

年 4 月 15 日的《新青年》第 6 卷第 4 号刊出了胡适的《实验主义》一文，
对杜威的实验主义哲学做了较为系统和深入浅出的介绍，加上杜威访华讲
学在中国大地掀起了一股"杜威热"，尤其是得到了一些青年人的追捧，从
此实验主义成了"新文化运动"时期有影响的西方思想之一。1922 年为纪
念《申报》创刊 50 周年，胡适又撰写了《五十年来之世界哲学》，再次对
杜威的实验主义做了宣传和介绍。就胡适对实验主义的宣传和介绍来看，
主要侧重在以下几个方面：第一，反传统的变易观。胡适特别强调 19 世纪
以来科学观念的变迁与实验主义哲学之间的关系。他认为在所有的科学观
念中，有两个观念的变迁与实验主义哲学关系"绝大"：一是科学家对科学
律例的态度的变迁；二"是达尔文的进化论"。他进而指出，既然一切都是
变化的，不仅科学律例在变，一切物种也在变，因此，"实验主义绝不承认
我们所谓'真理'就是永永不变的天理；他只承认一切'真理'都是应用的
假设"，都"不过是对付环境的一种工具；环境变了，真理也随时改变"。①
第二，存疑主义的方法论。胡适特别喜欢把实验主义归结为一种方法，他
虽然依据乃师杜威的观点，对实验主义用了"方法论""真理论"和"实在
论"三个方面的概括，但他又强调指出："实验主义虽有这三种意义，其实
还只是一种方法论。"②他之所以把杜威一派的哲学不依日本人的译法译成
"实际主义"，而创造性地译成"实验主义"，就是因为在他看来"实际主义"
这样的名字"注重实际的效果"，"实验主义""虽然也注重实际的效果，但
它更能点出这种哲学所最注意的是实验的方法"。故此，他一再强调，所谓
"实验主义"，实质上是一种科学方法，"是科学方法在哲学上的应用"。③第
三，社会改良思想。胡适在不同的场合指出："实验主义注重在具体的事实
与问题，故不承认根本的解决。他只承认那一点一滴做到的进步。"④

　　在《新青年》群体的成员中，除了陈独秀、胡适外，对"输入学理"贡
献最大的是周氏兄弟（鲁迅和周作人），尤其是周作人。我们前面已有论及，
自第 4 卷第 1 号起，《新青年》编辑部改组，由原来陈独秀一人负责，改为

---

① 胡适：《实验主义》，《新青年》第 6 卷第 4 号，1919 年 4 月 15 日。
② 胡适：《五十年来之世界哲学》，载《胡适全集》第 2 卷，第 373 页。
③ 胡适：《实验主义》，《新青年》第 6 卷第 4 号，1919 年 4 月 15 日。
④ 胡适：《我的歧路》，《努力周报》第 7 期，1922 年 6 月 18 日。

陈独秀、钱玄同、刘半农、陶孟和、沈尹默、胡适六人轮流编辑，从而实现了一校（北大）与一刊（《新青年》）的结合。也就是在这期的《新青年》上，周作人发表了他的第一篇译作——《陀思妥夫斯奇之小说》。该译文开宗明义便写道："近来时常说起'俄祸'。倘使世间真有'俄祸'，可就是俄国思想，如俄国舞蹈、俄国文学皆是。我想此种思想，却正是现在世界上，最美丽最要紧的思想。"① 此后，几乎每期的《新青年》上都有周作人的文章，有时甚至是几篇，多数为译文，如第 4 卷第 2 号，有他的《古诗今译》；第 4 卷第 3 号，有他的《童子 Lin 之奇迹》；第 4 卷第 4 号，有他的《皇帝之公园》；第 4 卷第 5 号，有他的《贞操论》和《读武者小路君所作一个青年的梦》；第 4 卷第 6 号，因为是"易卜生专号"，没有他的文章；第 5 卷第 1 号，有他的《日本近三十年小说之发达》；如此等等。鲁迅在《新青年》上发表的第一篇文章，亦是《新青年》的第一篇白话小说，是第 4 卷第 5 号上的《狂人日记》，第一篇译文是第 7 卷第 1 号—5 号上的日本武者小路实笃的《一个青年的梦》。与陈独秀主要"输入"的是法国的"学理"、胡适主要"输入"的是英美尤其是美国的"学理"不同，由于周氏兄弟长期关注俄国文学，清末时就翻译过俄国的文学作品，他们又长期留学日本，深受日本思想的影响，所以，他们翻译的文学作品主要是俄国的，介绍的思想主要是日本的，如"新村主义"就是由他们兄弟介绍到中国来的，周作人先后在《新青年》上发表过《读武者小路君所作一个青年的梦》（第 4 卷第 5 号）、《日本的新村》（第 6 卷第 3 号）、《新村的精神》（第 7 卷第 2 号）以及发表在《晨报》上的《新村的理想与实际》等文，鲁迅翻译过小路实笃的《一个青年的梦》。周作人还跑到日本实地考察日本的新村运动，回国后大力加以宣传和介绍，并引发了中国的"新村运动"。

除《新青年》群体的成员外，以梁启超为代表的《改造》群体的成员也对新文化运动时期各种新思想、新学说的输入做出过重要贡献。② 《改造》原名《解放与改造》，创刊于 1919 年 9 月，于 1920 年 9 月第三卷起更名为《改造》，1922 年 9 月由于经济等原因停刊，前后共出版 4 卷，46 期。《改

---

① 周作人译《陀思妥夫斯奇之小说》，《新青年》第 4 卷第 1 号，1918 年 1 月 15 日。
② 有关《改造》的内容，参见杨智勇的《〈改造杂志〉研究》，博士学位论文，湖南师范大学，2009。

造》是新文化运动时期重要的期刊之一，它创刊于五四运动后。此时，《新青年》和《新潮》均因其主持人参与五四运动而暂停，《每周评论》则在1919 年 8 月被北洋政府查封，因此，于这一时期出版的《改造》很快成了明星刊物。前两卷由张东荪、俞颂华主编，后两卷由梁启超、蒋百里主编。主要撰稿人有张君劢、郭虞裳、刘南陔（刘秉麟）、沈雁冰、刘延陵、赵紫辰、金侣琴、潘公展、吴品今、舒新城、郭绍虞、宗白华、徐志摩等。这些作者除原《时事新报》的老报人外，大多数与《新青年》《新潮》的作者相似，是中国知识界的后起之秀，他们出生于 19 世纪八九十年代，不仅有良好的国学基础，而且大多接受过比较系统的西学训练。因此，和《新青年》《新潮》一样，输入西方学理也是《改造》的重要内容。其创刊号上的《本刊启事一》提出宗旨："主张解放精神物质两方面一切不自然不合理之状态，同时介绍世界新潮以为改造地步"；并表示："凡关于哲学，心理，社会，伦理，政治，经济，教育，法律，生物，文学等著述，与前项宗旨相符者，皆所欢迎。"比如，哲学方面，《改造》就介绍过倭伊铿、杜里舒、劫德、柏格森、罗素等人学说，张君劢发表在第 3 卷第 7 号上的《倭伊铿精神生活大概》和第 4 卷第 6 号上的《德国哲学家杜里舒氏东来之报告及其学说大略》，是国内最早系统介绍倭、杜二氏学说的文章；小航发表在第 4 卷第 2 号上的《罗素批评进化主义的哲学》、傅岩发表在第 4 卷第 7 号上的《敬告欧罗巴的知识阶级》，是对罗素思想的译介。文学方面，《改造》发表了不少西方的文学翻译作品，如《丁泰琪的死》。《丁泰琪的死》是一篇短剧，译者沈雁冰，也就是茅盾。这篇短剧是比利时作家 Maurice　Maerterlinck 所作，他是象征主义的代表人物，象征主义在 19 世纪末流行欧洲各国。《改造》发表的茅盾翻译的作品还有尼采的《新偶像》和《市场之蝇》、巴比塞的《名誉十字架》和《复仇》等。另外，还有其他一些作者翻译的文学作品在《改造》上发表，如 C.S. 生译英国该利思握赛之《死人》、柏香译 Fanny Kemble Johnson 之《异样的人》、济之译俄国柴霍甫全独幕剧《求婚》和俄国高尔逊的小说《红花》。这些作品很多写社会问题，如《死人》《异样的人》等。《改造》比较重视对原作者的介绍，如 C.S. 生介绍《死人》的作者是"现在英国的大著作家，一生专批评各种社会问题"，他的小说和戏曲"皆是攻击资本家及对于社会上种种不平的现状作的"，《死人》为他

的"讽语"。① 济之在《红花》文章前面以"译者按"的形式对高尔逊进行了
介绍："高尔逊生于俄国南省，和托尔斯泰同里"，曾经当过兵，精神上有些
问题，最后是在疯人院"从楼梯上跳下而死"，《红花》是"描写狂人的心
理，惟妙惟肖，颇足以供学术上的研究"，而"俄国文学家素长于心理的描
写，而像高尔逊这篇描写得这样的真实深刻，也实在是十分难得的"。② 沈雁
冰（茅盾）的《托尔思泰的文学》，对托尔斯泰的文学思想及其成就做了较
为系统的介绍。他将托尔斯泰的生平分为三个时期，第一时期是 1862 年以
前，其主要的文学作品有《孩年》《侵入者》《可萨克人》《童年》《三死人》
等；第二时期为 1862 年以后至 1879 年，主要作品有《战争与和平》《十二
月党人》等；第三时期为 1879 年至 1910 年去世，主要作品有《人靠什么
活着》《两老人》《主人和工人》《复活》等。沈雁冰还分析了托氏三期作品
的不同之处：首先，从"文学的体裁和表情上看"，"第一期的著作大都是
叙体，文笔轻情，感情浓挚，动人的地方是在家人父子的爱，兄弟姊妹的
情，山夫野老草莽英雄的豪爽坦白。叫人读了不厌倦，而且易起一种缠绵
恻隐的心情"；第二期的作品"雄浑苍老""悲凉慷忾""家人的诟谇，闺房
的猜忌"，而最明显的是"处处有托尔思泰的主义加入，虽然不是后来成格
的主义，却已是一个雏形，叫人看了竦然而惊"；第三期的作品则"多写农
人的简易生活，社会的罪恶面孔"，尽管罪恶，但是"不怨"，这些文章中
便充满"人道主义和无抵抗主义"。沈雁冰认为"人道主义和无抵抗主义"
是"托尔思泰的灵魂的结晶，也便是俄国文学的灵魂的结晶"。其次，从
著作面目上看，第一期的作品都是"托尔思泰三十以前的著作；托尔思泰
早年做学生的时候，原来不修边幅的，后来到了高加索后，吸收天然的和
悦美丽，着实把污秽的灵魂洗濯一下，他第一次醒悟了，觉得那万恶社会
中的迎面笑语携手殷勤的态度都是作伪假装，我们要找爱，只在家庭和山
野"。第二期时他"初从克利米亚战场上归来，重入这'纸醉金迷'的俄都
彼得格勒（那时自然是称圣彼得堡）的社会，一方面在战地受了新刺戟，发
生了人生为何的大问题，一方又来受这繁华社会的刺戟，发生了人事为何的

① C.S. 生译《死人》，《解放与改造》第 1 卷第 8 号，1919 年 12 月 15 日。
② 济之译《红花》，《改造》第 3 卷第 2 号，1920 年 10 月 15 日。

大问题。他那时觉得他的家世名望，都不能满足他灵魂的要求；当时流行的思想，也都不能满足他知识上的要求。他有三个疑问在胸中扰"：（一）是'时'——什么时才是正当的时候去开头做；（二）是'人'——谁是可教的人，怎样教；（三）是'事'——什么是该做的事？"这三个问题的苦闷，使托尔斯泰写出了《战争与和平》《婀娜传》（即《安娜·卡列尼娜》——引者），它标志着托氏的作品进入了写实时期。第三期的著作"就是无抵抗主义在里面做骨子"，其标榜的"自然是'至诚'二字，他以为'至诚'可以动人；他最信仰的，自然是'主义的胜利'，他以为主义胜利了，自己死亦不妨；自己肉体的存亡，原来最是无关紧要的"。此时期他又相信"人性是善；凡表现的恶，都是因为外界的恶环境诱惑陷害他的"。① 蒋百里的《莫泊三文学上之地位略谈》一文，介绍了莫泊桑文学思想及其成就。该文先对法国之写实派及其兴起的原因做了分析："十九世纪下半期法国文学界中遂有所谓写实派者，实代表当时一种时代精神——即科学的分析精神，其影响及于感觉与想像"，其兴起的原因乃是"（一）由于根得之实证哲学。（二）由于写实派之画家。（三）由于英国文学之影响"。而写实的原则有五，一是"重客观"，二是"重目击"，三是"断片的人生"，四是"个性的描写"，五是"周围的描写"。莫泊桑"入手，即受写实之训练"，所以，他是写实派的真正正宗，"其所记载多其目击，凡乡间，官吏，新闻，社交，各社会皆身亲历而观察之，其特长在短篇小说，所谓人生之断片者也。其文体为古典派，其天才在观察之明了，能专诚描写外界，而内界自能烘托以出"。② 在心理学方面，朱光潜发表在第4卷第3号上的《行为派心理学之概略及其批评》一文，分"行为派心理学之略史""行为派心理学之范围与目的""行为派心理学与生理学之差别""行为派心理学与旧心理学之区别""行为派学者对于思想之解说""心理学者对于行为主义之批评""瓦特生之答复"和"结论"等八部分，首次对行为派心理学做了较为详细的介绍。③ 除行为派心理学外，《改造》还介绍了福来德的团体心理学（延陵的《政治的魔梦》和《福来德的〈新国家〉》）、爱尔和特的社会心理学（颂华的《述爱尔和特氏论社

---

① 沈雁冰：《托尔思泰的文学》，《改造》第3卷第4号，1920年12月15日。
② （蒋）百里：《莫泊三文学上之地位略谈》，《改造》第3卷第12号，1921年8月15日。
③ 朱光潜：《行为派心理学之概略及其批评》，《改造》第4卷第3号，1921年6月24日。

会常态的与变态的改革之大意》和成小泉的《社会学的心理学论》）、都介尔的集合心理（延陵的《读都介尔之集合心理》）等。在自然科学方面，《改造》虽然声明："关于自然科学之论著，与解放改造无直接关系者不录"①，但第 3 卷第 8 号为"相对论专号"，刊发有夏元瑮翻译的爱因斯坦《相对论浅释》、徐志摩著的《安斯坦相对主义》、王崇植翻译英国哀庭顿的《相对律上至物质观及自然律》和《相对律》。此后，第 4 卷第 8 号又刊发有夏元瑮的《安斯坦相对论及安斯坦传》。当时中国三种杂志开辟了"相对论"或"爱因斯坦"专号，即：《改造》的"相对论专号"，《少年中国》的"相对论专号"和《东方杂志》的"爱因斯坦专号"，而《改造》专号篇幅最大，约 10 万字，全面介绍了爱氏及其相对论思想。对相对论介绍速度之快，内容之全面，在中国堪称第一，即使与欧美诸国比较亦不逊色。② 除相对论外，《改造》还介绍了遗传学（陈兼善的《后天性质遗传乎？抑不遗传乎？》、优生学（丁文江的《哲嗣学与谱牒》）。作为新文化运动后期的一份重要刊物，《改造》还对社会主义各个流派做了大量的介绍，如国家社会主义、无政府主义、基尔特社会主义、民主社会主义等等，共发表关于社会主义的文章 130 多篇，还引发和参加了 1920 年底开始的社会主义论战，并于第 3 卷第 6 号开辟了"社会主义研究"专号。由于这一问题本卷第十章将有专节讨论，此不展开。这里需要指出的是，我们现在通用的"苏维埃"一词，也是由张君劢在《改造》上第一次使用的。1919 年 8 月下旬，张君劢陪同梁启超欧游前往瑞士途中，得到俄国新宪法文本，便抽时间把它译成了中文，并将译文寄交张东荪，刊载于这年 11 月 15 日出版的《解放与改造》第 1 卷第 6 号上。在此文中，张君劢首次将俄文 Soviet 音译为"苏维埃"，该译法沿用至今。

以梁启超为代表的《改造》群体的成员另一项重要的"输入学理"活动是成立讲学社，邀请外国学者来华讲学。1920 年初，梁启超从欧洲（他先是以国民代表身份参加巴黎和会，和会后到欧洲考察了半年）回到上海后，意识到新文化运动的重要性，于是在张元济的建议下，决定发起成立共学

---

① 《本刊启事一》，《解放与改造》创刊号，1919 年 9 月 15 日。
② 参见戴念祖《相对论在中国早期的传播》，《大众科技报》2005 年 1 月 6 日。

社，4月成立于北京，提出的目标是："培养新人才，宣传新文化，开拓新政治。"为了增强与国际的文化交流，共学社决定成立一个与之相适应的组织。1920年9月，梁启超联合蔡元培、林长民、张元济等成立了讲学社。共学社成立后，梁启超将《解放与改造》交由共学社办，并改名为《改造》，《改造》群体的成员也就自然成了共学社和后来成立的讲学社的骨干成员。讲学社成立后的主要活动，就是先后邀请了美国实验主义哲学家、教育家杜威，英国哲学家、基尔特社会主义倡导者罗素，德国哲学家杜里舒，印度诗人、文学家泰戈尔来华讲学。其中杜威在讲学社成立前，应北京大学邀请来华已一年多，第二年改由讲学社续聘。原计划邀请来华讲学的学者还有哲学家柏格森、倭伊铿，经济学家凯恩斯，自由主义思想家霍柏生等，都由于种种原因未能如愿。但来华的这四位都是大名鼎鼎的学者。他们在中国各地讲学，宣传他们的思想和主张，产生过很大的社会影响，尤其是杜威和罗素，曾兴起过不大不小的"杜威热"和"罗素热"。杜威于1919年5月底到达上海，1921年7月离去，前后在中国逗留了2年零3个月，到过11个省市，发表讲演100多场。全国各大报刊对杜氏的讲演活动和讲演内容做过大量报道。后来这些讲演经过整理又由知新书店以《杜威五大讲演》为书名正式出版。通过杜氏的讲演和胡适等人的积极介绍与宣传，杜氏的实验主义哲学在中国得到广泛传播，成为民国时期对中国社会产生过重大影响的西方哲学思想之一。罗素访华期间（1920年9月到达上海，第二年7月离去），先后在北京、长沙、上海等地就数理逻辑、哲学问题、物的分析、心的分析和社会问题发表系列讲演，向当时渴求新知的中国知识界系统地介绍了相对论、量子论、精神分析说、数理逻辑等崭新的科学知识，受到热烈欢迎。杜里舒在华讲学期间，除介绍康德哲学外，主要是向中国知识界宣讲和介绍他的生机主义哲学，当时不少报刊发表过他的讲演稿，有的讲演稿又经整理，被收入不久出版的《杜里舒讲演录》之中。泰戈尔也到过中国不少地方，围绕泰戈尔访华，还发生过一场思想斗争（具体见本卷第十一章第三节）。

　　"输入学理"虽然是新文化运动的一项主要内容，但西方各种新思想、新学说的输入中国并非始于新文化运动时期，实际上自1840年鸦片战争中国失败起，中国人就开始了向西方学习的历程。与新文化运动之前的"输

入学理"相比，新文化运动时期的"输入学理"有以下几个特点：

第一，内容丰富。新文化运动之前，西方各种新思想、新学说的输入亦即西学传入中国大约可以分为两个阶段：第一阶段从 1840 年到 1894 年，即从第一次鸦片战争到中日甲午战争前，这一阶段传入的西学除宗教外，主要是自然科学；第二个阶段从 1895 年甲午战争到 1915 年新文化运动的兴起，这一阶段传入的西学，除自然科学外，社会科学日益增多起来，但社会科学中主要传入的又是政治和法学。但到了新文化运动时期，几乎所有的西学门类，如政治、经济、军事、法律、哲学、宗教、心理学、地理学、史学、文学、美学、语言、文字、艺术、科技、医学、教育，以及各种各样的思潮、学说、观念都先后传入到了中国（详见本章下一节的第一子目"从封闭走向开放"）。如果说在新文化运动之前，西学的传入还只是部分的话，那么，到了新文化运动后，西学的传入则是全面的了，许多新的思想、新的学说刚刚在西方兴起，就马上传入到了中国，如我们上面提到的爱因斯坦的相对论。这里特别需要指出的是，新文化运动时期，马克思列宁主义和苏俄无产阶级思想文化成了西学的重要组成部分。众所周知，中国人最早知道马克思是在 19 世纪末 20 世纪初，但马克思主义在中国广泛传播则是在十月革命之后，亦即新文化运动时期，并从此成为中国革命的指导思想和斗争武器。与此同时，十月革命后苏俄无产阶级思想文化也大规模地传入到中国，对中国思想文化产生了重大而深远的影响。如果说，在此之前，所谓西学，还是欧美资产阶级思想文化的一统天下，那么，于此之后，苏俄无产阶级思想文化则异军突起，并逐渐取代了欧美资产阶级思想文化在中国的地位。

第二，主体变化。新文化运动之前，西方各种新思想、新学说的输入亦即西学传入中国的主体，在 1895 年甲午战争之前是西方的传教士，1895年甲午战争之后是一些正处于从传统士大夫向新式知识分子转型的中国人，如严复、梁启超、林纾等。早在第一次鸦片战争结束不久，来华的传教士就在通商口岸创办了一些报刊、学堂和出版机构，不过为数很少。第二次鸦片战争后，随着西方列强侵略权益的进一步扩大，外国传教士取得了在各地自由传教的特权。为配合传教，他们到各处大量建立各种文化设施，如学堂、报馆、学会和翻译出版机构等。就报刊而论，"中国各报除京报外，自始自今（九十年代初——引者），共有七十六种，大抵以西人教会报为多"①。学会方面最著名的是由英国传教士韦廉臣、李提摩太等人主持的广学会。它 40 多年中仅编译出版的书籍就达 2000 多种，还发行有《万国公报》《大同报》等十几种中文报刊。洋务运动兴起后，洋务派创办了一些洋务学堂、译书机构，如同文馆、江南制造局的翻译馆等。由于当时中国人中很少有精通甚至接触过西学者，因此不少传教士被洋务派官员请到这些洋务学堂和译书机构担任教习或译员。他们或单独、或与中国学者合作翻译了不少西方书籍。如英国传教士傅兰雅在任江南制造局翻译馆的译员期间，先后译书 77 种，占全馆译书三分之一以上，比其他任何人都多。除为江南制造局译书外，他还为 1877 年成立于上海的益智书局译书 30 多种。据统计，傅氏一生共译西书 129 种，涉及基础科学、应用科学、军事科学、社会科学等各个方面。其中，基础科学 57 种，应用科学 48 种，军事科学 14种，社会科学 10 种。②其他传教士，如林乐知、丁韪良、李提摩太、韦烈亚力等也译书不少。梁启超的《西学书目表》收录鸦片战争后到 1896 年的西学译书 341 种，其中传教士译 139 种，传教士与中国学者合译 123 种，中国学者译 38 种，不著译者姓名的 41 种。中国学者，如李善兰、徐寿、华蘅芳等人也曾与传教士合作翻译过不少西书，对西学的传播做出过重要贡献，但总的来看，1895 年之前西学传播的主体是西方传教士。1895 年后，这种情况有了变化。一方面由于门户开放，对外交往的不断扩大；另一方面由于洋务运动中派遣的留学生陆续学成归国，中国人中掌握外国语言文字和科学知识的人日益增多起来，他们为了向西方寻找救国救民真理，积极传播西学，并逐渐取代传教士成了西学东渐的主体。以译书为例。据上引梁启超《西学书目表》所收 1896 年前西学译书书目统计，传教士译书或与中国学者合译书占总译书的 76%，中国学者译书只占总译书的 11%。而据顾燮光《译书经眼录》所收 1900 年至 1904 年 526 种西文和日文的译书统计，外国人译 35 种，中外合译 33 种，中国学者译 415 种，不著姓名的43 种，外国人译书和外国人与中国人合译书占总译书的 11%，中国人译书占总译书的 76%。比较《西学书目表》和《译书经眼录》，外国人译书、外

---

① 薛福成：《出使日记续刻》卷一，转引见史革新《十九世纪六十至九十年代西学在中国的传播》，《北京师范大学学报》1985 年第 5 期。

② 熊月之：《西学东渐与晚清社会》，第 573—575 页。

国人和中国学者合译书与中国人译书的百分比正好颠倒。当时就有人撰文谈到这前后两个阶段译书人身份的变化："前译书之人，教会也，朝廷也；前译书之目的，传教也，敷衍也。后译书之人，士夫也，学生也；后译书之目的，谋公利也，谋私利也。"①这表明，自1895年后中国人已逐渐成为西学传播的主体。而这些传播西学的中国人，其身份虽然各异，有外交官、政治家、学堂教习、新旧学者，但总的来看，他们正处在从传统士大夫向新式知识分子转型之中，如严复、梁启超、章太炎、蔡元培、马君武、黄遵宪、王国维、伍光健、张相文、丁福保、林纾、孟森等。尽管这些人中有的曾留学过欧美日本，有的在欧美日本生活过，但严格说来，无论知识结构，还是社会身份，他们不能算为百分之百的新式知识分子，他们的地位，有些类似意大利文艺复兴初期的但丁，既是旧时代最后一位诗人（士大夫），又是新时代的第一位诗人（知识分子），是新旧过渡时期承上启下的人物。其中严复的影响和贡献最大，他翻译的《天演论》《原富》《群学肄言》《群己权界论》《社会通诠》《法意》《穆勒名学》和《名学浅说》等八大西方名著，特别是《天演论》曾风云一时，影响过整整一代人。梁启超在他主编的《清议报》和《新民丛报》上对众多西方政治家、思想家和哲学家之学说的介绍，林纾与人合作对众多西方文学家之文学作品的翻译，也都对西方文化学术的传入起过重要作用。到了新文化运动时期，随着留学生的大量回国，尤其是留美学生的大量归国，传播西学的主体再次发生变化。由于留学生接受过系统的新式教育，又有长期国外生活的经历，无论是对西方（包括日本）语言文字的掌握，还是对西方文化学术的了解，都是之前的严复、梁启超、林纾等人所不能比拟的，因此，他们"在引介西方哲学、社会科学及人文学说方面"，便很快取代严复、梁启超、林纾辈"扮演了'盗火者'的角色"②，成为传播西学的主体。以哲学为例，新文化运动时期有影响的西方哲学流派，几乎都是留学生首先或主要介绍到中国来的。如杜威实验主义哲学的主要介绍者是留美的胡适，柏格森生命哲学、倭伊铿精神哲学、杜里舒生机主义哲学的主要介绍者是留德的张君劢，罗素新

---

① 《译书略论》，载张静庐辑注《中国出版史料补编》，中华书局，1957，第62页。
② 李华兴主编《民国教育史》，上海教育出版社，1997，第755页。

实在论哲学的主要介绍者是留法的张申府，白璧德新人文主义的主要介绍者是留美的吴宓、梅光迪。

第三，途径的多样性。新文化运动之前，西方各种新思想、新学说的输入亦即西学传入中国的主要途径，是翻译西书（包括来自日文的西书）。据统计，从 1811 年马礼逊在中国出版第一本中译西书，到 1911 年清朝被推翻的 100 年间，中国共翻译、出版西学书籍 2291 种。[①] 新文化运动之前翻译西书，在相当长的时间内，至少在 1895 年之前，采取的是"西译中述"的基本模式。因为当时中国缺乏翻译人才，西书的翻译者主要是传教士。传教士虽通一点中文，但仅皮毛，所以他们只好与中国学者合作，由他们先将西书的意思口译成中文，然后由不通西文的中国学者润色加工，条理成文。这种译书模式带来两种不好的结果：其一，传教士不是科学家，缺乏专业知识，他们所选译的科学方面的书籍，大多数不是第一流的著作，不足以代表西方科学发展水平；其二，"中、西文化本属不同文化系统，长久隔阂，翻译更为不易；以仅通中文大意、难解个中奥蕴的西人口译，已经打了一个折扣；加上不通西文、难得西方文化真谛的中国学者的笔述，又打了一个折扣。这样三转两折，以中文印刷符号呈现在读者面前的西方文化，已经加进了不少中国文化成份"，尤其是社会科学方面的译著，存在的问题比较严重，如当时就把西方民主国家的 president（总统），译成"皇帝"。[②]1895 年后，特别是到了 20 世纪初，曾对西学东渐起过重要作用的"西译中述"译书模式，逐渐被"梁启超式"的译书模式所取代（林纾与人合作翻译西方文学作品是个例外）。所谓"梁启超式"的模式，即通过日本转口输入西学，而且这种输入因译者急功近利和对西学缺乏全面系统的了解，是"本末不具，派别不明，惟以多为贵"，无论内容和准确性都存在着不少问题。梁启超在《清代学术概论》中写道："戊戌政变，继以庚子拳祸，清室衰微益暴露，青年学子，相率求学海外，而日本以接境故，赴者尤众。壬寅癸卯间，译述之业特盛，定期出版之杂志不下数十种。日本每一新书出，译者动数家。新思想之输入，如火如荼矣。然皆所谓'梁启超式'的输

---

① 熊月之：《西学东渐与晚清社会》，第 14 页。
② 熊月之：《西学东渐与晚清社会》，第 17 页。

人，无组织，无选择，本末不具，派别不明，惟以多为贵，而社会亦欢迎之。盖如久处灾区之民，草根木皮，冻雀腐鼠，罔不甘之，朵颐大嚼，其能消化与否不问，能无召病与否更不问也，而亦实无卫生良品足以为代。"①到了新文化运动时期，翻译西书仍是西学传入中国的重要途径。但与之前不同，这一时期译书的主体是归国留学生。他们既精通西方语言文字，又对西方文化学术有比较深入的了解，因此，他们不仅彻底抛弃了"西译中述"的模式，同时也远远超越了"梁启超式"的译书水平。作为某一学科领域的专家，他们的翻译克服了"梁启超式"的模式，"在文献形态上，翻译和介绍性的文章占了绝大部分，深刻论述与评价的论著十分稀少；就是这些介绍性的文章，也多是根据国外流行的哲学史书籍进行的转述。即使这样，其中不少观点与被传播对象的观点也存在不少的距离"的毛病②，本末皆具，派别分明，内容丰富而准确。比如，西方哲学原著的翻译和出版，是西学传入的一项重要的基础性工作。但长期以来，限于翻译者的水平和胆识，有关这方面的译著可谓是凤毛麟角。张申府曾经指出："现在中国是怎样地受着西洋文明的影响，但是真正知道西洋文明的却实在不多。许多人谈西洋文明，差不多都隔靴搔痒"，他认为造成这一现象的原因之一，是"西洋的许多名经巨典没有翻译到中国来"。③但到了新文化运动时期，这种状况有了很大的改进，"西方哲学发展过程中一些主要思潮有代表性哲学家的著作，都有选择地被翻译过来了"④，"五四运动前后得到传播的实用主义、罗素哲学与唯意志论，不但仍然是传播的重心所在，而且其中有的著作还有几个译本"⑤。除直接翻译西书外，著书介绍也是这一时期西学传入中国的一条重要途径。在此之前，尤其是晚清时期，由于人们对西学的认识还处于初级阶段，因此不仅介绍西学的著述较少，就是这些较少的介绍著述，也存在着不少问题，甚至错误。王国维就批评过梁启超在《新民丛报》上

---

① 梁启超：《清代学术概论》，载《饮冰室合集》第 8 册，专集之三十四，第 71—72 页。
② 王守常主编《20 世纪的中国：学术与社会（哲学卷）》，山东人民出版社，2001，第 32 页。
③ 张申府：《笛卡尔方法论》，《清华学报》第 11 卷第 1 号，转引自王守常主编《20 世纪的中国：学术与社会（哲学卷）》，第 60 页。
④ 王守常主编《20 世纪的中国：学术与社会（哲学卷）》，第 60 页。
⑤ 王守常主编《20 世纪的中国：学术与社会（哲学卷）》，第 62 页。

对康德哲学的介绍"其纰缪十且八九也"①。到了新文化运动时期，这种情况有了根本改变，很多对西学有相当了解和研究的思想家和学者加入著述介绍西学的行列。如胡适、蒋梦麟、陶行知等人对杜威实验主义哲学的介绍，张君劢、瞿世英、李石岑等人对倭伊铿精神哲学、柏格森生命哲学和杜里舒生机主义哲学的介绍，张申府、张东荪、王星拱、杨端六等人对罗素新实在论哲学和社会主义学说的介绍，丁文江、王星拱等人对马赫主义学说的介绍，吴宓、梅光迪等人对白璧德新人文主义的介绍，李大钊、李达、陈望道等人对马克思主义学说的介绍，茅盾对西方文艺思潮的介绍，等等。这些介绍对西学传入中国起过非常重要的作用。比如，杜威的实验主义哲学之所以能成为对新文化运动时期中国思想界和学术界影响最大的西方哲学思想之一，就与胡适等人的大力宣传、介绍与提倡有很大关系。邀请西方学者来华讲学，这是新文化运动时期西学传入中国的又一重要途径。我们前面已经提到，当时应邀来华讲学的西方学者有美国著名哲学家杜威、英国著名哲学家罗素、德国著名哲学家杜里舒、印度著名诗人和文学家泰戈尔等人。西方学者来华直接向中国知识界介绍和传播西学，这是新文化运动时"输入学理"的一个重要特点。

五、整理国故，再造文明

胡适在我们引用过的那篇《"新思潮"的意义》中指出："新思潮的运动对于中国旧有的学术思想"，持的"也是评判的态度"。这种"评判的态度"分开来讲，"有三种态度。第一，反对盲从；第二，反对调和；第三，主张整理国故"。如果说"反对盲从"和"反对调和"是消极一面的话，那么，"积极的只有一个主张，——就是'整理国故'"。②整理国故，是新文化运动的又一重要内容。

作为"'新思潮'的意义"，亦即新文化运动的一项重要内容，"整理国故"虽然是胡适1919年12月提出来的，但实际上这一问题的发生要追溯到一年之前。1918年11月，傅斯年、罗家伦等深受新文化运动影响的北

① 王国维：《论近年之学术界》，载《王国维遗书三》，上海书店出版社，1983，第523页。
② 胡适：《"新思潮"的意义》，《新青年》第7卷第1号，1919年12月1日。

京大学学生，在陈独秀、胡适等《新青年》群体成员的支持和"运动"下，发起成立"新潮社"，出版《新潮》杂志，以"批评的精神，科学的主义，革新的文词"为办刊方针，希望能够"唤起国人对于本国学术之自觉心"。① 新潮社的顾问即是胡适。不久（1919 年 1 月），与傅斯年同班的薛祥绥、张煊等人"慨然于国学沦夷，欲发起学报，以图挽救"，则在刘师培和章（太炎）门弟子黄侃的支持和运动下，发起成立了北京大学的另外一个学术团体——"国故社"，出版《国故》月刊，并提出"以昌明中国固有之学术为宗旨"的主张。② 在对待传统文化上，《新潮》和《国故》有着鲜明的不同态度和观点。受新文化运动的影响，《新潮》主张对中国传统的学术和文化持批判态度；而《国故》则在刘师培、黄侃的影响下，主张"昌明"中国固有学术和文化，并由此而展开了争论。

这场争论虽说是在《新潮》与《国故》之间展开的，但实际上它所反映出的则是双方背后支持者的思想。我们前面已经提到，新潮社是在陈独秀、胡适等《新青年》群体成员的支持和"运动"下成立的，而作为新文化运动的发起者和推动者，《新青年》群体尽管存在着这样或那样的思想分歧，但他们对中国的传统学术和文化的态度是基本一致的，这就是胡适所说的"评判的态度"。所谓"评判的态度"，据胡适的解释，就是要"重新估定一切价值"，具体来说，它"含有几种特别的要求：（1）对于习俗相传下来的制度风俗，要问：'这种制度现在还有存在的价值吗'？（2）对于古代遗传下来的圣贤教训，要问：'这句话在今日还是不错吗'？（3）对于社会上糊涂公认的行为与信仰，都要问：'大家公认的，就不会错了吗？人家这样做，我也该这样做吗？难道没有别样做法比这个更好，更有理，更有益的吗？'"③ 正是依据这种"评判的态度"，他们对中国的传统学术和文化，持的是一种否定和批判的态度。这可以从他们所倡导的反孔批儒和伦理道德革命中看出。

但和陈独秀、胡适等《新青年》群体的成员相反，刘师培、黄侃则对中国的传统学术和文化持的是一种肯定和弘扬的态度。实际上早在清末，章

---

① 傅斯年：《〈新潮〉发刊旨趣书》，《新潮》创刊号，1919 年 1 月 1 日。
② 《国故月刊社记事录》，载王学珍、郭建荣主编《北京大学史料》第二卷（1912—1937）第 3 册，北京大学出版社，2000，第 2715 页。
③ 胡适：《"新思潮"的意义》，《新青年》第 7 卷第 1 号，1919 年 12 月 1 日。

太炎、刘师培和章门弟子黄侃、黄节、邓实、马叙伦等人，就受日本"国粹主义"思潮的影响，主张保存国粹，"复兴古学"，他们所创办的《国粹学报》发表了大量的宣传国粹的文章，并编辑出版《国粹丛书》《国粹丛编》《国学教科书》等著作，在上海设藏书楼、印刷所，并拟设国粹学堂。同时开办国学讲习会，由刘师培主讲，编有《伦理教科书》《经学教科书》等。我们现在所使用的"国学"一词，就是这一时期在章太炎、刘师培和章门弟子们的提倡下而开始流行起来的。"国学"一词古已有之，《周礼·春官宗伯·乐师》中说："乐师掌国学之政，以教国子小舞。"《礼记·学记》曰："古之教者，家有塾，党有庠，术有序，国有学。"清末经学家孙诒让在他所著《周礼正义》中指出："国学者，在国城中王宫左之小学也。"这也就是说，在中国古代，"国学"指的是国家一级的学校，与汉代的"太学"相当，是国家所办的供贵族子弟学习的地方。到了清末，随着西学东渐的扩大，并影响到中国社会的各个方面，"国学"作为与"西学"相提并论的一种统摄中国传统学术的概念而开始出现。1902 年 9 月，曾任驻日使节的黄遵宪在写给梁启超的信中，提到梁启超有办《国学报》的设想，并称赞"《国学报》纲目，体大思精"，并建议梁"当以此作一国学史"。[1] 很显然，梁启超所要办的《国学报》的"国学"，指的不是国家所办的学校，而是中国的传统学术，因而才有可能"体大思精"。这是目前可查到的资料中，中国的传统学术意义上的"国学"一词的较早出现。1904 年，邓实在上海的《政艺通报》发表《国学保存论》，论述了保存"国学"的重要性；在 1906 年《国粹学报》第 19 期《国学讲习记》一文中，邓实又说："国学者何？一国所自有之学也。有地而人生其上，因以成国焉。有其国者有其学。学也者，学其一国之学，以为国用，而自治其一国者也。"[2] "国学"在当时，又是与"君学"相对立的一个概念，邓实在《国学真论》中写道："邓子曰：痛夫悲哉，吾中国之无国学也。夫国学者，别乎君学而言之。吾神州之学术，自秦汉以来，一君学之天下而已，无所谓国，无所谓一国之学。何也？知有君不知有国也。近人于政治之界说，既知国家与朝廷之分矣，而言学术，则不

---

① 黄遵宪：《致梁启超》，载吴振清、徐勇、王家祥编校整理《黄遵宪集》下卷，天津人民出版社，2003，第 495 页。注：集中将《国学报》误为《国家报》，根据前后文意思已改。

② 邓实：《国学讲习记》，《国粹学报》第 19 期，1906 年 8 月 9 日。

知有国学君学之辨，以故混国学于君学之内，以事君即为爱国，以功令利禄之学，即为国学，其乌知乎国学之自有其真哉。是故有真儒之学焉，有伪儒之学焉。真儒之学，只知有国，伪儒之学，只知有君。知有国则其所学者，上上千载，洞流索源，考郡国之利病，哀民生之憔悴，发愤著书，以救万世。其言不为一时，其学不为一人，是谓真儒之学。若夫伪儒者，所读不过功令之书，所业不过利禄之术，苟以颂德歌功，缘饰经术，以取媚时君，固宠图富贵而已。"[①] 这里的"国学"，不仅是与"西学"相提并论的一种统摄中国传统学术的概念，而且指的是不为历代君主所利用的中国的传统学术，为历代君主所利用的中国的传统学术则被邓实等人称之为"君学"。不久，章太炎又在国学讲习会的基础上，在日本东京发起成立了其宗旨为"振起国学，发扬国光"的"国学振起社"，自任社长，并编辑、发行《国学振起社讲义》。《讲义》共分6种，间月发行，其内容为诸子学、文史学、制度学、宋明理学、中国历史等。到了新文化运动时期，刘师培和章门弟子黄侃都是北大教授，他们当然不满于陈独秀、胡适等人对以儒家思想为核心的中国传统学术的批判，于是在1919年1月，支持一些学生发起成立了国故社，发行《国故》月刊，刘师培、黄侃自任总编辑。

这场争论的背后支持者分别是陈独秀、胡适与刘师培以及章门弟子黄侃，而争论的主角则是北大学生毛子水与张煊。毛子水在1919年5月出版的《新潮》第1卷第5号上发表《国故和科学的精神》一文，对《国故》的办刊旨趣进行了严厉批评，指出："近来研究国故的人，多不知道国故的性质，亦没有科学的精神。他们的研究国故，就是'抱残守缺'。"傅斯年还为此撰写了一段"编者附识"，赞同毛子水的观点，并且着重指出当时的"研究国故"存在着两种完全不同的态度："一，整理国故"；"二，追摹国故"。而要想正确研究国故，就"必须用科学的主义和方法"去"整理国故"，而这决不是"抱残守缺"所能办到的。张煊则在同月出版的《国故》第3期上发表《驳〈新潮〉〈国故和科学的精神〉篇》，对毛子水的批评予以回应。首先，在"国故之生死"的判断上，毛子水将"国故"视为"过

---

① 邓实：《国学真论》，《国粹学报》第27期，1907年4月2日。

去的已死的东西"，"是中国民族过去的学术思想和历史"[1]；但张煊极力否认此种观点，认为"今之治国故者尚大有人在，以抱残守缺为已足者固偶有之，而肯精益求精不甘自封故步者，亦未尝无其人，谓之已死可乎？"[2]与此相联系，在"国故与欧化"的比较上，在"研究国故"的目的上，在"研究国故"的方法上，争论的双方也都针锋相对。在毛子水看来，"国故是过去的已死的东西，欧化是正在生长的东西；国故是杂乱无章的零碎智识，欧化是有系统的学术。这两个东西，万万没有对等的道理"[3]。但张煊认为："今之论学者，莫不分东西洋文明为二，且谓将来世界之文明，必为二者配合而产生者。国故，东洋文明之代表也；欧化，西洋文明之代表也。今日东西洋之文明，当然处对等地位。"[4]从国故是"过去的已死的东西"，与欧化"万万没有对等的道理"这一认识出发，毛子水得出结论："国故虽然应当研究，但是比较起现在世人所应当研究的科学起来，直是'九牛一毛'。……现在我们中国人最要紧的事情，就是吸收欧洲现代确有价值的学术，一来医治我们学术思想上的痼疾，二来造成一个能够和欧化'并驾齐驱'的'国新'"；即使要研究国故，"亦必须具有'科学的精神'的人，才能和上等医生解剖尸体一样得了病理学上的好材料。不然，非特没有益处，自己恐怕还要受着传染病而死"[5]。张煊则不认同毛子水的上述观点，既然国故代表的是东洋文明，欧化代表的是西洋文明，那么"二者皆未有当于绝对之真理。譬诸造纸，将来之新文明为新纸，国故犹败布，欧化犹破纸，为造新纸故，破纸固不可弃，败布亦所当宝，败布与破纸，其能改造为新纸则一也。今执破纸以示人曰：是纸也，败布者非纸，持之无益，宜速弃之。彼造纸厂之主人，且从而笑其后矣。执国故以排欧化，持欧化而蔑视国故者，病正同是。……吾敢正告今日之学者曰：凡学无论其属于国故，抑属于欧化，皆有研究之价值，皆当尽力发挥。收拾国故与输入欧化，皆为拾败布收破纸之事业，虽俱有功于造纸，而其非即造纸则一，二者正宜相助而不宜相斥"；

---

① 毛子水：《国故和科学的精神》，《新潮》第 1 卷第 5 号，1919 年 5 月 1 日。
② 张煊：《驳〈新潮〉〈国故和科学的精神〉篇》，《国故》第 3 期，1919 年 5 月 20 日。
③ 毛子水：《国故和科学的精神》，《新潮》第 1 卷第 5 号，1919 年 5 月 1 日。
④ 张煊：《驳〈新潮〉〈国故和科学的精神〉篇》，《国故》第 3 期，1919 年 5 月 20 日。
⑤ 毛子水：《国故和科学的精神》，《新潮》第 1 卷第 5 号，1919 年 5 月 1 日。

他甚至认为，就"世界学术方面观之，与其得一抄拾欧化之人，毋宁得一整理国故之人"。因为，"抄拾欧化，欧化之本身不加长也；整理国故以贡诸世界学术界，世界反多有所得"。他也不同意"非难国故者"所说的"国故无科学之精神"的观点。[①] 这年 10 月，毛子水又在《新潮》第 2 卷第 1 号上发表《〈驳《新潮》"国故和科学的精神"篇〉订误》一文，同时附录胡适 8 月 16 日《论国故学》一函，对张煊的观点再加批驳。由于国故社的解体，《国故》月刊停办，双方争论也自然终结。

作为《新青年》群体的核心成员，胡适也参与了毛子水与张煊的论战，他针对张煊的言论，致信毛子水进行声援，指出"张君的大病是不解'国故学'的性质"。毛子水将该信附在自己批评张煊的文章之后，以示胡适对自己的支持。但胡适在给毛子水的信中也同时指出，"你的主张，也有一点太偏了的地方，如说：'我们把国故整理起来，世界的学术亦许得着一点益处，不过一定是没有多大的。……世界所有的学术，比起国故更有用的有许多，比国故更要紧的亦有许多。'我以为我们做学问不当先存这个狭义的功利观念"，而"当存一个'为真理而求真理'的态度。研究学术史的人更当用'为真理而求真理'的标准去批评各家的学术。学问是平等的，发明一个字的古义，与发现一颗恒星，都是一大功绩。况且现在整理国故的必要，实在很多。我们应该尽力指导'国故家'用科学的研究方法去做国故的研究，不当先存一个'有用无用'的成见，致生出许多无谓的意见"。[②] 正是受这场争论的启迪和影响，胡适于 1919 年底撰写了《"新思潮"的意义》一文，认为"新思潮"的意义在于："研究问题，输入学理；整理国故，再造文明。"他在文章中指出：所谓"整理国故"，也就是希望"从乱七八糟里面寻出一个条理脉络来；从无头无脑里面寻出一个前因后果来；从胡说谬解里面寻出一个真意义来；从武断迷信里面寻出一个真价值来"。他并就如何整理国故进行了系统的阐述："因为古代的学术思想向来没有条理，没有头绪，没有系统，故第一步是条理系统的整理。因为前人研究古书，狠（很）少有历史进化的眼光的；故从来不讲究一种学术的渊源，一种思想的

① 张煊：《驳〈新潮〉〈国故和科学的精神〉篇》，《国故》第 3 期，1919 年 5 月 20 日。
② 毛子水《〈驳《新潮》"国故和科学的精神"篇〉订误》一文后的"附录"，即胡适写给毛子水的信，《新潮》第 2 卷第 1 号，1919 年 10 月 1 日。

前因后果，所以第二步是要寻出每种学术思想怎样发生，发生之后有什么影响效果。……故第三步是要用科学的方法，作精确的考证，把古人的意义弄得明白清楚。……故第四步是综合前三步的研究，各家都还他一个本来真面目，各家都还他一个真价值。"①《"新思潮"的意义》一文，既肯定了整理国故的价值和意义，将之作为新思潮运动的不可或缺的部分，同时也揭示出了整理国故的理论和方法。由于胡适是《新青年》群体的核心成员，在新文化运动中有着举足轻重的影响力，因而他在《"新思潮"的意义》中发出的"整理国故"的倡议立即得到了学术界的广泛响应。"古史辨派"的代表人物顾颉刚1920年5月5日写信给罗家伦，谈到他的"整理国故的具体计划"；1921年1月，《文学研究会简章》（原载《小说月报》第12卷第1号）明确将"研究、介绍世界文学，整理中国旧文学，创造新文学"作为该会宗旨；梁启超1922年1月所写的《中国历史研究法自序》也声称："我国史界浩如烟海之资料，苟无法以整理之耶？则诚如一堆瓦砾，只觉其可厌。苟有法以整理之耶？则如在矿之金，采之不竭。"1923年，在蔡元培的支持下，出任北大教务长的胡适将《北京大学月刊》改为《国学季刊》，大规模地提倡整理国故。在胡适的倡导和推动下，"整理国故"运动在全国迅速兴起，并出现了一股长达近十年的国学热。②

新文化运动时期整理国故运动的主力军，是以胡适、顾颉刚等为代表的新文化派人士。新文化派人士整理国故的目的，在于揭示出国故的真相和实际，还原国故的历史价值。顾颉刚晚年论及当年整理国故的意义时提到："我要使古书仅为古书而不为现代的知识，要使古史仅为古史而不为现代的政治与伦理，要使古人仅为古人而不为现代思想的权威者"，意在剔除古物的神圣性和权威性；他继续称："我要把宗教性的封建经典——'经'整理好了，送进了封建博物院，剥除它的尊严，然后旧思想不能再在新时代里延续下去。"③可见当年顾颉刚在提倡"古史辨"风潮时乃是将对古史的"破"

---

① 胡适：《"新思潮"的意义》，《新青年》第7卷第1号，1919年12月1日。
② 以上参见曾平的《"整理国故"与"再造文明"的不同路径——从民国时期"整理国故"运动考察当时学界的不同文化理念及其冲突》，《中华文化论坛》2007年第3期。
③ 顾颉刚：《我是怎样编写〈古史辨〉的？》，载顾颉刚编著《古史辨》，上海古籍出版社，1982，第28页。

作为立足点来进行整理，整理的目的即在于将古史送进"博物馆"。胡适在《国学季刊·发刊宣言》指出："国故"是一个中性词，其中既包含有"国粹"，更包含有"国渣"，整理国故的第一步，就是要从国故里区分出"国粹"与"国渣"来，还"国故"的真面目。他说："整理国故，必须以汉还汉，以魏晋还魏晋，以唐还唐，以宋还宋，以明还明，以清还清；以古文还古文家，以今文还今文家；以程朱还程朱，以陆王还陆王……各还他一个本来面目，然后评判各代各家各人的义理的是非。不还他们的本来面目，则多诬古人。不评判他们的是非，则多误今人。但不先弄明白了他们的本来面目，我们决不配评判他们的是非。"① 后来在《整理国故"与打鬼"》的通信中，他更进一步论述整理国故之目的道："我所以要整理国故，只是要人明白这些东西原来'也不过如此'！本来'不过如此'，我所以还他一个'不过如此'。这叫做'化神奇为臭腐，化玄妙为平常'。"并认为通过整理国故，"充分采用科学方法，把那几千年的烂账算清楚了，报告出来，叫人们知道儒是什么，墨是什么，道家与道教是什么，释迦达摩又是什么，理学是什么，骈文律诗是什么，那时候才是'最后的一刀'收效的日子。"他最后表明："我披肝沥胆地奉告人们：只为了我十分相信'烂纸堆'里有无数无数的老鬼，能吃人，能迷人，害人的厉害胜过柏斯德发见的种种病菌。只为了我自己自信，虽然不能杀菌，却颇能'捉妖''打鬼'。……这是整理国故的目的与功用。这是整理国故的好结果。"② 从顾颉刚和胡适的论述中可以看出，胡适等人是抱着批判的精神和眼光来整理国故的，其目的在于揭露出国故的真实面目，消解笼罩在国故上的神圣光环，破除人们对国故的敬仰或迷信，以便为输入西方的"学理""再造文明"扫清障碍。

为了能够发现国故真实的内容和思想，以便"捉妖"和"打鬼"，以胡适、顾颉刚为代表的新文化派人士主要是运用西方的科学方法来整理国故的，毛子水在《〈驳《新潮》"国故和科学的精神"篇〉订误》一文中强调："我现在敢说，不是曾经抄拾过欧化的人，不是用科学的方法，一定不能整

① 胡适：《国学季刊·发刊宣言》，《国学季刊》创刊号，1923 年 1 月。
② 胡适：《整理国故"与打鬼"》，《现代评论》第 5 卷第 119 期，1927 年 3 月 19 日。

理国故，——就是整理起来，对于世界的学术界，也是没有什么益处的。"①
胡适曾将科学方法归纳为三种，即"归纳的理论""历史的眼光""进化的
观念"。他尤其强调要把西方的科学方法与中国汉学家的治学方法结合起
来，因为在他看来，中国汉学家的治学方法是一种"不自觉"的科学方法，
通过与西方科学方法的结合，这种"不自觉"的科学方法就能变成"自觉"
的科学方法。他告诉毛子水，他写《清代汉学家的科学方法》一文的本意，
"是要把'汉学家'所用的'不自觉的'方法变为'自觉的'"，运用到对国
故的整理中去，因为"方法'不自觉'，最容易有弊"。② 为此，他在 1921 年
《研究国故的方法》、1923 年《国学季刊·发刊宣言》和 1924 年《再谈谈
整理国故》等文章和讲话中，就"如何整理国故"，将中国汉学家的"不自
觉"的科学方法变成"自觉"的科学方法做了系统阐述。在《研究国故的方
法》中他指出："国故专讲国家过去的文化；要研究彼，就不得不注意以下
四种方法"：（一）历史的观念；（二）疑古的态度；（三）系统的研究；（四）
整理。③ 在《国学季刊·发刊宣言》中他在总结过去"三百年的古学研究"所
存在的三个方面的缺点——（一）研究的范围太狭窄、（二）太注重功力而
忽略了理解、（三）缺乏参考比较的材料——的基础上，提出了整理国故要
注意的三个方面：（一）扩大研究的范围；（二）注意系统的整理；（三）博采
参考比较的资料。而系统的整理又可分为甲、乙、丙三步：（甲）索引式的
整理；（乙）结账式的整理；（丙）专史式的整理。最后他提出："三个方向来
做我们一班同志互相督责勉励的条件：第一，用历史的眼光来扩大国学研
究的范围。第二，用系统的整理来部勒国学研究的材料。第三，用比较的
研究来帮助国学的材料的整理与解释。"④ 在《再谈谈整理国故》中，他谈到
四种整理国故的方法：1. 最底限度之整理——读本式的整理，需要做的工
作有：（1）校雠，（2）训诂，（3）标点，（4）分段，（5）介绍；2. 索引式整
理；3. 结账式整理，就是将学术史上各家的学术聚讼结合起来，作一评断；

---

① 毛子水：《驳〈新潮〉"国故和科学的精神"篇〉订误》，《新潮》第 2 卷第 1 号，1919 年 10
　月 1 日。
② 毛子水《〈驳〈新潮〉"国故和科学的精神"篇〉订误》一文后的"附录"，即胡适写给毛子
　水的信，《新潮》第 2 卷第 1 号，1919 年 10 月 1 日。
③ 胡适：《研究国故的方法》，《民国日报》副刊《觉悟》，1921 年 8 月 4 日。
④ 胡适：《国学季刊·发刊宣言》，《国学季刊》创刊号，1923 年 1 月。

4.专史式整理。① 实际上，胡适所讲的这些整理国故的科学方法，也就是中国汉学家的治学方法的现代运用。以胡适在新文化运动中的地位和影响力，他所提倡的这些所谓"科学方法"，很快便被那些投身于整理国故运动的新文化派人士所接受和在实践中运用，成为整理国故的主要方法。

整理国故运动的兴起，推动了中国历史和文化的研究。比如，顾颉刚、钱玄同等一些学者就是在整理国故运动的过程中，受胡适所提出的科学方法的影响，并把它与西方社会学、考古学方法结合起来，用历史进化的观念和大胆疑古的精神，来研究中国历史，尤其是上古史，形成了一个被称之为"疑古学派"或"古史辨派"的学派。他们通过研究，推翻了传统的"盘古开天地""三皇五帝"等概念建构起来的中国古史系统。其中，顾颉刚提出的"层累地造成中国古史"的观点，曾产生过革命性的影响，这一观点认为：第一，"时代愈后，传说的古史期愈长"。如周代人心目中最古的人是禹，到孔子时有尧舜，到战国时有黄帝神农，到秦有三皇，到汉以后有盘古等。第二，"时代愈后，传说中的中心人物愈放愈大"。如舜，在孔子时只是一个"无为而治"的圣君，到《尧典》就成了一个"家齐而后国治"的王人，到孟子时就成了一个孝子的模范了。第三，我们即使"不能知道某一件事的真确的状况，但可以知道某一件事在传说中的最早的状况"。如我们不能知道东周时的东周史，但至少能知道战国时的东周史；我们不能知道夏商时的夏商史，但至少能知道东周时的夏商史。"所以我们要辨明古史，看史迹的整理还轻，而看传说的经历却重。凡是一件史事，应当看它最先是怎样的，以后逐步逐步的变迁是怎样的。我们既没有实物上的证明，单从书籍上入手，只有这样做才可得一确当的整理，才可尽我们整理的责任。"② 据此，顾颉刚提出研究中国古史，要打破"民族出于一统""地域向来一统""古史为黄金世界"等根深蒂固的传统观念。胡适不仅是整理国故的积极倡导者，也是整理国故的积极实践者，仅从 1920 到 1923 年间，他就先后完成了《吴敬梓传》《〈水浒传〉考证》《〈水浒传〉后考》《〈红楼梦〉考证》《〈西游记〉序》《〈三国演义〉序》《吴敬梓年谱》《五十年来中国之

① 胡适：《再谈谈整理国故》，《晨报副镌》1924 年 2 月 25 日。
② 顾颉刚：《与钱玄同先生论古史书》，载《古史辨》，第 59—60 页。

文学》《〈西游记〉考证》《〈镜花缘〉引论》《〈水浒续集〉两种序》等著述。这些著述都有很高的学术价值，不仅澄清了许多前人的疑误，还提出了不少独到的精辟见解，"鲁迅的《中国小说史略》多处引用胡适以上著述的材料和观点"①。特别是他的《〈红楼梦〉考证》及其结论——《红楼梦》系作者曹雪芹的自传，"打破了近百年有关这部奇书的种种猜测之谈，尤其破除了索隐派笼罩此书的种种迷雾，第一次把《红楼梦》研究带上了正当的学术研究的轨道"②，开创了一个新红学派，其主要观点和理论支配红学研究达半个世纪之久，成为"新红学"的重要范式。

当然，整理国故运动兴起后，也产生了一些不好的社会影响。其主要原因，就是胡适等人在倡导整理国故时，又过于夸大了整理国故的社会意义，甚至认为"发明一个字的古义，与发现一颗恒星，都是一大功绩"③。随着整理国故运动的兴起和发展，社会上出现了一个为青年人开国学书目、要他们读线装书的热潮。胡适为青年人开出的《一个最低限度的国学书目》达到 180 多种，分为"工具之部""思想史之部""文学史之部"，而且他还声明，他"拟这个书目的时候，并不为国学有根柢的人设想，只为普通青年人想得一点系统的国学知识的人设想"。④梁启超为青年人开出的国学必读书也有 150 种之多，其中《四书》《易经》《书经》《礼记》等 25 种书目为"最低限度之必读书目"，并认为如果这些书不读，"真不能认为中国学人矣"。⑤胡适甚至在《中学国文的教授》一文中，要求中学的国文课以四分之三的时间去读古文。"这一方面使一些无知青年脱离现实斗争，拼命向故纸堆进军，不知不觉向着复古主义道路走去；另一方面也助长了封建复古派的反动气焰，使他们的复古倒退活动获得了某种'理论的根据'。"⑥因而，整理国故运动也就理所当然地遭到了人们的批评和反对。比如，鲁迅 1924 年 1月 17 日在北京师范大学附属中学校友会的演讲中就批评"整理国故"道：

---

① 魏绍馨：《"整理国故"的再评价》，《文学评论》1983 年第 3 期。
② 耿云志：《胡适整理国故平议》，《历史研究》1992 年第 2 期。
③ 毛子水《〈驳《新潮》"国故和科学的精神"篇〉订误》一文后的"附录"，即胡适写给毛子水的信，《新潮》第 2 卷第 1 号，1919 年 10 月 1 日。
④ 胡适：《一个最低限度的国学书目》，载《胡适全集》第 2 卷，第 113—124、112 页。
⑤ 梁启超：《最低限度之必读书目》，载《饮冰室合集》第 9 册，专集之七十一，第 21 页。
⑥ 魏绍馨：《"整理国故"的再评价》，《文学评论》1983 年第 3 期。

"自从新思潮来到中国以后，其实何尝有力，而一群老头子，还有少年，却已丧魂失魄的来讲国故了，他们说：'中国自有许多好东西，都不整理保存，倒去求新，正如放弃祖宗遗产一样不肖。'抬出祖宗来说法，那自然是极威严的，然而我总不信在旧马褂未曾洗净叠好之前，便不能做一件新马褂。就现状而言，做事本来还随各人的自便，老先生要整理国故，当然不妨去埋在南窗下读死书，至于青年，却自有他们的活学问和新艺术，各干各事，也还没有大妨害的，但若拿了这面旗子来号召，那就是要中国永远与世界隔绝了。倘以为大家非此不可，那更是荒谬绝伦！我们和古董商人谈天，他自然总称赞他的古董如何好，然而他决不痛骂画家，农夫，工匠等类，说是忘记了祖宗：他实在比许多国学家聪明得远。"① 应该说，鲁迅的批评可谓一针见血。

我们前面已经提出，胡适在《"新思潮"的意义》一文中，是把"研究问题""输入学理""整理国故"与"再造文明"一起提出来的，他一再强调：无论是"研究问题"，还是"输入学理"，以及"整理国故"，都只是"新思潮"的内容，而不是目的，"新思潮"的唯一目的是要"再造文明"。当然，"文明"是一个中性词，既可以具体指"西方文明"，也可以具体指"中国文明"或"东方文明"，或者这两种文明的调和，即所谓"第三种文明"。此外，还有"封建主义文明""资本主义文明""社会主义文明"等"文明"。那么，胡适提出的"再造文明"中的"文明"，究竟指的是哪一种"文明"呢？要回答这一问题，我们先看看新文化运动时期胡适的文化主张。

近代以来中国存在着一股"全盘西化思潮"，新文化运动时期的胡适是这股思想的"始作俑者"和代表人物，这大概已成为人们的共识。20 世纪80 年代文化热兴起以来，学术界发表了不少批判"全盘西化思潮"的文章，这些文章的批判对象无一例外的是胡适。胡适是"全盘西化论者"似乎已盖棺定论。但本书则认为，新文化运动时期的胡适不是一个"全盘西化论者"。1917 年胡适在他用英文写成的博士论文《中国古代哲学方法之进化史》（1922 年上海亚东图书馆以英名刊行，1983 年 12 月上海学林出版社以中文出版，易名《先秦名学史》）中，就明确反对用西方所谓"新文化"来

---

① 鲁迅：《坟·未有天才之前》，载《鲁迅全集》第一卷，第 167 页。

全盘取代中国的"旧文化"。他指出："一个具有光荣历史以及自己创造了灿烂文化的民族，在一个新的文化中决不会感到自在的。如果那新文化被看作是从外国输入的，并且因民族生存的外在需要而被强加于它的，那么这种不自在是完全自然的，也是合理的。如果对新文化的接受不是有组织的吸收的形式，而是采取突然替换的形式，因而引起旧文化的消亡，这确实是全人类的一个重大损失。"因此，他认为中国人当时在文化上所面临的"真正的问题"，不是什么"全盘西化"，而是应当"怎样才能以最有效的方式吸收现代文化，使它能同我们的固有文化相一致、协调和继续发展"，从而"成功地把现代文化的精华与中国自己的文化精华联结起来"，"使我们能在新旧文化内在调和的新的基础上建立我们自己的科学和哲学"。[①]为此，他就中西哲学的结合问题提出了三点具体主张。其一，使中国哲学"从儒学的道德伦理和理性的枷锁中得到解放。这种解放，不能只用大批西方哲学的输入来实现，而只能让儒学回到它本来的地位；也就是恢复它在其历史背景中的地位"；其二，使非儒学派得到恢复，"因为在这些学派中可望找到移植西方哲学和科学最佳成果的合适土壤。关于方法论问题，尤其是如此。……新中国的责任是借鉴和借助于现代西方哲学去研究这些久已被忽略了的本国的学派"；其三，"用现代（西方）哲学去重新解释中国古代哲学，又用中国固有的哲学去解释现代（西方）哲学，这样，也只有这样，才能使中国的哲学家和哲学研究在运用思考与研究的新方法与工具时感到心安理得"。[②]不久，胡适在《中国哲学史大纲》卷上（是胡适在《先秦名学史》的基础上写成的，完稿于1918年9月，1919年2月作为"北京大学丛书"之一种由商务印书馆出版，1930年收入商务印书馆《万有文库》时，经胡适提议，改名为《中国古代哲学史》）中继续坚持了上述主张。他指出，我们今日的哲学思想，有两个大源头，一是汉学家传给我们的古书，二是西洋的新旧学说。中国所面临的就是中西这两大哲学系统的"互相接触、互相影响"，有可能也应该通过对中西哲学之精华的吸取、融会，建立起一种"中国的新哲学"，"中国若不能产生一种中国的新哲学，那就真是辜负了这

---

① 胡适：《先秦名学史》，载《胡适全集》第5卷，第10—11页。
② 胡适：《先秦名学史》，载《胡适全集》第5卷，第11—12页。

个好机会了"。① 胡适这种结合中西哲学的主张连表面上反对调和而实质上主张"中体西用"的梁漱溟都认为太过分了。他在《东西文化及其哲学》的"绪论"中写道："胡先生这样将东方与西洋两派哲学相提并论，同样尊重的说话，实在太客套了！"② 因此，那种认为梁漱溟的《东西文化及其哲学》是针对胡适的"全盘西化论"而发的观点是毫无根据的。

最能说明新文化运动时期的胡适不是一个"全盘西化论者"的就是我们多次引用过的《"新思潮"的意义》一文。此文开宗明义就把"输入学理"与"整理国故"作为"再造文明"的前提条件提了出来，这反映了他既要向西方学习、引进和吸收西方近代文化（"输入学理"），又要整理和研究中国传统文化（"整理国故"），以创造中华民族新文化（"再造文明"）的思想和主张。而且在实践上他也是按照自己的主张去做的，在大力"输入学理"，介绍和提倡杜威的实用主义和易卜生主义——个人主义的人生观的同时，在整理国故方面也做了大量的工作，并取得了举世瞩目的成就。他整理国故所使用的方法，也不是对杜威实用主义方法的简单搬用，而是实用主义方法、西方近代科学方法和中国传统方法特别是乾嘉学派考据方法相沟通结合的产物。惟其如此，它才能产生重大影响。余英时在《〈中国哲学史大纲〉与史学革命》文中便指出："胡适的学术基地自始即在中国的考证学，实验主义和科学方法对于他的成学而言都只有缘助的作用，不是决定性的因素。我们已看到清代考证学自嘉、道以来便面临种种技术崩溃的内在危机，旧典范虽屡经修正而终不能容纳愈来愈多的'变异'，经过这一长期的发展，最后才有新典范的脱囊而出。这个新典范之所以在胡适手中完成，正因为他是从考证学传统中出身的人，这决不仅仅是他从杜威那里学到了实验主义方法论便能办得到的。"③ 胡适本人在《清代学者的治学方法》中也说过，清代学者的治学方法，"总括起来，只是两点。（1）大胆的假设，（2）小心的求证"。前者体现于戴震的"但宜推求，勿为株守"的"八字"精神之

---

① 胡适：《中国古代哲学史》，载《胡适全集》第5卷，第201页。
② 梁漱溟：《东西文化及其哲学》，载《梁漱溟全集》第一卷，第341页。
③ 余英时：《〈中国哲学史大纲〉与史学革命》，载《重寻胡适历程：胡适生平与思想再认识》，广西师范大学出版社，2004，第231页。

中①，后者表现为清代学者对于考据求证的重视。故此，胡适再三强调，清代学者的治学方法"无形之中都暗合科学的方法"②。

新文化运动时期的胡适不是"全盘西化论者"，但他是"西化论者"，他所提出的"再造文明"，实际上指的是近代的"西方文明"。又由于胡适长期留学美国，美国的社会政治经济制度以及思想文化给他留下了深刻的印象和好感，因此，他理想的"西方文明"，也就是"美国文明"。早在1914年，胡适在一首名为《睡美人歌》中，就已透露出了他要以"西风"洗礼中国这位东方绝代美人，使她"百倍旧姝媚"的信息。而所谓"西风"，也就是"美风"也。因为犹如《胡适与中国的文艺复兴》一书的作者——美国格里德博士所言，"对他（指胡适——引者）来说，西方文明也就意味着美国文明"③。后来，随着胡适对美国社会生活、政治经济制度及思想文化之好感的剧增，他不仅成了"美国社会价值准则的坚定辩护者和支持者"，而且他希望中国以"美国文明"为中国文化出路选择的要求也更为强烈，并先后提出了"西方化"和"世界化"的主张，而无论"西方化"，还是"世界化"，用美籍华裔学者纪文勋的话说，胡适都是"以美国作为政治和科学的榜样"的④。梁漱溟在一次演讲中也认为，胡适及其朋友们的思想，"是感受西洋近代潮流，今日的美国是他们认为很好的世界：个人主义，自由主义，近代工商业文明，是他们所满意憧憬的东西"⑤。

实际上，"西化"并不是中国的"土特产"，而是伴随着西方列强的殖民扩张出现的一种具有世界意义的文化现象。一方面，西方列强为了按照自己的面貌改造世界（马克思语），他们在殖民地、半殖民地国家和地区进行经济、政治和文化侵略的同时，强行推行他们那一套物质文化、制度文化和精神文化，企图使这些国家和地区西而化之，永远成为他们的隶属或

① 胡适：《清代学者的治学方法》，载《胡适全集》第 1 卷，第 388、390 页。
② 毛子水：《〈驳《新潮》"国故和科学的精神"篇〉订误》一文后的"附录"，即胡适写给毛子水的信，《新潮》第 2 卷第 1 号，1919 年 10 月 1 日。
③ 格里德：《胡适与中国的文艺复兴——中国革命中的自由主义（1917—1950）》，鲁奇译，江苏人民出版社，1989，第 46 页。
④ 纪文勋：《现代中国的思想冲突——民主主义与权威主义》，程农、许建波译，山西人民出版社，1989，第 133 页。
⑤ 梁漱溟：《往都市去还是往乡村来？——中国工业化问题》，载《梁漱溟全集》第五卷，第637 页。

附庸。就此而言，所谓"西化"，也就是"殖民地化"。另一方面，对于遭受西方列强侵略的国家和地区的人民来说，西方列强的物质文化、制度文化和精神文化的侵略，客观上为他们提供了一个反观本民族文化的价值参考系统，他们中的有识之士开始认识到，自己的国家和民族之所以受列强的侵略和威胁，原因就在于物质文化、制度文化和精神文化的落后。因此，要自强图存，免遭侵略，争取国家的独立和社会进步，就必须承认自己落后，向侵略自己的侵略者学习，用毛泽东的话说："要救国，只有维新；要维新，只有学外国"①，这可以说是包括中国在内的一切落后国家的志士仁人为挽救民族危亡经过艰苦探索而取得的一点基本共识。而在十月社会主义革命成功以前，所谓"学外国"，只能是学西方。因为：第一，当时殖民地半殖民地或其他落后国家的志士仁人，主要是用西方文化作为价值参考系统来反观自己的民族文化的，西方文化理所当然也就成了他们所追求的理想和目标；第二，在十月社会主义革命成功以前，西方近代文化是世界上最先进的文化，是落后国家的志士仁人反观自己民族文化的唯一参照系统。学习西方，引进西学，用西方近代文化批判、改造乃至取代本民族文化，这就是所谓"西化运动"。从这个意义上说，"西化"是等同或近似于"向西方学习"的一个概念。近代史上的日本、伊朗和土耳其等国都先后发生过程度不一的"西化运动"。本书所讨论的"西化"，指的就是后一含义。

从发生学的角度看，中国的"西化"的最早源头可追溯到晚清。它是对鸦片战争后凭借其坚船利炮来到中国的西方文化以及由此引起的中国文化危机的回应，是近代中国的志士仁人对中国文化出路的一种选择。众所周知，自周秦以降，中国虽然有过印度佛教文化的传入和阿拉伯文化的东来，但由于当时的中国是一文物教化声被四海，只闻以夏变夷，未闻以夷变夏的"天朝上国"，其经济、文化的发展居于世界领先地位，加上佛教的传入和阿拉伯文化的东来又基本上是以平和的方式进行的，因此也就没有引起中国人对本民族文化传统的怀疑，更不用说什么文化危机的问题。然而到了1840年鸦片战争后，随着西方资本主义列强对中国政治、经济和文化侵略的加剧，仍停留在前资本主义阶段的中国文化在已进入资本主义发展时

① 毛泽东：《论人民民主专政》，载《毛泽东选集》第四卷，第1470页。

期的西方近代文化的进攻下很快败下阵来，出现了"三千年未有之大变局"，中国文化面临着前所未有的严重危机。为了寻求国家的富强，摆脱落后挨打的境遇，一批批志士仁人受历史演化和文化结构所规定的逻辑推动，先是把中国的失败归之于器物文明的落后，继之又认为政治制度的僵化是中国遭受侵略的根本原因，并因此而学习西方，引进西学，先后搞了旨在引进西方工艺技术以改造中国物质文化的洋务运动，旨在引进西方之政治制度以改造中国制度文化的戊戌变法和辛亥革命，但结果都归于失败。于是人们又开始从文化的深层结构上进行反思，得出了中国文化的思维方式和价值体系与现代生活的格格不入是造成中国失败的结论，因而又有旨在引进西方文化之民主和科学精神，彻底批判和改造中国精神文化——传统文化及其核心儒学——的新文化运动的发生。中国的西化思潮就是在这样的历史背景下出现在中国思想文化舞台上的。

当然，作为一种思想或思潮，"西化"有一个逐渐演化的过程。由于所处历史环境和思想认识过程的不同，各个时期以及各个时期的每一位"西化"的代表人物或"西化派"对于中西文化的认识，对于中国文化出路的选择，都存在着或大或小的个体差异，但作为同一思潮的同一思想文化流派，他们又有着基本一致的思想内容和文化心态。也正因此，人们才可能用同一概念"西化"的代表人物或"西化派"来规范和称呼他们。本书认为，作为一个"西化"的代表人物或"西化派"，他必须：（一）承认西方文化比中国文化优越，承认中国文化不如人；（二）对中国传统文化持批判乃至否定的态度；（三）既反对复古主义，也反对"中体西用"式的折衷调和论，而主张用西方文化来批判、改造乃至取代中国文化，实现以西方文化为主体的中西文化结合。

如果上述标准能够成立的话，那么，中国最早的"西化"代表人物或"西化派"大概要算戊戌维新时期的樊锥、易鼐了。到了 20 世纪初，所谓"欧化""欧化主义"这一类表示"西化"的名词在报刊上已屡见不鲜。进入民国后，特别是到了新文化运动时期，发端于晚清的"西化"思想或思潮兴盛起来，并与文化保守主义思潮、马克思主义思潮一道，成了活跃于中国现代思想文化舞台上的主要文化思潮。《新青年》群体的成员如陈独秀（在成为马克思主义者之前）、胡适、钱玄同、鲁迅、周作人等，以及新文化运动的参与者、支持者毛子水、常燕生、傅斯年等，都是"西化"的代表人物。如果以前面我们所讲的作为一个"西化"的代表人物或"西化派"的三个标准来衡量，他们都是完全符合的。比如，以成为马克思主义者之前的陈独秀为例，就第一个标准（承认西方文化比中国文化优越，承认中国文化不如人）来看，他认为以中国为代表的东方文明是"古之迹"，以法兰西为代表的西洋文明是"近世文明"，而根据进化理论，"近"优越于"古"，"近世文明"是优越于"古之迹"的，换言之，西方近代文明优越于中国文明；在第二个标准（对中国传统文化持批判乃至否定的态度）上，如我们在本节第二子目已论述的那样，他对以儒家思想为核心、为代表的中国传统文化持的是批判和否定的态度；从第三个标准（既反对复古主义，也反对"中体西用"式的折衷调和论，而主张用西方文化来批判、改造乃至取代中国文化）来考察，他曾多次强调，"无论政治学术道德文章，西洋的法子和中国的法子，绝对是两样，断断不可调和迁就的。……或是仍旧用中国的老法子，或是改用西洋的新法子，这个国是，不可不首先决定。若是决计守旧，一切都应该采用中国的老法子，不必白费金钱派什么留学生，办什么学校，来研究西洋学问。若是决计革新，一切都应该采用西洋的新法子，不必拿什么国粹、什么国情的鬼话来捣乱"。[①]"决计革新"的陈独秀主张的当然是"采用西洋的新法子"。就此而言，前期的新文化运动，在某种意义上，也可以称之为"西化运动"。

西化思想或思潮在新文化运动时期的兴盛，并成为主要的文化思潮之一，有它深厚的社会和历史背景。如前所述，辛亥革命的失败，以及由此引起的对辛亥革命失败原因的反思，使陈独秀等人认识到了实现"伦理的觉悟"的重要意义。通过反思他们认为，辛亥革命所以失败，原因就在于革命仅仅停留在社会政治界的表层，而未触及伦理道德及人的精神界，后者才是问题的症结所在。而要实现"伦理的觉悟"，在陈独秀等人看来，就必须向西方学习，发动一场对传统文化的批判运动，用新的伦理道德取代旧的伦理道德，建立新的以西方近代文化为依归的价值系统。实际上，作为《新青年》群体的核心成员，胡适所发表的《"新思潮"的意义》一文，以

---

① 陈独秀：《今日中国之政治问题》，《新青年》第 5 卷第 1 号，1918 年 7 月 15 日。

及他对"新思潮"之含义、内容、目的的阐述，并不仅仅代表他自己，而是整个《新青年》群体。可以说《"新思潮"的意义》是《新青年》群体的宣言书。换言之，胡适在《"新思潮"的意义》一文中提出的"再造文明"中的"文明"，也就是新文化运动所要再造的"文明"，即以美国为理想模式的近代"西方文明"。

然而由于种种原因，胡适以及《新青年》群体所希望的以美国为理想模式的近代"西方文明"并没有在中国实现，而且在他们提倡"西方文明"的过程中，另一种文明，即"俄罗斯文明"已开始传入中国，并对中国人产生了越来越大的吸引力，《新青年》群体中的核心成员陈独秀和李大钊，成了"俄罗斯文明"的积极宣传者和倡导者。所以到了新文化运动后一阶段，形成了近代"西方文明"和"俄罗斯文明"彼此并存和相互竞争的局面，并最终导致了《新青年》群体的分化或分裂。

第三节　新文化运动与中国近代思想文化走向：新文化运动的历史定位

新文化运动的兴起和发展既是中国近代思想文化走向的必然产物，同时又对中国近代思想文化走向产生过重要而深远的影响。概而言之，中国近代的思想文化走向主要表现在四个方面：一是从封闭走向开放；二是从天下走向世界；三是从一元走向多元；四是从传统走向现代。从鸦片战争时期非常有限度的开放，到洋务运动时期开放的扩大，再到19世纪末20世纪初开放的进一步扩大，最后到新文化运动时期的全面开放，这就是中国思想文化从封闭走向开放的全过程。没有中国思想文化自鸦片战争时期开始的从封闭走向开放，就不可能有新文化运动的兴起和发展，而新文化运动的兴起和发展，又对中国思想文化的进一步走向开放起了重要的推动作用。中国从封闭走向开放的过程，也是中国从天下走向世界的过程，即：传统的"天下观"逐渐瓦解和新的世界观或世界意识逐渐形成和发展的过程。鸦片战争后，传统的"天下观"受到了挑战，到了洋务运动时期，这种挑战有了进一步的扩大，但传统的"天下观"的真正瓦解和新的思想意识的形成是在甲午战后的 19 世纪末 20 世纪初，到了新文化运动时期，新的世界意识有了进一步发展。中国思想文化从一元走向多元也是从第一次鸦片战争时期开始的，而新文化运动的兴起和发展又进一步推动了中国思想文化从一元走向多元的历史进程，除中国的本土思想文化（传统思想文化）和第一次鸦片战争以后传入的西方文化外，新文化运动后期又传入了马克思主义及其社会主义思想文化。新文化运动的兴起和发展对中国思想文化从一元走向多元的另一重大贡献，是对儒家思想的批判，否定了自汉武帝"罢黜百家，独尊儒术"以来儒家或儒学的独尊地位，促进了多元思想文化格局和百家争鸣的出现。多元思想文化格局和百家争鸣的出现，是中国近代思想文化的一大历史进步。中国思想文化从传统走向现代的历程虽然肇始于第一次鸦片战争时期，但新文化运动兴起之前，民主与科学是作为一种实现国家富强和救亡图存的工具或手段，而非现代思想文化的核心观念或基本价值被人们所认识和追求的。将民主与科学作为现代思想文化的核心观念或基本价值加以追求和崇尚，从而促进了中国思想文化从传统向现代的转变，这是新文化运动最伟大的历史功绩。

一、从封闭走向开放

中国思想和文化本来是开放型的思想和文化，如汉唐时期的中外思想文化交流，佛教的传入及与中国思想文化的融合，明末清初西方传教士的来华，等等，这也是中国思想文化能长期兴盛不衰、综合国力处于世界领先地位的一个重要原因。但自 18 世纪初清政府实行严格的闭关锁国政策后，中国思想文化断绝了与外来思想文化之间的一切联系，开始成为封闭的思想文化系统。当时的中国知识界对中国周边以外的外部世界很少关心和了解，尤其是对远离中国上万里的"西方"更是知之甚少。那时谈世界，谈西方，颇有些"海客谈瀛洲"的味道。

中国的思想文化从封闭走向开放，肇始于第一次鸦片战争时期。1839年，林则徐以钦差大臣的身份到广州查禁鸦片。他到达广州不久，为了解"夷情"，以便"知己知彼，百战不殆"，便组织人翻译辑成《四洲志》，成为"开眼看世界"的第一人。继林则徐之后，"开眼看世界"的还有魏源、姚莹、徐继畬等，他们著书立说，介绍世界历史地理知识，尤其是西方的物质文明、社会文化和政治制度，从而使长期生活在与世隔绝状况下的中国人对外部世界有了一定了解，知道了世界上有五大洲、四大洋，有100多个国家，中国只是这100多个国家中的一个，知道了欧美资本主义国家的历史和现状。

　　当然，鸦片战争前后中国文化从封闭走向开放的程度还十分有限，可以说只是沉重的铁门开了条只能略微见光的小缝。这不仅表现在当时"开眼看世界"者还屈指可数，据统计，从1840年起到1861年止，写成的有关介绍世界历史地理的书籍只有22种[①]；而且还表现在当时的社会舆论对魏源、徐继畬等人"开眼看世界"的批评和攻讦。所以在很长一段时期内，《海国图志》《瀛寰志略》等"开眼看世界"的书籍并没有得到国人应有的关注，发挥它们应该发挥的作用。《海国图志》1852年出了百卷本后，到1867年之前，没有再重印过。《瀛寰志略》于1848年问世后，也只由红杏山房于1850年重印过一次，而且数量非常有限。

　　经过第二次鸦片战争的再次惨败，到了洋务运动时期，中国文化从封闭走向开放的程度有所扩大。以曾国藩、左宗棠、李鸿章为代表的洋务派在"制洋器""采西学""求强""求富"的同时，还先后开办了33所洋务学堂，官派8批196名留学生到美、德、英、法等国学习，并成立了江南制造总局翻译馆等译书机构，积极组织人翻译"西学"书籍。据英人傅兰雅《江南制造总局翻译西书事略》记载，从1871年到1880年的10年间，仅江南制造总局的翻译馆翻译的西书就有98种、235册，译成未刊之书45种、140余册，尚有13种未全部译完，其数量远超第一次鸦片战争后翻译西书之总和。随着"西学"传入的扩大，人们对世界尤其是西方世界有了进一步的了解。

　　与第一次鸦片战争前后相比，洋务运动时期中国文化从封闭走向开放的程度虽然有所扩大，但总的来看还是非常有限的。本书第一卷第三章中已经指出，洋务派接纳"西学"的指导思想是"中体西用"。"中体西用"这一思想的源头可以追溯到1861年。那一年，冯桂芬写出《校邠庐抗议》，提出改革主张，其中一篇是《采西学议》，认为"算学、重学、视学、光学

---

① 费正清编《剑桥中国晚清史》下卷，中国社会科学出版社，1985，第172页。

等，皆得格物至理"，而算学是西学的基础，"一切西学，皆从算学出"。正因为冯氏所认识的西学仅限于自然科学，所以他主张"以中国伦常名教为原本，辅以诸国富强之术"，后来成了"中学为体，西学为用"之主张的滥觞。尽管 19 世纪 60 年代开始的洋务运动前后历时 30 多年，但人们对西学的认识，始终与冯桂芬的认识相差无几。借用梁启超的话说，当时的朝野"有言西法者，不过称其船坚炮利制造精奇而已，所采用者，不过炮械军兵而已，无人知有学者，更无人知有政者"[①]。如被时人称为最通洋务的李鸿章，便认为"泰西之学，格致为先，自昔已然，今为尤盛。学校相望，贤才辈出，上有显爵，下有世业，故能人人竞于有用，以臻于富强"[②]。另一位洋务派大员奕䜣同样将自然科学与西学等同起来，认为"洋人制造机器、火器等件，以及行船行军，无一不从天文算学中来"。即使是对洋务运动持批评态度的早期维新思想家，也大多认为西学主要是自然科学，或者说自然科学是西学的基础。郑观应在《盛世危言·西学》篇中就写道："泰西之学，派别条分，商政、兵法、造船、制器，以及农、渔、牧、矿诸务，实无一不精，而皆导其源于汽学、光学、化学、电学。"[③]与此认识相一致，洋务时期的思想文化开放也主要限定于物质文明或科学技术方面，这可以从洋务时期出版"西书"的类别看出。据研究者统计，1860—1900 年 40 年间，共出版各种"西书"555 种，其中自然科学 162 种占总数的 29%，应用科学 225 种占总数的 41%，两者合计 387 种占总数的 70%，而社会科学只有 123 种占总数的 22%，其他 45 种占总数的 8%。[④]尽管洋务时期的文化开放主要限定于物质文明或科学技术方面，根本没有触及封建专制的政治制度和社会制度，但在以大学士倭仁为代表的一些顽固派看来，这也有悖于"祖宗成法"和"圣人古训"。他们于是群起而攻之。第一任驻英公使郭嵩焘只不过在日记中如实地记下了自己在国外的所见所闻和所想，承认西方文明有超过中国的地方，便遭到顽固派的攻击，日记不仅被奉旨毁版，他死去数年之后，还有人要求朝廷下令将其"掘墓戮尸，以谢天下"。曾国藩的儿子曾纪泽，因为

---

① 梁启超：《戊戌政变记》，载《饮冰室合集》第 6 册，专集之一，第 22 页。
② 李鸿章：《〈西学略述〉序》，《万国公报》光绪十五年五月（1889 年 6 月）。
③ 郑观应：《盛世危言·西学》，载《郑观应集》上册，第 274 页。
④ 熊月之：《西学东渐与晚清社会》，上海人民出版社，1994，第 11—12 页。

奔父丧归乡，乘坐了外国的小轮船，几乎被顽固派开除省籍。郑观应在谈到当时的社会风气时无不痛心地写道："今之自命正人者，动以不谈洋务为高，见有讲求西学者，则斥之曰名教罪人，士林败类。"①据梁启超说，江南制造局翻译出的西书，30多年只销售了1.3万本，而且北京的书店里还没有地图卖，他因而感叹道：洋务时期，其"讲求（西学）之寡可想矣"②。

当历史进入19世纪末20世纪初，由于中国在中日甲午战争和八国联军侵华战争中的相继惨败，人们认识到，要改变中国落后挨打的局面，挽救空前严重的民族危机，就必须进一步变革，不仅要学习西方的物质文明或科学技术，而且还要学习西方的制度文明，变中国的封建主义专制制度为西方的资产阶级民主制度。比如，严复在甲午战争后连续发表文章，反省洋务运动受挫的原因，强调"大讲西学"的重要性，批评洋务派对西学的片面认识，指出："今之称西人者，曰彼善会计而已，又曰彼擅机巧而已。不知吾兹今之所见所闻，如汽机兵械之伦，皆其形下之粗迹，即所谓天算格致之最精，亦其能事之见端，而非命脉之所在。其命脉云何？苟抠要而谈，不外于学术则黜伪而崇真，于刑政则屈私以为公而已。"③在他看来，商政、兵法、造船、制器，乃至天文、算学、格致，都不是西学的根本，西学的根本在"于学术则黜伪而崇真，于刑政则屈私以为公"，亦就是我们所讲的科学与民主。梁启超在《戊戌政变记》的"新政诏书恭跋"里说："甲午以前，我国士大夫言西法者，以为西人之长，不过在船坚炮利，机器精奇，故学之者亦不过炮械船舰而已。此实我国致败之由也。乙未和议成后，士夫渐知泰西之强，由于学术，颇有上书言之者。"④于是中国的思想文化从封闭走向开放的程度有了进一步的扩大。以"西书"的出版为例：除自然科学外，这一时期社会科学的书籍日益增多起来。据《日本译中国书综合目录》一书的统计，从1868年至1895年，中译日文书8种，几乎全是自然科学；1896年至1911年中译日文书共958种，其中自然科学（含应用科学）172种，约占总数的18%，社会科学786种，约占总数的82%。这些社

① 郑观应：《盛世危言·西学》，载《郑观应集》上册，第272页。
② 梁启超：《戊戌政变记》，载《饮冰室合集》第6册，专集之一，第22页。
③ 严复：《论世变之亟》，载《严复集》第一册，第2页。
④ 梁启超：《戊戌政变记》，载《饮冰室合集》第6册，专集之一，第27页。

会科学著作虽然包括了哲学、历史、法学、文学、经济、政治、社会学等学科，但主要以政治和法学类为主。熊月之在研究了20世纪初"西学从东方涌来"后指出：当时中国人翻译来自日本的西书，"法学、政治学方面，译作最多，成效最大"①。个中原因，可以从19世纪末的戊戌变法、20世纪初的预备立宪和辛亥革命的现实需要中去寻找。与此同时，和文化开放相关联的报刊业、新式教育、新知识分子群体等也得到了较快的发展。以报刊业为例，据徐松荣的研究，"1898年到1911年，国内先后创办的比较知名的新报刊达二百种以上。其中上海最多，达八十种以上，杂志多于日报。其次是北京、广州、武汉、天津、长沙，北京、广州都在三十种以上"②。民国初年，全国的报刊有500多种，"仅1912年2月以后，到北京民政部进行登记，要求创办的报纸就达90多种"③。

新文化运动就是在这样的背景下兴起的。陈独秀在《青年杂志》创刊号上所发表的《敬告青年》一文中，向青年提出了六条要求，其中第四条即是"世界的而非锁国的"。他在文中写道："并吾国而存立于大地者，大小凡四十余国，强半与吾有通商往来之谊。加之海陆交通，朝夕千里。古之所谓绝国，今视之若在户庭。举凡一国之经济政治状态有所变更，其影响率被于世界，不啻牵一发而动全身也。立国于今之世，其兴废存亡，视其国之内政者半，影响于国外者恒亦半焉。以吾国近事证之：日本勃兴，以促吾革命维新之局；欧洲战起，日本乃有对我之要求。此非其彰彰者耶？投一国于世界潮流之中，笃旧者固速其危亡，善变者反因以竞进。"因此，他号召中国青年要有世界知识，要认识到"居今日而言锁国闭关之策，匪独力所不能，亦且势所不利。万邦并立，动辄相关，无论其国若何富强，亦不能漠视外情，自为风气。各国之制度文物，形式虽不必尽同，但不思驱其国于危亡者，其遵循共同原则之精神，渐趋一致，潮流所及，莫之能违。于此而执特别历史国情之说，以冀抗此潮流，是犹有锁国之精神，而无世界之智识。国民而无世界智识，其国将何以图存于世界之中？"④从而推动中

① 熊月之：《西学东渐与晚清社会》，第658页。
② 徐松荣：《维新派与近代报刊》，山西古籍出版社，1998，第166页。
③ 方汉奇：《中国近代报刊史》上册，山西教育出版社，1991，第676页。
④ 陈独秀：《敬告青年》，《青年杂志》创刊号，1915年9月15日。

国思想文化的进一步走向开放。《青年杂志》自创刊之日起，就开辟有《国外大事记》栏目，介绍国外发生的大事件，如创刊号的《国外大事记》栏目，就介绍了"日本大隈内阁之改造""葡国政变""倭尔斯特之今昔""华沙之役"；接着第 1 卷第 2 号的《国外大事记》栏目，介绍了"巴尔干半岛之风云""北欧两半岛之倾向""德意志近邻两中立国之态度""日本全国之青年团"；第 1 卷第 3 号的《国外大事记》栏目，介绍了"墨西哥之国事粗定""葡萄牙新总统之经历""波斯排除英法势力之风潮"。仅这三期的《国外大事记》栏目来看，介绍的国外大事，地区涉及亚洲、欧洲和南美洲；内容涉及政治、军事、反帝风潮、青年团等。除《国外大事记》栏目外，自创刊之日起，《青年杂志》还开辟有《世界说苑》专栏，介绍各国的历史、人物、文化、风俗、政治、社会、经济、文学、思想等各方面情况。如创刊号的《世界说苑》专栏，就介绍了"德意志皇帝（威廉第二）""柏林之宫殿""德意志之国民性""德国之交通机关""柏林之公园及娱乐场""德人关于决斗之取缔""德意志之军人"等。接着的第 1 卷第 2 号的《世界说苑》专栏，继续介绍了"德国社会党""柏林战捷之纪念塔"。这两期的《世界说苑》专栏，可以说是关于德国的大百科。第 1 卷第 3 号至第 6 号的《世界说苑》专栏，主要是介绍法国，内容有"滑铁卢古战场""巴黎情景""法兰西人之特性（一）""法兰西人之特性（二）""巴黎之公园""巴黎之凯旋门""庐布尔博物馆""英雄墓""巴黎之寺院""法兰西人之决斗""罗兰夫人""法国革命时代之军人""费尔塞尤王宫""法兰西之政党""摩纳科大赌场""七月十四日之巴黎""巴黎之赛马"等。阅读了这几期的《世界说苑》专栏后，读者对法国的历史、人物、文化、风俗、政治、社会、经济、文学、思想、法国人特性等应该有了大致的了解。后面几期的《世界说苑》专栏，介绍的是英国的有关情况。正是以《新青年》的创刊为起点，中国思想文化加快了它的开放进程。以西学传播为例，如果说洋务运动时期传播的主要是西学中的自然科学，19 世纪末 20 世纪初主要以"政学"亦即社会科学为主的话，那么，自《新青年》创刊以后，随着新文化运动的兴起，几乎所有的西学门类以及各种各样的主义、思潮、学说、观念、理论都先后传入中国。

　　首先，在社会思潮方面，除晚清已传入的民主主义、自由主义、改良主义、无政府主义等得到继续的传播外，随着十月社会主义革命的胜利和新文化运动的深入，"出现了一个介绍和宣传社会主义的热潮"。我们在本书下一章中将会看到，当时的许多刊物，如《新青年》、《每周评论》、《新潮》、《星期评论》、《湘江评论》、《少年中国》、《新生活》、《新社会》、《国民日报》副刊《觉悟》、《时事新报》副刊《学灯》、北京《晨报》副刊等，差不多每期都有一篇或几篇介绍和宣传社会主义的文章发表。当时被介绍到中国来的社会主义思想和流派繁多，除马克思的科学社会主义外，还有施蒂纳的"无政府主义"、蒲鲁东的"社会无政府主义"、巴枯宁的"团体无政府主义"、克鲁泡特金的"无政府共产主义"和"无政府工团主义"、潘蒂和罗素等人的"基尔特社会主义"、伯恩斯坦和考茨基的"民主社会主义"，以及武者小路实笃的"新村主义"、欧文等人的"合作主义"、托尔斯泰的"泛劳动主义"，等等。在这些思想和流派中又以克鲁泡特金的"无政府主义互助论"、武者小路实笃的"新村主义"和托尔斯泰的"泛劳动主义"影响最大。还有人建立"新村"、组织"工读互助团"，进行过社会主义的试验。如此众多的社会主义思想和流派于同一时期被介绍到中国来，说明那时的中国思想界还没有形成自己的主体意识和信仰，人们还在对各种社会主义进行讨论、比较和选择。这正如瞿秋白在 1920 年时所指出的那样："社会主义的讨论，常常引起我们无限的兴味。然而究竟如俄国十九世纪四十年代的青年思想似的，模糊影响，隔着纱窗看晓雾，社会主义流派，社会主义意义都是纷乱、不十分清晰的。"[1] 经过讨论、比较和选择，马克思的科学社会主义开始逐渐为更多的人，尤其是经过五四运动洗礼过的青年学生所接受，并成了他们的信仰和行动指南。结果是马克思的科学社会主义与中国工人运动相结合，诞生了中国共产党。

这一时期，人文社会科学仍是西学传播的主要内容。在哲学方面，从古代希腊到当时流行的一些哲学思想和流派，都得到了不同程度的传播。"以现代西方哲学来说，从新实在论到唯意志主义、国家主义、生命哲学、马赫、孔德以及英美的经验主义、实用主义，从资产阶级启蒙时代的民主主

---

[1] 瞿秋白：《饿乡纪程》，载《瞿秋白文集·文学编》第一卷，人民出版社，1985，第 26 页。

义、自由主义、个人主义到马克思主义哲学，都无不输入进来了。"[①] 其中实用主义哲学、唯意志论和生命哲学、马克思主义哲学以及罗素哲学的传播最为广泛，对中国社会和文化的影响也最大。这一时期，一些有影响的杂志报章，像《新青年》、《新潮》、《改造》、《民铎》、《东方杂志》、《新教育》以及《时事新报》副刊《学灯》、《民国日报》副刊《觉悟》等，都竞相刊载宣传、介绍西方哲学的文章和译作。据不完全统计，当时发表在各种杂志报章上宣传、介绍西方哲学的文章近 300 篇。有的杂志报章还开辟专号或专栏，对西方某一哲学思潮或流派做集中、系统的介绍，如《民铎》第 1 卷第 6 期出过《现代思潮号》，第 2 卷第 1 期出过《尼采号》，第 3 卷第 1 期出过《柏格森号》，第 6 卷第 4 期出过《康德号》；《新教育》第 1 卷第 3 期出过《杜威号》；《东方杂志》第 20 卷第 8 号出过《杜里舒号》；《学艺》第 6 卷第 5 期出过《康德号》等等。杜威、罗素和杜里舒的应邀来华讲学，直接向中国思想和学术界讲述他们的哲学思想，更把这一时期西方哲学在中国的传播推向到了一个新的高潮。

与哲学一样，西方史学理论和史学成果在这一时期也得到了传播。首先是马克思主义的唯物史观得到了传播，并被中国早期马克思主义者和进步知识分子用来研究、解释中国历史和社会现象，从而推动了史学研究的进步。比如李大钊"曾将他所理解的唯物史观理论尝试性地初步运用于中国社会历史的考察。他在北京大学史学系开设'唯物史观研究'课程，其中的《原人社会于文字书契上的反映》，是以唯物史观探索中国古代历史的开始。《中国古代经济思想的特点》则运用新的观点，探索了东西方经济思想发展的不同途径。他以唯物史观原理由经济上解释中国近代思想变动的原因等"[②]。当时被翻译出版的关于唯物史观的著作很多，其中著名的有芬兰郭泰的《唯物史观解说》、日本河上肇的《唯物史观研究》和德国考茨基的《伦理与唯物史观》。在唯物史观传播的同时，西方其他各式各样的史学理论和方法，如"生理的史观、心理的史观、人种地理学的史观、经济学的史观、天文学的生物学的地质学的史观"等，也由于一些西学史学理论

① 王守常主编《20 世纪的中国：学术与社会（哲学卷）》，山东人民出版社，2001，第 37 页。
② 蒋大椿：《20 世纪中国马克思主义史学》，载罗志田主编《20 世纪的中国：学术与社会（史学卷）》（上），山东人民出版社，2001，第 139 页。

著作的翻译出版，如美国学者鲁滨逊的《新史学》（何炳松译，上海商务印书馆 1924 年出版），法国学者朗格诺瓦和瑟诺博思合著的《史学原理》（李思纯译，上海商务印书馆 1926 年出版），美国学者塞利格曼的《经济史观》等，或先或后地传入到中国。这些史学理论和方法同样对中国的史学研究产生了重要影响，比如曾留学美国威斯康星大学和普林斯顿大学攻读史学和政治学的何炳松，不仅在《新史学》中文版的导言中对鲁滨逊及其新史学派的观念备加推崇，而且 1917 年在北大历史系讲授史学原理和历史研究法时，课本采用的就是鲁滨逊的《新史学》，1920 至 1922 年给北大学生讲授欧洲史，使用的也是鲁滨逊编订的讲义。正是在西方史学理论直接或间接的影响下，中国史学家写出了一批有影响的史学理论著作，如梁启超的《中国历史研究法》（1922 年）、《历史统计法》（1922 年）、杨鸿烈的《史地新论》（1924 年）、李泰芬的《史学研究法大纲》（1926 年）、朱谦之的《历史哲学》（1926 年）、何炳松的《通史新义》和《历史研究法》（1927 年）等。

西方文学艺术也在这一时期得到了大量传入。《青年杂志》（后改名《新青年》）自创刊之日起，就大量译刊有屠格涅夫、托尔斯泰、龚古尔、王尔德、契诃夫、易卜生等各式西方作家的作品，目的是要"通过翻译作品来介绍外国文艺思潮，向闭塞的中国文坛吹进新鲜的现代气息"，于是在《新青年》的带动下，翻译西方文艺作品的活动迅速展开，"其规模和声势超过了近代任何时期"。[1] 当时几乎所有的新文化和新文学运动的发起者、参加者和同情者，如胡适、周作人、鲁迅、刘半农、沈雁冰、瞿秋白、郑振铎、耿济之、田汉、郭沫若等，都是西方文艺作品的积极翻译者；几乎所有的新文学团体，如文学研究会、创造社、未名社、语丝社、莽原社、浅草社等，都以引进西方文艺作品为己任；几乎所有的新文化和新文学报刊，如《新青年》、《新潮》、《少年中国》、《小说月报》、《文学周报》、《晨报》副刊、《时事新报》副刊、《国民日报》副刊等，都大量刊载过西方的文艺作品。一些刊物还编辑专号、专刊，如《俄国文学研究》《法国文学研究》《德国文学研究》《被损害民族文学专号》《非战文学专号》以及易卜生、拜伦、安徒

---

① 韩毓海主编《20 世纪的中国：学术与社会（文学卷）》，山东人民出版社，2001，第 137—138 页。

生、雪莱、罗曼·罗兰、莫泊桑、法朗士、陀思妥耶夫斯基等的专号、专刊，比较集中发表某一国家、某一作家或某一类型的作品和研究论文。如1918年6月《新青年》第4卷的《易卜生专号》，刊载有胡适的《"易卜生主义"》、罗家伦与胡适合译的《娜拉》、陶履恭译的《国民之敌》、吴弱男译的《小爱友夫》和袁振英的《易卜生传》，比较全面、系统地介绍了易卜生的生平思想和主要剧作。《小说月报》开辟的《小说新潮》《海外文坛消息》等专栏，每期都刊载外国文学译作，报道西方文艺思潮和文艺动态，介绍西方著名作家的生平事迹及其创作活动，对西方文艺作品的传播起过很重要的推动作用。除报刊刊载的作品外，这一时期还有大量的西方作家的文艺作品以单行本的形式被翻译出版，如俄国果戈理的《外套》《巡按使》，奥斯特洛夫斯基的《贫非罪》《罪与愁》，普希金的《甲必丹之女》，契诃夫的《三姐妹》《樱桃园》《伊凡诺夫》《万尼亚叔父》《海鸥》《三年》，托尔斯泰的《复活》《父与子》《新时代》，安特列夫的《人的一生》《黑面假人》《往星中》《狗的跳舞》，阿尔志跋绥夫的《血痕》，以及《屠格涅夫散文诗集》《普希金短篇小说集》《托尔斯泰短篇小说集》《近代俄国小说集》；法国都德的《磨坊文札》《小对象》，小仲马的《茶花女》，弗罗贝尔的《波华荔夫人传》，莫泊桑的《髭须》，莫里哀的《悭吝人》，法郎士的《蜜蜂》《友人之书》《堪克宾》，以及《莫泊桑短篇小说集》《近代法国小说集》《法国名家小说集》；德国歌德的《少年维特之烦恼》《史维拉》《克拉维歌》，霍甫得曼的《火焰》《獭皮》《异端》，海涅的《哈尔次山旅行记》，席勒的《威廉退尔》《强盗》，尼采的《查拉图司屈拉抄》；英国加乐里的《阿丽思漫游奇境记》，高尔斯华绥的《银匣》《法网》《长子》《鸽与轻梦》《争斗》，萧伯纳的《不决意的戏剧》，王尔德的《狱中记》《沙东美》《同名异娶》，莎士比亚的《哈姆雷特》，以及雪莱的诗歌集等。据不完全统计，仅1918年至1923年的5年间，先后就有30多个国家的170多位作家的文学作品被翻译介绍到中国，其中以俄国作家的作品最多，其次为法国、德国、英国、印度和日本的作家作品。大量国外文艺作品的被翻译发表，不仅给闭塞的中国文坛吹进了新鲜的现代气息，推动了新文学运动的向前发展，而且也有利于人们的思想解放，对中国社会产生了一定的积极影响。比如，我们前面提到了，挪威作家易卜生的作品，特别是他的"社会问题剧"《娜拉》，以冲破家庭束缚，寻找个性自由发展，成了当时中国妇女争取自由解放的象征。

在西方文艺作品大量地被翻译介绍到中国来的同时，西方文艺复兴以来各种各样的文艺思潮、创作方法和文学体式也大量地涌进了中国，如现实主义、自然主义、浪漫主义、唯美主义、象征主义、印象主义、心理分析派、意象派、立体派、未来派、问题剧、问题小说、短篇小说、杂文、随笔、杂感小品等。西方文艺思潮、创作方法和文学体式的大量涌入，促进了新文学社团和文艺刊物的蜂起。据统计，1921 年到 1923 年，全国有各种文学社团 40 多个，文艺刊物 50 多种，而到了 1925 年，仅短短的两年期间，文学社团和文艺刊物就分别猛增到 100 多个，其中文学研究会和创造社影响最大。"文学研究会较多受俄国和欧洲现实主义文学思潮的影响，创造社主要倾向于欧洲浪漫主义文学思潮。"①

这一时期，出现了译介和传播西方先进的自然科学知识和成果的热潮。"五四"前后全国出版的报刊有数百种之多。而据《五四时期期刊介绍》，仅其中的 162 种报刊，刊载的有关自然科学方面的评论、介绍、通讯和译文就达 660 篇之多。如果再加上其他报刊，特别是科学专刊如《科学》《理化杂志》等，这一时期发表的有关自然科学的文章和译文至少在千篇以上。② 当时有不少报刊，还开辟过介绍西方新科学知识的专栏，如被誉为新文化运动时期著名的"四大副刊"之一的上海《时事新报》副刊《学灯》，开辟了《科学丛谈》专栏，先后刊载过《霉菌说考》（间渠译）、《极光之新发问》（杨潜译）、《肥皂与皮肤之关系》（清译）、《化学史略》（竞仁译）、《遗传与进化略说》（赵天声译）、《笑的生理》（沈子善译）、《无线电话》（王崇植译）、《疲倦的研究》（王以敬译）、《说空气》（曹维藩译）、《月球与金星之研究》（徐祖心译）、《科学底基础》（邹恩润译）、《空间与时间之新概念》（郑清云译）等一大批介绍科学新知的文章。另一个在当时影响很大的综合性刊物《东方杂志》，除开辟《科学杂俎》专栏，以短小精悍的文章介绍西方最新的科学发明和成就外，每期还有一至两篇译介西方自然科学

---

① 韩毓海主编《20 世纪的中国：学术与社会（文学卷）》，第 140 页。
② 戴念祖：《五四运动和现代科学在我国的传播》，载中国社会科学院近代史研究所编《纪念五四运动六十周年学术讨论会论文选》（三），中国社会科学出版社，1980，第 375 页。

的长文发表。1922 年，该杂志又隆重推出《爱因斯坦专号》（第 19 卷第 24 期），收入高鲁的《爱因斯坦与相对论》、郑贞文的《爱因斯坦与科学的精神》、周昌寿的《相对论原理概观》、李润章的《相对论及产生前后之科学的精神》、郑贞文的《能媒万有引力和相对性原理》、段育华的《相对论在物理学上之位置》、关桐华的《罗素的相对性原理观》、一声的《爱因斯坦之相对性原理》、行余的《普遍相对性原理和观测事实的比较》、惟志的《爱因斯坦小传》和记者的《爱因斯坦著作目录》。我们前述已经提到，当时开辟"相对论"或"爱因斯坦"专号的，还有《改造》和《少年中国》。当然，对西方自然科学的传播贡献最大的是中国科学社主办的《科学》月刊。据统计，1915—1924 年间，《科学》月刊发表的介绍西方最新理论科学、技术科学和科学方法的文章多达 1000 多篇，内容从 19 世纪传统的电磁场学、热力学、细胞学、微生物学，到 20 世纪才开始盛行的 X 射线、放射性元素、电子三大发明以及相对论、量子论等各个方面。[①] 追踪新发明、新成就，是这一时期西方自然科学在我国传播的一个重要特点。以爱因斯坦的相对论的传入为例。1917 年，爱因斯坦将他的狭义相对论和广义相对论融会贯通起来，合成《狭义和广义相对论》一书出版，立即在世界上产生了重大反响，被公认为是 20 世纪最伟大的科学成就之一。该学说也立即传入了中国。爱因斯坦本人于 1922 和 1923 年两次途经上海时，又应邀做了关于相对论学说的演讲。于是介绍和评价爱因斯坦的相对论，就成了各报章杂志的热点。据前引戴念祖《五四运动和现代科学在我国的传播》一文的统计，从 1917 年到 1923 年的上半年，全国报刊发表有关爱因斯坦相对论的著作、译文、报告、通讯和文章达百篇之多。除此，还有 15 种有关相对论的书籍编译出版。仅商务印书馆就先后出版有周昌寿、郑贞文编译日本石原纯的《爱因斯坦和相对性原理》、费祥编译的《通俗相对论大意》、闻齐据英国卫西曼的英译本转译的德国司密史的《相对论与宇宙观》、张君劢译述德国 H. Driesch 的《论理学上之研究爱因斯坦氏相对论及其批评》以及爱因斯坦的中国学生夏元瑮翻译的《相对论浅释》等。特别是《相对论浅释》一书在当时影响很大。该书分上下两篇，共 32 节。上篇"相对各论"17 节，浅

---

① 黄知正：《五四时期留美学生对科学的传播》，《近代史研究》1989 年第 2 期。

释狭义相对论；下篇"相对通论"15 节，浅释广义相对论。书后附有夏元
瑮写的《爱因斯坦小传》。1922 年 4 月该书初版，1923 年 3 月作为"共学
社丛书：通俗丛书"的一种再版，1924 年 1 月又出第三版。[①] 三年三版，这
在科技图书的出版史上不可多见。除爱因斯坦的相对论和上面我们提到的 X
射线、放射性元素、电子三大发明外，当时传入的还有异己染色体与基因
匹配等 20 世纪初年西方生物学界刚取得的几个新发明、新成就。

从鸦片战争时期非常有限度的开放，到洋务运动时期开放的扩大，再
到 19 世纪末 20 世纪初开放的进一步扩大，最后到新文化运动时期的全面
开放，这就是中国思想文化从封闭走向开放的全过程。新文化运动的兴起，
既是中国思想文化从封闭走向开放的必然产物，又对中国思想文化进一步
走向开放产生了重要的推动作用。

二、从天下走向世界

中国从封闭走向开放的过程，也是中国从天下走向世界的过程，即：传
统的"天下观"逐渐瓦解和新的世界观或世界意识逐渐形成、发展的过程。

"天下观"是古代中国人对世界秩序的看法，含义近似于"天朝上国
观"。它是建立在两种认知之基础上的，一是地理学的认知。我们在本书
第一卷第一章的有关子目中已经提到，古代的中国人认为天是圆的，地是
方的，有边缘和中心，中国位于天下的中心。这种认为中国位于天下之中
心的观念，由于中国特殊的地理位置和封闭的小农经济结构而得到不断强
化，这在中国历代刻印的"华夷图""广舆图"中表现得非常明显，这些图
"都把周边国家的位置标得模糊不清，中国的区域画得颇大，而汪洋大海却
绘得很小"[②]。二是文化学的认知。由于以中华文化发祥地中原地区为中心的
四周，古代居住的都是一些少数民族，依据方位，他们被称为东夷、南蛮、
西戎、北狄，这些地区的文化长期落后于中原地区的文化，当中原地区早
已进入农耕文明时，这些地区还处于渔猎和游牧文明的时代，久而久之，
居住在中原地区的人们即认为他们的文化优越于四周少数民族地区的文化，

---

① 参见邹振环《爱因斯坦的"相对论"著作的译刊》，载《译林旧踪》，第 154—156 页。
② 邹振环：《晚清西方地理学在中国——以 1815 至 1911 年西方地理学译注的传播与影响为中
　心》，上海古籍出版社，2000，第 41 页。

是天下之文化或文明的中心，并形成了一种"华尊夷卑"的观念。

到鸦片战争后，这种传统的以中国为天下之地理的中心和文化的中心的"天下观"遇到了前所未有的挑战，这就是西方地理学知识和文化的传入及其影响。当时从事西方地理学知识和文化传入的主要是两部分人，一是西方传教士，早在鸦片战争前，随着西方殖民主义者的东来，一些在中国东南沿海一带活动的传教士即以广州、马六甲、巴达维亚（今译为雅加达）、澳门、槟榔屿和新加坡为基地，开始向中国内地输入西方地理学和文化知识。比如 1833 年 8 月 1 日创刊于广州的《东西洋考每月统计传》，就先后刊登了 40 多篇有关地理学知识的文章。传教士郭实腊后来又将《东西洋考每月统计传》上的这些文章汇编成《万国地理全集》一书正式出版。鸦片战争后，由于不平等条约制度的建立，西方传教士们扩大了对中国内地的思想和文化传入，他们在通商口岸创办报刊，设立出版机构，翻译和出版包括西方地理学知识和文化在内的西方著作，如在香港创办的《遐迩贯珍》（1853—1865 年）、在宁波创办的《中外新报》（1857—1858 年）、在上海创办的《六合丛谈》（1857—1858 年）等。这些报刊除介绍宗教、商业等知识和活动外，也刊登一些介绍地理学知识和西方各国现状的文章。在翻译和出版的地理学著作方面，主要有裨治文的《美理哥合省国志略》（出版于1838 年）、慕维廉的《地理全志》（上篇出版于 1853 年，下篇出版于 1854年）、韦理哲的《地球图说》（出版于 1848 年）以及玛吉士的《新释地理备考》。二是以魏源、徐继畬为代表的一批最早"开眼看世界"的中国人。鸦片战争后，魏源、姚莹等人在总结鸦片战争失败的原因时认为，中国失败的一个重要原因，是对外部世界的不了解。于是，他们以西方传教士的著述为主要资料来源，发愤著书，介绍海外情事，成为最早一批"开眼看世界"的先进中国人。其中魏源的《海国图志》（初版于 1842 年，1847 年从50 卷扩编为 60 卷，1852 年又从 60 卷扩编为 100 卷）、徐继畬的《瀛寰志略》（1848 年）、梁廷枏的《海国四说》（1848 年）堪称代表。这些著作的最主要内容，便是介绍西方地理学知识和世界各大洲、各地区、各国家的情况，其中包括英国、法国、美国、俄罗斯等西方国家的社会文化和物质文明（其具体情况见本书第一卷第一章有关子目）。

西方传教士和以魏源、徐继畬为代表的最早"开眼看世界"的中国人对于西方地理学知识以及世界各大洲、各地区、各国家情况的介绍，使人们认识到，第一，天是圆的，地也是圆的，既然是圆的，就没有所谓的边缘和中心，世界上有四大洲、五大洋，有近百个国家，中国只是这近百个国家中的一国，位置不在地球的中央，而在亚细亚之东南。中国虽然版图广袤，物产丰富，土地肥沃，是世界大国，但不是世界上唯一的大国，像中国这样的大国还有好几个，比如"南北亚墨利加袤延数万里，精华在米利坚一土，天时之正、土脉之腴，几与中国无异"[①]。第二，中国并不是世界上最文明进步的国家，长期以来被中国人沿用传统叫法称之"夷"或"蛮"的西方各国是那样的繁荣昌盛，城市"殿阙巍峨，规模闳巨"，交通十分便利，铁路、轮船四通八达，店铺林立，机器轰鸣，制造精美，重视教育，学校和藏书楼各地皆有，人民读书识字，生活非常富裕，政治民主，社会清明，如此等等，无论从哪方面讲，这些国家都不比中国落后，甚至比中国还要文明、开化、进步一些。上述这两个认识，无疑是对传统的以中国为天下之地理的中心和文化的中心的"天下观"前所未有的挑战，具有重要的思想意义。

当然，我们在肯定这种挑战和思想意义的同时，也不能过于夸大这种挑战及其意义。因为当时能读到或接触到西方传教士和魏源、徐继畬等人的书籍的人非常有限。据熊月之的研究，"道咸年间（亦即鸦片战争前后——引者）所出西书，每种印刷数当为五六百册。每册书读者自不止一人，但也不会太多，姑以 10 人计算（这是比较乐观的估计），则每种西书可能传播到和接受的人，当不超过 5000 人。道咸年间中国秀才以上的知识分子约为 50 万人。据此，我们可以认为，道咸年间，接触、接受西学的中国知识分子，当不超过总数的百分之一"[②]。而在传教士所出的西书中，绝大多数是宗教书，地理学著作为数不多。熊月之曾对 1843—1860 年传教士在上海出版的中文书刊做过统计，在总数 171 种中文书刊中，宗教占了 138 种，地理只有 1 种（即慕维廉的《地理全志》）、历史也只有 1 种（慕维廉的《大英国志》）。[③] 所以，当时中国士大夫接触、接受西方地理学知识的人数肯定要比熊月之估计的人数要少得多，以熊先生的方法推算，不会超过总人数

---

① 徐继畬:《瀛寰志略》卷九，上海书店出版社，2001，第 290—291 页。
② 熊月之:《西学东渐与晚清社会》，第 282 页。
③ 熊月之:《西学东渐与晚清社会》，第 205—213 页"表 12"。

的万分之一或数万分之一。而且能看到这些书的人，也并不是都能得出以上两个方面的认识，比如李慈铭在阅读了徐继畬的《瀛寰志略》后，便认为作者"轻信夷书，动涉铺张扬厉"，"轻重失伦，尤伤国体"。[①] 就是以魏源、徐继畬为代表的最早"开眼看世界"的中国人，他们也没有真正从传统的"天下观"中完全解放出来，还或多或少地受其束缚和影响。魏源可以说是最早"开眼看世界"的中国人中思想最为开明者，是他在《海国图志》中最先提出了"师夷之长技以制夷"的思想，从而开启了近代中国学习西方思想之先河。但他在《海国图志》中介绍各国情况时，以中国为起点，先介绍亚洲，再非洲，再欧洲，再美洲；在介绍亚洲国家时，也是依据与中国之远近的顺序，按顺时针方向，先是东南洋海岸各国，再是东南洋海岛各国，再是西南洋各国，其暗含的是传统的以中国为天下之地理的中心的"天下观"。他虽然对中国一词做了新的解释，认为"中国"之所以称之为"中国"，是因为它处于地球的温带，"天时之适中"，而不是说它处于地球的中心位置。[②] 但他又认为，世界的五大洲中亚洲最重要，而亚洲的国家中则中国又最重要，他甚至比附佛典中赡部洲和四方宝主的说法，说中国是人主，其他各国分别是象主、马主、金主，而人为万物之主，所以四主之中，"自以人主为上"。[③] 这流露出的又正是传统的以中国为天下之文化的中心的"天下观"。总之，鸦片战争后对传统"天下观"的挑战还是初步，更没有像有的学者所认为的那样引起传统"天下观"的解体。

传统"天下观"的初步解体是在洋务运动时期。引起传统的"天下观"在洋务运动时期初步解体的原因，首先是西方地理学知识和文化进一步的传入及其影响。和鸦片战争后一样，西方传教士对这一时期西方地理学知识和文化的进一步传入做出了重要贡献。尽管这一时期西方传教士传入西方地理学知识和文化的渠道仍然是创办报刊和译书机构，翻译西书，但其规模与鸦片战争后相比有了很大发展。以报刊为例。据统计，第一次鸦片

① 李慈铭：《越缦堂日记》咸丰丙辰一月十八日，见《越缦堂读书记》，商务印书馆，1959，第480—481页。
② 魏源：《海国图志》卷七十四，陈华、常绍温、黄庆云等点校注释，岳麓书社，1998，第1847—1850页。
③ 魏源：《海国图志》卷七十四，第1851—1852页。

战争前，西方传教士在南洋和中国华南沿海一带共创办了 6 份中文报刊和
11 份外文报刊。从鸦片战争结束到 90 年代，以西方教会或传教士个人的名
义在华创办的中外文报刊有 200 种左右，其中绝大多数是第二次鸦片战争
以后创办的，影响较大的有 1868 年创刊于上海的《万国公报》、1872 年创
刊于北京的《中西闻见录》和 1876 年创刊于上海的《格致汇编》。这些报
刊都曾刊登或连载过大量的介绍西方地理学知识和文化的文章或著作，"在
晚清西方地理学东传过程中起到过极为重要的作用"[1]。在翻译西方地理学著
作和文化方面，1877 年和 1887 年分别成立于上海的益智书会和广学会贡
献最大，益智书会出版的西方地理学著作主要有卜舫济的《地理初桄》、慕
维廉修订的《地理全志》及编绘的《平圆地球图》，广学会出版的西方地
理学著作主要有《八星之一总论》（即《地球养民关系》）、《五洲各国统属
图》、《大地奇异志》、《五大洲风俗通考》等。除传教士和教会创办的译书
机构外，随着洋务运动的兴起，中外交往的扩大，这一时期中国人也创办
了自己的译书机构，如 1862 年设立于北京的京师同文馆和 1867 年设立于
上海的江南制造总局翻译馆，都曾翻译过不少西方地理学著作。这一时期
西方地理学知识和文化传入中国的另一渠道是中国驻外使节和留学生写的
大量游记或日记。1860 年后清政府开始向欧美一些国家派遣使节和留学生。
这些驻外使节和留学生到国外后，把他们所见、所闻和所想写成游记或日
记，或公开出版或私下流传。据徐维则的《东西学书目》记载，截至 1895
年甲午战争前，比较有影响的游记有 50 余种。[2] 另据台湾学者王尔敏先生的
研究，从 1866 年至 1900 年，"撰著外国记事之人有 61 位，而撰著记录达
151 种"[3]。其中价值较高的有张德彝的《航海述奇》数种，李圭的《环游地
球所录》、薛福成的《出使英法义比四国日记》、郭嵩焘的《伦敦与巴黎日
记》、黎庶昌的《西洋杂记》、王韬的《扶桑游记》以及黄遵宪的《日本杂
事诗》等。

　　如果说鸦片战争后西方地理学知识和文化的传入，受其影响的还仅仅局

---

① 郭双林：《西潮激荡下的晚清地理学》，北京大学出版社，2000，第 11 页。
② 转引自郭双林《西潮激荡下的晚清地理学》，第 16 页。
③ 王尔敏：《十九世纪中国士大夫对中西关系之理解及衍生之新观念》，载《中国近代思想史
　论》，社会科学文献出版社，2003，第 19 页。

限于极少数思想开明的士大夫，那么洋务运动时期西方地理学知识和文化进一步地大规模传入，受其影响的人则大大增加了，不仅有思想开明的士大夫，而且还有广大新式学校的学生，甚至一些封疆大吏和王公贵族。以新式学校的学生为例。当时的新式学校主要分为两类：一是教会学校。从1839年美国传教士布朗在澳门创办中国第一所教会学校——马礼逊学堂起，到1877年，仅基督教教会学校就有350所，学生总数5975人。[①]二是洋务学堂。从1861年（咸丰十一年）设立京师同文馆起，到1896年（光绪二十二年）设立天津俄文学堂止，全国相继设立的洋务学堂有33所。[②]无论是教会学校，还是洋务学堂，"各国地图"和"各国史略"都是必修的课程之一。通过对西方地理和历史课程的学习，成千上万的新式学校的学生不仅知道了世界有五大洲、四大洋，有100多个国家，中国只是这100多个国家中的一个，还知道了欧美资本主义国家的历史和现状，从而导致了传统的以中国为天下之地理的中心和文化的中心的"天下观"的瓦解，而具有了新的世界意识。

在西方地理学知识和文化进一步大规模地传入中国的同时，西方的国际法也开始传入中国。传入中国的第一部国际法是《万国公法》。《万国公法》是美国传教士丁韪良译自美国著名国际法学家亨利·惠顿（Henry Wheaton，1785—1848）于1836年出版的《国际法原理》，1864年冬在总理各国事务衙门资助下，由崇实馆刊印发行。该书不仅第一次将近代国际法的一些基本原则，如尊重各国主权的原则、国与国之间平等往来的原则、遵守国际公约和双边条约的原则等介绍到了中国，而且还将近代西方的一些观念，如国际法以及法治、宪政的观念介绍到了中国，尤其是它所介绍的中国只是世界一部分的观念，对于中国认识世界、摆脱传统的"天下观"的思想束缚，起了非常重要的作用。在《万国公法》正文的卷首，画有东半球和西半球两张地图。据研究者核对惠顿原著，"发现原著中并无这两张地图，它们是译者丁韪良创作添加的。作为在中国活动的美国传教士，丁韪良比惠顿要更了解中国国情。他在翻译时感觉到，添入这两张地图，一方面可以使

---

① 陈学恂主编《中国近代教育大事记》，上海教育出版社，1981，第37页。
② 参见李长莉《先觉者的悲剧——洋务知识分子研究》附录二，学林出版社，1993。

当时的中国人对世界有一个直观的概念；另一方面，也可以加深对西方国际法知识和观念的理解"①。丁韪良在地图的旁边撰写有这样一段文字："地之为物也，体圆如球，直径约三万里，周围九万里有奇。其运行也，旋转如轮，一转为一昼夜，环日一周，即为一年，内分东西两半球。其陆地分五大洲。"在东半球者，有亚细亚、欧罗巴、亚非利加三大洲，内有中国、日本、缅甸、印度、波斯、英国、法国、俄罗斯、奥地利、西班牙、葡萄牙、荷兰、意大利、土耳其、埃及等数十个国家。在西半球者，有北亚美利加和南亚美利加两大洲，内有美利坚、墨西哥、巴西、秘鲁、智利等多个国家。丁韪良撰写这段文字的目的，"当然不仅仅是向我们介绍西方地理学知识（虽然这种知识对一直奉行天圆地方之中国人来说也是一种极具冲击力的），而是通过对世界地理的概括说明，阐述了一种新型的世界秩序观，即任何一个国家，都不是世界的中心；任何一个国家，都只是世界的一个组成部分。这种观念，对改变中国固有的以'华夷'为基础的传统的世界秩序观是极有影响的，它迫使中国面对现实，并使一部分有远见之中国人进步放眼世界，励精图治，争取让中国在国际社会中占有一席之地"②。《万国公法》出版后，对中国政界、外交界和知识界都产生了巨大的影响，一方面，清政府开始运用《万国公法》所介绍的一些国际法原理来处理一些外交事务，尤其是和西方国家的一些外交纠纷；另一方面，《万国公法》不是一般的普通译著，它涉及国家主权、遵守国际公约和双边条约等问题，因而出版后引起了官方和民间的高度重视，其中也包括它所阐释的中国只是世界一部分的观念。恭亲王等就认为，此书与"中国制度原不尽合，但其中亦有可采之处"，建议印成后，"将来通商口岸，各给一部，其中颇有制伏领事馆之法，未始不有裨益"。③该书初印 300 本，此后又多次重印，成了清朝大小官员的必备书。继《万国公法》之后，其他一些西方的国际法著作，如英国人费利摩罗巴德著、传教士傅兰雅口译、中国人俞世爵笔译的《各国交涉公法论》和《各国交涉便法论》，英国人罗伯林和传教士傅兰雅著、中国人汪振者译的《万国公法总论》等也先后得到出版。

---

① 何勤华：《〈万国公法〉与清末国际法》，《法学研究》2001 年第 5 期。
② 何勤华：《〈万国公法〉与清末国际法》，《法学研究》2001 年第 5 期。
③《筹办夷务始末（同治朝）》卷二十七，第 26 页。

随着传统"天下观"受到挑战和初步解体，一种新的世界意识或世界观开始形成起来。对此，我们在本书第一卷第三章第五节的有关子目中已有论及。这里需要指出的是，我们说传统的"天下观"受到挑战和初步解体，一种新的世界意识或世界观开始形成起来，但在甲午战争之前，解体的主要是传统的以为中国是天下之地理的中心的"天下观"，而传统的以为中国是天下之文化的中心的"天下观"还在很多人的头脑中残存着。

1894 年爆发的中日甲午战争，在中国近代史上具有重要的思想意义。其意义之一，就是传统"天下观"的彻底解体，新的世界意识或世界观的最终形成。因为甲午战争的结果，是中国惨败给了自隋唐以来就学习中国的日本，而且由于中国的惨败，不仅使已有千年之久的宗藩国朝鲜被日本占领、中国失去了宗主国的地位，而且自古以来就是中国固有领土的台湾也割让给了日本。如果说，自鸦片战争以来中国对外战争中的失败，是失败给了距离中国万里之外、中国人并不熟悉也从来没有深交过的英国和法国，中国人的面子还能挂得住的话，那么，甲午战争则是失败给了中国的近邻日本，而且日本向来是学习中国的，是中国的"小跟班"或"小老弟"，中国人的面子就彻底挂不住了。所以甲午战争的惨败在中国朝野引起了巨大反响，有兄弟俩抱头痛哭的，有上奏主张与日本决一死战的，有赋诗作词表达自己痛苦心情的，有自发组织民间武装准备与日本拼命的……这是以前的历次对外战争，无论是第一次鸦片战争，还是第二次鸦片战争，以及中法战争所从来没有过的。于是，此前还在一些人的头脑中残存着的传统的以为中国是天下之文化的中心的"天下观"被彻底瓦解了。因为不仅当时唯一一个和中国还存在着宗藩关系的朝鲜被日本占领了，而且中国自己也被历来学习中国的日本打败了，还失败得如此之惨，又是割地，又是赔款，中国还有什么理由说自己是天下之文化的中心呢？用康有为的话说："大地八十万里，中国有其一；列国五十余，中国居其一。地球之通自明末，轮路之盛自嘉、道，皆百年前后之新事，四千年未有之变局也。列国竞进，水涨堤高，比较等差，毫厘难隐，故《管子》曰：'国之存亡，邻国有焉。众治而己独乱，国非其国也。众合而己独孤，国非其国也。'"[1] 严复

---

[1] 康有为：《上清帝第五书》，载《康有为政论集》上册，第 204 页。

在《法意·按语》中也沉痛地指出："日本与中国，同时被创于西人者也，顾三十年之顷，日本勃然以兴，而中国痿然若不可救，彼尝以国小而知危，吾以地大而自满故耳。"文化的中心早已不是中国了，日本已取代中国成了世界至少是东亚文化的中心。因此，19 世纪末 20 世纪初发生了一个看来十分矛盾、不可理解的现象：日本打败了中国，强迫中国签订了丧权辱国最为严重的《马关条约》，并从此取代英国成为中国最主要的侵略者和掠夺者，按理中国与日本有不共戴天之仇，中国人应该要痛恨日本人，然而实际情况则恰恰相反——中国人从原来瞧不起日本开始变为敬仰日本，羡慕日本，学习日本，纷纷"负笈东渡"，去日本留学，日本迅速取代英国和美国成了中国人的第一留学目的国。日本发动甲午战争、强迫中国签订《马关条约》的罪魁祸首伊藤博文不当日本首相后，还被清政府聘请为顾问，康有为也有心向伊藤博文问计如何变法。究其原因，就在于日本的地位和形象在中国人的心目中发生了翻天覆地的变化，已从学习中国的"小跟班"，变成了中国的学习对象。日本既然已成为中国学习的对象，成了世界至少是东亚文化的中心，传统的以为中国是天下之文化的中心的观念也就彻底解体了，被人们抛弃了，从此再没有人说中国是天下之文化中心了。而伴随着传统的以为中国是天下之文化中心这一观念的彻底解体，加上达尔文的进化论思想、西方的近代民族主义思想、德国人的国家主义思想的先后传入，国家、民族、主权、领土等观念的生成并流行开来，中国人的新的世界意识或世界观最终得以形成。金观涛、刘青峰依据对"中国近现代思想史数据库"中"世界"词条的检索结果分析，认为"1895 年后，'世界'一词的使用次数急骤增加"起来，到了 1903 年，已经超过"天下"的使用次数了。[①]它说明"世界"已取代"天下"成了人们的共识和常用语。比如，"在黄遵宪的文章里，现代意义上'世界'的使用已较普遍"，尤其是他"与梁启超的多封通信中'世界'的使用更加频繁，而且已经能很明显的看出这里的'世界'是现代意义上容纳民族国家的全球世界了"。[②]梁启超 1901 年在《清

---

① 金观涛、刘青峰：《观念史研究：中国现代重要政治术语的形成》，法律出版社，2009，第 250 页。
② 阮娟：《世界与现代：世界观念与中国文学现代性的生成》，博士学位论文，华中师范大学，2015，第 67 页。

议报》上发表的《中国史叙论》一文中在谈到如何撰写中国史时，提出了中国史在世界史中的地位问题："今世之著世界史者，必以泰西各国为中心点，虽日本俄罗斯之史家（凡著世界史者，日本俄罗斯皆摈不录）亦无异议焉。盖以过去现在之间，能推衍文明之力以左右世界者，实惟泰西民族，而他族莫能与争也。……而自今以往，实为泰西文明与泰东文明（即中国之文明）相会合之时代，而今日乃其初交点也。故中国文明力未必不可以左右世界，即中国史在世界史中，当占一强有力之位置也。"①谈中国史在世界史中的地位问题，这在甲午战争之前是根本不可想象的，因为在那时，中国等同于天下或世界，中国史也就是天下史或世界史。自 1902 年起，梁启超在《新民丛报》连续发表《中国地理大势论》《地理与文明之关系》《亚洲地理大势论》《欧洲地理大势论》等文章，开展对中国以及世界的地理与文化关系的系统研究，"这些研究不同于以往如《史记·货殖列传》的自我疆域检阅，也不同于《海国图志》一类对纯地理意义上的异域空间的发掘，而是创造性地从地理分割角度，把对异域空间的认知纳入到世界体系中，阐释'世界'是各不相同的地理空间的组合"②。孙中山在投身革命之初，就自称"余为世界之一平民"③。后在长达数十年的革命生涯中，孙中山"历经世界各地，吸取世界知识，形成深湛的世界理念。他的世界理念成为他倡导共和革命'建设新中国'思想的重要理论支柱"④。实际上，到了 20 世纪初，无论是以孙中山为代表的革命派，还是以梁启超为代表的立宪派，引导他们投身革命或立宪的思想之一，就是这种新的世界意识。因为正是这种新的世界意识，使革命派和立宪派认识到了中国的落后，中国与英、美、日本这些东西方资本主义国家之间的差距，从而希望通过自己的革命或立宪活动，来挽救国家和民族危亡，实现国家和民族的复兴。

到了新文化运动时期，形成于 19 世纪末 20 世纪初的新的世界意识或世界观有了进一步发展。如果说，19 世纪末 20 世纪初的新的世界意识或世

---

① 梁启超：《中国史叙论》，载《饮冰室合集》第 1 册，文集之六，第 2 页。
② 温泉：《从"天下"到"国家"——论梁启超思想中的世界观念》，《学术研究》2016 年第 5 期。
③ 孙中山：《与宫崎寅藏平三周的谈话》，载《孙中山全集》第一卷，中华书局，1981，第 173 页。
④ 刘学照：《孙中山世界理念论析》，《天津师范大学学报》（社会科学版）2006 年第 6 期。

界观是建立在对传统的"天下观"之否定的基础上的，认为中国既不是世界地理的中心，也不是世界文化的中心，只是世界上众多国家中的一国，其位置在东亚，而且与欧美日本等一些国家比较，中国处于落后地位，应该向这些国家学习；那么，到了新文化运动时期，新的世界意识或世界观则在此前的基础上进一步认为，世界的联系越来越紧密，中国作为世界各国中的一国，应该顺应世界发展的潮流，主动地融入这个世界，成为"世界的国家"，并为这个世界的发展，做出中国自己应有的贡献。我们前面已经引用过的陈独秀在《敬告青年》中向青年提出的六条要求中的第四条，即"世界的而非锁国的"那段文字，表达的就是上述思想。梁启超早在民国初建之时，就提出了"世界的国家"这一概念。1912 年，他在《庸言》创刊号上发表《中国立国大方针》一文，其中第一个小标题就是"世界的国家"。根据学者的研究，这可能是"世界的国家"这一概念的最早出现。[①]他在文中写道："物竞公例，惟适乃存。适者何？顺应于外界以发育其本能是已。有史以来，国于世界者，何翅万数，而今也岿然尚存者仅数十国焉，烂然有声光者仅数国焉。夫兴废至无常，而盛衰不中立，彼夫澌灭以去者，皆与世界趋势不相适而见淘汰者也。其奄奄仅存而无声光可表见者，又日即于淘汰之列者也。今代时势之迁进，月异而岁不同，稍一凝滞，动则陵夷，故有国有家者，恒兢兢焉内策而外应，若恐不及。"因此，他认为，中国要想不被淘汰，对于"今日世界作何趋势？我国在世界现居何等位置？将来所以顺应之以谋决胜于外竞者，其道何由"等问题，"我国民所当常目在之而无敢荒豫者也"。[②]后来，在 1919 年完稿的《欧游心影录》中，梁启超进一步提出了"世界主义的国家"这一概念。什么是"世界主义的国家"？据他的解释，作为国民，国家当然是要爱的，但"我们的爱国，一面不能知有国家不知有个人，一面不能知有国家不知有世界。我们是要托庇在这国家底下，将国内各个人的天赋能力，尽量发挥，向世界人类全体文明大大的有所贡献，将来各国的趋势，都是如此，我们提倡这主义的作用，也是为此"[③]。《欧游心影录》中，他尤其强调中国要主动地融入世界，要对世界

---

① 耿云志：《世界化与个性主义——两代化的两个重要趋势》，《学术研究》2005 年第 4 期。
② 梁启超：《中国立国大方针》，载《饮冰室合集》第 4 册，文集之二十八，第 40 页。
③ 梁启超：《欧游心影录》，载《饮冰室合集》第 7 册，专集之二十三，第 21 页。

文明做出自己的贡献，这是"中国人对于世界文明之大责任"。他写道："人生最大的目的，是要向人类全体有所贡献。为什么呢？因为人类全体才是'自我'的极量，我要发展'自我'，就须向这条路努力前进。为什么要有国家？因为有个国家，才容易把这个国家以内一群人的文化力聚拢起来继续起来增长起来，好加入人类全体中助他发展，所以建设国家是人类全体进化的一种手段。"① 杜亚泉则在《世界人之世界主义》一文中，提出了"世界人之世界"的主张："我等今后，不宜但就中国而唱门户开放机会均等主义。我等当确信世界者，世界人之世界，因之而为世界之人开辟世界之门户，以图世界之进步，则人类之融合与亲和，将日益加厚焉。"他认为，欲实行"世界人之世界"这一主张，"不可不使人类之往来居住移转，完全自由，俾有资本者以其资本，有劳力者以其劳力，有智慧者以其智慧，分途进行，以当开发全世界之任也"。② 胡适也在我们曾引用过的《先秦名学史》和《中国古代哲学史》中提出了通过中西哲学的相互吸取、融会，以建立起一种新的哲学的主张。

新文化运动时期，这种新的世界意识的发展，还体现在时人对国际联盟成立的关注和讨论上。国际联盟成立于1920年，先后有63个国家参加，它是世界上第一个以维护和平与安全为宗旨的普遍性国际组织。国际联盟成立前后，中国知识分子表现出了一种前所未有的热忱，他们积极为它出谋划策，提出自己的建议，所讨论的问题非常广泛。当时有一份《太平洋》杂志，在国际联盟成立前后发表了大量的讨论国际联盟的文章，第2卷第2号还专门开辟了一个《万国同盟号》，刊发有（周）鲠生的《万国联盟问题之历史的观察》、雪艇（王世杰）的《万国联盟约法评注》、陶履恭（孟和）的《万国联盟及其当存在之理由》、汪精卫的《中国对于万国联盟之希望》、高一涵的《万国联盟与主权》、（周）鲠生的《万国联盟与强制中裁》、皓白（皮宗石）的《经济上万国联盟观》、杨端六的《国际劳动问题》、赣父的《万国联盟与中国农工商业之前途》、（彭）一湖的《国际联盟与社会主义》等文章。这一时期知识分子对国际联盟的热忱，实际上是他们新的世

---

① 梁启超：《欧游心影录》，载《饮冰室合集》第7册，专集之二十三，第35页。
② 高劳（杜亚泉）：《世界人之世界主义》，《东方杂志》第14卷第12号，1917年12月15日。

界意识或世界观的反映，即：每个人既是一国的国民，又是这个世界的公民，不仅要关心国家大事，也要关心世界大事，参与世界大事，要为世界和平贡献自己的智慧，并使中国更主动地融入世界。这正如梁启超在《国际联盟论序》中说的："我国民之在今日，不必问国际联盟之近效何如，不必问我之能否厕其列以求自庇，但当求使我国堂堂立于天地间不愧为组织此'国家以上团体'之一健全分子，但当求以我国之力促进此'国家以上团体'之发荣滋长而率于正轨。夫如是，则研究此初诞初育之国际联盟，察其性禀而觇其祈向，岂非全国民所当有事耶？"[1]

新的世界意识或世界观在新文化运动时期得以发展，与第一次世界大战的影响是分不开的。国与国之间本来就存在着共同关系，而第一次世界大战的爆发，使得国与国之间的这种共同关系更加密切起来。尽管中国距离欧洲十万八千里，但还是被迫卷入其中，成了参战国，这就使国人对中国与世界的这种紧密关系有了更直观、更深刻的认识。同时，中国作为参战国，虽然只是派了十几万劳工去欧洲前线帮协约国军队修筑工事和运送军资，但这是中国第一次以主权国家的身份参与世界大事。战争结束后，中国又以战胜国的身份参加了巴黎和会，虽然收回山东主权的努力失败了，并由此引发了五四爱国运动的发生，但中国作为一个主权国家参与重建世界秩序的讨论，这在客观上对提高中国的国际地位是有好处的，也使国人增强了关心世界大事、参与世界大事的信心。凡此种种，是新的世界意识或世界观在新文化运动时期得以发展的重要原因。另一重要原因，就是新文化运动的倡导。如前所述，《青年杂志》自创刊之日起，就呼吁中国青年要有世界知识，具备世界观念，其价值取向是"世界的而非锁国的"，并开辟《国外大事记》和《世界说苑》等栏目，介绍国外发生的大事和西方各国的历史和文化。这对于新的世界意识或世界观在新文化运动时期的发展是起了重要的促进作用的。

从天下走向世界，中国近代思想文化告别了自我封闭而成了世界思想文化之一部分。

---

[1] 梁启超：《国际联盟论序》，载《饮冰室合集》第 4 册，文集之三十五，第 41—42 页。

三、从一元走向多元

近代以前的中国思想文化是一元的，而非多元的。因为近代以前，中国只存在着一种思想文化，即中国的本土思想文化，而没有其他性质的思想文化存在，虽然在汉、唐时期曾有外来的印度佛教的传入，但外来的印度佛教传入不久即与中国的本土思想文化实现了融合，而成了中国思想文化的一部分，这也是我们经常将儒（儒家）、释（佛教）、道（道家或道教）三家相提并论的重要原因。当然，我们说近代以前的中国思想文化是一元的文化，并不否认在中国文化内部存在着不同的思想文化派别，如我们上面提到的儒、释、道，但在这些不同的思想文化派别中，儒学处于独尊的地位，因而也就不构成多元思想文化存在的理由。

与从封闭走向开放一样，中国思想文化从一元走向多元也是从第一次鸦片战争时期开始的。但在第一次鸦片战争时期，传入的西方文化还十分有限，没有对中国思想文化的一元结构产生什么影响。真正影响到中国思想文化一元结构的是洋务运动时期西方文化的传入。但以曾国藩、左宗棠、李鸿章为代表的洋务派，并不认为西方文化的传入改变了中国思想文化的一元结构。因为在他们看来，当时所传入的西方文化，不是与中国文化异质的外来思想文化，而是中国古代思想文化传到西方之后的回归，换言之，西方思想文化源自中国。这就是在洋务运动时期颇为流行的"西学中源"说。洋务派之所以认同"西学中源"说，否认西方思想文化的传入改变了中国思想文化的一元结构，其原因就在于这一学说能够解决洋务派所遇到的一个最大的思想或理论难题，即他们主张"制洋器""采西学"，学习西方思想文化，不像以倭仁为代表的顽固派所攻击的是"以夷变夏"，而是"礼失而求诸野"，是学习中土久已失传的中国古学，它并不会也不可能改变中国思想文化的一元结构。

尽管洋务派否认西方思想文化的传入改变了中国思想文化的一元结构，但西方思想文化的传入改变了中国思想文化的一元结构的结果则是不以人们的意志为转移的客观事实。到了19世纪末20世纪初，随着西方思想文化的进一步传入，中国思想文化的一元结构发生了明显的变化：

首先，是西方的思想观念的传入，如"自由""民主""民权""平等""博爱""社会契约""天赋人权"等，打破了中国传统的思想观念的一统天下，并对近代中国人的思想观念产生了重要影响。比如，19世纪末的维新派和20世纪初的革命派，就以"天赋人权"的思想为武器，批判过中国传统的思想观念所宣扬的"君权神授"论和纲常名教，指出"君为臣纲"是纲常名教的核心，是封建君主专制制度的护身符，用《三纲革命》作者的话说，"据强权而制服他人者，君也，恃君之名义威权而制服他人者，臣（官）也，故曰君为臣纲，又曰官为民之父母"。对于这种"强权"，该作者发出了愤怒的质问："君亦人也，何彼独享特权特利？曰因其生而为君，是天子也。此乃迷信，有背科学。若因其有势力故然，此乃强权，有背真理。"[①]他们还积极宣传过西方的自由、平等思想，论述了实现自由、平等的天然合理性。严复在《论世变之亟》一文中写道："夫自由一言，真中国历古圣贤之所深畏，而从未尝立以为教者也。彼西人之言曰：唯天生民，各具赋畀，得自由者乃为全受。故人人各得自由，国国各得自由，第务令毋相侵损而已。侵人自由者，斯为逆天理，贼人道。"[②]在他看来，民主制度能否建立，关键是人民是否享有自由权力，能否正确地使用这些权力。

其次，是部门文化发生了变化，新的学科体系开始初步建立起来。传统文化的部门分类较粗而简，比如，传统学术就只分为经、史、子、集四大类，著名的《四库全书》就是按此四类编辑而成的。但进入近代以后，尤其是进入19世纪末20世纪初后，受西方文化传入的影响，文化的部门分类出现了新变化。一方面，哲学（经学）、史学、文学、语言等一些传统学科或不能适应现代社会的需要而逐渐衰落，或接受西方近代思想文化的影响，变革原有学科内容和体系，从而向现代学科转化；另一方面，法学、政治学、社会学、经济学等从西方传入的一些新领域和新学科的兴起，极大地丰富了中国近代思想文化的体系，特别是儒学的衰落，使其他各门学科摆脱了附庸的地位而获得较大的发展，现代意义上的人文社会科学各门类和自然科学各门类在中国开始初步形成。1913年初，教育部公布的《大学令》《大学规程》，明确规定大学开设的学科门类，即：文科、理科、法

---

① 真:《三纲革命》,《新世纪》第 11 号, 1907 年 8 月 31 日。
② 严复:《论世变之亟》, 载《严复集》第一册, 第 2—3 页。

科、商科、医科、农科、工科等七种，文科分为哲学、文学、历史学和地理学四门，法科分为法律学、政治学和经济学三门，商科分为银行学、保险学、外国贸易学、领事学、关税仓库学、交通学等六门，医科分为医学和药学等二门，农科分为农学、农艺化学、林学、兽医学等四门，工科分为土木工学、机械工学、船用机关学、造船学、造兵学、电气工学、建筑工学、应用化学、火药学、采矿学、冶金学等十一门。

再次，受西方思想文化传入的影响，人们的日常生活和行为方式发生了变化，越来越具有"西式"色彩。比如，过"洋"节，取"洋"名，用"洋"货，坐"洋"车，住"洋"房，尤其是在城市中，西装、西餐、洋酒、洋车已经成为城市居民追求的时尚；自主婚姻、征婚启事和西式婚礼也成为城市青年乐于接受的新生事物，1902 年 6 月 26 日的《大公报》上的一则征婚广告也透露出人们择偶标准和对结婚礼仪的新要求："一要天足。二要通晓中西学术门径。三聘嫁仪节悉照文明通例，尽除中国旧有之俗。"① 这种新要求从一个侧面反映出西方新的生活方式对人们观念的深刻影响。

1915 年《新青年》的创刊以及由此而兴起的新文化运动，则进一步改变了中国思想文化的一元结构，极大地推动了中国思想文化从一元走向多元的历史进程。这主要体现在两个方面：一方面，西方思想文化在新文化运动期间有了进一步的传播，西方的各种主义、思想、学说、理论、思潮和流派纷至沓来，尤其是民主与科学开始成为中国思想文化的核心观念或基本价值。与此同时，中国现代意义上的人文社会科学各门类和自然科学各门类得到了进一步的完善和发展，新的学科体系在原有的基础上基本建立起来。另一方面，马克思主义得到广泛传播，并成为中国多元思想文化中的重要一元。这是中国思想文化从一元走向多元的重要标志。我们先来看第一个方面。

哲学无疑是人文社会科学最主要的门类之一。20 世纪初，中国哲学开始摆脱儒学的长期束缚和影响，逐渐成为一门独立的人文社会科学学科。但它的进一步形成和完善则是在新文化运动时期。首先是西方哲学得到了

---

① 《大公报》1902 年 6 月 26 日，转引自孙燕京《晚清社会风尚研究》，中国人民大学出版社，2002，第 57—58 页。

进一步的传播，除马克思主义哲学外，这一时期传入的西方哲学，有杜威的实用主义哲学、罗素的新实在论哲学和柏格森的生命哲学，以及一些以前没有受到重视或新近才产生和流行的西方哲学，如黑格尔哲学、弗洛伊德学说，等等。而西方哲学的传播过程，实际上也是中国哲学的不断完善和发展的过程。因为西方哲学的输入，极大地开阔了中国哲学家的视野，他们在翻译介绍西方哲学的同时，逐渐形成了自己的哲学思想或观念，有的还建立起了自己的哲学体系，并开始用自己的哲学思想、观念和体系解释一些社会、人生问题。但由于他们所属的阶级、阶层、政治立场以及学术背景等诸多方面的不同，他们的哲学思想、观念以及所建立的哲学体系也是不同的，而不同的哲学思想、观念和体系，构成了不同的哲学派别。"五四"以后的中国哲学大致可以分为三大派别，即：马克思主义哲学派别，科学的实证主义哲学派别，人本的形而上学哲学派别。这三大派别都形成于新文化运动时期。

史学向来在人文社会科学中占有重要的地位。20 世纪初梁启超等人提出的"史界革命"及其实践开始了传统史学向现代史学的过渡，但这种过渡则是在新文化运动时期基本完成的，主要体现在两个方面：一是资产阶级新史学的发展，二是马克思主义史学的奠基。首先，就资产阶级新史学的发展而言，虽然在 20 世纪初梁启超等人就提出并初步论证了资产阶级"新史学"及其理论，但由于受历史和个人条件的限制，直至新文化运动兴起之前，包括历史哲学、历史研究法等在内的资产阶级史学理论体系并没有在中国真正建立起来。资产阶级史学理论体系在中国的真正建立是在新文化运动期间。当时中国的史学界，一方面积极地学习、引进和借鉴欧美资产阶级的史学理论和方法；另一方面又批判地发掘、整理和继承中国传统的史学文化遗产，从而在此基础上建立起了中国资产阶级史学理论体系。当时一些有条件的大学史学系或史地系，都相继开设了史学导论、历史哲学、历史研究法等课程，如朱希祖主持的北京大学史学系，就请李大钊讲"唯物史观研究""史学思想史"和"史学要论"，请何炳松以鲁滨逊的《新史学》为教材讲授史学原理和历史研究法。在建立资产阶级史学理论体系的同时，这一时期资产阶级的新史学研究也取得了重大成就，并形成了"古史辨"派和"新考据"派等一些重要的史学流派。"古史辨"派的代表人物是顾颉刚。1923 年初他在《与钱玄同先生论古史书》一文中，集中地向学术界发表了他推翻伪造的古史体系的系统观点——"层累地造成的古史说"。顾颉刚的文章发表后，在史学界引起了一场大的辩论。1926 年，顾颉刚将这场辩论的有关文章、通信编成《古史辨》第 1 册出版，这标志着在近代中国史学史上卓有影响的"古史辨"派的正式形成。"新考据"派是在继承中国传统史学特别是乾嘉史学的考据方法的基础上形成和发展起来的，其代表人物有王国维、陈寅恪和陈垣。王国维提出"二重证据法"，这是史学研究方法的一大突破。在具体的研究中，他取考古出土器物、甲骨卜辞与文献资料相互印证，写出《殷卜辞中所见先公先王考》与《续考》，发现"王亥""王恒"为殷商先公先王，进而得出卜辞所记殷商世系与《史记·殷本纪》所载殷商世系大致相同的结论。他的这一成果把中国的信史往前推到了商代。王国维古史研究的另一成就是对殷周制度进行了较为深入的考察，他精辟地指出"中国政治与文化之变革，莫剧于殷周之际"[1]，并深刻地分析了殷周制度的变化。陈寅恪的研究兴趣在"中古以降民族文化之史"，新文化运动时期以及后来的 20 年代末 30 年代初，其学术成就主要集中在魏晋南北朝和隋唐史方面。陈垣的史学成就主要在宗教史、元史和历史文献学方面。1917 年他写成的《元也里可温考》一文，是元代基督教史研究的拓荒之作。据陈垣研究，基督教入华史可分为唐代景教、元代也里可温教、明代天主教、清代耶稣教四期。这一成果深受海内外学者重视。1924 年他撰成的《元西域人华化考》，对元代西域人接受儒学的过程进行了考证，受到中外学者称誉。就马克思主义史学而言，新文化运动时期是其奠基时期，这主要表现为马克思主义的唯物史观的传入，并被中国早期马克思主义者和一些知识分子用来研究、解释中国历史和社会现象，从而推动了史学研究的进步。对于马克思主义史学的奠基贡献最大的是李大钊，他在《我的马克思主义观》等多篇论著中，依据马克思的《哲学的贫困》《政治经济学批判序言》等著作，对马克思主义的唯物史观进行了介绍。除李大钊外，这一时期对马克思主义史学的奠基做出过贡献的还有李达、蔡和森、瞿秋白等人。

---

[1] 王国维：《殷周制度论》，载《观堂集林》卷十，中华书局，1959，第 451 页。

和史学一样，20世纪初梁启超等人倡导的"小说界革命"及其实践虽然开始了中国文学从传统向近代或现代转型的过程，但这一过程的基本完成也是在新文化运动时期。这首先表现为文学革命或新文学运动的兴起，胡适、陈独秀、周作人、鲁迅等一些新文学运动的发起者和参加者，不仅在理论上阐述了文学革命的内容、目的、意义和方法等问题，而且身体力行，勇于实践，创造和发表了包括白话诗（如胡适的《尝试集》、郭沫若的《女神》）、白话小说（如鲁迅的《狂人日记》《孔乙己》和《药》）在内的大量的新文学作品。其次是对外国优秀的文学作品的翻译介绍。当时几乎所有的新文学运动的发起者和参加者，都是西方文艺作品的积极翻译者；几乎所有的新文学团体，都以引进西方文艺作品为己任；几乎所有的新文化和新文学报刊，都大量刊载过西方的文艺作品。大量的西方文艺作品的被翻译发表，不仅给闭塞的中国文坛吹进了新鲜的现代气息，推动了新文学运动的向前发展，而且也有利于人们的思想解放，对中国社会产生了一定的积极影响。在西方文艺作品大量地被翻译介绍到中国来的同时，西方文艺复兴以来各种各样的文艺思潮、创作方法和文学体式也大量地涌进了中国，如现实主义、自然主义、浪漫主义、唯美主义、象征主义、印象主义、心理分析派、意象派、立体派、未来派、问题剧、问题小说、短篇小说、杂文、随笔、杂感小品等。

近代意义上的政治学是20世纪初开始由西方传入中国的，当时出现过翻译、介绍西方政治学著作的热潮，但作为一门独立的学科，中国政治学的初步形成则是在新文化运动时期，到20年代末30年代初得到完善和确立。首先在这一时期几乎西方所有的政治学著作（包括古典的和近代的）都有翻译和介绍（有的是重译）。其次，在翻译、介绍西方的政治学著作的过程中，中国学者开始编撰自己的政治学著作，尽管这些著作多数是大学教材或普及性读物，但它们的撰写和出版，则说明独立的中国政治学学科已初步形成。与政治学一样，经济学也是19世纪末20世纪初开始传入中国的，开始时，人们对它的称呼不一，有叫"富国策"的，有叫"理财学"的，有叫"生计学"的，也有叫"经济学"的。1912年孙中山在上海讲演时主张统一使用"经济学"这一概念。新文化运动时期，"经济学"这一概念开始为学术界广泛使用。开始时，经济学附属于商科，后来又与政治学合并，当时的一些大学，如武汉大学、暨南大学等都设有政治经济学系。进入 20 年代末 30 年代初，一些大学的经济学学科开始与政治学学科分家，成立单独的经济学系。经济学系的成立，是中国经济学作为独立的学科而形成的重要标志。

西方社会学最早传入中国也是在 19 世纪末 20 世纪初，严复、章太炎等人对此贡献巨大。他们不仅翻译过一些西方的社会学著作，如严译"八大名著"中的《群学肄言》和《社会通诠》，而且还开始借用西方社会学的一些观点和理论来观察、说明中国的社会和历史。但总的来看，19 世纪末20 世纪初中国还处在译介西方社会学著作的阶段，中国自己的社会学在那时并没有真正建立起来。中国真正初步建立起自己的社会学是在新文化运动时期。1921 年，厦门大学创办社会学系，成为中国人自办大学设立社会学系的开端，此后，燕京大学、复旦大学、清华大学、武汉大学都开办了社会学系。一些没有设立社会学系的大学，其中包括一些政法学院和工商学院，也普遍开设了社会学课程，据许士廉统计，1926—1927 年，国内有60 所大学开设社会学课程共 308 科，其中以开设社会理论、社会问题为最普遍。[①] 除设立社会学系和开设社会学课程外，这一时期还成立了一些社会学团体。最先成立的社会学团体是 1922 年由余天休发起成立的中国社会学社，该社出版有《社会学杂志》。

新文化运动时期，初步奠定学科基础的还有中国民俗学、民族学和文化学。虽然早在 1913 年周作人便从日词中引进了"民俗学"一词，但中国民俗学的起源则是在新文化运动时期，尤其是"五四"前后。先是 1918 年，北京大学教授刘半农、沈兼士等得到校长蔡元培的支持，在北大发起歌谣征集活动，并于 1920 年发起成立歌谣研究会，两年后又创办《歌谣周刊》，在发刊词中他们明确提出要把民俗学作为重点工作去抓。1923 年 5 月，北京大学又成立"风俗调查会"，提出了一份详尽的"风俗调查表"。这一年（1923 年），胡朴安出版的《中华全国风俗志》，是我国第一部全国风俗志，收集保存了全国各地区许多有用的风俗材料，是中国民俗研究的重要学术著作。20 世纪初，随着西方近代民族主义在中国的传播，"民族"一词已为

----

① 参见杨雅彬《中国社会学史》，山东人民出版社，1987，第 54 页。

中国学者广泛使用。但作为一门独立的学科，民族学在中国正式诞生则是在 1926 年，其标志是蔡元培于是年发表《说民族学》一文。该文首次在中国提出民族学定义，认为"民族学是一种考察各民族的文化而从事于记录或比较的学问"①。"文化"一词，在我国的汉语词汇中古已有之，但其含义为"文治教化"，与现代意义上的"文化"一词存在着一定的差异。现代意义上的"文化"一词是 19 世纪末 20 世纪初从日本引进的，是对英文"culture"的意译。现代意义上的"文化"一词虽然在 19 世纪末 20 世纪初即已从日本引进，但直到新文化运动以前学术界并没有把"文化"与"文明"区别开来，更不用说已形成了中国自己的文化学。新文化运动的兴起，推动了学术界对文化问题的研究，围绕东西文化问题当时的学术界和思想界曾发生过激烈争论，争论所涉及的内容十分广泛，包括文化的含义，文化的类别，文化的起源和发展，文化的特征和结构，文化与文明的区别，以及东西文化的差异和优劣。尽管争论的结果并没有取得一致的意见，但争论本身则对中国的文化学的形成和发展具有十分重要的意义。就目前发现的资料来看，在中国最早使用"文化学"一词的是李大钊。1924 年他在《史学概论》中提出，历史学可以分为普通历史学、特殊历史学和历史哲学三大系统，而特殊历史学又可称为人文学或文化学，记述部分可以称为人文史或文化史。到了 20 年代末 30 年代初，"文化学"一词开始被广泛使用，并开始成为一门独立的学科。当时学术界出版了不少有关的文化学的著作，这些著作从不同的角度对文化学的有关问题进行了探讨。

中国现代意义上的人文社会科学各门类和自然科学各门类之所以能在新文化运动时期得到进一步的完善和发展，新的学科体系在原有的基础上之所以能够基本或初步建立起来，这与新文化运动的影响和推动是分不开的。

首先，新文化运动对封建的旧思想、旧文化的批判，解放了人们的思想，为中国现代意义上的人文社会科学各门类和自然科学各门类的进一步完善和发展并基本形成自己的学科体系扫清了思想上的障碍。如前所述，新文化运动兴起后，以陈独秀为代表的新文化派即高举民主与科学的大旗，对封建的旧思想、旧文化进行了批判。与此前 19 世纪末 20 世纪初的

---

① 孑民（蔡元培）:《说民族学》,《一般》第 1 卷第 4 期，1926 年 12 月 5 日。

维新派和革命派对封建的旧思想、旧文化的批判不同，新文化派对封建的旧思想、旧文化的批判不仅炮火十分猛烈，而且涉及的内容非常广泛。凡旧伦理、旧道德、旧政治、旧艺术、旧宗教、旧习俗、旧学术等一切被认为是旧的东西都在批判之列。尤其是他们把批判的矛头直接指向了旧思想、旧文化的代表儒学以及儒学的创始人孔子，掀起了一场反孔批儒运动。毋庸否认，新文化运动对中国旧思想、旧文化进行的批判确实存在着这样或那样的一些问题，但批判的本身则有利于破除千百年来形成的人们对中国封建的旧思想、旧文化尤其是对儒学和孔子的盲目信从和崇拜，有利于人们的思想解放。而思想的解放是中国现代意义上的人文社会科学各门类和自然科学各门类的进一步完善和发展并基本形成自己的学科体系的重要前提。著名历史学家顾颉刚在谈到新文化运动对他古史研究的影响时写道："要是不遇见孟真和适之（即傅斯年和胡适——引者）先生，不逢到《新青年》的思想革命的鼓吹，我的胸中积着的许多打破传统学说的见解也不敢大胆宣布"，"总括一句，若是我不到北京大学来，或是孑民（即蔡元培——引者）先生等不为学术界开风气，我的脑髓中虽已播下了辨论古史的种子，但这册书（指《古史辨》第 1 册——引者）是决不会有的"。[①]

　　其次，新文化运动对民主与科学的宣传和倡导，为中国现代意义上的人文社会科学各门类和自然科学各门类的进一步完善和发展并基本形成自己的学科体系奠定了坚实的基础。如前所述，宣传和倡导民主与科学是新文化运动的主要内容之一。新文化运动所宣传和倡导的民主，既是一种政治取向和思想主张，又是一种价值观念和生活原则，它贯穿于政治、经济、文化、教育、学术等社会生活的各个方面，体现的是一种个人独立自主和社会平等自由的精神。它反对少数人对政治、经济、教育和学术的垄断，提出了"平民政治""平民经济""平民教育""平民文学""平民史学"的口号。在政治和学术的关系层面上，它反对政治对学术的干涉，而主张学术独立，学者自主。新文化运动对民主的宣传和倡导，尤其是它所主张的学术独立，对于推动中国现代学术的发展具有十分重要的意义。现代哲学家贺麟对此曾做过如下评价："自从新文化运动以来，在中国大学教育方面，

---

① 顾颉刚：《自序》，载《古史辨》，第 80 页。

总算稍稍培植了一点近代学术自由独立的基础：一般学人，知道求学不是做官的手段，学术有学术自身的使命与尊严。"① 新文化运动所宣传和倡导的科学，不仅仅是人们通常所讲的科学技术或科学思想，而更是一种广义上的世界观和方法论，一种与迷信、盲从、愚昧相对立的崇尚实证的理性精神。新文化运动对科学的宣传和倡导，促进了人文社会科学各门类和自然科学各门类的研究方法的规范化和系统法。比如，"一些学者把科学方法引入史学研究领域，以期为史学研究的客观真实性增添方法上的保证。他们认为，用科学的方法研究历史，就是'凡立一说须有证据，证据完备才可下判断'。在研究中要以科学为标准，既不盲从他人，也不固守己见，真正做到择善而从"②。正是新文化运动所宣传和倡导的科学及其方法在历史研究领域的运用，新文化运动时期和之后的历史学研究才取得了巨大成就。

再次，新文化运动为中国现代意义上的人文社会科学各门类和自然科学各门类的进一步完善和发展并基本形成自己的学科体系准备了大量的学术人才。一方面，新文化运动对封建的旧思想、旧文化的批判，尤其是反对政治干涉学术，主张学术独立，使不少青年人放弃了读书做官的打算，而从事于学术研究；另一方面，新文化运动所宣传和倡导的民主与科学，尤其是所宣传和倡导的科学方法、科学精神和科学的世界观，使不少有志于学术研究的青年人迅速地成长了起来。所以新文化运动时期，是人才辈出的时代。这就为中国现代意义上的人文社会科学各门类和自然科学各门类的进一步完善和发展并基本形成自己的学科体系准备了大量的学术人才。新文化运动后活跃于人文社会科学各门类和自然科学各门类的学科带头人、学科骨干大多参加过新文化运动或接受过新文化运动的洗礼，是在新文化运动时期成长起来的。另外，各种新思想、新学说的输入，对中国现代意义上的人文社会科学各门类和自然科学各门类的进一步完善和发展，新的学科体系在原有的基础上基本或初步建立起来，也起了积极的推动作用。如杜威的实用主义哲学，胡适称之为实验主义哲学的输入，尤其是胡适所介绍的实验主义哲学的变易观和方法论，在"天崩地塌"的新文化运动时

---

① 贺麟：《文化与人生》，商务印书馆，1988，第 252 页。
② 刘俐娜：《五四新文化运动与中国现代史学的建立》，《教学与研究》1999 年第 12 期。

代，对于解放人们的思想，冲脱传统观念的束缚，促进历史文化的新陈代谢，是有积极的历史意义的。20世纪初疑古思潮的兴起和以顾颉刚为代表的"古史辨"派的形成，就与胡适所介绍的实验主义哲学的变易观尤其是存疑主义方法论有着密切的关系。

我们再看体现中国思想文化从一元走向多元的第二个方面，即：马克思主义得到广泛传播，并成了中国多元思想文化中的重要一元。马克思主义及其学说开始传入中国是在清末民初，先是外国传教士，后是资产阶级改良派、资产阶级革命派和无政府主义者都对马克思主义学说做过介绍。但由于当时中国民族资本主义在帝国主义和封建主义的双重压迫束缚下发展缓慢，无产阶级力量还十分弱小，加上封建主义思想的禁锢，马克思主义的传播还非常有限，更没有形成思想运动。马克思主义在中国广泛传播是在《新青年》创刊后的新文化运动时期。新文化运动的兴起，为马克思主义在中国的广泛传播创造了条件，而马克思主义的广泛传播，又"丰富了新文化运动的内涵，并使之具有了新的发展方向"[①]。在马克思主义广泛传播以前，或者说在新文化运动的前期，新文化派所理解和要求建立的新文化是西方资产阶级的文化。但当李大钊、陈独秀等人接受了马克思主义，并成为中国早期的马克思主义者后，他们所理解和要求建立的新文化则已是与西方资产阶级文化性质不同的社会主义文化。早在1919年5月，李大钊在《我的马克思主义观》中就系统地阐述了马克思主义的三个组成部分，即科学社会主义、经济学特别是剩余价值学说和"唯物史观及其阶级斗争说"，并明确指出："马克思的唯物史观有二要点：其一是关于人类文化的经验的说明；其二即社会组织进化论"，所以，"我们主张以人道主义改造人类精神，同时以社会主义改造经济组织。不改造经济组织，单求改造人类精神，必致没有结果。不改造人类精神，单求改造经济组织也怕不能成功。我们主张心物两面的改造，灵肉一致的改造"。不仅仅以对社会的文化改造为己任，而主张经济改造、政治改造和文化改造同时进行，并且认为社会改造的最终目标不是资本主义，而是社会主义和共产主义，"很明显，这是当时

[①] 黄楠森、龚书铎、陈先达主编《有中国特色社会主义文化研究》，山东人民出版社，1999，第256页。

兴盛的新文化运动发展的质的飞跃"①。不久，陈独秀、瞿秋白等人也相继指出，中国的前途只能是社会主义，建设社会主义新文化才是现代中国文化发展的正确方向。1921年中国共产党成立后，又把实现社会主义社会和建设社会主义新文化作为自己的奋斗目标。

除了西方文化的进一步传播、马克思主义及其社会主义文化大规模传入中国并成为中国多元思想文化中的重要一元之外，《青年杂志》创刊及其后兴起的新文化运动对中国思想文化从一元走向多元的另一重大贡献，即是对儒家思想的批判，否定了自汉武帝"罢黜百家，独尊儒术"以来儒家或儒学的独尊地位，颠覆了延续二千余年的儒家文化的话语霸权，从而使人们从儒家思想的禁锢中解放了出来，促进了多元思想文化格局的出现。如前所述，自《青年杂志》创刊之日起，即把批判的矛头对准了孔子及其儒学。《新青年》之所以要批判孔子及其儒学，原因很多，其中一个重要原因，就是儒学的独尊地位不利于人们的思想解放和思想文化的多元发展。正因为《新青年》和新文化运动对于孔子及其儒学的批判解放了人们的思想，否定儒学的独尊地位，因而不仅西方各种主义、思想、观念、学说、思潮和流派纷至沓来，同时也使中国历史上被儒家视之为异端邪说而受到打压的各种主义、思想、观念、学说、思潮和流派又重新活跃于中国的思想文化舞台，并出现了一个研究历史上的诸子学和其他非儒家学派的热潮。这正如瞿秋白在《饿乡纪程》中所描绘的："久壅的水闸，一旦开放，旁流杂出，虽是喷沫鸣溅，究不曾自定出流的方向。"②新文化运动时期百家争鸣的出现，就是中国思想文化从一元走向多元的必然结果。

新文化运动时期出现的百家争鸣，是中国历史上的第二次百家争鸣。第一次是在春秋战国时期。为什么中国历史上的第二次百家争鸣出现在新文化运动时期？其原因究竟是什么？本书认为新文化运动时期之所以会出现百家争鸣，最根本的原因，就是中国思想文化从一元走向了多元，只要多元的思想文化存在，就会产生不同思想文化之间的论争，论争就是争鸣。除这一原因外，还有其他几方面的原因，这几方面原因，也是之所以会发

---

① 黄楠森、龚书铎、陈先达主编《有中国特色社会主义文化研究》，第284页。
② 瞿秋白：《饿乡纪程》，载《瞿秋白文集·文学编》第一卷，第26页。

生新文化运动的原因，它们互为因果。

首先，新文化运动时期是中国社会从传统向近代转型的关键时期。美籍华裔学者张灏称 1895 年到 1927 年为中国思想的过渡时期。本书作者在《社会结构变迁和近代文化转型》一书中称这一时期为中国社会的进一步转型时期，或加速度转型时期。中国社会从传统向近代的转型，起始于鸦片战争以后，确切地说，起始于第二次鸦片战争后的洋务运动时期。梁启超曾把中国的近代化分为三个时期，第一个时期，是物质的近代化时期，亦即洋务运动；第二个时期，是制度的近代化时期，亦即戊戌变法和辛亥革命；第三个时期，是思想文化的近代化时期，亦即新文化运动。正因为新文化运动时期是中国近代化的第三个时期，亦即思想文化近代化的时期，这也是中国社会从传统向近代转型的关键时期，包括古今矛盾、中西矛盾、新旧矛盾、传统与现代矛盾在内的各种社会矛盾交织在一起。与晚清比较，这一时期阶级矛盾和民族矛盾也更加尖锐，中西文化的冲突与融合表现出一些新的特征，思想文化斗争也因多种思想文化的并存而异常尖锐、激烈和错综复杂，各个阶级、阶层和各种政治势力及集团围绕中国向何处去、中国文化向何处去的问题提出了各种各样的不同主张，并相互驳难，这为新文化运动时期百家争鸣的出现提供了不竭动力。

春秋战国时期之所以会出现百家争鸣的局面，一个重要原因也就是这一时期是中国社会的转型时期，即从奴隶制社会向封建社会的转型时期。社会的承平时代可以出现文化繁荣，而不可能出现思想高峰或思想大家，思想高峰或思想大家往往出现于社会动乱或社会转型时期，这是因为文化繁荣需要物质基础，而思想高峰或思想大家的出现则需要各种社会矛盾。所以唐代是中国的盛世，但它只产生盛唐繁荣的文化，而没有产生什么思想大家，韩愈虽然勉强还能称之为思想家，但他生活在晚唐，而非唐朝的盛世。黄宗羲、顾炎武和王夫之这"三大家"都生活在明末清初"天崩地裂"的时代，而非乾隆盛世，乾隆盛世只能出汉学家，而出不了思想家。这是新文化运动时期出现百家争鸣的第一个原因。

其次，新式知识分子群体的形成和壮大，尤其是清末派遣出国的留学生这时纷纷回国，他们带来了新思想、新观念，这是新文化运动时期出现百家争鸣的第二个原因。因为新式知识分子不务农，不做工，不经商，他们的工作就是教书育人，做学问，就是思考，加上新文化运动时期的新式知识分子群体又以留学生尤其是留美学生为中坚，这些人受过良好的西方思想和学术的系统训练，对西方思想、文化和学术多有了解。这一时期又是中国社会的转型时期，古今问题、中西问题、新旧问题、传统与现代问题等社会问题特别多，他们出于职业和知识分子本能，就必然会对这些问题进行思考，提出自己的观点和主张，于是形成了百家争鸣的局面。我们对比一下春秋战国，这一时期之所以会出现诸子百家和百家争鸣，一个重要原因就是"士"阶层的形成和壮大。"士"也就是那个时期的知识分子。孔子最大的历史贡献，除了他的思想，他创立了儒家学派外，就是他的兴办私学，打破了"学在官府"的限制，开启私人讲学之风，从而形成了一个被称之为"士"的知识分子阶层，于是便有了春秋战国时期的诸子百家和百家争鸣。

再次，报刊业的发达和社会舆论的相对自由，给人们自由地表达自己的思想和主张提供了可能性，这是新文化运动时期出现百家争鸣的另一个原因。众所周知，中国近代的报刊，最早是由东来的西方传教士创办的。1815 年 8 月 5 日，英国传教士马礼逊和米怜在马六甲创办《察世俗每月统计传》，这是第一份近代中文报刊；1822 年 9 月 12 日，《蜜蜂华报》在澳门创办，这是中国领土上出现的第一份外文报刊；1833 年 8 月，普鲁士传教士郭士立在广州创办《东西洋考每月统计传》，这是中国境内出现的第一份近代中文报刊。据统计，第一次鸦片战争前，西方传教士在南洋和中国华南沿海一带共创办了 6 份中文报刊和 11 份外文报刊。第一次鸦片战争后，随着西方文化的强势涌入，以传教士为主的西方人在中国创办的报刊迅速增多，到 19 世纪 90 年代时，他们在中国创办的报刊达到 200 种左右。与此同时，在西方人的影响下，中国人也开始了自己的创办报刊事业。1858 年在香港出版的《中外新报》是中国人自办的近代第一份报纸。但在甲午战争以前，中国人自办的报刊总共不过十余家，数量非常有限。中国人自办报刊的发展，是在 19 世纪末 20 世纪初，尤其是在民国初年和新文化运动时期，五四运动后仅新出版的白话文报刊，依据胡适的说法，就有 400 多种。民国初年和新文化运动时期报刊业特别发达的原因很多，其中一个重要原因是相对宽松的办报办刊环境，民国初年以孙中山为总统的南京临时政府实行新闻自由政策，人们有自由办报办刊的权利，尽管后来的北洋政府实行文化专制主义，颁布了一个又一个的"新闻法""出版法"或"报刊管理条例""报刊检查条例"，但由于种种原因，这些"新闻法""出版法"或"报刊管理条例""报刊检查条例"，并没有得到全部的认真执行，社会上还存在着较大的自由办报办刊空间。报刊业的发达和相对宽松的办报办刊环境，给人们自由地表达自己的思想和主张提供了可能，而这一时期知识分子尤其是大学教授们优厚的经济收入，又使他们有能力通过自筹资金的方式，共同创办同人刊物。作为同人发表自己意见，并与其他不同思想流派进行争论的阵地，有《新青年》《努力周报》《现代评论》《学衡》《甲寅》等。

　　最后，新文化运动时期国家的不统一，也在客观上给人们表达思想提供了空间，有利于百家争鸣的形成。新文化运动时期，国家并没有真正实现统一，北京有北洋政府，广州有孙中山先后成立的"中华民国军政府""中华民国政府""陆海军大元帅大本营"以及孙中山逝世后设立的"中华民国国民政府"；即使在北洋政府统治的版图内，也没有真正实现统一，存在着军阀割据；此外帝国主义在中国还设有租界，这些租界都是"国中之国"，中国政府根本无权管辖。这就给知识分子提供了自由表达思想的空间。他们受到北洋军阀的迫害，在北京待不下去了，便跑到广州，因为广州不是北洋军阀的地盘。如1927年4月6日，奉系军阀张作霖勾结帝国主义在北京逮捕李大钊等80余位进步人士，为躲避北洋军阀的白色恐怖，梁漱溟等人便南下去了广州。他们在这个军阀统治的地盘里受迫害了，可以跑到另一个军阀统治的地盘里去；在中国人统治的地盘里待不下去了，便可以跑到外国人统治的租界里去。所以当时许多骂当局的报刊都是在租界里创办的。这与春秋战国时期十分相似，春秋战国是中国分裂的时期，因骂秦王，"士"在秦国待不下去了，便跑到赵国或楚国去，继续骂秦王，从事反秦宣传。在赵国受了迫害，待不下去了，便跑到燕国去，赵国又鞭长莫及。这也是春秋战国之所以能出现诸子百家和百家争鸣的一个重要原因。

　　多元的思想文化格局和百家争鸣的出现，是中国思想文化的一大历史进步。

四、从传统走向现代

　　进入近代以前的中国思想文化还是一种传统思想文化，而不是现代的思想文化，因为它不具有现代思想文化的核心观念或基本价值。什么是现代思想文化的核心观念或基本价值呢？现代思想文化的核心观念或基本价值就是民主与科学。而近代以前中国的思想文化只有民本思想，而无民主思想；只有"格致之学"，而无科学。虽然两千多年前的《尚书》《左传》等经籍中就已有"民主"一词的出现，如"简代夏作民主"，"天惟时求民主"，"其语偷，不似民主"等，但这里的"民主"意思是"民之主"，与近代意义的"民主"之"人民作主"的含义恰恰相反。近代意义上的民主一词，源于希腊文，由"demos"（人民）和"kratia"（权力）两个词合成，意为"人民的权力"。近代意义上的"民主"一词最早在中文里出现是在1864年，那年传教士丁韪良翻译的《万国公法》出版，其中多次用到"民主"一词。以后，《西国近事汇编》《万国公报》等多次用到"民主"。1875年郑观应在《易言·论公法》中沿用了这一词语，说"泰西有君主之国，有民主之国，有君民共主之国"①。而科学一词，源出拉丁文 Scientia，意为学问、知识，是"关于自然、社会和思想的知识体系"（《辞海》第1746页，上海辞书出版社1980年版）。中国的"格致之学"虽然有穷理的认识论意义，如《礼记·大学》上说"致知在于格物，格物而后致知"，但更主要的是伦理学意义，是一种政治和道德范畴，与"科学"一词的意义是不同的。后来徐光启将西方传教士传入的天文学、物理学、化学、地质学、生物学和几何学等自然科学也称之为"格致之学"。中国的"科学"一词译自日本，最早引入"科学"一词的是康有为。甲午战争前后，康有为编了一本《日本书目志》，梁启超在1897年11月15日的《时务报》介绍说，该书的"一册，卷二，理学门"中列有"《科学入门》，普及舍译；《科学之原理》，本村骏吉著"。1898年6月，康有为在《请废八股试帖楷法试士改用策论折》中又多次使用"科学"一词。但在19世纪末，人们更多使用的还是"格致之学"。到了20世纪初，"科学"一词被越来越多的人所接受，同时"格致之学"也在使用，新式学堂中的自然科学仍被称之为"格致科"，直到民国元年教育体制改革时，格致科被改为理科，"格致之学"一词才最终被"科学"一词所取代。②

---

① 郑观应：《易言·论公法》，载《郑观应集》上册，第65页。
② 参见樊洪业《从"格致"到"科学"》，《自然辩证法通讯》1988年第3期。

中国人对民主的追求肇始于第一次鸦片战争时期。第一次鸦片战争前后，当林则徐、魏源、徐继畬等第一批睁眼看世界的经世思想家刚刚接触到西方知识的时候，他们便从西方人写的一些历史地理书中对西方政治制度有一些粗略的窥视，并在他们各自的著作中对此做了介绍。他们发现美国的首领通过选举产生，得票多者当选，任期也有一定的限制；他们还发现西方国家有议会，国有大事，由议会协赞君主做出决定。他们对西方的这种政治制度持赞赏态度，认为它是"西土之桃花源"，有中国传说中的"三代政治"的"遗意"。19世纪五六十年代之交，冯桂芬在《校邠庐抗议》中对中西进行比较时，公开表示中国的"君民不隔不如夷"，西方上下相通、君民不隔的政治制度是西方富强的一个重要原因。到了七八十年代，尤其是中法战争后，"一方面因中国在第二次鸦片战争中又遭惨败，缔结的《天津条约》、《北京条约》等一系列不平等条约，给中国人民套上了新的枷锁，变法救国日益成为普遍的社会要求；另一方面因为《海国图志》、《瀛寰志略》等书的广泛传播，传教士所办报刊对西方社会的介绍，中国出使人员对西方诸国的实地考察，中西政制的优劣已为越来越多的人所认识"[1]。在这样的情况下，以郑观应、王韬为代表的早期维新思想家提出了变君主专制制度为君民共主制度的要求，并且还就议院的设立提出了他们各自的方案。但他们没有提出与君民共主制度相适应的较系统化的民主理论，更没有接受西方的自由、平等、天赋人权等民主思想。

1895年清政府在中日战争中的惨败和被迫订立丧权辱国的《马关条约》，给中华民族和中国人民带来了深重的灾难和巨大的耻辱，同时也促使中国人在昏睡、麻木、惊恐和悲愤中惊醒。在先进的中国人中间酝酿、宣传已久的学习西方、改革变法思想，到这时得到迅速传播，形成一股强大的社会思潮，并很快发展成为一场有组织的维新变法运动，晚清对民主的追求也因此而进入了一个新的时期。如果说，甲午战争之前以郑观应、王韬为代表的早期维新思想家的贡献，是通过中西政治制度的比较，认识到西方的君民共主制度比中国的君主专制制度优越，因而主张设立宪，实行君民共主的话，那么以康有为、梁启超、严复、谭嗣同为代表的维新思想

---

[1] 熊月之：《中国近代民主思想史》（修订本），第14页。

家的贡献，是他们不仅提出了兴民权、设议院、实行政治改革的要求，并以西方的民主政治学说为武器对封建专制主义进行过批判，而且还大力宣传过自由、平等、民权思想，特别是严复的"以自由为体，以民主为用"思想的提出，在近代中国人追求民主的历程中具有十分重要的意义。

戊戌变法失败后，梁启超等人逃到海外，他们在继续进行政治活动的同时，以更多的精力从事思想启蒙活动，其中包括对西方民主学说的翻译和介绍。当时被翻译和介绍的有关民主学说的著作有：《民约论》（今译《社会契约论》）、《万法精神》（今译《论法的精神》）、《自由原理》（今译《论自由》）、《国家论》、《代议政治论》、《法兰西人权宣言》等，这些书基本上反映了西方民主学说的精髓，如"天赋人权""主权在民""三权分立"等，对20世纪初的知识分子产生过重要影响。20世纪初，由于义和团运动的失败，《辛丑条约》的签订，民族危机更趋深重，人们开始认识到，只有推翻已成为"洋人的朝廷"的清王朝，才能挽救民族危亡。革命思潮因之高涨，以孙中山为代表的革命党人提出了建立民主共和国的主张。为了实现这一主张，他们在对清王朝进行武器的批判的同时，又运用批判的武器批判封建主义，尽管他们的批判是很不彻底的。与此同时，以梁启超为代表的原维新派这时由于反对革命而主张立宪，成了立宪派，他们要求在中国建立英国式的虚君制立宪制度，为此既与革命派展开过激烈论战，也与主张仿行日本式的二元君主制立宪制度的清政府围绕立宪问题进行过斗争，并积极宣传过民主思想。为了论战的需要，革命派和立宪派"都不能不认真研读一些关于西方民主以及国家制度的重要论著。尽管双方各有片面性，但对于西方的民主制度已有相当深入的认识，并开始形成自己的理论系统。孙中山关于建立民主宪政分三步过渡的思想，以及他的五权宪法思想，是极具特色的民主理论。而梁启超等立宪派人士关于未来国会制度与责任政府的构想，表明他们对于未来中国的民主制度的建设也有了自己略成系统的思想"[1]。论战和实践的结果，是革命党人的民主共和国主张取得了胜利，清王朝被辛亥革命所推翻。

以上是新文化运动以前中国人追求民主的大致历程。对这一历程做一宏

---

[1] 耿云志等：《西方民主在近代中国》，中国青年出版社，2003，第641页。

观考察，可以发现以下几个显著特点：

首先，追求民主是为了国家富强和救亡图存。早期维新思想家之所以要求变中国的君主专制制度为西方的君民共主制度，是因为在他们看来，西方的君民共主制度能使上下相通，君民一心，这是西方所以富强的根本原因；中国的君主专制制度则是上下不通，君民隔阂，中国所以贫弱根本原因也就在此。因此，中国要实现富强，抵御外侮，就必须改弦更张。用郑观应的话说："中国而终自安卑弱，不欲富国强兵为天下之望国也则亦已耳，苟欲安内攘外，君国子民持公法以永保太平之局，其必自设立议院始矣。"①1880 年中俄伊犁交涉紧张之时，沙俄在中俄边境集结重兵，战争一触即发。为对付沙俄的威胁，王韬主张立即实行君民一体、上下一心的君民共主制度，他并且相信，"中国自强之道，亦不外乎是耳"②。甲午战争后以康有为、梁启超为代表的维新思想家之所以主张兴民权，是因为他们认识到，"民权兴则国权立，民权灭则国权亡"，西方富强的原因，就在于西方实行的是民主制度，"人人有自主之权"，中国所以贫弱，也就在于中国实行的是封建专制制度，"收人人自立之权，而归诸一人"。既然有无民权，是西方和中国一盛一衰、一强一弱、一富一贫的根本根源，那么，中国要救亡图存，实现富强，其不二法门自然是"兴民权"。用梁启超的话说，"言爱国必自兴民权始"③。又例如康有为在著名的"公车上书"中，把中国在甲午战争中战败的原因归咎于君主专制。后来在《上清帝第七书》《应诏统筹全局折》中又反复申述了这一观点，"中国败弱之由，百弊丛积，皆由体制尊隔之故"④。君主专制所造成的"上下隔塞，民情不通"既然是中国败弱的根源，那么要使中国转败为胜，变弱为强，唯一的办法便是"设议院以通下情"，变君主专制为君主立宪。20 世纪初以孙中山为代表的革命派主张建立资产阶级共和国的理由，同样是清朝的封建专制使中国败弱，而资产阶级共和国能使中国实现富强。

追求民主是为了国家富强和救亡图存这一特点，使新文化运动以前民主

---

① 郑观应：《盛世危言·议院上》，载《郑观应集》上册，第 314 页。
② 王韬：《与方铭山观察》，载《弢园尺牍》，中华书局，1959，第 170 页。
③ 梁启超：《爱国论》，载《饮冰室合集》第 1 册，文集之三，第 73 页。
④ 康有为：《上清帝第七书》，载《康有为政论集》上册，第 219 页。

思想的发展因中国半殖民地程度和民族危机的一步步加深而呈现出明显的阶段性。第一次鸦片战争及《南京条约》的订立是中国沦为半殖民地和民族危机开始的起点，与此相适应，是以魏源、徐继畬为代表的经世思想家的开眼看世界和对西方民主政治的介绍；第二次鸦片战争和后来的中法战争及签订的《北京条约》《中法新约》使中国的半殖民地程度有了加深，民族危机严重起来，与此相适应，是以郑观应、王韬为代表的早期维新思想家的君民共主要求；中日甲午战争及签订的《马关条约》使中国的半殖民地程度有了进一步加深，民族危机空前严重，与此相适应，是以康有为、梁启超为代表的维新思想家发动的以"兴民权""设议院"、实行政治改革为主要内容的变法运动，以及对封建专制主义的公开批判；八国联军的入侵及《辛丑条约》的订立标志着中国半殖民地半封建社会的基本形成，民族危亡迫在眉睫，与此相适应，是以孙中山为代表的革命党人的资产阶级共和国主张的提出，以及为实现这一主张而进行的辛亥革命。同时，由于追求民主是为了国家富强和救亡图存，晚清一些思想家在接受或宣传、介绍西方的民主理论和学说时，往往有所选择，而选择的标准则是看某一理论或学说是否有利于国家富强和救亡图存。这就影响了对西方民主思想的完整理解和系统接纳。如个性解放和个人自由，这是西方非常重要的民主思想，有人甚至说它们是民主政治的基石，但在晚清，它们则没有得到应有的重视，除严复（严复去过英国，对西方的民主政治和民主思想有真正的理解）和梁启超（梁启超在戊戌政变后去了日本）等个别思想家外，几乎没有其他思想家宣传、介绍过它们。因为这些思想家们从国家富强和救亡图存这一目的出发，认为当时中国最需要的不是个性解放和个人自由，而是中华民族的解放和国家的独立自由，为了中华民族的解放和国家的独立自由，他们（如孙中山）甚至要求限制个人的自由。即便严复在宣传、介绍西方的自由主义思想时，也往往为了国家富强和救亡图存，对西方自由主义思想进行修正。只是到了新文化运动时期，经历了辛亥革命的失败之后，以陈独秀为代表的一些思想家才真正认识到个性解放和个人自由对于民主政治的重要意义，从而将个性解放和个人自由作为新文化运动的重要内容加以大力提倡。

其次，在中国传统思想或政治制度中寻找民主的思想资源。比如，魏源、徐继畬等人把西方的民主制度说成是中国的"三代"政治，认为华盛顿传贤不传子有"三代之遗意"。郑观应在《易言》中也把西方的议院制和中国的"三代"政治挂起钩来，认为它"颇与三代法度相符"，所以郑观应在提出君民共主的要求时，一再强调这是"上效三代之遗风，下仿泰西之良法"。① 王韬同样把西方的君主立宪制度与中国的"三代"以上的政治扯在一起。② 何启、胡礼垣认为选举之法中国古已行之，如"舜之选皋，汤之选尹，汉时之乡举里选"③。他们还认为西方的民权之说在中国的尧舜三代就已经有了，"虽其事不及今日泰西之昌明，然其义则见于《尚书》古史④。康有为将这种比附发挥得更是淋漓尽致。在《请定立宪开国会折》中，他认为西方所谓的"民主""立宪""议院"，"其在吾国之义，则曰天视自我民视，天听自我民听，故民之所好好之，民之所恶恶之……盖皆为国会之前型，而分上下议院之意焉"⑤。不久他又在《孟子微》卷一中对此做了更大胆的发挥。《孟子》中有"民为贵，社稷次之，君为轻"的话，康有为发挥道："此孟子立民主之制，太平法也。"在康有为的著作中，如此的发挥随处可见。维新变法时期，为宣传维新派提出的"兴民权""设议院"、实行政治改革的主张，梁启超写了篇《古议院考》，以"中国古事"证西方民权和议院，得出的是议院在中国古代早已有之的结论。自称为康有为私淑弟子的谭嗣同认为，孔子作《春秋》是"兴民权之说"⑥。进入20世纪后，虽然随着西方民主学说的进一步传播，人们对民主思想和政治制度有了进一步的理解，但用中国的传统思想和政治制度来比附西方的民主思想和民主制度的还是大有人在。如刘师培，1903年他与林獬合作，写成《中国民约精义》一书，从上起孔、孟，下迄龚（自珍）、魏（源）两千年的"前圣曩哲"的著作中，辑录了180余条所谓反对专制、宣传民主的言论，分上古、中古、

---

① 郑观应：《易言·论议政》，载《郑观应集》上册，第103页。
② 王韬：《重民下》，载《弢园文录外编》卷一，上海书店出版社，2002，第19页。
③ 何启、胡礼垣：《新政论议》，载《新政真诠——何启胡礼垣集》，郑大华点校，辽宁人民出版社，1994，第159页。
④ 何启、胡礼垣：《〈劝学篇〉书后》，载《新政真诠——何启胡礼垣集》，第398页。
⑤ 康有为：《请定立宪开国会折》，载《康有为政论集》上册，第338页。
⑥ 谭嗣同：《上欧阳中鹄》，载蔡尚思、方行编《谭嗣同全集》（增订本）下册，中华书局，1981，第463页。

近世三卷，凡五万余言。尽管与康有为的《孔子改制考》等著作相比，《中国民约精义》要严谨得多，但它同样存在着用中国的传统思想和政治制度来比附西方的民主思想和政治制度的问题。当时有不少革命党人称孟子是中国最早的民权主义者，认为墨子是讲平等、博爱的祖师，是社会主义的发明人。《民报》创刊号上就刊登有墨子的画像。即便在革命党人中对西方的民主制度和学说较有了解的孙中山也未能脱俗，1897 年 8 月他在与日本友人谈话中声明，自己的政治精神是"执共和主义"，并批驳那种认为共和政体不合中国国情的观点说："人或云共和政体不适支那之野蛮国，此不谅情势之言耳。共和者，我国治世之神髓，先哲之遗业也。我国民之论古者，莫不倾慕三代之治，不知三代之治实能得共和之神髓而行之者也。"①

　　新文化运动以前的一些有见识的或进步的思想家为什么要在中国的传统思想和政治制度中寻找民主的思想资源呢？分析起来大约有这样几个原因：第一，在中国的传统思想或文化中，虽然没有民主思想，但还是存在着一些与民主思想有某些相似或相通的思想，如"水能载舟，亦能覆舟""民为贵，社稷次之，君为轻"的民本思想，"天下兼相爱则治，交相恶则乱"的兼爱思想，"天下非一人之天下，乃天下之天下"的立君为公思想，"天下为公，选贤与能"的平等思想，等等。这些思想尽管与"主权在民"的民主思想有质的区别，然而与封建专制主义思想还是有着很大的不同，在历史上这些思想就经常被一些思想家用来批判封建专制主义，到了近代，它们也就很自然地再次被一些思想家用来与西方的民主思想和政治制度相比附。而所谓的"三代"或"三代上"之政治，本来就是中国古代人的一种理想，人们把自己所羡慕的西方政治制度与理想中的"三代"或"三代上"之政治挂起钩来，也很符合情理。第二，19 世纪 60—90 年代，"西学中源"说非常盛行，有的人真正相信西学源自中国古学，并想方设法加以证明；有的人是要借助"西学中源"说来堵塞顽固守旧派的嘴，以证明"制洋器""采西学"不是"以夷变夏"，而是"礼失而求诸野"。同时，中国人有一种尚古崇贤的传统，凡是古代的都是好的，凡是圣贤讲的都是好的，没有人敢对此提出异议，所以历史上的一些改革，打的都是托古改制的旗号。不管

---

① 孙中山：《与宫崎寅藏平山周的谈话》，载《孙中山全集》第一卷，第 172—173 页。

是"西学中源"说也好，还是尚古崇贤的传统也好，用中国的传统思想和政治制度来比附西方的民主思想和民主制度，有助于减少人们对西方的民主思想和政治制度的抵触和反对，从而有利于西方的民主思想和政治制度在中国的传播和落实。如果说以郑观应、王韬为代表的早期维新思想家看中的是"西学中源"说的话，那么，以康有为、梁启超为代表的维新思想家看中的则是尚古崇贤的传统，也就是所谓的"托古改制"。用康有为的话说："布衣改制，事大骇人，故不如与之先王，既不惊人，自可避祸。"①当然，这只是一个方面；另一方面，用中国的传统思想和政治制度来比附西方的民主思想和民主制度，将中国古代的民本思想、兼爱思想、平等思想与西方的民主思想等同起来，不利于人们对封建专制主义的认识和对西方民主思想的真正理解。第三，宣传、介绍民主思想，要求实行民主政治，本来是资产阶级理直气壮的事业，大可不必借助"西学中源"说和尚古崇贤的传统来为其扫除阻力，鸣锣开道，但由于受外国资本主义和本国封建主义的双重压迫，中国的民族资本主义迟至 19 世纪 70 年代才产生，产生后又没有得到充分发展，与此相一致，中国民族资产阶级的力量也较为弱小，他们在宣传、介绍民主思想，要求实行民主政治时，还不得不"战战兢兢请出亡灵来给他们以帮助，借用他们的名字、战斗口号和衣服，以便穿着这种久受崇敬的服装，用这种借来的语言，演出世界历史的新场面"②。这是新文化运动以前一些有见识的或进步的思想家要在中国的传统思想和政治制度中寻找民主的思想资源的最根本原因。

再次，对西方民主之弊端及实质的揭露和批判。西方民主是资产阶级的民主，从全世界社会发展来看，是一种巨大的进步，它在人类历史上第一次公开承认一切社会成员应当有平等的政治权利，在法律面前一律平等，取消了封建特权，打碎了封建等级制度，并通过实行分权制，实现了权力之间的互相平衡和制约，从而在某种程度上起到了限制权力过分集中和防止滥用的作用。这对确保资产阶级内部的民主和稳定资产阶级统治具有积极意义。同时它也极大地解放了生产力，促进了资本主义经济和科学技术

---

① 康有为：《孔子改制考》，中华书局，1958，第 267 页。
② 马克思：《路易·波拿巴的雾月十八日》，载中共中央马克思恩格斯列宁斯大林著作编译局编《马克思恩格斯选集》第一卷，人民出版社，1972，第 603 页。

的大发展，创造出了前所未有的物质文明。但西方的民主归根结底是为巩固和发展资本主义私有制服务的。"在资本主义民主制度下，资产阶级用资本的权力实现了资本主义商品经济所要求的平等、人权、自由和民主。这种法律上的平等，被生产资料的私人占有，即资本有无、多寡的不平等所限制和抵消，在实际的社会经济、政治生活中就成为保护资产阶级一个阶级平等的屏障"①，广大劳动人民并没有享受到他们应得的权利和自由。在 19 世纪末、20 世纪初之前尤其如此。马克思主义经典作家们曾对 19 世纪末、20 世纪初之前的资产阶级民主的虚伪性进行过揭露，他们指出：资产阶级民主"始终受到资本主义剥削制度狭窄框子的限制，因此它实质上始终只是供少数人、供有产阶级、供富人享受的民主制度。资本主义社会的自由始终与古希腊共和国只供奴隶主享受的自由大致相同。由于资本主义剥削的条件，现代的雇佣奴隶被贫困压得喘不过气，结果都'无暇过问民主'，'无暇过问政治'，大多数居民在通常的和平局面下被排斥在社会政治生活之外"②。

新文化运动以前的一些思想家，尤其是那些曾在欧美生活过、对西方的民主有亲身体验过的思想家，他们在追求民主、向西方学习的同时，也对西方民主之弊端及实质进行过揭露和批判。如马建忠，1876 年因"马嘉理案"随郭嵩焘赴英"谢罪"，第二年入法国巴黎政治学院学习，并兼任中国驻法大使郭嵩焘的翻译。在欧洲的亲身经历，使他对西方的民主制度有了一定的了解，因此 1877 年他写信给李鸿章，汇报自己来欧洲的思想认识时，一方面指出欧洲各国"讲富者以护商会为本，求强者以得民心为要。护商会而赋税可加，则盖藏自足；得民心则忠爱倍切，而敌忾可期。他如学校建而智士日多，议院立而下情可达。其制造、军旅、水师诸大端，皆其末焉者也"；另一方面又对西方的民主制度的虚伪性进行了揭露："英之有君主，又有上下议院，似乎政皆出此矣；不知君主徒事签押，上下议院徒托空谈，而政柄操之首相与二三枢密大臣，遇有难事，则以议院为借口。美之监国，由民自举，似乎公而无私矣；乃每逢选举之时，贿赂公行，更一

---

① 《中国大百科全书·政治学》，中国大百科出版社，1992，第 253 页。
② 列宁：《国家与革命》，载中共中央马克思恩格斯列宁斯大林著作编译局编《列宁选集》第三卷，人民出版社，1995，第 254 页。

监国则更一番人物，凡所官者皆其党羽，欲望其治，得乎？法为民主之国，似乎入官者不由世族矣；不知互为朋比，除智能杰出之士如点耶诸君，苟非族类而欲得一优差，补一美缺，戛戛乎其难之。诸如此类，不胜枚举。"①到了 20 世纪初，随着自由资本主义向帝国主义转化的完成，西方资本主义制度所固有的种种弊端日益暴露无遗，其中也包括其民主制度，加上这时以批判资本主义为主要内容的社会主义思想和无政府主义思想的传入，以及出使、出国和留学人员的增多，人们对西方的民主有了更多的了解和感受。对西方的民主了解和感受越多，对它的弊端和实质也就体会越深，批评它的人自然也就越多。如章太炎就严厉批评过西方民主政治的重要形式代议制，认为它不但不能伸民权，反而会起阻碍作用，所以他虽然不反对在中国实行民主政治，但反对实行代议制。刘师培曾以大量事实证明，经济上的不平等决定了政治上的不平等，因此，欧美的民选代议制度，虽然号称民主，但实质上是不民主的，是少数富人对政权的垄断，而广大贫苦大众则享受不到任何权利。②李石曾则以参政人数的多寡，以说明西方的民主政治乃是少数富人的政治，"于贫民乎何有"？③伟大的民主革命先行者孙中山通过对欧美社会的实地考察，发现号称最为完善的美国民主制度也存在着不少弊端，比如美国的官吏，或由选举产生，或由委任得来，但无论是选举还是委任，"皆有很大的流弊"④。又如美国的议院有纠察权，它往往利用此权来挟制行政机关，形成议会专制的局面。为了克服西方民主制度的这些弊端，孙中山主张把考试从行政中分出，监察从立法中分出，使行政、立法、司法、考试、监察五权各自独立，互相监督，并认为这样就可以使西方国家出现的"政治腐败""议员专制"等现象得以根除。这便是后来孙中山"五权宪法"思想的起源。

　　和对民主的追求一样，新文化运动之前中国思想家对科学的追求同样有一个发展的过程。鸦片战争前后以林则徐、魏源为代表的经世思想家提出

---

① 马建忠：《上李伯相言出洋工课书》，载《采西学议——冯桂芬 马建忠集》，第 159 页。
② 申叔（刘师培）：《无政府主义之平等观》，《天义报》第 4、5、7 期，1907 年 7 月 25 日、8 月 10 日、9 月 15 日。
③ 民（李石曾）：《伸论民族、民权、社会三主义之异同：再答来书论〈新世纪〉发刊之趣意》，《新世纪》第 6 号，1907 年 7 月 27 日。
④ 孙中山：《在东京〈民报〉创刊周年庆祝大会上的演说》，载《孙中山全集》第一卷，第 330 页。

"师夷之长技以制夷"的思想，并在某种程度上对这一主张进行过实践。这是思想家追求科学的开始。到了洋务运动时期，以曾国藩、李鸿章为代表的洋务派继承了林则徐、魏源的"师夷之长技"的思想，通过设立江南制造总局翻译馆和同文馆等译书机构，翻译西方科学著作；兴办新式学堂，培养科技人才和派人出国留学游历等措施，将晚清对科学的追求大大推进了一步。但到 1895 年甲午战争之前，中国人追求的主要是自然科学。所以当时翻译介绍的西学书籍也主要集中在自然科学方面，如数学、天文学、物理学、化学、动植物学、地质学、地理学、医学等基础科学，以及与工业制造有关的冶炼、造船、化工、开采、纺织、驾驶、军械等应用科学，另外单项科学的翻译介绍也很全面，如物理学中就包括了力学、电学、声学、水学、热学等分支学科。社会科学在这一时期虽然也有一些介绍，但这种介绍是附带的、零星的，无论在数量上，还是质量上，都远远无法与自然科学相比。

甲午战争之前对科学的追求之所以以自然科学为主，这与人们对西学的认识有关。如前所述，作为鸦片战争前后最早睁眼看世界先进人物之一，魏源提出"师夷之长技以制夷"的思想，而他所认识的"夷之长技"，不外"一战舰，二火器，三养兵练兵之法"，即所谓的西方"技艺"。1861 年，冯桂芬撰《校邠庐抗议》，提出改革主张，其中一篇是《采西学议》，认为"算学、重学、视学、光学等，皆得格物至理"，而算学是西学的基础，"一切西学，皆从算学出"。60 年代开始的洋务运动，前后历时 30 多年，但人们对西学的认识，始终与冯桂芬的认识相差无几。如被时人称为最通洋务的李鸿章，便认为"泰西之学，格致为先，自昔已然，今为尤盛。学校相望，人才辈出，上有世业，故能人人竞于有用，以臻于富强"[1]。另一位洋务派大员奕䜣同样将自然科学与西学等同起来，认为"洋人制造机器、火器等要件，以及行船行军，无一不从天文算学中来"。即使是先以洋务知识分子身份参加洋务运动、后又对洋务运动持批评态度的早期维新思想家，也大多认为西学主要是自然科学，或者说自然科学是西学的基础。郑观应在《盛世危言·西学》

---

[1]《〈西学启蒙十六种〉序》，转引自龚书铎《晚清西学约议》，载《近代中国与文化抉择》，北京师范大学出版社，1996，第 78 页。

篇中就写道："泰西之学，派别条分，商政、兵法、造船、制器，以及农、渔、牧、矿诸务，实无一不精，而皆导其源于汽学、光学、化学、电学。"[①]

甲午战争中清政府的惨败，特别是北洋海军的全军覆灭，是以"自强""求富"为目的的洋务运动失败的标志。洋务运动的失败，使人们对西学的认识发生了变化。比如严复，在甲午战争后连续发表文章，反省洋务运动失败的原因，强调"大讲西学"的重要性，批评洋务派对西学的片面认识，认为商政、兵法、造船、制器，乃至天文、算学、格致，都不是西学的根本，西学的根本在"于学术则黜伪而崇真，于刑政则屈私以为公"[②]。梁启超在《戊戌政变记》的"上谕恭跋"里说："甲午以前，我国士大夫言西法者，以为西人之长，不过在船坚炮利，机器精奇，故学之者亦不过炮械船舰而已。此实我国致败之由也。乙未和议成后，士夫渐知泰西之强，由于学术。"[③]与人们对西学认识的这种变化相一致，人们对科学的追求也就进入了一个新的时期。

首先，追求的重点开始从自然科学转向社会科学。甲午战争之前，人们追求的主要是自然科学，但到了甲午战争以后，尤其是进入 20 世纪后，社会科学逐渐成了追求的重点。梁启超和严复曾为这种转变做出过重要贡献，梁启超在《清议报》和《新民丛报》上发表的大量宣传、介绍西方社会科学的文字，严复于戊戌政变后翻译的几部西学名著，在当时都产生过非常大的社会影响。其次，学会、团体和报刊成为传播科学的重要途径。维新变法时期，维新思想家对组织成立学会非常重视，先后成立了 68 个学会，其中包括一些以传播科学为宗旨的学会，如上海的农学会（1895 年）、格致学会（1898 年）等。戊戌政变后，大多数学会被迫解散，但一些非政治性的科学学会则保留了下来。进入 20 世纪后，又先后有亚泉学馆（1900 年）、普通学书室（1901 年）、上海科学仪器馆（1903 年）、上海的科学院研究会（1907 年）等学会和团体的成立。与此同时，以传播科学为宗旨的报刊也开始在全国各地出现，一些综合性的报刊甚至政论性的报刊，如《东方杂志》《申报》《外交报》《政艺通报》等也开办有专栏或定期发表文章，宣传

---

① 郑观应：《盛世危言·西学》，载《郑观应集》上册，第 274 页。
② 严复：《论世变之亟》，载《严复集》第一册，第 2 页。
③ 梁启超：《戊戌政变记》，载《饮冰室合集》第 6 册，专集之一，第 27 页。

科学和科学思想。这些学会、团体和报刊为科学的传播做出过重要的贡献。比如，1896 年 X 射线刚被发现，1897 年 9 月出版的第 38 册《时务报》即以《葛格司射光》为题做了介绍，随后各大报刊和《光学揭要》《通物电光》等书又分别详细介绍了 X 光的发现、特性、实验研究、X 光照相方法以及在医学上的应用。再次，科学精神和方法的引进及影响。科学不仅是一种知识，更是一种精神和方法，而且与知识相比，精神和方法更重要一些。科学的根本力量就在于它能够运用一套科学的方法，发现客观规律，成为人们改造世界（包括客观世界和主观世界）的指南。在甲午战争之前，人们先追求的是船坚炮利，后是声、光、化、电等自然科学知识，而对于科学精神和方法几乎没有人注意。中国第一位重视科学精神和方法，并将它引进中国的人，是严复。严复最早认识到，西学的"命脉"不外两条，即在学术方面"黜伪而崇真"，在政治方面"屈私以为公"。所谓"黜伪而崇真"，指的就是科学精神和方法；所谓"屈私以为公"，指的就是"民主"。故此不少学人认为，严复的"屈私以为公"与"黜伪而崇真"是后来新文化运动的"民主与科学"口号的最初表述。因为新文化运动所提倡的"科学"指的也主要是科学精神和方法。严复在引入西方科学精神和方法上的重要贡献，一是翻译赫胥黎的《天演论》，将达尔文的进化主义介绍到中国，并成了人们救亡图存和推动社会进步的思想武器；二是引进被称之为"一切法之法，一切学之学"的西方逻辑学的归纳法（严复称之为"内籀之术"——引者）和演绎法（严复称之为"外籀之术"——引者）。在严复看来，只要正确运用逻辑学的归纳法和演绎法，就能揭示自然界和社会界的客观规律。科学精神和方法的引进，这在近代追求科学的历程中具有非常重要的意义。

犹如对民主的追求，新文化运动以前一些有见识的或进步的思想家对科学的追求，出发点也是为了国家富强和救亡图存。林则徐、魏源所以主张"师夷之长技"，目的便是"制夷"。郑观应把国家的富强比之为美玉和大厦，而把"格致之学"比之为"琢玉"的利器和建屋的"栋梁"，认为要实现国家富强，就"宜求格致之学"。[①] 马建忠强调："讲富强以算学格致为

---

① 郑观应：《盛世危言·西学（附录：〈中国宜求格致之学论〉）》，载《郑观应集》上册，第281 页。

本。"① 严复认为："救亡之道，非造铁道用机器不为功；而造铁道用机器，又
非明西学格致必不可"，"富强之基，本诸格致"。② 谭嗣同指出："学问可以
保国"，"无诸学无以致富强"，而"所谓学问者，政治、法律、农、矿、工、
商、医、兵、声、光、化、电、图、算皆是也"，也即自然科学和社会科
学。③《科学一斑》杂志的《发刊词》声称："科学者，文明发生之原动力也。"
中国之所以会面临亡国灭种的危险，最根本的原因是科学的落后，因此，
要挽救中国危亡，就必须对广大国民普及科学知识。这是《科学一斑》创
办的原因。④《科学世界》第 7 期发表的《论理科与群治之关系》的"社说"，
从理科与军事、工业、农业、医学、交通、社会学等方面的密切关系，具
体说明自然科学的发展在人类社会生活中的重大作用，认为在帝国主义时
代，要想救亡图存，求强求富，立于不败之地，就必须发展科学。⑤ 在近代，
中国人被称之为"东亚病夫"。为此，一些思想家主张"广布卫生书籍以强
种类"，并且将国民身体的强弱与国家的存亡联系起来，他们指出：在优胜
劣汰、竞言强国的时代，"不知种类积弱，则不能强其身，即不能强其家，
又安能以强其国"。⑥ 所以"欲治天下，必自治国始；欲治国，必自强民始；
欲强民，必自强体始"；而"强体之法"，是发展科学，引进西医，因为西
方所以富强，就在于"西人医学大昌，近且骎骎乎进于道矣"。⑦ 这也是晚清
不少思想家大力宣传西医的一个重要原因。为了国家富强和救亡图存而追
求科学，这是新文化运动以前追求科学的一个显著特点。

新文化运动以前追求科学的另一特点是把追求科学与追求民主结合了起
来。魏源提出"师夷之长技"主张的同时，又对西方的民主制度表示出了羡
慕之情。以郑观应、王韬为代表的早期维新思想家认识到，要实现国家富
强，一方面要以"格致算学为本"，另一方面又必须变革"上下不通，君民

① 马建忠：《上李伯相言出洋工课书》，载《采西学议——冯桂芬 马建忠集》，第 157 页。
② 严复：《救亡决论》，载《严复集》第一册，第 48、43 页。
③ 谭嗣同：《论学者不当骄人》，载《谭嗣同全集》下册，第 402—403 页。
④ 转引自汤奇学《科学一斑》，载中国社会科学院近代史研究所文化史研究室丁守和主编《辛
　亥革命时期期刊介绍》（第二集），人民出版社，1982，第 545 页。
⑤ 转引自范明礼《科学世界》，载中国社会科学院近代史研究所文化史研究室丁守和主编《辛
　亥革命时期期刊介绍》（第一集），人民出版社，1982，第 290 页。
⑥《广布卫生书籍以强种类说》，《东方杂志》第 1 卷第 8 期，1904 年 10 月 4 日。
⑦ 刘桢麟：《富强始于卫生论》，《知新报》第 39 册，1897 年 11 月 11 日。

相隔"的君主专制制度。所以他们在主张大力引进西学、发展科学的同时，又主张采纳西方的君民共主制度。到了甲午战争后，以康有为、梁启超、严复为代表的维新思想家对科学与民主的关系有了进一步的认识。在他们看来，要"兴民权"，改革君主专制制度，须先"开民智"，提高国民的知识文化水平。梁启超在谈到兴民权与开民智的关系时便明确指出："权者生于智者也。有一分之智，即有一分之权；有六七分之智，即有六七分之权；有十分之智，即有十分之权。……是故权之与智相倚者也"；但由于两千多年的君主专制统治，以"塞民智为第一义"，造成中国"民智极塞，民情极涣"，因此，"今日欲伸民权，必以广民智为第一义"。[1] 要开民智，就必须大力发展科学文化事业，用严复的话说："欲开民智，非讲西学不可。"[2] 而西学的内容，无非是自然科学和社会科学。也就是说，科学可以通过开民智而促进政治的民主化。20 世纪初的思想家对科学与民主关系的认识，与维新思想家的认识基本相同。杜亚泉在《〈亚泉杂志〉序》中便写道："政治与艺术（亦即科学技术——引者）之关系，自其内部言之，则政治之发达，全根于理想，而理想之真际，非艺术不能发现。自其外部观之，则艺术者固握政治之枢纽矣。"比如，他举例说：航海之术兴，而内治外交之政为之一变；军械之学兴，而兵政为之一变；蒸汽电力之械兴，而工商之政为之一变；铅字石印之法兴，士风日开，而学政为之一变。因此，中国要实现政治进步，建立起西方的民主政治，首先要宣传和发展科学，"政治学中之所谓进步，皆借艺术以成之"。[3]《科学世界》的主要编辑者之一的王本祥指出，美国自华盛顿领导独立不过 130 多年，就成了"世界上第一等国"，这固然与华盛顿、林肯等总统的领导有方不无关系，但如果没有富兰克林、爱迪森等科学家的科学发明，以及由此引起的"物质上的文明助其焰而扬其波，亦安能庶而富，富而教，若令之极盛也"，正是因为科学与民主相结合，才"演成北美新大陆之锦绣世界"。[4] 所以，中国要想实现富强，就必须实现科学与民主的结合。基于对科学与民主之关系的上述认识，新文化运动之前

① 梁启超：《论湖南应办之事》，载《饮冰室合集》第 1 册，文集之三，第 41 页。
② 严复：《原强修订稿》，载《严复集》第一册，第 30 页。
③ 杜亚泉：《〈亚泉杂志〉序》，《亚泉杂志》创刊号，1900 年 11 月。
④ 转引自范明礼《科学世界》，载《辛亥革命时期期刊介绍》（第一集），第 294—295 页。

的思想家，尤其是 19 世纪末 20 世纪初的思想家始终将追求科学与追求民主结合在一起，他们在大力宣传、介绍科学的同时，也在大力推进中国的政治民主化，或要求君主立宪，或倡导民主共和。

1915 年《青年杂志》的创刊以及由此兴起的新文化运动，标志着中国人对民主和科学的追求进入了一个新的时期，即开始将民主和科学作为近代新思想新文化的核心观念或基本价值加以追求和崇尚。因为如前所述，在此之前，人们主要是把民主和科学作为一种实现国家富强和救亡图存的工具或手段追求的，因而他们认为凡有利于国家富强和救亡图存的内容就大力输入和宣传，凡不利于国家富强和救亡图存的内容就避而不谈或少谈。如我们前面所提到的，很少有人提倡人的解放和个性自由。将民主和科学作为近代新思想新文化的核心观念或基本价值加以追求和崇尚，这是新文化运动最伟大的历史功绩，不仅体现在它以民主和科学为自己的口号和旗帜上，也体现在它对民主和科学的认识和理解上。就新文化运动对民主和科学的认识和理解来看，民主既是一种政治制度，更是一种独立、自由、平等的精神，这种独立、自由、平等的精神体现出的是个性解放；科学指的既是科学技术或科学思想，更是一种广义上的世界观和方法论，一种与迷信、盲从、愚昧相对立的崇尚实证的理性精神。也正因为新文化运动是将民主和科学作为近代新思想新文化的核心观念或基本价值加以追求和崇尚的，再加上这种追求和崇尚又与对封建专制主义、迷信愚昧思想以及旧伦理、旧道德乃至整个传统文化的批判与反思联系在一起，因而它极大地促进了人们的思想解放，推动了思想文化的变革。同时，民主和科学从此也逐渐深入人心，并开始成为一种社会意识或价值观念。具体表现在以下几个方面：

首先，追求民主、崇尚科学的运动和思潮继续向前发展。新文化运动后，民主运动大致沿着两条轨迹向前发展：一是共产党发动和领导的人民民主运动，二是资产阶级自由主义者发动和领导的资产阶级民主运动，如20 年代末胡适、罗隆基等人发动的"人权运动"，30 年代中宋庆龄、蔡元培发起成立的"人权保障同盟"和"赔偿冤狱运动"，抗战时期的两次民主宪政运动、抗战胜利后民主党派主张的第三条道路和民主建国运动等。与此相一致，民主思潮的发展也分两个方向，共产党及其支持者认为，传统的资产阶级民主具有虚伪性，它虽标榜代表全体人民，但实际上代表的只是有产阶级自己，只有无产阶级领导下的新型的社会主义民主，才能真正代表广大劳动人民的利益和要求。而资产阶级自由主义者则坚持传统的资产阶级的民主理想，坚持以选举为核心、以议会为形式的西方民主制度。在科学方面，如经久不衰的"科学救国思潮"，30 年代初至抗战全面爆发前夕的"科学化运动"，同时期的"新社会科学运动"等。

其次，民主和科学的追求和崇尚开始贯穿于社会的各个方面。比如，在教育方面，平民主义教育运动的兴起和发展，"启发式""个性化"教育方法的提倡和推广，科学知识、科学实验课程的设置和重视等；在学术研究方面，主张学术独立，要求思想自由，反对政治干预学术，提倡用科学方法整理"国故"，注重调查研究和理论与实际的结合等；在文学艺术方面，揭露和鞭挞封建专制主义与愚昧主义（如"启蒙主题文学"），追求文学形式的多样与自由，主张大胆地表现和张扬个性，以及 30 年代兴起的"大众语运动"等；在新闻出版方面，主张新闻出版自由，反对稿件送审和报刊书籍检查制度等。总之，新文化运动后社会的各个方面，都渗透着中国人对民主与科学的追求与崇尚。

再次，再没有人敢公开非难和反对民主和科学了。新文化运动之前，反对、否定、说民主和科学坏话的大有人在，认为中国不能实行西方的民主制度的也大有人在。我们且不说洋务运动时期的顽固守旧派首领倭仁，也不说戊戌变法时期的洋务派领袖张之洞，就是新文化运动兴起之前乃至兴起之中，北洋军阀中、孔教派中以及地方士绅中，就有不少的人跳出来公开反对民主共和制度，认为民主不如帝制，并先后发生过袁世凯和张勋的帝制复辟。但到了新文化运动后，由于民主和科学的逐渐深入人心，并开始成为一种社会意识或价值观念，于是再没有人敢跳出来公开非难和反对民主和科学了。无论北洋军阀也好，国民党蒋介石也好，虽然实行的都是专制独裁，但他们在表面上还不得不保留中华民国的"共和"招牌，他们所制定的宪法（如 1923 年北洋军阀颁布的《中华民国宪法》、1946 年国民党颁布的《中华民国宪法》）或"宪草"（1936 年国民党颁布的"五五宪草"）也不得不承认人民应享有种种民主自由的权利，而且每当他们的统治出现危机时，往往以许诺实行所谓民主或还政于民作为挽救危机的一种手段。这方面蒋介石尤为明显。三四十年代受国际政治思潮的影响，有些人鼓吹过法西斯主义，也发生过民主与独裁的论战，但法西斯主义的鼓吹者和独裁论的主张者，大都只是强调中国现在还不具备实行民主的环境和条件，或者说在当时实行法西斯主义或所谓新式独裁比实行民主更能应付国际国内的挑战，而很少有人从价值上否认民主，认为民主不如法西斯主义或所谓新式独裁。至于科学，虽然在五四运动前后，出现过对唯科学主义思潮的批判，并因此而引发过 1923 年的"科学与人生观论战"，但对科学本身则没有人敢冒天下之大不韪予以非难。就是批判唯科学主义的人，他们在批判唯科学主义的同时，也再三声明，他们并不反对科学。如梁启超在《欧游心影录》中宣布欧洲人的科学万能之梦已经破产，但同时他又自注道："读者切勿误会因此菲薄科学，我绝不承认科学破产，不过也不承认科学万能罢了。"[1] 有些人搞复古倒退，甚至搞封建迷信，也要打科学的幌子，这样才有它的市场，才有人上当受骗。新文化运动时期出现的宣扬鬼神的"灵学会"，为了达到欺骗群众的目的，就给自己披上了一件科学的外装，声称灵学"实为凡百科学之冠"。

当然，我们说经过新文化运动的宣传和提倡，民主和科学开始逐渐深入人心，并开始成为一种社会意识或价值观念，这是与新文化运动前的情况比较而言的。就新文化运动后的情况来看，不民主或反民主、不科学或反科学的现象不仅存在，而且还十分严重，如政治上的专制独裁，思想上的封建迷信，学术上的政治干预，等等。也正因为严重存在着不民主或反民主、不科学或反科学的现象，也才会有民主和科学运动和思潮在新文化运动后的不断高涨，我们也才用"逐渐"和"开始"这样的限制词来描绘民主和科学在新文化运动后"深入人心"和"成为一种社会意识或价值观念"的状况，因为"逐渐"则意味着有一个过程，"开始"表明的是刚刚起步，如果用哲学术语来表示，它们还都处在"量变"的过程之中，远未达到"质变"。

---

[1] 梁启超：《欧游心影录》，载《饮冰室合集》第 7 册，专集之二十三，第 12 页。

附录："但开风气不为师"——客观评价胡适的学术贡献 ①

近年来，社会上出现了一股"哈"民国热，在一些人的笔下和嘴下，民国时期的政治、经济、文化、学术乃至社会风气等一切，都是那么的高大上，那么的十全十美，那么的令人追忆和怀念！毋庸置疑，我们以前对民国这段历史存在着许多误读、误解甚至曲解，现在有必要给予实事求是的研究和评价，以还历史的本来面目。但矫枉不能过正，真理跨过了一步就成了谬误。以胡适的学术研究为例。胡适在现代中国学术史上有着极其重要的地位，开创了许多第一，借用美籍华裔学者余英时的话说，从文学革命，整理国故，到中西文化的讨论，胡适大体都触及了许多久已积压在一般人心中而不知"怎样说才好"问题。充分肯定胡适的学术成就及其贡献这是应该的，但肯定到什么程度，则又必须实事求是。现在有人称胡适为现代中国学术史上的第一人，其学术成就及其贡献是前无古人，后无来者，无人超越，也无法超越，有人甚至言必称胡适，一谈问题，就必引胡适的语录，说胡适是如何如何说的，胡适之言论俨然成了评价思想或学术是非曲直的唯一标准。本书以为，这就不太符合历史事实了。实际上，胡适对自己曾有过较为客观的评价。1924 年，他在答章士钊的一首诗中写道："但开风气不为师，龚生此言吾最喜。同是曾开风气人，愿长相亲不相鄙。"尽管这是胡适的应酬之作，然而"但开风气不为师"，是胡适对自己在现代中国思想和学术史上之地位的自我定位和价值评估。这种自我评价较为恰如其分。

谈到胡适的学术成就及其贡献，我们首先想到的是他提倡的文学革命及其实践活动。在文学革命方面，胡适居功甚伟，是他首先发出了"文学革命发难的信号"，在《新青年》上发表《文学改良刍议》一文，提出有名的"八不主义"；也是他最先在《建设的文学革命论》中提出，"要在三五十年内替中国创造出一派新中国的活文学"来。在实践方面，他出版了中国新文学初期的第一部白话诗集——《尝试集》，并最先用白话文翻译欧洲的短篇小说，其中包括高尔基、契诃夫、莫泊桑、都德、卡德奴勿、史特林堡

---

① 此附录，发表于《光明日报》2015 年 4 月 22 日，史学版。

等不同国籍的著名作家的作品；他也是提出戏剧改良的第一人，他所创作的《终身大事》，被人视之为中国话剧的开山之作。但这是问题的一方面，问题的另一方面，我们也应看到，无论是提倡文学革命，还是实践活动，胡适也有他的局限性，这种局限性有的是历史造成的，有的则与胡适本人的性格和才情有关。比如，他的《尝试集》虽然打破了旧诗的清规戒律，却未能形成新诗的格律，其中不少仅仅是分行排列的散文，缺乏诗的意境。胡先骕就批评胡适的《尝试集》虽然号称是中国新诗的开山之作，但实际上"以一百七十二页之小册，自序、他序、目录已占去四十四页，旧式之诗词复占去五十页，所余七十八页之《尝试集》中，似诗非诗似词非词之新体诗复须除去四十四首。至胡君自序中所承认为真正之白话新诗者，仅有十四篇，而其中《老洛伯》《关不住了》《希望》三诗尚为翻译之作"①。剩下的 11 首新诗，无论以古今中外何种之眼光观之，其形式和精神，皆无可取。当然，胡先骕是站在文化保守主义的立场上对《尝试集》提出批评的，不可能百分之百的客观公正。但《尝试集》的文学价值不高，则是无可否认的事实，胡适自己也承认，《尝试集》"第一编的诗，除了《蝴蝶》和《他》两首之外，实在不过是一些洗刷过的旧诗"，"第二编的诗，虽然语言形式作了点创新，都还脱不了词曲的气味与声调"。也正因为如此，当 20 年代初康白情的《草儿》、俞平伯的《冬夜》、郭沫若的《女神》等新诗集出版后，胡适的《尝试集》就几乎没有什么影响力了。

　　如果说提倡文学革命及其实践活动使胡适"暴得大名"并成为新文化运动时期的风云人物的话，那么，《中国哲学史大纲》（卷上）的出版则初步奠定了胡适在中国现代学术史上的重要地位。该书是胡适在自己的博士论文《中国古代哲学方法之进化史》（译成中文时取名《先秦名学史》）的基础上增扩改写而成，1919 年 2 月由上海商务印书馆正式出版。该书出版后，不到三年，就再版七次，其影响之大，实属空前。原因就在于，作为第一部用西方的学术观念写成的中国哲学史，该书突破了旧学者不敢触及的经学，把原来只供人们顶礼膜拜、不敢非议的尧、舜、汤、文、武、周公等"圣贤"撇在一边，而从老子、孔子开讲，把历来被人们认为不能议论的"至

_____

① 胡先骕：《评〈尝试集〉》，《学衡》第 1 期，1922 年 1 月。

圣先师"——孔子和老子、墨子、荀子等其他哲学家相提并论。正如冯友兰在《三松堂自序》中所指出，《中国哲学史大纲》（卷上）"对于当时中国哲学史的研究，有扫除障碍、开辟道路的作用"[①]。但胡适的《中国哲学史大纲》（卷上）的影响到了新文化运动后，尤其是 30 年代后迅速消退，取而代之的是冯友兰的《中国哲学史》（上、下）。究其原因：第一，胡适的《中国哲学史大纲》（卷上）问世后，再也没有卷中、卷下了，也就是说他只写了先秦的中国哲学史，充其量只占中国哲学史的一半或三分之一，而冯友兰的《中国哲学史》从先秦写到明清，是一部完整的中国哲学史；第二，胡适的《中国哲学史大纲》（卷上）是以西方的科学主义精神为依归，通过对中国传统哲学思想的所谓解构，建立起符合西方学术观念的中国哲学史。而冯友兰的《中国哲学史》（上、下）是以中国的人文主义精神为依归，通过对中国传统哲学思想的重新诠释，以实现中国哲学的现代转换，他曾引用张载的话"为天地立心，为生民立命，为往圣继绝学，为万世开太平"，表明其研究中国哲学史是为了继往开来，因为"某民族的哲学，是接着某民族的哲学史讲底"[②]。而进入 30 年代后，日益严重的民族危机，使人们认识到"接着"中国的哲学史讲更有利于民族自信心和凝聚力的树立。同时，只有民族的才是世界的。因此，三四十年代后，真正走进西方大学课堂的不是胡适的《中国哲学史大纲》（卷上），而是冯友兰的《中国哲学史》。

除了提倡文学革命及其实践活动和出版《中国哲学史大纲》（卷上）外，胡适另一项重要的学术成就及其贡献是他的考证小说。据统计，从他 1917 年 5 月的《再寄陈独秀答钱玄同》到 1962 年 2 月去世前的《红楼梦问题最后一信》，他写的考证中国古典小说的文字达 45 万字之多，这其中包括《水浒传》《三国演义》《西游记》《三侠五义》等小说。胡适考证小说用力最多、成就最为突出、影响也最大的，是对《红楼梦》的考证。他关于《红楼梦》"是曹雪芹的自叙传"之新观点的提出，打破了从前种种穿凿附会的《红楼梦》迷学，将《红楼梦》研究引上了正当的学术轨道，并开了一代"新红学之风"。从此，胡适的"新红学"取代了"旧红学"的地位，左右《红楼

---

① 冯友兰：《三松堂自序》，生活·读书·新知三联书店，1984，第 217 页。
② 冯友兰：《论民族哲学》，载《三松堂全集》第五卷，第 273—274 页。

梦》研究近半个世纪之久。但同时我们也应看到，胡适的考证小说也有他的局限性。他的学生，也是著名红学家的俞平伯就曾指出，胡适的《红楼梦》考证虽然打破了"旧红学派"的迷学，但他自己"又犯了一点过于拘滞的毛病"，"把假的贾府跟真的曹氏并了家，把书中主角宝玉和作者合为一人"，不知道艺术来源于生活而又高于生活这一创作规律，因而又陷入了以《红楼梦》穿凿附会曹家真人真事的迷学。①

因篇幅的关系，我们仅从提倡文学革命及其实践活动、出版《中国哲学史大纲》（卷上）和考证小说尤其是《红楼梦》考证等几个方面粗略地论述了胡适的学术成就及其贡献。胡适的学术成就及其贡献是巨大的，但和任何历史人物一样，胡适也有他的局限性，有他力所不及或不能的地方，我们既不能贬低也不能拔高他在中国现代学术史上的地位。"但开风气不为师"，这或许是对胡适最实事求是的评价。

---

① 俞平伯：《读〈红楼梦〉随笔》，转引自香港《红楼梦研究专刊》第一辑，第111页。

第 十 章

社会主义思潮和马克思主义的传播

　　早在 19 世纪末 20 世纪初，社会主义便传入中国，但那时的传入是初步的，并未引起多大的社会反响，各种社会主义思潮的大规模涌入则是在五四运动前后。受日本等国空想社会主义实践活动的影响，新文化运动时期的中国也出现了空想社会主义的实践活动，但这些实践很快就归于失败。与此同时，马克思主义得到了广泛传播，并初步实现了与中国工人运动的结合，这就为中国共产党的成立奠定了坚实的阶级基础。1921 年中国共产党的成立，是中国历史上开天辟地的大事变。

第一节　社会主义思潮的涌入

　　社会主义是影响近代中国重要的"主义"之一。19 世纪末 20 世纪初，日益严重的民族危机催生了近代有识之士对社会主义的关注，社会主义被逐渐引介到中国。但那时的传入只是初步的，并未引起多大的社会反响，直到五四运动后各种社会主义学说才如潮水般地传入中国，并为中国思想界所认同。

一、社会主义思潮涌入的原因

　　早在 19 世纪末 20 世纪初，社会主义便传入中国。先是外国传教士在介绍西方的思想时，提到过社会主义。后来梁启超、马君武、朱执信等人受日益严重的民族危机的刺激，开始关注社会主义，介绍和传入过社会主义学说，孙中山甚至称自己的民生主义就是社会主义。但那时的传入只是初步的，并未引起多大的社会反响，直到五四运动后各种社会主义学说才如潮水般地传入中国，并为中国思想界所认同。金观涛通过对《新青年》杂志中"社会"和"社会主义"两词出现频度的分析得出结论，认为"1919年以前，'社会主义'是不常用的，它只是在某种特殊政治团体表达自己政治主张时偶尔提及。而 1919 年《新青年》杂志'社会主义'一词出现频度发生突变，猛增至 104 次。1921—1922 年间增至最高峰，达 685 次。'社会主义'成为和'社会'一样常用的政治词汇，几乎征服了所有的政治流派。1920 年前后，连军阀都以谈'社会主义'为时尚"[①]。此外，五四运动后社会主义思想风靡思想界的形势，通过时人的文字和回忆亦可窥见一斑。潘公展在 1921 年 2 月 25 日出版的《东方杂志》第 18 卷第 4 号上发表《近代社会主义及其批评》一文，转引李大钊的话说，"一年以来，社会主义底思潮在中国可以算得风起云涌了。报章杂志底上面，东也是研究马克思主义，

[①] 金观涛、刘青峰：《从"群"到"社会"、"社会主义"——中国近代公共领域变迁的思想史研究》，（台北）《"中央研究院"近代史研究所集刊》第 35 期，第 52 页。

西也是讨论鲍尔希维主义；这里是阐明社会主义底理论，那里是叙述劳动运动底历史：蓬蓬勃勃，一唱百和，社会主义在今日的中国，仿佛有'雄鸡一鸣天下晓'的情景"①。

社会主义思潮在五四运动后的兴起，有其深刻的社会历史根源。首先，是第一次世界大战的影响。长达四年之久的第一次世界大战，有 31 个国家参战，波及六大洲共 15 亿人口；双方军人死亡共 1300 万人，受伤、失踪者达 2000 多万；双方战费开支共达 1800 多亿美元，外加生产和财产损失等，全部经济损失达 2700 多亿美元。②第一次世界大战及其结果，不仅使资本主义的弊端暴露无遗，同时也使得一直以西方资本主义文明为追求目标的中国思想界对学习西方资本主义产生了疑虑，而巴黎和会上中国外交的失败，更使得中国的知识分子对资本主义世界的强权政治有了清楚的认识。伍启元在《中国新文化运动概观》中指出：清末民初的趋势，本来是"大家一天比一天的向西方文化接近"，但是"欧战叫醒了一般人的迷梦，物质文明被许多人宣告了破产"。③张东荪在《第三种文明》中也写道："这次大战把第二种文明的破罅一齐暴露了：就是国家主义与资本主义已到了末日，不可再维持下去。因为资本主义存在一天，那阶级的悬隔愈大一天；结果没有不发生社会的爆裂的。……除了一部分的政客还在那里讲甚么非牛非马的国际联盟以外，恐怕觉悟的人已经是不少了。"④

第一次世界大战后西方发生的社会主义革命和运动也对中国思想界产生过重大影响。继俄国的十月革命之后，德国、匈牙利、美国、英国、法国、意大利等西方资本主义国家都发生过无产阶级领导的社会主义革命或社会主义运动。当时的中国知识界对一战后欧洲社会主义运动的报道是非常热心的。时人概括一战后欧洲社会主义运动的总体情况时说道："欧战以前，各国社会党已渐膨胀，欧战时暂示沈寂。及停战以来，因产业之破坏，民生之困苦，一时罢工怠业，到处蜂起。社会主义，遂为当今一重大问题。在议会中之社会党，英法美三国虽暂失多数，而其他各国，皆有一日千里

---

① 潘公展：《近代社会主义及其批评》，《东方杂志》第 18 卷第 4 号，1921 年 2 月 25 日。
② 王桧林主编《中国现代史》，北京师范大学出版社，2004，第 12 页。
③ 伍启元：《中国新文化运动概观》，黄山书社，2008，第 190 页。
④ （张）东荪：《第三种文明》，《解放与改造》第 1 卷第 1、2 号合册，1919 年 9 月 1 日。

之势。"① 而相关的报道如"社会党之天下：继自去年七月以来武断派渐就凋落，社会民主党逐渐得势。自谒克斯米里安公爵为相，遂全成社会党天下"② 等常见诸报端。一战结束前后关于世界前途的方向，人们开展了讨论。有很多人认为战后世界将走向"国家主义"的道路，也有人认为世界将在战后获得和平。针对这些讨论，张东荪援引列宁的话讲道："我尝说大战譬如春雨，第三种文明的萌芽经了这春雨，自然茁壮起来。但是尚须吸取阳光，才能成熟。阳光是甚么呢？就是大战后的各国革命。里宁说'你们以为大战后必定是世界平和，我以为大战后必定世界大革命。'里宁的观察真是不错。"③ 他在这里讲的"第三种文明"是指的"社会主义与世界主义的文明"④，也就是直接将一战后世界的希望寄托在社会主义革命之上了。事实上，在一战结束后的数月间，就出现了这样的革命形势："革命思想今以加速度法则蔓延于德国军队与国民之间……故德国革命之机已日迫一日矣。"他又讲道："里斯亚尼亚农民已起暴动而加入者达数千名……此种暴动得蔓延于全国矣。"⑤ 这一股潮流在当时可以说是席卷了整个欧洲："匈奥革命。德国革命。勃牙利革命。最近荷兰瑞典西班牙也有革命社会党奋起的风谣。革命的情形，和俄国大抵相同。赤色旗到处翻飞。"⑥ 德国十一月革命甫一爆发，《大公报》就对它进行了关注，撰写报道的作者从"革命运动之扩大""伯林革命派胜利""南部革命之蔓延""德舰队全部叛乱""西部各处之暴动"等几个方面对一战结束后整个德国的形势做了概括⑦，从中我们不难看出当时国人对欧美社会党和社会革命的关注程度。

　　第一次世界大战后国际社会主义运动高涨，国人通过各种途径了解这股世界潮流。通过一系列的研究，有识之士认识到中国是可以实行社会主义的，他们中的一些人更认为社会主义革命是改变中国局面的必要手段。社会主义思潮得到了广泛的传播，获得了人们的认同。如梁启超曾经讲道：

---

① 景藏：《民主国与社会主义》，《东方杂志》第17卷第12号，1920年6月25日。
②《德国国体之危机日迫》，天津《大公报》1918年11月6日。
③（张）东荪：《第三种文明》，《解放与改造》第1卷第1、2号合册，1919年9月1日。
④（张）东荪：《第三种文明》，《解放与改造》第1卷第1、2号合册，1919年9月1日。
⑤《德奥匈革命潮流》，天津《大公报》1918年11月5日。
⑥ 李大钊：《BOLSHEVISM 的胜利》，《新青年》第5卷第5号，1918年10月15日。
⑦《德国革命风靡全国》，天津《大公报》1918年11月17日。

"社会革命，恐怕是二十世纪史唯一的特色。没有一国能免，不过争早晚罢了。"[1] 从一战后世界的局势来看，"社会主义的发展，社会党的意见传入劳动工人的心里很深，并且传播得很广，很快"，在这样的局势下，"社会主义现在看起来很像一个大潮流，无论什么阻力都不能阻止他的发展"。[2] 杜亚泉也提出中国社会应该"以现代文明为表，以未来文明为里。表面上为奋斗的个人主义，精神上为和平的社会主义"[3]，张东荪也认为"社会主义与世界主义的文明"是人类文明发展过程中的"第三种文明"[4]，而"社会主义乃是一种人生观与世界观，——而且是最进化最新出的人生观与世界观"[5]，在一战后我们应该"要提倡一种社会主义的人生观与宇宙观，先使中国人的精神革了命再说"[6]。

于是，西方各种相关的社会主义学说开始潮水般地涌入中国。"五四事件以后，中国的出版业有了显著的发展，仅在五四事件后的半年中，便出现了大约 400 多种新的白话文刊物"，而在这些刊物中谈论社会主义的杂志又占很大一部分。借用周佛海的话说："谈社会主义的杂志很多，虽其中也有短命的，但是都似乎有不谈社会主义，则不足以称新文化运动的出版物的气慨"[7]，"我们若把国内的新出版物翻开起看，差不多没有一本没有'社会主义'四个字的。无论他们是宣传他，或反对他，总可见近来的思想界，对于社会主义这种东西，都热心去研究了"[8]。就连最保守的安福系的报纸《公言报》也认为，过激主义这一危险的思潮已经风靡中国，"为政者与将帅"不能与"多数国民相背驰"，故皆"宜揪心社会主义"。[9]

---

① 梁启超：《饮冰室合集》第 7 册，专集之二十三，第 8 页。

② 叶麐：《"无强权主义的根据"及"无强权的社会"略说》，《新潮》第 2 卷第 3 号，1920 年 4 月 1 日。

③（伧父（杜亚泉）：《新旧思想之折衷》，《东方杂志》第 16 卷第 9 号，1919 年 9 月 15 日。

④（张）东荪：《第三种文明》，《解放与改造》第 1 卷第 1、2 号合册，1919 年 9 月 1 日。

⑤（张）东荪：《我们为甚么要讲社会主义？》，《解放与改造》第 1 卷第 7 号，1919 年 12 月 1 日。

⑥（张）东荪：《我们为甚么要讲社会主义？》，《解放与改造》第 1 卷第 7 号，1919 年 12 月 1 日。

⑦ 周佛海：《实行社会主义与发展实业》，《新青年》第 8 卷第 5 号，1921 年 1 月 1 日。

⑧ 周佛海：《社会主义的性质》，《解放与改造》第 2 卷第 10 号，1920 年 5 月 15 日。

⑨ 转引自罗志田《西方的分裂——国际风云与五四前后中国思想的演变》，《中国社会科学》1999 年第 3 期。

　　当然，除受一战及战后西方社会主义革命和运动的影响外，五四运动后西方各种社会主义学说在中国传播与辛亥革命以来国内黑暗的政治现实也有着很大的关系。辛亥革命推翻了两千多年的封建专制制度，中国的资产阶级知识分子终于有机会实行梦寐以求的"民主制度"了，然而政府的低效率和腐败无能较之清政府有过之而无不及，革命者流血牺牲建立的中华民国成为了军阀、政客们争权夺利的工具，"民主制度"成为了摆设，可以招之即来，挥之即去。正如毛泽东指出的那样，辛亥革命后，"国家的情况一天一天坏，环境迫使人们活不下去。怀疑产生了，增长了，发展了"①。现实的社会现状不仅打破了知识分子们的美梦，而且让他们切身地体会到了资本主义代议制度，并不是像他们想象的那样美好。陈独秀说："立宪政治在十九世纪总算是个顶时髦的名词"，但是在 20 世纪的人看来，它是一种敷衍不彻底的政制，只是"一班政客先生们争夺政权的武器"，所以"马上都要成历史上过去的名词了"。②而此时俄国十月革命的胜利，为处于传统和西方两难境地的中国知识分子提供了一种新的思路，尽管每个人对社会主义的理解不同，但是，从思想史内在理路分析，"'社会主义'价值一直是由两种价值取向合成的：一个是平等（特别是经济平等），另一个是不以西方现存的社会为学习榜样"。③

　　此外，在中国传统思想和文化中，存在着一些类似于或近似于社会主义的思想因素，如儒家的大同思想，道家的无为思想，佛教的极乐世界和西方净土观念等。这些思想的存在又使得中国人对于"社会主义"有一种似曾相识的熟悉感，换句话说就是，受传统思想文化的影响，相对于陌生的资本主义文明来说，中国人更容易对社会主义产生思想和感情上的共鸣。蔡元培在《社会主义史序》一文中就指出："我们中国本有一种社会主义的学说；如《论语》记：'有国有家者不患寡而患不均；不患贫而患不安。盖均无贫；和无寡；安无倾。远人不服，则修文德以来之。既来之，则安之。'就是对内主均贫富，对外不取黩武主义，与殖民政策。《礼运》记孔子说：'人不独亲其亲；

---

① 毛泽东：《论人民民主专政》，载《毛泽东选集》第四卷，第 1470 页。
② 只眼（陈独秀）：《立宪政治与政党》，《每周评论》第 25 期，1919 年 6 月 6 日。
③ 金观涛、刘青峰：《从"群"到"社会"、"社会主义"——中国近代公共领域变迁的思想史研究》，（台北）《"中央研究院"近代史研究所集刊》第 35 期，第 53 页。

不独子其子。使老有所终；壮有所用；幼有所长；矜寡孤独废疾者皆有所养。男有分；女有归。货恶其弃于地也，不必藏于己；力恶其不出于身也，不必为己'就是'各尽所能，各取所需'的意义；且含有男女平等主义。《孟子》记许行说：'贤者与民并耕而食，饔飧而治'。就是'泛劳动'主义。"①

　　如果说传统思想中类似于或近似于社会主义思想因素的存在为社会主义思潮在新文化运动时期的兴起提供了思想和文化基础，那么，像汪洋大海一样受压迫和被剥削的小农阶级的存在则为社会主义思潮在新文化运动时期兴起提供了阶级和社会基础。因为，追求社会正义与平等这是人类的天性，尤其是在阶级社会里，只要有压迫和剥削的存在，生活在社会底层的受压迫被剥削的广大劳苦大众，包括小农阶级，就会产生一种"人人有衣穿，人人有饭吃"，"有田同耕，有钱同使"，没有剥削和压迫的平等要求。列宁就说过，"因为每个民族里面都有劳动群众和被剥削群众，他们的生活条件必然产生民主主义的和社会主义的思想体系"②。这里特别需要指出的是，中国自古是一个农业国家，存在着一个像汪洋大海一样的小农阶级，进入近代后，由于外国资本主义的掠夺、近代化进程的启动以及各种各样的人灾人祸的不断发生，小农大量破产，生活日益贫困，他们对"人人有衣穿，人人有饭吃"，"有田同耕，有钱同使"，没有剥削和压迫的平等要求也就更加强烈。当然，被压迫被剥削的劳苦大众所自发地产生出的社会主义思想往往是主观的，空想的，甚至是落后的，如洪秀全的农业社会主义思想。用陈独秀的话说，"古代所讲的社会主义，都是理想的；其学说都建设在伦理上面，他们眼见得穷人底苦恼是由贫富不均，因此要想把全社会底贫富弄得绝对的平均或相对的平均；至于用什么方法来平均贫富，都全是理想，不曾建设在社会底经济的事实上面，所以未能成功"③。但这种追求"人人有衣穿，人人有饭吃"，"有田同耕，有钱同使"没有剥削和压迫的平等要求，则为社会主义思潮在新文化运动时期的兴起提供了阶级和社会基础。

---

① 蔡元培：《社会主义史序》，《新青年》第8卷第1号，1920年9月1日。
② 列宁：《关于民族问题的批评意见（节选）》，载中国社会科学院民族研究所编《列宁论民族问题》上册，民族出版社，1987，第226页。
③ 陈独秀：《社会主义批评（在广州公立政法学校演讲）》，《新青年》第9卷第3号，1921年7月1日。

二、社会主义思潮涌入的概况

19 世纪末 20 世纪初，尤其是第一次世界大战后，社会主义浪潮席卷全球，并因各国的不同情形，而形成了各具特色的社会主义流派，所谓"法国有工团主义，德国有国家社会主义，俄国有无政府主义，英国就有这个主义（指基尔特社会主义），可谓世界的特色了"[1]。新文化运动时期，随着各种新思想、新学说的纷纷涌入，各派社会主义学说也在中国流传开来。

1. 基尔特社会主义 基尔特社会主义是 20 世纪初英国工人运动中出现的一种拘泥于地方的、狭隘的、带有手工业气息的资产阶级改良主义思潮。"基尔特"是英文行会（Guild）译音，意指欧洲中世纪的行会组织，其成员主要是手工业者。故"基尔特社会主义"又称"行会社会主义"。当时结成基尔特的目的，是为了对抗封建主的剥削和外来竞争，维护会员之间的自治平等关系和同业的权利。20 世纪初，英国工人阶级生活日益贫困，他们对当时的政治和经济制度产生了怀疑和不信任感，认为工人阶级只有自己组织"同业社"，才能实行产业自治，经济互助，才能不受资本家的肃清，维护自己独立的人格。适应这种思想的需要，1906 年，阿瑟·约瑟夫·潘蒂出版了《基尔特制度的复兴》一书，反对现代工业制度，赞美中世纪的行会组织，要求实行基尔特社会主义。该书出版后，基尔特社会主义在英国"风靡一时"[2]，主要代表人物有奥尔雷奇、霍布逊、柯尔和罗素等，代表作有柯尔的《劳工世界》和《工业自治》等。它的基本观点是：认为"工资制度"无论从经济上、道德上、心理上、美学上和精神上看，都是一种罪恶和欺骗，压制劳动者的创造本能，使资本家不劳而获，主张根本废除"工资制度"，建立工人监督工业的制度，并通过工人参与工厂的经营管理，达到企业自治和逐步公有；为了完成社会改革的使命，主张改组工会，扩大工会的范围，把所有的体力劳动者和脑力劳动者都包括在内，把各个工会合并成较大的团体，以形成统一的力量；设想在未来的社会里，应以基尔特为社会单位，按着不同的职业性质分成若干基尔特组织，由高度集权的全国基尔特

① 张东荪：《罗塞尔的〈政治理想〉》，《解放与改造》第 1 卷第 1、2 号合册，1919 年 9 月 1 日。
② 王名烈：《论基尔特社会主义》，《法政学报》第 4 卷第 3 期，1925 年 3 月。

来统一领导，用基尔特制度代替资本主义制度，进而和平地实现社会主义。[1]

基尔特社会主义的上述主张得到了以张东荪为代表的一些思想家（政治上他们大多属于研究系）的认同，张东荪在他的《第三种文明》《罗塞尔的（政治理想）》等文中就明确表示："我以为改造世界的方法以罗塞尔的主张为最好"，因为罗塞尔"虽是主张改造的人，但是他不主张革命"。[2] "他的学说是自治的社会主义（Guild Socialism）之一种。这个自治的社会主义是英国最近的新学说"，"我以为近代的改造中，以此说为最妥善"。[3] 他们也因而成了基尔特社会主义的最积极的宣传和介绍者。

1919 年 9 月，张东荪在上海创办《解放与改造》杂志，自任主编（自第 3 卷起，《解放与改造》改名为《改造》）。《解放与改造》创刊后，本其宗旨，对各派的社会主义思想，如工团主义、托尔斯泰的泛劳动主义、克鲁泡特金的无政府主义、德国的国家（民主）社会主义、欧洲的空想社会主义等进行了介绍，但介绍得最多的还是基尔特社会主义。据统计，它先后刊登了 16 篇译介基尔特社会主义的文章，其中重点介绍的又是罗素和柯尔的思想及其著作。如第 1 卷第 1 号张东荪的《罗塞尔的（政治理想）》和第 3 卷第 2 号程铸新译的《罗素的政治理想摘要》是对罗素名著《政治理想》的译介；第 1 卷第 7 号雁冰的《罗塞尔〈到自由的几条拟径〉》和第 1 卷第 8 号《社会主义下的科学和艺术》，第 3 卷第 2 号傅铜、程振基译的《罗素之向自由之路的摘要》是对罗素的《自由之路：社会主义、无政府主义和工团主义》的介绍；第 2 卷第 2 号颂华的《读罗塞尔社会改造原理首末两节》，第 2 卷第 3 号熊正理《罗塞尔论国家权力范围之标准》是对罗素的另一名著《社会重建原理》的介绍。第 2 卷第 10 号刘延陵的《廓尔的"实业界的自治"》是对柯尔名著《工业自治》的介绍，在文中，作者把柯尔的书大致分为三个部分，"一、国家基尔特主义的主张和说明；二、实行基尔特主义的步骤和方法；三、国家基尔特主义答复集产主义家的说话和基尔特内部组织的大略"[4]。在重点介绍罗素和柯尔这两位基尔特社会主义代表人物

---

[1] 引用自中国社会科学院网站：www.myy.cass.cn/file/2006012023820.html11K2006—1—20。

[2]（张）东荪：《第三种文明》，《解放与改造》第 1 卷第 1、2 号合册，1919 年 9 月 1 日。

[3] 张东荪：《罗塞尔的（政治理想）》，《解放与改造》第 1 卷第 1、2 号合册，1919 年 9 月 1 日。

[4]（刘）延陵：《廓尔的"实业界的自治"》，《解放与改造》第 2 卷第 10 号，1920 年 5 月 15 日。

的思想的同时，《解放与改造》还介绍了基尔特社会主义的发展大略、哲学基础、经济组织形式以及会员的基本条件。

除《解放与改造》外，《东方杂志》、《时事新报》副刊、《晨报》副刊等也都发表过宣传和介绍基尔特社会主义的文章。

张东荪等人之所以认同并大力宣传和介绍基尔特社会主义，其原因就在于他们认为基尔特社会主义比较温和，能符合诸方面需要，能兼顾生产者与消费者两方面的利益，"折中集产工团两主义"。从对待国家的态度来说，它"一方面承认国家之存在，他方面反对国家管理产业"；从生产与消费这两方面关系而言，它"一方面要求生产者的自由，他方面要求消费者的自由。一方面要求实现生产者的自由之产业别的基尔特，他方面要求保证消费者的自由之国家"。而且，它还"一方面要求彻底的改造，他方面预防绝端的流弊"。[①] 就此而言，他们认为基尔特社会主义是拯救当时中国的良药。

他们在宣传和介绍基尔特社会主义时，并注意将它与马克思主义进行比较，认为两者在经济政策和政治方案方面都存在着分歧。从经济方面来说，"基尔特社会主义之所以异于马克思派社会主义者，马克思派以消费为主，而基尔特则以生产为主；马克思派为物质的，而基尔特则兼为精神的理想的；马克思派惟在除贫乏，而基尔特则尤在脱劳动者于奴隶之境遇也。盖基尔特社会主义，实位于工团主义与社会主义之中间"[②]。他们还引用当时一些著名的基尔特社会主义者的言论来阐述基尔特社会主义的基本精神。"专重生产或专重消费的学说，都不免陷于一偏。能够顾到这两方面，而调和各自相反的要求，就是基尔特社会主义。"[③] 在政治方面，两者的分歧主要是对待国家的态度不同。马克思主义强调国家的重要作用，主张企业属于国家，国家有权对经济进行干预；而"基尔特社会主义虽是不排斥国家，然而对于国家社会主义——集产主义——却是猛烈的反对"[④]。"反对集产于国家，主张各业自治。"[⑤] 基尔特社会主义尽管也认为在现阶段国家的存在还是必要

① 虞裳：《基尔特社会主义（Guild Socialism）》，《解放与改造》第 1 卷第 3 号，1919 年 10 月 1 日。
② 昔尘：《边沁之社会主义》，《东方杂志》第 17 卷第 4 号，1920 年 2 月 25 日。
③ 昔尘：《柯尔和基尔特社会主义》，《东方杂志》第 17 卷第 15 号，1920 年 8 月 10 日。
④ 虞裳：《基尔特社会主义（Guild Socialism）》，《解放与改造》第 1 卷第 3 号，1919 年 10 月 1 日。
⑤ 张东荪：《罗塞尔的（政治理想）》，《解放与改造》第 1 卷第 1、2 号合册，1919 年 9 月 1 日。

的，并"在相当限度以内，承认国家的权力和政治的作用"，但它同时又认为国家的权力应该是有限的，国家不能使用政治手段来干预经济，"在基尔特社会主义之下，以实行产业的民治，废除工钱制度为主义，以基尔特为经济组织的基础"①。就权力分配方面而言，"这个的主义特色就是把权力分配给三个机关——职工组合，民族国家与世界政府——非常平均"②。

1920 年基尔特社会主义的主要代表人物之一的罗素应邀来华讲学，这更扩大了基尔特社会主义在中国的影响和声势，张东荪等人不仅完全接受了罗素对中国问题的基本主张，视基尔特社会主义为中国未来道路的选择，而且还挑起了一场被称之为社会主义的思想论战，围绕中国是要发展资本主义还是实行社会主义的问题与以陈独秀为代表的中国早期马克思主义者和社会主义同情者展开激烈争论。这是后话，在此不论。

2. 新村主义　　新村主义是一种空想社会主义思潮，它的创立者和系统阐述者是日本的武者小路实笃。虽然出身于上层社会，但青年时代的武者小路实笃却十分欣赏俄国托尔斯泰的"躬耕"和新村实验，希望以此来改造日本社会。1918 年，实笃创办了一份杂志《新村》，宣传新村主义，即通过建立新村，使人类都能过上人人平等、没有剥削、劳动互助、友爱幸福的"人的生活"。同时他在九州日向买了 40 多亩地，盖了几间房子，邀集 20 多个人，组织了一个劳动互助、共同生活的"新村"，并自任理事长。根据约规，新村中"每日值饭的人五时先起，其余的六时起来，吃过饭，七时到田里去，至五时止。十一时是午饭，下午二时半吃点心……到五时，洗了农具归家。晚上可以自由，只要不妨碍别人的读书；十时以后熄灯"③。不久，他又在东京、大阪、京都、神户、长野、静冈、横滨、福冈、爱知、北海道等地建立起新村支部。

早在清末，《新世纪》在宣传无政府主义时，就对法国的"鹰山共产村"做过介绍。民国初年，中国社会党的江亢虎也提倡过武者小路实笃的新村主义，但都没有产生任何社会影响。新村主义在中国产生较大影响是在 1919 年以后。这年的 3 月，周作人根据武者小路实笃的《新村的生活》

---

① 虞裳：《基尔特社会主义（Guild Socialism）》，《解放与改造》第 1 卷第 3 号，1919 年 10 月 1 日。
② 张东荪：《罗塞尔的（政治理想）》，《解放与改造》第 1 卷第 1、2 号合册，1919 年 9 月 1 日。
③ 周作人：《日本的新村》，《新青年》第 6 卷第 3 号，1919 年 3 月 15 日。

一书，在《新青年》第 6 卷第 3 号上发表《日本的新村》一文，对武者小路实笃的新村主义和他的日向新村做了热情洋溢的介绍。他说：武者小路实笃的新村主义"主张泛劳动，提倡协力的共同生活，一方面尽了对于人类的义务，一方面也尽各人对于个人自己的义务；赞美协力，又赞美个性；发展共同的精神，又发展自由的精神。实在是一种切实可行的理想，中正普遍的人生的福音"①。7 月，为了进一步了解武者小路实笃的新村主义及其实践，周作人又不远万里跑到日本实地考察日向新村和大阪、京都、横滨、东京等四处新村支部。考察回国后，他不仅在《新潮》等刊物上介绍自己的考察观感，而且还在北京、天津等地发表演讲，介绍武者小路实笃的新村主义，认为"新村的精神，首先在承认人类是个总体，个人是这总体的单位。人类的意志在生存与幸福。这也就是个人的目的"，"所以改造社会，还要从改造个人做起"。②"新村的人，不满足于现今的社会组织，想从根本上改革他，终极的目的与别派改革的主张，虽是差不多，但在方法上有点不同。第一，他们不赞成暴力，希望平和的造成新秩序来。第二，他们相信人类，信托人间的理性，等他醒觉，回到正路上来。"③

　　周作人对新村主义热情洋溢的介绍，引起了思想界的热烈反响，当时众多有影响的报刊，如《新青年》《少年中国》《东方杂志》《新潮》《国民》《每周评论》《晨报》《时事新报》《民国日报》等，都发表过介绍或讨论新村主义的文章，其中北京大学学生社团主办的半月刊《批评》和上海新人社出版的月刊《新人》发表的文章最多，影响也最大。如《批评》就发行过 3 期《新村号》，刊登的文章达十数篇之多，包括庐隐的《新村底理想与人生底价值》、郭绍虞的《新村运动底我见》、王照统的《美化的新村谈》、周长宪的《新村生活的解剖》、周建人的《读武者小路君关于新村的著作》、沈玄庐的《新村底我见》等。除个别文章对新村主义表示怀疑或反对外，大多数文章对新村主义持的是赞成或欣赏的态度。于是，新村主义风行一时，不仅很多青年学生对新村主义津津乐道，深受其影响，而且一些早期的马克思主义者也热情地宣传和介绍过新村主义，对新村主义持赞赏的态度，有的

---

① 周作人：《日本的新村》，《新青年》第 6 卷第 3 号，1919 年 3 月 15 日。
② 周作人：《新村的精神》，《新青年》第 7 卷第 2 号，1920 年 1 月 1 日。
③ 周作人：《新村的理想与实际》，《东方杂志》第 17 卷第 14 号，1920 年 7 月 25 日。

人甚至还像武者小路实笃一样，建立新村，进行实践。当然，其结果都归于失败。

3. 工团主义　工团主义又被称为"无政府工团主义"，它产生于 19 世纪末的法国，因最早的组织"法国工团联合会"而得名，20 世纪初在欧洲和拉美一些国家流行。它的主张是：把无产阶级政党与工会对立起来，否定政党的领导作用，认为工会、工团是无产阶级组织的最高形式，主张"工会高于一切"，"工会管理一切"；反对一切政治斗争，只承认经济斗争，主张用总罢工的办法来没收资本，推翻资本主义，将生产资料转入工会手中是工人运动的终极目的；反对建立无产阶级政权，主张消灭一切国家和政权，由工会来管理社会生产和分配，建立一个由联合工会领导的社会。借用当时中国一位作者的话说："工团主义以颠覆政治的国家组织为职志，依工人直接行动的结果，改造现社会。"①

早在清末民初，有人在宣传介绍无政府主义时就提到过工团主义，但没有引起人们的注意。1918 年，老牌的无政府主义者吴稚晖创办了一份无政府主义刊物——《劳动》月刊，宣传和提倡工团主义是其主要的内容之一。该刊还针对当时中国工人阶级的状况，提出了组织工团的原则和具体方法：一、工团当纯粹由劳动者自行组织，完全拒绝资本主（东家行）之干预。二、工团组织之大纲，先从小团体入手，自下而上，由小到大，各行每业之工人，各自组织同业的小团体；由小团体互助联合，组成同业联合会；复由各地方非同业之各小团体，互相结合，以组成地方劳动联合会。务使凡属劳动同人，皆相亲爱，皆相联合，团结而成一伟大之团体，永久戒绝党派之私争。三、工人团体之内部，不可有首领、工头、会长等之设置，仅设干事若干人，以资整理，对于同人，一律平等，不相统属，不得专制，并不可有总部本部之名目。四、工团宜采用万国共同之工团主义，以社会革命为最终之标的，以劳动复权为运动之脊髓，并相戒不为政治上之活动，以绝野心家之妄念。②

五四运动后，工团主义作为无政府主义之一种，更大规模地在中国流传

---

① 虞裳：《基尔特社会主义（Guild Socialism）》，《解放与改造》第 1 卷第 3 号，1919 年 10 月 1 日。
② S·S：《劳动者之自觉》，《劳动》第 1 卷第 4 号，1918 年 6 月 20 日。

开来，当时一些有影响的报刊如《解放与改造》《星期评论》以及《闽星》
《北京大学学生周刊》《劳工》《互助》等一些无政府主义的刊物都发表过宣
传或介绍工团主义的文章。比如，发表在《解放与改造》的一篇文章就认
为在社会主义诸流派中，工团主义乃是最好的。因为工团主义："为合组制
度 Co-operation 之母，就社会主义言之，惟此为有规则，惟此为能实行。"①
文章还探讨了工团主义与其他社会主义派别的差异问题，认为这种差异主
要体现在两个方面：（一）"工团主义与社会主义根本不同之点，在对付政府
之态度。工团主义之主张，凡社会上将来之组织，必纯然一种实业的。对
于政府之存立，极表示不满意。故除工人而外，凡与工人无关系之事，一
概置之不论"。（二）工团主义主张的是经济的民主主义而非政治的民主主
义。"社会主义，仍以组织政府为原则者也。理想中仍抱一种政治上之民主
主义。工团主义者，以实行经济上之民主主义为原则者也。""例如铁路之管
理，必归铁路之工人；矿产之管理，必归矿产之工人；邮政之管理，必归递
信之邮役。其分配之法，大约由多数之联合，将全体生产者所产出之红利，
平均分配。以各种职业之不同，各人所作之事不一，如此种之规定，即以公
意之所议定者 General Council 定之。此即工团主义之根本观念，形式上纯然
一种合组之制度。"当然，作者在肯定工团主义的同时，也指出了它的弊端，
"一般持工团主义之人，不从根本上，谋经济社会之改良，乃曰以同盟罢工
之法，扰乱现状"。②

　　一些工团主义者不仅积极宣传和介绍工团主义，而且还进行过工团主义
的实践。1920 年，梁冰弦、刘石心等人，在广州创办无政府主义刊物《劳
动者》，同时又以"互劳俱乐部"为基础，建立起广州机器公会，实践其空
想社会主义的理想。但结果和新村主义者一样，其实践以失败而告终。

　　4. 托尔斯泰的泛劳动主义　托尔斯泰（1828—1910），是俄国著名的作
家、思想家，他出身贵族，但同情贫困农民，尤其是到了他的后半生，几
乎成了农民思想的表达者。他痛恨"恶"，然而又主张对"恶"实行"不抵

---

① 南陔：《工团主义（Syndicalism）之研究》，《解放与改造》第 1 卷第 1、2 号合册，1919 年 9
　月 1 日。

② 南陔：《工团主义（Syndicalism）之研究》，《解放与改造》第 1 卷第 1、2 号合册，1919 年 9
　月 1 日。

抗主义",想用和平的方式实现以"自由平等"的"小农社会"来代替"恶"的沙皇制度的目的。同时,他主张人人劳动,反对不劳而获、不劳而食,以为如此就能消灭脑力劳动与体力劳动、剥削阶级与劳动阶级之间的差别,从而消灭阶级和阶级斗争。托尔斯泰就把自己的土地无偿地分给了农民,过着一种十分勤劳的简朴生活。

新文化运动时期,一些无政府主义者在宣传和介绍托尔斯泰的无政府主义思想时,着重宣传和介绍了他的泛劳动主义。比如,我们上面提到的1918年创办的《劳动》月刊,就发表过一篇《托尔斯泰之勤劳生活》的文章,作者"顽石"在文中写道:"托氏以为人生必有所需,始得生活,而所需之供给,不能无自而来,必因乎劳动,始有生产,故劳动为生产之根源,亦即人生之至德。假若安坐而食,惰不作工,或不事生产,而需享兼人之供奉者,实为天下之大恶。"①五四运动后,随着社会主义思潮的涌入,宣传和介绍托尔斯泰的泛劳动主义的文章更加增多。有的认为托尔斯泰的泛劳动主义主张人人劳动,不劳动者不得食,这样"劳心劳力的分工制度打破了,人人都肯劳动了,无所谓治者与被治者的阶级了,社会上就没有阶级斗争这个名词了,这岂不是人民全体的幸福吗?"②有的对托尔斯泰把土地分给农民、自己过着一种勤劳寡欲的简朴生活表示赞誉,说他"本来就是一个好的劳动者,未尝一刻间断,他却责备自己懒惰,须得另做那耕田和制靴诸种肉体劳动的事"③。"我们中国的少年,要改造'少年中国'",就要像托尔斯泰那样,"与农民打成一气"。④

正是在托尔斯泰的泛劳动主义以及其他思想(如克鲁泡特金的无政府主义)的影响下,北京曾出现过"工读互助团"和北京高等师范学校的部分在校学生和毕业生发起成立的"工学会"等团体,进行所谓的"工学主义"(亦即工读主义)的实践,即一面做工,一面学习,但不久也以失败而告结束。

5. 克鲁泡特金的无政府主义 克鲁泡特金是俄国的地理学家,著名的无政府主义者,其无政府主义的理论基石是他1902年出版的《互助论》一

① 顽石:《托尔斯泰之勤劳生活》,《劳动》第1卷第3号,1918年5月20日。
② 周长宪:《劳工之意义及价值》,《国民》第2卷第2号,1920年6月1日。
③ 若愚:《与左舜生书》,《少年中国》第1卷第2期,1919年8月15日。
④ 若愚:《致夏汝诚先生书》,《少年中国》第1卷第2期,1919年8月15日。

书。该书认为，动物界和人类社会演化和发展的基本法则不是弱肉强食，生存竞争，而是种族互助，互助的生存，不互助的淘汰。互助是从动物到人类的一种普遍的本能的情感，正是它促进了物种的生存、繁衍和进化，人类社会也将在互助中实现"正义""平等""自由"和"各尽所能，各取所需"的"共产主义社会"。

早在 20 世纪初，中国的无政府主义者在介绍克鲁泡特金的无政府主义学说时就介绍过他的互助论。然而由于当时达尔文的进化论学说是中国最主要的社会文化思潮，在思想界居于统治或支配的地位，加上中国无政府主义者介绍互助论的文章都发表在国外办的刊物《新世纪》和《天义报》上，而《新世纪》和《天义报》因清政府的查禁在国内很难见到，所以，克氏的互助论对国内思想界没有产生任何影响。[1]但到了第一次世界大战结束前后，亦即五四运动前后，出于对战争的反思，克鲁泡特金的无政府主义思想，尤其是他的"互助论"，在中国思想界很快流传开来。据对"五四"前后 28 种报刊的粗略统计，共发表宣传、介绍互助论的文章就达 166 篇之多，其中发表在无政府主义刊物上的有 68 篇，发表在《东方杂志》等其他刊物上的有 98 篇，蔡元培、李大钊、沈玄庐、恽代英、李石曾、杜亚泉、高一涵、邵力子、戴季陶等一些有影响的思想人物都发表过宣传和介绍克鲁泡特金的"互助论"的文章（详见本书第十一章的第一节第三子目"第一次世界大战引起的中国思想文化的变动"的相关内容）。

6. 德国社会民主党的国家（民主）社会主义 1918 年，在俄国十月革命的影响下，德国发生十一月革命，以谢德曼、艾伯特为代表的德国社会民主党的右翼掌握了政权，并于 1919 年成立了德意志共和国，不久又宣布将铁路、矿山等收归社会所有，成立厂矿、地区和全国的工务劳动者会议，以保护工人的社会经济利益，实行所谓的国家（民主）社会主义政策。

此时，正值张君劢第二次欧游期间，由于其本身懂德语，德国社会民主党的内外政策，尤其是它的国家（民主）社会主义就不能不引起他的注意。[2]于是，他就把欧游期间接触到的德国宪法和其他法律（或草案）译成中文

---

[1] 有关互助论在清末的传播情况，参见吴浪波《互助论在清末的传播与影响》,《中州学刊》2005 年第 3 期。

[2] 郑大华：《张君劢传》，中华书局，1997，第 76 页。

以饷国人，相继有《德国革命论》《德国宪法全文》《德国新共和宪法评》《德国工务会议法之成立及实行》《德国工务会议法法律译文》《社会所有之意义及德国煤矿社会所有法草案》等文章在《解放与改造》上发表，成为德国社会民主党的国家（民主）社会主义在中国最早也是最主要的宣传和介绍者。在这些文章中张君劢对于德国革命后建立的共和国以及魏玛宪法评价极高："吾尝于世界数十国之宪法中，求其可以代表一时代者有三，曰，一七八七年之美国宪法；曰，法国第一革命之宪法；曰，德之新宪法。美宪法所代表者，十八世纪盎格鲁撒逊民族之个人主义也；法国宪法所代表者，十九世纪民权自由之精神也；今之德宪法所代表者，则二十世纪社会革命之潮流也。"①然而，同样是建立了共和国，德国半年之内完成了国家机关的改造和宪法的制定，而比德国早六七年建立共和国的中国，却是至今军阀混战一事无成，张君劢不仅感慨道："吾所不能得于七八年之间者，而彼乃能得之于七八月之间，此吾所以愿吾国民将德国第一期之共和建设史书万遍读万遍也。"②显然，张君劢认为中国应该向德国学习，制定宪法，走国家（民主）社会主义的道路，这是他竭力向中国输入德国社会民主党的国家（民主）社会主义的主要目的。

根据张君劢对德国社会民主党的国家（民主）社会主义的理解，他认为所谓社会主义，无非"社会所有而已"。具体来说，它包括三个方面的内容："土地与生产机关之公有，一也；公共管理，二也；以利益分配于公众，三也。此三者，社会主义之必要内容也。"③张君劢还进一步就社会主义这三个方面的内容及相互关系作了说明。他指出：社会主义的目的是要解决社会不公，而社会不公起于私有财产，正是私有财产才造成贫者愈贫，富者愈富，法律上虽号称四民平等，但实际上不平等无过于今日资本主义社会的现象。因此，欲挽此积弊，其不二法门便是废除私有财产制度。然而，私有财产种类甚多，例如衣服、图书、服御之具等都是私有财产。这些虽为私有财产，却与贫富悬殊之因没有多大关系，与贫富悬殊之因真正有关

---

① 张君劢：《德国新共和宪法评》，《解放与改造》第2卷第9号，1920年5月1日。

② 张君劢：《德国革命论》，《解放与改造》第2卷第3号，1920年2月1日。

③ 张君劢：《社会所有之意义及德国煤矿社会所有法草案》，《改造》第3卷第11号，1921年11月1日。

系的，无过于生产机关，如土地、森林、电报、铁路以及其他种种大工业，这些都是生计上所谓的租与利的来源，所以应当首先归于公有。既然生产机关已归公有，那么其经营管理权也就非归公共团体不可。因为公共团体以社会公益为目标，它与私人经营只专图一己私利迥然不同。概而言之，由公共团体经营有以下三点好处：一是生产集中，少竞争之弊；二是供给需求，容易觉察，不至引起失业或生产过剩，发生经济恐慌；三是当生产能满足社会需求时，则可减少工人的工作时间，使他们得到更多的休息，"从容度日"。至于经营方式，他指出，在俄（国）、德（国）革命之前，主要是国有或市有或地方所有，俄、德革命之后，除国有或市有或地方所有外，又有所谓的生产自治团体之说，即按行业组成自治团体，其管理之权，由生产者、消费者、工主、工人和国家共同负责，而利益所入，则归之于全国。因这两方面的内容，也就决定了其企业生产的赢利所得和私人企业的赢利所得不同，不是归于私人企业主，而是归于公共团体，除部分作为工资付给管理人员和工人外，其余则用于社会福利，如发展教育，以增长人民知识，设养老金，使老幼皆有所养，等等。就此而言，他指出，社会主义的精神实质，不外"尊社会之公益，抑个人之私利"而已。[①]

7. 马克思的科学社会主义　早在清末民初，一些先进的中国人在介绍马克思、恩格斯的学说时，就零星地介绍过他们的一些科学社会主义的思想。但科学社会主义在中国较为系统地传播，则是俄国十月革命之后，借用毛泽东的话说："十月革命一声炮响，给我们送来了马克思列宁主义。"随着马克思主义一起送来的，当然还有他们的科学社会主义思想。由于这一问题我们在这一章中辟有专节加以讨论，在此不拟展开。

除上述这些社会主义流派外，新文化运动时期的思想界还对其他一些社会主义流派做过介绍。如《解放与改造》就发表过 4 篇介绍早期空想社会主义的文章，前三篇主要介绍了傅立叶、欧文、圣西门三位空想社会主义史上重要代表人物的生平、主要著作以及社会构想；第四篇《乌托邦丛谈》则在列举了从远古到近代 20 余种空想社会主义相关著作后，以连载形式重点介绍了古希腊哲学家、传记作家普卢塔克的《利古尔古斯传》（即卢库卢斯

---

① 张君劢：《德国新共和宪法评》（一续），《解放与改造》第 2 卷第 11 号，1920 年 6 月 1 日。

Lucullus），古希腊哲学家柏拉图的《理想国》（重点介绍了第一卷讨论正义
及理想国家），英国政治家和思想家莫尔的《乌托邦》，意大利思想家康帕
内拉的《太阳城》，英国哲学家弗朗西斯·培根的《新亚脱兰氏斯》（即《新
西特兰提斯岛》）等著作。而《东方杂志》和《每周评论》则对国家社会主
义做过一些介绍。杜亚泉在一篇文章中就认为国家社会主义"主张于现代
国家之下改良社会组织，调剂资本阶级与劳动阶级，俾即于平均"。他甚至
将当时的欧美社会党也归于此派："今日欧美诸国号称社会党之政党，大抵
属于此派。"① 当然，也有人提出了不同的意见，认为国家社会主义"此派
为马格斯 Marx 辈所主张"，而"现今的俄国布尔扎维克似近于国家社会主
义一派，非互助的无政府主义"。② 还有一些人认为国家社会主义与"集产
主义"是相同的："集产主义是完全要从国家实现社会主义，即所谓国家社
会主义"，"在集产主义之下，国家管理一切产业；把统一代分裂，把集合
意思代个人意思；不要求产业别的社会的管理，却要求囊括一切的国家的
管理"。③

三、社会主义思潮涌入的特点

综观"五四"前后社会主义思潮的涌入，具有以下三个鲜明的特点：

第一，系统、全面、深入地介绍各社会主义流派。对社会主义流派的宣
传介绍是非常系统的，几乎各种流派都有人介绍、宣传，更多的人采取翻
译原著、原文的方式来译介社会主义。从宣传的过程来看，最开始人们只
是对社会主义有一个模糊的概念，对社会主义、无政府主义、共产主义等
观念并没有一个明确的区分，而随着第一次世界大战的发生、欧洲社会主
义思想与运动的进行，人们不但区分了这些概念，还根据各自的喜好就某
一流派进行介绍。就我们现在看到的这一时期的宣传社会主义的文章来看，
结合社会主义涌入中国的途径的分析，这种宣传与介绍是很有系统的。而
且，当时的知识分子很注重引进西方的原著，报刊上翻译的文章、节译的
书籍以及整本翻译出版的书籍比比皆是。

---

① 君实：《过激思想与其防止策》，《东方杂志》第 16 卷第 6 号，1919 年 6 月 15 日。
② 若愚：《无政府共产主义与国家社会主义》，《每周评论》第 18 号，1919 年 4 月 20 日。
③ 虞裳：《基尔特社会主义（Guild Socialism）》，《解放与改造》第 1 卷第 3 号，1919 年 10 月 1 日。

第二，流派繁多，呈现出争鸣态势。时人对于各流派的宣传介绍不仅仅系统、全面，也更加深入，不仅是介绍某派的主张，同时还对相关的观点进行辨析，分析其特点、利弊，知识分子对社会主义思想各有各的选择。而"五四"前后，人们热心于宣传、介绍社会主义思想，寄希望于社会主义以解决当时中国社会困顿的局面。在这个过程中，由于宣传者的知识背景、生活背景等的差异，他们面对本身就流派纷杂的社会主义思想时，在选择何种社会主义思想作为解救困局的方案这一问题上，出现了分歧。于是，各派学者各抒己见，引发了一些争议。这些争议的出现是值得我们思索的。

第三，具有很强的目的性。爱国主义思想是中国近代史上的一条主线，近代中国的仁人志士们一直在探索拯救中国的道路。而在目睹西方经历第一次世界大战陷入迷惘状态后，中国人的西方文明之梦可以说在一定程度上破产了。人们在考虑什么才是中国的出路所在时目光投向了社会主义。20世纪初人们介绍社会主义时还只是将其作为西方新兴的社会思潮的一种来看待，然而，第一次世界大战后，人们已经视它为解救中国社会之良药了。而知识分子们之所以各有各的主张也是因为他们都认为他们所选择的那种社会主义思想才是拯救中国的最合适的道路。我们现在看来，这些知识分子介绍社会主义思想最开始并不是对它有一种"信仰"，而只是要把它作为一个拯救中国于危难之中的"工具"。他们的目的性是非常明显的。

第二节　空想社会主义的实践及其失败

随着各种社会主义思想的涌入，尤其是新村主义、工读互助主义等空想社会主义思想的传入，并受日本等国空想社会主义实践活动的影响，新文化运动时期的中国也出现了空想社会主义的实践活动，但这些实践很快就归于失败。空想社会主义的实践及其失败，使人们认识到，在现存的社会制度下，点滴的社会改革是行不通的，空想社会主义根本就没有任何实现的可能性。于是他们中的一些已初步具有共产主义思想的知识分子，开始进一步研究和信仰科学社会主义，并成为中国的早期马克思主义者。

一、王光祈和他的"中国式……主义"

前已论及，新村主义曾对不少青年学生以及一些早期的马克思主义者产生过重要影响，有的人甚至还像武者小路实笃一样，建立新村，进行实践。1920年春，墨西哥归国华侨余毅魂、陈视明等人，在江苏昆山县子红村买了25亩地和一头耕牛，盖了一栋房子，建立起一个"知行新村"。他们组织一批志同道合者，共同劳动，共同学习，想以此作为改造中国社会的实验地。尽管"知行新村"得到了不少人的赞同，还有很多人去参观取经，比如，陈独秀就曾参观过"知行新村"，他还和张东荪、蔡元培、吴稚晖等人一起打算出资赞助建立一所"启新农场"，以推动新村运动的发展，但最后还是不了了之。也是在1920年，一位名叫王拱璧的青年在河南西华县孝武营建了一所"青年村"，想以此来实现"人人有劳动，家家有地种，贫富有饭吃，男女有权柄"的理想社会。"青年村"虽然前后存在了6年之久，但最后还是以失败而告结束。

在当时各种各样的新村实践活动中，王光祈所设计的"菜园新村"最具有它的典型意义。

王光祈（1892—1936），别名若愚，字润玙，四川温江县人，小时家庭较为穷困，1914年入北京大学学习法律，1918年毕业后，先后任成都《群报》和《川报》驻京记者。1918年6月30日，他和李大钊、周太玄、曾琦等人发起成立"少年中国学会"，并被推举为筹备部主任；1919年7月1日，"少年中国学会"正式成立，他又被推举为执行部主任。

和那时不少青年人一样，受第一次世界大战后西方世界高涨的社会主义运动尤其是十月革命的影响，王光祈也成了一位社会主义的向往者，用他自己诙谐的话说："因留意世界大势，不知不觉就中了社会主义的魔术了。"[①]但他的社会主义思想是各种空想社会主义思想的大杂烩，他自己就说过，他的社会主义"不是单刀直入的，是旁通博采的，不是主张一派的，是比较各派的"[②]。其中有新村主义、泛劳动主义、工团主义、无政府主义，同时还糅合进了中国传统文化中的老庄的出世主义、墨家的兼爱主义、儒家的

①《王光祈致君左》，《少年中国学会会务报告》第4期，1919年6月1日。
②《王光祈致幼椿、太玄》，《少年中国学会会务报告》第4期"会员通讯"，1919年6月1日。

大同思想等。所以，他的社会主义思想很难归于哪一派，他也清楚这一点，并说：自己的社会主义思想"如果没有适当的名称，就叫他为中国式……主义"①。

王光祈在杂糅各家各派思想的基础上形成了"中国式……主义"后，即将它付诸社会实践。1919年7月2日，左舜生在上海《时事新报》副刊《学灯》上发表提倡新村主义的文章《小组织之提倡》，受到人们的关注。王光祈看到这篇文章后，异常兴奋，"喜欢的连吃饭都忘了"，并很快提出了自己的新村蓝图——菜园新村的方案。其具体设想是：

（1）菜园设置。菜园的位置要离城不近不远，四五里路最合适。同时，菜园的面积也要不大不小，够十几个人种植就行了。菜园的中间建造十多间房子，分楼上楼下两层，楼上做书房、阅报室、办公室、会客室、藏书室、游戏室等，楼下做卧室和饭厅。房子后面要建一个球场，并在园子的周围开挖出一条小溪，溪边种植柳树，柳树旁就是竹篱笆围起来的菜园。

（2）作息时间。每天种菜2个小时，读书3个小时，译书3个小时，其余的时间用来做游戏和阅读报纸。为什么每天要花3个小时来译书呢？他解释说："因为读书种菜都是偏于个人的；如今要想对于社会稍稍尽力，因有多译书籍，介绍欧化，以革新一般人的思想。我们会员（指'少年中国学会'会员——引者）大概都懂外国文字，此事很易办理。……所译书籍除去纸张印刷费用外，所赚的红利，以一半作为译者的津贴，以一半作为共同生活的费用。"他又说："我们会员现在散居各国，关于世界消息，我们是很灵通的。各国若有新书出版，他们立刻就与我们寄来，我们立刻就把他翻译出来，印刷出来。……我们就是文化交通上的'火车头'！"②

（3）附设学校。菜园中要附设一所平民学校，居住在附近的农民子弟可以免费到学校读书。每逢星期天将附近农民聚集起来，向他们发表演讲，演讲之后，或放幻灯片让农民看，或放留声机让农民听，以便让他们快活起来。

王光祈企图通过创办菜园新村这种方式，来实现改造中国的伟大目的。

---

① 《王光祈致君左》，《少年中国学会会务报告》第4期，1919年6月1日。
② 若愚（王光祈）：《与左舜生书》，《少年中国》第1卷第2期，1919年8月15日。

他在给朋友的一封信中乐观地写道："我们在乡间，半工半读，身体是强壮的，脑筋是清楚的，是不受衣食住三位先生牵制的。天真烂漫的农夫，是与我们极表示亲爱的。我们纯洁青年，与纯洁农夫打成一气，要想改造中国，是狠容易的。"① 因此，他向那些和他一样对新村主义充满期望的广大青年发出呼吁："我现在觉得我们新生活园里的花儿、草儿、鸟儿、蝶儿正在那里盼望我们，我们没要再作纸上的空谈了，赶快实行我们神圣的生活。"②

然而，尽管王光祈对菜园新村的设计很周到也很完美，对其目的的实现充满乐观，但实际操作起来则困难重重。首先，办菜园新村需要一定数量土地，土地从哪儿来？其次，根据设计，菜园新村的居民都是一些具有翻译能力的知识分子，这些知识分子长期居住在城市，习惯了都市生活，要他们下乡与农民打成一气，谈何容易？因此，王光祈不得不改变主意，放弃了在农村设立菜园新村的设想，而将其设想转移到了城市，想在城市中建立他的"中国式……主义"的新生活。这便有了工读互助运动的兴起和消失。

二、工读互助运动的兴起和消失

1919 年 12 月 4 日，王光祈在北京《晨报》上发表《城市中的新生活》一文，他说："数月以前我与左舜生君讨论组织新生活问题，注重乡间的新生活。今天我所提倡的是城市中的新生活。"他认为，比起乡间的新生活，城市中的新生活更容易实现些。"因为'新村'须要有土地，而且我们现在生活的根据，又在城市。所以这种主张比较切实可行，更为需要。"③受当时兴起的工读主义思潮的影响，他主张将"城市中的新生活"团体，称之为"工读互助团"。

工读主义思潮发轫于第一次世界大战期间的留法勤工俭学运动。五四运动之前，它以组织国内青年到法国一边劳动，一边学习，以便日后回国报效国家为职志，基本上属于教育救国思潮。五四运动后，随着社会主义思潮的兴起和知识分子中"劳工神圣"呼声的高涨，工读主义希望通过半

---

① 若愚（王光祈）:《与左舜生书》,《少年中国》第 1 卷第 2 期, 1919 年 8 月 15 日。
② 若愚（王光祈）:《与左舜生书》,《少年中国》第 1 卷第 2 期, 1919 年 8 月 15 日。
③ 王光祈:《城市中的新生活》,《少年中国》第 1 卷第 7 期, 1920 年 1 月 15 日。

工半读这种"新的生活"方式，来打破体力劳动与脑力劳动、剥削阶级与被剥削阶级的差别，建立起一种"人人劳动，人人读书，没有剥削和压迫"的理想社会，从而转变成了一种社会改造思潮。当时宣传工读主义的刊物，主要有《劳动》《工学》《工读》《曙光》《觉悟》《觉社新刊》《民国日报》《北京大学学生周报》《平民教育》《星期日》等，不少青年学生、大学教师，甚至一些早期的马克思主义者都曾接受或宣传过工读主义。比如，创刊于1920年1月的天津《觉悟》，就发表过经天津学生组织觉悟社社员反复讨论、由周恩来执笔的《工读主义》一文。这篇长达2万多字的文章，对工读的范围、种类和方法都有十分周密的讨论与设计。

正因为有工读主义的思想基础，王光祈的《城市中的新生活》一文在《晨报》刊出后，立即得到了社会的热烈响应。两三天内，他便收到了"数十位同志来信愿从事此种生活；一星期后外省亦有许多同志来信讨论此事"①。北京大学校长蔡元培，以及陈独秀、李大钊、胡适、周作人、高一涵、张申府等一大批大学教授、文化名人和社会名流，不仅表示对王光祈倡议的支持，而且还参与"工读互助团"的发起工作，积极为"工读互助团"联名募捐。②

只经过短短的十几天的筹备，1919年底北京工读互助团便宣告正式成立了。其《简章》除规定了工读互助团的宗旨（"本互助的精神，实行半工半读"）和工作时间（"团员每日每人必须工作四小时。若生活费用不能支持，得临时由团员公议加增工作钟点"）外，还做了如下一些具体规定，王光祈又对这些规定做了进一步说明。

第一，所得公有。"工作所得，归团体公有。"用王光祈的话说，工读互助团的"工作所得必须归团员公有。团体的盈虚利害，便是团员的盈虚利害，团员的痛苦幸福，便是团体的痛苦幸福，因为团员是团体的一部分"。③

第二，各尽所能。工读互助团的"工作以时间为标准，不以工作结果为标准，譬如甲只要两点钟便可织一匹布，乙需要四点钟始可织一匹布，但是甲仍然应该作四点钟的工，以尽其所能。至于工作有难易轻重之别，宜

---

① 王光祈：《工读互助团》，《晨报》1919年12月4日。
②《工读互助团捐款启事》，《新青年》第7卷第2号，1920年1月1日。
③ 王光祈：《工读互助团简章》，《少年中国》第1卷第7期，1920年1月15日。

随时轮流交换工作，以均劳逸"①。

第三，团体供给。工读互助团"团员生活必需之衣食住，由团体供给"。"团员所需之教育费、医药费、书籍费，由团体供给，惟书籍系归团体公有。""现在团体对于团员所供给的各种费用，尚略有限制。将来办理久了，已养成互助习惯，便可由团员自由取用，以实行'各取所需'的原则。"②

就《工读互助团简章》的上述规定和王光祈的说明来看，它具有浓厚的空想社会主义的理想色彩。王光祈本人也毫不掩饰他创办"工读互助团"的目的，就是要以这种"城市中的新生活"将中国改造成为一个"各尽所能，各取所需"的理想社会。他在《工读互助团》一文中宣称："工读互助团是新社会的胎儿，是实行我们理想的第一步……若是工读互助果然成功，逐渐推广，我们'各尽所能，各取所需'的理想渐渐实现，那么，这次'工读互助团'的运动，便可以叫做'平和的经济革命'。"③又说："将来办理久了，已养成劳动互助习惯，所有一切简章规约皆可废止。我们以后的生活；便是，'日出而作，日入而息，凿井而饮，耕田而食，帝力——政府——于我何有哉！'④

北京工读互助团成立的消息一传开，报名要求加入者就络绎不绝，除了北京的青年学生外，还有外地的青年学生，如俞秀松、施存统、周伯棣和傅彬然等，就是从杭州赶来的。由于条件的限制，最后只招收了其中的一小部分人，分为4个小组。第1组设在北京大学附近的骑河楼斗鸡坑7号，团员13人，按工作性质分为食堂、印刷、英文专修、洗衣和电影5个分组，开办费523元。食堂，设在北京大学第二斋对门，取名为"俭洁食堂"。印刷的业务主要是印信封和信纸。英文专修的业务是当家庭教师，补习英语。洗衣，每天可洗60件左右的衣服。电影，每星期在女高师放一次，在北大第二院放两次，在北高师放两次。第2组设在西城的翠花街北狗尾巴胡同5号，团员11人，按工作性质分为平民消费社、平民补习学校、小工艺、厨房和洗衣5个分组，开办费400元。平民消费社的业务主要是贩卖书报、文具、化妆品、食物等。小工艺的业务主要是生产洗发剂、牙粉、

---

① 王光祈:《工读互助团简章》,《少年中国》第1卷第7期,1920年1月15日。
② 王光祈:《工读互助团简章》,《少年中国》第1卷第7期,1920年1月15日。
③ 王光祈:《工读互助团》,《少年中国》第1卷第7期,1920年1月15日。
④ 王光祈:《工读互助团简章》,《少年中国》第1卷第7期,1920年1月15日。

润面膏等。厨房的业务主要是做面包。第 3 组全是女生，所以又称"女子工读互助团"，并根据该组全是女生的特点制定有《第三组工读互助团简章》，团员有十余人，按工作性质分为织袜、缝纫、刺绣、小工艺（生产墨水、信纸、信封、帽子、毛巾等）、贩卖商品及书籍等分组，开办费 300 元，地址设在东城的东安门北河沿 17 号。第 4 组因是后来增设的，开办较晚，1920年 2 月 4 日才正式成立，设在景山东街松公府夹道 8 号，团员十余人，他们全是法文专修馆学生，原打算去法国勤工俭学，后因种种困难未能成行，于是决定先留在北京实行工读生活。他们开了一个食品店，取名"劳食轩"，也就是"自食其力"的意思。

　　北京工读互助团的成立，也立即引起了社会各界的广泛关注。许多报刊都对它的成立及其活动进行了报道。《上海周刊》第 1 卷第 2 期发表了一篇《要整理实会非提倡"工读互助"不可》的文章，称赞北京工读互助团的成立"是极好的一桩事"，如果全社会都实行工读的话，那么，"那社会上的腐败和恶浊可以完全打消"。北大校长蔡元培在北京工读互助团成立伊始，便在 1920 年 1 月 1 日出版的上海《时事新报》增刊上发表《国外勤工俭学会与国内工学互助团》一文，认为"理想的世界，就是全世界的人都能合于'各尽所能，各取所需'的公则"。不久，他又应王光祈的约请，撰写了《工学互助团的大希望》的文章，发表在《少年中国》第 1 卷第 7 期上。他写道：北京工读互助团的"宗旨与组织法，都非常质实，要是本着这个宗旨推行起来，不但中国青年求学问题有法解决，就是全中国最重大问题，全世界最重大问题，也不难解决，这真是有大希望的"[1]。作为北京工读互助团的发起人之一，胡适虽然认为工读互助团"不过是靠自己的工作去换一点教育经费，是一件极平常的事，——美国至少有几万人做这事"，因而"算不得什么'了不得'的新生活"，但他还是给了工读互助团的成立以极大的肯定："因为中国学生向来瞧不起工作，社会上也瞧不起作工的人"，工读互助团以"一种挂起招牌的组织也许可以容易得到工作，也许还可以打破一点轻视工人的心理"[2]。毛泽东第二次到北京时，还于 1920 年 2 月专程参观

---

① 蔡元培：《工学互助团的大希望》，《少年中国》第 1 卷第 7 期，1920 年 1 月 15 日。
② 胡适：《工读主义试行的观察》，《新青年》第 7 卷第 5 号，1920 年 4 月 1 日。

了女子工读互助团，在写给朋友的信中他对女子工读互助团赞赏有加，"觉得很有趣味"①。

在北京工读互助团的影响下，全国很快形成了一个创办工读互助团的运动。1919年南京师范学校32名学生发起组织"工读互助团"。②次年1月初，"工读印刷社"在天津发起成立。③武汉不仅有与"工读互助团性质相近"的"利群书社"④，1920年2月，"利群书社"的恽代英等人又发起成立了"武昌工学互助团"⑤。同月27日，上海工读互助团召开筹备会议，陈独秀、王光祈、张国焘、戴季陶、康白情等各界代表20余人参加讨论，并筹划在复旦、南洋等校附近建立"上海工读互助团"，吸纳青年学生参加。上海工读互助团的宗旨和北京工读互助团的宗旨一样，要"使上海一般有新思想的青年男女，可以解除旧社会、旧家庭种种经济上意志上的束缚，而另外产生一种新生活新组织出来"⑥。在此前后，还有北京中国大学教工发起组织的"中大工读互助团"⑦、北京铁路管理学校学生发起组织的"毅士工读互助团"⑧、广州女界发起组织的"粤女工学互助团"⑨、部分在上海的湖南学生发起组织的"沪滨工读互助团"⑩、扬州第八中学部分教师和学生发起组织的"扬州工读互助团"等工读互助团宣告成立⑪。

工读互助团运动，其兴起也勃焉，其消失也忽焉。北京工读互助团成立不久，就遇到了较大困难。开始时，团员们对这种"各尽所能，各取所需"的半工半读的生活还颇有兴趣，以为"无政府、无强权、无法律、无宗教、无家庭、无婚姻的理想社会，在团里总算实现一部分了"，所以"精

① 毛泽东：《致陶毅信》，载中共中央文献研究室、中共湖南省委《毛泽东早期文稿》编辑组编《毛泽东早期文稿 1912.6—1920.11》，湖南出版社，1990，第467页。
②《社会服务问题——演剧——办工读互助团》，《时事新报》副刊《学灯》，1919年12月30日。
③《工读印刷社征求社员启》，《时事新报》副刊《学灯》，1920年1月6日。
④《恽代英复王光祈》，《少年中国》第2卷第12期，1921年6月。
⑤《武昌工学互助团组织大纲》，《时事新报》副刊《学灯》，1920年2月2日。
⑥《上海工读互助团募捐启》，《时事新报》1920年3月7日。
⑦《又一个工读互助团》，北京《晨报》1920年2月12日。
⑧《工读互助发达》，北京《晨报》1920年2月12日。
⑨《粤女工学互助团》，北京《晨报》1920年3月22日。
⑩《"工读互助"的意义》，《民国日报》副刊《觉悟》，1920年4月13日。
⑪《新闻》，《解放画报》第1期，1920年5月4日。

神上很有几天愉快"。① 但没过几天，他们便"愉快"不起来了。首先，经济上遇到了较大的困难。北京工读互助团的开办费主要来源于募捐，但其他费用（如生活费、学费和平常的其他一些开支）则要靠团员们打工收入来解决的。团员们大多是青年学生，从来没有干过洗衣、做饭、缝纫、贩卖这些活，没有一技之长，而当时中国的劳动力又非常廉价，所以他们干半天活的收入根本满足不了他们经济上的实际需要，加上他们又不善于经营管理，本来能够发挥他们优势的工作，最后也是以赔本下场。比如电影，"办了一个多月……看的人多少也很不一定。如果看的人少，还是要赔本的……加以一连好几天生意冷落，不得已只得停止了"；补习英语，这应是他们强项，也能挣钱，但他们认为这是脑力劳动，而非体力劳动，因而没有人"愿做"。② 其次，思想上发生了较大的分歧。据曾是北京工读互助团第1组团员的施存统讲，他们团里很有几个爱发议论的人，所以每发生一个问题，都会有很激烈的辩论。"因为讨论共产问题，主张不合，自愿退团者五人"，"后来讨论家庭问题，退团者也有一人"。③ 此外，很多人都是凭一时热情或冲动加入工读互助团，他们根本没有做好过集体主义或"共产"生活的思想准备，他们向往的是一种自己不管别人、别人也不管自己的自由自在的生活，所以，集体主义的劳动和生活对他们中的一些人来说是无法忍受的，其结果只能选择退出。1920年3月23日，北京工读互助团第1组首先解散。接着，其他各小组以及各地的工读互助团也相继以解散而宣布结束。"沪滨工读互助团"虽然勉强维持到1921年初，但最后也不得不发表解散宣言——《呜呼！工读互助团》。曾经轰动一时的工读互助团运动，就这样像流星似的在中国的历史舞台上迅速地消失了。

三、空想社会主义实践失败后的反思

我们前面已经讲到，无论是新村运动，还是工读互助团运动，都对不

---

① （施）存统：《"工读互助团"底实验和教训》，《星期评论·劳动纪念号》第7张，1920年5月1日。

② （施）存统：《"工读互助团"底实验和教训》，《星期评论·劳动纪念号》第7张，1920年5月1日。

③ （施）存统：《"工读互助团"底实验和教训》，《星期评论·劳动纪念号》第7张，1920年5月1日。

少青年学生，甚至一些早期的马克思主义者产生过重要影响。但工读互助运动从兴起到消失，前后还不到一年，多数工读互助团只存在几个月时间。曾经热闹一时的工读互助运动为什么很快就失败了？不同的人有不同的看法。1920 年 4 月 1 日出版的《新青年》第 7 卷第 5 号，开辟了一个《工读互助团问题》的专栏，刊发胡适、戴季陶、李大钊、王光祈、陈独秀等人讨论北京工读互助团失败之原因的文章。

作为北京工读互助团的发起人之一，胡适认为北京工读互助团的计划最根本的错误就在于没能忠于"工读"，而把关注点放在了"新生活"和"新组织"的实验上，只做了一个"工"的计划，而没有做"读"的计划，所以开办后，只做到了"工"的一小方面，"读"的方面就根本没有做。实际上在他看来，"工读主义只不过是靠自己的工作去换一点教育经费，是一件极平常的事，——美国至少有几万人做这事——算不得什么'了不得'的新生活"，他开始时之所以赞成这种有组织工读互助活动，是"希望用组织来帮助那极平常的工读主义，并不希望用这组织来'另外产生 种新生活新组织'"。[①] 胡适从纯粹的工读主义立场出发，否定了工读互助团新生活和新组织实验背后的社会革新与乌托邦追求。李大钊虽然也赞成胡适的观点，认为"在都市上的工读团，取共同生活的组织，是我们根本的错误"，"工读团要维持，还是采取纯粹的工读主义才是"，但他并不否认实行"新生活"和"新组织"实验的意义，只是鉴于"都市的地皮、房租这样富贵，我们要靠资本家给劳动者的工资和商卖小业的蝇头，维持半日读书半日作工的生活，那里能够？"这一事实，认为在城市里实行"新生活"和"新组织"实验是根本不可能的，他因而建议那些想"实行一种新生活的人，可以在乡下购点价廉的地皮，先从农作入手"。[②]

曾翻译过《资本论解说》，对马克思主义政治经济学和唯物史观有一定了解的国民党元老戴季陶则不赞成胡适的观点。在他看来，胡适"是用普通苦学的意思，来解释工读主义"，所以胡适把北京的工读互助团看成是欧美各国的"一面做工，一面读书"的苦学运动，但实际上，北京的工读互助团

---

① 胡适：《工读主义试行的观察》，《新青年》第 7 卷第 5 号，1920 年 4 月 1 日。
② 李守常：《都市上工读团底缺点》，《新青年》第 7 卷第 5 号，1920 年 4 月 1 日。

与欧美各国的苦学运动是不同的，欧美各国的苦学运动是"一种单纯的苦学，最初就只是为了个人经济上的缺乏，并没有含得有甚么理想"，而"北京的工读互助团就不然了"，发起者和参加者都不是仅仅为了"工读"而成立和参加工读互助团的，他们是"为了思想与生活的不一致，要想用这工读互助，来做解决的方法"，这其中包括"婚姻问题""财产问题""自由恋爱"和"协作共享"等问题。所以，我们"不能因此便说他们要解决'婚姻问题'、'财产问题'不对，更不能在他们的理想上面，便去加上武断两个字"。戴季陶认为，导致"工读互助团"失败的原因，不是胡适所说的没采取纯粹的工读主义，而是由于财产私有、大机器生产与资本化社会，一句话，由于资本主义制度。因为现在是工业机器的时代，这一时代所产生的资本主义的工业制度，使"从前那些手工业，工场手工业，都一步一步的立在劣败的地位去"，从而导致了大量手工业者、工场手工业者的失业，"多一家大工业发生，就同时发生许多失业者"。由于失业者的增多，某一种职业可能有许多人去竞争。"在这以自由竞争的原则支配商品的社会里面，劳动力也是一种商品，并且是一种很广泛的商品，所以也不能不受自由竞争的支配。"而工读互助团"是要以团员的劳动，支付团员的生活，那么当然是要受上面所讲的商品原则支配……市场上劳动力的价格，当然支配住团员生产品的价值，同时就支配着团员劳动力的价值。市场上的手工业工人的生活难，就是工读互助团团员的生活难，因为现在工读互助团里的设备，并不是机器工业的设备，还是手工业的设备"，加上团员们没有工作经验，熟练程度差，协作更不流畅，这就必然要影响到他们的劳动效率，工读互助团本来规定每天 4 个小时劳动，但因劳动效率低不得不增加到 6 个小时、8 个小时，甚至 10 个小时，但还是解决不了"生活难"这一问题。所以工读互助团的失败是必然的。戴季陶认为，在资本主义的工业制度占统治地位的工业机器时代，"如果不想改革社会即已——要想改革社会，决没有只做一个小部分的工夫，可以做得到的"。而"'工读互助'，是一个普通的理想，要实现这一个理想，只有对着全社会的改造事业上去作工夫"。否则，是不可能成功的。故此，他向"有思想有勇气的青年所提出的一个唯一的办法"，就是"投向资本家生产制下的工场去"，走进工场，"谋工场劳动者的团结"。因为"时间问题、工银问题、幼年保护问题、妇女保护问题、社会的保险、劳动者住宅、教育、娱乐、慰安，这些问题的各个解决，都是只有靠劳动者的团结和奋斗才可以解决得来的"。①

王光祈是工读互助运动的发起者和倡导者，他认为"工读互助团"失败的主要原因，"全是人的问题"。因为"团中有许多团员是很了解工读互助主义的，但是不肯实行工作。亦有许多团员是很能实行工作的，但是对于工读互助主义却不十分了解"。团员不肯工作，这就违背了"大家作工来维持大家的理想生活"这一"工读互助团的根本要义"，也自然会引起经济的危机；团员不了解工读互助主义，"不晓得工读互助团之组织是有深厚远大的意思"，只是将工读等同于慈善事业，久而久之就会觉得工读互助团的生活"干燥无味"。既然北京工读互助团的失败是人的问题，而不是经济或其他问题，所以王光祈相信，只要以后的团员能做到"既能了解，又能实行"这八个字，工读互助团就能够"进行顺利"。故而他"对于此种组织，仍是十分信仰，仍有十分希望"。②和王光祈一样，陈独秀也认为北京工读互助团的失败，"是人的问题，不是组织的问题"，是工读互助团的团员们"缺乏坚强的意志、劳动习惯和生产技能三件事"。他不赞成胡适的观点，认为即使采取胡适所主张的"纯粹的工读主义"，只要团员们"缺乏坚强的意志、劳动习惯和生产技能"，同样也会失败。他认为戴季陶将北京工读互助团的失败归结于资本主义的工业制度，"以为资本主义制度的下面，一小部分人不能够一面作生产的工，一面求学"，这没有错，但他"觉的机械工业不很发达的地方，手工业尽有生存的余地，正因为只是一小部分人做工糊口，所以和大规模的产业竞争不同。信仰新生活的人，但能糊口，只要免掉家庭的寄生生活或社会的工银生活，就是求学方面牺牲一点，不比在资本家生产制下的工厂里做工独立自由的多吗？"所以资本主义手工业制度也不是北京工读互助团失败的原因。北京工读互助团失败的原因，就是团员"缺乏坚强的意志、劳动习惯和生产技能三件事"。所以他希望"各处已成立及将成立的工读互助团团员，千万要注意坚强的意志、劳动习惯和生产技能三件事；各处关心工读互助团的同志，对于北京第一组底失败，千万要研

① （戴）季陶：《工读互助团与资本家的生产制》，《新青年》第 7 卷第 5 号，1920 年 4 月 1 日。
② 王光祈：《为什么不能实行工读互助主义》，《新青年》第 7 卷第 5 号，1920 年 4 月 1 日。

究是人的问题，还是组织的失败"。①

以上是胡适、李大钊、戴季陶、王光祈和陈独秀对北京工读互助团失败之原因的看法。尽管他们（戴季陶除外）都是北京工读互助团的发起人，王光祈还是工读互助运动的发起者和倡导者，但他们并没有亲身参加过工读互助运动，更没有在北京工读互助团生活和工作的经历。那么，那些曾亲历过工读互助运动、在北京工读互助团生活和工作过的人又是怎样看待北京工读互助团的失败原因？他们从北京工读互助团的失败中又得出了哪些教训和认识？当时只有 22 岁的施存统，是专程从杭州赶到北京参加工读互助团的，是工读互助团的第 1 组成员。这年 5 月 1 日，亦即胡适、戴季陶、李大钊、王光祈、陈独秀等人在《新青年》第 7 卷第 5 期发表文章后正好一个月，他在《星期评论·劳动纪念号》第 7 张上发表《"工读互助团"的实验与教训》一文，文章的开头他写道：他看了胡适、戴季陶、李大钊、王光祈、陈独秀等人发表在《新青年》第 7 卷第 5 期上的文章，觉得他们多多少少都"有些不明真相底地方"，而自己作为工读互助团第 1 组成员，"内容比较熟悉一点"，有责任把自己"所知道的写点出来以供大家底参考"。他再三强调：他写该文的目的，并"不是对于过去底工读互助团有所辩护"，而"只是对于将来底工读互助社会有所希望"。

施存统首先申明：工读互助团是团员的工读互助团，而不是发起人的工读互助团，发起人的见解并不统一，如胡适主张纯粹工读主义，而王光祈、陈独秀则提倡一种新生活，但团员的见解大致是相同的，即：工是劳力，读是劳心，互助是进化；工读互助，是人的生活，工读互助团，是做人的团体。我们以为要做人，就要实行工读互助，就要入工读互助团。"一面劳力，一面劳心，终身作工，终身读书，这是我们对于工读互助团的信念。"他们并且希望通过自己的试验，将工读互助团这种组织形式推向社会，"希望将来的社会都变成工读互助团，就是成为一个工读互助的社会"。为了实现这一希望，他们经过三番五次的讨论，拟定了进行的步骤："第一步，巩固团体底基础"，使每个人都要有"独立的技能"和"专门的学识"；"第二步，扩张我们底团体，实行主义的宣传"；"第三步，联络各处同志，结成一

① （陈）独秀：《工读互助团失败底原因在那里？》，《新青年》第 7 卷第 5 号，1920 年 4 月 1 日。

个大团体，实行世界革命"。这第三步实现了，也就是"工读互助的社会"实现了。"用工读互助，去改造社会，改造社会的结果，就是一个顶大的工读互助团"，这便是他们的愿望和理想。在实现他们的愿望和理想之前，他们认为有六个问题要解决，"（一）脱离家庭关系；（二）脱离婚姻关系；（三）脱离学校关系；（四）绝对实行共产；（五）男女共同生活；（六）暂时重工轻读"。据施存统讲，"我们这几个问题解决之后，精神上很有几天愉快。我们那时以为我们底无政府、无强权、无法律、无宗教、无家庭、无婚姻的理想社会，在这里总算实现一部分了，所以精神上非常快乐"。但高兴没有几天，人们的精神就涣散了，矛盾就产生了，不少人离团了，到最后"决议各人自由另找工作，工读互助团底主张从根本上推翻"。

那么，即兴一时的工读互助团为什么会失败呢？施存统认为失败的原因有两个："（一）经济底压迫；（二）能力底薄弱。"如果说"经济底压迫"是外部原因的话，那么，"能力底薄弱"则是内部原因。但无论外部原因，还是内部原因，"在现社会的组织底下，无论那个都不能免的"。因为"现社会的组织，是资本主义的组织，一般平民，都做资本家的奴隶。凡是在资本主义的社会组织底下，不管你有怎样的能力，都要直接间接受经济的压迫。如果我们有能力把资本家所掠夺去的资本取得回来，那才不至于受经济的压迫。……在现社会的组织底下，做一点钟的工，未必就有一点钟的工资，做一天的工，或者竟连饭都没得吃"，正是"这种经济的压迫，使我们工读互助团根本不能动弹"。所以他强调指出：北京工读互助团的失败，和"什么主义、什么感情"等问题没有任何关系。"我们试验共产的失败，只是受经济的压迫，不能自己生产自己消费的缘故。""我们并不因此怀疑共产主义，我们因此更信共产主义，晓得现在社会底经济组织，非根本改革不可。"他认为胡适把北京工读互助团失败的原因归罪于"新生活"和"新组织"的实验，"归罪于主义身上"，这是"一偏之见"。

基于对北京工读互助团失败原因的上述分析，施存统很自然地得出了两点教训或结论："一、要改造社会，须从根本上谋全体的改造，枝枝节节地一部分的改造，是不中用的。二、社会没有根本改造以前，不能试验新生活；不论工读互助团和新村。"因为要试验新生活，就离不开现实社会，也就免不了受现实社会的支配。"既然免不掉现实社会底支配，当然要发生许多试验新生活底障碍。如果要免除这些试验新生活底障碍，惟有把这些障碍根本打翻。要打翻这些障碍，惟有合全人类同起革命之一法"，否则，"如果有人要试验新生活，还须跑到世外桃源去！"①

　　作为亲历者，施存统对北京工读互助团失败原因的分析，以及在此基础上得出的两点教训或总结，是非常深刻的，而且也很有一定的说服力。实际上，除施存统外，当时积极参加过新村运动和工读互助运动的不少人，在经历了工读互助团的失败后，也得出了与施存统相似的认识和结论。比如，在新村运动和工读互助运动中非常活跃的恽代英，1921 年 6 月在给王光祈的一封信中写道："你很不信经济压迫，能力不足，为工读互助团失败的理由。……但以我一年来利群书社的生活，深信都市中作小工商业，实有不免受经济压迫的地方。至于没有能力的少年，必要合起来做工自给，我真想他们牺牲了读书，还不知能否不受生活恐慌。我们还有些朋友在武昌作各种小工业运动，有的失败了，有的很谨慎养很少的人，还不过才可维持。我们真饱受了经济压迫的况味。不知你何以这样轻看这些问题。"② 陈独秀虽然在《工读互助团失败底原因在那里？》一文中认为北京工读互助团的失败，是人的问题，具体来说是参加工读互助团的团员"缺乏坚强的意志、劳动习惯和生产技能"，但仅仅半年后，他的认识就发生了明显变化，在一封回答妇女、青年、劳动问题的信中他指出："我以为解决先生所说的三个问题，（其实不止这三个问题）非用阶级战争的手段来改革社会制度不可。……在国内外两重资本主义压迫之下，青年向何处去寻新生活和世外桃源？"③ 不久，在回复张东荪的信中他又写道："在全社会底一种经济组织生产制度未推翻以前，一个人或一团体决没有单独改造底余地，试问福利耶（即傅立叶——引者）以来的新村运动，像北京工读互助团及恽君的《未来之梦》等类，是否真是痴人说梦？"④

---

① （施）存统：《"工读互助团"底实验和教训》，《星期评论·劳动纪念号》第 7 张，1920 年 5 月 1 日。

② 《会员通讯·恽代英复王光祈》，《少年中国》第 2 卷第 12 期，1921 年 6 月 15 日。

③ 陈独秀：《通信·答赞哲民（妇女、青年、劳动问题）》，《新青年》第 8 卷第 1 号，1920 年 9 月 1 日。

④ 陈独秀：《关于社会主义的讨论·独秀复东荪先生底信》，《新青年》第 8 卷第 4 号，1920 年 12 月 1 日。

工读互助运动的失败，使人们认识到，在现存的社会制度下，点滴的社会改革是行不通的，空想社会主义根本就没有任何实现的可能性。于是他们中的一些已初步具有共产主义思想的知识分子，开始进一步研究和信仰科学社会主义，并成为中国的早期马克思主义者。

第三节　马克思主义的异军突起

马克思主义是无产阶级的科学思想体系。它产生于 19 世纪 40 年代的欧洲。1848 年马克思和恩格斯合著的《共产党宣言》发表，标志着马克思主义学说的诞生。半个世纪后，马克思及其学说开始零星片断地介绍到中国。"十月革命一声炮响"，马克思主义在中国迅速传播开来，并战胜各种形形色色的资产阶级和小资产阶级理论，成为中国人民革命斗争的指导思想，成为中国近代最主要的思潮之一。

一、马克思主义在中国的传播

中国人最早知道马克思及其学说是在 19 世纪末 20 世纪初。1898 年由传教士主办的广学会出版了一本名为《泰西民法志》的书，其中讲到社会主义，讲到马克思及其学说，称马克思"是社会主义史中最具有势力的人物"。第二年广学会发行的《万国公报》又刊登了一篇名为《大同学》的文章，它是英国进化论者颉德的著作《社会的进化》前四章的节译，文中称马克思为"百工领袖"，"主于资本者也"。尽管上述译书和译文对马克思及其学说的介绍根本谈不上全面和准确，传教士介绍马克思及其学说的目的也是为了宣传基督教"救世"教义，但它毕竟破天荒地使中国人在马克思主义诞生半个世纪后第一次知道了马克思的名字。

进入 20 世纪初，介绍马克思及其学说的文字逐渐增多起来。中国人中最早介绍马克思及其学说的是梁启超。1902 年他在《新民丛报》第 18 号上发表《进化论革命者颉德之学说》，说马克思（梁在文中写为"麦喀士"）是德国人，其所创立的"社会主义"，是"今日德国""最占势力之二大思

想"之一。① 稍后，他又在《二十世纪之巨灵托拉斯》和《中国之社会主义》
中提到马克思，称马克思是"社会主义鼻祖"。不久，马君武在《社会主义
与进化论比较》一文中也对马克思及其学说做过介绍，说社会主义发源于
圣西门、傅立叶，极盛于马克思。"马克司者，以唯物论解历史之人也。马
氏尝谓阶级竞争为历史之钥。"文章最后提出社会主义是今世一大问题，"最
新论理，皆在其内，不可不研究也"。② 并在该文的附录"介绍其党巨子所著
最有名之书"中，列有马克思、恩格斯的《英国工人阶级状况》《哲学的贫
困》《共产党宣言》《政治经济学批判》《资本论》等书的英文书目。据研究，
马氏的这篇文章是最早提到《共产党宣言》的中国人著作。同时期的《近
世社会主义评论》一文，在介绍马克思及其学说时，认为社会主义发生的
原因，"即社会的不平而贫富之悬隔……迥如天壤，苦心之士，乃为之发世
界大不平之理，衷诉困苦"③。《新社会之理论》还对共产主义与无政府主义
做了区别，指出共产主义以德国埋哈司（即马克思——引者）为代表，主张
废除私有制，而归于国有；无政府主义以法人帕洛吞（即蒲鲁东——引者）、
俄人勃宁（即巴枯宁——引者）为代表，主张绝对自由，废除国家，其手段
为"剑也，铳也，爆裂弹也，阴谋也"。④

　　1905 年同盟会成立后，以孙中山为代表的革命派在积极宣传资产阶级
民主革命思想的同时，也介绍过马克思主义。同盟会机关报《民报》创刊不
久，即发表了朱执信的《德意志社会思想家小传》，其中比较详细地介绍了
马克思、恩格斯的生平，及《共产党宣言》的要点和"十条纲领"，并对《资
本论》做了评述，指出马克思"欲以阶级争斗为手段，而救此蚩蚩将为饿殍
之齐氓"。⑤《民报》还发表过宋教仁、叶夏声等介绍马克思及其学说的文章。
除《民报》外，革命派主办的《中国日报》《鹃声》《晋乘》等也介绍过马
克思及其学说。另外，1908 年在日本东京出版的无政府主义刊物《天义报》
第 15 期，刊登有马克思 1888 年为英文版《共产党宣言》所写序言的译文，

① 梁启超：《进化论革命者颉德之学说》，载《饮冰室合集》第 2 册，文集之十二，第 86 页。
② （马）君武：《社会主义与进化论比较》，《译书汇编》第二年第 11 期，1903 年 11 月。
③ 杜士珍：《近世社会主义评论（续前）》，《新世界学报》第 12 号，1903 年 3 月 13 日。
④ 大我：《新社会之理论》，《浙江潮》第 8 期，1903 年 10 月 10 日。
⑤ 蛰伸（朱执信）：《德意志社会思想家小传》，《民报》第 2、3 号，1906 年 1 月、4 月，3 号时
改为《德意志社会思想家列传》。

第 16 至 19 期还译载了《共产党宣言》的第一章《资产者与无产者》。

中国民主革命的伟大先行者孙中山也对介绍马克思及其学说做出过贡献。早在 1905 年，他就访问过设在布鲁塞尔的第二国际书记处，并请求加入该组织。其后，他又多次提出要"毕其功于一役"，防止西方资本主义弊病在中国重演。1912 年 10 月 14—16 日，他在上海应中国社会党本部的邀请，以"社会主义之派别及其批评"为题，连续演说三天，其中称赞马克思"研究资本问题，垂三十年之久，著为《资本论》一书，发阐真理，不遗余力，而无条理之学说，遂成为有系统之学理。研究社会主义者，咸知所本，不复专迎合一般粗浅激烈之言论矣"。[①]

总之，清末民初马克思主义学说开始传入中国，先是外国传教士，后是资产阶级改良派、资产阶级革命派和无政府主义者都对马克思主义学说做过介绍。但由于当时中国民族资本主义在帝国主义和封建主义的双重压迫束缚下发展缓慢，无产阶级力量还十分弱小，还没有成为自为阶级登上政治舞台，加上封建主义思想的禁锢，马克思主义并没有得到广泛传播，形成思想运动。马克思主义在中国广泛传播则是在五四运动前后。

马克思主义之所以在"五四"前后得到广泛传播，这与第一次世界大战期间中国民族资本主义得到较快发展，从而使中国产业工人队伍有了发展和壮大关系密切（详见本章第三节第一子目）。中国无产阶级队伍在一战期间的发展和壮大，为马克思主义的广泛传播准备了阶级基础。因为马克思主义从根本上来说，是无产阶级的革命学说。马克思主义在中国的广泛传播，开始于 1918 年，而这又与俄国十月革命的影响有关。正是在俄国十月革命的影响下，一些因辛亥革命的失败而在彷徨、困惑中艰苦地探索着中国未来前途的先进分子，从十月革命中看到了世界文明的"新曙光"和民族解放的新希望、新出路，于是开始接受和宣传十月革命的指导思想——马克思主义。李大钊便是第一个这样的先进分子。从 1918 年下半年起，他先后发表了《法俄革命之比较观》《庶民的胜利》《BOLSHEVISM 的胜利》等热情宣传十月革命和马克思主义的文章，指出"他们的主义，就是革命的社

---

① 孙中山：《在上海中国社会党的演说》，载《孙中山全集》第二卷，中华书局，1982，第506 页。

会主义；他们的党，就是革命的社会党；他们是奉德国社会主义经济学家马客士（Marx）为宗主的"①。他认为俄国革命的胜利标志着改造世界"新纪元"的到来，中国人民今后一定要走俄国革命的道路，并相信"劳工主义"一定能战胜"资本主义"。李达也在十月革命后积极从事于马克思主义的宣传工作。从1918年开始，他先后翻译和出版了《唯物史观解说》《社会问题总览》《马克思经济学说》等书，较系统地介绍了马克思主义的各个组成部分。与此同时，一些宣传新文化的刊物也开始宣传马克思主义。1919年4月6日出版的《每周评论》刊登了《共产党宣言》第二章《无产者和共产党人》后面属于纲领的一段。这是《共产党宣言》最重要的一段，它论述了无产阶级专政的思想。

1919年爆发的五四运动，更进一步促进了马克思主义在中国的广泛传播。这主要表现在以下几个方面：

首先，是全国各地出现了一大批宣传马克思主义的刊物，据不完全统计，当时全国有400多种刊物宣传或介绍过马克思主义，其中最为著名的有：《新青年》——它于十月革命后最早刊登宣传马克思主义的文章。五四运动后，它经李大钊的编辑，最先出版《马克思主义研究》专号（第6卷第5号），发表李大钊的《我的马克思主义观》，并从第8卷第1号起又开辟了《俄罗斯研究》专栏，较为全面地介绍了十月革命后苏俄的情况。《国民》杂志——它自1919年底开始，先后刊登《共产党宣言》第一章、《马克思资本论自叙》和《马克思历史唯物主义》等译文，还发表了《苏维埃俄国底经济组织》和《苏维埃俄国底新农制度》等介绍苏俄情况和一定程度上接受或宣传马克思主义的文章。北京《晨报》副刊、上海《民国日报》副刊《觉悟》和《时事新报》副刊《学灯》——它们被称为新文化运动时期宣传马克思主义的"三大副刊"。如《晨报》副刊于1919年5月在李大钊的帮助下首开《马克思研究》专栏，刊登过马克思的《劳动与资本》、考茨基的《马氏〈资本论〉释义》、共产国际一大宣言《新共产党宣言》以及一些介绍马克思、列宁生平和俄国革命的文章。此外，毛泽东主编的《湘江评论》、少年中国学会南京分会编辑的《少年世界》、瞿秋白和郑振铎主编的《新社会》、戴

---

① 李大钊：《BOLSHEVISM 的胜利》，《新青年》第5卷第5号，1918年10月15日。

季陶编辑的《星期评论》、张东荪主编的《解放与改造》等刊物都发表过不少宣传马克思主义的文章。

其次，是全国各地出现了不少宣传和研究马克思主义的团体。1920 年 3 月，在李大钊的倡导下，由邓中夏、高君宇、刘仁静、罗章龙等人发起，北京大学成立了"马克斯学说研究会"，后来发展到会员二三百人，其中包括唐山、郑州等地工人。研究会以搜集、编译马克思主义著作为首要任务，并搜集了几十种共产国际出版的英、德、日、法文的马克思主义著作。1920 年 5 月，陈独秀在上海发起组织了"马克思主义研究会"，除陈氏外，主要会员还有李汉俊、李达、陈望道、杨明斋等，1920 年 8 月，其中一些会员建立了上海共产党组织。在湖南，有毛泽东创办的以传播马克思主义为目的的"文化书社"和俄罗斯研究会。在湖北，有恽代英、林育南等人组织的"利群书社"。在天津，有周恩来等人组织的"觉悟社"和"马克思主义研究会"。在济南，有王尽美、邓恩铭等人成立的"马克思学说研究会"。

再次，马克思主义著作被大量翻译出版。1920 年新青年社出版了《共产党宣言》的第一个中文全译本，在此前后，马克思、恩格斯的《社会主义从空想到科学的发展》《雇佣劳动与资本》《〈政治经济学批判〉导言》《资本论自序》和《反杜林论》的一部分，列宁的《国家与革命》《伟大的创举》《苏维埃政权当前的任务》《无产阶级专政时代的经济和政治》等也被译成中文。

随着马克思主义的传播，一大批先进的知识分子开始接受马克思主义，成为中国早期的马克思主义者。首先成为中国早期的马克思主义者的是李大钊。我们前面已经提到，十月革命爆发后，他是中国最先理解这场革命的本质和意义并向中国人民大力宣传的先进知识分子。1919 年 5 月，他在《新青年》的《马克思主义研究》专号（第 6 卷第 5 号）发表的《我的马克思主义观》，是当时最系统、最完整地介绍马克思主义的文章。在这篇文章中，李大钊除阐述了马克思主义的三个组成部分和来源外，还介绍和接受了马克思主义的阶级斗争学说。所以学术界一般认为，这篇文章的发表，是李大钊成为中国早期马克思主义者的重要标志。和李大钊一样，陈独秀也对马克思主义在中国的传播做出过重要贡献，学术界向来都有"南陈（独秀）北李（大钊）"之说。1920 年 7 月，他在《新青年》第 8 卷第 1 号发表

《谈政治》一文，明确表示"我承认用革命的手段建设劳动阶级（即生产阶级）的国家，创造那禁止对内对外一切掠夺的政治法律，为现代社会第一需要"[①]。不久，他又有《社会主义批评》《马克思学说》等文在《新青年》上先后发表。在这些文章中，他阐述并接受了马克思主义的唯物史观、剩余价值学说、科学社会主义和阶级斗争学说，认为"此时我们中国不但有讲社会主义底可能，而且有急于讲社会主义底必要"，主张中国走俄国十月革命的道路。因为在他看来，"只有俄国底共产党在名义上，在实质上，都真是马格斯主义，而德国底社会民主党不但忘记了马格斯底学说，并且明明白白反对马格斯"。[②] 这表明，陈独秀已经从一个激进的民主主义者转变成了中国早期的马克思主义者。与此同时，北京的高君宇、何孟雄、邓中夏、黄日葵、张太雷、贺昌，上海的李达、李汉俊、陈望道、杨启汉、俞秀松、杨明斋，湖南的毛泽东、何叔衡、夏明翰、彭璜，湖北的恽代英、林育南、陈潭秋、施洋，山东的王尽美、邓恩铭、王翔千，广东的阮啸仙、杨匏安，四川的杨闇公等人都积极宣传并接受了马克思主义，成了中国的早期马克思主义者或具有初步共产主义思想的知识分子。比如毛泽东第二次北游北京期间（1919 年底 1920 年初），就阅读了大量的马克思主义著作和有关俄国革命的书籍，思想发生重大变化，成了一个马克思主义者。他后来回忆说："在我第二次北游期间，我读了许多关于俄国近况的书，并且热烈地搜寻那时候能够找得到的中文共产主义的著作。有三本书在我的思想上影响特别大，建立起我对马克思主义的信仰。我一接受马克思主义是历史的最正确解释之后，便从没有动摇过。这三本书是：《共产党宣言》，陈望道翻译的，是由中文印行的第一本马克思主义的书；考茨基的《阶级斗争》；和刻儿枯朴的《社会主义史》。到了一九二〇年的夏天，在理论上——某种程度地也在实践上——我成了一个马克思主义者了。而且从此以后，我便自认为是一个马克思主义者。"[③]

---

① 陈独秀：《谈政治》，《新青年》第 8 卷第 1 号，1920 年 7 月 23 日。
② 陈独秀：《社会主义批评（在广州公立法政学校演讲）》，《新青年》第 9 卷第 3 号，1921 年 7 月 1 日。
③ 埃德加·斯诺：《西行漫记》，生活·读书·新知三联书店，1979，第 134 页。

二、"西天取经"：到法国去！到俄国去！

古代有唐僧玄奘到西天取经，他去的实际上不是真正的西方，而是与中国同属东方的印度，只是印度在中国的西边而已，取回的是佛经，取经的人也只有他和他的几个徒弟。新文化运动时期中国人再次去西天取经，去的是真正的西方国家法国和俄国，取回的是马克思主义，而且取经的人数以千计，这就是新文化运动时期的留法勤工俭学运动和到俄国的留学运动。

实际上早在辛亥革命前，留学法德的蔡元培、李石曾、吴稚晖等人就曾提出过"俭以求学"。所谓"俭以求学"，也就是通过省吃俭用，以便花最少的钱，达到留学的目的。辛亥革命后，一些革命党人，为了表示自己参加革命不是为了升官发财，而是为了国家，为了民族，因而纷纷出国，到欧洲留学。为了适应这一需要，1912 年，李石曾、吴稚晖、汪精卫等人在北京发起成立"留法俭学会"，其宗旨是："以节俭费用，为推广留学之方法；以劳动朴素，养成勤洁之性质。"[①] 留法俭学会还附设有预备学校，专为留法学生服务，校址由时任教育总长的蔡元培指拨方家胡同直隶师范学堂原址使用。不久，吴玉章、朱莆煌、黄复生等也在成都发起成立"四川俭学会"，送学生入北京之预备学校。1912 年，两地共收学生百人左右，分三批送往法国留学。这些学生到法国不久，第一次世界大战爆发。

第一次世界大战后，法国劳动力短缺，经过北洋军阀政府同意后，法国政府先后从中国招募十几万华工，做战争勤务工作。鉴于华工数目庞大，李石曾等人在其开办的巴黎豆腐公司的华工中鼓励有志求学者"以工兼学"，专门对华工进行启蒙教育。1916 年，蔡元培在法国创立华法教育会，其目的在于"发展中法两国之友谊，尤重以法国科学与精神之教育，图中国智育、德育与经济之发展"[②]，侧重于对赴法华工进行教育以及组织中国留学生来法俭学。不久，蔡元培、李石曾、吴玉章等人鉴于华工勤工俭学的成效不足，开始大力提倡和组织贫苦的青年学生，赴法半工半读，以工资收入作为留学费用，希望为国家培养一批有用的人才，并在北京、保定等地设

---

① 《留法俭学会会约》，载陈学恂、田正平编《中国近代教育史资料汇编·留学教育》，上海教育出版社，2007，第 437 页。

② 张允侯、殷叙彝、李峻晨：《留法勤工俭学运动》（一），上海人民出版社，1980，第 73 页。

立了留法勤工俭学预备学校，为大规模组织青年学生赴法勤工俭学作组织准备。这一倡导得到了社会各界的热烈响应，再加上受"工读主义"思潮的熏陶，一大批抱着救国理想的有志青年很快就会合到这一潮流中来。

留法勤工俭学运动很快就风靡全国，广大热血青年，精神振奋，情绪高昂，扶老携幼，纷纷束装西行。从 1919 年 3 月 17 日，首批中国勤工俭学学生乘船赴法开始，到 1921 年 1 月 20 日，最后一批勤工俭学学生抵达法国马赛，留法俭学会和华发教育会先后共计组织了 17 批，1600 余人赴法勤工俭学。全国十八行省中，以湖南、四川两省人数为最多，各有 300 多人。四川的留法勤工俭学运动，是在吴玉章的领导下进行的。湖南的留法勤工俭学运动，是在毛泽东和蔡和森的领导下进行的。留法勤工俭学学生，绝大多数是青年学生，其中中学生最多，此外还有小学生、师范生、大专院校、学校教职员、新闻记者、医生、商人、军人、职员等。其中年龄最小的是 10 岁的王树堂，年龄最大的是蔡和森的母亲葛健豪女士，当时已 54 岁，也毅然率领全家赴法。在勤工俭学学生中还有一批女生，共约 20 人，如向警予、蔡畅，在当时给中国妇女界极大震动。虽然她们要克服的困难比男生多得多，但为了探寻救国真理和求得自身解放，她们也毅然决然束装赴法。

这些学生到达法国后大多数投入工厂从事繁重的体力劳动，分布在法国 70 多个工厂企业，主要集中在巴黎、圣德母、克鲁邹、圣夏门、勒哈佛尔、里昂等地。多半是劳动强度很大的粗工或学徒。他们的生活十分艰难，一面要在工厂中干各种脏活累活，一面又要刻苦攻读，探寻救国救民真理。他们的工资收入又低，除维持日常的简朴生活外，如稍有剩余，便用来买书。他们大部分人住在工厂里的简易工棚里面，多半是几个人结成一个伙食团，每天的饭菜基本上是洋芋洋葱之类，经济十分窘迫的时候，甚至用白开水煮马铃薯充饥。他们分布在巴黎及周围的 30 余所学校，其中蒙达尼公学、枫丹白露公学、杜鲁公学、暮岚中学等人数最多，仅巴黎南部的蒙达尼公学就先后接收中国学生达 130 多人。

赴俄留学运动开始于 1920 年。俄国十月社会主义革命的胜利，使得在漫漫长夜中寻找救国道路的进步青年，看到了光明和希望，他们已经从怀疑中国是否适合资产阶级民主共和国的方案，走到了中国革命必须以俄为师的认识阶段。

早在 1920 年 2 月，毛泽东、彭璜就有赴俄勤工俭学的志向。毛泽东给陶毅的信中谈道："彭璜君和我，都不想往法，安顿往俄。何叔衡想留法，我劝他不必留法，不如留俄。""这桩事，我正和李大钊君等商量。""我为这件事，脑子里装满了愉快和希望。"[1]1920 年 8 月 22 日，毛泽东、何叔衡、彭璜联合教育界人士和其他社会人士方维夏、贺民范、姜泳洪等发起组织了俄罗斯研究会，其宗旨是"研究俄罗斯一切事情"。会务内容是：一发行俄罗斯丛刊；二派人赴俄实地调查；三提倡留俄勤工俭学。毛泽东被推举担任书记干事，负责记录及文书事务。俄罗斯研究会成立后，他们想方设法介绍一些进步青年到上海外国语学校学习俄语，然后转赴俄国留学。在中国共立党成立之前，通过俄罗斯研究会赴俄留学的学生仅有 40 人左右，只是留法勤工俭学人数的四十分之一。之所以在人数上有如此大的差距，其主要原因是北洋军阀反对和干扰，甚至监禁试图赴俄留学的进步学生。这就使得当时赴俄留学只能采取地下活动，不仅没有考试点和预备学校，而且要冒着被逮捕的危险。

但是苏俄政府十分欢迎中国青年赴俄留学，赴俄留学生的生活环境因而相对比赴法留学生的好一些。在学习内容上，赴俄的留学生多数目的很明确，就是要学习马克思主义，学习俄国社会主义革命经验，走俄国人的路。这些赴俄留学的学生归国后，不少人成了中国共产党的优秀干部。例如任弼时即是最早进入俄罗斯研究会，并被送往上海外国语学校学习半年的俄文与马克思主义理论，得以进入莫斯科东方大学深造，最终成为坚定的马克思主义者。

留法勤工俭学运动和赴俄留学运动的兴起，并不是偶然的，具有历史必然性，他们都是中国半殖民地半封建社会政治经济发展的产物。鸦片战争以来，中国人面对西方的坚船利炮和国内的民族危机，苦苦探寻救国救民的灵丹妙药。在旧式的农民战争走到尽头，不触动封建根基的洋务运动和改良主义屡屡碰壁，在资产阶级革命派领导的革命和西方资本主义的其他种种方案纷纷失败的情况下，新文化运动高举民主与科学两面大旗，呼吁彻底扫除封建专制残余和国民性的彻底改变。而十月革命的一声炮响，为

---

① 湖南省博物馆历史部校编《新民学会文献汇编》，湖南人民出版社，1980，第 20 页。

中国送来了马克思列宁主义，给苦苦探寻救亡图存出路的中国人民指明了前进方向，提供了全新选择。1919 年初，中国共产党的主要创始人之一李大钊就连续公开发表热情讴歌十月革命的文章，并大胆预言"试看将来的环球，必是赤旗的世界"。此后许多有志青年纷纷要求到国外开阔视野，寻求救国救民的新道路，尤其渴望到苏俄去学习无产阶级革命经验。尽管当时北洋军阀政府严禁赴俄学习，但仍然有许多人冒着危险到苏俄去取经。

十月革命的胜利是"庶民的胜利"，充分显示了工农大众改变世界、创造历史的伟大力量，也猛烈地冲击了中国传统轻视工农的观念。新文化运动时期，很多刊物上出现了研究劳工问题专刊号，社会上出现了工学结合的"工学会""工读互助团"。"劳工神圣"得到人们广泛认同，"工读主义""工学主义"思潮汹涌澎湃。一些思想先进的知识分子开始抛弃"万般皆下品，唯有读书高"的观念，放下知识分子的架子，走出学校的象牙塔，"去做劳力的工"。① 这是留法勤工俭学运动和赴俄留学运动兴起的一个重要原因。

帝国主义在巴黎和会上的表现，让不少知识分子对它的最后一丝幻想也终归破灭。五四运动使人们认清了帝国主义列强的面目和北洋政府的行径，从而更加坚定了先进知识分子探索工农结合的道路，激起了他们实地考察欧洲社会主义思潮及工人运动的渴望。加之在此前后，罗素、杜威等西方著名学者来华讲学，介绍西方思想文化。从此，追求西方的科学与民主的愿望更加高涨。勤工俭学运动正是在这种社会氛围中兴起的。正如周恩来所说："殆欧战既停，国内青年受新思潮之鼓荡，求智识之心大盛，复耳濡目染于'工读之名词，耸动于劳工神圣'之思，奋起作海外勤工俭学之行者因以大增。"②

留法勤工俭学运动和赴俄留学运动也是中国民族资本主义发展的结果。第一次世界大战期间，帝国主义列强忙于在欧洲厮杀，暂时放松了对中国的经济掠夺，反而大量从中国进口工商业产品，中国民族资本主义的发展因此获得了短暂的春天。而掌握一定科学与技术的工人却愈显匮乏，"中国

---

① 张云：《工学会旨趣二》，《工学》第 1 卷第 1 号，1919 年 11 月 20 日。
② 周恩来：《留法勤工俭学生之大波澜》，《益世报》1921 年 5 月 9 日。

急需工程师及精炼工人"。因此去欧洲勤工俭学是一条无须大量投资就能培养技术工人的捷径。社会各界认为："现法国雇用华人，各工厂即为教练工人最良之所在……并望法国之实业教育，能为发展我国实业之利用。"①因此，当时实业界、金融界一些有识之士积极捐资建设留法预备学校。再加上"五四"前后，军阀混战愈演愈烈，文化教育自然也被殃及，其中湖南、四川是当时军阀混战最激烈的地方，其教育事业遭受的摧残也最为惨重。教育经费几乎被克扣殆尽，校舍被军队占为据点，成为炮火发泄的靶子。所以留法勤工俭学的倡议一起，湖南、四川青年欣喜若狂，参加的人数也为最多。

到苏俄去留学，对于有志于研究马克思主义的进步青年来说，是最直接最理想的。但是当时苏俄刚经历革命洗礼，再加上国际上帝国主义列强的武装干涉和经济封锁，国内战火不断，经济凋敝，百废待举，暂时还无力接受大批留学生。近代以来日本本是中国留学生去得最多的国家，民初以后随着日本侵略中国野心的进一步暴露，中日的民族感情迅速恶化，而日本政府对中国留学生的政策也从清末时的开放转而加以种种限制。于是，广大学子只能把留学的希望寄托在欧洲大陆。相比之下，法国劳动力短缺严重，各种学校入学门槛较低，种类齐全，且学制灵活。这些都成了留法勤工俭学运动兴起的重要因素。②

留法和留俄运动为中国数千名有识之士提供了直接考察欧洲社会的难得机遇，成为当时中国社会与西方世界直接交流的重要渠道，对中国的思想界产生了很大的冲击，一些先进分子逐渐转变为马克思主义者，并积极开展革命活动，对马克思主义在中国的广泛传播和中国共产党的创建，都具有十分重要的意义。

首先，加速和扩大了马克思主义在中国的传播。五四运动以后，马克思主义在中国的传播，除了北京和上海这两个中心外，再就是赴欧勤工俭学运动中的青年知识分子与国内的广泛联系了。尽管留学生们赴欧留学的动机各有不同，但可以肯定的是其中一些先进青年是抱着学习马克思主义的

① 《国外时报·旅法华工近状》，《东方杂志》第 14 卷第 4 号，1917 年 4 月 15 日。
② 董恩林：《留法勤工俭学运动初探》，《中南民族学院学报》（哲学社会科学版）1990 年第 6 期。

目的赴欧的。这些勤工俭学生有相当一部分在国内是各地五四运动的骨干力量，如蔡和森、周恩来、向警予、赵世炎等，他们到欧洲勤工俭学的主要目的不是为了个人的发展前途，而更多是为了探求救国救民的真理和方法。例如李维汉赴欧留学的真实目的是："我们都是只受过中等教育的青年，有提高科学文化水平的愿望，但因家境贫寒，无力升学，一旦知道可以到法国经过勤工达到升学的目的，便想尽办法奔向这条路上来。我们又是怀着爱国主义思想的比较先进的青年，亲受帝国主义侵略、军阀战争和豪绅买办阶级压迫、剥削之苦，痛恨旧的社会制度。我们又多少参加过五四运动或者受过它的影响，向往科学和民主。但是，由于我们在出国前没有或很少接触到俄国十月革命和马克思主义的书刊，不像北京大学和接近北大的先进青年那样，他们在李大钊同志的影响下，在'五四'前夜就已经开始接触马克思主义。因此，救国之道如何？真理在何处？我们仍在蒙昧之中，头脑里基本上还是一张白纸。"① 因此他们一置身于欧洲这样的环境，除了努力补习外文、拼命做工以维持生计外，更主要的是如饥似渴地学习马克思主义基本原理，大量阅读革命报刊，了解社会主义各种派别的情况，其中以新民学会的骨干分子蔡和森最为典型。他于1920年2月抵达法国蒙达尼后，由于外语基础差，决定"开首一年不活动，专把法文弄清"，同时" 把各国社会党各国工团以及国际共产党，尽先弄个明白"。② 经过一段时间的刻苦努力，"看报渐有门径，各国社会运动消息，日能了解一二"③。蔡畅曾回忆到蔡和森认真阅读马列著作的情况："很用功，看《人道报》时，一个字一个字查字典，再看小册子，然后再看原著。"④ 他以惊人的毅力"猛看猛译"收集的百余种马列主义的小册子，并对各种思想流派对比研究，基本上搞清楚了各国共产党、社会党、工团以及他们与第二国际、第三国际之间的关系。

---

① 李维汉：《回忆与研究》（上），中共党史资料出版社，1986，第 13 页。
② 湖南省博物馆历史部校编《新民学会文献汇编》，第 82 页。
③ 湖南省博物馆历史部校编《新民学会文献汇编》，第 81 页。
④ 中国社会科学院现代史研究室、中国革命博物馆党史研究室选编《"一大"前后：中国共产党第一次代表大会前后资料选编》（二），人民出版社，1980，第 558 页。

包括蔡和森在内的赴法新民学会会员[1]，发扬学会的"互助互勉"精神，探寻改造中国的方法与道路，是勤工俭学生中有名的马克思主义团体。其他勤工俭学生中的马克思主义信仰者也反复研读能找到的马列著作，如《共产党宣言》《社会主义从空想到科学的发展》《剩余价值论》《资本论》《国家与革命》等，他们经常一起研读，总结心得体会。他们还通过法共的《共产党月刊》《人道报》《俄事评论》等革命报刊，了解欧洲工人运动和俄国十月社会主义革命的状况。他们主要采取共同研究及分门研究两个方法，以主义为纲，以书报为目，分别阅读，互相交流。他们研究的范围也十分广泛，"包括欧洲革命斗争形势、俄国十月革命经验、布尔什维克与孟什维克的区别、共产国际的性质与任务、第三国际与第二国际的决裂"[2]，通过阅读和研讨，从理论上认识了无产阶级革命道路，才是拯救中国的良方。

在马克思主义传入中国的早期，国内介绍马克思主义的书籍和资料十分匮乏，许多先进分子是通过日文的马恩典籍而接触马克思主义的，如李大钊在《我的马克思主义观》中引用的马克思、恩格斯著作，就是引用的日本学者河上肇翻译的。[3]由于受各种条件的限制，翻译过来的马列原著很少，给渴望学习和研究马克思主义的先进分子带来极大不便。为了学习和传播马克思主义，陈独秀等还预备派些青年学生到莫斯科去学习，"并与在德、法、日等国的留学生通信，请他们分头研究和介绍马克思学说"[4]。

赴欧留学生的每一点进步，都很快影响到了国内。勤工俭学生中不少组织和个人，与国内保持着密切联系。他们不断向国内思想界及朋友们传播马克思主义，介绍俄国和世界各国无产阶级革命运动的情况，从而形成一条由欧洲向国内传播马克思主义的重要途径。其主要传播方式是与国内进行的通信往来，以及向国内进步报刊发稿。如周恩来到欧洲后，不断给国内觉悟社成员写信，还撰写大量的通讯寄回国内，在《益世报》和《觉

---

[1] 1918年4月14日，毛泽东、蔡和森、肖瑜等人在长沙成立新民学会，在杨昌济、蔡元培、李石曾等人的帮助下，其会员19人先后到法国勤工俭学，占会员总数的四分之一以上，且大多为学会的骨干会员。

[2] 李维汉：《回忆新民学会》，《历史研究》1979年第3期。

[3] 张静如、齐卫平：《论马克思主义在中国发展的引进阶段》，《中共党史研究》1998年第3期。

[4] 中国社会科学院现代史研究室、中国革命博物馆党史研究室选编《"一大"前后：中国共产党第一次代表大会前后资料选编》（二），第139页。

悟》上发表，介绍他学习马克思主义和无产阶级革命思想的心得体会，报道欧洲工人运动的情况，以及留法勤工俭学学生的生活、学习、劳动、斗争情况，鼓励同志们为共产主义事业奋斗。1920 年，英国爆发了百万煤矿工人大罢工，周恩来立即奔赴英国实地考察研究，先后发表了《英国旷工罢工风潮之始末》《英国旷工总投票之结果》等九篇通讯文章，内容涉及劳资谈判、罢工的组织、罢工风潮的波折、罢工矿工的投票结果等，这对当时国内风起云涌的工人运动，显然具有重要指导价值。据不完全统计，在勤工俭学期间，周恩来所发表的通讯和评论等达 40 多万字。

蔡和森也是如此。1921 年 2 月他从法国给陈独秀写信，以《我读书阅报之所得》为题，用马克思主义理论深入探讨了中国革命走俄国革命道路的历史必然性，并阐述了在中国如何实现无产阶级专政等问题。陈独秀认为蔡的观点很有见解，就把蔡和森的这封信发表在《新青年》上，使它成为一篇宣传马克思主义革命理论的战斗檄文。在国内党组织还没有出现的时候，留法勤工俭学学生中的新民学会会员，就讨论过运用马克思主义学说结合中国社会实际，实现无产阶级革命、无产阶级专政和建立无产阶级政党的问题。这主要体现在蔡和森与毛泽东在 1920 年 8 月至 1921 年初的四次通信中。他在信中说："我近对各种主义综合审缔，觉社会主义真为改造世界对症之方，中国也不能外此。"而要实现共产主义，"我以为先要组织党——共产党。因为它是革命运动的发动者、宣传者、先锋队、作战部，以中国现在的情形看来，须先组织他，然后工团，合作社，才能发生有力的组织。革命运动，劳动运动，才有神经中枢"。[1] 蔡和森在信中还首次提出了"明目张胆正式成立一个中国共产党"，并且要求按照列宁建党的组织原则、方法和步骤在中国建立无产阶级政党。[2] "我以为非组织与俄一致的（原理方法都一致）共产党，则民众运动劳动运动改造运动皆不会有力，不会彻底。"[3]

其次，为中国共产党培养了一批德才兼备的领导干部。在刚到欧洲时，留学生中持各种政治思想的派别不少，而且都创办了宣传自己政治主张的

---

[1] 湖南省博物馆历史部校编《新民学会文献汇编》，第 86—87 页。

[2] 湖南省博物馆历史部校编《新民学会文献汇编》，第 87 页。

[3] 湖南省博物馆历史部校编《新民学会文献汇编》，第 113 页。

刊物。他们大肆鼓吹自己的论调，一时间在留学生中很有思想市场。共产主义分子除了公开大力介绍马克思主义外，还经常在刊物上同各种非马克思主义流派进行论战。周恩来等人在休息日经常到勤工俭学学生比较密集的工厂区、华工区、大学区和咖啡馆里演说，揭露和批驳各种非马克思主义的谬论。有时还把国家主义派的代表人物如曾琦、李璜等人找来进行公开辩论，从而帮助不少进步青年转变了思想，成为马克思主义的信仰者。如陈延年、陈乔年兄弟，都曾信仰过无政府主义，经过在旅欧时的多次参加讨论，特别是经过多次实际斗争，后来都成为马克思主义的拥护者。再如王若飞，一战之前信仰过俾斯麦主义，一战之后信仰过威尔逊主义，经过学习锻炼之后，也成为马克思主义者。包括后来在我们党内担任重要领导工作的不少人，也都是在旅欧勤工俭学中转变为马克思主义信仰者的。[1]

刚开始勤工俭学时，学生中成立了许多自发性的群众互助团体，如勤工俭学互助社、劳动同盟、劳动学会等。随着勤工俭学运动的发展，在这些小组织中逐步形了两个比较有影响的团体，一个是由李维汉、李富春、张昆弟、罗学瓒等人组织领导的工学世界社，另一个是由赵世炎、陈公培、李立三、王若飞等人组织领导的劳动学会。这两部分的勤工俭学学生都是一些追求进步、立志改造中国与世界的青年。这些团体的建立，团结了一大批广大的留欧勤工俭学学生和华工，为旅欧党、团的建立，从思想上和干部上准备了条件。

1921 年 2 月，受陈独秀委托，张申府、刘清扬、陈公培、周恩来、赵世炎五人在法国组建旅法共产主义小组，后来成为早期中国共产党统一的地方组织之一，为中国共产党的成立奠定了重要基础。1921 年间，勤工俭学学生先后进行了三次大规模的群众斗争，即：二八运动、反对中法秘密大借款斗争和进占里昂中国大学。从当时的情况看，勤工俭学学生中的先进分子已经具备了较强的组织动员能力，能够担负起大规模群众斗争的组织领导重任。在进占里昂中国大学失败后，勤工俭学群体的几个重要派别联合起来，成立了旅欧中国少年共产党，标志着中国先进分子开始集体转

---

[1] 李维汉：《回忆新民学会》，《历史研究》1979 年第 3 期。

向马克思主义。① 一些骨干力量如蔡和森、李立三等因思想激进，被法国政府遣送回国，他们回国后陆续参加了中国共产党，成为革命运动的中坚力量。

　　最后，勤工俭学学生还考察了欧洲工人运动，团结教育在法华工，从而扩大了中国革命的阶级基础，加速了马克思主义同中国工人运动的结合，为共产党成立后开展工人运动积累了许多经验。② 世界大战后的欧洲，无产阶级运动风起云涌。勤工俭学学生非常注意考察欧洲工人运动，赵世炎就多次提到要同法国工人多多来往，联系法国工人中觉悟分子，注意学习他们组织工人、领导斗争的方法和策略。③ 王若飞则把"考察法国劳动真相"作为勤工俭学的主要目的，为此他曾多次深入险境，冒着被警方逮捕驱逐的风险，考察当地工人运动。当时，中国赴法华工高达十几万人，由于缺乏统一的组织领导，加之生活的艰苦，以致普遍存在着狭隘的宗派和地域思想，他们中行会帮派林立。大多数勤工俭学学生一开始就认定赴法华工是现行生活制度下的受压迫者，是未来社会革命中的伙伴。所以，他们到法国后积极与华工建立联系，深入调查和团结教育华工。他们和华工一起干同样的脏活累活，到煤矿和钢铁厂干苦力，进小作坊当学徒工，去餐馆当勤杂工，到火车站或者码头上当装卸工，到建筑工地当工人等等。④ 这些劳动，促使他们与各行各业的赴法华工产生了联系和感情，促使一部分华工投入到无产阶级革命这条道路上来，也促使了一些勤工俭学学生的立场从资产阶级、小资产阶级等各方面坚定地转移到工人阶级上来。

　　中国历史上的留法勤工俭学运动和赴俄留学运动，在中国革命史占有重要地位。为近代中国输入了欧洲先进的技术，培养了一批熟练的技工，冲击了中国的封建文化，为马克思主义在中国的传播开辟了新的道路。在几年的时间里，从勤工俭学学生和华工的先进分子中锻炼和造就了大批优秀的共产主义战士，他们日后成为中国新民主主义革命和社会主义革命的重要领导骨干，如蔡和森、周恩来、刘少奇、邓小平、徐特立、李富春、向

① 陈少卿：《留法勤工俭学群体接受马克思主义过程再探讨》，《中共党史研究》2018 年第 7 期。
② 董恩林：《留法勤工俭学运动初探》，《中南民族学院学报》（哲学社会科学版）1990 年第 6 期。
③ 中共中央党史研究室科研管理部编《赵世炎百年诞辰纪念集》，中共党史出版社，2001，第105 页。
④ 何长工：《在无产阶级熔炉里》，载萧三、周世钊等《青年运动回忆录——五四运动专集》（第二集），中国青年出版社，1979，第 274 页。

警予、李维汉、李立三、蔡畅、张昆弟、何长工、刘清扬、聂荣臻、陈毅、陈延年、陈乔年、熊雄、王若飞等都是在这个时候开始投入共产主义事业的。这对中国共产党的创立，以致整个新民主主义革命都产生了极其深远的影响。

三、关于社会主义＼无政府主义的论战

如前所述，五四运动后，各种社会主义思想蜂拥而入，一时间呈现出"百花齐放"的景象。然而在这"百花齐放"景象的背后却蕴藏着处于大变动时代的人们对中国未来道路选择的分歧。正如1920年瞿秋白所描述的那样，"中国社会思想到如今，已是一大变动的时候。一般青年都是栖栖皇皇寝食不安的样子，究竟为什么？无非是社会生活不安的反动。反动初起的时候，群流并进，集中于'旧'思想学术制度，作勇猛的攻击。等到代表'旧'的势力宣告无战争力的时期，'新'派思想之中，因潜伏的矛盾点——历史上学术思想的渊源，地理上文化交流之法则——渐渐发现出来，于是思潮的趋向就不象当初那样简单了"，"我和诸同志当时也是飘流震荡于这种狂涛骇浪之中"。① 中国的出路在哪里？中国应该走资本主义道路还是社会主义道路？应该选择什么样的社会主义？是无政府主义还是科学社会主义？围绕这一系列问题，中国的早期马克思主义者和社会主义同情者与各种非马克思主义者展开过二次激烈论争。②

首先是发生在1920年底到1921年上半年的社会主义是否适合中国国情的论争。1920年11月，研究系的主要成员张东荪陪同来华讲学的罗素前往湖南演讲。从湖南到达上海后，张东荪在《时事新报》发表了《由内地旅行而得之又一教训》一文，他开宗明义便写道："有一部分人住通商口岸，眼所见都是西洋物质文明的工业状态，于是觉得西方人所攻击西方物质文明的话都可移到东方来，而忘了内地状态与欧洲大不相同。我此次旅行了

① 瞿秋白：《饿乡纪程》，载《瞿秋白文集·文学编》第一卷，第29、30页。
② 传统的观点是认为中国的早期马克思主义者和社会主义同情者与各种非马克思主义者展开过三次激烈论争，即问题与主义之争，社会主义之争和无政府主义之争，但本书认为1919年发生的李大钊、胡适的问题与主义之争，不能算是一次中国的早期马克思主义者与非马克思主义者的思想论争，只能算是《新青年》群体内部因思想分歧引起的公开争论，其理由已在本卷第九章第一节的有关子目中做了说明。

几个地方，虽未深入腹地，却觉得救中国只有一条路，一言以蔽之：就是增加富力。而增加富力就是开发实业。因为中国的唯一病症就是贫乏，中国真穷到极点了。罗素先生观察各地情形以后，他也说中国除了开发实业以外无以自立，我觉得这句话非常中肯又非常沉痛。舒新城君曾对我说：'中国现在没有谈甚么主义的资格，没有采取甚么主义的余地，因为中国处处都不够。'我也觉得这句话更是非常中肯又非常沉痛。""中国人大多数都未经历过人的生活之滋味。我们苟不把大多数人使他得着人的生活，而空谈主义必定是无结果。或者我们也可以说有一个主义，就是使中国人从来未过过人的生活的都得着人的生活，而不是欧美现成的甚么社会主义、甚么国家主义、甚么无政府主义、甚么多数派主义等等，所以我们的努力当在另一个地方。这个教训我以为是很切实的，好高骛远的人不可不三思之。"① 该文发表后，激起一些早期马克思主义者和社会主义同情者的反击，论战由此开始。

　　11 月 7 日，也就是张东荪发表《由内地旅行而得之又一教训》的次日，李达署名"江春"，在《民国日报》副刊《觉悟》上发表《张东荪现原形》，批评张东荪是个"无主义无定见的人"，只会"学时髦"，"说几句言不由中的滑头话"。② 同日，陈望道在《觉悟》上发表《评东荪君底"又一教训"》，将张东荪之前发表在《解放与改造》第 1 卷第 7 号上的《我们为甚么要讲社会主义》与《由内地旅行而得之又一教训》进行了一番比较，并用前文的观点批评后文的观点，认为《由内地旅行而得之又一教训》一文的发表，则表明张已从之前的赞成社会主义而赞成资本主义，他质问张东荪："你现在排斥一切社会主义……却想'开发实业'，你所谓'开发实业'难道想用'资本主义'吗？你以为'救中国只有一条路'，难道你居然认定'资本主义'作唯一的路吗？……你曾说'社会主义是改造人的全体生活……'，现在你既然旅行过一番，晓得了'大概都未曾得着人的生活'，为甚么不把你那'改造人的全体生活'的'社会主义'再行赞美，鼓吹，——反而忍心咀咒呢？"③ 第二天，邵力子也在《觉悟》上发表了《再评东荪君底"又一教训"》

① 张东荪：《由内地旅行而得之又一教训》，《时事新报》1920 年 11 月 6 日。
② 江春（李达）：《张东荪现原形》，《民国日报》副刊《觉悟》，1920 年 11 月 7 日。
③ 陈望道：《评东荪君底"又一教训"》，《民国日报》副刊《觉悟》，1920 年 11 月 7 日。

一文，他指出："'增加富力，开发实业'，在谈论社会主义的人，不但从来没有反对过，并且也认为必要；不但认为救现在的中国应当如此，并且认为谋人类底幸福本须如此。"中国马克思主义者和社会主义同情者与张东荪分歧的关键问题，在于对"中国贫乏的原因在哪里？谈论甚么社会主义等是否足为开发实业的障碍？"的认识不同，在于用什么方法去"增加富力，开发实业"的主张不同，早期马克思主义者和社会主义同情者主张的是社会主义，而张东荪等人主张的是资本主义。"现在社会主义者，都能预想到社会主义实行以后工业怎样普遍发展的情形，并且深信要在社会主义下面的开发实业方才能使一般人都得着'人的生活'。"①张东荪在受到李达等人的批评后，即写了《大家须切记罗素先生给我们的忠告》一文，引用罗素在"讲学会"的答辞中谈到的有关中国的当务之急，是发展教育和发展实业，而不是空谈社会主义的话，并表示自己"对于教育与实业两层自然是完全赞同，至于劳农主义，我以为不患他不实现，而只患他实现得太早，故很以罗素先生的话为然"②。

张东荪的文章，引起了陈独秀的注意。他即致信张东荪，提出了两个问题："（一）社会的工业有有没（应为"有没有"——引者）成立底可能性？（二）先生所谓在通商口岸与都会里得着'人的生活'的，到底有多少人，这班人属何阶级，他们是否掠夺他人之劳力而得此较好的生活？"③但张东荪并没有答复他这两个问题。1920年12月1日，陈独秀在《新青年》第8卷第4号上开辟《关于社会主义的讨论》的专栏，刊出了讨论社会主义的文章和通信13篇，除上面提到的张东荪、陈望道、邵力子的4篇文章外，还有《正报》记者爱世先生的《"人的生活"》、陈独秀致罗素先生的信、张东荪的《答高践四书》《长期忍耐》《再答颂华兄》《我们与他们》、杨端六的《与罗素先生的谈话》、张东荪致陈独秀的信以及陈独秀答张东荪的信等9篇。其中以陈独秀和张东荪两人的书信最重要，张东荪在致陈独秀的信中

① 邵力子：《再评东荪君底"又一教训"》，《民国日报》副刊《觉悟》，1920年11月8日。
② 张东荪：《关于社会主义的讨论·大家须切记罗素先生给我们的忠告》，《新青年》第8卷第4号，1920年12月1日。
③ 陈独秀：《关于社会主义的讨论·独秀复东荪先生底信》，《新青年》第8卷第4号，1920年12月1日。

提出了"增加富力""发展实业"的重要性及其方法，即"或用 Cooperation
或用资本主义，不妨各据当地的情势而定"。他将自己的意见归纳为四点：
（一）我不相信以地域如此广大交通如此不便之中国，能实行一种主义，我
以为中国以后总不外乎地方自决；（二）勿论地方如何自决，而以中国民族
的根性与时代的趋势，决不会产生强有力的地方政府，无强有力的政府，
则劳农主义不能全部实行；（三）中国物力太穷乏，而穷乏的原因不是纯由
于资本主义，故救穷乏也不当专在打破资本主义一方面下功夫；（四）但我
深信外国资本主义是致中国贫乏的唯一原因，故倒外国资本主义是必要的。
若以倒国内资本主义而为倒外国资本主义之手段，其间是否有密切的关系，
我尚未敢断言。在他看来，中国并不排除用资本主义方法发展实业的可能，
宣传社会主义并从事社会主义运动并不一定要打倒中国幼稚的资本主义。[1]
针对张东荪的上述观点，陈独秀在回复张东荪的信中指出："如果说中国贫
穷极了，非增加富力不可，我们不反对这话；如果说增加富力非开发实业
不可，我们也不反对这话；如果说开发实业非资本不可，且非资本集中不
可，我们不但不反对这话而且端端赞成；但如果说开发实业非资本主义不
可，集中资本非资本家不可，我们便未免发笑。"中国完全可以通过社会主
义来发展实业，而不需要资本主义，指望中国资本家来发展实业只能是一
厢情愿的空想。他说："中国资本家都直接或间接是外国资本家底买办，只
能够帮着外国资本家来掠夺中国人，只（指）望他们发达起来能够抵制外
国资本家，能够保全中国独立，再过一两世纪也没有希望。"陈独秀也同意
张东荪所说的中国"多数人过不着人的生活"，但他指出，中国"多数人过
不着人的生活之状况，正是资本主义生产制下必然的状况"，因此，要"使
中国人'都'得着人的生活，非废除资本主义生产制采用社会主义生产制
不可"。[2]

为了进一步阐述自己的观点，张东荪又在《改造》第 3 卷第 4 号（1920
年 12 月 15 日）上发表了《现在与将来》一长文。文章从分析中国的现状

---

[1] 陈独秀：《关于社会主义的讨论·东荪先生致独秀底信》，《新青年》第 8 卷第 4 号，1920 年
12 月 1 日。
[2] 陈独秀：《关于社会主义的讨论·独秀复东荪先生底信》，《新青年》第 8 卷第 4 号，1920 年
12 月 1 日。

出发，认为中国社会患有"无知病、贫乏病、兵匪病和外力病"，贫乏固然是由军阀的掠夺分配不均造成的，但其根本原因不在分配，而在于生产方面的严重不足。所以，现阶段的中国最需要进行的事业便是开发实业，变"军阀"为"财阀"，和平渐进地实现中国社会的发展。而社会主义，在张东荪看来，那是更高阶段的社会发展趋势，"现在的中国就要实行社会主义似乎太越阶了"。这就是张东荪在社会主义论战中提出的核心理论观点"阶段论"，表达了张东荪对资本主义的态度，即：尽管"资本主义的企业发达终是利在目前而害在将来"，但它的发展有利于中国社会，现阶段的中国不是实行社会主义，而应该大力发展资本主义经济，中国实行社会主义那是以后的事情。① 该文发表前，张寄给了在天津的梁启超，得到梁启超的赞同，梁即写了《复张东荪书论社会主义运动》一长文，刊发在 1921 年 2 月 15 日出版的《改造》第 3 卷第 6 号《社会主义研究》专栏上，认为中国目前的主要问题，不是阶级对立的问题，不是"有产"与"无产"的问题，而是"有业"与"无业"的问题，中国的当务之急是采用资本主义的生产方式来发展中国实业，从而为将来实行社会主义造成一个劳动阶级。② 除梁启超的文章外，该专栏还刊载了蓝公武的《社会主义与中国》、蒋百里的《我的社会主义讨论》、彭一湖的《我对于张东荪和陈独秀两先生所争论的意见》、费觉天的《关于社会主义争论问题提出的两大关键》、蓝公彦的《社会主义与资本制度》以及张东荪的《一个申说》等文章，蓝公武、蒋百里、彭一湖、费觉天、蓝公彦等人，都是研究系的骨干成员，他们也都认同和支持张东荪、梁启超的观点。如彭一湖在《我对于张东荪和陈独秀两先生所争论的意见》中总结张东荪和陈独秀两人的根本意见："东荪先生的根本意见，不外是先发展实业，再讲社会主义；独秀先生的根本意见，不外是想用革命手段，集中资本，来实行社会主义，发展实业"，他并明示："东荪先生主张先发展实业的话，我很赞成，——反面就是不赞成独秀先生的意见。"③ 蓝公彦同样认为，"要解决目前的问题只有用和平的方法一步一步零

---

① 张东荪：《现在与将来》，《改造》第 3 卷第 4 号，1920 年 12 月 15 日。
② 梁启超：《复张东荪书论社会主义运动》，《改造》第 3 卷第 6 号，1921 年 2 月 15 日。
③ 彭一湖：《我对于张东荪和陈独秀两先生所争论的意见》，《改造》第 3 卷第 6 号，1921 年 2 月 15 日。

碎的修改，要是准块的是绝对不可能的；要解决中国的问题更只有提倡资本主义，别的方法都是理想”①。张东荪在《一个申说》中强调，他并不反对社会主义，但 社会主义是将来的事，现阶段中国只能用资本主义来发展实业。②

张东荪、梁启超等人的观点，理所当然地受到了中国早期马克思主义者和社会主义同情者陈独秀、李大钊、李达等人的批评和反驳。1921 年 5 月 1 日，李达在《新青年》第 9 卷第 1 号上发表《讨论社会主义并质梁任公》一文，他开门见山便指出：梁启超是多方面的人才，又是一个谈思想的思想家，所作的文字很能代表一部分人的意见，也很能博得一部分人的同情。梁的《复张东荪书论社会主义运动》虽然明明主张资本主义，反对社会主义，但由于他立论似多近理，评议又复周到，凡是对社会主义无甚研究的人，看了这篇文字，就难免不被其感动，望洋兴叹，裹足不前。为忠实主义起见，李达认定梁启超的这篇文字是最有力的论敌，因而便写了这篇文章，“作一个 X 光线，窥察梁任公自身和梁任公所代表的知识阶级中一部分人总括的心理状态”。李达首先把梁启超文章的旨趣归纳为五个方面，即（一）误解社会主义；（二）提倡资本主义，反对社会主义；（三）高唱爱国主义，排斥外国资本家；（四）提倡温情主义，主张社会政策；（五）误会社会主义运动。然后逐一对这五个方面的旨趣进行了批驳，并提出五点意见：一、中国社会运动者，要联络中国人民和世界各国的人民，在社会主义上会合；二、为中国无产阶级谋政治的经济的解放，作实行社会主义的准备；三、采社会主义生产方法开发中国产业，努力设法避去欧美资本制产业社会所生之一切恶果；四、万一资本主义在中国大陆向无产阶级磨牙吮血，则采必死之防卫手段，力图扑灭；五、联络世界各国劳动阶级，图巩固的结合，为国际的行动，与世界资本阶级的国际行动对抗。③李大钊发表在《评论之评论》第 1 卷第 2 号（1921 年 3 月 20 日）上的致费觉天的信——《中国的社会主义与世界的资本主义》提出，“今日在中国想发展实业，非由纯粹生产者，组织政府，以铲除国内的掠夺阶级，抵抗此世界的资本主义，

---

① 蓝公彦：《社会主义与资本制度》，《改造》第 3 卷第 6 号，1921 年 2 月 15 日。
② 张东荪：《一个申说》，《改造》第 3 卷第 6 号，1921 年 2 月 15 日。
③ 李达：《讨论社会主义并质梁任公》，《新青年》第 9 卷第 1 号，1921 年 5 月 1 日。

依社会主义的组织经营实业不可"①。1921 年 7 月初，陈独秀在《新青年》第 9 卷第 3 号（1921 年 7 月 1 日）上发表《社会主义批评》，集中论述了为什么要讲社会主义、为什么能讲社会主义、讲什么样的社会主义三个问题，明确提出中国要发展实业只能采取社会主义。此外，李汉俊、许新凯、蔡和森、施存统、周佛海、李季等也纷纷发表文章，批评张东荪、梁启超等人的观点。

以上是以张东荪、梁启超为代表的研究系知识分子与以陈独秀为代表的早期马克思主义者和社会主义同情者关于社会主义争论的大致过程。就争论的问题来看，实际上双方都不反对中国要增加富力，发展实业，双方分歧和争论的焦点，在于用什么方法来增加富力，发展实业，是采用资本主义，还是采用社会主义？借用李达《讨论社会主义并质梁任公》一文的话说："发达生产事业的一件事，无论是资本主义者，或是社会主义者，都是绝对承认的，只不过生产方法不同罢了！"② 概而言之，以张东荪、梁启超为代表的研究系知识分子之所以主张资本主义，不主张社会主义，主要有以下几个方面的理由：

第一，社会主义和资本主义是两个不同阶段的社会制度，资本主义解决的是发展实业的问题，社会主义解决的是实业发展起来后引起的贫富不均的问题，中国的当务之急是如何发展实业；而要发展实业，就只能采用资本主义。张东荪在《一个申说》中就明确表示，"我始终固守我的阶段说"。所谓"我的阶段说"，就是他认为，资本主义在前，社会主义在后，只有资本主义经过产生、发展、衰落、崩溃之后，社会主义才能产生，也就是他所说的，"资本主义必倒，社会主义必兴"。但对于当时的中国而言，资本主义还远没有发展起来，现阶段中国的当务之急，是发展资本主义，而不是谈论社会主义，他"有一句要言：我们对于资本主义须把实际看得重些，而我们对于社会主义须把理想看得重些；我们对于资本主义须把切近的目前看得重些，而我们对于社会主义须把较远的未来看得重些。更换言之，

①　李大钊：《中国的社会主义与世界的资本主义》，《评论之评论》第 1 卷第 2 号，1921 年 3 月 20 日。

②　李达：《讨论社会主义并质梁任公》，《新青年》第 9 卷第 1 号，1921 年 5 月 1 日。

我们要创造新社会主义便不能不把他推得很远"。[1] 蓝公武在《社会主义与中国》一文中写道：社会主义的派别极多，就是同一派别之中也有不同主张，所以要概括地说社会主义是什么，是一件极难的事，但这种种不同都是方法上的不同，在理论上则是大致相同的，"说一句极概括的话，就是要求分配平等。怎样的平等呢？就是产业公有和消灭私有财产制度"。而要实现"产业公有和消灭私有财产制度"有三个前提条件：一是"脱离个人技能的机器"的广泛使用；二是生产力的提高，"一天一个工人所支配的机器力，可以供给千百倍人的消费"；三是"生产的动机完全是营利的"，"工人所得，除工资以外，一切和他不相干"。这三个条件也"就是近世欧美的大工业制度，社会主义就是针对着他而起的"。既然"社会主义有他特定的性质，特定的目的和理想，特定的方法和程序，不是随便可以适用，也不随便用来代替或是推翻他种制度的"，那么，在中国要实行社会主义，就先要考察"中国现在有没有这样的生产方法？没有，就讲不到社会主义，要行社会主义，应当先去实行工业革命，等到有了可以公有的生产器具，才可以讲到公有"。当时的中国，工业革命尚刚刚开始，资本主义远未完成，所以，大力发展实业是中国的当务之急，"社会主义在历史上是和资本主义同时来的，他的实行是要在资本主义完成以后"。[2] 彭一湖认为，无论是资本主义制度，还是社会主义制度，"有两个要件，是一样的，就是第一要有资本，第二要有训练的劳动"。然而在社会主义制度初成立的时候，要能够完成这两个要件，其前提必须是从实业已经发展了的社会"转过来才行"。因为在实业已经发展了的社会，它的资本已经集中，工场机械已广泛使用，"我们如果由那种社会改为社会主义的社会，那只一反掌，把私的资本变为公的资本就是，反之若是由实业向未发展的社会陡然实行社会主义起来，那资本这个问题，就决没有方法解决，其故第一因为社会上原没有许多具体化的资本，可以供新社会的利用，第二就是货币资本，又因为那些有钱的人都要反对社会主义的缘故，必定把所有的金钱，都窖藏起来，其结果必定使社会主义的团体，穷的睁着眼睛，无所措手足"。就劳动者来说，由于实业未经发

---

① 张东荪：《一个申说》，《改造》第 3 卷第 6 号，1921 年 2 月 15 日。
② 蓝公武：《社会主义与中国》，《改造》第 3 卷第 6 号，1921 年 2 月 15 日。

展，缺少有训练的劳动者，卒然地实行社会主义起来，也肯定是行不通的。据此，他得出结论："要实行社会主义，以先发展实业为宜。在旧制度之下，我们除了使资本家拿资本主义来发展实业以外，我们还能够想出什么法子来吗？"①由于社会主义传之于欧美，因此，梁启超在《复张东荪书论社会主义运动》中首先就对欧美和中国所面临的迫切之问题进行了比较，认为"欧美目前最迫切之问题，在如何而能使多数之劳动者地位得以改善，中国目前最迫切之问题，在如何而能使多数之人民得以变为劳动者（此劳动者指新式工业组织之劳动者）"。故在欧美主张"分配平均"、以"改善劳动者地位"的社会主义运动方兴未艾，旗帜也极其简单明了，曰无产阶级与有产阶级抗争而已。中国则因产业不发达，"有业无业乃第一问题，而有产无产，转成第二问题"。欧美的人只要想做工就"皆有得业之机会"，但其做工的部分收益被资本家掠夺，"社会主义运动，则谋所以抗正之恢复之。其事为适合于多数人地位上之要求，故对之能亲切而有味也"。但和欧美不同，"我国今日之大患，乃在全国人民什中八九，欲求一职业以维持生命，且不可得。欧美有业无产之人所处之境遇，在我国一般人视之，已若天堂"。所以，"'劳动者地位改善'之一语，在欧美言之，则一针见血也；在中国言之，则隔靴搔痒也"。中国的当务之急或"第一要义"，不是谋求"分配平均"，以"改善劳动者之地位"，而是如何发展实业，使中国的绝大多数人都能谋到职业，成为劳动者，只有当"多数人取得劳动者地位"后，才能谈论"劳动者地位改善"的问题。而根据欧美的经验，要发展实业，就"不能不委诸'将本求利'之资本家"，即使这些资本家的"掠夺行为与欧美资本家相等，或且更甚；然最少总有一部分，得丐其余沥以免死；其可欢迎者一矣"。②

第二，社会主义是以大量的劳动阶级的存在为前提条件的，当时的中国还没有劳动阶级的产生，所以不能实行社会主义；要实行社会主义，就必须发展实业，因为只有实业发展了，才可能产生劳动阶级；而要发展实业，就必须采用资本主义。张东荪在《现在与将来》一文中写道：当时的中国患

① 彭一湖：《我对于张东荪和陈独秀两先生所争论的意见》，《改造》第 3 卷第 6 号，1921 年 2 月 15 日。
② 梁启超：《复张东荪书论社会主义运动》，《改造》第 3 卷第 6 号，1921 年 2 月 15 日。

有"四大病"，一是大多数人民还处于与原始人类差不多的"无知病"，二是大多数人民困于生计的"贫乏病"，三是民国以来内乱引起的兵匪增多的"兵匪病"，四是外国国家主义和资本主义合二为一侵略中国的"外力病"。正因为中国的"四大病"，尤其是第一、第二大病，所以"被治者中便从来没有对于政治上经济上之有力的阶级，所有的止原始生活的农民与人性变态的兵匪，此外工人商人都是很少的。——总之工人与商人都不成为有力的阶级……中国现在离劳动阶级的完成与自觉尚早"。然而历史和学说告诉我们，"凡一种主义的政治都是一种阶级的要求。如民主主义的政治是建筑在市民阶级（亦名为第三阶级）上；就是因市民阶级全体的要求而产出来的，不是因少数市民所组织的政党之奋斗而成功的"。如果说民主主义的政治是市民阶级的要求的话，那么社会主义的政治则是劳动阶级的要求，然而"劳动阶级除了交通埠头因为有少数工厂才有工人以外简直是没有"，就是这"交通埠头"的少数工人，"他们要发生阶级意识还不知要经过多少次经验的教训。在他们的阶级意识未生以前，这种未自觉的劳动者，人数又少，直不能有何势力"，所以"现在只能谈到改良劳动者的生活状态而不能发生社会主义的运动"。而要使劳动者的生活状态得到改良，就只能采用资本主义。用张东荪的话说："中国现在既有贫乏病，则开发实业为唯一之要求，虽开发实业不限于资本的企业，然在中国现状之下，真正的政治集权共产主义如俄劳农制度决不能发生，则除了资本的企业以外，只有协社的企业。……所以在开发实业以裕民生的大要求下，我们虽可极力提倡协社，然而无法阻止资本主义的进行，这一点是须大注意的。"[1] 梁启超在《复张东荪书论社会主义运动》更是明确指出："吾以为社会主义所以不能实现于今日之中国者，其总原因在于无劳动阶级。"梁启超不同意那种认为中国其他都缺乏，唯独不缺乏的就是劳动阶级，"除却少数穿长衣服坐车子的人，此外皆劳动阶级也"的观点，因为"劳动阶级者，非游民阶级之谓"，中国有的是游民，而非劳动阶级。"劳动阶级者，以多数有职业之人形成之。此项有职业之人，结合团体，拥护其因操业所得之正当利益，毋俾人掠夺，此在道德上为至当，在事势上为至顺。若夫无业游民，则与此异。彼本来并无

---

① 张东荪：《现在与将来》，《改造》第 3 卷第 4 号，1920 年 12 月 15 日。

所谓因操业所得之正当利益，则更何拥护之可言？故劳动阶级可以责人掠夺其剩余，可以向人索还其所掠夺，游民阶级则不能有此权利。"所以，我们要对"劳动者与游民"进行区分，"断不容并为一谈"。实际上劳动阶级与游民阶级的社会作用是不一样的，"劳动阶级之运动可以改造社会；游民阶级之运动只有毁灭社会。今论者徒见国中游民之多，而谓吾之社会运动已得有主体焉。此最误谬之观察，不可以不明辩也"。梁启超也不赞同那种把"散工和农民"也视为"劳动阶级"的观点，他指出："今通行'劳动阶级'一语，本含广狭二义。广义的解释，自然凡农民及散工悉含在内。狭义的解释，则专指在新式企业组织之下佣工为活的人。而社会运动之主体，必恃此狭义的劳动阶级。中国则此狭义的劳动者未能成为阶级，故谓之无阶级也。"[1] 既然"无劳动阶级"，这是中国不能实行社会主义的"总原因"，那么，我们要想实行社会主义，就必须"使国中多数人弃其游民资格而取得劳动者资格"；而要"使国中多数人弃其游民资格而取得劳动者资格"，则"舍生产事业发达外，其道无由"；而要使"生产事业发达"，就只能实行资本主义。用梁启超"综括"该文"大意"的话说："一、非奖励生产事业，则全国人非久且瘵死，更无何种主义之可言；二、奖励生产事业之结果，资本阶级必发生，其相缘之毒害亦随而发生；三、资本阶级发生，则劳动阶级亦成立，然后社会主义运动乃有所凭借。"[2] 我们在前面已经提到，彭一湖是赞成张东荪要实行社会主义有待于先发展实业之观点的，他之所以赞成张东荪的观点，其理由之一，即是由私有财产制的社会，过渡到社会主义的社会，是一种很大的革命，这种大革命要获成功，就须要有有力的革命军，而这种革命军不能够由招募的人组织而成，而只能由那些"有感于资本主义的压迫、觉得非打破资本主义不可的劳动者"组织而成。但"我们中国的产业，现在方在萌芽时代，姑无论那些工人，没有这种觉悟，便是有了这种觉悟，那里会有以最少数的工人，就把旧制度翻转得过来的道理……所以说要实行社会主义，第一就要发展实业，养成大队要求实行社

---

[1] 梁启超：《复张东荪书论社会主义运动》，《改造》第3卷第6号，1921年2月15日。
[2] 梁启超：《复张东荪书论社会主义运动》，《改造》第3卷第6号，1921年2月15日。

会主义的劳动军"。[1]

第三，中国发展实业应采用资本主义，尽管资本主义容易造成分配不均和贫富分化，但可以通过社会"立法"等形式，对现行资本主义制度进行某些改良或改革。梁启超在《复张东荪书论社会主义运动》中将对资本主义制度以及资本主义制度之下产生的资本阶级的态度概括为四种：（一）抗阻态度：极力防止资本阶级之发生，见其有将发生之机会，则务摧坏之；（二）旁观态度：我辈自从劳动方面用功，将资本家之行动置之不论不议，待其稔恶自毙；（三）矫正态度：奖诱警告资本家，唤起其觉悟，使常顾及劳动者之利益，以缓和劳资两级之距离；（四）疏泄态度：设法使生产事业，不必专倚赖资本家之手，徐图蜕变为社会公共事业。他认为，这四种态度中，前两种不可取，第一种"其事为不可能，且亦诚无抗阻之必要"；第二种"任其自然之运，必将成为尾大不掉积重难返"。他主张的是后两种。就第三种而言，对于将来勃兴之资本家，如果他们能够完其"为本国增加生产力"之一大职务，能使多数游民得有职业，我们就应该承认他们在社会上有一部分功德，虽取偿较优，亦可允许，但应该设法使他们能够真正觉悟到，剩余利益是不能全部掠夺的，掠夺太过，必有反动，殊非彼辈之福，对于劳动者的生计之培育，体力之爱惜，知识之给予，他们都须十分注意和关心。"质言之：则务取劳资协调主义，使两阶级之距离不至太甚也。至所用矫正之手段，则若政府的立法，若社会的监督，各因其力之所能及而已。"从第四种来看，现在为振兴此垂毙之生产力起见，不能不属望于资本家，这是不得已之办法，"却不能恃资本家为国中唯一之生产者，致生产与消费绝不相谋，酿成极端畸形之弊。故必同时有非资本主义的生产，以与资本主义的生产，相为骈进。一面政治上若稍有转机，则国家公营地方公营之事业，便当划出范围，在人民严密监督之下，渐图举办。一面各种协社，须极力提倡，以传教的精神策进之"。[2]彭一湖也主张"在资本家生产制度之下"，用"进步的劳动立法"方式，来限制资本主义的"跋扈"，

---

① 彭一湖：《我对于张东荪和陈独秀两先生所争论的意见》，《改造》第3卷第6号，1921年2月15日。

② 梁启超：《复张东荪书论社会主义运动》，《改造》第3卷第6号，1921年2月15日。

不使其社会的贫富差距过于拉大。① 蓝公彦认为，"资本制度的害恶就是贫富问题，这一个问题是可以救济的。例如用社会立法手段规定劳动法规，劳动保险，增加工资，减少时间等等都是救济工人的善策"。除此以外，还可以减少糜费，亦即政府的不必要开支，将节省下来的钱，用于救济贫苦工人。②

针对张东荪、梁启超等人的上述观点，以陈独秀为代表的中国早期马克思主义者和社会主义同情者进行了批驳。

首先，他们指出，张东荪、梁启超等人认为社会主义的实质就是分配平均，这是对社会主义的误解。如前所述，李达曾将梁启超的《复张东荪书论社会主义运动》一文的"旨趣"归纳为五个方面，第一个方面就是"误解社会主义"，因为梁启超将社会主义运动，说成是"为分配平均之运动"。然而"社会主义在根本改造经济组织，谋社会中最大多数的最大幸福，实行将一切生产机关收归公有，共同生产，共同消费"，而"社会主义运动，就是用种种的手段方法实现社会主义的社会"。所以，生产方法上的不同，是社会主义和资本主义的主要区别，"资本主义生产组织，一切生产机关，概归最小数资本阶级所私有，最大多数的劳动者，均为劳银的奴隶，完全受资本阶级所支配。劳动者与资本家的关系是人与物的关系。劳动者制造出来的剩余生产尽归资本家……资本家专讲自由竞争，对于生产力绝对不谋保持均平，供给与需求不能相应"，从而造成生产过剩，资本家则将生产过剩的损失转嫁到劳动者身上，劳动者因此而大受恐慌，招来失业的苦痛，这就是产业组织不受政治力支配的恶果。"社会主义生产组织却不是如此，一切农工业生产机关，概归社会公有，共同劳力制造生产物，平均消费。商品生产可以全废，生产物不至于压迫生产者。人与人的生存竞争完全消灭。生产消费完全可以保持均平。一人利用他人，压迫他人的事实绝对不会发生，也没有经济恐慌人民失业的危险。所以资本主义的生产组织，是无政府无秩序的状态，社会主义生产组织是有秩序有政府的状态。"梁启超则"误解社会主义为均产主义的说法，也就是因为忘记了社会主义更有很好的

---

① 彭一湖：《我对于张东荪和陈独秀两先生所争论的意见》，《改造》第3卷第6号，1921年2月15日。
② 蓝公彦：《社会主义与资本制度》，《改造》第3卷第6号，1921年2月15日。

生产方法的缘故。他或者不是不知道社会主义有很好的生产方法，而以为资本主义是一个必不可免的过程"，因而主张以资本主义来发展中国实业。实际上，"就中国现状而论，国内新式生产机关绝少，在今日而言开发实业，最好莫如采用社会主义"。[1] 为了批驳梁启超等人的观点，陈独秀在《社会主义批评》的演讲中解答了什么是社会主义等问题。他说：现代资本主义生产方法有两大缺点：（一）是资本私有。"其结果生产事业越发达，雇人的游惰阶级和被雇的劳苦阶级底分离越发显著"；（二）是生产过剩。"自从自由派的经济学说得势以来，现代产业界完全放任资本家自由竞争，陷于无政府状态，关于生产品底种类额量，不受国家之统计调节"，一旦供过于求，遂至生产过剩，发生经济界之危机。马克思正是针对现代资本主义的这两大缺点提出了自己的社会主义学说。所以，"社会主义的生产方法：资本归公，人人都有工作生产底机会，社会上一切生产工具——土地，矿山，机器，房屋等——谁也不能据为己有，谁也不能租给他人收取利益，这样才可以救济第一个缺点。一切生产品底产额及交换都由公的机关统计调节或直接经营，务使供求相应，不许私人投机营业，这样才可以救济第二个缺点"。总之，陈独秀强调指出："在生产方面废除了资本私有和生产过剩，在分配方面废除了剩余价值，才可以救济现代经济的危机及社会不安的状况，这就是我们所以要讲社会主义之动机。"[2]

其次，他们指出，张东荪、梁启超等人认为中国无劳动阶级，因而不能搞社会主义，这也是不正确的。李达在《讨论社会主义并质梁任公》一文中写道：中国现在已是产业革命的时期了。中国工业的发达虽不如欧美日本，而在此产业革命的时期内，中国无产阶级所受的悲惨，比欧美日本无产阶级所受的更甚，他们因而比欧美日本的无产阶级更有实行社会主义的愿望和要求。李达也承认中国的游民众多，以前依赖丝业、茶业、土布业、土糖业以及制钉业、制铁业谋生的劳动者，现在皆因欧美日本大工业的影响而次第失业，但又不能赴欧美日本大工场去做工，当机械的奴隶，加上近年国内的天灾人祸，尤其是军阀的连年混战，传统的农工业小生产

---

[1] 李达：《讨论社会主义并质梁任公》，《新青年》第 9 卷第 1 号，1921 年 5 月 1 日。

[2] 陈独秀：《社会主义批评（在广州公立法政学校演讲）》，《新青年》第 9 卷第 3 号，1921 年 7 月 1 日。

机关差不多都被破坏了，而新式的生产机关又非常的少，"因此之故，中国大多数无产阶级的人民，遂由手工业者变而为失业者，专成为欧美日本工业生产品消费的失业劳动者了。所以中国的游民，都可说是失业的劳动者"。他们和一般意义上的游民不同，他们是无产阶级的天然同盟军，只要对他们进行"相当的团体训练"，是完全可以成为实行社会主义的劳动军的。[①]

再次，他们指出，资本主义的弊端，是不可能像张东荪、梁启超等人所想象的那样通过所谓社会"立法"等形式进行某些改良或改革的。李达就批评梁启超所提出的"温情主义"的"社会政策"，即对资本家"采矫正态度与疏泄态度"，以期对资本主义的弊端进行某些改良或改革是"滑稽的办法"，并明确表示"不敢苟同"。因为，资本主义的"经济的组织，不外两个大原则，就是自由竞争和私有财产。这两大原则就是现社会中万恶的根源，社会主义运动就是要把这两原则完全撤废"。而梁启超以及其他人主张的所谓"社会政策"，"只主张借资本阶级的国家底立法，施行几项温情政策，略略缓和社会问题，并不是想根本的解决社会问题的。自由竞争和私有财产，还是依然存在，资本家仍可以行自由放任主义，积极的发展自由竞争，无限制的扩张私有财产。无产阶级呻吟于资本家掠夺支配之下，绝对得不到丝毫的幸福"。一句话，梁启超等人所提出的"社会政策，就是处理社会问题的结果，并不是要铲除社会问题的根本原因"，他们一方面主张实行资本主义，一方面又要实行所谓"社会政策"，对资本主义进行某些改良或改革，这实际上是根本行不通的，也不可能取得任何成效，因为这些改良或改革并没有改变资本主义的"自由竞争和私有财产"这"两个大原则"。李达指出："资本主义是社会的病，社会主义是社会健康的标准，社会主义运动是治病而复于健康的药。只要问中国现在的社会病不病，什么病便下什么药。"那种把中国现在病症移作资本主义的病症，而后照抄西方的原法用药的医生，不过是庸医罢了，梁启超就是这样的庸医，他开出的所谓"社会政策"的药方，不外是社会"立法"等"温情主义"的形式，对资本主义的弊端进行改良或改革，而这些药方都是欧美资产阶级用过的药方，

---

① 李达:《讨论社会主义并质梁任公》,《新青年》第 9 卷第 1 号, 1921 年 5 月 1 日。

了无新意。[①]

在批驳张东荪、梁启超等人主张资本主义观点的同时，以陈独秀为代表的中国早期马克思主义者和社会主义同情者也阐述了他们之所以反对资本主义，主张社会主义的理由。

第一，只有采用社会主义，才能发展中国实业，使大多数人过上"人的生活"。我们前面已经提到，这场社会主义论战的导火索是张东荪陪罗素在湖南等地走了一趟后所发表的《由内地旅行而得之又一教训》一文，在该文中张东荪认为，"中国唯一的病症就是贫乏，中国真穷到极点了"，绝大多数中国人"未曾得着'人的生活'"。因此中国的当务之急是开发实业，使大多数人能过上"人的生活"，而其他什么主义都是"空谈"。对于张东荪所讲的中国"贫乏""穷到极点"、多数人"未曾得着'人的生活'"，以陈独秀为代表的中国早期马克思主义者和社会主义同情者是完全赞同的，但他们认为，中国之所以"贫乏""穷到极点"、多数人"未曾得着'人的生活'"，从根本上来说是资本主义产生的恶果。陈独秀在《复东荪先生底信》中开篇便写道："通观先生前后几篇文章，先生所谓人的生活，自然是专指必不可少底衣食住等生活费。按资本生产制一面固然增加财富，一面却增加贫乏，这是稍有常识的人都应该知道的。欧洲机器初兴资本初发达的时候，失业者众多的恐慌，这种历史的事实，无人能够否认的。就是现在有名的伦敦、神户底贫民窟，正是资本生产制的必然现象。"中国也是这样，城市资本家拿钱到农村买田买地的一天多似一天，农民因失去土地而成为游民的一天也多似一天。资本家在通商口岸与都会办工厂，机器所到之处，手工业之破坏好像秋风扫落叶一般，不仅广大小手工场主和手工业者纷纷破产，就是城市的中产社会也都渐渐沦为了无产者和失业者。"因为资本家兼并土地和资本家利用机器（由外国资本家用机器制造的输入商品包含在内）打倒手工业底缘故，社会上困苦的失业者已普遍都会与乡间了。这种现象是资本主义生产制下机器工业代替手工业时必然发生的。"他告诉张东荪："先生所谓中国人除通商口岸与都会的少数外，大概都未曾得着人的生活，这正是因为机器用在资本主义生产制下必然的结果；就是在

---

① 李达：《讨论社会主义并质梁任公》，《新青年》第 9 卷第 1 号，1921 年 5 月 1 日。

通商口岸与都会，真是先生所谓除少数人外都未得着人的生活，所谓少数就是掠夺阶级的资本家（合中外人而言），那被掠夺的劳动者实在未得着人的生活，先生若到闸北或营盘口贫民窟里去看看那些劳动者'非人的生活'，必定比内地旅行可以得到更好的教训。这种多数人过不着人的生活之状况，正是资本主义生产制下必然的状况，不是资本家个人的罪恶。"陈独秀不同意张东荪提出的"中国穷困是一般的物力缺乏，非仅由资本家压榨"的观点，他质问道：（一）既然是一般的物力缺乏，那通商口岸与都会为什么会有少数人过着"人的生活"，并且是"奢华的生活"，难道这些人的命要比"未得着人的生活"的大多数人的命好？（二）中国的贫乏难道真的像张东荪说的那样完全是由外国资本主义制度下机器工业造成的，与本国资本家毫无关系？实际上本国资本家的掠夺方法与外国资本家一样，只是程度有所不同而已。既然是资本主义制度生产制使中国大多数人未曾得着"人的生活"，那么，我们要使中国人都能得着人的生活，就"非废除资本主义生产制采用社会主义生产制不可。因为资本主义生产制下，无论资本家是外国人，或是本国人，决不能够使多数人'都'得着人的生活"。①《正报》记者爱世先生在《人的生活》一文中同样指出：张东荪说中国多数人未曾得着人的生活，这句话没有错；张东荪又说要使中国多数人得着人的生活，只有开发实业、从增进物质文明入手，这句话也没有错。"但是只顾增进物质文明，却不讲适当方法去分配物质文明使多数人都能享物质文明的幸福，结果物质文明还是归少数人垄断，多数人仍旧得不着人的生活；要用适当方法去分配物质文明使多数人得着人的生活"，只有采用张东荪从前主张而现在反对的"社会主义"。因为要使多数人能得着人的生活，"决非简单的开发物质文明所能解决"的。中国并非没有物质文明，如开滦煤矿、京奉铁路，可以说是北方物质文明的代表，然而"不但北方多数人未曾因开滦煤矿，京奉铁道减少生活的苦痛，而且矿坑烧死工人几百名，铁桥压死工人几百名……可见只知开发物质文明，却不用有益于多数人的主义去开发，即令各省都开矿筑路，也不能使多数人得着人的生活"。就此，爱世先生得

---

① 陈独秀：《关于社会主义的讨论·独秀复东荪先生底信》，《新青年》第 8 卷第 4 号，1920 年 12 月 1 日。

出结论："资本主义绝不能使多数人得着人的生活，要使多数人得着人的生活，还应该明明白白的提倡社会主义。"①邵力子在《再评东荪君底"又一教训"》一文中也质问张东荪：中国穷到极点，原因在哪里？难道是这两年谈论社会主义的缘故吗？振兴实业的话，在中国已说多年了，为什么愈振兴中国愈穷？原因就在于"开发实业，不用社会主义做基础，我敢断言都会底表面愈发达而内幕愈愁惨，得着东荪君所谓'人的生活'者愈是少数，而腹地也愈要穷到极点"。因为在资本主义下面，都会实是罪恶底渊薮，吸收乡村间的血汗，来装点都会的文明。被掠夺的人因物质上的困乏，固然要陷于牛马似的境遇，即掠夺阶级因精神上的放恣，也何不成了逸居无教的禽兽，"所以我承认现在的中国人都未曾得着'人的生活'……而要使中国人得着'人的生活'，一定非先有一种主义不可"，这就是社会主义。②李达也再三强调：资本主义在今日的中国并不是赈救失业贫民，使多数人能过上"人的生活"的方策。因为劳动者的失业，未曾得着"人的生活"，就是新机器发明产业革命招致而来的，一架机器可以抵数十百人的劳力，而在资本制度的社会里，新机器增多一架，就增多失业者数百人，"所以在今日产业革命正在开始的中国，若更奖励资本主义制度的生产，并不会将产业革命的流弊根本除去，产业革命还是产业革命，不过将外国人的资本家变成中国人的资本家罢了"，那么其结果，产业革命愈深入，旧工业之下的失业者亦就会愈多，就会有更多的人过不上"人的生活"。因此，今日的中国要谋实业发展，赈救失业贫民，使多数人能过上"人的生活"的唯一方策，就是实行社会主义。③

　　第二，中国已具备了实行社会主义的条件和可能。李大钊在《中国的社会主义与世界的资本主义》一文中开篇便写道："中国今日是否能行社会主义？换言之就是实现社会主义的经济条件，在中国今日是否具备？是很要紧而且应该深加研究的问题。"他认为，要问中国今日是否具备实行社会主义的经济条件，须先问世界今日是否具备实行社会主义的经济条件，因为

---

① 陈独秀：《关于社会主义的讨论·〈正报〉记者爱世先生"人的生活"》，《新青年》第8卷第4号，1920年12月1日。
② 邵力子：《再评东荪君底"又一教训"》，《民国日报》副刊《觉悟》，1920年11月8日。
③ 李达：《讨论社会主义并质梁任公》，《新青年》第9卷第1号，1921年5月1日。

中国的经济情形是不能超出世界经济形势之外的。在他看来，现在世界的经济组织，已经是资本主义以至社会主义，中国虽然没有经历过欧美日本那样的实业发展，但普通老百姓"受资本主义经济组织的压迫，较各国直接受资本主义压迫的劳动阶级尤其苦痛……中国人民在世界经济上的地位，已立在这劳工运动日盛一日的风潮中，想行保护资本家的制度，无论理所不可，抑且势所不能"。另外，他指出：中国在国际上的地位，已远远落后于世界上的其他一些国家，"人家已经由自由竞争，发达到必须社会主义共营地位"，我们还刚刚起步，"在这种势力之下，要想存立，适应这共同生活，恐非取兼程并力社会共营的组织，不能有成"。总之，李大钊认为，既然世界今日已具备了实行社会主义的经济条件，而且已有国家实行了社会主义，那么，受世界经济形势的支配和影响，中国也已具备了实现社会主义的经济条件，完全可以实行社会主义。[①]和李大钊一样，陈独秀也认为，要问中国有没有实行社会主义条件，首先"要研究现在能不能用社会主义的生产分配方法来代替资本主义的生产分配方法"；而"要研究现在能不能用社会主义的生产分配方法来代替资本主义的生产分配方法"，就要"先明白资本主义的来历，进而考察现代资本主义的危机，然后才达到结论"。他指出，由于近代交换方式的进步和机器的广泛使用，促进了资本主义的发展，而资本主义的资本私有和无限制的自由竞争，必然导致生产过剩，生产过剩就会引发现代资本主义危机，"因为资本制度的分配方法是太过不均的，是承认资本家占有剩余价值的，资本家占有了剩余价值则劳动界底购买力便无从增加，劳动界购买力不增加则社会上消费量便不能和生产量同等增加，生产量和消费量不同等，所以生产过剩反要发生经济恐慌"，而经济恐慌亦即现代资本主义危机就必然会引发资本主义的崩溃，代资本主义而起的"自然是社会主义的生产分配方法"。所以，社会主义在中国的实现是不以人们的意志为转移的客观规律。陈独秀批驳了那种认为资本主义即将崩溃的欧美是可以讲社会主义的，但中国资本主义远未发达，更没有到崩溃的地步，因而还不能讲社会主义的观点，认为这种观点的"最大的

---

① 李大钊：《中国的社会主义与世界的资本主义》，《评论之评论》第 1 卷第 2 号，1921 年 3 月20 日。

缺点，是忘记了现代人类底经济关系乃国际的而非国别的了。如果他断定欧美资本制度要崩溃才能讲社会主义，他便不应该说中国不能讲社会主义仍要采用资本制度"。因为在国际间的相互影响越来越彰显的情况下，"各国资本制度都要崩溃，中国那能够拿国民性和特别国情等理由来单独保存他"。陈独秀也承认在世界资本主义未崩溃前，中国"采用社会主义的生产分配方法，恐怕免不了资本主义各国经济上政治上的压迫……但是我们确有几个可以说明努力打破这层困难底必要及可能"：（一）是救济中国断不能不发展实业，但采用在欧美已经造成实业危机的资本主义来发展中国实业，未免太无谋了；（二）中国全民族对于欧美各国是站在劳动的地位，只有劳动阶级胜利，才能救济中国底危急及不独立；（三）是现代国际化的力量固然很大，但是制度底改变，必先由国别的提倡，冒着困难使新制度渐渐现实，渐渐成为国际化，那时新的制度便确立了；（四）是第一次世界大战以来，资本制度已经大大动摇了，我们正应该联络各国底同志作国际的改造运动；（五）是在不完全破坏外资相当的利益范围以内，由国家立在资本家的地位经营国内产业及对外贸易，也未必不能免绝对的干涉。"据这五个理由"，他相信，"此时我们中国不但有讲社会主义底可能，而且有急于讲社会主义底必要"。①如果说李大钊、陈独秀主要是从"中国的社会主义与世界的资本主义"的关系来论述中国有实行社会主义的条件和可能的话，那么，李达主要是从中国内部的产业发展和无产阶级的形成来说明中国已具有实行社会主义的条件和可能的。首先，他指出："中国现在已是产业革命的时期了，中国工业的发达虽不如欧美日本"，但毕竟有了工业，中国和欧美日本的不同，只是工业发达的先后和发达的程度不同而已。其次，随着工业的发展，中国已经有了产业工人，亦即无产阶级，尽管因工业不发达的缘故，中国的无产阶级人数不多，但由于受中外资本家的双重掠夺和压迫，"中国无产阶级的厄运，实不能以言语形容。所以我说中国人民，已在产业革命的梦中，不过不自知其为梦罢了"。中国的无产阶级所受的掠夺和压迫比欧美日本的无产阶级更厉害、更沉重，他们对实现社会主义的要求也要比欧美日

① 陈独秀：《社会主义批评（在广州公立法政学校演讲）》，《新青年》第 9 卷第 3 号，1921 年 7 月 1 日。

本的无产阶级更强烈、更具有革命性。① 加上中国游民众多，而且这些游民实际上都是失业的劳动者，是"受了资本主义生产的商品的压迫"，从"家庭工业手工业和农业的生产人"而"变为失业的人"，所以"中国是劳动过剩，并不是没有劳动阶级"。②

以上是以张东荪、梁启超为代表的研究系知识分子与以陈独秀为代表的中国早期马克思主义者和社会主义同情者关于中国应该实行社会主义，还是资本主义的争论。除上述问题外，他们还涉及以下两个重要问题：

第一，实现什么样的社会主义？是基尔特社会主义？还是马克思主义的社会主义？以张东荪、梁启超为代表的研究系知识分子，除了蓝公彦等个别人认为"社会主义无论如何总是不确实而危险的"③，因而对社会主义持激烈的反对态度外，其他人并不反对社会主义，只是认为目前中国的产业还不发达，还没有产生劳动阶级，还不能实行社会主义，在实行社会主义之前，要先实行资本主义，发展实业，为遥远的将来实行社会主义创造条件，用我们引用过的张东荪的话说："我们要创造新社会主义便不能不把他推得很远。"④ 然而，他们讲的社会主义，并不是马克思主义的社会主义，而是基尔特社会主义。张东荪在《一个申说》中就认为，现在的各种社会主义虽然"皆有缺点"，但"最晚出的社会主义比较上是最圆满的"，而"基尔特社会主义最晚出的，所以他在比较上是最圆满的"。⑤ 1921 年 9 月，为了宣传基尔特社会主义，并将研究系知识分子集合在"基尔特社会主义"的旗帜下，张东荪创办《时事新报》副刊《社会主义研究》，刊发的同人《宣言》称："基尔特社会主义确是民主主义思想的究极，而且是社会改造原理最彻底的一个"，作为"基尔特社会主义者"，"我们的目的是要根本改造现社会全体；我们的要求既不是产业上的自由，又不是政治上的自由，我们实为着人类生活的根本原理而要求自由。……所以我们认为正当的方法，不在于革命的宣传，而在于思想的传播"。⑥ 和以张东荪、梁启超为代表的研究系知

① 李达：《讨论社会主义并质梁任公》，《新青年》第 9 卷第 1 号，1921 年 5 月 1 日。
② 江春（李达）：《社会革命底商榷》，《共产党》第 2 号，1920 年 12 月 7 日。
③ 蓝公彦：《社会主义与资本制度》，《改造》第 3 卷第 6 号，1921 年 2 月 15 日。
④ 张东荪：《一个申说》，《改造》第 3 卷第 6 号，1921 年 2 月 15 日。
⑤ 张东荪：《一个申说》，《改造》第 3 卷第 6 号，1921 年 2 月 15 日。
⑥ 同人：《宣言》，《时事新报》副刊《社会主义研究》第 1 期，1921 年 9 月 16 日。

识分子不同，以陈独秀为代表的中国早期马克思主义者主张的社会主义是马克思主义的社会主义。陈独秀的《社会主义批评》将社会主义分为五派：一、无政府主义；二、共产主义；三、国家社会主义；四、工团主义；五、行会社会主义。在这五派之中，他主张的是"共产主义"，亦即马克思主义的社会主义，又称科学社会主义。在文中，陈独秀还对"共产主义"之外的其他社会主义派别进行了评论和批评。他评论和批评基尔特社会主义道：基尔特社会主义并不是一种特别独立的学说，它一方面主张经济组织由行会管理，是受了工团主义工业自治的影响，然失了工团主义阶级战争底精神；一方面主张政治组织由国家管理，是受了国家社会主义不反对国家存在的影响，然失了国家社会主义由国家干涉生产事业的作用。基尔特社会主义自以为它的理想在各派社会主义中是最圆满最稳当的，以为以行会代表生产者的权利，以国家代表消费者的权利，用这种所谓"公平"的调和，便可以免剧烈的革命，但"其实他有两个不可掩蔽的缺点：（一）把压制生产劳动者底国家政权法庭海陆军警察完全交给资本阶级了；（二）政治事业和经济事业有许多不能分离的事件，例如国际贸易之类是也"。[1] 许新凯先后发表《今日中国社会究竟怎样的改造》《共产主义与基尔特社会主义》《再论共产主义与基尔特社会主义》等文，认为基尔特社会主义，"在英国的特殊国情之下"，若干年以后，或许有"实现"的可能，但在中国是没有任何实现的可能性的，张东荪等人"鼓励一种办不到的主义"，并"天天的肆行攻击那光明一线的可行的主义（指马克思主义的社会主义——引者），使资本家，军阀派……暗中得了极大的利益"。[2] 施存统则批评基尔特社会主义是一种（渐进的）改良的方案，以张东荪为代表的研究系知识分子主张基尔特主义实际就是主张资本主义，"主张基尔特社会主义底结果，势必要去赞助资本主义，延长资本主义底寿命"[3]。

　　第二，用什么方法实现社会主义？是用社会改良的方法，还是"阶级战

---

[1] 陈独秀：《社会主义批评（在广州公立法政学校演讲）》，《新青年》第9卷第3号，1921年7月1日。

[2] 许新凯：《共产主义与基尔特社会主义》，《新青年》第9卷第5号，1921年9月1日。

[3] 施存统：《读新凯先生底〈共产主义与基尔特社会主义〉》，《新青年》第9卷第6号，1922年7月1日。

争"的手段？以张东荪、梁启超为代表的研究系知识分子，虽然除蓝公彦等个别人外，其他人并不反对社会主义，但他们都反对无产阶级专政，反对用"阶级战争"的革命手段来实现社会主义。张东荪在《现在与将来》中把无产阶级专政称之为"狄克推多制"，并明确表示他不赞成"用狄克推多制贯彻劳农主义"。因为他认为，（一）目前国中无人有狄克推多之资格；（二）中国劳动阶级为数极少，很难成为狄克推多的拥戴者，即使拥戴亦无实力；（三）中国民族的根本性虽有狄克推多的倾向，然仍有一个相反的倾向潜伏于其背后；（四）近年来的新趋势是分化——由国治降为省治，由省治降为县治——此趋势与狄克推多相反；（五）中国向来没有组织，无法提纲挈领。[①] 蓝公武公开批评"有些人看见俄罗斯忽然出现了一个实行马克思学说的劳农国，以为天下无难事只怕有心人，只要夺得政权，建设一个独裁政府，便能为所欲为，用权力来创造社会主义的新工业，强制的实行废止私有分配平等，用不着经过资本制度这个阶级"。[②] 蓝公彦则反对马克思主义的阶级斗争学说，认为"人类经济的组织决不是那样的简单，一部分是资产阶级，一部分是无产阶级；这是马克思硬分的。社会上果然有许多的大资本家，而那些有几分股票的小资本家、工程师以及种种非资产阶级非无产阶级的人不知多少，要细分起来，就可以分出无数的阶级"。既然社会上不存在"资产阶级"和"无产阶级"，也就不存在马克思所说的"阶级战争"，"所以要解决目前的问题只有用和平的方法一步一步零碎的修改，要是准块的是绝对不可能的"。[③] 主张社会改良主义是以张东荪、梁启超为代表的研究系知识分子的共同诉求。早在 1919 年，张东荪与在德国的张君劢就社会主义问题进行通信讨论，并将往来书信以《中国之前途：德国乎？俄国乎？》为题发表在《解放与改造》（即《改造》，前两卷初名《解放与改造》，1920 年 9 月第 3 卷起更名为《改造》）上，提出了中国实行社会主义的道路问题，即是走德国式的改良主义的道路，还是走俄国式的"阶级战争"的道路？张东荪主张的是前者，也就是德国式的改良主义的道路。和以张东荪、梁启超为代表的研究系知识分子不同，以陈独秀为代表的中国早期马克思

---

① 张东荪：《现在与将来》，《改造》第 3 卷第 4 号，1920 年 12 月 15 日。
② 蓝公武：《社会主义与中国》，《改造》第 3 卷第 6 号，1921 年 2 月 15 日。
③ 蓝公彦：《社会主义与资本制度》，《改造》第 3 卷第 6 号，1921 年 2 月 15 日。

主义者则赞成无产阶级专政，主张用革命的方式来实行社会主义。李达认为，当时的中国问题不是能不能实行社会主义的问题，而是用什么手段实行社会主义的问题。在他看来，实行社会主义的手段很多，但主要有三种：一为议会主义，二为劳动运动，三为直接行动。在这三种主要手段之中，就他的"推测而言"，最有可能的是第三种手段，即"采用劳农主义的直接行动，达到社会革命的目的"，也就是"联合大多数的无产阶级，增加作战的势力，为突发的猛烈的普遍的群众运动，夺取国家的权力，使无产阶级跑上支配阶级的地位，就用政治的优越权，从资本阶级夺取一切资本，把一切生产工具集中到无产阶级的国家手里，用大速度增加全部生产力"。[①]陈独秀在致张东荪的信中写道："中国劳动者没有组织，没有阶级的觉悟，不能作阶级的争斗来抵抗资本家，所以生活极苦而工价极贱，造成外国资本家群来掠夺底好机会；他们始而是经济的掠夺，接着就是政治的掠夺，渐渐就快做中国底主人翁了。"但"这种状态，除了中国劳动者联合起来组织革命团体，改变生产制度，是无法挽救的"。因而他主张中国劳动者组织起来，"为反抗资本家资本主义而战"，为实现社会主义而战。[②]后来在《社会主义批评》的演讲中，他重点比较了俄国布尔什维克的道路和德国社会民主党的道路，认为两派"虽同出于马格斯，而两派的主张彼此却正相反对"，俄国布尔什维克主张："阶级战争、直接行动、无产阶级专政、国际运动"；德国社会民主党主张："劳资携手、议会政策、民主政治、国家主义。"通过比较他得出结论："只有俄国底共产党在名义上，在实质上，都真是马格斯主义，而德国底社会民主党不但忘记了马格斯底学说，并且明明白白反对马格斯，表面上却挂着马格斯派的招牌。"中国要搞社会主义，就必须走俄国的道路，而不能走德国的道路，面对国内外资本阶级的压迫和掠夺，"阶级战争的观念确是中国人应该发达的"，否则，"中国若是采用德国社会民主党的国家社会主义"，搞所谓"民主政治及议会政策"，"不过多多加给

---

① 李达：《讨论社会主义并质梁任公》，《新青年》第 9 卷第 1 号，1921 年 5 月 1 日。
② 陈独秀：《关于社会主义的讨论·独秀复东荪先生底信》，《新青年》第 8 卷第 4 号，1920 年 12 月 1 日。

腐败贪污的官僚政客以作恶的机会罢了"。① 在《谈政治》一文中陈独秀又指出：德国社会民主党"不主张直接行动，不主张革那资产阶级据以造作罪恶的国家、政治、法律底命，他们仍主张议会主义，取竞争选举的手段，加入（就是投降）资产阶级据以作恶的政府，国会，想利用资产阶级据以作恶的政治，法律，来施行社会主义政策；结果不但主义不能施行，而且和资产阶级同化了，还要施行压迫劳动阶级反对社会主义的政策"②。施存统在《马克思底共产主义》一文中同样强调："要实现共产主义，必须以生产力十分发展为前提；要生产力十分发展，必须以改造经济组织才能实现，即只有靠社会革命才能实现。社会革命，简单点说，就是改变经济组织的革命。经济组织一改变了，社会底全部制度都要随之而改变；于是新社会也就因而出现。"③ 针对以张东荪、梁启超为代表的研究系知识分子对无产阶级专政违背了民主主义和自由原则的攻击，许新凯指出："其实，在无产阶级专政的政府之中，才可以实现民主主义，才是真正的自由。因为除了无产阶级之外，所余的不过是有产阶级而已，有产阶级可以使他们有政权吗？况且社会革命之后，人人都要工作，无论是用手或用脑，人人便都成了无产阶级了。所以在社会主义下的劳工阶级专政，就是人人都参与政权，还不是民主主义吗？……所谓劳工专政者，不过是将以前资本家，皇族，及他们底走狗底政权剥夺罢了。资本家，皇族，是极力想'反革命'的。他们底走狗也是时时想拥护他们复辟的。如若不把他们底政权剥了，他们固有的势力大的很，能不能危及于新组织？所以在过渡期间内，剥夺一部人政权的专政，并不害于民主主义，反有利于民主主义。"④ 陈独秀借批判德国社会主义党人批判了以张东荪、梁启超为代表的研究系知识分子攻击无产阶级专政的言论：德国社会民主党人"他们只有眼睛看见劳动阶级底特权不合乎德谟克拉西，他们却没眼睛看见戴着德谟克拉西假面的资产阶级底特权是怎样。他们天天跪在资产阶级特权专政脚下歌功颂德，一听说劳动阶级专政，

---

① 陈独秀：《社会主义批评（在广州公立法政学校演讲）》，《新青年》第9卷第3号，1921年7月1日。

② 陈独秀：《谈政治》，《新青年》第8卷第1号，1920年9月1日。

③ （施）存统：《马克思底共产主义》，《新青年》第9卷第4号，1921年8月1日。

④ （许）新凯：《共产主义与基尔特社会主义》，《新青年》第9卷第5号，1921年9月1日。

马上就抬出德谟克拉西来抵制，德谟克拉西到成了资产阶级底护身符了"。陈独秀强调："若不经过阶级战争，若不经过劳动阶级占领权力阶级地位底时代，德谟克拉西必然永远是资产阶级底专有物，也就是资产阶级永远把持政权抵制劳动阶级底利器。"① 在为柯庆施的来信所写的《劳动专政》的短评中，陈独秀质问那些"拿'德谟克拉西'和'自由'等口头禅来反对无产的劳动阶级专政"的人，（一）经济制度革命以前，亦即资本主义时代，广大无产劳动者没有任何自由，是不是合于"德谟克拉西"？（二）经济制度革命以后，亦即社会主义时代，凡劳动者都得着了自由，有什么不合于"德谟克拉西"？②

　　这场因张东荪发表《由内地旅行而得之又一教训》而引发的以张东荪、梁启超为代表的研究系知识分子与以陈独秀为代表的中国早期马克思主义者和社会主义同情者关于社会主义的论战，进行了一年多的时间，就逐渐平息了下来。传统的观点认为，以陈独秀为代表的中国早期马克思主义者和社会主义同情者在这场论战中取得了胜利。如果从张东荪等人主张的基尔特社会主义不久即从中国思想舞台上悄然消失③，而陈独秀等人主张的马克思主义的社会主义则得到了越来越多的人的认同，并最终成了中国发展道路的选择这一意义说，以张东荪、梁启超为代表的研究系知识分子是失败了，而以陈独秀为代表的中国早期马克思主义者和社会主义同情者成了胜利者。但就论争的本身而言，很难说谁胜谁负。在争论中，双方都提出了自己的观点和主张，都力图论证自己的观点和主张是正确的，也都力图说服对方接受自己的观点和主张，但结果是双方谁也没有说服谁。以陈独秀为代表的中国早期马克思主义者和社会主义同情者虽然批驳了张东荪、梁启超等人提出的中国当务之急是发展实业，而要发展实业，就只能采用资本主义、不能采用社会主义，社会主义是未来不是现在的观点和主张，但他们并没有令人信服地回答张东荪、梁启超等人提出的中国还没有实行社会主义的条件、还不能实行社会主义的问题。李大钊、陈独秀仅仅从"中

---

① 陈独秀：《谈政治》，《新青年》第 8 卷第 1 号，1920 年 9 月 1 日。
② 陈独秀：《劳动专政》，《新青年》第 8 卷第 3 号，1920 年 11 月 1 日。
③ 1922 年 6 月，《社会主义研究》出了最后一期（第 25 号）。宣传基尔特社会主义的主要阵地《改造》杂志也于 1922 年 9 月 15 日停刊。

国的社会主义与世界的资本主义"的关系来论证中国有实行社会主义的条件和可能，而没有涉及中国本身有没有实行社会主义的条件的问题；李达虽然是从中国内部的产业发展和无产阶级的形成来说明中国已具有实行社会主义的条件和可能，但他的说明很不充分，甚至有些牵强附会。究其原因，就在于李大钊、陈独秀、李达等人当时还缺乏对中国社会真正的研究和了解，还没有把马克思主义的基本原理与中国具体的革命实践结合起来。李大钊、陈独秀、李达在中国早期马克思主义者中是理论上的佼佼者，他们尚且如此，更遑论他人。以陈独秀为代表的中国早期马克思主义者和社会主义同情者也没有回答，或者说是有意或无意地回避了张东荪等人提出的资本主义和社会主义是人类社会发展的不同阶段，资本主义在前，社会主义在后，中国不能越过资本主义的阶段而直接实行社会主义的。实际上，这个问题在清末革命派与立宪派围绕孙中山的三民主义进行论战时，以梁启超为代表的立宪派就向革命派提出过，即不能够越过实业发展的阶段而实行孙中山的带有社会主义色彩和性质的民生主义。当时以孙中山为代表的资产阶级革命派对这个问题同样没有给予回答。另外，以陈独秀为代表的中国早期马克思主义者和社会主义同情者还缺乏对中国社会的性质和阶级关系全面正确的认识，没有对民族资产阶级和官僚买办资产阶级以及外国资产阶级进行区分，他们提出"就社会主义者的立场而论，不论本国外国，凡见有资本主义，就认为仇敌总要尽力扑灭他；也不论在本国或外国，凡见有掠夺压迫的资本阶级，就认为仇敌，总要出死力战胜他"[①]，而没有认识到在民主主义革命时期，民族资产阶级特别是他们的中下层具有一定的革命性，是民主革命的同路人；他们在主张中国应走俄国的革命道路的同时，完全否定了资本主义在当时中国社会中存在和发展的某种必然性和一定合理性。以张东荪、梁启超为代表的研究系知识分子的主张资本主义、反对社会主义虽然是错误的，受到了以陈独秀为代表的中国早期马克思主义者和社会主义同情者的批驳，但他们对中国国情的分析，重视实业发展的思想，有其合理的成分，值得我们认真地思考。

总之，这场关于社会主义的争论，尽管双方谁也没有说服谁，争论中

① 李达：《讨论社会主义并质梁任公》，《新青年》第 9 卷第 1 号，1921 年 5 月 1 日。

也存在着诸多的缺陷或不足，但它扩大了社会主义的影响，使越来越多的人尤其是青年人开始关注或认同社会主义，其思想意义应该给予充分肯定。这正如李达所指出的那样："近来讨论社会主义的人渐渐多了，这确是一个好现象。因为社会主义的真谛若能充分的阐发出来，批评者就不会流于谩骂，信仰者就不会陷于盲从。而且知识阶级中表同情于资本家的与表同情于劳动者的两派，旗帜越发鲜明，竭智尽力，各为其主，而社会主义与反社会主义两方面，皆可同时发展，以待最后之决胜。所以我说现时讨论的人越多，越是好现象。"①实际上，这场争论的影响已不仅仅限于国内思想界，而且波及国外中国留学生。1920年秋，留法勤工俭学的新民学会会员在法国蒙达尼开会讨论"改造中国与世界"问题时，发生了激烈的争论，以蔡和森为代表的多数会员"主张组织共产党，使无产阶级专政，其主旨与方法多倾向于现在之俄"；而以萧子升为代表的少数会员则认为，"世界进化是无穷期的，革命也是无穷期的"，主张"温和的革命——以教育为工具的革命，为人民谋全体福利的革命——以工会合作社为实行改革之方法"，公开申明"不认俄式——马克斯（思）式——革命为正当而倾向于无政府——无强权——蒲鲁东式之新式革命，比较和而缓，虽缓然和"。蔡和森还反复"详述现今世界大势，以阐发其急烈革命之必要"。②当时在国内的毛泽东以通信方式支持蔡和森的革命主张，不同意采用改良的方式，认为国内"政治界暮气已深，腐败已甚，政治改良一涂，可谓绝无希望"③。1921年1月，国内的新民学会会员在长沙讨论并决定选择社会主义问题时，以毛泽东为代表的多数会员主张走"根本改造"道路，亦即俄国革命的道路，反对走社会改良的道路，主张劳农专政、过激主义、革命的社会主义；而少数会员则主张改良主义，认为当时中国应通过开发实业、普及教育等方式实现渐进的改造。④新民学会也因会员对中国道路的选择不同而发生分化。新民学会的分化实际上是当时中国思想界分化的一个缩影。正是通过这场争论，使中国早期马克思主义者与形形色色的社会改良主义者划清了界限，人们对中国

---

① 李达：《讨论社会主义并质梁任公》，《新青年》第9卷第1号，1921年5月1日。
② 湖南省博物馆历史部校编《新民学会文献汇编》，第93页。
③ 湖南省博物馆历史部校编《新民学会文献汇编》，第34页。
④ 《新民学会会务报告》第2号，载《新民学会文献汇编》，第133—157页。

为什么不能走德国的改良道路，而只能走俄国的革命道路有了进一步认识，从而为中国共产党的成立奠定了思想基础。

几乎与社会主义论战同时发生的，是中国早期马克思主义者与无政府主义者之间的关于无政府主义的论战。无政府主义，又译为"安那其主义"，其原文是法文"anarchisme"，反映的是小资产阶级和流氓无产者要求的一种社会政治思潮。它产生于 19 世纪的欧洲，法国的蒲鲁东（1809—1865）、俄国的巴枯宁（1814—1876）和克鲁泡特金（1842—1921）是其著名的代表人物。早在清末民初，无政府主义在中国就有一定的流传和发展，资产阶级革命派内部就存在着"新世纪派"和"天义派"等无政府主义派别。到了新文化运动时期，尤其五四运动前后，随着各种新思想、新学说的涌入，无政府主义也得到了更广泛的流传，甚至达到了泛滥的程度。"据不完全统计，从五四新文化运动开始（1916）到 1923 年，各地出现的无政府主义团体不下 80 个，它们出版的刊物和小册子不少于 70 余种。"[①]

作为一种反映小资产阶级和流氓无产者要求的社会政治思潮，无政府主义主张个人绝对自由。无政府主义的鼻祖施蒂纳就声称，"我"是世界的核心，是历史发展的动力，"除我之外一无所有"，所以"我"是绝对自由的，不受任何束缚。新文化运动时期的中国无政府主义者继承和发展了他们老祖宗的这一思想，1920 年 12 月出版的无政府主义刊物《自由》第 1 期发表了一篇题为《安那其与自由》的文章，宣称："我们目的只是要求绝对自由，'安那其主义'是要打破一切虚伪的、人为的、不自然的、拘束我们的，'安那其主义'就是自由主义——绝对的自由主义，我们要求绝对的自由，非做到'安那其'境地不可。"[②] 新文化运动时期的无政府主义代表人物黄凌霜更进一步指出："无政府主义以个人为万能，因而为极端自由主义，所以，无政府主义乃个人主义的好朋友。"[③] A.F. 声称，他之所以反对布尔什维克，就在于布尔什维克"抹煞个人"，使个人得不到自由："今布尔雪维克是要以国家的权力来干涉个人，是要从物质上干涉个人到精神上，因为甚么印刷、

① 吴雁南、冯祖贻、苏中立、郭汉民主编《中国近代社会思潮》第二卷，湖南教育出版社，2011，第 432 页。
② 遗恨（李勉成）：《安那其与自由》，《自由》第 1 期，1920 年 12 月。
③ 黄凌霜：《评〈新潮〉杂志所谓今日世界之新潮》，《进化》第 1 卷第 2 期，1919 年 2 月 20 日。

教育都在国家的手中，这样子岂不是抹煞个人，而使社会退步吗？"因为"人类的进步全凭自由意志，在布尔雪维克之下决不能发生自由思想"。① 区声白所"理想"的"无政府主义的社会"，"是自由组织的，人人都可自由加入，自由退出，所以每逢办一件事，都要得人人同意，如果在一个团体之内，有两派的意见，赞成的就可执行，反对的就可退出，赞成的既不能强迫反对的一定做去！反对的也不能阻碍赞成的执行，这岂不是自由吗？"②

　　与主张个人绝对自由相一致，无政府主义反对一切强权和国家，认为强权和国家违反了个人的自由和意志。因此，无政府主义的革命目标，"第一就是铲灭强权，使他永远不能存在或再生"③；第二就是"不承认国家有存在的可能，在人类幸福方面着想必得用种种革命的方法破坏他"，因为"国家是从来——和将来——只是摧残个人和破坏群众的幸福，并且是常是不正义的归宿所"④。"国家不独是资本家的保护者，而且是万恶的渊源。人性本向和平，国家要他们打仗拼死；人类本极平等，国家要他们分成若者为奴，若者为主，若者为贵，若者为贱；人生本应自由，国家要强迫言论、出版物。"⑤"自有了那国家之后，于是把地球上同样的人类，划了不知多少堆数：什么'支那人'，'日本人'，'美国人'……于是而'博爱'这个名词的意义，至多不能超越国界了；国家以外的人，就视同仇敌。"⑥ 他们还反对爱国主义，说什么"'爱国'思想，流毒数千年，争城争地，血染沙场"，"世界上的惨祸，都是从爱国心生出来的：实在讲起来，'爱国心'就是'魔鬼心'，叫人'爱国'就是他的'私心'，是他的'功名利欲心'，就是人道的蟊贼！"⑦

　　无政府主义者尤其反对无产阶级专政，公开声明对马克思主义者所主张

---

① A.F.：《为甚么反对布尔雪维克》，《奋斗》第8—9号合刊，1920年4月30日。
② 陈独秀、区声白：《讨论无政府主义·区声白致陈独秀书》，《新青年》第9卷第4号，1921年8月1日。
③ 菊化：《我们为甚么要革命》，《国风日报》副刊《学汇》，1922年11月11日。
④ 倩吾：《无政府主义者对于国家的观念》，《国风日报》副刊《学汇》，1923年12月27日。
⑤ A.D.（易家钺）：《破坏论》，《奋斗》第5号，1920年3月30日。
⑥ 郑贤宗：《国家·政治·法律——郑贤宗致陈独秀信》，《新青年》第8卷第3号，1920年11月1日。
⑦ 袁鸿：《反对爱国主义》，《国风日报》副刊《学汇》，1923年1月29、30日。

的无产阶级专政（他们称之为"无产阶级的独裁政治"）"不敢苟同"①，说什么"他们（马克思主义者）推翻了贵族政权，仍然用一党来握着政权。政权就是自由的魔敌，无政府党对政治要求自由的主张和他们（马克思主义者）拥护政权的主张根本不能相容的"②。他们表示"无政府主义者反对任何有形式而具强力的国家"，不仅"反对资本主义的国家，军国主义的国家，有产阶级的国家"，也反对"'劳工专政'的国家，因为既称为'国'，就要强迫人顺从他的'国'的范围，何况更加上用专政的手腕以胁迫人么。因此无政府主义者，不能不反对'劳工专政'的国家"。③在他们看来，"少数人行使的威权和多数人行使的威权并没有什么差别，都是行使个人以外的意志"④"多数的支配和少数的支配，都是'一丘之貉'，都为我所不取。我们应该有彻底的主张，主张普遍的幸福，所以无论那种阶级执政都是一律反对，毫不迟疑。"⑤他们甚至耸人听闻地宣称："国家的组织，从历史上观之，尤非建立私权，保护少数特殊幸福的机关。现在教育，国教和保护领土种种大权，都在政府掌握之中。若更举土地，矿山，铁道，银行，保险，等等给了他，谁保国家的专制，不较现在还要利害，我们的首领，谁保他们不变了拿破仑袁世凯呢?"⑥

无政府主义的理想追求，是幻想建立一个无政府的共产社会。《民声》第30号曾发表过一篇《告非难无政府主义者》的文章，认为无政府主义的宗旨，就是"废除政府，废除资本制度；一切生产机关归公，力图经济上、消费品上的自由，依各尽所能各取所需的原理，组织自由共产的社会；在个体主张最大自由，在群体主张最大的互助"⑦。《马克思学说的批评》一文也强调，无政府主义所主张的共产社会是没有任何国家组织的，"由平民自己建立各种团体会社"，如办教育就有教育社，如办农业就有农业会，等等，"以办理社会所应需的事，去除一切强权，而以各个人能享平等幸

---

① 郑贤宗：《国家·政治·法律——郑贤宗致陈独秀信》，《新青年》第8卷第3号，1920年11月1日。
② 缪金源：《无政府共产派与集产派之歧点》，《民声》第30号，1921年3月15日。
③ 倩吾：《无政府主义者对于国家的观念》，《国风日报》副刊《学汇》，1923年12月27日。
④ 叶麟：《"无强权主义的根据"及"无强权的社会"略说》，《新潮》第2卷第3号，1920年4月1日。
⑤ 《讨论通讯》，《奋斗》第8—9号合刊，1920年4月30日。
⑥ 黄凌霜：《马克思学说的批评》，《新青年》第6卷第5号，1919年5月。
⑦ 《告非难无政府主义者》，《民声》第30号，1921年3月15日。

福为主。他们所主张的劳动原则，就是'各尽所能'四个大字，他们所主张的分配原则，就是'各取所需'四个大字"。① 他们因而反对马克思主义者所主张的"按劳分配""多劳动多得"的原则："他们（马克思主义者）主张按各人劳动的多寡，来给酬报。那么强有力的，将享最高的幸福，能力微弱的，将至不能生活；能力微弱的缘故，或关乎生理，非其人懒惰的罪，而结果如此，还说什么幸福呢？"② 无政府主义者还主张采用两种形式来"实现无政府主义社会"，即："（一）联合主义者——用自由契约以互相扶助的原理，造成协和自由的社会……（二）自然派——社会生活无须任何条文约束其间。而形成一种自由的社会。"③ 为了实现这一理想，他们主张破坏一切。《奋斗》曾出版过《破坏专号》，鼓吹所谓"神圣破坏"，也就是"破坏一切"，不要建设。用新文化运动时期无政府主义的另一位代表人物朱谦之的话说："破坏是何等痛快？何等进取？建设又是何等造作？何等保守？"④

　　无政府主义的上述思想和主张显然是与马克思主义的思想和主张相违背的。而且自十月革命尤其是五四运动后，随着马克思主义在中国的广泛传播，中国的无政府主义者把进攻的矛头直接指向了马克思主义。1919 年 5 月，黄凌霜在《新青年》第 6 卷第 5 号上发表《马克思学说的批评》一文，批评马克思主义的"经济论""唯物史观"和"政策论"。1920 年 1 月，北京大学学生易家钺（即易君左，英文字母 A.D）、郭梦良、朱谦之（英文字母 A.A）等人组织无政府主义小团体"奋斗社"，出版《奋斗》旬刊，连篇累牍地发表鼓吹无政府主义，反对马克思主义和布尔什维克党的文章，如第 2 号（1920 年 2 月出版）刊出的易家钺的《我们反对"布尔札维克"》一文，公开反对布尔什维克主义。因此，不对无政府主义的思想和主张进行批判，不回击无政府主义者对马克思主义的进攻，就会对马克思主义在中国的传播产生严重的负面影响。1920 年 9 月，陈独秀在《新青年》第 8 卷第 1 号上发表《谈政治》一文，以鲜明的马克思主义立场批判无政府主义，

---

① 黄凌霜：《马克思学说的批评》，《新青年》第 6 卷第 5 号，1919 年 5 月。
② 黄凌霜：《马克思学说的批评》，《新青年》第 6 卷第 5 号，1919 年 5 月。
③ 倩吾：《无政府主义者对于国家的观念》，《国风日报》副刊《学汇》，1923 年 12 月 27 日。
④ A.A（朱谦之）：《革命底目的与手段》，《奋斗》第 4 号，1920 年 3 月 20 日。

从而打响了中国早期马克思主义者回击无政府主义者的第一枪。无政府主义者当然不会甘于沉默，一位名叫郑贤宗的无政府主义者在阅读了《谈政治》一文后，对陈的批判"很有些意见"，于是"拉杂"写了一封信，"以质之"。陈独秀收到郑贤宗的"辩论"的信后，即回信郑贤宗，把他和郑的意见"不同的地方"写了出来，请郑"指教"。这两封"辩论"信后来以《国家·政治·法律》为题，刊发在《新青年》第8卷第3号上。同期刊发的还有陈独秀和柯庆施讨论无政府主义的通信。关于无政府主义的论战便由此而展开。中国的早期马克思主义者先后发表《社会主义批判》（陈独秀）、《下品的无政府主义党》（陈独秀）、《讨论无政府主义》（陈独秀）、《社会革命底商榷》（江春，即李达）、《无政府主义之解剖》（江春，即李达）、《我们为什么主张共产主义》（无懈，即周佛海）、《我们要怎么样干社会革命》（存统，即施存统）、《无抵抗主义底我见》（张闻天）以及《自由与秩序》（李大钊）等一系列论战文章。陈独秀还把他与区声白之间就无政府主义问题展开的"辩答"（各人三封长信），辑录成《讨论无政府主义》的长文，发表在《新青年》第9卷第4号（1921年8月1日）上。借用《陈独秀三答区声白书》后《附告读者》中的话说，他们的"辩答"主要涉及"远的将来社会组织问题和终极的法律存废问题"[1]。同样的论战也发生在旅欧勤工俭学的学生中，蔡和森给毛泽东的通信中明确表示："现世界不能行无政府主义。"[2] 周恩来等人在中共旅欧支部办的《少年》月刊上发表文章，批驳《工余》杂志对无政府主义的鼓吹。通过论战，中国的早期马克思主义者对无政府主义的思想和主张进行了一一批驳。

首先，针对无政府主义所主张的"个人的绝对自由"，早期马克思主义者指出，个人的绝对自由是根本不可能存在的东西，因为"个人的绝对自由"是以牺牲他人的自由为前提的，只要有他人的自由存在，"个人的绝对自由"就不可能实现。[3]"非个人逃出社会以外，决没有绝对的自由。"[4] 甚至逃出了社会以外，也是没有自由可言的。"试想一个人自有生以来，即离开

---

① 陈独秀：《讨论无政府主义·陈独秀三答区声白书》，《新青年》第9卷第4号，1921年8月1日。
② 湖南省博物馆历史部校编《新民学会文献汇编》，第87页。
③ 李大钊：《自由与秩序》，《少年中国》第2卷第7期，1921年1月15日。
④ 陈独秀：《谈政治》，《新青年》第8卷第1号，1920年9月1日。

社会的环境，完全自度一种孤立而岑寂的生活；那个人断没有一点的自由可以选择，只有孤立是他唯一的生活途径。"[1] 在早期马克思主义者看来，个人自由和社会秩序是一种辩证的相辅相成的关系，用李大钊的话说：个人是群合的原素，社会是众异的组织。真实的自由，不是扫除一切的关系，是在种种不同的安排整列中保有宽裕的选择的机会，不是完成的终极境界，是进展的向上行程。真实的秩序，不是压服一切个性的活动，是包含种种不同的机会使其中的各个分子可以自由选择的安排，不是死的状态，是活的机体。"我们所要求的自由，是秩序中的自由；我们所顾全的秩序，是自由间的秩序。只有从秩序中得来的是自由，只有在自由上建设的是秩序。个人与社会，自由与秩序，原是不可分的东西。"[2] 陈独秀认为，无政府主义者所主张的"个人或小团体的绝对自由"，应用于艺术和道德方面比较合适，因为"艺术离开了特质社会的关系，没有个体自由底冲突，所以他的自由是能够绝对的"，而且只有绝对自由，脱离任何束缚，艺术才可以得到充分发展，"道德重在自律自动，和法律的作用完全不同，不自由的道德很少有价值"。但"个人或小团体的绝对自由"不能应用于经济和政治，因为人们对政治和经济的要求不可能完全一致。以经济为例，现在一个工厂动辄就是数千上万人，如果按照无政府主义者主张的那样，"要保证人人绝对自由，不许少数压多数，也不许多数压少数"，九十九人赞成，一个反对，也不能执行，"试问数千数万人的工厂，事事怎可以人人同意，如不同意，岂不糟极了么？"政治也是如此，人都是社会的人，有社会就有社会组织及其制度，有社会组织及其制度就有维护社会组织及其制度的法律，法律一经颁布人人都要遵守，无有例外，任何人都没有不遵守法律的自由。否则，这个社会就无法维持。总之，陈独秀强调，无政府主义者主张的"个人或小团体绝对自由"，"在政治经济两方面，都是走不通的路"。[3] 施存统则依据马克思主义的经济基础决定上层建筑的理论，对无政府主义者所主张的"个人的绝对自由"进行了批判："什么正义，人道，自由，平等，都要建筑在一定的

---

① 李大钊：《自由与秩序》，《少年中国》第 2 卷第 7 期，1921 年 1 月 15 日。
② 李大钊：《自由与秩序》，《少年中国》第 2 卷第 7 期，1921 年 1 月 15 日。
③ 陈独秀：《社会主义批评（在广州公立法政学校演讲）》，《新青年》第 9 卷第 3 号，1921 年 7 月 1 日。

经济基础上面的。找不到那种经济基础，空谈自由，平等，就是讲一万年，也是不会实现的。我们并不是不要自由，平等，我们只不过要先筑成能够得到自由平等的经济基础。"①

其次，针对无政府主义者把"强权"和"罪恶"等同起来，早期马克思主义者指出，"强权"本身是没有"善"或"恶"之性质的，关键在于如何使用它，如果"强权"是用来"拥护强者无道者，压迫弱者与正义"，那它就是"恶"；反之，如果"拿他来救护弱者与正义，排除强者与无道，就不见得可恶了"。由此可见，"强权所以可恶，是他的用法，并不是他本身"。如果强权掌握在"少数游惰的消费的资产阶级"手里，那么，他们将"利用国家，政治，法律等机关，把多数勤苦的生产的劳动阶级压在资本势力底下，当作牛马机器还不如"。反之，要是强权掌握在"多数劳苦的生产的劳动阶级"手里，他们则可以"站在国家地位，利用政治、法律等机关，把那压迫的资产阶级完全征服"，并"将财产私有，工银劳动等制度废去，将过于不平等的经济状况除去"。②他们质问无政府主义者：你们"要打破一切支配阶级，要推翻旧社会一切的组织，究竟有甚么妙策？"是采取别人打你左脸、你把右脸也伸上去让别人打的"无抵抗主义"，还是像18世纪空想主义者一样，"去劝支配阶级，要他们良心发现，放弃一切特权呢？"但这两种方法都一再被证明是无效的，行不通的，"就是无政府主义者他们自己，一定也是承认的"。那么，要推翻支配阶级，打破旧社会组织，就不得不用暴力革命了。"然而暴力革命，是不是用强权？是不是用强权来打破强权？无政府主义家要闭着眼睛反对一切强权，就不该用强权来革命了。要用强权来革命，就不该闭起眼睛反对一切强权了。要反对一切强权，就是不能打破旧社会组织。不能打破旧社会组织，就不能实现无政府主义。"③无政府主义者反对一切强权，实际上使自己陷入了理论上的悖论。早期马克思主义者还批驳了无政府主义者"不承认国家有存在的可能"的观点，他们指出：和"强权"一样，国家也是一种"改良社会的工具，工具不好，只可改

---

① （施）存统：《马克思底共产主义》，《新青年》第 9 卷第 4 号，1921 年 8 月 1 日。

② 陈独秀：《谈政治》，《新青年》第 8 卷第 1 号，1920 年 9 月 1 日。

③ 无懈（周佛海）：《我们为什么主张共产主义》，《共产党》第 4 号，1921 年 5 月 7 日。

造他，不必将他抛弃不用"。① 陈独秀在《谈政治》一文中写道，"我承认国家只能做工具不能做主义，古代以奴隶为财产的市民国家，中世以农奴为财产的封建诸侯国家，近代以劳动者为财产的资本家国家，都是所有者的国家，这种国家底政治法律，都是掠夺底工具，但我承认这工具有改造进化的可能性，不必根本废弃他，因为所有者的国家固必然造成罪恶，而所有者以外的国却有成立的可能性"②。在与郑贤宗的"辩论"中陈独秀又指出：国家的成立有"根深底固"的基础，"他成立底基础不消灭，他是不容易消灭的"。若像无政府主义者所主张的那样，"单是消灭了'国家'这个名词，但实质上人类但凡有组织"、有民族存在，就会发生利益和民族的矛盾和冲突，所以要消灭国家，先要消灭国家成立的基础，否则，"空谈什么无国界，什么世界同胞，什么大同，都太笼统了，离问题远得很"。③ 根据马克思主义的唯物史观，李达强调指出，国家并不是像无政府主义者所设想的那样，由人的兽性产生出来的，"国家是一定发展阶段之中的社会的一个产物；是阶级的冲突和经济的利益不能和协的一个证据"，只要存在阶级和阶级冲突，国家就会存在。④ 既然国家的存在是以阶级和阶级冲突的存在为前提的，那么要促使国家消亡，先要促使阶级消亡，而要促使阶级消亡，就只能实行无产阶级专政，因为无产阶级专政的目的，就是要最终消灭私有财产制度和以私有财产为基础的阶级及其冲突。柯庆施在给陈独秀的信中说："我的意思，以为国家——法律，我们现在不必想法废除他；我们现在只要设法改造经济组织，征服资本家。待这些事情都办好了，天下没有一个'吃饭不做事'的人了，那么国家政府法律等等，我们不去废他，他自会变成无用的。"⑤ 因此，马克思主义者与无政府主义者关于国家争论的实质，不在于国家有无存在的必要和可能，或者换言之，不是国家是否会消亡的问题，而在于用什么方法促使国家的消亡。C.T.（施存统）在《我们要怎样干社会革命》一文中就明确指出："据马克思底意见，国家原是一阶级压迫一阶级

---

① 陈独秀：《谈政治》，《新青年》第8卷第1号，1920年9月1日。
② 陈独秀：《谈政治》，《新青年》第8卷第1号，1920年9月1日。
③ 郑贤宗：《国家·政治·法律——陈独秀答郑贤宗信》，《新青年》第8卷第3号，1920年11月1日。
④ 李达：《马克思派社会主义》，《新青年》第9卷第2号，1921年6月1日。
⑤ 柯庆施、陈独秀：《劳动专政》，《新青年》第8卷第3号，1920年11月1日。

的机关，等到阶级消灭，国家自然也要消灭的。所以我们底最终目的，也是没有国家的。不过我们在阶级没有消灭以前，却极力主张要国家，而且是主张要强有力的无产阶级专政的国家的。阶级一天一天趋于消灭，国家也就一天一天失其效用。我们底目的，并不是要拿国家建树无产阶级底特权，是要拿国家来撤废一切阶级的。无政府主义者根本不赞成这种办法（也有例外），所以我们才起争论的。"①

根据马克思主义的理论和俄国革命的经验，早期马克思主义者重点批驳了无政府主义者对无产阶级专政的攻击。陈独秀指出：我们要明白各国底资产阶级，都有数千年或数百年底基础，站在优胜的地位，他们的知识经验都比劳动阶级优越得多，"劳动阶级要想征服他们固然很难，征服后想永久制服他们不至死灰复燃更是不易"，这时实行劳动专政，"利用政治的强权，防止他们的阴谋活动；利用法律的强权，防止他们的懒惰、掠夺，矫正他们的习惯、思想，都是很必要的方法"。这时候如果不实行劳动专政，而像无政府主义者所主张的那样"提倡自由组织的社会"，那么，资产阶级就有可能随时复辟，"恢复原有的势力地位"。以俄罗斯为例，十月革命后"若以克鲁巴特金的自由组织取代了列宁的劳动专政，马上资产阶级不仅要恢复势力，连帝政复兴也不可免"。②施存统把共产主义的实现分为三个时期："第一期，是革命的过渡期；第二期，是共产主义底半熟期（这就是普通所说的社会主义的时期）；第三期，是共产主义的完成期。"第一期"的特质，就是无产阶级专政"。这期的最大工作：（一）把一切生产机关收归国有；（二）征服有产阶级并消灭一切阶级；（三）整理生产事业发展生产力。他认为第一期亦即过渡时期的长短，"要以各国底经济发达状况和人民智识程度如何而定的"，像俄罗斯、中国这样"产业幼稚，人民无智识的国家，过渡时期要比别国多一些时日也未可知"，但过渡期的存在是必然的，有过渡期就必然有无产阶级专政，这是马克思主义的根本原则。③

再次，针对无政府主义者幻想建立一个无政府的共产社会，早期马克思主义者指出，无政府的共产社会是共产主义的最高阶段，在这一阶段已消

---

① C.T.（施存统）：《我们要怎样干社会革命》，《共产党》第5号，1921年6月7日。
② 陈独秀：《谈政治》，《新青年》第8卷第1号，1920年9月1日。
③ （施）存统：《马克思底共产主义》，《新青年》第9卷第4号，1921年8月1日。

灭了阶级以及阶级压迫和剥削，实现了"各尽所能""各取所需"这一"共
产主义社会底生产及消费底根本原则"，但"这样的社会，马克思并不以为
立刻就能实现的"，相反，马克思认为"要实现这样的社会，必须先经过许
多年数；等到社会的生产力大大地增加，最后，'共同财富底一切源泉都流
出来'的时候，这样的社会，才能实现"。[1] 我们前面已经提到，施存统把
共产主义的实现分为三个时期，第三个时期，"是共产主义的完成期"，也
就是无政府主义者所讲的无政府的共产社会，但在这个社会实现之前，要
经过第一期"革命的过渡期"和第二期"共产主义底半熟期"。社会的进化
是有规律的，即"由较不完善进于较完善的，要想一步跳过，那完全是梦
想"。无政府的共产社会一定能够实现，但不是现在，而是未来。就现在而
言，"我们对于社会进化必须经过的阶段，是避免不来的。所以我们必须实
行阶级对（斗）争，必须采用劳工专政。拿什么'彻底不彻底'的话来反
对马克思主义，我看是一钱不值"。[2] 李达也指出，要实现"各尽所能，按需
分配"，只有在社会生产力高度发展，社会财富十分充裕的前提下，才有可
能："若果社会的生产力发达到无限制的程度，生产物十分丰富，取之不尽，
用之不竭，这'各取所需'的分配原则是很可实行的。只是在生产力未发达
的地方与生产力未发达的时期内，若用这种分配制度，社会的经济的秩序
就要弄糟了。"[3] 陈独秀批评了无政府主义者的以自由联合组织生产团体的思
想："无政府主义者用这种没有强制力的自由联合来应付最复杂的近代经济
问题，试问怎么能够使中国底农业工业成为社会化？怎么能够调节生产只
使不至过剩或不足？怎么能够制裁各生产团体使不至互相冲突？怎么能够
转变手工业为机器工业？怎么能够统一管理全国交通机关？"在他看来，"要
联合就不能绝对自由，这是不易的道理。因为各个生产团体各个利害不同，
若是没有一个统一机关用强制力去干涉调节，各个生产团体主张各个的绝
对自由"，就不可能有什么联合可言。[4] 李达也指出："无政府派不主张有集

---

① （施）存统：《马克思底共产主义》，《新青年》第 9 卷第 4 号，1921 年 8 月 1 日。
② （施）存统：《马克思底共产主义》，《新青年》第 9 卷第 4 号，1921 年 8 月 1 日。
③ 江春（李达）：《社会主义底商榷》，《共产党》第 2 号，1920 年 12 月 7 日。
④ 陈独秀：《社会主义批评（在广州公立法政学校演讲）》，《新青年》第 9 卷第 3 号，1921 年 7
月 1 日。

中的权力，那么生产力怎能调剂呢？社会各员的消费生活不是有受侵害的危险吗？所以我是主张共产主义派的生产组织的。"[1]

和社会主义论战一样，这场延续了一年多的关于无政府主义的论战也具有重要的思想意义。首先，划清了马克思主义与无政府主义的界限。马克思主义和无政府主义虽然都属于社会主义学说的理论范畴，但由于中国是一个小生产者犹如汪洋大海的国家，而无政府主义就实质而言，是一种小生产者的社会主义，反映的是在资本主义制度倾轧下小生产者对现实社会的愤懑，加上中国革命的艰巨性和残酷性，这些都为无政府主义在中国的传播和泛滥提供了深厚的阶级基础和社会土壤，因此自清末以来，无政府主义就是一种很有影响的社会思潮，出现过众多的无政府主义团体，如清末的"天义派"和"新世纪派"，而马克思主义在中国的真正广泛传播是在五四运动前后。也正由于马克思主义和无政府主义都属于社会主义学说的理论范畴，在马克思主义传入中国的初期，很少有人对无政府主义和马克思主义的异同进行研究，而且无政府主义反对一切强权和国家、要求个人的绝对自由的思想和主张，与新文化运动时期一些思想激进的知识青年要求彻底变革旧的社会和制度、否定一切权威的心理相吻合，因而得到了不少思想激进的知识青年的认同。比如，由激进民主主义者转变为马克思主义者的李大钊，在早期就受过无政府主义思想影响，甚至他在基本上接受了马克思主义以后到了1919年7月发表《阶级竞争与互助》一文时，还没有完全摆脱俄国无政府主义思想家克鲁泡特金的"互助论"思想的影响。[2]瞿秋白在回忆新文化运动时期接受社会主义思想影响时也说过，当时无政府主义是被一些追求进步的知识青年当作革命的社会主义思想来接受的，他指出：新文化运动时期的思想界一方面津津乐道西方资产阶级民主思想，"别一方面呢，根据于中国历史上的无政府状态的统治之意义，与现存的非集权的暴政之反动，又激起一种思想，迎受'社会主义'的学说，其实带着无政府主义的色彩——如托尔斯泰派之宣传等，或者更进一步，简直声言无政府主义"[3]。马克思主义者和无政府主义者一起还组建过"社会主义同盟"，

① 江春（李达）：《社会主义底商榷》，《共产党》第 2 号，1920 年 12 月 7 日。
② 葛懋春：《五四时期马克思主义与无政府主义论战》，《山东大学学报》1962 年第 3 期。
③ 瞿秋白：《饿乡纪程》，载《瞿秋白文集·文学编》第一卷，第 29 页。

创办过"又新印刷所"，又新印刷所成立后，既发行过国内马克思主义的机关刊物《共产党》，又出版过当时国内无政府主义的机关刊物《自由》，还印刷过各种宣传马克思主义和无政府主义的小册子和传单。1920年中国社会主义青年团成立时，无政府主义者就是以社会主义的革命派资格和马克思主义者一道加入的。所有这些都说明：无政府主义在新文化运动时期尤其是"五四"前后的进步的知识青年中影响还是很大的，是阻碍他们从革命民主主义者向马克思主义者思想转变的绊脚石。通过这场论战，早期马克思主义者揭露了无政府主义反科学的、反映了小生产者的社会主义要求的实质，划清了马克思主义和无政府主义的界限，对一些思想激进的知识青年摆脱无政府主义的思想束缚而走向马克思主义起了重大的促进作用，如旅法的陈延年和武汉的施洋以及湖南工人运动领袖黄爱、庞人铨等人，就是通过这场争论而放弃了原来的无政府主义的信仰，转而信仰共产主义，并最终成为坚定的共产主义者。其次，为中国共产党的创建奠定了思想和组织基础。论战中，早期马克思主义者批驳了无政府主义者反对一切强权和国家，要求个人的绝对自由的思想和主张，阐明了马克思主义的无产阶级专政的国家学说，强调了组织纪律、统一领导对于马克思主义政党的重要性和必要性，使中国共产党自创建之日起就是一个有着严密组织、严格纪律、实行民主集中制的无产阶级政党，从而保持了中国共产党在组织上、思想上的纯洁性。这也是中国共产党能从小变大、从弱变强，并最终领导中国人民取得民主主义革命的伟大胜利的一个重要原因。

当然，我们在肯定这场论战的思想意义的同时，也要看到早期马克思主义者在论战中所暴露出的一些问题。比如，他们混淆了无政府主义者所主张的"无政府的共产社会"与马克思主义者所主张的"共产主义社会的最高阶段"之间的界限，以为无政府主义者的错误不在于他们主张"无政府的共产社会"，而是他们超越了共产主义的发展阶段，把未来要实现的"共产主义的最高阶段"提前到了当前来实现，而没有认识到无政府主义者所主张的"无政府的共产社会"与马克思主义者所主张的"共产主义社会的最高阶段"之间是存在着本质上的区别的，二者不能混为一谈。又比如，早期马克思主义者根据马克思主义的理论和俄国革命的经验，在批驳无政府主义者对无产阶级专政的攻击的同时，而对于无政府主义者所提出的无产阶级专政有可能蜕变为个人独裁、无产阶级领袖有可能退化成拿破仑、袁世凯的问题，没有给予有力的回答；他们也没有深入探讨社会革命成功后，在社会主义社会如何实行无产阶级专政，以及如何防止无产阶级专政有可能造成的负面影响等问题。再比如，早期马克思主义者在批判无政府主义者所主张的个人的绝对自由，强调集中统一和无产阶级专政的同时，有些人又流露出轻视民主、看不起群众的思想偏向，甚至称广大群众"为知识浅的人"。陈独秀就说过："有史以来革命成功的，无一不是少数人压服了多数人"，"大的科学家一旦置身群众中，个人的意识为群众心理所压迫，往往失了理性，被动的无意识的随着群众走"，"公众的意见，非万不得已断然不可轻用……因为多数知识浅的人所发表的公众意见，是否合乎其是非也是一个问题"。[①] 这种轻视民主、看不起群众的思想偏向，在陈独秀身上后来发展为"一言堂"、家长制作风，在中共其他领导人身上也有不同程度的表现，它严重影响了中共民主制度的建设和革命事业的发展。

　　综观新文化运动时期早期马克思主义者与基尔特社会主义者和无政府主义者等非马克思主义者，围绕社会主义还是资本主义、无政府主义还是马克思主义等问题展开的争论或论战，尽管争论或论战的双方旗帜鲜明，针锋相对，但总的来看，论战是在心平气和的、说理式的氛围下进行的，以学术讨论为主，并不是暴风骤雨般的大批判、大斗争。而且论战的双方在批驳对方观点和主张的同时，有时也在吸取对方的一些观点和主张，对自己的观点和主张进行充实或修正。这种争论或论战方式是与新文化运动时期整个思想文化争论或论战的气氛相适应的，它有利于人们对真理的认识，值得充分肯定。真理是愈辩愈明，正是通过这种心平气和的、说理式的争论或论战，不仅划清了科学社会主义与基尔特社会主义、马克思主义与无政府主义的思想界限，科学社会主义和马克思主义也因此而为越来越多的追求进步的知识青年所认同和接受，一些原来深受基尔特社会主义思想和无政府主义思想影响的人，从此告别了基尔特社会主义和无政府主义，成了社会革命、科学社会主义和马克思主义的信仰者；而且也划清了科学社会主义与基

---

① 区声白、陈独秀：《讨论无政府主义·陈独秀三答区声白书》，《新青年》第9卷第4号，1921年8月1日。

尔特社会主义、马克思主义与无政府主义的组织界限，纯洁了马克思主义者的组织队伍。如 1920 年中国社会主义青年团成立时，"那时的中国社会主义青年团，只不过带有社会主义的倾向，并没确定了那一派社会主义。所以分子就很复杂：马克思主义者也有，无政府主义者也有，基尔特社会主义者也有，工团主义者也有，莫名其妙的也有，因为分子如此复杂，所以凡遇见一件事情或一个问题，各人所提出的解决方法或意见就不能一致，常常彼此互相冲突。在这种状态下面，团体规律和团体训练，就不能实行，团体的精神当然非常不振，到了 1921 年 5 月看看实在办不下去了，就只得宣告暂时解散"；1921 年 11 月马克思主义者恢复了社会主义青年团，"他们得了第一次失败的教训，所以恢复的时候，就主张确定主义使分子不致于复杂。于是他们就确定社会主义青年团为信奉马克思主义的团体，不过表面上却说是研究马克思主义的团体"。[①]1922 年 5 月 5 日，中国社会主义青年团在广州举行了第一次全国大会。社会主义青年团与无政府主义者、基尔特社会主义者、工团主义者以及其他"莫名其妙"者的分裂，是划清了基尔特社会主义与科学社会主义、马克思主义与无政府主义的组织界限后，马克思主义者纯洁自己的组织队伍的一个缩影。

第四节　中国共产党的成立和反帝反封建的民主革命纲领

随着马克思主义在中国的广泛传播，在中国早期马克思主义者的努力下，马克思主义开始与中国工人运动相结合。这就为中国共产党的成立奠定了坚实的阶级基础。1921 年中国共产党的成立，是"开天辟地的大事变"[②]。从此，中国革命的面貌发生了天翻地覆的变化。而中国共产党第二次全国代表大会上反帝反封建的民主革命纲领的提出，是马克思主义基本原理同中国具体国情相结合的最初成果，在中国民主革命史上具有十分重要的意义。

---

① 《中国社会主义青年团第一次全国大会》，《先驱》第 8 号，1922 年 5 月 15 日。
② 毛泽东：《唯心历史观的破产》，载《毛泽东选集》第四卷，第 1514 页。

一、马克思主义与中国工人运动相结合

中国的工人阶级自它产生之日起就同压迫他们的势力进行了英勇的斗争，依据汪敬虞的《中国近代工业史资料》的记载，从 1895 年到 1913 年见于记载的罢工斗争就有 70 多次。[①] 此后，中国工人的罢工斗争有进一步发展。据不完全统计，1916—1918 年 3 年中，计有罢工 68 次，不但斗争的次数有所增多，而且工人的觉悟程度和组织程度也都有明显的提高。[②] 但总的来看，五四运动之前的这些罢工斗争，还处在自发的、分散的状态，受到"会党""行帮"等封建组织的影响较大，政治上也没有摆脱资产阶级追随者的地位。

五四运动是中国工人运动的重要转折点。六三大罢工是全国范围内工人阶级的联合行动，这次罢工第一次打破了行业和地区的界限，罢工首先从上海开始，随后天津、济南、南京、长沙、武汉、杭州、九江、芜湖、无锡、厦门、安庆、唐山等地工人也相继罢工。与以往的工人罢工比较，六三大罢工具有以下四个方面的特点：第一，参加的人数多，规模和声势大。据邓中夏的《中国职工运动简史》一书的估计，当时参加六三大罢工的上海工人，"大概有六、七万人"[③]。研究五四运动专家丁守和在他的《从五四启蒙运动到马克思主义的传播》一书中则估计上海参加六三大罢工的产业工人及码头工、清洁工"总数达六、七万人，如果加上于工业工人、店员、苦力等当在十五万人以上"[④]。姜沛南则根据当时报刊的记载，统计出的参加六三大罢工的上海产业工人和交通运输工人的人数是 8.6 万多人，其中码头工人有 2 万多人，其余 6 万多人都是产业工人，如果再加上手工业工人和广大店员，上海参加六三大罢工的总人数有 18 万人之多。[⑤] 参加的人

[①] 汪敬虞编《中国近代工业史资料·第二辑 1895—1914 年》下册，科学出版社，1957，第 1299—1301 页。

[②] 参见熊杏林《中国共产党创建时期马克思主义与中国工人运动相结合的道路》，《湘潭大学学报》（社会科学版）1993 年第 2 期。

[③] 邓中夏：《中国职工运动简史（1919—1926）》，人民出版社，1953，第 8 页。转引自姜沛南《关于"六三"大罢工的几个问题》，《史林》1987 年第 4 期。

[④] 丁守和、殷叙彝：《从五四启蒙运动到马克思主义的传播》，生活·读书·新知三联书店，1963，第 121 页。

[⑤] 姜沛南：《关于"六三"大罢工的几个问题》，《史林》1987 年第 4 期。

数多，规模和声势也就自然大。一个美国新闻记者写的《出卖上海滩》中，曾这样描述过上海六三大罢工的声势，"十余万名工人都从湫隘的厂屋中拥了出来，高声喊着他们的口号"①。正因为参加的人数多，规模和声势大，给统治者所造成的压力自然也就大。因此，上海当局在大罢工的第四天就急电北京政府，请罢免曹、章、陆三人之职，其电文惊呼："星星之火，可以燎原，失此不图，将成大乱。"②淞沪警察厅长甚至耸人听闻地宣称"上海已发生二次义和团"③。第二，是第一次工人阶级的政治大罢工，具有鲜明的反对帝国主义侵略和封建军阀压迫的政治色彩。在六三大罢工之前，中国工人阶级曾为了提高工资、改善劳动条件和生活条件进行过多次的斗争和罢工，但这些斗争和罢工的基本目的是为了获得某些经济利益，也就是说，是经济性质的斗争和罢工，而六三大罢工则是中国工人阶级的第一次政治大罢工，具有鲜明的反对帝国主义侵略和封建军阀压迫的政治色彩。邓中夏在评价六三大罢工时就指出："中国工人阶级的政治罢工开始于这一次，后来中国工人阶级能发展自己阶级的独立力量与独立斗争，显然的此次罢工有很大的影响。"④工人阶级之所以要进行大罢工，不仅仅是为了声援爱国学生运动，而且还在于他们认识到，"吾国民受强权之压制，今日已达极点，外人夺我土地，政府卖我人民"⑤，因而必须起来与之进行斗争。他们在罢工中还提出了"格政府之心，救灭亡之祸"⑥这一具有反帝反封建意义的口号。他们甚至要"通告中外，不承认卖国政府"，"牺牲吾辈数十万工人的赤血，与野蛮的强权战"。⑦六三大罢工的过程，也是中国工人阶级与帝国主义英勇斗争的过程。6月6日，亦即六三大罢工爆发后的第三天，上海租界当局曾发布公告："凡散发煽惑人心之传单及悬挂旗帜，有直接激动扰

① 转引自姜沛南《关于"六三"大罢工的几个问题》，《史林》1987 年第 4 期。
②《申报》1919 年 6 月 10 日。
③《民国日报》1919 年 6 月 6 日。
④ 邓中夏：《中国职工运动简史》，第 8 页。转引自姜沛南《关于"六三"大罢工的几个问题》，《史林》1987 年第 4 期。
⑤ 上海社会科学院历史研究所编《五四运动在上海史料选辑》，上海人民出版社，1960，第 642 页。
⑥ 中国社会科学院近代史研究所《近代史资料》编译室主编《五四爱国运动》下，知识产权出版社，2013，第 525 页。
⑦ 上海社会科学院历史研究所编《五四运动在上海史料选辑》，第 643 页。

乱公安者，一概禁止。如果故违本局布告，严行惩办不贷。……凡在界内街衢成群结队，一概不准。……界内铺户商民人等，应即开门照常营业。"① 但参加大罢工的工人根本就不听租界当局的这一套，第二天，他们以更大规模的罢工和游行回应了租界当局发布的公告。"整个'六三'大罢工中，上海工人阶级始终把斗争锋芒指向帝国主义侵略者。"② 第三，开始摆脱资产阶级的束缚，进行了独立的罢工斗争。在六三大罢工之前，工人阶级基本上是作为资产阶级的追随者而出现在历史舞台上的，但在六三大罢工中，工人阶级开始摆脱资产阶级的束缚，自己决定要不要参加罢工以及罢工的时间等问题。上海的机器工人和雇主当时同在一个行会组织——铜铁机器公所。6 月 8 日，1000 多人在公所集议罢工问题，资本家怕影响生产，不赞成罢工，"议决静候三日"。但是工人"群情愤激，主张罢工。众心坚决，不可遏止"，并最终决定从 6 月 9 日起加入罢工。③6 月 9 日上海总商会公布劝导开市通告，上海工人立即发出通函，明确表示反对："近闻北京派来奸细，运动开市，假令成为事实，置我工界绝大牺牲于不顾，工界同人现已公同决议，即令商界答应开市，工界同胞决不因此终止。誓当再接再厉，继续罢工。"④ 这说明工人阶级已不再像五四运动以前一样，政治上是资产阶级的追随者，其斗争为资产阶级所左右。第四，工人阶级已经有了组织起来、成立政治团体的要求。六三大罢工虽在组织上是分散的，没有统一的领导机构，但从罢工开始那天起，工人就表示了建立这种机构的愿望。6 月 5 日，上海码头工人刚刚酝酿罢工，便提出愿"与工人的领袖在上海举行一次联席会议"⑤。随着罢工向全国扩展，工人阶级进一步认识到："现在中国工界事事落人后，吃人亏，有冤莫伸，有苦难诉，几令国人不知有我同胞者，皆因中国工界无一公共机关也。"⑥因而 6 月 11 日下午，当 1 万多名工人在东京路徐家村开会时，便提出了成立"中华工界全体大会"的主张，并"通

---

① 《工部局公报》第 12 卷，第 653 期，转引自李华兴《上海工人阶级"六三"政治大罢工》，《学术月刊》1979 年第 5 期。
② 李华兴：《上海工人阶级"六三"政治大罢工》，《学术月刊》1979 年第 5 期。
③ 《申报》1919 年 6 月 7 日。
④ 中国社会科学院近代史研究所《近代史资料》编译室主编《五四爱国运动》下，第 544 页。
⑤ 《大陆报》1919 年 6 月 6 日。
⑥ 《时事新报》1919 年 6 月 13 日。

电全国工界一致行动，内部组织完固，庶可对外"。[1] 上述这四个特点说明，中国的工人阶级已初步具有了自己独立的阶级意识，并开始作为一支独立的政治力量登上了中国的历史舞台。这在中国工人运动史上具有破天荒的重要意义。

工人阶级作为一支独立的政治力量登上中国的历史舞台，这与第一次世界大战期间民族资本主义得到进一步发展，工人阶级队伍也因此而有了显著成长和壮大是分不开的。众所周知，1914 年至 1918 年的第一次世界大战是世界范围内一次空前规模的帝国主义战争。几乎所有的帝国主义国家都卷入这一场残酷的战争之中。大战使各帝国主义国家遭受重大的损失，特别是几个侵略中国的主要欧洲国家英国、法国和德国更是损失惨重。而且这种损失不仅仅表现在战争期间，此后很长一段时期内，各经济都处于长期的混乱和危机之中，直到 1921 年，才开始走出这种危机的局面。正是各国经济这一混乱和危机的局面给中国经济提供了一个难得的发展机遇。各国忙于欧洲战场的厮杀，使它们暂时无力东顾。各国生产的衰退也使它们暂时放松了对中国市场的控制。如 1918 年各国输入中国的货物总值中，英国为 49890293 海关两，法国为 1568858 海关两，分别比战前的 1913 年减少 48.5% 和 70.4%，而德国在战争期间几乎全部中断了对中国的贸易。与此同时，各国在战争中对民用消费品的大量需求也为中国的民族工业提供了战前无法比拟的市场空间。如 1919 年中国对外出口商品的总值达到 630809411 两，比 1913 年的 403305546 两增长了 56.4%。因此，在第一次世界大战期间，中国的民族工业得到了较快的发展。仅以工业投资来说，1913 年为 49875000 元，1917 年为 128244000 元，1920 年为 155221000 元，1920 年比 1913 年增长了 2 倍以上。[2] 这在民族资本主义发展史上是空前的，其中尤以纺织、面粉、卷烟等行业的进步最为显著。以纺织业为例，从 1914 年至 1922 年新设纺织厂达 54 家，较战前的 11 家增加了将近 5 倍。其中 1920 年至 1922 年开设的为 39 家，"三年的努力已经超过战前

---

[1]《时报》1919 年 6 月 12 日。

[2] 中国人民大学政治经济学系《中国近代经济史》编写组：《中国近代经济史》上册，人民出版社，1979，第 249 页。

二十余年中外各籍纱厂总数的 31 家"。① 纱厂开工锭数从 1913 年的 484192 锭上升到 1922 年的 1506634 锭。布机在 1915 年有 2254 架，到 1922 年猛增至 9817 架。② 与纺织业并驾齐驱的是面粉业。战前外国洋粉充斥国内市场，就是在战争爆发的 1914 年，洋粉进口也达到 2197241 关担。但大战爆发后，战争的重大消耗使西欧市场物资匮乏，粮食更趋紧张，欧洲各国不仅不能再向中国输入面粉，而且纷纷到中国采购面粉和其他粮食产品。这为中国的面粉工业提供了一个广阔的国外市场。民族资本主义的面粉工业不仅可以独占国内市场，而且中国从面粉输入国一跃而为输出国，销往外国的面粉数量，1914 年还不足 7 万关担，1915 年接近 20 万关担，以后逐步上升，至 1918 年已超出 200 万关担，1920 年更接近 400 万关担。1915 年中国面粉进出口第一次出现 19229 关担的出超，以后逐年增加，1918 年增加到 2007348 关担，1920 年更增加到 3449758 关担，就是到 1921 年也还有 1294331 关担的出超。③ 1913—1921 年的 9 年间，全国有 123 家面粉厂设立（平均每年设立 13.7 家），其中民族资本经营的有 105 家，占全部新设厂的 85%，这 105 家面粉厂的生产能力为 203585 包，占全部新设厂生产能力的 82.5%。其中有资本可查的为 80 家，共拥有资本 2318 万余元，平均每厂资本为 28.9 万元。④ 卷烟业也是第一次世界大战期间发展很快的行业之一。大战前，全国有新式烟厂十余家，大战期间及其后，仅上海一地，1915 至 1922 年即开设 56 家之多。其中规模最大的是南洋兄弟烟草公司。该公司成立于 1906 年，最初资本不过 10 万元，大战期间资本总额由 1915 年冬的 100 万元增至 1918 年的 500 万元，最后增加到 1919 年的 1500 万元，1920—1921 年每年盈余 400 多万元。南洋兄弟烟草公司的发展如此迅速，导致了战前几乎独占中国卷烟市场的英美烟业公司的销路一度受挫。此外，大战期间机器修理业及制造、火柴、造纸、玻璃、针织、肥皂、食品加工等行业也均有一定的发展。

---

① 严中平：《中国棉纺织史稿》，科学出版社，1955，第 186 页。
② 陈国清：《简论第一次世界大战对中国社会发展进程的若干影响》，《武汉大学学报》2004 年第 1 期。
③《海关中外贸易统计年刊》，转引自汪敬虞主编《中国近代经济史 1895～1927》（下册），经济管理出版社，2007，第 1235—1236 页。
④ 汪敬虞主编《中国近代经济史 1895～1927》（下册），第 1237 页。

第一次世界大战期间中国民族资本主义得到较快发展的结果之一，便是中国无产阶级队伍的成长和壮大。据粗略的统计，第一次世界大战前的1913年，全国中外工矿企业中的工人在50万至60万人之间。[①] 但到了1919年前后，产业工人增加到261万人左右，其中铁路工人16.5万人，邮电工人3万人，海员15万人，汽车电车工人3万人，搬运工人30万人，中国工厂工人60万人，外国资本在华工厂工人23.5万人，矿山工人70万人，建筑工人40万人。[②] 尽管作为一个有几亿人口的大国，200多万的产业工人占人口总数比是非常非常小的，远不能与欧美资本主义发达国家如英国、法国、德国、美国相提并论，但就中国社会的本身而言，第一次世界大战后工人阶级已成为中国社会一支不可忽视的力量。

中国工人阶级的来源主要是破产的农民，这一点已经为国内外学者所公认。鸦片战争之后外国资本主义的入侵对中国封闭的、脆弱的小农经济造成了很大的冲击，农村中破产的农民迅速增加，同时清王朝的统治者又把对外国列强的战争赔款和国家现代化转变过程中的财政负担转嫁到农民身上，这就造成了农村经济的衰败和农民的日益贫困化。这些破产的农民为谋求生存的出路流向城市，为外国资本主义在华开办的厂矿企业和中国的官办、民办厂矿企业提供了大量的廉价劳动力，像早期外国资本主义在通商口岸兴办的工厂，其工人主要来源便是附近农村的农民。进入20世纪以后，帝国主义加大了对中国经济侵略和政治侵略的力度，辛亥革命以后中国又陷入军阀的割据混战之中，这都造成了农村的进一步贫困化，由于小农生产无法保证生活的基本需求，农村中青壮劳动力纷纷寻找耕种之外的出路，一战期间资本主义的发展特别是本国民族资本开办的厂矿企业迅速增多也需求更多的廉价劳动力，流向城市进入工厂也就成了大部分破产农民的选择。工人阶级的另一大来源是破产的手工业者、手工业工人和城市居民。无法同资本主义近代工业竞争的传统手工业也产生了大批的失去生产资料和工作的劳动力，这些劳动力因为有着手工业的工作经验和一定的生产技术能力而成为工业发展优先考虑的吸纳对象。城市居民则包括了在

① 刘明逵、唐玉良主编《中国近代工人阶级和工人运动》第一册，中共中央党校出版社，2002，第4页。
② 刘明逵、唐玉良主编《中国近代工人阶级和工人运动》第一册，第5页。

传统社会城市中的底层生活人员，即一些商业雇工、商贩、苦力，退伍士兵等。像洋务运动中兴办的军事、民用企业就吸纳了大量的被裁撤的湘军士兵，这些人习惯了城市的生活，不愿意再回到农村中从事耕种，因而也成了工人阶级的一个来源。下表是研究者对 20 世纪 20 年代天津两工厂工人来厂前社会成分的调查统计，它反映了 20 世纪初中国工人阶级复杂的来源情况。

久大、永利两工厂工人到厂以前的职业（1927 年）

职业	久大		永利	
	人数	百分比	人数	百分比
农民	51	59.3	22	44.0
商店学徒/伙计和行商	12	13.9	7	14.0
苦力	10	11.6	5	10.0
工匠（技术工人/手工艺工人/家庭工人）	9	10.5	12	24.0
公司机关佣工	3	3.5	–	–
兵士	1	1.2	–	–
学生	–	–	4	8.0
合计	86	100.0	50	100.0

资料来源：林颂河：《塘沽工人调查》，转引自刘明逵、唐玉良主编《中国近代工人阶级和工人运动》第一册，第 173 页。

中国近代社会的特点、中国工人阶级产生和发展的过程以及其来源决定了中国工人阶级的特点。第一，近代中国社会是一个半殖民地半封建社会，这一社会性质决定了外国资本主义在中国有着强大的经济实力，而本国的民族资本主义在外国资本主义的竞争、打击和本国封建主义、官僚资本主义的压制、剥削下发展艰难，这一方面表明了中国工人阶级的发展历史比民族资产阶级要长，另外一方面也表明了中国工人阶级的力量分布在外资企业和本国资本企业中，并且在这两者中分布的数量、规模接近，这就决定了中国工人阶级革命斗争的对象是外国资产阶级和本国封建阶级、官僚资产阶级，而不像西方资本主义国家中工人阶级的斗争对象只是资产阶级。

第二，中国工人阶级的分布和构成也是十分不平衡的。从中国工人阶级的职业分布来看，中国工人阶级主要集中在棉纺织业、矿业和铁路业。1912年至1920年间，棉纺织业工人数目约占全国工厂工人总数的四分之一，矿工数目和比例与之相近，其次是铁路和邮电部门。[1] 从地理分布来看，中国工人阶级主要分布在东南沿海各省和水陆交通沿线的大城市，法国学者让·谢诺所做的统计表明，在1919年前后，中国工人阶级大约分布在六个区域：上海地区和长江口，广州和广东内地以及香港，华中的湖北、湖南，山东的低地中心地区，直隶的东北边区，东北平原的南部地区。[2] 这六个区域集中了中国大部分或全部的棉纺工业、缫丝厂、面粉厂、造船厂、煤矿和金属厂矿等，正是由于这种工业分布上的不平衡造成了中国工人阶级分布的不平衡。这种分布和构成上的不平衡就造成了中国工人阶级虽然数量少，但是在行业和地域上都十分集中的特点，这一特点有利于工人阶级的组织和发动。第三，中国工人阶级同农民阶级有着天然的紧密联系。从上面的数据显示，中国工人阶级的主要来源是破产的农民，并且脱离农村的时间短，他们中的绝大多数还保持着同农村千丝万缕的联系，如当时的研究者在对山东一煤矿工人的调查中就发现，在985名工人中占有土地自己经营或给他人经营的就有235人，占23.8%。[3] 中国工人阶级同农民阶级的紧密联系一方面有利于中国革命中工人与农民的团结联合，另外一方面也造成了中国工人阶级中小农落后观念的泛滥，其中最主要的就是乡土观念的盛行，不利于对工人阶级的宣传和发动。第四，中国工人阶级所受到的压迫和剥削也十分严重。中国工人阶级深受帝国主义、本国封建主义和民族资本主义的压迫与剥削，同时又由于中国封建主义残留势力的强大，工矿企业中存在着诸多的像包身工、监工、学徒等一系列封建关系，这些封建关系被资方利用来强化对工人的控制和剥削。与同时期欧美工人相比，中国工人的劳动强度大，工资低，时间长，没有劳动福利保障，并且存在大

---

[1] 刘明逵、唐玉良主编《中国近代工人阶级和工人运动》第一册，第8页。

[2] 让·谢诺：《中国工人运动（1919—1927）》，转引自《中国近代工人阶级和工人运动》第一册，第192—193页。

[3] 刘心铨：《山东中兴煤矿工人调查》，第16页，转引自《中国近代工人阶级和工人运动》第一册，第7页。

量的使用女工和童工的状况。据史料记载，在 1919 年前后，中国一般工厂的工人每天所挣工资为 2～3 角，不及英国同时同类工人工资的 1/7，日本在华满铁企业中华工工资仅相当于日本工人工资的 1/4，而女工和童工的存在更压低了工资水平，一般女工工资每天只有 5 分钱，但每天的劳动时间一般都在 12 小时以上，多的竟达 16 个小时。[①] 中国工人阶级悲惨的生活、工作状态使得他们具有很强的革命斗争性。第五，中国工人阶级中存在着大量的帮会组织，像哥老会、青洪帮以及由地域关系或行业关系组织起来的行帮等。这些帮会组织具有内部规约严密、封建神明色彩浓厚、门户观念突出和社团功能广泛等特点。[②] 这些帮会组织是早期工人阶级自发组织起来维护自身权利，寻求生存保障的工人运动的一种形式，并在中国共产党成立之前起到了团结工人、维护工人利益等有利的作用，但同时由于这种组织带有浓厚的封建色彩和秘密社会的性质，在某些时候又成为资方或是黑帮控制、剥削工人的帮凶。工人阶级中的这种帮会组织从根本上来说维护的是小团体或者是行业的利益，因此影响了工人阶级的内部团结，妨碍了工人群众阶级意识的提高，并弱化了工人阶级的革命斗争性。

如果说五四运动之前的中国知识分子只是从遥远的十月革命中感受到劳工的力量，那么，六三大罢工中，工人阶级作为一支独立的政治力量开始登上中国的历史舞台的事实；他们所表现出来的反对帝国主义侵略和封建军阀压迫的斗争精神，以及人数多、规模和声势大、摆脱了资产阶级的束缚等特点，则使知识分子特别是那些具有初步共产主义思想的中国早期马克思主义者切身感受到了中国劳工阶级的力量，从而引起了他们对工人阶级的普遍关注。五四运动后不久，李大钊发表了《我的马克思主义观》，他说："资本主义……的脚下伏下了很多的敌兵，有加无已，那就是那无产阶级。这无产阶级本来是资本主义下的产物，到后来灭资本主义的也就是他。"[③] 正是基于对工人阶级伟大力量的深刻认识，知识分子特别是那些初步具有共产主义思想的中国早期马克思主义者日益认识到，只有走与工人运动相结合的道路，才能找到解决中国问题的钥匙。"劳工神圣！劳工神圣！

① 汪敬虞编《中国近代工业史资料·第二辑 1895—1914 年》下册，第 1201 页。
② 高爱娣：《行帮对早期工人运动的影响》，《工会理论与实践》2003 年第 3 期。
③ 李大钊：《我的马克思主义观》（下），《新青年》第 6 卷第 6 号，1919 年 11 月 11 日。

与劳工为伍！与劳工为伍！这种声浪在杂志界和报章上，也闹得够高了；一般讲新文化的青年，都免不掉要讲几声。"[1] 他们因而开始到工人群众中去，向工人群众宣传马克思主义，做工人群众的思想和政治工作。概而言之，他们的工作主要集中在以下几个方面：

第一，组织讲演团，开展社会调查。早在 1919 年 2 月，李大钊在总结俄国十月革命成功的经验时就写道：俄国的十月革命，"为新世纪开一新纪元"，但"这种新机的酝酿，不是一时半刻的工夫，也不是一手一足的力量。他们有许多文人志士，把自己幸福的家庭全抛弃了，不惮跋涉艰难的辛苦，都跑到乡下的农村里去，宣传人道主义、社会主义的道理"。尽管"我们中国今日情况……与当年的俄罗斯大不相同"，但"要想把现代的新文明，从根底输入到社会里面，非把知识阶级与劳工阶级打成一气不同"的道理是一样的，因此，他希望"我们中国的青年，认清这个道理"，到劳工阶级中去。[2] 正是在李大钊的影响和指导下，1919 年 3 月，北京大学成立了平民教育讲演团。该团成立之初，只是在北京市民中开展活动，并没有深入到工厂中去，到工人阶级中去，但它为五四运动后知识分子走向工人和其他下层群众打下了基础，开了先河。五四运动后，各地先后建立类似组织，深入工厂、农村，进行讲演活动，对工人和其他下层群众进行思想启蒙。北京大学的平民教育讲演团也从城市扩展到京郊的工厂和农村，并在长辛店铁路工人中建立了固定的宣传阵地。在进行讲演的同时，他们还开展社会调查，写出了大批的调查报告，这些报告的一部分后来刊发在 1920 年 5 月 1 日出版的《新青年》第 7 卷第 5 号《劳动节纪念号》上，其中包括香港工人罢工、巴黎华工以及南京、唐山、山西、江苏、江都、长沙、芜湖、无锡、北京、上海、天津和皖豫鄂浙冶铁工人等省市劳动状况，较全面地反映了当时中国工人阶级的现状。如《上海劳动状况》一文，按照机器工人、手工业、交通运输业、服务业四大类、47 个业别，分别介绍了工人人数、工作时间、工资数目、工人家庭生活、工人受资本家及工头的剥削和掠夺、工人的来源和帮会组织以及受黑势力的压迫、工人的文化程度及严重缺乏

---

① 义王章：《讨论怎样过我们的暑假生活》，《民国日报》副刊《觉悟》，1920 年 6 月 17 日。
② 李大钊：《青年与农民》，《晨报》1919 年 2 月 20—23 日。

教育等状况。

第二，发起纪念五一劳动节活动。1919 年 5 月 1 日，北京《晨报》副刊曾在李大钊帮助下出版了《劳动节纪念》专号。这是中国报纸第一次出版专号纪念五一国际劳动节，但它影响毕竟有限，更不用说形成全国性的纪念活动了。中国历史上第一次出现纪念"五一国际劳动节"的活动是在 1920 年 5 月 1 日，其发起者是中国早期的马克思主义者。在北京，纪念会由李大钊主持，参加的学生和工人有 500 多人，邓中夏出席了会议，会上北京工读互助团还散发了《劳动宣言》。《宣言》指出："凡不做工而吃饭的官僚、政客、资本家……一律驱逐……把所有一切的土地、田园、工厂、机器、物资通通取回到我们的手里。"① 在上海，陈独秀出席了这年的 4 月 18 日由中华工业协会、中华工会总会、电器工界联合会、中华全国工界协进会、中华工界志成会、船务栈房工界联合会和药业友谊联合会等七团体召开的筹备五一节纪念联席会议，首先提出将纪念会定名为"世界劳动节纪念大会"，并被大会推选为筹备"世界劳动节大会"顾问。② 5 月 1 日，七团体召开的纪念大会尽管遭到军警的破坏，几次不得不转移地点，但仍有千余工人参加，会上高呼"劳工万岁"，提出"八小时工作制""各工业组织纯洁之工会"等要求，并通过《答俄国劳农政府的通告》，对苏俄政府关于建立中苏友好关系的宣言表示了热烈的欢迎；会后又发表了抗议军警压迫的《上海工人宣言》，谴责反动当局勾结帝国主义破坏这次集会的暴行。此外，在工人阶级比较集中的城市，如广州、长沙、唐山、哈尔滨等地，早期马克思主义者和工人群众也举行了同样的纪念活动。一些进步报刊，如北京的《晨报》、天津的《大公报》、上海的《民国时报》《时报》和《申报》等都报道了各地庆祝五一节的情况，或发表纪念文章。李大钊的《"五一节"（May Day）杂感》就发表在 5 月 1 日出版的北京《晨报》上，在该文中李大钊指出：我们之所以纪念五一节，是因为"那个日子是世界工党第一次举行大祝典的日子！是世界工人的唯一武器——'直接行动'（Direct Action）造成的日子！是世界工人的神圣经典颁布的日子！"③《新青年》的《劳动节

---

① 《北京劳动纪念节再志》，《民国日报》1920 年 5 月 5 日。
② 《时事新报》1920 年 4 月 20 日。
③ 李大钊：《"五一节"（May Day）杂感》，《晨报》1919 年 5 月 1 日。

纪念号》刊发了《俄罗斯苏维埃联邦共和国劳动法典》，《法典》提出了不劳动者不得食和人人都有工作权利的社会主义原则，以及社会主义国家对工人各方面的利益的保护和照顾，使人们对马克思的科学社会主义有了进一步的认识和理解。

第三，创办工人刊物和工人夜校、劳动补习学校、识字班等，到工人群众中做宣传和教育工作。中国早期马克思主义者创办的工人刊物，有上海的《劳动界》和《伙友》，北京的《劳动音》和《工人周刊》，广州的《劳动与妇女》，济南的《济南劳动月刊》等。这些刊物用通俗易懂的文字，宣传马克思主义的基本原理，批判无政府主义、空想社会主义等各种非马克思主义思想，揭露封建主义、资本阶级对工人的剥削和压迫，介绍全国各地及其他国家工人阶级斗争的情况，指出工人阶级解放自己的道路，有效地提高了工人阶级的觉悟。据统计，仅陈独秀就在上述工人刊物和《新青年》《共产党》（月刊）等其他报刊上，发布了20余篇关于工人运动的文章，向工人阶级宣传马克思主义的唯物史观和无产阶级革命的思想。[1] 中国早期马克思主义者创办的工人夜校、劳动补习学校、识字班，有北京长辛店的劳动补习学校、上海沪西的劳动补习学校、武汉的工人识字班、广州的机器工人夜校、长沙的工人夜校和工农子弟补习学校等，通过这种补习学校，对广大工人和其他下层群众进行马克思主义教育，启发他们的阶级觉悟。早期马克思主义者还经常深入工人群众中，对他们发表演讲，做他们的思想教育工作。如陈独秀1920年4月2日在出席上海船务栈房工界联合会成立大会时就发表了《劳动者底觉悟》的演讲，他告诉听他演讲的工人们："世界上是些甚么人最有用最贵重呢？……我以为只有做工的人最有用最贵重"，因为，"做工的"是社会的"台柱子"，有了他们的力量才把社会撑住；若是没有做工的人，我们便没有衣、食、住和交通，我们便不能生存。就此而言，他希望做工的人快快觉悟，要认识到"劳工神圣"。他还提出劳动者的觉悟可分两步，第一步觉悟是要求待遇改良，第二步觉悟是要求管理

---

[1] 高爱娣、吴绮雯：《陈独秀在党的创立时期工人运动中的地位》，载中共一大会址纪念馆、上海革命历史博物馆筹备处编《上海革命史资料与研究》（第11辑），上海古籍出版社，2011，第212页。

权。尽管第二步的境界，眼前还办不到，"也不妨作此想"。[①] 该演讲后来刊发在《新青年》的《劳动节纪念号》（第 7 卷第 6 号）上。

第四，发起成立工会，将工人阶级组织了起来。早在五四运动后不久，早期共产主义者就认识到了组织工会的重要意义。1919 年 12 月，陈独秀在《告北京劳动界》就深刻指出，北京虽然没有很大的制造厂，但工人人数也不少，"只是没有联合的组织，便拿不出你们办事的力量"[②]。陈独秀发现上海的一些行业协会，如前面提到的中华工业协会、中华工会总会、电器工界联合会、中华全国工界协进会、中华工界志成会、船务栈房工界联合会和药业友谊联合会等七团体的工会，"总是穿长衣的先生们多，穿短衣的工人很少很少"[③]，他因而明确指出，工人运动不仅要组织工会，而且工会要掌握在"穿短衣的"工人阶级的手中，否则，像上海的七团体这样的所谓工会组织，"就再结一万个也是不行的。新的工会一大半是下流政客在那里出风头，旧的公会公所一大半是店东工头在那里包办。觉悟的工人呵！赶快另外自己联合起来，组织真的工人团体呵！"因为只有"组织真的工人团体"，工人阶级才能"改进自己的处境"[④]。于是在陈独秀和其他早期马克思主义者的指导和帮助下，1920 年 11 月，上海成立了机器工会。12 月，又成立了印刷工会，北京长辛店成立了长辛店工人俱乐部。接着各地工会相继成立。上海机器工会明确提出其宗旨是"谋本会会员底利益，除本会会员的痛苦"，而要达到这个宗旨，"第一不要变为资本（家）利用的工会；第二不要变为同乡观念的工会；第三不要变为政客和流氓把弄的工会；第四不要变为不纯粹的工会；第五不要变为只挂招牌的工会"[⑤]。上海机器工会成立之时，陈独秀到会祝贺并发表演说，称赞机器工会是现在世界上三大有势力的工会之一。《共产党》月刊则发文称赞它办得很有精神色彩。[⑥]

通过上述活动，尤其是各地工会的纷纷成立，实现了马克思主义与工人

① 陈独秀：《劳动者底觉悟》，《新青年》第 7 卷第 6 号，1920 年 5 月 1 日。
② 陈独秀：《告北京劳动界》，《晨报》1919 年 12 月 1 日。
③ 陈独秀：《此时劳动运动的宗旨》，《劳动界》第 15 册，1920 年 11 月 21 日。
④ 陈独秀：《真的工人团体》，《劳动界》第 2 册，1920 年 8 月 22 日。
⑤ 《上海机器工会开发起会纪略》，《劳动界》第 9 册，1920 年 10 月 10 日。
⑥ 高爱娣、吴绮雯：《陈独秀在党的创立时期工人运动中的地位》，载《上海革命史资料与研究》（第 11 辑），第 214 页。

运动的相结合，尽管这种结合还有待进一步巩固和深化，但它为中国共产党的成立奠定了坚实的阶级基础。

二、中国共产党的成立："开天辟地的大事变"

随着马克思主义的广泛传播以及马克思主义与工人运动的相结合，建立党组织的问题被提上议事日程。1920年2月，李大钊、陈独秀开始讨论在中国建立共产党组织的问题。陈独秀在上海，李大钊在北京进行建党的准备工作。1920年4月，共产国际派俄国（布尔什维克党）党员小组维经斯基等人到中国，同中国革命组织和同志建立联系。他们先后在上海和北京分别会见了陈独秀和李大钊，了解中国的工人运动、马克思主义的传播以及酝酿建党等情况，介绍共产国际和国家共产主义运动的详细情况和经验，对中国共产党的正式成立给予具体的帮助。

1920年8月，陈独秀、李达、陈望道、李汉俊等在上海建立了第一个中国共产党早期组织，由陈独秀任书记。不久各地的共产党早期组织纷纷成立。李大钊、邓中夏、罗章龙、刘仁静、张国焘等在北京，毛泽东、何叔衡等在长沙，董必武、陈潭秋等在武汉，谭平山、陈公博等在广州，王尽美、邓恩铭等在济南，陆续建立了共产党早期组织。1921年初，张申府、周恩来、蔡和森等在法国留学生中也建立了共产党早期组织。施存统、周佛海等在日本也成立了共产党早期组织。各地共产党早期组织成立后，除了继续深入工人群众，做他们的思想和组织工作，以实现马克思主义与中国工人运动的相结合外，还做了以下几方面的工作。

首先，是继续加强马克思主义的宣传和研究。1920年8月，陈望道翻译的《共产党宣言》中文全译本公开出版。同月，恩格斯的《科学的社会主义》也公开出版，为先进分子从原著中掌握马克思主义理论创造了条件。从1920年9月起，陈独秀将《新青年》改组为上海共产党早期组织的机关刊物。同年11月，又创办了大型的半秘密性的机关刊物《共产党》月刊，宣传共产主义和共产党的知识。

其次，是相继创办青年团。1920年8月，上海共产党早期组织创建社会主义青年团。接着，又成立了外国语学社。不久，北京、广州、长沙、武汉等地也在共产党早期组织领导下相继建团。任弼时、刘少奇、张太雷、罗亦农等都是最早的一批青年团员。这些青年团组织，有助于进一步团结广大进步青年学习和研究马克思主义。

最后，这些共产党早期组织积极进行建党问题的讨论和实际组织工作。上海共产党早期组织创办的《共产党》月刊大量介绍列宁的思想以及俄国布尔什维克党的历史与经验，刊载了有关共产国际、各国共产党和国际共产主义运动实际情况的材料，并对党的纲领做了初步探讨。同月，上海共产党早期组织还制定了《中国共产党宣言》，明确宣布要建立一个革命的无产阶级政党——共产党，明确了共产主义的理想和奋斗目标。1921 年 1 月，毛泽东与远在欧洲的蔡和森通信，对于蔡和森提出的建立共产党作为革命运动发起者、宣传者、先锋队、作战部的主张，表示完全赞成。他还转告蔡和森：党组织的成立工作，"陈仲甫先生等已在进行组织。出版物一层，上海出的《共产党》，你处谅可得到，颇不愧'旗帜鲜明'四字"，认为"唯物史观是吾党哲学的根据"[1]。

各地共产党早期组织的成立及其富有成效的工作，进一步促进了马克思主义的传播以及马克思主义与工人运动的相结合，为中国共产党的正式成立准备了必要的条件，成立全国性的统一的马克思主义的无产阶级革命的政党的时机和条件已经基本成熟。

1921 年 6 月初，共产国际代表马林、尼克尔斯基来到中国，他们到达上海后，与主持上海党组织工作的李达、李汉俊建立了联系，建议及早召开党的全国代表大会，正式宣布党的成立。经过上海党组织的筹备和发起工作，1921 年 7 月 23 日，中国共产党第一次全国代表大会在上海法租界望志路 106 号秘密召开。由于会场受到密探注意和外国巡捕的骚扰，最后一天的会议转移到浙江嘉兴南湖的游艇上举行。会议代表由各地共产党早期组织推荐，包括上海的李达、李汉俊，北京的张国焘、刘仁静，武汉的董必武、陈潭秋，长沙的毛泽东、何叔衡，济南的王尽美、邓恩铭，广州的陈公博，日本东京的周佛海，还有陈独秀指派的代表包惠僧。由他们代表全国 50 多名党员。共产国际代表马林、尼克尔斯基参加了会议。陈独秀和

——————————
[1] 毛泽东：《给蔡和森的信》（1921 年 1 月 21 日），载《新民学会文献汇编》，第 116 页。

李大钊因故未能出席会议，但陈独秀向大会提交了一份党纲以供讨论。

大会的中心任务是讨论正式成立中国共产党。大会首先听取了各地共产党早期组织的工作情况汇报。接着经过讨论，按照列宁的建党原则，通过了中国共产党的党纲。党纲确定党的名称是中国共产党。中国共产党的"纲领"是："（1）革命军队必须与无产阶级一起推翻资本家阶级的政权，必须支援工人阶级，直到社会的阶级区分消除为止；（2）承认无产阶级专政，直到阶级斗争结束，即直到消灭社会的阶级区分；（3）消灭资本家私有制，没收机器、土地、厂房和半成品等生产资料，归社会公有；（4）联合第三国际。"党纲提出："本党承认苏维埃管理制度，把工农劳动者和士兵组织起来，并承认党的根本政治目的是实行社会革命；中国共产党彻底断绝同黄色知识分子阶层及类似党派的一切联系。"①党纲规定了民主集中制的组织原则和党的纪律，指出党的地方组织和党员必须接受中央的监督，并初步规定了党的有关组织之间的关系以及各自的职责与权利。党纲还规定了入党条件和入党手续，指出党员资格没有性别等方面的区别，凡承认本党纲领与政策，承认对党忠诚，经党员一人之介绍，都可以成为党员；申请入党的人要经党的基层组织的审查，经多数党员同意，方可接收入党，如该地有党的上级组织，则报上级组织批准。

大会通过的关于当前实际工作的决议，确定党成立后的中心任务是组织工人阶级，成立产业工会，创办工人学校，领导工人运动，指出党成立产业工会、创办工人学校的目的，"是教育工人，使他们在实践中去实现共产党的思想"。决议强调党应当加强对工人运动的领导，在工人中宣传马克思主义，灌输阶级斗争的精神，注意不要使工会成为其他政党手中的工具，"对于手工业工会，应迅速派出党员，尽快进行改组工作"。决议还强调了宣传工作的重要性，"每个地方组织均有权出版地方的通报、日报、周刊、传单和通告"，但"不论中央或地方出版的一切出版物，其出版工作均应受党员的领导"，"任何出版物，无论是中央的或地方的，均不得刊登违背党的原则、政策和决议的文章"。决议提出，"对现有其他政党，应采取独立的

---

① 《中国共产党第一个纲领》，载中央档案馆编《中共中央文件选集》第一册，中共中央党校出版社，1989，第3页。

攻击的政策"，在政治斗争中，在反对军阀主义和官僚政治的斗争中，在争取言论、出版、集会自由的斗争中，中国共产党"应始终站在完全独立的立场上，只维护无产阶级的利益，不同其他党派建立任何关系"。①

大会还选出中央局作为党的中央领导机关，选举陈独秀、张国焘、李达三人组成中央局。陈独秀任中央局书记，张国焘任组织主任，李达任宣传主任。

中国共产党第一次全国代表大会的召开，正式宣告了中国共产党的诞生。从此，中国的工人阶级有了自己坚强的革命领导核心，有了马克思列宁主义思想的坚强指导，实现了马克思主义与中国工人阶级和工人运动、中国革命和世界无产阶级革命运动的结合和联合。"自从有了中国共产党，中国革命的面目就焕然一新了。"②"一九二一年产生了中国共产党，中国就改变了方向，五千年的中国历史就改变了方向。我们共产党是中国历史上的任何其他政党都比不上的，它最有觉悟，最有预见，能够看清前途。"③中国共产党的成立，是"开天辟地的大事变"④。从此，中国的面貌开始发生了翻天覆地的变化。

第一，中国共产党的成立，使中国革命有了先进阶级及其政党的领导。自 1840 年鸦片战争后中国开始沦为半殖民地半封建社会起，中国人民就开始了反对西方列强（即后来的帝国主义）的殖民侵略和中国封建统治者的封建统治的英勇斗争，先后兴起过太平天国运动、戊戌变法和辛亥革命，但由于没有先进阶级及其政党的领导，这些斗争都以失败而告终。太平天国运动表明农民阶级是推翻帝国主义和封建主义的主力军，但农民阶级不是先进生产力的代表者，受小生产者的阶级局限，不能担负起领导中国民主革命的历史重任。戊戌变法和辛亥革命的历史表明，中国的民族资产阶级是中国民主革命的同情者和参与者，并且是重要的一支力量，然而因为它自身的软弱性和妥协性，同样不能领导中国革命走向胜利。中国共产党

① 《中国共产党第一个决议》，载《中共中央文件选集》第一册，第 6—8 页。
② 毛泽东：《全世界革命力量团结起来，反对帝国主义的侵略》，载《毛泽东选集》第四卷，第 1357 页。
③ 毛泽东：《在中国共产党第七次全国代表大会上的结论》，载中共中央文献研究室编《毛泽东文集》第三卷，人民出版社，1996，第 397 页。
④ 毛泽东：《唯心历史观的破产》，载《毛泽东选集》第四卷，第 1514 页。

成立后，"由于无产阶级的领导，根本地改变了革命的面貌，引出了阶级关系的新调度，农民革命的大发动，反帝国主义和反封建主义的革命彻底性，由民主革命转变到社会主义革命的可能性"①。正是在中国共产党的领导下，中国人民取得了民主主义革命的彻底胜利。

第二，中国共产党的成立，使中国革命有了马克思主义这一科学的指导思想。太平天国运动之所以失败，其原因之一，就在于农民不是新的生产力的代表者，提不出科学的指导思想，它借以发动和组织农民的思想武器是洪秀全借用的西方基督教教义和中国传统的"平等""平均"思想；戊戌变法的指导思想或理论基础，是资产阶级的进化论和传统的"三世"变易学说，辛亥革命的指导思想是孙中山的三民主义，但无论是资产阶级的进化论和传统的"三世"变易学说，还是孙中山的三民主义，都有它们的进步意义，也都有它们的局限性，这是戊戌变法和辛亥革命之所以失败的原因之一。中国共产党自成立之日起，则以马克思主义为自己的指导思想，毛泽东就曾指出："中国无产阶级的先锋队，在十月革命以后学了马克思列宁主义，建立了中国共产党。"②而马克思主义是关于全世界无产阶级和全人类彻底解放的学说，是马克思、恩格斯在批判地继承和吸收人类关于自然科学、思维科学、社会科学优秀成果的基础上于19世纪40年代创立的，并在实践中不断地丰富、发展和完善的无产阶级思想的科学体系。正是在马克思主义的指导下，中国共产党领导中国人民取得了民主主义革命的彻底胜利。

第三，中国共产党的成立，使中国革命有了新的前途和奋斗目标。太平天国运动幻想在小农经济的基础上，通过平分一切社会财富，来建立一个"有田同耕，有饭同食，有衣同穿，有钱同使，无处不均匀，无人不饱暖"的"大同"理想社会，但这违背了经济发展的客观规律，具有历史的落后性。戊戌变法和辛亥革命企图通过社会改革和暴力革命的方式，改造和推翻清王朝，建立君主立宪和民主共和的资产阶级的政治制度，从而实现中国从传统社会向近代社会的转型，但君主立宪和民主共和的资产阶级的政治制度，所体现的是中国民族资产阶级的愿望和要求，而不是广大工人、

---

① 毛泽东：《矛盾论》，载《毛泽东选集》第一卷，第 315 页。
② 毛泽东：《论人民民主专政》，载《毛泽东选集》第四卷，第 1472 页。

农民和其他下层群众的愿望和要求，所以很难得到广大工人、农民和其他下层群众的参与和支持。党的第一次代表大会通过的党纲规定："革命军队必须与无产阶级一起推翻资本家阶级的政权，必须支援工人阶级，直到社会的阶级区分消除为止"；"承认无产阶级专政，直到阶级斗争结束，即直到消灭社会的阶级区分"；"消灭资本家私有制，没收机器、土地、厂房和半成品等生产资料，归社会公有"。这表明：中国共产党自成立之日起，就旗帜鲜明地把社会主义和共产主义规定为自己的奋斗目标，并且主张用革命手段实现这一目标。而社会主义和共产主义所体现的是广大工人、农民和其他下层群众的愿望和要求，因而中国共产党所领导的革命能够得到他们的积极参与和大力支持。这是中国民主主义革命能取得彻底胜利的又一重要原因。

第四，中国共产党的成立，使中国革命同世界社会主义革命联系了起来，成了世界无产阶级社会主义革命的一部分。太平天国运动发生在 19 世纪的五六十年代，这时资本主义还处于自由发展时期，太平天国运动还仅仅是中国人民反对西方列强侵略和清王朝统治的斗争，除得到了马克思的同情外，与当时在西方兴起的社会主义运动没有任何关系。戊戌变法和辛亥革命发生时，资本主义已由自由发展进入垄断时期，世界已进入帝国主义和无产阶级革命时代，但由于戊戌变法和辛亥革命只是资产阶级的改良运动和革命运动，因而也就不可能与世界社会主义革命联系起来，成为世界无产阶级社会主义革命的一部分，至多只是世界无产阶级社会主义革命的间接同盟军。与太平天国、戊戌变法和辛亥革命不同，早在中国共产党成立之前，以陈独秀、李大钊为代表的中国早期马克思主义者就与苏俄和第三国际代表建立了联系，中国共产党就是在苏俄和第三国际代表的帮助和指导下成立的。中国共产党自成立之日起，就表示"要联合第三国际"，党的第二次全国代表大会又通过了加入第三国际的决议。从此，中国革命同世界社会主义革命联系了起来，成为世界无产阶级社会主义革命的一部分。正是在中国共产党的领导和世界无产阶级的支持下，中国的民主主义革命才取得了彻底胜利。

第五，中国共产党的成立，开启了马克思主义中国化的历史进程。所谓马克思主义中国化，就是将马克思主义的基本原理与中国革命以及建设的具体实践相结合，从而得出适合中国国情的社会主义革命和建设道路。虽然早在中国共产党成立之前，李大钊、陈独秀、蔡和森、瞿秋白、毛泽东等中国早期马克思主义者就已自觉或不自觉地意识到把马克思主义的基本原理与中国革命的具体实践结合起来，观察与分析中国的实际问题的重要性，并且进行了一些有益的探索，但马克思主义中国化的真正开启是在中国共产党成立之后，党的第二次全国代表大会提出的中国民主革命纲领，是马克思主义中国化的最初成果。此后，随着中国革命的发展和深入，尤其是 1935 年的遵义会议，确立了毛泽东在全党的领导地位后，马克思主义中国化取得了一系列重大成果，毛泽东思想的形成，并在党的第七次全国代表大会上，与马克思列宁主义一道，被确立为中国共产党的指导思想，则实现了马克思主义中国化的第一次飞跃。正是由于中国共产党实现了马克思主义的中国化，中国民主主义革命才取得了最后的胜利。

三、提出反帝反封建的民主革命纲领

中国共产党成立后，民族危机和社会危机日益严重，各种政治主张和政治思潮纷纷出现，但革命形势迅速发展，迫切需要中国共产党结合实际情况制定符合中国国情的、明确具体的革命纲领，为全国人民指明革命斗争的出路和方向。1921 年中国共产党的成立，是"开天辟地的大事变"，中国革命也因而进入了一个新的历史时期，但党的一大通过的党纲和决议，在理论上又还存在很多不足，如在提出反对帝国主义、封建军阀的同时，将资产阶级不加区别地全部作为打击对象；提出的中国革命是以社会主义革命和无产阶级专政为目标的"一步到位"的方案，即"消灭资本家私有制"，实现社会主义。这说明，新成立的中国共产党还没有把马克思主义的基本原理与中国革命的具体实践结合起来，对中国社会的实际问题进行观察与分析，还不知道实现社会主义的具体道路。据李达回忆："一大的时候，我们就知道无产阶级革命和无产阶级专政，路是肯定的，但是革命以后怎么办，就不知道了。"[①] 因此，《中国共产党第一个纲领》所表达的不过是马克

---

① 李达：《中国共产党成立时期的思想斗争情况》，载《"一大"前后：中国共产党第一次代表大会前后资料选编》（二），第 51 页。

思主义政党的奋斗目标，并没有回答在中国半殖民地半封建社会的国情下，如何实现马克思主义政党的奋斗目标，用什么方法实现马克思主义政党的奋斗目标，近期的革命任务是什么，民主革命的纲领又是什么等问题。

从中共一大到二大前的一年多时间里，中国共产党人在错综复杂的国内外形势下，在领导中国工人阶级的运动中，对运用马克思主义的基本原理来分析、研究和解决中国社会的实际问题的重要性有了进一步的认识。张太雷1921年在《关于殖民地问题致共产国际"三大"的提纲（草案）》中提出：要"把国际无产阶级政党的纲领和方法正确地运用于各国具体特点的基础之上"[1]。同年，恽代英在《列宁与新经济政策》中强调："解决中国的问题，自然要根据中国的情形，以决定中国的办法。"[2]几乎同时，施存统在《新青年》第9卷第4号上发表的《马克思底共产主义》一文中写道："我以为马克思主义全部理论，都是拿产业发达的国家底材料做根据的；所以他有些话，不能适用于产业幼稚的国家。但我以为我们研究一种学说一种主义，决不应当'囫囵吞枣''食古不化'，应当把那种主义那种学说底精髓取出。"因此，"在中国实行马克思主义，在表面上或者要有与马克思所说的话冲突的地方，但这并不要紧，因为马克思主义底本身，并不是一个死板板的模型"，"我们只要遵守马克思主义底根本原则就是了；至于枝叶政策，是不必拘泥的"。[3]1922年1月创刊的《先驱》在《发刊词》中指出："本刊的第一任务是努力研究中国的客观的实际情形，而求得一最合宜的实际的解决中国问题的方案"[4]，并且强调，不懂得根据本国的具体情况来确定自己的政策，就"只是做了一定的公式的奴隶罢了"[5]。同年5月，陈独秀在中国社会主义青年团第一次全国代表大会上做的《马克思主义的两大精神》演说中也鼓励人们说："以马克思的实际研究精神研究社会上各种情形，严重的是现社会的政治及经济状况，不要单单研究马克思的学理。"[6]所有这些，

---

① 张太雷：《关于殖民地问题致共产国际"三大"的提纲（草案）》，载《张太雷文集（续）》，江苏人民出版社，1992，第32页。

② 恽代英：《列宁与新经济政策》，载《恽代英文集》，人民出版社，1984，第480页。

③（施）存统：《马克思底共产主义》，《新青年》第9卷第4号，1921年8月1日。

④ 刘仁静：《〈先驱〉发刊词》，载《中共一大代表早期文稿选编》下册，第1137页。

⑤ 李特：《俄国的新经济政策》，《先驱》第2期，1922年2月5日。

⑥ 陈独秀：《马克思主义的两大精神》，《广东群报》1922年5月23日。

都标志着党从盲目照搬、机械附和别国模式，开始注重在马克思主义一般原理的指导下，研究中国的具体问题，探索适合中国国情的革命道路。

在这期间，党的组织工作也逐渐展开。1921年9月，陈独秀从广州到上海主持党中央的工作。党的地方组织也进一步建立和健全，党员人数得到了发展。根据统计，1922年6月底，党员人数已由建党时的50多人发展到195人。社会主义青年团成员也有相当的发展，许多党员已经成为一些群众团体的骨干和核心力量。在党组织不断发展壮大的同时，党还组织工人，开展工人运动，建立"中国劳动组合书记部"，并在各地建设了分部。出版机关刊物《劳动周刊》，积极进行马克思主义的宣传工作，除继续出版《新青年》《先驱》等刊物外，还于1921年秋天在上海成立了人民出版社，翻译出版了《共产党宣言》《工钱劳动与资本》等著作和共产主义的普及读物。此外，在此前批判的基础上，继续开展对基尔特社会主义、无政府主义等非马克思主义思想的批判。凡此种种，都极大地促进了马克思主义在工农群众中的传播，扩大了马克思主义的影响。

运用马克思主义的基本原理来分析、研究和解决中国社会的实际问题的过程中，中国共产党得到了共产国际和列宁的帮助。列宁在1919年底指出，东方共产主义者们面临全世界共产主义者没有遇到过的任务。在东方，农民是主要群众，要反对的不是资本而是中世纪残余。解决这种任务的方法，无论哪一本共产主义书本里都找不到，必须根据欧美各国所没有的特殊情况来运用一般的共产主义理论和共产主义措施，并根据自己的经验来解决这个任务。[①] 1920年7月，共产国际第二次代表大会在莫斯科召开，列宁为大会起草的《民族和殖民地问题提纲初稿》和他在大会上所做的《民族和殖民地问题委员会的报告》，阐明了帝国主义和无产阶级革命时代马克思主义民族和殖民地问题的理论，规定了解决民族和殖民地问题的战略方针。1922年1月，中国共产党派代表参加了共产国际在莫斯科召开的远东各国共产党和民族革命团体第一次代表大会。会议依据列宁在《民族和殖民地问题提纲初稿》和《民族和殖民地问题委员会的报告》所阐述的民族和殖

---

① 列宁：《在全俄东部各民族共产党组织第二次代表大会上的报告（节选）》，载中国社会科学院民族研究所编《列宁论民族问题》（下册），民族出版社，1987，第771—775页。

民地问题的理论，号召远东各国被压迫民族进行反对帝国主义、封建主义的民族民主革命。这对中国共产党能够在第二次全国代表大会时制定出革命纲领和政策，产生了重要影响。

列宁的《民族和殖民地问题提纲初稿》和《民族和殖民地问题委员会的报告》所阐述的马克思主义民族和殖民地问题的理论主要包括：

一、从世界革命的总任务和总趋势出发，认清压迫民族与被压迫民族的区别，把帝国主义国家的无产阶级劳动群众和各被压迫民族联系起来，为共同反对帝国主义而斗争。"因为只有这种接近，才能保证战胜资本主义，如果没有这一胜利，便不能消灭民族压迫和不平等现象。"[1] "在目前的世界形势下，在帝国主义大战以后，各民族的相互关系、全世界国家体系，将取决于少数帝国主义国家反对苏维埃运动和以苏维埃俄国为首的各个苏维埃国家的斗争。如果忽略了这一点，我们就不能正确地提出任何民族和殖民地问题，哪怕这个问题谈的是世界上某个最遥远的角落。无论是文明国家的共产党，还是落后国家的共产党，都只有从这种观点出发，才能正确地提出和解决各种政治问题。"[2] 先进资本主义国家的无产者也应该同东方各殖民地国家的被压迫群众结合起来。

二、阐明了殖民地半殖民地的革命是资产阶级民主革命，革命必须由无产阶级来领导。列宁认为殖民地半殖民地的最重要的特点是"资本主义前的关系还占统治地位"，革命的性质是资产阶级民主革命。这个观点为殖民地半殖民地国家的共产党人明确了革命的基本任务。由于"被压迫国家的资产阶级往往甚至可以说在大多数的场合下，虽然也支持民族运动，但同时又同帝国主义资产阶级妥协，也就是同他们一起来反对一切革命运动和革命阶级"，所以这些被压迫国家的民族民主运动应该由无产阶级"担负起领导者的作用"。[3]

三、无产阶级必须联合资产阶级，必须同资产阶级民主派结成临时的

---

① 列宁：《民族和殖民地问题提纲初稿》，载《列宁论民族问题》（下册），第816页。
② 列宁：《民族和殖民地问题委员会的报告》，载中共中央马克思、恩格斯、列宁、斯大林著作编译局译《列宁论民族殖民地问题的三篇文章》，人民出版社，1964，第23页。
③ 列宁：《民族和殖民地问题委员会的报告》，载《列宁论民族殖民地问题的三篇文章》，第24、25页。

联盟，"但是不要同他们融合，要绝对保持无产阶级运动的独立性，即使是这一运动还处在最初的萌芽状态"①，因为资产阶级本身具有革命性和软弱性、妥协性并存的特性。无产阶级也要领导农民阶级，无产阶级如果"不同农民运动发生一定的关系，不在实际上支持农民运动，就能在这些落后国家里实行共产主义的策略和共产主义的政策，那就是空想"②。因此在落后的殖民地半殖民地国家，农民是主要的群众。

四、无产阶级领导的资产阶级民主革命的前途问题。列宁认为将为殖民地半殖民地无产阶级开辟一条解放的道路，发展前途就是"可以不经过资本主义发展阶段而过渡到苏维埃制度，然后经过一定的发展阶段过渡到共产主义"③。

列宁的民族和殖民地问题的理论极大地帮助了中国共产党在第二次全国代表大会期间完成了民主革命纲领的制定。简要地讲，列宁的民族和殖民地问题的理论，纠正了中国共产党对以下三个问题的错误认识：一是中国共产党先前认为要实行社会主义，建立无产阶级专政是革命的主要任务；但是列宁指出，半殖民地半封建国家走向社会主义，必须经过民主革命阶段。二是中国共产党成立初期对反对帝国主义的重要性认识不足；但是列宁指出，殖民地半殖民地国家的民族民主革命任务就是反对帝国主义、反对封建主义，国内的反动势力封建主义不过是帝国主义的代理人和工具而已。三是中国共产党第一次全国代表大会纲领规定"中国共产党彻底断绝同黄色知识分子阶层及其他类似党派的一切联系"④；但是列宁指出，殖民地半殖民地国家的无产阶级革命必须与资产阶级暂时联合，要完成反帝反封建的重要任务，必须组成最广泛的反帝反封建的统一阵线。这些理论帮助中国共产党在第二次全国代表大会上制定出了正确的民主革命纲领。

1922年5月，第一次全国劳动大会接受中国共产党提出的"打倒帝国主义""打倒军阀"的政治口号，这表明中国工人阶级和中国共产党已明确

---

① 列宁：《民族和殖民地问题提纲初稿》，载《列宁论民族问题》（下册），第819页。
② 列宁：《民族和殖民地问题委员会的报告》，载《列宁论民族殖民地问题的三篇文章》，第23—24页。
③ 列宁：《民族和殖民地问题委员会的报告》，载《列宁论民族殖民地问题的三篇文章》，第26页。
④《中国共产党第一个纲领》，载《中共中央文件选集》第一册，第3页。

认识到反帝反封是民主革命的首要任务。这年 6 月，中共中央发表的《中国共产党对于时局的主张》指出，帝国主义的侵略和军阀政治是中国内忧外患的根源，因此，"无产阶级未能获得政权以前，依中国政治经济的现状，依历史进化的过程，无产阶级在目前最切要的工作，还应该联络民主派共同对封建式的军阀革命，以达到军阀覆灭能够建设民主政治为止"[①]。《主张》提出了"改正协定关税制，取消列强在华各种治外特权，清偿铁路借款，完全收回管理权"，"肃清军阀，没收军阀官僚的财产，将他们的田地分给贫苦农民"等 11 条具体主张，并表示上述主张"决不是在封建式的军阀势力之下可以用妥协的方法请求得来的；中国共产党的方法，是要邀请国民党等革命的民主派及革命的社会主义各团体开一个联席会议，在上列原则的基础上共同建立一个民主主义的联合战线，向封建式的军阀继续战争；因为这种联合战争，是解放我们中国人受列强和军阀两重压迫的战争，是中国目前必要的不可免的战争"。[②] 这是中国共产党第一次向全国公开自己对重大问题的政治主张，为党的二大完成制定党的民主革命纲领的历史任务奠定了基础。

1922 年 7 月 16 日至 23 日，中国共产党在上海召开了第二次全国代表大会。陈独秀、张国焘、王尽美、邓恩铭等 12 人出席了会议，代表全国 195 名党员。会议的中心议题是讨论和制定党在民主革命阶段的纲领。大会着重讨论了世界形势和中国社会的基本政治经济状况，并通过了关于《世界大势与中国共产党》《国际帝国主义与中国和中国共产党》《民主的联合战线》《工会运动与共产党》以及关于中国共产党加入共产国际，中国共产党的组织章程、少年运动、妇女运动等决议案，制定了《中国共产党章程》。

大会根据马克思主义的基本原理，列宁关于民族和殖民地问题的理论，以及党成立后一年多对中国革命基本问题的探索，提出了中国革命的方针和任务，发表了《中国共产党第二次全国代表大会宣言》，制定出了全面科学的中国民主革命的纲领，分析了当时的形势和中国社会的殖民地半殖民地性质，阐明了中国革命的性质、对象和动力等重要问题，制定了党的最

①《中国共产党对于时局的主张》，载《中共中央文件选集》第一册，第 44—45 页。
②《中国共产党对于时局的主张》，载《中共中央文件选集》第一册，第 45—46 页。

低纲领和最高纲领。

《宣言》首先分析了中国革命所处的时代和国际环境，深刻揭露了帝国主义争夺殖民地、宰割世界的本性。中国近代的先进分子对帝国主义的认识经历了一个逐渐清晰的过程。五四运动前，激进的民主主义者，虽然反对日本帝国主义明确而坚定，但是对英美等西方帝国主义曾经寄予很大的幻想和希望。随着十月革命对中国的影响，中国共产党人逐渐认识到鸦片战争以来帝国主义列强侵略、掠夺中国的罪行。第一次世界大战结束后召开了巴黎和会，帝国主义协同瓜分侵略中国的阴谋进一步暴露。这些促使中国共产党在二大上正确认清了帝国主义的侵略本质。会议指出近代资本主义的发展过程，就是帝国主义国家不断在竞争中向殖民地半殖民地国家倾销商品，掠夺原材料的过程，甚至诉诸战争，来达到压榨殖民地半殖民地国家和人民的目的。

《宣言》强调第一次世界大战和十月革命以后，世界已划分为革命和反革命两大阵营，"世界政治发生两个正相反的趋势"，一个是世界资本帝国主义对全世界无产阶级和被压迫民族的宰割，一个是推翻国际帝国主义的无产阶级革命运动和被压迫民族的民族革命运动。中国人民的革命运动必须和世界革命运动联合起来，"而且这两种反资本帝国主义的革命势力——无产阶级革命和民族革命——的联合日益密切，这个联合的革命势力必定会把世界资本主义的枯骨架推到自己掘成的坟墓里去"。中国人民的反帝斗争一定要并入世界无产阶级革命和民族革命的洪流中去，才能迅速打倒共同的压迫者国际帝国主义，"中国劳苦群众要从帝国主义的压迫中把自己解放出来，只有走这条唯一的道路"。

《宣言》阐明了中国的半殖民地半封建社会性质，指出中国的一切政治经济无不受帝国主义的操纵和支配。结合帝国主义侵华的历史事实，指出帝国主义采取军事、经济、文化等手段侵略中国，造成中国丧失了独立自主的政治地位，丧失了领土完整，剥夺了经济的独立，人民大众处于贫困的奴隶地位，"帝国主义的列强历来侵略中国的进程，最足表现世界资本帝国主义的本相"。帝国主义的侵略使中国变成了他们的殖民地了，帝国主义间的不断争夺，他们的代理人不断混战，这就是中国特殊的政治经济状况的根源。对帝国主义是中国贫穷落后的根源和帝国主义反动本质的清楚认识，为中国人民指明了反对帝国主义，从帝国主义压迫中解放出来的革命道路。

《宣言》对中国的政治经济状况，以及社会各阶级的地位和动向进行了分析，指出了中国民主主义的革命方向：虽然中国的民族资本在第一次世界大战期间有所发展，但中国社会经济"现尚停留在半原始的家庭农业和手工业的经济基础上面，工业资本主义化的时期还是很远"。北洋军阀的混乱政治，不仅是帝国主义在华利益的代理人，而且是封建地主利益的代表。"军阀们一方受外国资本帝国主义者的利用唆使，一方为自己的利益把中国割据得破碎不全，张作霖之占据东三省，便是一个最显明的例子。这样的情形，即是中国政治上一切纠纷内哄的复杂基础。"因此，"真正的统一民族主义国家和国内的和平，非打倒军阀和国际帝国主义的压迫是永远建设不成功"。

《宣言》还分析了中国社会各阶级的政治态度。首先是新兴的资产阶级，他们不可能"自由发展和自由竞争而达到独立的地位，只不过做世界资本主义侵入中国的中间物罢了"，所以"中国幼稚资产阶级为免除经济上的压迫起见，一定要起来与世界资本帝国主义奋斗"。把中国的民族资产阶级也作为革命的重要力量，这相比于中国共产党第一次全国代表大会的认识有很大进步。中国农民中独立耕种的小农、佃农、雇农占据绝大多数，但他们由于天灾人祸、种种盘剥，生活于穷困痛苦之中，三万万农民的这种经济地位使他们具有极大的革命性，"乃是革命运动中的最大要素。农民因为土地缺乏，人口稠密，天灾流行，战争和土匪的扰乱，军阀的额外征税和剥削，外国商品的压迫，生活程度的增高等原因，以致日趋穷困和痛苦。近来农民更可分为三种界限：（一）富足的农民地主；（二）独立耕种的小农；（三）佃户和农业雇工。第一种占最少数，第二、第三两种的贫苦农民至少也占百分之九十五。如果贫苦农民要除去穷困和痛苦的环境，那就非起来革命不可。而且那大量的贫苦农民能和工人握手革命，那时可以保证中国革命的成功"。手工业者、小店主、小雇主等小资产阶级也是日趋困苦，甚至破产失业，加以本国资本主义的发展，又增加了手工业者无产阶级化的速度，"这个大量的群众也势必痛恨那拿痛苦给他们受的世界资本主义，加入到革命的队伍里面来"。中国工人阶级正在不断地发展壮大，香港海员和其他工人为经济要求的罢工运动，足够证明工人们的伟大势力，工人们的组织近来亦可见迅速地扩大。而且工人们处在中外资本家的极端压迫之下，革命运动是会发展无已的，"发展无已的结果，将会变成推倒在中国的世界资本帝国主义的革命领袖军"。通过分析，中国共产党认识到了中国半殖民地半封建社会的性质，革命的敌人是帝国主义和封建军阀，革命的性质是反对帝国主义、封建主义的民主主义革命。革命的基本依靠力量是工人阶级、农民和小资产阶级。

《宣言》规定了中国共产党的最低纲领和最高纲领。党的最高纲领是："中国共产党是中国无产阶级政党。他的目的是要组织无产阶级，用阶级斗争的手段，建立劳农专政的政治，铲除私有财产制度，渐次达到一个共产主义的社会。"然而，从当时中国的国情出发，中国共产党为中国工人和贫农的利益，必须积极主动地参加民主主义革命。"无产阶级去帮助民主主义革命，不是无产阶级降服资产阶级的意义，这是不使封建制度延长生命和养成无产阶级真实力量的必要步骤。"因此党在民主革命时期的最低纲领就是"消除内乱，打倒军阀，建设国内和平"；"推翻帝国主义的压迫，达到中华民族完全独立"；"统一中国本部为真正民主共和国"。打倒帝国主义和封建军阀，建立民主共和国，其中打倒帝国主义是中国共产党对民族革命的态度，主张推翻帝国主义的压迫以求得民族解放，其中打倒封建军阀就是中国共产党对民主革命的态度，推翻封建军阀统治，建设国内的和平和民主。民族民主革命的最终结果就是在中国建立起一个人民的民主共和国。最低纲领必须首先实现，然后进一步创造条件，来实现党的最高纲领，铲除私有财产制度，逐渐到达共产主义社会。最低纲领和最高纲领是相互联系的，体现了近期目标和长远理想的结合。①

这样，中国共产党就在中国第一次提出了彻底地反帝反封建的民主主义革命纲领，响亮地喊出了"打倒军阀""打倒国际帝国主义"的口号。从1840年鸦片战争以来，虽然经历太平天国、洋务运动、戊戌变法、辛亥革命等时期，但是没有一个阶级一个政党提出过彻底的民主主义革命纲领；

---

① 《中国共产党第二次全国大会宣言》，载《中共中央文件选集》第一册，第99—101、109—114、114—115页。

没有一个革命的党派或者领导者，能够清楚地认识到中国民族民主革命的基本任务是反对帝国主义和封建主义。孙中山在辛亥革命时期提出的口号是"驱除鞑虏，恢复中华"，而五四运动时期，人们提出的口号也仅仅是"外争国权，内惩国贼"，都没有真正认清中国民主革命的主要目标是打倒帝国主义、封建军阀。这充分说明中国共产党运用马克思列宁主义武装起来，能够科学地分析中国的社会政治经济状况，为中国人民指明革命的道路，从而引导中国革命达到彻底的胜利。中国共产党民主革命纲领的提出，标志着中国共产党创建工作的圆满完成。

中国共产党的民主革命纲领提出，中国的出路在于彻底推翻帝国主义和封建主义的反动统治，实际上提出了中国革命必须分为民主革命和社会主义革命两步走的思想。这是运用马克思主义的一般原理来分析中国国情得出的正确判断。中国共产党作为无产阶级政党，必须将社会主义、共产主义作为自己的奋斗目标，但是中国共产党面对的最现实的情况却是帝国主义侵略和封建主义统治下的半殖民地半封建社会的中国，在经济落后、政治上依附的半殖民地半封建国家直接进行社会主义革命是不可能实现的。1921年中国共产党成立时还没有意识到这一点，只有对社会主义革命的规定。后来经过对革命的探索，加上共产国际和列宁的帮助，终于认识到了革命必须分两步走的纲领目标，从而从根本上解决了革命的理论和实践问题。所以中国共产党民主革命纲领的提出具有重要的理论意义和实践意义。

当然，《宣言》也还有很多缺点和不足。它还没有指出民主革命必须由无产阶级领导；对于无产阶级必须争取领导权问题，也没有明确的认识。马克思、恩格斯在世界无产阶级刚刚走上政治舞台之时，力量薄弱、经验缺乏的情况下，面对资产阶级民主革命运动的形势，提出在资产阶级取得统治地位前，无产阶级要帮助资产阶级完成民主革命，革命胜利后虽然不会给无产阶级"带来良好结果"，但是它有利于教育和组织无产阶级；在资产阶级取得统治权之后，无产阶级就立即开始反对资产阶级的斗争，以便"尽快地把它推翻"，建立无产阶级的统治。[①] 列宁完整地提出了无产阶级在民主革命中的领导权、以工人阶级为领导的工农联盟、资产阶级民主革命

---

① 恩格斯：《共产主义原理》，载《马克思恩格斯选集》第一卷，第226—227页。

转变为社会主义革命等学说，列宁指出无产阶级不仅要积极参加民主革命，竭力争取胜利，而且要力求领导这个革命，他指出无产阶级政党"不要对资产阶级革命漠不关心，不要把革命中的领导权交给资产阶级，相反地，要尽最大的努力参加革命，最坚决地为彻底的无产阶级民主主义、为把革命进行到底而奋斗"[1]，使胜利成为无产阶级的胜利。中国共产党对无产阶级革命领导权的认识是后来在革命斗争中逐渐产生的。《宣言》也没有认识到农民对土地的要求和土地革命的重要性，没有认识到武装斗争的重要性。

大会最后选出了党的中央执行委员会，陈独秀为委员长。大会还决定出版党的公开刊物《向导》周报，蔡和森任主编。

中国共产党第二次全国代表大会的召开具有重要历史意义，尤其是反帝反封建的民主革命纲领的提出，是马克思主义基本原理同中国具体国情相结合的最初成果。

---

[1] 列宁：《社会民主党在民主革命中的两种策略》，载《列宁选集》第一卷，第558页。

第 十 一 章

新文化运动时期此伏彼起的
思想文化论争

　　新文化运动时期风起云涌的思想文化论争，包括我们前面已经
论及的中国早期马克思主义者与非马克思主义者的社会主义之争和
无政府主义之争，以及本章将要论及的东西文化论战、科学与人生
观论战、学衡派对新文化—新文学运动的批评等各种思想文化论
争。而我们在论及各种思想文化论争之前，有必要就第一次世界大
战对中国思想界的影响做一讨论，因为第一次世界大战对中国思想
界的影响，既是引起思想文化论争的原因，也是发生思想文化论争
的背景。

第一节　第一次世界大战对中国思想界的影响

关于第一次世界大战对中国的影响，学术界特别是中国学术界已有不少研究成果，但在很长的一段时期内，这些成果大都集中在经济与政治的层面，如第一次世界大战与中国资本主义的发展，第一次世界大战与战后中国政治结构的变化，等等，很少有人从思想文化层面对这一问题进行系统探讨。实际上我们考察中国近代思想文化史的演变就会发现，第一次世界大战对中国思想界的影响至深至巨，无论是以杜亚泉、梁漱溟、梁启超为代表的文化保守主义者，还是以李大钊、陈独秀、瞿秋白为代表的中国早期共产主义者，以及以胡适、周作人、傅斯年为代表的自由主义知识分子，都或多或少受过第一次世界大战及其战后世界范围内兴起的"东方文化救世论"思潮、社会主义运动和民族解放运动的影响。正是在第一次世界大战的影响下，加上其他方面的原因，中国思想文化发生了重大变动，直至今天中国思想界思考、争论的许多思想文化问题，都发端或渊源于这一时期，与第一次世界大战的影响不无关系。

一、"西方的没落"与"东方文化救世论"的兴起

西方文化最早传入中国是在明末清初。但不久由于清政府实行闭关锁国政策，西方文化的传入不幸被迫中断。西方文化再次大规模地传入中国是在 1840 年鸦片战争之后。

众所周知，1840 年的鸦片战争是中国近代史的开端。从此，中国在西方列强的军事、政治、经济和文化的侵略下走向沉沦，逐渐成为一个半殖民地半封建国家，中华民族和文化都出现了前所未有的严重危机。

为了寻求中国的富强，摆脱落后挨打的境遇，挽救民族和文化危机，一批批先进的中国人受历史演化和文化结构所规定之逻辑的推动，先是把中国的失败归之于器物文明的落后，继之又认为政治制度的僵化是中国遭受侵略的根本原因，并因此学习西方，引进西学，先后搞了旨在引进西方文

化之工艺技术以改造中国物质文化的洋务运动，和旨在引进西方文化之政
治制度以改造中国制度文化的戊戌变法和辛亥革命，但结果都归于失败。
于是人们又开始从文化的深层结构进行反思，得出了中国文化的思维方式
和价值系统与现代生活的格格不入是造成中国失败的原因这一结论，因而
又有旨在引进西方文化之民主与科学精神、彻底批判和改造中国传统文化
及其核心儒学的新文化运动的发生。在此过程中，虽然出现过洋务运动时
期以倭仁为代表的顽固派和戊戌变法时期以朱一新、叶德辉为代表的守旧
派对西方文化的抵制与攻击，出现过辛亥革命时期以章太炎为代表的国粹
派和民国初年康有为的孔教运动对西方文化的批评，但总的来看，人们对
西方文化采取的是一种逐渐认同、肯定的态度，从认同、肯定西方的物质
文化，到认同、肯定西方的制度文化，最后到认同、肯定西方的精神文化，
至新文化运动时期，西化或全盘西化似乎成了中国文化出路的唯一选择。
如我们前面所指出的，新文化运动的发动者陈独秀就认为，"无论政治学术
道德文章，西洋的法子和中国的法子，绝对是两样"，中国要想走向现代，
"决计革新，一切都应该采用西洋的新法子，不必拿什么国粹，什么国情的
鬼话来捣乱"。① 实际上就前期新文化运动的性质而言，它是一场地地道道的
西化运动。

然而，正当中国人热烈地拥抱西方、选择西化作为中国文化的出路之
时，在西方文化的发祥地欧洲爆发了一场史无前例的大战争——第一次世
界大战。这场历时四年、有 30 多个国家参加的大规模战争，给人类带来了
空前的巨大灾难。据统计，整个战争期间，有 7500 万人被送上战场，其中
3000 多万人死伤；1000 多万人死于因战争而引起的饥饿和灾害；各交战国
的经济损失总计达 2700 亿美元；许多城市和乡村变成了废墟，大批工厂、
铁路、桥梁和房屋被毁坏。

自 19 世纪 70 年代西方资本主义结束其自由发展而进入垄断阶段后，
西方社会所面临的文明危机就日益严重起来。休斯（H.Stuart Hughes）于
1950 年出版的《意识与社会》一书就描绘过 1890—1910 年代一群西欧杰出
的思想家所体现出来的对西方文明的信心危机。斯拉夫主义的传人之一但

---

① 陈独秀：《今日中国之政治问题》，《新青年》第 5 卷第 1 号，1918 年 7 月 15 日。

尼夫斯基（Nikolai Danielwsky）的《俄罗斯与欧洲》（1869）预告西方文明在不久的将来会出现败坏和沉沦，该书在19世纪末被译成多种欧洲文字，非常流行。而第一次世界大战的爆发和它所造成的巨大灾难，更使西方文化固有的弊端暴露无遗。如果说在此之前，对西方文明失去信心还是个别现象或部分人的行为，那么，这时则已"成为了西方思潮、大学，甚至宗教生活的主流"，西方人普遍觉得自己的文化已经"没落"或"衰败"。[①] 当时影响最大、也最能反映战后西方人对西方文明失望之感的，是德国历史哲学家斯宾格勒（Oswald Spengler）着笔于战前、脱稿于战中、出版于战后的《西方的没落》一书。正如美国著名学者李维指出的那样："西方文化目前危机的一种理论……乃是这部著作的主要论题"，其理论"是浪漫主义的、悲观主义的、'世纪末'的"。[②] 该书认为文化是一个生命有机体，具有自己的生命周期：青春、生长、成熟、衰败，最终逃脱不了死亡的归宿；世界上一共出现过八个文化，其中七个（埃及文化、巴比伦文化、印度文化、中国文化、古典文化、阿拉伯文化、墨西哥文化）已经死亡，只剩下一种无历史、无生气的存在，另一个西方文化虽然还活着，但其生命机制也早已进入衰败的阶段。

　　尽管《西方的没落》内容庞杂，晦涩难懂，但因其主题鲜明，书名醒目，能满足生活在战后不安与悲观气氛中的欧洲人想知道西方文化未来命运的需要，而大受读者的欢迎，"一时风行之盛，势力之伟，其在战后之德国，盖与安斯坦（今译爱因斯坦——引者）氏 Einstein 所为相对论并称"[③]。作者本人也因此从"一位籍籍无名的中学教师立刻跻身于本世纪最有影响力的社会思想家之列"[④]。德国另一位当代著名思想家卡西勒对《西方的没落》一书所以会引起如此巨大的社会反响的原因做过分析。他指出："斯宾格勒成功的原因，宁在其题目，而不在其内容。《西方的没落》这题目是个电火花，点燃了他的读者们的幻想而发出火焰。这书出版于1918年6月，正值第一次世界大战的末端。在这个时间里，我们的受到高度赞美的西方文明

---

① 艾恺：《世界范围内的反现代化思潮——论文化守成主义》，贵州人民出版社，1991，第98页。
② 李维：《哲学与现代世界》，谭振球译，（台北）志文出版社，1986，第168、178页。
③ 李思纯：《论文化》，《学衡》第22期，1923年10月。
④ 索罗金语，转引自刘述先《文化哲学》，黑龙江教育出版社，1988，第1页。

中，有些事物腐烂了。斯宾格勒的书，在尖锐得当的方式下，表现了这样一个一般性的不安。"① 刘述先也认为，是第一次世界大战后西方文化突然面临的空前未有的浩劫危机，使西方人不能不由内心醒觉"西方的没落"这个沉重的大问题，而开始震惊于斯宾格勒发出的悲壮呼声！是内心凄伤战栗、饱受战争祸害和心灵疾病侵袭的人类，亟望知道世界未来的命运所做的一种最后的努力，使他们发狂地吞下斯宾格勒为他们准备的许多动人心魄的描述与结论！"难道这近二、三百年来光辉灿烂不可一世的西方文化，竟也不能免于灭亡的命运，最后终将毁于一旦？而这样的疑问背后假定的心态，已经足够为《西方的没落》一书在现实中流行畅销的事实，找到最自然而且合理的解释了。"②

第一次世界大战的爆发和战争给人类造成的巨大灾难，不仅使西方世界笼罩在一片"世纪末"的悲凉气氛之中，同时也使本来对学习西方文化充满热情和希望的一些中国人产生了怀疑和动摇，他们不断地反身自问：这种给人类造成了巨大灾难的文化还值得中国学习吗？早在 1916 年，亦即战争正残酷进行之时，《东方杂志》主编杜亚泉在《静的文明与动的文明》一文中就写下了这样一段文字："近年以来，吾国人之羡慕西洋文明，无所不至，自军国大事以至日用细微，无不效法西洋，而于自国固有之文明，几不复置意。然自欧战发生以来，西洋诸国，日以其科学发明之利器，戕杀其同类，悲惨剧烈之状态，不但为吾国历史之所无，亦且为世界从来所未有。吾人对于向所羡慕之西洋文明，已不胜其怀疑之意见。"③ 不久，他又在《战后东西文明之调和》一文中指出，此次欧洲大战使西洋文明破绽毕露，同时它也使原来崇拜西洋文明的中国人懂得了，西洋各国所以获得富强的原因与因富强而得的结果，"无一非人类间最悲惨最痛苦之生活"。于是，"信赖西洋文明，欲借之以免除悲惨与痛苦之谬想，不能不为之消灭"。④ 化鲁的《欧战给与我们的教训与儆戒》一文在谈到第一次世界大战对中国的影响时也写道：这场亘古未有的战争，使世界人类的神经受到了重大的刺激，中

---

① 卡西勒:《国家之神话》，转引自刘述先《文化哲学》，第 1—2 页。
② 刘述先:《文化哲学》，第 2 页。
③ 伧父（杜亚泉）:《静的文明与动的文明》，《东方杂志》第 13 卷第 10 号，1916 年 10 月 10 日。
④ 伧父（杜亚泉）:《战后东西文明之调和》，《东方杂志》第 14 卷第 4 号，1917 年 4 月 15 日。

国虽因距离战场较远，受的直接刺激相对来说较小些，但受的思想刺激则"非常重大"。因为战争至少放大了中国人的眼光，展开了中国人的视力，使向来与世界很少接触、对西方人的政治社会组织特别是文化知道不多的中国人，关心起西方世界来，知道自己是世界的一员，于是对西方有了了解。"在战场炮火闪耀的光中，我们照见了西洋政治社会生活的暗黑面，发见了世界是怎样残忍，惨酷，无情的世界。"① 第一次世界大战结束不久即到中国访问讲学的罗素同样发现，战后中国人"对西洋之文化，亦颇抱怀疑之态度。有数人告予曰，彼在一九一四年之前，尚不甚怀疑；及欧洲战争，乃不能不思欧洲之文化，必有缺点者在"②。

因此，西方文化向何处去？中国文化向何处去？西方文化还值不值得中国学习？便成了第一次世界大战后西方思想界和中国思想界各自关切的焦点。就西方思想界而言，当时有两种思潮较为活跃：一是社会主义思潮，特别是马克思的科学社会主义思潮。俄国十月社会主义革命的成功，扩大了马克思主义的影响，走十月社会主义革命道路，成了广大无产阶级和被压迫民族的共同选择。第一次世界大战结束后，在德国、匈牙利、美国、英国、法国、意大利等西方资本主义国家都发生过无产阶级领导的社会主义革命或社会主义运动。二是"东方文化救世论"思潮。这股思潮认为，西方文化已出现严重危机，只有东方文化特别是中国的儒家文化才能解救其弊，从而使西方文化获得新生。1919 年法国著名文学家罗曼·罗兰在致印度诗人泰戈尔的信中便指出："大战之惨祸，已明白昭示欧洲文化弊病深重，非汲取东方文化之精髓，融东西于一炉，不足以言自存。"③ 英国哲人高秉德"亦叹美东洋文明，而尤渴仰中华文明，居恒指摘欧洲文明之弊害，于多数欧洲人向所冷视轻蔑之中国文明，则极力提倡，以为最宜学步"。因此，他在其新著《产业上之自由》一书中对中国文明给予了极高的赞赏，认为战后的欧洲人欲"创造新文明之欧洲"，就必须"取中国文明所有精神的特质之优越部分，以施行之"。否则，"过饱于机械的欧洲文明"便不可能获得

① 化鲁：《欧战给与我们的教训与儆戒》，《东方杂志》第 21 卷第 14 号，1924 年 7 月 25 日。
② 罗素：《中国之问题》，赵文锐译，中华书局，1924，第 190—191 页。
③ 转引自沈松侨《五四时期章士钊的保守思想》，（台北）《"中央研究院"近代史研究所集刊》第 15 期下，1986，第 198 页。

新生。[①]1919—1920 年曾到西欧参观访问过的梁启超在他的《欧游心影录》中对兴起于战后的"东方文化救世论"思潮有过生动的描述。据他说，他们一行五六人自到欧洲以后，所到之处，目睹的是一片残垣断壁、凄惨衰落的破败景象；耳闻的是西方文明已经破产、世界已临近末日的悲观论调。有一次一位名叫赛蒙氏的美国记者和梁闲谈，他问梁回到中国后干什么事，是否要把西洋文明带些回去。梁回答道，"这个自然"。但不料赛蒙氏不无感叹地说："唉，可怜。西洋文明已经破产了。"梁启超问赛蒙氏回美国准备干什么。赛蒙氏答："我回去就关起门老等，等你们把中国文明输进来救拔我们。"[②]还有一次，梁启超和几位德国社会党的名人闲谈，梁说起孔子的"四海之内皆兄弟"，"不患寡而患不均"，跟着又讲到"井田制"，以及墨子的"兼爱""寝兵"等，这几位社会党名人听后都跳起来，埋怨中国人"家里有这些宝贝却藏起来不分点给"他们，真有些对不起人。[③]梁启超起初听见这些话，还以为别人是在奚落他，"后来到处听惯了，才知道他们许多先觉之士，着实怀抱无限忧危，总觉得他们那些物质文明，是制造社会险象的种子，倒不如这世外桃源的中国，还有办法，这就是欧洲多数人心理的一斑了"[④]。第一次世界大战结束不久便到欧美游历了数月的日本人内崎博士也发现，饱受战争之苦的欧洲各国之视线，"现皆集中于中国，盖以其为世界之乐土也"，以为"人类一切困难，将借东方人民以为解决。（以中国为代表的——引者）东方人将为环球最高尚最纯洁最有幸福之人类矣"。[⑤]旅欧的胡愈之同样感觉到，第一次世界大战后，"欧洲人对于自己的文化，很有些怀疑；醉心于东方文化的，着实不少"[⑥]。正在德国的王光祈在他写于 1920 年 10 月 26 日的《旅欧杂感》中，也有"欧洲大战后，一般学者颇厌弃西方物质文明，倾慕东方精神文明"的记载。

---

① 君实节译日本《新公论》杂志：《新欧洲文明思潮之归趋及基础》，《东方杂志》第 16 卷第 5 号，1919 年 5 月 15 日。
② 梁启超：《欧游心影录节录》，载《饮冰室合集》第 7 册，专集之二十三，第 15 页。
③ 梁启超：《欧游心影录节录》，载《饮冰室合集》第 7 册，专集之二十三，第 36 页。
④ 梁启超：《欧游心影录节录》，载《饮冰室合集》第 7 册，专集之二十三，第 15 页。
⑤ （内崎）王麟：《东西两洋文化之比较观（日本内崎博士在南洋学术讲演会演讲）》，《东方杂志》第 18 卷第 9 号，1921 年 5 月 10 日。
⑥ （胡）愈之：《台莪尔与东西文化之批判》，《东方杂志》第 18 卷第 17 号，1921 年 9 月 10 日。

受"东方文化救世论"思潮的推动，战后西方世界出现了一股"中学热"，"最近哲学名著，所不于四子书或五千言中，摭拾一二以自壮者弥罕"①，学习、研究和传播中国文化一时蔚为战后西方知识界的风尚。除原有中国经典著作如"四书""五经"的译本外，这时《庄子》《列子》《吕氏春秋》等也先后有译本问世，原来只有节译本的《荀子》和《墨子》这时有了全译本，以前有译本的《论语》《孟子》《易经》《礼记》等这时有了新译本。另外，中国的诗词、戏曲、小说等文艺作品这时也有大量的翻译和出版，如《中国诗选 170 首》《中国诗选续集》《中国诗作》《中国诗选》《中国古代抒情诗选》等，《西游记》《水浒传》《三国演义》和《红楼梦》这四部中国古典名著，这时也都有了全译本或节译本。在大量翻译、出版中国经典著作和文艺作品的同时，西方各国的汉学家为满足社会对于学习中国文化的需要，还撰写、出版了大量研究和介绍中国历史和文化的著作，如葛兰言的《中国的宗教》《中国古代舞蹈及传说》和《中国的文明》、马伯乐的《唐代长安方音考》和《中国古代史》、考狄的四卷本《中国通史》、佛尔克的《中国人的宇宙观》和《中国哲学史》、白史曼的《中国建筑与风格》、克劳色的《儒道佛》、曲梅格的《东亚美术》、弗莱彻尔的《中国抒情诗歌模式》、卫礼贤的《中国人的生活智能》《孔子的生平及其著作》《老子与道家》《中华之魂》《中国文学史》和《孔子与儒家》等。另外，有的国家还设立了一些以研究和传播中国文化为宗旨的文化学术组织和机构，如法国巴黎大学的中国学院，德国法兰克福大学的中国学院和达姆斯塔特的"东方智能学院"等。这些组织和机构成了研究和传播中国文化的重要桥梁。如 1925 年成立的德国法兰克福大学中国学院，在其院长、著名汉学家卫礼贤的主持下，每年举行一次年会，邀请国内外学者参加，进行关于中国文化的研讨和交流，内容丰富，规模宏大，吸引了包括德国学者杜里舒、马丁·布伯和作家赫尔曼·黑塞以及瑞士心理学家荣格、法国汉学家伯希和在内的无数热心参加者。在 1926 年举行的年会上，我国学者胡适应邀做了《中国的小说艺术》的学术演讲。这次年会的主题是"东方与西方"，重点是讨论中国的文学和艺术。除胡适外，在会上发表演讲的还有法国的伯希和（《中国

---

① 孤桐（章士钊）：《原化》，《甲寅》第 1 卷第 12 号，1925 年 10 月 3 日。

的戏剧》）和德国的鲍恩慈（《中国的建筑艺术与景观》）。该院还经常举办中国音乐、中国绘画、中国陶器、中国剪纸、中国铜镜、中国碑刻拓片和中国建筑艺术等各种展览。①

西方世界在战后出现的这股"中学热"，以德国的热度为最高。这是因为作为战败国，德国所遭受的战争灾难最重，通过对西方文化的反思，希望寻找新的文化出路的要求也最为强烈。据中国留德学生报道，当时"德国思想界，有两大潮流，一为新派，一为旧派，所谓新派，大都出自言哲学美术与诗学者，彼辈自欧战后，大感欧洲文化之不足，而思采纳东方文化，以济其穷，于是言孔子释迦哲学者，皆大为社会所尊重，如凯热儿林如尉礼贤如史奔格列儿（即斯宾格勒——引者）皆其例也。所谓旧派者，仍尊崇自然科学万能，不为时潮所动摇……此两大潮流中，新派极占势力，所谓旧派者，几无声息。……在德国则深以能知孔子哲学为幸。甚至以辜鸿铭为欧洲之救星"②。受此思潮影响，德国有不少青年组织崇尚中国文化，其中最有势力的要推"国际青年团""自由德意志青年"和"游鸟"。前者尊孔，为孔派；后者崇老，属老派。老派的势力比孔派还要大些。不少青年奉老子为神明，极力追求道家的生活境界。1919 年诗人科拉邦德（Klabund）在《听着，德国人》的文章中号召德人按照"神圣的道家精神"生活，要"做欧洲的中国人"。③ 有的社团的章程就写道："吾德青年，今既处于繁缛组织之巅矣。吾辈之创造精神，为社会强固之形式所束缚者，亦已久矣。今见此东方圣人，犹不知急引为解放我辈之良师者乎……东方圣人老子等，其道以超脱世界一切为务，大浸稽天而彼不溺，流金铄石而彼不热者也。吾辈精神之权利，与无条件之自由、与夫内部之统一，其事只能由吾辈奋斗与力争而后为功，而决不可以苟得。此种工作，盖莫若寻此东方圣人以为首领。"④ 孔派的领袖为"国际青年团"的创立者、哥廷根大学哲学教授奈尔逊，1920 年他在为辜鸿铭的《呐喊》英译本所写的《译者前言》中告诫自

① 参见杨武能《卫礼贤与中国文化在西方的传播》，载《文化：中国与世界》编委会编《文化：中国与世界》（第 5 辑），生活·读书·新知三联书店，1988，第 215—216 页。
② 魏时珍：《旅德日记》，《少年中国》第 3 卷第 4 期，1921 年 11 月 1 日。
③ 转引自卜松山作，赵妙根译《时代精神的玩偶——对西方接受道家思想的评述》，《哲学研究》1998 年第 7 期。
④《德人之研究东方文化》，《亚洲学术杂志》第 4 期，1922 年 9 月。

己的党徒和同胞："中华民族受益于博大精深的孔夫子学说已经两千多年之
久。深刻地理解它，一方面可以吸收那些对西方文化有益的和有保留价值
的东西，另一方面也不至于对导致世界灾难的西方文化的弱点视而不见。"①
在奈氏的告诫和领导下，"其党员之言行举止，一以《论语》为本，每有讲
演，必引孔子格言，以作起落"②。1923 年初刊于柏林《文艺月刊》首篇的
《亚洲的灵魂》一文，也"盛称孔子以家庭为本位，给社会国家一个感情组
合的基础，不似欧洲社会是以个人与群众的利害关系为基础，容易破坏堕
落"，该文同时还对老子思想之所以会引起德国青年崇拜的原因进行了分
析，指出："老子的思想直接道着欧洲近代社会的弊病，所以极受德国战后
青年的崇拜；战前德国青年在山林中散步时怀中大半带了一本尼采的《查
拉图斯特拉》（Zarathustra），现在德国青年却带老子的《道德经》了。"③

　　战后西方思想界活跃的社会主义思潮和"东方文化救世论"思潮，都对
中国思想界产生了重大而深远的影响。因社会主义思潮，特别是俄国十月
革命的影响，加上第一次世界大战引起的对西方文化和资本主义制度的重
新认识，新文化派内部原来主张西化的李大钊、陈独秀、瞿秋白等人，于
十月革命后不久便逐渐放弃了西化主张，而转为"以俄为师"，开始接受和
宣传马克思主义。因"东方文化救世论"思潮的影响，部分知识分子"完
全扫清"了他们昔日对中国文化的"悲观之观念"，"精神得以振作"④，开始
重新认识中国文化的价值及其在世界文化对话中的地位⑤，同时也使一些人
产生出一种民族虚荣心和自大感，真的以为"欧洲之文明，几于完全崩坏，
为暗黑与混沌之色彩所掩"，新文明的太阳开始"自朦胧之东方，渐渐而
升"，"创造世界新文明之重大责任"已历史地落在了东方民族特别是中华
民族的身上，只有以中国为代表的东方文化才能解救西方文化之弊，成为

① 亨利希·奈尔逊：《译者前言》，载黄兴涛等译《辜鸿铭文集》上，海南出版社，1996，第
　489 页。
② 《德人之研究东方文化》，《亚洲学术杂志》第 4 期，1922 年 9 月。
③ 转引见郭沫若《论中德文化书——致宗白华兄》，载郭沫若著作编辑出版委员会编《郭沫若
　全集·文学编》第十五卷，人民文学出版社，1990，第 156 页。
④ 《梁任公在中国公学之演说》，《东方杂志》第 17 卷第 6 号，1920 年 3 月 25 日。
⑤ 比如，王光祈在他的《旅欧杂感》中介绍了西方的"中学热"后写道："此种现象，虽是战后
　一时的反动，但是我们亦可借此机会将中国古代学术尽量输入欧洲。"（《少年中国》第 2 卷
　第 8 期，1921 年 2 月 15 日）

新的世界文化。① 用常燕生批评的话说："自从世界的大战争爆发以后，西洋文明渐渐显露了许多破绽，因此就有人觉得这种破绽或者也许是等我们东方的文明过去才能给他补上，因此也竟有许多人想作这种补绽的事业。"② 吴稚晖在他的《一个新信仰的宇宙观及人生观》中以罗素对中国文化的赞扬为例，谈到了战后西方世界兴起的"东方文化救世论"思潮对中国的影响："有个甚滑稽的罗素，信口胡扯，一面发发自己的牢骚，一面拍拍我们的马屁。口气之中，似乎要决意舍了他欧洲的物质文明，来寻我们'中国的精神文明'。（罗素是滑稽已极的滑稽，他胸中是雪亮的。然欧洲像他那样口气的傻子，真也不止一人，无非止是臭肉麻的牢骚。）于是吹入我们素有夸大狂，喜欢摆空架子，而又久失体面的朋友们耳朵里来了，这种恭维，无异雪中送炭，自然不知不觉，感动入骨，相信入骨，也把自己催眠起来。"③ 胡适在谈到战后"东方文化救世论"思潮对中国的影响时也指出，多数中国人"本来就不曾领会得十九世纪西洋文明有什么永久的价值：现在听见西方有人出头攻击西欧文明，而且攻击的论调又恰恰投合中国向来重农抑商的传统思想，不知不觉之中，最容易囫囵吞下去"④，以为中国文化真的比西方文化优越，西方文化要靠中国文化解救才能获得新生。有人甚至提出了"中学西被"问题。1924 年著名学者柳诒徵在《学衡》第 27 期上发表了一篇《中国文化西被之商榷》的文章，认为中国文化是"极中和之道德，极高尚之文学"，在今日世界上有很大的价值，同时也正是西方人所缺少和需要的。⑤ 因此，当时中西文化交流的任务不是"西学东渐"，而是如何"中学西被"，亦就是中国如何大力向西方输出自己文化的问题。就是一些战前对西方文化持欢迎和认同态度的思想家，甚至是主张"西化"的新派人物，如梁启超、梁漱溟、张君劢、章士钊等人，这时也在"西方的没落"和"东方文化救世论"思潮的影响下，回归到传统的立场，成了中国传统文化的

---

① 君实：《新欧洲文明思潮之归趋及基础（节译日本〈新公论〉杂志）》，《东方杂志》第 16 卷第 5 号，1919 年 5 月 15 日。
② 常乃德（常燕生）：《东方文明与西方文明》，《国民》第 2 卷第 3 号，1920 年 10 月 1 日。
③ 吴稚晖：《一个新信仰的宇宙观及人生观》，载郭梦良编辑《人生观之论战》（下），泰东图书局，1923，第 4 页。
④ 胡适：《建国问题引论》，《独立评论》第 77 号，1933 年 11 月 19 日。
⑤ 柳诒徵：《中国文化西被之商榷》，《学衡》第 27 期，1924 年 3 月。

维护者和西方文化的批评者。其结果，发端于清末民初的文化保守主义思潮得到发展，并成为当时能与反传统主义的西化思潮、马克思主义的俄化思潮鼎足而立的社会思潮。

二、西方人本主义哲学和文化形态学的传入及影响

西方思想中以探讨人生问题为中心内容的人本主义思想最早传入中国是在清末民初。当时传入的主要是叔本华、尼采的唯意志论。此外，对柏格森的生命哲学也有人做过零星的介绍。然而，西方人本主义思想真正大规模、系统地传入中国则是在第一次世界大战之后。

第一次世界大战后，首先大规模、系统地传入中国的是柏格森的生命哲学。生命哲学是 19 世纪末 20 世纪初兴起的西方人本主义思想的一个重要哲学流派。其理论特点有三：第一，视生命为一种最直接、最真实的存在和世界万事万物共有的属性；第二，认为生命就是运动，变化，生生不已，自强不息，否则便是死亡和虚无；第三，反对用经验和理性方法认知世界，认为要认知世界只能靠直觉，即从生命内部去把握生命。作为 20 世纪上半期法国最重要的哲学家和生命哲学的主要代表人物，柏格森以"生命冲动"为自己哲学体系的核心，宣称"生命冲动"就是"绵延"，亦即"真正的时间"，它是唯一的实在。"绵延"是自由地创造意志，其向上的运动创造精神，也创造生命的形式，因此生物的进化过程也就是意志的创造过程，而物质只是"绵延"停滞或削弱的结果；理性不能认识"生命冲动"和"绵延"，"生命冲动"和"绵延"非"直觉"不能认识。1919 年应邀来华讲学的美国实用主义哲学家杜威在《现代的三个哲学家》的讲演中，对柏格森的哲学思想做了一个大概介绍，引起中国思想界的注意。不久，商务印书馆出版了柏格森的重要著作《创化论》（张东荪翻译）。从此，介绍柏氏著作和思想的文章日益增多起来。1921 年 12 月，李石岑主编的《民铎》杂志刊出《柏格森号》，共发表介绍和研究柏氏生平思想的文章 8 篇，其中有严既澄的《柏格森传》、李石岑的《柏格森哲学之解释与批判》、瞿世英的《柏格森与现代哲学趋势》、梁漱溟的《唯识家与柏格森》、张君劢的《法国哲学家柏格森谈话记》等。于此前后，柏格森的《心力》《形而上学引论》等论著也被陆续翻译和出版。

继柏格森的生命哲学之后，传入中国的是倭伊铿的精神哲学。倭伊铿是19世纪末20世纪初德国著名哲学家和诺贝尔文学奖的获得者。其哲学体系以"精神生活"为核心，认为"精神生活"就是"自我生活"；自我生活扩充及于世界，又叫"世界生活"；所以宇宙的万事万物都不过是"精神生活"，亦就是"自我生活"的表现而已。"精神生活"是一个活的实在，真理即在生活之中，不能外于生活而他求，人欲勉强奋发于真善美之境，但又受自然界和人之形骸的拘束，因此，倭氏反对主智主义和自然主义，认为主智主义只知有心不知有物，自然主义只知有物不知有心，只有精神哲学才"兼心物二者，推及于人生全部"[①]；同时又提出精神生活奋斗说，即在人类心中调和精神与物质的冲突，以使善者公者发达，恶者私者消灭。1921年3月15日《改造》第3卷第7号上发表的张君劢《倭伊铿精神生活哲学大概》，是中国最早介绍倭氏精神哲学的文字。此后，又有张君劢和其他人介绍倭氏学说的文章发表。

倭伊铿精神哲学传入中国不久，另一位德国哲学家杜里舒的生机主义哲学又传入中国。杜里舒本是著名的生物学家，其生机主义哲学便是依据一些生物学研究成果提出来的。大旨是说：生物现象是一种机械论不能解释的有机现象，它的生长发育有其"自主"规律，即因 entelechie（译"隐德来希"，解为"非机械的"，现通译为"生命原理"）而自身发展"。这一说法打破了用机械主义解释生物现象的陈说，发展了自达尔文生物进化论行世后即已渐趋消亡的旧生机主义，因而被称之为"新生机主义"。杜氏的生机主义哲学体系主要由"起始论""秩序论"和"实在论"三部分所组成。"起始论"就是哲学方法论，亦即哲学的逻辑起源。杜氏认为宇宙的绝对实在是不可知的，可知的只是"我自己"，因此他的哲学以"我觉得有某物"为出发点。"秩序论"讲的是宇宙的构成问题。杜氏从生物现象的整体性和有机性出发，推想宇宙也必然是一整体，有它的秩序，这种秩序又可分为"一般秩序""自然秩序"和"灵魂秩序"。"实在论"是对"秩序论"的补充，即从"形而上学"的理论出发，探究所谓"绝对实在"。1922年2月，张君劢在《改造》第4卷第6号上发表的《德国哲学家杜里舒氏东来之报告及

---

① （张）君劢：《倭伊铿精神生活哲学大概》，《改造》第3卷第7号，1921年3月15日。

其学说大略》一文，可以说是杜氏哲学传入中国之始。这年 10 月，杜氏应
讲学社之请来华讲学，次年 6 月回国。在长达 9 个月的讲学期间，杜里舒
在张君劢的陪同下，先后到过北京、南京、上海等地。当时最有影响的报
刊之一《时事新报》副刊《学灯》曾用大量的篇幅连载讲演记录，其他一
些报刊也对杜氏的讲学活动做过大量报道。1923 年 4 月《东方杂志》出版
《杜里舒号》（第 20 卷第 8 号），介绍杜里舒的生平与思想，其中有费鸿年
的《杜里舒学说概观》、瞿世英的《杜里舒哲学之研究》、张君劢的《关于
杜里舒与罗素两家心理学之感想》、秉志的《杜里舒生机哲学论》、菊农的
《杜里舒与现代精神》等。与此前后，杜氏的一些著作文章也被译成中文发
表在一些有影响的刊物上。

　　几乎与杜里舒的生机主义哲学同时传入中国的，还有美国白璧德的新
人文主义学说。白璧德是美国哈佛大学法国文学及比较文学教授，在 20 世
纪初美国实用主义、行为主义十分盛行之时，他坚守人文主义道统，既反
对自培根以来的自然主义，也反对自卢梭以来的浪漫主义，而以健全的人
性作为精神上的皈依，"试图从传统的人文道德精神中追寻一种现代意义的
开拓"[1]。为此，他呼吁重新开掘中、西、印的古典哲学，从孔子思想、亚里
士多德学说和印度佛教的会通中寻求现代人文精神的复兴。由于白氏的学
说是对古典人文主义的继承和发展，故被称之为"新人文主义"。1922 年 1
月，吴宓、梅光迪、汤用彤、胡先骕等人在东南大学副校长刘伯明的支持
下创办了一份保守主义的刊物——《学衡》杂志。吴、梅等人曾留学过美
国，是白璧德的学生，也是其学说的信奉者，因此，《学衡》创刊后，即以
宣传白璧德的学说为己任。据统计，全部 79 期《学衡》共在《通论》《述
学》两大专栏中推出讨论介绍西方文化的论文和译文 69 篇，而讨论和介绍
白璧德新人文主义的就达 20 篇之多。其中主要有：《白璧德中西人文教育
谈》（1922 年 3 月第 3 期，胡先骕译，这是中国介绍白氏学说的第一篇文
字）、《现今西洋人文主义》（1922 年 8 月第 8 期，梅光迪著）、《白璧德之
人文主义》（1923 年 7 月第 19 期，吴宓译）、《白璧德论民治与领袖》（1924
年 8 月第 32 期，吴宓译）、《白璧德释人文主义》（1924 年 10 月第 34 期，

---

[1] 沈卫威：《回眸"学衡派"——文化保守主义的现代命运》，人民文学出版社，1999，第 38 页。

徐震鄂译）、《白璧德论欧亚两洲文化》（1925 年 2 月第 38 期，吴宓译）、《白璧德论今后诗之趋势》（1929 年 11 月第 72 期，吴宓译）等。1929 年，白璧德的另一位中国弟子、《新月》总编辑梁实秋，又将吴宓等人的上述文章（也包括他本人发表在其他刊物上介绍白氏学说的文章）结集成《白璧德与人文主义》一书，由新月书店印行。

以探讨人生问题为中心内容的现代西方人本主义思想传入中国后，便很快盛行起来，并与科学实证主义和马克思主义哲学一道，成了一战后对中国思想界影响最大的西方哲学或文化思潮。"在二十年代，无论是柏格森的生命哲学，还是尼采的意志主义哲学和杜里舒的生机主义哲学，均引起了人们较大的兴趣。"① 艾思奇在谈到"五四"后中国哲学思潮的发展变化时曾指出："五四文化运动终了后，哲学上的史的发展便分成两条平行的而又互相争斗着的主流，一是堕落的世纪末哲学；一是唯物史观的思潮。如果用欧洲的情形来对比……一是叔本华，柏格森，尼采，倭根（即倭伊铿——引者）以至狄尔泰（生命哲学家——引者）等人的人生问题道德问题的潮流；一是从马克思恩格斯至伊里奇的唯物辩证法的潮流……中国的哲学思潮也就是这样地发展下来的，不过一九二七年以前是人生问题较优胜的时代。"②

西方人本主义思想所以会在第一次世界大战后大规模、系统地传入中国，并成为对战后中国思想界影响最大的西方哲学或文化思潮之一，原因是多方面的。首先，从西方思想界的影响来看，第一次世界大战后，面对西方文明前所未遇的严重危机，长期以来作为西方主流意识的、以追求进步和功利为目的的科学实证主义思想开始受到检讨，而以探讨人生问题为中心内容的现代西方人本主义思想则为越来越多的人所重视。1922 年，刚从欧洲游学归来的张君劢在《欧洲文化之危机及中国新文化之趋向》的演讲中对此做过介绍：大战后，欧洲人在政治上、现实社会上和思想上都不满于现状，要求改革。"其在哲学界则国人所常称道之柏格森、倭伊铿是也。柏格森之哲学，一名变之哲学。倭伊铿之哲学，最反对自然主义，最反对

① 赵德志：《"五四"后西方哲学东渐及其影响的再认识》，载中国现代哲学史研究会编《中国现代哲学与文化思潮》，求实出版社，1989，第 438 页。
② 艾思奇：《二十二年来之中国哲学思潮》，载《艾思奇文集》第一卷，人民出版社，1981，第 65—66 页。

主智主义。两家之言，正代表今日社会心理，故为一般人所欢迎。"[1] 当时中国不少报刊对战后西方思想界的这种变化有过报道。如同战后西方兴起的"东方文化救世论"思潮对战后中国思想界产生过重大的影响一样，战后西方思想界的这种变化也不能不对战后中国思想界产生重大影响。其次，从中国思想界的状况来看，第一次世界大战一结束，原先因忙于战争而暂时放松了对中国经济侵略的西方帝国主义国家马上卷土重来，变本加厉地掠夺中国，从而使一度获得所谓"黄金"发展机会的中国资本主义重新受到严重压制，迅速走向衰落，加上受战后西方"世纪末"悲观情绪的影响，"悲观厌世的情绪开始笼罩中国的思想界；关于人生的讨论，一时成了哲学研究的热门话题"[2]。而现代西方人本主义思想正好以探讨人生问题为中心内容，这与当时中国思想界的状况和需要正相切合。"因为世纪末的哲学是欧美资本主义走向没落的道路上时的挣扎中的梦呓，而中国的民族资本当时也正是开始没落了，原因虽不同，而结果则类似，故柏格森、尼采等的研究便盛行起来。"[3] 再次，从新旧斗争的需要来看，新文化运动时期，陈独秀、胡适为代表的新文化派的理论依据，主要是以追求进步和功利为目的的西方科学实证主义思想，如达尔文的进化论，杜威的实用主义。梁启超、梁漱溟、胡先骕、吴宓、梅光迪为代表的文化保守主义者要想与新文化派进行论争，并且不蹈林纾、辜鸿铭等人的故辙，迅速败下阵来，就必须向新文化派一样，到西方思想中寻找理论依据。而在西方思想中，以探讨人生问题为中心内容的现代人本主义是作为科学实证主义的批判者而产生和发展起来的。用胡秋原的话说："柏格森主义代表对科学主义之反动，代表西洋文化之一种反省或自嘲。"[4] 因此，西方现代人本主义思想理所当然地会受到文化保守主义者的青睐。于此我们也就不难理解，为什么现代西方人本主义思想大都是文化保守主义者首先介绍到中国来的，并且是其主力军。例如，倭伊铿的精神哲学、杜里舒的生机主义最早的介绍者是张君劢，白

---

[1] 张君劢：《欧洲文化之危机及中国新文化之趋向（在中华教育改进社讲演）》，《东方杂志》第19卷第3号，1922年2月10日。
[2] 赵德志：《"五四"后西方哲学东渐及其影响的再认识》，载《中国现代哲学与文化思潮》，第439页。
[3] 艾思奇：《二十二年来之中国哲学思潮》，载《艾思奇文集》第一卷，第58页。
[4] 胡秋原：《西方文化危机与二十世纪思潮》（上册），（台北）学术出版社，1981，第340页。

璧德的新人文主义最早和主要的介绍者是以胡先骕、吴宓和梅光迪为代表的"学衡派"①。

现代西方人本主义思想大规模、系统地传入中国，并成为对中国思想界影响最大的西方哲学思潮或文化思潮之一，所起的作用很复杂，其中一项作用便是为文化保守主义者批评新文化运动、主张文化保守主义提供了理论依据。比如，梁漱溟的《东西文化及其哲学》就是"王阳明的心学与柏格森的哲学再加上经过他改造的唯识学"之"混合物"。②具体来说，梁漱溟在《东西文化及其哲学》中将柏格森的生命哲学作为理论依据主要表现在四个方面：一、依据生命哲学的唯意志论（也包括叔本华哲学的唯意志论），梁把不同类型文化的产生归之于意欲趋向的不同，从而建立起了以文化—生活—意欲（即文化由生活决定，生活又由意欲决定）为机枢的文化比较图式；二、依据生命哲学的直觉主义认识论，梁严格区分科学与哲学之间的界限，崇直觉而贬理智，反对那种涵盖一切文化层面的唯科学主义思潮；三、援生命哲学入儒，用生命哲学重新解释和发挥儒家哲学，又用儒家哲学修正和融合生命哲学，从而建立起中西合璧式的"新孔学"；四、认为中国文化和生命哲学一样重直觉，西方主流文化重理智，战后重直觉贬理智的柏氏生命哲学的兴起，则表明战后西方文化将走"中国的路，孔家的路"，"未来的世界文化将是直觉的中国文化的复兴"。③张君劢的《人生观》演讲及后来发表的几篇参与"人生观论战"的文章，其理论依据是倭伊铿的精神哲学和柏格森的生命哲学，他演讲的题目就源于倭氏的一本书——《大思想家的人生观》。张君劢自己在总结这场论战时也承认，"今国中号为学问家者，何一人能真有所发明？大家皆抄袭外人之言耳"④。实际上，发生在20年代初期的"人生观论战"，就其性质而言，不过是西方科学实证主义思想与现代人本主义思想的论战在中国的继续。胡先骕、吴宓和梅光迪为代表的"学衡派"的理论依据则是白璧德的新人文主义，"白璧德新人文主义的

---

① 学术界把以《学衡》为阵地的文化保守主义者，如吴宓、梅光迪、胡先骕、刘伯明、柳诒徵等人统称为"学衡派"。

② 袁伟时：《中国现代哲学史稿》上卷，中山大学出版社，1987，第687—688页。

③ 参见郑大华《梁漱溟与现代新儒学——为纪念梁漱溟诞辰110周年而作》，《求索》2003年第2期。

④ 张君劢：《再论人生观与科学并答丁在君》，载《人生观之论战》（上），第45页。

一系列价值观念都在'学衡派'诸人那里得到了充分的表现，如他们对文学浪漫主义趋向的批评和对古典主义的崇尚，他们所追求的以理智约束情感的理想，以及他们竭力标榜的办刊宗旨：'以中正之眼光，行批评之职事。无偏无党，不激不随'"①。以西方人本主义思想为自己的理论武器，以一部分西方思想来批评另一部分西方思想，是这一时期文化保守主义的重要特征。

在西方人本主义思想大量传入中国之时，西方的文化相对论也开始传入中国，并同样对中国的思想界产生过广泛影响。与传统的一元的文化进化观把人类文化的发展看作是一个从低级到高级、从野蛮到文明的直线进化过程，把不同民族的文化按其时代性而有秩序地排列在同一阶梯上，而以西方近代文化位于人类文明的最高点，并以此来评判非西方民族文化的高低优劣不同，文化相对论则认为，历史的发展是曲折的，迂回的，社会文化的发展存在着多元性，各种社会文化都只有相对的价值，而没有绝对的价值，每一民族文化都有自己的特征，在历史的发展中自成中心，并且有他们自我评价的价值体系，任何一种行为（例如信仰和风俗）只能用它本身所从属的价值系统来评价，没有一个对一切社会文化都适用的绝对价值标准，因此，应该对各民族文化采取尊重的态度，而不能采取"西方文化中心主义论"，像一元的文化进化观所主张的那样，将人类文化分成几个历史阶段，而以西方文化为人类文化发展的方向或依归，为评价其他文化进步与落后的标准。比如，我们前面已提到过的斯宾格勒的名著《西方的没落》，就把人类历史上高级文化精神形态分为8种类型，并认为每一种文化类型如同生命一样有自己的情欲，它们的发展就像植物的开花、结果和枯衰，有自己的周期，不能用欧洲文化为标准来评判其他文化。被称为美国人类学之父的弗朗兹·博厄斯以及所代表的"历史批判学派"也认为，世界上根本不存在文化形态的高低，所谓"蒙昧时代""野蛮时代""文明时代"这些术语，只是反映了某些人的种族中心论观点。这些人自以为他们的生活和行为方式比其他人的生活和行为方式更正确，但实际上，每个民族都有自己的历史传统、尊严和价值观，有自己的生活和行为方式，各民

① 李怡：《论"学衡派"与五四新文学运动》，《中国社会科学》1998年第6期。

族文化之间没有高低之分，一切道德评价都是相对的，在西方那些最著名的、理所当然的、传统的道德原则，在西方之外也许是行不通的。博厄斯就说过："非洲中部的黑人，澳洲人，伊思奇摩人，和中国人……的社会理想均与欧美人不同，他们对人类行为所给予的价值实无可以比较的，一个认为好的而别个则认为不好的。"[①] 文化相对主义理论对于文化存在的多元性及其发展的特殊性的强调，对于文化研究中"西方文化中心主义"的反对无疑都是正确的，也具有积极的意义。然而，它在强调文化存在的多元性及其发展的特殊规律的同时，却又否认了人类文化发展的同一性及其普遍规律，只看到多样性，而没有看到多样性的统一，只看到各民族文化在民族性上的存在价值和意义，而没有看到各民族文化在时代性上的先进与落后之分。

第一次世界大战后，传入中国的文化相对主义理论主要是文化形态学。文化形态学，或称文化形态史观，是德国人斯宾格勒在其名著《西方的没落》一书中创立的一种历史哲学。这种学说认为，不存在全人类的历史，只存在各个文化的历史，研究世界历史，也就是研究各个文化的历史。各个文化都是一个生命有机体，具有自己的生命周期：青春、生长、成熟、衰败，都要经历三个大的发展阶段，即：前文化阶段、文化阶段和文明阶段，周而复始，重新回到原始状态。在前文化阶段，各民族处在原始时期，有部落及其首领，但无政治及国家，处在这一阶段的是古典文化的迈锡尼时期、西方文化的法兰克时期和中国文化的商朝时期。在文化阶段，形成了具有确定风格及特殊世界感情的民族集团，内在的国家观念发生了作用。这一阶段在西方起于公元 900 年，终于 1800 年，在中国则是"封建王邑"的周朝时期。文化阶段又可划分成早期和晚期。早期是封建主义时期，贵族被看成是民族的代表和传统的承担者，他们创立了贵族国家；晚期是"成熟的国家观念的实现"的时期，国家形式因"专制主义"达到顶点而宣告解体。文明阶段是文化的结束阶段，其中又分为两个时期，第一时期是"战国时期"，其特点是连绵不断的大战和革命；第二时期是"帝国时期"，一个文化区内的各个国家经过相互攻战之后，最终合并于一个大帝国的统治

---

① 弗兰茨·波亚士（博厄斯）：《人类学与现代生活》，杨成志译述，商务印书馆，1945，第 148 页。

之下。在斯宾格勒看来，世界上一共存在过八个文化，其中七个文化（埃及文化、巴比伦文化、印度文化、中国文化、古典文化、阿拉伯文化、墨西哥文化）已经死亡，只剩下一种无历史、无生气的存在，只有西方文化还处在文明的第一阶段——"战国时期"。从拿破仑的统治到第一次世界大战是西方文化的"战国时期"的序幕，20世纪才是真正的战国世纪。在这一世纪，"各个大陆将被孤注一掷，印度、中国、南非、俄罗斯、伊斯兰将被召集，新技术与新战术将被互相使用。主要的世界都市的权力中心将随意处置较小的国家——它们的领土、它们的经济以及它们的人民。……在这些血和恐怖的灾难中，一再响起了要求民族和解、世界和平的呼声。这不过是伟大事变的背景和回声而已……我们可以尊重追求这一切的愿望，但是我们必须有勇气面对事实的真相——这是具有种族品质的人们的标志，只是由于这些人们的存在，才有了历史。生活如果要成为伟大的，应是坚强的；它只允许在胜利与毁灭之间进行选择，而不允许在战争与和平之间进行选择，胜利的牺牲品是属于胜利的"[1]。最后进入帝国时期，"血统的权力，未受破坏的身体力量，恢复了它们从前的统治地位。'种族'出现了，纯粹而不可抗拒——强者战胜，赘余的人则成为他们的战利品。强者支配世界"[2]。而这强者便是德国的日耳曼民族，它是西方亦即世界的"最后民族"，负有完成西方最后一个历史阶段的伟大使命。[3]由此可见，斯宾格勒的文化形态学一方面认为世界上的各个文化都有其自己的生命周期，因而都不具有优越的地位，但另一方面它又极力论证，西方文化是世界上唯一还有生命的最优秀的文化，20世纪是西方人的世纪，作为西方的"最后民族"，德国是世界大帝国的最终建立者。这正如人们批评的那样，他的文化形态学"以破除'西方中心论'开始，却以建立一种更为精巧的西方中心论而宣告结束"[4]。

就目前发现的资料而言，最先向中国人介绍《西方的没落》的是王光

---

[1] 奥斯瓦尔德·斯宾格勒：《西方的没落》下册，齐世荣、田农、林传鼎等译，商务印书馆，1963，第677—678页。

[2] 奥斯瓦尔德·斯宾格勒：《西方的没落》下册，第681页。

[3] 奥斯瓦尔德·斯宾格勒：《西方的没落》上册，第226页。

[4] 许苏民：《比较文化研究史》，云南人民出版社，1992，第301页。

祈。我们前面引用过的王光祈写于 1920 年 10 月 26 日的《旅欧杂感》，有"近来欧洲新出了许多书籍，如《欧洲之末运》等书，攻击西方文明不遗余力，大受欧洲人欢迎，出版后风行一时"的记述。该《旅欧杂感》发表在 1921 年 2 月 15 日出版的《少年中国》第 2 卷第 8 期上。1921 年 11 月 1 日出版的《少年中国》第 3 卷第 4 期，刊登有留德学生魏时珍的《旅德日记》，其中有三则提到斯宾格勒其人其书，说斯宾格勒著有《欧洲之衰落》一书，"谓欧洲之文化，已至末运，如美术，如音乐，如文学，如哲学，皆无发展余地，起而代之者，为文明，其意盖谓欧洲将来能震耀世界者，惟武功而已"；又说斯宾格勒认为文化的盛衰如同生物一样，"有生有死，有幼有老"，因此"天下未有久不衰落之文化者，特时有迟早与久暂耳。……各民族各有其特殊之文化，此文化不能互传，如谓希腊之数学，与近日之数学相异"。①

继王光祈、魏时珍后，介绍斯宾格勒其人其书的是张君劢。1922 年 1 月，他在《改造》杂志第 4 卷第 5 号上发表《学术方法上之管见》一文，此文是 1921 年底他陪同来华讲学的德国哲学家杜里舒离德回国之前，在巴黎向留法北大同学发表的告别演讲词。他在讲到欧战后西方出现的"思想界之危机"时，提到了斯氏的《西方的没落》。他说：前几年德国出版了一部著作，出版后曾"轰动"一时，产生了比爱因斯坦的相对论更大的社会反响，不及 3 年，就已重版 5 次，而第 5 版之绝版，迄今已有一年之久，"其书为何？则斯宾格雷之（Spengler-Untergang des Abendlandes）《欧洲末运论》是也。其书大旨以历史比生物形态，二者同受春夏秋冬时运之支配，故一国文化亦分幼长老死四期，斯氏自称其书曰新历史哲学，并举欧洲今日之亡征，比之希腊罗马之末叶"。② 不久，他在《欧洲文化之危机及中国新文化之趋向》一文中又讲到，德国前几年出版过一本书，名叫《欧洲之末运》，讲的是欧洲文化的危机问题。稍后，留法归国学生李思纯在《学衡》第 22 期上发表《论文化》一文，也谈到了斯宾格勒的《西方的没落》一书。文中写道："论文化之盛极必衰、衰极必亡，而持论最有力者，有德国现代哲学

---

① 魏时珍：《旅德日记》，《少年中国》第 3 卷第 4 期，1921 年 11 月 1 日。
② （张）君劢：《学术方法上之管见（与留法北京大学同学诸君话别之词）》，《改造》第 4 卷第 5 号，1922 年 1 月 15 日。

家斯宾格勒氏 Spingler（应为 Spengler——引者）。斯氏有感于欧洲文化之趋于死途，常冥思默想而成一书曰《西土沉沦论》Undergang der Abendland（应为 Untergand des Abendlandes——引者）。其书体大思精，证例繁富，历引希腊罗马及东方古国先代文明其发生滋长及衰败灭亡之曩例，更辅以历史学社会学生物学之观察，最后断定欧洲文化之现已趋于死亡。"他在文中重点介绍了斯氏关于文化像人的生命一样，有"生住异灭"之周期的学说，并认为斯氏的这一学说"以考古今文化之嬗蜕兴亡，而知理有固然，非危辞耸听，谰言骇（骇）俗也"；他还依据斯氏的这一学说对中国文化进行了分期，认为"今中国之文化，'生'于唐虞三代，'住'于秦汉，'略异'于唐宋元明而'大异'于晚清以迄今日"。①

对斯宾格勒的学说做全面介绍的大概是张荫麟翻译的美国葛达德、吉朋斯合著的《斯宾格勒之文化论》。该文发表在《学衡》第 61 期和 66 期上。葛达德、吉朋斯合著的《斯宾格勒之文化论》是"撮"斯宾格勒《西方的没落》一书的"大意"而成的，也可以说是《西方的没落》一书的简写本，1926 年在美国出版，全书共 8 章，即：第一章，导言；第二章，政制；第三章，基本理想；第四章，思想；第五章，艺术；第六章，十九世纪；第七章，将来；第八章，结论。在张荫麟译文的前面，吴宓写有一长按语。按语认为，斯宾格勒之书的"长处"，在能超出欧美一般人士的思想感情范围之外；在能破除当前社会之偏见及习俗之藩篱；在能不以科学为万能，不以进步为常轨及定理；在能不拘囿于时间空间，而从大处着眼，静观历史，而发现其各部分真正之异同；在能了悟国家社会民族文化有盛、有衰、有起、有灭，而不以一族一国为天之骄子，可常役使他国他族而自保其安富尊荣；在能洞见文学艺术宗教哲学政治经济风俗等发达之迹象，寻出其相互之关系，而沿溯其兴灭之轨辙，按之吾人熟知之事物，颇多符合；在能探索得每种文明内蕴之精神，所谓其基本理想，本此以观察解释一切，头头是道，而人类之全史乃了如指掌，视文化兴灭，不殊观弈者之全局在其胸中也。②

① 李思纯：《论文化》，《学衡》第 22 期，1923 年 10 月。
② 《斯宾格勒之文化论·编者识》，《学衡》第 61、66 期，1928 年 1 月、11 月。

第一次世界大战后斯宾格勒的文化形态学的传入，对中国思想界产生过广泛而深远的影响。抗战时期以林同济、雷海宗等为代表的"战国策派"的形成与它便有某种思想上的渊源关系。雷海宗、林同济等人就是以斯宾格勒的文化形态学为理论依据来研究中国的历史和文化的，并在此基础上提出了他们独特的"战国时代重演论"。由于本书下卷第二十三章第三节对"战国策派"有专门讨论，此不展开。

三、第一次世界大战引起的中国思想文化的变动

第一次世界大战和战后西方兴起的"东方文化救世论"思潮，以及西方人本主义思想和文化相对论的传入，引起了中国思想文化的变动。

变动之一：进化论受到批评，互助论受到欢迎，并成为一种有影响的社会思潮。我们知道，进化论最早是英国生物学家达尔文在他的名著《物种起源》一书中提出来的，是解释生物起源、演化与发展的一种理论，其基本观点是：生物界有一个由低级向高级渐次发展的进化过程，而生物进化的内在动力是生存竞争，竞争的法则是"物竞天择，优胜劣汰"。后来英国实证主义哲学家斯宾塞等人又把这一理论引进到社会研究领域，用它来说明人类社会的发展规律。这就是社会达尔文主义。

严复是将进化论介绍到中国来的第一人。本书第一卷第四章中已谈到，戊戌变法期间，他翻译了英国生物学家林胥黎的《进化论与伦理学》一书的前两章，取名《天演论》，并撰写"按语"，于1898年春出版。《天演论》及其"按语"，大力介绍和宣传了"物竞天择，优胜劣汰"的进化论学说，尖锐地抨击了当时中国封闭保守、麻木不仁的社会心理，指出中国如果再不赶快变法图强，就有被肉食劣汰的可能。由于进化论具有反对历史退化观、主张社会变革和唤起民族觉醒的积极意义，因此，它被严复介绍到中国后，对中国思想界产生了巨大而持久的影响力，"物竞天择，优胜劣汰"的观念日益深入人心，并成了人们救亡图存的思想武器，成了清末民初最主要的社会文化思潮。

然而，到了第一次世界大战后，这种曾对中国社会产生过巨大影响、推动过社会的变革与进步的进化论，却遭到了不少思想家的批评。批评者认为，进化论宣扬"物竞天择，适者生存"，鼓吹"弱肉强食，优胜劣汰"，

这不仅为帝国主义推行强权政治、侵略弱小民族提供了理论依据，同时也为个人主义极度膨胀，强者欺压剥削弱者提供了理论依据，这也是导致第一次世界大战爆发的重要原因。如梁启超在《欧游心影录》中便指出："自达尔文发明生物学大原则，著了一部名山不朽的《种源论》，博洽精辟，前无古人，万语千言，就归结到'生存竞争，优胜劣败'八个大字。这个原则，和穆勒的功利主义，边沁的幸福主义相结合，成了当时英国学派的中坚。同时士梯尼 Max Stirner，卜戛加 Soren Kierkegaard 盛倡自己本位说，其敝极于德之尼采，谓爱他主义为奴隶的道德，谓剿绝弱者为强者之天职，且为世运进化所必要。这种怪论，就是借达尔文的生物学做个基础，恰好投合当代人的心理。所以就私人方面论，崇拜势力，崇拜黄金，成了天经地义。就国家方面论，军国主义帝国主义，变了最时髦的政治方针，这回全世界国际大战争，其起源实由于此，将来各国内阶级大战争，其起源也实由于此。"[1] 我们检阅当时的报刊，如此言论，比比皆是。《新青年》第3卷第3号的一篇文章《生存竞争与道德》指出："今日西欧战争，曷为而起，虽因绪多端，而大日耳曼大斯拉夫之相竞，为其主因，识者所同认也。"[2] 由此出发，有些人提出"绝不能以生物律以律人类"，因为人类不纯由自然所决定，更能"运用人类之力，夺天演之功，以创造自然，而适宜于人类"。[3] 第16卷第4号的《东方杂志》转载过一篇文章为《终了的老世纪与德国学者》，在分析欧战发生的原因时就写道：一个生物学家达尔文，在南美洲与太平洋各岛游历了几年回去，作了一部书，讲动物植物的天演竞争。后人偏要拿来作人类社会的公例。究竟物理与性理是两样，物理运行，决不能有性理判断。这个性理，要人类才有。人虽是个动物，一定要说与虎豹豺狼是同类，只知道生存，不知道是非善恶，这句话如何叫人承认得下去。人类原有种种的恶性，若再说弱肉强食，天演竞争，是人类的公例，实际上等于鼓励人们去作恶，以为作恶是应该的，而且要能作恶，才算是尼采的超人。其结果便"闹出了这场亘古未有的惨剧"[4]。

---

[1] 梁启超：《欧游心影录节录》，载《饮冰室合集》第7册，专集之二十三，第9页。
[2] 高硒若：《生存竞争与道德》，《新青年》第3卷第3号，1917年5月1日。
[3] 华林：《自然与人类》，《民国日报》副刊《觉悟》，1919年12月11日。
[4]《终了的老世纪与德国学者》，《东方杂志》第16卷第4号，1919年4月15日。

与进化论的命运相反，互助论则受到战后中国思想界的普遍欢迎。互助论是俄国地理学家、著名的无政府主义者克鲁泡特金提出来的。1902 年克氏出版《互助论》一书，阐述了动物界、野蛮人、文明人、人类社会的互助原理。和达尔文的进化论不同，克鲁泡特金的互助论认为，动物界和人类社会演化和发展的基本法则不是弱肉强食，生存竞争，而是种族互助，互助的生存，不互助的淘汰。互助是从动物到人类的一种普遍的本能的情感，正是它促进了物种的生存、繁衍和进化。

早在 20 世纪初，中国的无政府主义者在介绍克鲁泡特金的无政府主义学说时，就介绍过他的互助论。但由于当时进化论学说是中国最主要的社会文化思潮，在思想界居于统治或支配的地位，加上中国无政府主义者介绍互助论的文章都发表在国外办的刊物《新世纪》和《天义报》上，而《新世纪》和《天义报》因清政府的查禁在国内很难见到，所以，克氏的互助论对国内思想界没有产生任何影响。[①] 然而到了第一次世界大战后，出于对大战发生原因的反思，人们在批评达尔文的进化论的同时，开始认识到了克氏互助论的意义。李石曾在《东方杂志》（第 16 卷第 5 号）上撰写重译《互助论》序言时说："后人过信竞争，达氏亦未及自料，赫胥黎、赫智尔辈于传达进化学说虽大有功，而于此误点则不能谓为无过，逮俄之学者开斯来柯伯坚 Kropotkine（亦作克洛包得金）继起，乃明进化不独有竞争为之一因。而互助尤其大者。……实以欧战之教训，足以证明互助与竞争之实验，及其优劣之分。"[②] 正是竞争进化论导致了"此次惨无人道之欧洲大战"，竞争造成了"一面为进化，一面为堕落"，而"互助"却"惟有幸乐，而无苦难"。[③] 蔡元培则将尼采的强权哲学、托尔斯泰的泛劳动主义和克鲁泡特金的互助论在第一次世界大战的社会实践做了对比和评论，认为德国的失败就是强权论的失败，俄国共产主义的失败也就是泛劳动者主义的失败，唯独胜利属于应用互助论的协约国，从而肯定互助进化的积极意义。[④] 有些人甚

---

① 有关互助论在清末的传播情况，参见吴浪波《互助论在清末的传播与影响》，《中州学刊》2005 年第 2 期。

② 李石曾：《互助论：进化之一要因》，《东方杂志》第 16 卷第 5 号，1919 年 5 月 15 日。

③ 石子：《动植物间之互助生活》，《劳动》第 1 卷第 1 号，1918 年 3 月 20 日。

④ 蔡元培：《欧战与哲学》，《东方杂志》第 16 卷第 1 号《内外时报》专栏，1919 年 1 月 15 日。

至乐观地认为，第一次世界大战过后，"像那'物竞天择，适者生存'的信条是过去了，克鲁泡特金的互助论已代替他了"①；"提倡互助""培植协同"的"第三种文明"，将取代过时了的"自由与竞争"的"第二种文明"而成为人类文明的归宿②。

于是，互助论风行思想界。不仅克氏的《互助论》一书的译文（李石曾译）自 1919 年 5 月起开始在最有影响的综合刊物《东方杂志》上连载，1921 年最有影响的出版社商务印书馆又出版了该书的第一个全译本（周佛海译），该书初版不久即销售一空，并于 1922、1923 年连续两次再版。与此同时，宣传、介绍克氏互助论的文章在报刊上也接二连三地登载了出来。据对新文化运动时期 28 种报刊的粗略统计，共发表宣传、介绍互助论的文章 165 篇，其中发表在无政府主义刊物上的有 68 篇，发表在《东方杂志》等其他刊物上的有 97 篇。表 1 就是有关无政府主义刊物对互助论的介绍情况，表 2 是非无政府主义刊物对互助论的介绍情况。需要说明的是，这些统计没有包括宣传、介绍工学主义、工读互助、新村主义、泛劳动主义及其留法勤工俭学运动、工读互助团等方面的文章，虽然在一定程度上它们也或多或少包含有互助论的内容。

表 1：无政府主义刊物对互助论的介绍情况一览

刊物名称	文章数目	刊物名称	文章数目
旅欧杂志	12	劳动	3
学汇	11	互助（月刊）	2
平民	8	闽星	2
北京大学学生周刊	6	端风	2
民钟	6	少年社会	2
实社自由录	4	旅欧周刊	1
进化	4	奋斗	1
华工杂志	3	互助（季刊）	1

① A. A：《革命的目的与手段》，《奋斗》第 4 号，1920 年 3 月 20 日。
② （张）东荪：《第三种文明》，《解放与改造》第 1 卷第 1 号，1919 年 9 月 1 日。

表 2：非无政府主义刊物对互助论的介绍情况一览

刊物名称	文章数目	刊物名称	文章数目
觉悟（民国日报副刊）	23	新青年	4
学灯（时事新报副刊）	21	解放与改造	4
东方杂志	16	星期评论	3
晨报及晨报副刊	11	建设	3
每周评论	5	新生活	1
少年中国	5	湖南通俗报	1（小说）

当时发表宣传、介绍互助论文章的主要作者，大多是"五四"前后涌现的报刊主编或主笔，是舆论界的领军人物。如杜亚泉是国内最有名的综合刊物《东方杂志》的主编；李大钊和高·涵都是《新青年》的编委；李大钊还主编有《每周评论》；邵力子、沈玄庐担任过《民国日报》的主编主笔；戴季陶、沈玄庐曾主持过《星期评论》；黄凌霜、华林是《实社自由录》《进化》杂志的主编主笔；黄凌霜还是《解放与改造》的创办者之一；蔡元培、褚民谊、李石曾都是《旅欧杂志》的编辑；王光祈则是《少年中国》的主要负责人等等。表 3 就是他们发表的宣传、介绍互助论文章的统计。除此之外，梁启超的《欧游心影录》、梁漱溟的《东西文化及其哲学》、孙中山的《三民主义》《建国方略》等著作也宣传、介绍过互助论，通过它们我们也可以窥见互助论在当时的传播情况。

表 3：部分作者宣传、介绍互助论的文章统计

作者	文章数目	作者	文章数目
蔡元培	11	褚民谊	3
黄凌霜	10	杜亚泉	3
李大钊	7	高一涵	3
华林	6	邵力子	2
沈玄庐	4	王光祈	2
李石曾	3	周建人	2
恽代英	3	戴季陶	2

随着互助论的传播，人们开始接受互助论的影响，甚至用它来解释和说明人类社会的进化原理和其他社会文化问题。如孙中山分进化为三个时期，一是物质进化时期，二是物种进化时期，三是人类进化时期，认为人类虽由物种进化而来，但其进化原则与物种进化原则不同，"物种以竞争为原则，人类则以互助为原则。社会国家者，互助之体也；道德仁义者，互助之用也。人类顺此原则则昌，不顺此原则则亡。此原则行之于人类当已数十万年矣"[1]。他还认为"社会之所以有进化，是由于社会上大多数的经济（利益）相调和，不是由于社会上大多数的经济利益有冲突"，所以互助应包括社会上的互助与国际上的互助两个方面；社会上的互助，就是"社会上大多数的经济利益相调和，就是为大多数谋利益"。[2]而要调和社会上大多数人的经济利益，又有赖于人际之间的互助合作而不是冲突竞争。这是一个民族或国家能够生存发达、繁荣昌盛的基本条件。国际上的互助，就是"相资为用，互助以成"。要使国家强盛，必须进行国际之间的"互助"，"使外国之资本主义以造成中国之社会主义，而调和此人类进化之两种经济能力，使之互助为用，以促进将来世界之文明也"[3]。朱执信呼吁人类把互助的精神发挥出来，重互助不恃争斗，使人与人之间、民族与民族之间、国家与国家之间，"用相爱的精神，行互助的手段"，来免掉民族间的恶感、国家间的轧轹。[4]胡汉民、邵力子等人把"人"置于生物的范畴中，认为互助是弱者对抗强敌的一种本能的联合，是合群协作的道德的起源。依照克鲁泡特金的研究成果，生物的生存，以互助为原则，"互竞论"是靠不住的。"下等动物尚且这样，如果人类只知互竞，不知互助，不但犯了'人而不如禽兽'的古语，并且违反生存的原则"，所以我们现在要把人类互助的学说，介绍灌输，使大家明白社会是由互助而成。人类应该互助，只要是人类的急难，不应问他是否是我的朋友，更不应预想我帮助他有什么好处。[5]

无政府主义者黄凌霜在《进化》杂志宣言中，批评斯宾塞、赫胥黎对达

---

① 孙中山：《建国方略》，载《孙中山全集》第六卷，中华书局，1985，第195—196页。
② 孙中山：《三民主义·民主主义》，载《孙中山全集》第九卷，中华书局，1986，第369页。
③ 孙中山：《建国方略》，载《孙中山全集》第六卷，第398页。
④ 朱执信：《睡的人醒了》，《民国日报》副刊《觉悟》，1919年6月30日。
⑤ 邵力子：《中国人与同情心》（四），《民国日报》1920年3月9日。

尔文进化论的误解，倡言克氏的互助论，并主张将"互助"公理传播到社会上去。[1]他还和袁振英等人发起成立了以"进德修学"为宗旨的实社，出版《自由录》（由吴稚晖作后跋），并发表《竞争与互助》《克鲁泡特金之进化论》等文章，宣扬克氏的互助论，一方面肯定达尔文发明竞争进化论的重要意义，认为"其学说行世，颇有风靡天下之概"；另一方面又用现实战争的灾难反衬该理论的偏颇，指出"竞争学说之误今日，犹宋儒谬论之误中国"，而只有克鲁泡特金的互助论才是"博考动物生存与人群进化之证据，发明人群进化，乃相爱相助以生存"的社会公例。[2]华林批评部分学者认为"竞争与互助对于人类进化不可或缺"的主张。在他看来，这二者不可偏废是仅就生物而言，但用它们来"判断人类则大谬"，人类是以"智力""群谊"互助取胜，所以"绝不能以生物律，以律人类"。因为动物随自然而创造，旋生旋灭，而"人类以'智力'胜，借'群演'之力，以创造于自然"。可以说，自然界中"经人力所设施者，鲜者不变其自然之固态"，即人类一方面受自然律的制约，另一方面更多地是能创造自然。这与动物是有着明显区别的。[3]

梁漱溟在写作《东西文化及其哲学》一书时，甚至把克氏互助论的提出作为西方文化发生变迁，中国文化将出现复兴，成为世界文化的证明。他在书中指出：克鲁泡特金的互助论对达尔文竞争进化论的修正，看出人类"社会的本能"，就是文化变迁的一个例子。以前的进化论思想家看到了生物界的生存竞争，这是他们的很大发现和成就；但另一方面，他们只看到竞争图存的一面，视"互竞相争为自然界的法则"和进化的手段，即使同类本族也不例外，"把动物界单看成了弱肉强食的世界"，而没有留意到还有互助图存的一层，"现在晓得这（竞争图存——引者）殊非事实；动物很靠着同族类间的互助以营食求活，以殖种蕃息，以为卫护；互助的存留，不互助的淘汰，互助也是天择作用留下而要他发达的一种本能"。从这种本能出发，才有了人类社会，也才有了伦理道德。这种从竞争到互助的变迁，使人们认识到物竞天择的法则将因人类知识的进化而近于停止，今后

---

[1] 参见《进化》第 1 卷第 1 号，1919 年 1 月 20 日。

[2] 凌霜：《竞争与互助》，《实社自由录》（第一辑），1917 年 7 月。

[3] 华林：《自然与人类》，《民国日报》副刊《觉悟》，1919 年 12 月 11 日。

的文化不得不植根于这个"社会的本能"上面。所以他认为这"'社会的本能'之发见，就是发见了未来文化的基础"。所谓未来文化，就是注重互助与和谐的中国儒家文明。就此而言，从生物"生存竞争"到人类互助的"社会本能"的进化，正是世界文化从第一期注重"奋斗"的文化路向向着第二期注重人类和谐与"调和"的文化路向变迁的一个证明，是由主智为我的西方路子转入尚情毋我的中国路子的一个例证。①高一涵将《互助论》内容概括为四点，并得出三个结论，即：（一）互助是进化的要素，人类是由互助进化，不是由互争进化；（二）人类对于自然状态竞争，不是对于同种竞争；（三）社会性越多，种族越发展，社会性越少，种族越微弱。他认为，"互助和互争都是自然的法则，但是互助是进化的一个要素，比互争更加重要，一方面，可以使保障物种的习惯和特性格外发展，一方面又可以用各人最小的力量得到最大的幸福"②。在叙及同情心作为社会生活的必然结果和使知识、感情发达的原因时，他指出，"克氏的意思，虽然不说人类自始终至没有一点竞争心，但他承认知识越高，同情心越盛，互助力越多。他虽然不说人性是全善的，是生来就这样不待练习的；但他承认人类进化由本能进到理性，总向善的方面走去。竞争是例外，避竞争，求互助，是人类天性"③。

李大钊的思想在从竞争进化论向马克思主义的转变过程中，互助论充当了连接二者的媒介。第一次世界大战以后，他在许多文章中揭露和批判黑暗的社会现实，控诉"优胜劣败弱肉强食"给人类伦理的灾难，并较早地确立起互助的进化观。他说："从前讲天演进化的，都说是优胜劣败，弱肉强食，你们应该牺牲弱者的生存幸福，造成你们优胜的地位，你们应该当强者去食人，不要当狗（应为"弱"——引者）者当人家的肉。从今以后都晓得这话大错。知道生物的进化，不是靠着竞争，乃是靠着互助。人类若是想求生存想享幸福，应该互相友爱，不该仗着强力互相残杀。"④在他看来，"协合与友谊，就是人类社会生活的普遍法则"，"人类应该相爱互助，可能

---

① 梁漱溟：《东西文化及其哲学》，载《梁漱溟全集》第一卷，第499—502页。
② 高一涵：《"互助论"的大意》，《新中国》第1卷第5号，1919年9月15日。
③ 高一涵：《无治主义学理上的根据》，《新中国》第1卷第3号，1919年7月15日。
④ 守常（李大钊）：《新纪元》，《每周评论》第3号，1919年1月5日。

依互助而生存，而进化，不可依战争而生存，不能依战争而进化。这是我们确信不疑的道理"。[1]恽代英在房间里悬挂克鲁泡特金的照片，组织团体定名互助社，即"取克鲁泡特金新进化论的意义"。他说：人"有天生同情之本能，乐群恶独之性，自然存在，自然发达。故曰：恻隐之心，人皆有之。故曰：同声相应，同气相求。故曰：一人向隅，满座为之不乐。此则人类自生而有之特性"。[2]

尽管人们对克氏互助论的理解存在着差异，有的认为它对于达尔文的进化论是一种革命，有的认为它是对达尔文进化论的补充和修正，但互助论受到战后中国思想界的普遍欢迎，并成了一种有影响的社会思潮则是不争的事实。克氏互助论在战后被中国思想界广泛接受，促进了这一时期各种空想社会主义的传播与实践，并对一部分人信仰马克思主义和树立唯物史观起了中介作用。李大钊甚至在成为中国早期马克思主义者之后，对克氏的互助论仍深信不移。他在《阶级竞争与互助》一文中强调指出："自虫鸟牲畜乃至人类，都是依互助而进化的，不是依战争而进化的。由此可以看出人类的进化，是由个人主义向协合与平等的方面走的一个长路程。"[3]

变动之二：批评科学万能论，重新审视科学功用和价值的呼声日益高涨（见本章第三节有关内容）。

变动之三：文化取代论受到冷落，中西文化调和或互补论为人们所倡导。所谓"文化取代论"，这是新文化运动前期新文化派提出来的一种文化理论。这一理论认为，中西文化的差异是"古今之别"，中国文化是"古之迹"，西方文化才是真正的"近世文明"。[4]而根据达尔文的进化理论，今胜于古，"古之迹"的中国传统文化不能适应"近世文明"的现代社会，因此中西文化之间没有调和或互补的余地，只能用"近世文明"的西方文化取代"古之迹"的中国文化。在新文化运动前期，新文化派的这一理论曾风云一时，是他们主张西化的主要理论根据。

然而，到欧战后，"文化取代论"开始受到冷落，中西文化调和论或互

① 守常（李大钊）：《阶级竞争与互助》，《每周评论》第29号，1919年7月6日。
② 恽代英：《我之人生观》，《光华学报》第2年第2期，1917年3月7日。
③ 守常（李大钊）：《阶级竞争与互助》，《每周评论》第29号，1919年7月6日。
④ 陈独秀：《法兰西人与近世文明》，《青年杂志》创刊号，1915年9月15日。

补论则为人们所倡导。战后首先倡导中西文化调和论或互补论的是杜亚泉。
1917 年 4 月，亦即欧战结束前夕，杜氏在《东方杂志》第 14 卷第 4 号上发
表《战后东西文明之调和》一文，提出战后东西文明的调和问题。他写道：
欧战的爆发，暴露了西洋文明的破绽。因此，对于西方文明也应像对待东
方文明一样，重新予以评判，而不能像过去那样盲目地无限"崇拜"。实际
上，无论东方文明，还是西方文明，都非人类"圆满生活"的"模范文明"。
因为"于人类生活有最重要之关系者，一曰经济，二曰道德"，作为人生物
质和精神的依凭，二者不可或缺。如果经济缺乏，则生活不能维持；反之，
缺乏道德，"则身心无所拘束，秩序不能安宁，生活仍不免于危险"。所以，
真正的文明，应是"既富加教"的文明，亦即"经济道德俱发达"的文明。
以此为标准来衡量东西方文明，"皆现一种病的状态"。首先就经济而言，
西方文明所失是"局处的充血症"，其科学的经济手段固然发达，物质文明
也取得了长足进步，但经济的目的不在充足其生活所需之资料，而在满足
其生活所具之欲望，结果造成国内矛盾尖锐，国际竞争激烈，终于酿成世
界大战。和西方文明相反，东方文明所失"为全体的贫血症"，其经济的
目的仅在满足人生所需的基本生活资料，凡足以耗费基本生活资料或减少
其生产的活动，都加以限制，结果是科学不兴，经济手段数千年没有进步，
物质文明十分落后。其次从道德来看，西方文明"具力行之精神"，慈善团
体发达，协同事业进步，"然重力行而蔑视理性"，其道德观念"为权力本
位、意志本位"，道德与否的评价标准，"在力不在理"，结果是强凌弱、大
欺小，强权取代公理。与西方文明"适成反对"，东方文明"讲理性而不能
力行"，其道德观念"根本于理性，发于本心之明，以求本心之安，由内出
而不由外入"，其结果"不能服其服而行其行，有理性而无意志"。一句话，
在道德方面，西方文明"为精神错乱，为狂躁状态"；东方文明"为精神薄
弱，为麻痹状态"。既然东西方文明"皆现一种病的状态"，不是人类生活
的"模范文明"，那么战后之新文明，就不应是西方文明或东方文明的单一
扩张或复兴，而应是东西方文明的调和，彼此"取其所长，弃其所短，而以
适于人类生活者为归"。他并且预言，大战以后，西方社会的经济变动，"必
趋向于社会主义"，而社会主义是中国的传统理想，这将使中国人获得实现
数千年理想的途径；西方社会的道德变动，将是"崇灵魄，敬上帝，务克

己，持博爱主义"的希伯来思想"更占势力"，并与希腊思想相结合，以形成新时代之道德，而希伯来思想本与中国传统道德有许多相同之处。因此，两希思想结合后，"与吾东洋社会之道德思想，必大有接近之观，此吾人所拟目而俟者也"。[①] 不久，杜氏在《东方杂志》上又先后发表《迷乱之现代人心》（第 15 卷第 4 号，1918 年 4 月）、《对于未来世界之准备如何》（第 15 卷第 10 号，1918 年 10 月）等文，继续倡导东西文化调和论或互补论。

如果说杜亚泉是战后中国思想家中倡导东西方文化调和论或互补论的第一人，那么，李大钊则是战后新文化派中最早放弃文化取代论而赞同文化调和论或互补论的第一人。1918 年 7 月他在《言治》季刊第 3 号上发表《东西文明根本之异点》一文，受杜亚泉的影响，他也把东西方文明的根本特性，概括为"动的文明"（西方）和"静的文明"（东方）[②]，认为"东西文明互有长短，不宜妄为轩轾于其间"，西方"动的文明"所长，正是东方"静的文明"所短，反之亦然。同时就"宇宙大化之进行"来看，也全赖"动的与静的""保守与进步"这两种世界观"鼓驭而前"。因此，"东洋文明与西洋文明，实为世界进步之二大机轴"，这就像车之两轮，鸟之双翼一样，不可缺一。而这两种文明自身，又必须"时时调和，时时融会"，这样才能"创造新生命而演进于无疆"。另外，战后东西方文明的现状亦已表明，"东洋文明既衰颓于静止之中，而西洋文明又疲命于物质之下"，所以为救世界之危机，必须实现东方"静的文明"与西方"动的文明"的调和，以创造一种新的文明。具体而言，"即在东洋文明，宜竭力打破其静的世界观，以容纳西洋之动的世界观；在西洋文明，宜斟酌抑止其物质的生活，以容纳东洋之精神的生活而已"。[③] 当然，和杜亚泉及后来的梁漱溟等文化保守主义者不同，李大钊在主张东西方文明应彼此调和互补的同时，又再三强调东方文化远比西方文化落后，东方文化有向西方文化学习的必要性和紧迫性。

继杜亚泉、李大钊之后，梁启超在《欧游心影录》中也大力提倡东西方

---

① 伧父（杜亚泉）：《战后东西文明之调和》，《东方杂志》第 14 卷第 4 号，1917 年 4 月 15 日。
② 杜氏的观点，见伧父（杜亚泉）《静的文明与动的文明》，《东方杂志》第 13 卷第 10 号，1916 年 10 月。
③ 李大钊：《东西文明根本之异点》，《言治》季刊第 3 号，1918 年 7 月 1 日。

文化调和论或互补论。他在生动地描述了战后西方的破败景象后写道："我们的国家，有个绝大的责任横在前途。什么责任呢？是拿西洋的文明来扩充我的文明，又拿我的文明去补助西洋的文明，叫他化合起来成一种新文明。"为此，他提出了著名的"四步论"：第一步，中国人特别是"可爱的青年"要人人存一个尊重爱护本国文化的诚意；第二步，要用西方研究学问的方法去研究中国的文化，得它的真相；第三步，把自己的文化综合起来，还拿西方的文化补助它，使它们起一种化合作用，成为一个新的文化系统；第四步，把东西文化"化合"后形成的"新文化系统"往外扩充，叫人类全体都能得到它的好处。他并再三强调：中国的人口占全世界的四分之一，对于全人类的幸福，也应该尽到四分之一的责任，"不尽这责任，就是对不起祖宗，对不起同时的人类，其实是对不起自己"。①

我们前面已经提到，梁启超的《欧游心影录》发表后曾产生过很大的社会影响，东西文化调和论或互补论也因此而得到不少人的响应。和梁启超一样，陈嘉异也将东西文化的调和分为四步进行：第一，以科学方法整理东方文化，将中华民族先民的学术思想，一一加以抉择和系统阐发，使人人都知道东方文化的真面目，以确立东方文化的存在与讨论的范围；第二，在此基础上，对东方文化择善而从，笃信其说，"复本其原理"，以建立一有意义有价值的生活；第三，以奋斗的精神，通过文字翻译和团体宣传等方式，"尽量灌输东方文化之精蕴于欧美人士，以为文化之交换"；第四，与此同时，"以极精锐之别择力，极深到之吸收力，融合西方文化之精英，使吾人生活上内的生命（精神）与外的生命（物质）为平行之进步，以完成个人与社会最高义的生活。同时，即本互助之努力（东西两文化交换之结果），以创造一最高义的世界文化"。②吴宓主张"兼取中西文明之精华，而熔铸之，贯通之。吾国古今之学术德教，文艺典章，皆当研究之，保存之，昌明之，发挥而光大之。而西洋古今之学术德教，文艺典章，亦当研究之，吸取之，译述之，了解而受用之"。具体而言，他认为，中国文化，以孔教为中枢，以佛教为辅翼，西洋文化，以希腊罗马之文章、哲理和耶教融

---

① 梁启超：《欧游心影录节录》，载《饮冰室合集》第 7 册，专集之二十三，第 35、37—38 页。
② 陈嘉异：《东方文化与吾人之大任（续）》，《东方杂志》第 18 卷第 2 号，1921 年 1 月 25 日。

合孕育而成。因此，今欲造成中国之新文化，就必须认真研究孔教、佛教、希腊罗马的文章、哲学和耶教的真义，取孔教之人本主义与柏拉图、亚里士多德以下之学说相比较，融会贯通，撷精取粹，再加以西洋历代名儒巨子之所论述，熔为一炉，这样才能"国粹不失，欧化亦成，所谓造成新文化，融合东西两大文明之奇功，或可企致"。① 梁漱溟虽然在理论上赞成早期新文化派提出的东西方文化无法调和的"文化取代论"，然而在实际上他主张的也是"对西洋文化是全盘承受而根本改过"，同时"批评地把中国原来态度重新拿出来"的东西文化调和论或互补论。

　　与此同时，先后到中国讲学访问的美国著名哲学家杜威、英国著名哲学家罗素和德国著名哲学家杜里舒，除在讲学和演说中宣传自己的学说外，还大力赞扬中国文化，强调东西方文化应彼此取长补短，相互调和，折衷至当，从而更使东西文化调和论或互补论声势大振。如 1919—1921 年应邀来华讲学的大哲学家罗素在他的《中国之问题》一书中就坦然写道：他是带着"西方文化的希望日益苍白"的"疑惑的痛苦"，同时为"寻找新的希望"，开始中国之行的。而中国也确实没有使他失望。他发现中国虽然在物质文明方面远比西方落后，但中国人所发明的礼让、和气、智慧、乐观的人生之道则实为西方文化所不及，因为西方人的"人生之道，以竞争（Strife）、侵略（Exploitation）、变更不息（Restless change）、不知足（Discontent）与破坏（Destruction）为要素。夫'功效'以破坏为目的，其结果必归于灭亡"。故此，他主张中国人要向西方人学习科学，西方人更要向中国人学习其人生之道，以实现这两种文化要素的优势互补。他并且强调指出，中国人的这种已"实行之者数千年"的人生之道，"苟为全世界所采纳，则全世界当较今更乐……苟西洋之文化采纳东方之经验，仍不能补其缺点，恐去灭亡也不远矣。此予之所以远游东方，而大有望于中国也"。② 另一位于欧战结束不久应邀来华访问讲学的大哲学家杜威也认为，中国的协调性道德与西方的进取性道德各有优点和缺点，中国应吸取西方的进取性道德以补自己协调性道德之不足，西方应吸取中国的协调性道德以补自

---

① 吴宓：《论新文化运动（节录〈留美学生季报〉）》，《学衡》第 4 期，1922 年 4 月。
② 罗素：《中国之问题》，赵文锐译，中华书局，1924，第 10—11 页。

己进取性道德之不足。他尤其对中国人"顺乎自然、安分知足、宽大和平、不怨天尤人"的人生哲学推崇备至[①]，认为"中国人的人生哲学，对于人类文化有种重要而有价值的供献，而且含有一种为急促的，躁烈的，繁忙的，营扰的西方人所无限需要的质素"[②]。待到1924年诺贝尔文学奖获得者、印度大文学家和思想家泰戈尔应邀来华访问，"东西文化调和论的发展遂臻顶点"[③]。泰戈尔在华一月，遍游上海、杭州、北京等地，四处发表演讲，说东方是精神文明，西方是物质文明，并对西方的物质文明所造成的所谓"祸害"严加抨击，主张东西文化应取长补短，互为调和。由于泰戈尔获得过诺贝尔文学奖，不少作品曾被译成中文，有很多的中国读者，加上他又是东方人，容易得到同为东方人的中国人的理解和同情，因此，他关于东西文化调和论的演讲产生了非常大的影响。当时不少报刊对他的演讲都作过报道，有的还开辟了专栏（泰戈尔访华的有关情况详见本章第三节）。

　　这样，经杜亚泉、梁启超等人的倡导和杜威、罗素、杜里舒，特别是泰戈尔等人的声援，东西方文化调和论或互补论成了新文化运动后期"深入人心，影响极巨"的文化理论，不但文化保守主义者拿它作为反对新文化运动提出的向西方学习的理论武器，一些不能算为保守主义者的学者和思想家也将它作为自己的文化主张[④]，有的政治组织甚至将其纳入政纲，资为号召。1923年由一些留美学生在旧金山组成的新中国党，就以"发扬中国特性，融会泰西文化"的"新中国主义"相标榜[⑤]。国家主义派也有类似主张。[⑥]1924年孙中山在日本演讲大亚洲主义，同样袭用东西文化调和论或互补论的基本概念，称欧洲文化为注重功利的"物质文明"，东方文化为讲求道德的"精神文明"，认为二者各有短长，应彼此调和。

　　战后东西方文化调和论或互补论的倡导和流行，对民国思想文化史的发

---

① 刘伯明：《杜威论中国思想》，《学衡》第5期，1922年5月。
② 杜威作，（胡）愈之译《中国人的人生哲学》，《东方杂志》第19卷第3号，1922年2月10日。
③ 沈松侨：《五四时期章士钊的保守思想》，（台北）《"中央研究院"近代史研究所集刊》第15期（下），1986年6月。
④ 例见江亢虎演讲，汪章才笔记《欧战与中国文化》，《史地学报》第2卷第3号，1923年3月1日；释太虚：《东洋文化与西洋文化》，《学衡》第32期，1924年8月；汤茂如：《中国教育与政治的今昔观》，《新国家》第1卷第1号，1927年1月1日。
⑤ 谢彬撰，章伯锋整理《民国政党史》，中华书局，2011，第126页。
⑥ 余家菊：《辨乐观的文明接触论》，《醒狮》第7号，1924年11月22日。

展影响很大。20 世纪 30 年代中主张全盘西化的陈序经在《东西文化观》一书的"结论"中写道："三十年来，国人一步一步的感觉到西化的必要；到了现在所谓纯粹主张复古的人，差不多可以说是完全没有，而思想的中心已完全趋于折衷"，即所谓中西"调和的论调"。① 尽管这一思想先后受到过胡适、陈序经等人的批评，但它始终作为一种与西化、俄化和复古相对立的文化主张或理论而为不少人所接受，直到今天，人们仍可在有关的文化讨论中听到它的声音。

四、文化保守主义思潮的形成和发展

什么是文化保守主义？换言之，文化保守主义的思想内容是什么？这是我们研究文化保守主义时必须首先解决的一个问题，也是目前学术界分歧较大的问题之一。据美国学者艾恺的研究，文化保守主义是伴随着西方现代化运动——18 世纪的启蒙运动——的产生而最早在西方世界出现的。因为从启蒙思潮的诸预设出发，可推断出人类本性的道德体系是功利主义的，其结果导致了深刻的文化危机：人的异化——人性的丧失和道德的破产，保守主义思潮也因此而产生了。它的代表人物主要有德国的哈曼、谢林、赫德、斐希特、希洛克；英国的柏克、科柏特、柯尔雪基；法国的梅斯特、托克维尔等人。这些人虽然其出身、经历和具体见解各不相同，但他们"都以各传统形式（或理想化）的社会当作社会完善的试金石"。对于个人的物质私利，他们"有深刻的厌恶，唯恐它会毁坏所有建基于道德原则的所有的人群关系。他们对工业化的结果不是心存疑惧，就是彻底仇视，特别是现代都市生活及其病态与非人性化。他们强调社会重于个人，有机的群体关系高于法律关系及法定权利；除了重视有机社会外，渴望共有的道德价值和对真理的共同认识与分享。最重要的，他们高度评价人类存在的非理性、非功利方面——艺术、宗教等等"。②

艾恺在这里讲的是西方文化保守主义的产生及思想内容。就中国文化保守主义而言，它与西方文化保守主义有着不同的产生背景。如果说西方

---

① 陈序经:《东西文化观》,（台北）牧童出版社, 1977, 第 205 页。
② 艾恺:《世界范围内的反现代化思潮——论文化守成主义》, 第 83—84 页。

文化保守主义是西方现代化运动——18世纪的启蒙运动——的产物，那么，中国文化保守主义的出现，则是中西文化"双重危机"在思想文化领域里的反映，是部分知识分子对中国文化出路的选择。

众所周知，中国自周秦以降，虽然有过印度佛教的传入和阿拉伯文化、基督教文化的东来，但由于当时的中国是文物教化声被四海的"天朝上国"，无论经济文化的发展，还是综合国力，都居于世界的领先地位，加上佛教、阿拉伯文化、基督教文化的传入又基本上是以和平的方式进行的，因此，也就没有引起中国人对本民族文化传统的怀疑，更谈不上什么文化危机问题。1840年鸦片战争以后，西方资本主义列强依仗其坚船利炮来到中国，对中国进行疯狂的经济、政治和文化侵略，仍然停留在封建时代的中国文化在西方资本主义近代文化的进攻面前迅速败下阵来，出现了"三千年未有之大变局"，中国文化第一次面临严重的生存危机。

在中国文化面临严重危机的同时，西方文化的危机也在加深。自19世纪70年代西方资本主义结束其自由发展而开始进入垄断阶段后，资本主义文化所固有的弊端便日益明显地暴露出来，尔虞我诈、贫富不均、道德沦丧、感情失落等已成为西方社会司空见惯的现象。第一次世界大战的爆发，从某种意义上说，正是西方文化危机日益加深的必然结果；反过来它又使西方文化危机进一步加深。

正是在中西方文化都出现了严重危机的背景下，文化保守主义在中国思想文化的舞台上逐渐活跃起来。因此，它既是中西文化"双重危机"在思想文化领域里的反映，又不可避免地打上中西文化"双重危机"的深刻印记，并由此规定了它的思想内容：一方面在维护传统的基础上反省传统，一方面又在批判西方的前提下学习西方，主张以中国传统文化为主体、为本位，融会调和西方文化，重建中华民族的文化系统。

如果以此来界定中国的文化保守主义，那么，本书不同意有的学者把中国文化保守主义的起源确定在洋务运动时期，认为19世纪中叶以曾国藩、李鸿章为代表的洋务派是近代中国最早的文化保守主义者，洋务派的指导思想"中体西用"是保守主义的文化理论的观点[1]。道理很简单，"保守"是

---

[1] 参见喻大华《晚清文化保守主义思潮研究》，人民出版社，2001，第14—52页。

相对于"不保守"或"进步""激进"而言的，换言之，有"不保守"或"进步""激进"才会有"保守"，它们是矛盾的同一体。而在 19 世纪中叶，以曾国藩、李鸿章为代表的洋务派属于"不保守"或"进步""激进"的阵营，"中体西用"在当时也是最"进步"或"激进"的文化理论，人们在 19 世纪中叶还能找出比"中体西用"更进步的文化理论吗？实际上在 19 世纪中叶，亦即洋务运动的兴起阶段，"中体西用"论有它的积极意义。因为正如本书第一卷第三章第三节的有关子目所指出的那样，在当时整个社会对西学缺乏正确的认识，以为学习西学就是"以夷变夏"，在此情况下，洋务派提出"中体西用"论，一方面强调中学之"体"的主导地位，另一方面又肯定西学之"用"的辅助作用，主张破除陈规陋习，引进西学以弥补中学不足，从而实现以中学为本位、为主体的中西文化之间的调和或互补。这无疑是对传统的"中体中用"文化观的否定和突破，从而为学习西学扫清了道路。本书同意《中西体用之间：晚清中西文化观论述》一书作者的如下观点：洋务派的"中体西学"论"形式上的重点是在强调中学之为'体'，事实上的重点却在强调西学之需'用'，——从洋务派创导的这种文化新观念的主旨而言，应当说：'中体西用'，意在'西用'"①。"中体西用"成为保守主义的文化理论，那是后来的事，是后来社会发展了，人们对中学和西学的认识进步了，但在当时它并不具有保守的色彩。如果要说"保守"，不是以曾国藩、李鸿章为代表的洋务派，而是他们的反对者，即以倭仁为代表的顽固派。

目前国内学术界还有一种观点，认为中国近代的文化保守主义思潮起源于 19 世纪末的戊戌变法时期，甚至认为戊戌变法时期的康有为是现代新儒学思潮的"开拓者和尝试者"。因为康有为曾对儒学做过一番改造，一方面区分所谓真假儒学，另一方面又援西学入儒，从而使其具有了某些新的内容。而这正是现代新儒学区别于传统旧儒学的一个重要标志。上述观点，本书也不赞成。本书承认，戊戌变法时期康有为的儒学改革与后来现代新儒家的儒学改革，无论在形式还是在内容上都有一些相似性。譬如，他们都援西学入儒，从而使儒学与西学实现了某种程度的结合；他们也都

---

① 丁伟志、陈崧：《中西体用之间：晚清中西文化观论述》，中国社会科学出版社，1995，第 160 页。

做出过努力，"以区分什么是承夫子之道的真儒学，什么是鱼目混珠的假儒学"①；他们还都"强调儒学的宗教意义"，只是"康有为试图赋予儒学以某种宗教的外在形式，新儒家则强调儒家的道德教化事实上发挥着某种宗教的功能"②。但我们必须看到二者之间存在着一些重要的时代和思想特征的差异。首先，在戊戌变法时期，作为中国传统文化之核心的儒学，还是官学，处于独尊的统治地位，康有为对它做真假的区分，并以儒学异端的今文经学批判被历代统治者奉为教条的古文经学，其目的是为了解放人们的思想，替自己的变法维新提供理论依据和历史依据，而且就实绩来看，它也确实起到了振聋发聩的思想启蒙作用。梁启超曾将它比之为"大飓风"和"火山喷发"。也正因此，它才遭到封建顽固派和洋务派的口诛笔伐。所以戊戌变法时期康有为区分真假儒学，不但不具有文化保守主义的性质，相反具有思想启蒙的积极意义，在一定意义上它开启了新文化运动反孔批儒的先河。但到了新文化运动时期及其之后，经过辛亥革命尤其是新文化运动的批判，儒学不仅丧失了昔日独尊的统治地位，而且是江河日下，朝不保夕。在此情况下，现代新儒家区分真假儒学的目的，是要通过对"儒学之象征符号"的厘清，以"重建"和"复兴"儒学，使之重新成为中国社会的指导思想，并在世界文化的对话中保持其重要的位置。就此而言，它是对新文化运动反孔批儒的反动。其次，戊戌变法时期康有为援西学入儒，创立中西合璧的新儒学，犹如他对儒学做真与假的区分，也主要服务于变法维新的斗争需要：他用西方的进化论来改造儒家传统的"三世""三统"说，是为了说明从封建制度过渡到资本主义制度的历史必然性；他用西方的自由、平等思想来改造儒家传统的政治学说，是为了说明以君主立宪取代君主专制，在中国兴民权、设议院、立宪法的历史进步性；他用西方的人道主义来改造儒家传统的"仁""爱"思想，是为了论证资产阶级的人生价值观的历史合理性。与康有为不同，现代新儒家援西学入儒，其目的是为了实现儒学的现代转换，从而使经新文化运动的批判而日趋僵化死亡的儒家文化，在吸收了西学的一些新鲜血液后能复活。总之，作为戊戌时期的资产阶级维新思想家，

---

① 墨子刻：《摆脱困境——新儒学与中国政治文化的演进》，颜世安、高华、黄东兰译，江苏人民出版社，1996，第 6 页。
② 郑家栋：《现代新儒学概论》，广西人民出版社，1990，第 25 页。

康有为的改造儒学是为了变法维新的斗争需要，不具有任何保守主义的性质，而作为新文化运动、后新文化运动时期及其之后的文化保守主义者，现代新儒家的改造儒学是为了"重建"和"复兴"儒学，虽然在某种意义上有它的一定合理性，但就性质而言，它无疑是一场保守主义的文化运动。

本书认为，中国文化保守主义的起源在清末民初，以章太炎、刘师培为代表的"国粹派"是近代中国第一个保守主义的文化团体。本书第一卷第七章第二节已指出，国粹派提倡保存国粹，基于的是这样一种认识，即国粹是立国之本，保存了国粹就能保国家，救民族。故此，他们从民族、历史、语言、文字和地域的有机联系出发，界定"国粹"，发掘中国文化之独特价值。尽管国粹派对于"国粹"的具体界定各有不同，但有一点他们是相同的，即认为国粹是一种"民族精神"或"国家精神"，而这种精神又蕴含于古代的典章制度和文学遗产之中。故此，他们致力于经传的章句训诂，历史典籍的考订和语言文字的研究，并将此与欧洲的文艺复兴等量齐观，欲从复兴中国的"古学"入手，实现中国文化的复兴。

国粹派虽然提倡国粹，维护传统，但并未因此失去对传统文化的反省意识。他们区分中国文化为"国学"和"君学"，认为"国学"是"不以人君之是非为是非者"，其中蕴含有丰富的爱国主义传统和民族主义、民主自由的内容，是中国文化的真正精粹和脊梁；"君学"是"以人君之是非为是非者"，是统治者用来宣传封建迷信、功名利禄和纲常名教，实行专制统治的工具。所以他们对"君学"持激烈的批评态度。他们还通过提高自汉代以来就一直受压抑排斥的先秦诸子百家的地位，以破除人们对儒学的尊崇和对孔子的迷信。

不惟反省中国文化，他们对西方文化国粹派也进行了反省。在他们看来，西方文化虽然在征服自然方面取得了巨大成就，创造出了"物质文明"，然而它的功利主义态度却导致了社会进化、工业化与文化价值和道德理性的背反，导致了物质生活与精神生活的分离，结果成了物质享受丰富，而精神生活痛苦。这正好和中国文化形成鲜明对照，中国人是物质享受上不如西方人，但精神生活上远比西方人幸福。

基于对中西文化的上述认识，国粹派既反对脱离中国文化生命机制的"欧化"主张，也不赞成一味地顽固守旧。他们认为，中国文化的根本出路，就在以中国文化为本位实现中西文化的调和，具体来说就是中国的精神加西方的物质。国粹派对中西文化所持的这种双重反省中西文化的态度，一方面在维护的前提下反省传统，另一方面又在批判的基础上学习西方，主张以中国文化为本位、为主体的中西文化折衷调和——型塑了近代中国文化保守主义的思想进路。

有学者反对把国粹派说成是文化保守主义者，因为他们主张反清革命，是革命派。本书认为这是混淆了文化上的保守主义与政治上的激进主义这样两个不同层次的问题。实际上在中国近代思想家身上，文化上的保守和政治上的激进并不构成矛盾，而且彼此不能互相取代，我们不能因国粹派是文化上的保守主义者，而否定他们在政治上是激进主义的革命派；同理，我们也不能因他们在政治上是激进主义的革命派，而否定他们在文化上是保守主义者。

清末民初文化保守主义的另一发展是康有为的孔教运动。关于孔教运动，我们在本书第一卷第八章第三节中也已做过论述。和国粹派一样，康有为也主要是把他所珍视的那部分传统文化——孔教，作为文明的象征和立国之本加以认同的，他力图通过设儒学为国教，立孔子为教主，来保存和弘扬传统文化，并借此来挽救中华民族的危亡和民初严重的社会危机。所以他一再强调，人们欲不保中国则已，若欲保中国，则不可不保"国魂"之孔教，要是孔教不保，国魂丧失，那么"一切文明随之而尽也，即一切种族随之而灭也"[1]。据此，我们赞同论者的看法，"孔教运动在本质上不是一场宗教运动，而是一场保守的民族主义文化运动"[2]。

康有为虽然要求设立孔教，对传统文化采取维护和弘扬的态度，但他同时又认为中国也有学习西方物质文明和政治制度之必要。但这种学习必须以维护其"国魂"——孔教之功用为基础，为前提，用他的话说，只有"国魂不亡，国形乃存，然后被以欧、美之物质，择乎欧、美之政治"[3]。也就是中国的"形而上"之德教加西方的"形而下"之物质："夫欧、美自有其美者，形而下之物质，诚不可少也，采其长可也；中国亦有其粹者，形而上

---

① 康有为：《孔教会序二》，载《康有为政论集》下册，第738页。
② 房德邻：《康有为与孔教运动》，《北京师范大学学报》1988年6期。
③ 康有为：《中国学会报题词》，载《康有为政论集》下册，第800页。

之，德教诚不可废也，补其短可也。"① 不言而喻，康有为的这种在维护中国
"形而上"之德教的前提下学习西方"形而上"之物质的主张，反映了他保
守主义的文化心态。加上他又把孔教运动与帝制复辟阴谋搅和在一起，力
图借用帝制复辟势力使孔教列入宪法，成为国教。因此孔教运动刚一出台，
就立即受到了社会舆论特别是《新青年》的猛烈抨击。

　　文化保守主义虽然在清末民初即已出现，但它作为一种能与反传统的
西化思潮、主张"俄化"的马克思主义思潮鼎足而立的主要文化思潮则形
成于新文化运动时期。这有两个方面的原因。新文化运动兴起后，以陈独
秀、胡适为代表的新文化运动的倡导者们高举"民主"与"科学"两面旗
帜，对中国传统文化、特别是它的核心孔孟儒学进行了全面检讨和猛烈批
判。尽管他们也注意摆事实，讲道理，以理服人，但总的来看态度都比较
激烈，有的还说了不少过头话，如前所述，钱玄同就主张"废汉字"。此外，
新文化运动所造成的社会上一些"新青年"极端蔑视传统，唯"西化"是
效，身着奇装怪服，改取西人名姓，称父为兄的现象，也引起了人们的严
重不安。于是，一些知识分子起而弘扬传统文化，抵制和反对新文化运动
西化的主张。梁漱溟在谈其思想转变的历程时，就承认自己成为文化保守
主义者与新文化运动激烈反传统和主张西化有很重要的关系。他写道："民
国六年，我应北京大学校长蔡子民先生之邀入北大教书，其时校内文科教
授有陈独秀、胡适之、李大钊、高一涵、陶孟和诸先生。陈先生任文科学
长。兹数先生即彼时所谓新青年派，皆是崇尚西洋思想、反对东方文化的。
我日夕与之相处，无时不感觉压迫之严重（我对于儒家思想之了解系先前之
事，而思想转变由佛家而儒家则在此时之后也）。……其时文科教授中诸先
生有讲程朱老庄之学者，更有其他教员亦是讲中国的学问。《新青年》杂志
之批评中国传统文化，非常锋利，在他们不感觉到痛苦，仿佛认为各人讲
各人的话，彼此实不相干；仿佛自己被敌人打伤一枪，犹视若无事也。而
我则十二分的感觉到压迫之严重，问题之不可忽略，非求出一解决的道路
不可。"② 新文化运动激烈反传统和主张西化引起的抗拒与回应，是文化保守

---

① 康有为：《复教育部书》，载《康有为政论集》下册，第 864 页。
② 梁漱溟：《自述》，载《梁漱溟全集》第二卷，第 11—12 页。

主义作为一种与西化思潮、马克思主义思潮鼎足而立的思潮形成于新文化运动时期的原因之一。

原因之二，是我们前面已论述过的第一次世界大战及战后西方兴起的"东方文化救世论"思潮对中国知识界的影响。实际上，新文化运动兴起不久，就有陈恨我、辜鸿铭、林纾等人站在维护传统的立场上，批评新文化运动"覆孔孟、铲伦常"，"尽废古书，行用土语"，并因此引起过新旧双方一连串思想争论。然而他们并没有产生多大的社会影响。究其原因，就在于他们多是传统士绅知识分子，虽然从小就熟读"四书五经"，非常热爱以儒家思想为核心的中国传统文化，但也正由于他们爱得太深，往往理不胜情，缺少对传统文化的理性反省，因而对传统文化的真正价值并无深刻的体认。[①] 至于西方文化，除辜鸿铭外，他们知道的就更少更浅，尽管其中有些人，如林纾，曾与人合作翻译过不少西方文学作品，然而对西方的文化理论可以说了解不多。所以，"在新文化运动的强大压力下，他们只能作出消极的反应，从事琐屑支离的辩难与反对，而无法提出一套圆融自足的文化主张"[②]。就是声势最盛的林纾，在宣称古文不宜废弃时，也只能说"吾识其理，乃不能道其所以然"[③]。故此，他们虽然气势汹汹，攻击新文化运动不遗余力，甚至企图援引反动政治力量，打击新文化派，但终因"太没有战斗的准备"，缺乏"对垒的能耐"[④]，根本不是新文化派的对手，而迅速败下阵来，没能获得社会的同情和支持。到五四运动前后，林纾、辜鸿铭等人已基本上销声匿迹。

林纾、辜鸿铭等人失败后，一些新的文化保守主义者接踵而起。首先是《东方杂志》主编杜亚泉及其后继者钱智修、作者陈嘉异等以《东方杂志》为阵地，批评新文化运动，宣传保守主义的文化理论；接着，梁启超发表《欧游心影录》，宣布西方的物质文明和科学万能之梦已经破产，加入保守主义行列。1921 年，梁漱溟演讲和出版《东西文化及其哲学》一书，公开

---

① 如辜鸿铭就认为缠足、蓄发、纳妾等都是中国传统文化中的好东西、好宝贝。
② 沈松侨：《五四时期章士钊的保守思想》，（台北）《"中央研究院"近代史研究所集刊》第 15 期（下），1986 年 6 月。
③ 林纾：《论古文不宜废》，《民国日报》1917 年 2 月 8 日。
④ 徐志摩：《守旧与"玩"旧（孤桐先生的思想书后）》，《晨报·副刊》1925 年 11 月 11 日。

打出"东方化"和"新孔学"的旗帜，由此而获得了保守主义者的名声。不久（1922 年 1 月），东南大学教授、也是留美回国学生的吴宓、梅光迪、胡先骕、刘伯明、汤用彤等人，以创办《学衡》杂志，坚守中国道统，成为保守主义营垒中的重要一翼。次年（1923 年）2 月，留欧回国不久的张君劢在清华学校演讲《人生观》，反对科学对人生观的支配，被人称为"玄学鬼"。上述这些人中很多是在第一次世界大战和战后西方兴起的"东方文化救世论"思潮的影响下成为文化保守主义者的，其代表人物是梁启超、梁漱溟、张君劢和章士钊。

众所周知，从戊戌时期起，梁启超就一直以思想新锐、多流善变而著称于思想界。戊戌变法期间，他是与康有为齐名的维新思想家和变法领导人；变法失败后，他逃往日本，创办《新民丛报》，提倡"新民说"，被人称为福泽谕吉式的启蒙思想家；辛亥革命前，他虽然反对孙中山的反清革命，而主张君主立宪，但在宣传资产阶级自由、民主、平等、博爱思想方面其功不在革命派之下；辛亥革命后，他曾一度支持过袁世凯，然而当袁氏复辟帝制的阴谋逐渐公开化后，则又义无反顾地举起了反袁的旗帜，对护国战争的胜利做出过巨大贡献。总之，在 1919 年他出访欧洲之前，梁启超留给人们的是一个与时俱进的新派人物的形象，中国现代史上的不少思想家和政治家，其中包括新文化运动的主要领导人胡适，共产党领导人毛泽东、周恩来等，都是在他的思想影响下成长起来的。但是，当 1919 年他为出席巴黎和会、开展国民外交到西欧一些主要国家跑了一圈后，和会上列强的钩心斗角，战后欧洲的破败景象，西方人对自己文化的悲观情绪以及当时兴起的"东方文化救世论"思潮，引起了他内心深处的强烈震撼。在给其弟梁仲策的信中他写道："至内部心灵界之变化，则殊不能自测其所届。数月以来，晤种种性质差别之人，闻种种派别错综之论，睹种种利害冲突之事，炫以范象通神之图画雕刻，摩以回肠荡气之诗歌音乐，环以恢诡葱郁之社会状态，饫以雄伟矫变之天然风景，以吾之天性富于情感，而志不懈于向上，弟试思之，其感受刺激，宜何如者。吾自觉吾之意境，日在酝酿发酵中，吾之灵府必将起一绝大之革命。"[1] 其结果是他的思想发生了显著变

---

① 丁文江、赵丰田编《梁启超年谱长编》，上海人民出版社，1983，第 880—881 页。

化，从积极传播西方文化，变成了尖锐批评西方文化；从学习西方的先进
人物，变成了著名的文化保守主义者。其标志是他《欧游心影录》的发表。
在该文中，他以亲历者的身份描绘了战后欧洲的破败景象和西方人的悲观
情绪，对西方的所谓"物质文明"提出了尖锐批评，宣告欧洲人的"科学
万能之梦"已经破产，主张用中国文化去解救弊端丛生的西方文明。他在
《欧游心影录》的"下篇：中国人之自觉"的最后写道："我们可爱的青年
啊，立正，开步走！大海对岸那边有好几万万人，愁着物质文明破产，哀
哀欲绝的喊救命，等着你来超拔他哩。我们在天的祖宗三大圣和许多前辈，
眼巴巴盼望你完成他的事业，正在拿他的精神来加佑你哩。"[1]

　　关于1919年后梁启超的思想属性，学术界有不同的看法，有人认为
他是自由主义者而非保守主义者，也有人认为他是保守主义者而非自由主
义者。[2] 本书则认为，1919年后的梁启超，在文化取向上已成为保守主义
者，因为他否定科学万能，批判进化主义，宣扬"东方文化救世论"，倡
导东西文化的调和或互补，而这正是这一时期文化保守主义的重要思想特
征。但同时在政治取向上他又是自由主义者，无论是倡导法治，或国民运
动，还是倡导自治，他的最终目的都是为了实现在中国实行宪政的政治理
想。1919年后梁启超文化取向与政治取向的这种疏离，不是近代思想史上
的特例，而是近代特别是进入民国以后中国一部分思想家和政治家在思想
发展的某一阶段共有的历史现象。如我们前面提到的章太炎，是古文经学
大师，"国粹派"的精神领袖，文化取向无疑是保守的，但同时他又是革命
团体光复会和同盟会的主要领导人之一，著名的革命党人，政治取向较为
激进。再如我们下面要讲到的梁漱溟，他在《东西文化及其哲学》中公开
倡导复兴儒学，批评新文化运动，后来又认为西方的民主制度与中国的"民
族精神"根本不符，在中国行不通；然而在行动上，他却主张"政治民主

---

[1] 梁启超：《欧游心影录节录》，载《饮冰室合集》第7册，专集之二十三，第38页。

[2] 如高力克在其《历史与价值的张力》一书中认为他欧游后对"科学进步"信仰的逐渐放弃，
标志他从自由主义者成了一个保守主义者；但耿云志的《五四以后梁启超关于中国文化建设
的思考——以重新解读〈欧游心影录〉为中心》一文则认为梁的晚年仍是一位自由主义者，
而不是保守主义者。上述观点还可参考美国学者艾恺著的《世界范围内的反现代思潮——
论文化守成主义》，贵州人民出版社1991年版；陈崧编的《五四前后东西文化问题论战文
选·前言》，中国社会科学出版社1985年版。

化，军队国家化"，反对蒋介石国民党的独裁统治，积极参与民盟的组建工
作，为民主建国而奔走呼号，是著名的爱国民主人士。我们下面将要讲到
的另一位思想家张君劢也是如此。他挑起过"人生观"论战，反对科学对
人生观的支配，而主张意志自由，被人戏称为"玄学鬼"；但在政治上他是
现代中国有名的自由主义者，先后组建或参与组建过中国国家社会党、中
国民主政团同盟和中国民主社会党，既反对共产党领导的反帝反封建革命，
也反对国民党的一党独裁，主张中国走欧美式的民主宪政道路。

　　由此可见，一个人的文化取向与政治取向的联系是历史而非逻辑的，文
化取向上的保守并不必然导致政治取向上的保守，二者可以发生疏离。换
言之，文化取向上的保守主义者，在政治取向上可能是自由主义者或激进
主义者，如以上所举章太炎、梁漱溟、张君劢的例子；同理亦然，一个文
化取向上的激进主义者（西化派）没有任何理由也必然是政治上的激进主
义者。如吴稚晖，他在文化取向上非常激进，主张全盘西化，"要把中国的
线装书扔到茅坑里"去，可在政治取向上却是国民党专制独裁体制的忠实
维护者。再如胡适，是中国现代西化派的代表人物，激烈地批判过中国传
统文化，宣称"中国文化不亡，世无天理"，是西化思想的积极主张者和倡
导者，但在政治取向上，始终坚持其自由主义的立场，是中国自由主义的
代表人物之一。因此，我们在给近代人物的思想是激进还是保守加以定性
时，有必要从政治和文化的两个层面加以考察。不能用他的文化取向来横
断他的政治取向，以为他在文化取向上趋向保守就想当然地认为其是旧的
政治秩序的卫道士；同样也不能用他的政治取向来判断他的文化取向，看
他在政治取向上激进就冠之在文化取向是"全盘西化论"者。学术界之所
以对1919年后梁启超的思想性质存有分歧，或说他是文化保守主义者，而
否认他是自由主义者；或说他是自由主义者，而否认他是文化保守主义者，
原因就在于将其政治取向与文化取向混为一谈，没有一分为二地加以分析。
如果仅看到他文化取向上的回归，那就必然会得出保守主义者的结论。反
之，如果仅从他的政治取向上入手，又会否定上述观点，认为他是自由主
义者。实际上，1919年后梁启超的思想是文化保守主义与政治自由主义的
统一。

　　近代历史人物的思想中之所以会发生文化取向和政治取向的疏离，概而

言之，有以下几个原因：首先，近代中国社会的变革使政治转型和文化转型不能同步完成，致使二者发生了分裂。中国传统社会秩序中的政治统治与传统文化道德是相辅相成，连为一体的。统治阶级利用传统文化道德教化民心，使之归顺于国家的统治之下；而传统文化道德也是植根于国家权力之中才得以绵延流长。因而在传统士大夫的心中，"忠君"就意味着"尊古"，而"尊古"也必然会深信君王之道。他们的文化取向和政治取向存在一致性。但是在进入近代以后，中国处于"数千年未有之变局"的大变革时代，西方文明强烈冲击着中国传统统治秩序与文化道德观念，引导着，也可以说是强制着中国从传统的社会向现代化社会进行转变，使得中国面临着政治转型和文化转型的双重转型。由于中国处于半殖民地半封建的社会，无法为二者的转型提供所需的历史条件，导致二者的转型不能同步完成，政治上虽然推翻了两千多年的封建君主专制制度，在形式上建立起了民主共和国，民主共和思想日益深入人心，但在文化上没有发生大的变化，传统思想仍"像梦魇一样纠缠着活人的头脑"，这就"使得人们把民族的政治秩序当为一个可以独立于，由社会习俗以及由帝国主义所表征的伦理精神信仰相互交织的网脉之外，而存在的东西。基于此，文化的问题与政治的问题势必被区分开来"。① 个人文化取向上的激进或保守，与他政治取向上是激进还是保守没有必然的因果联系。

其次，是由于中国近代人物自身的复杂性。往往越是具有影响的人物这种复杂性体现得越明显。中国近代社会本身就充满了丰富、深刻和剧烈的变化，而且这种变化是以加速度的方式进行着的，这就使处于时代之中的历史人物的思想非常的复杂。李泽厚就曾指出："中国近代人物都比较复杂，它的意识形态方面的代表更是如此。社会解体的迅速，政治斗争的剧烈，新旧观念的交错，使人们思想经常处在动荡、变化和不平衡的状态中。先进者已接受或迈向社会主义思想，落后者仍抱住'子曰诗云'、'正心诚意'不放。同一人物，思想或行为的这一部分已经很开通很进步了，另一方面或另一部分却很保守很落后。政治思想是先进的，世界观可能仍是唯心主

---

① 傅乐诗：《现代中国保守主义的文化与政治》，载傅乐诗等著，周阳山、杨肃献编《近代中国思想人物论——保守主义》，（台北）时报文化出版事业有限公司，1982，第42页。

义；文学艺术观点可能是资产阶级的，而政治主张却依旧是封建主义。如此等等，不一而足。"① 的确，"两脚踏东西文化"，"一身处新旧之间"，是当时不少思想家的特点。中国近代思想的图景就是这样矛盾和错综复杂，真可谓是"剪不断，理还乱"。由此可见，这种人物自身的复杂性也为滋生文化取向和政治取向的疏离提供了土壤。

再次，虽然不同的人生历练导致一些思想家在思想认识上出现了文化取向和政治取向的不一致，但如果仔细分析梁启超、张君劢、章太炎等人思想的历程，不难发现他们的思想中时代观念和民族观念是相互交叉渗透的。以梁启超为例，欧游之行，虽然在一定程度上动摇甚至摧毁了他膜拜西方文化的完美梦想，但他仍然感受到西方文化依旧占据世界文化的主导地位，西方国家的政治制度仍有进步性和可取之处，政治民主化已经成为整个世界不可逆转的发展趋势，这是一种时代的召唤。而另一种扎根于思想深处的民族观念，又使他不愿成为西方文化的附庸，从而丧失其独立自主性，而第一次世界大战所造成的人类空前大灾难，以及由此于战后兴起的"东方文化救世论"思潮，更使他认识到了中国传统文化的价值及其在东西文化对话中的重要意义。政治取向上的自由主义迎合了他的时代观念，文化取向上的保守主义又让他的民族观念得到满足，因而，二者的疏离也就成了一种必然。梁漱溟、张君劢等和他们有类似情况的思想家或政治家也是如此，在双重观念的综合作用下，他们一方面无法抗拒时代前进的滚滚潮流，留下时代熔冶的鲜明痕迹；一方面又难以割舍民族情结，从而在政治和文化的思想认同上徘徊于时代与民族之间，这也会影响他们思想的最终走向，以文化和政治上的不同取向来满足他们思想观念的需要。

对于近代人物思想中所出现的文化取向与政治取向疏离的历史现象，我们应该坚持具体问题具体分析的原则，置人物思想于具体的历史语境之下，既要有"探本式"思索，又要有"体认式"的研究，必须慎重以求公正，严谨以求真实，不能简单地加以褒贬，轻易地定下结论。毕竟它是置于那个时代背景之下的历史产物，它的产生并非是无本之木，无源之水，而是有着深刻的历史根源；它的存在也并非毫无历史意义。只有对此历史现象有

① 李泽厚：《中国近代思想史论》，人民出版社，1979，第 421 页。

客观清楚的认识，我们才会对近代人物思想有更清晰和透彻的理解，从而有助于厘清学术界对他们思想评价的争议所在。正是由于近代人物思想有着这样的特征，因而有必要重视对他们思想进行研究的角度和方法，不应该是横断的、僵化的、单一的剖析，而应是进行纵向的、全盘的、动态的、多面的考察。只有这样，才符合历史唯物主义史观的要求，才会还历史人物一个真实的面目，实现此研究领域的理论创新。由此可见，盖棺并不能够定论，还存在继续讨论的空间，对于近代历史人物思想的评价和定位还远没有结束，仍有重新思考和深入研究的必要。

梁漱溟早年上的是新式学堂，参加过辛亥革命，民国初年虽然有一段时间曾"谬慕释氏，语及人生大道，必归宗天竺"，信仰过佛家的出世主义，但"策数世间治理，则矜尚远西，于祖国风教大原，先民德礼之化，顾不知留意"。[①]在政治和文化层面上，即使算不上是地地道道的新派人物，但至少也不是保守派。然而进入 20 世纪 20 年代后，梁漱溟则成了中国最著名的文化保守主义者和现代新儒学的开启者。其标志是 1921 年他演讲并出版的《东西文化及其哲学》一书。在该书中，他"评判东西文化各家学说而独发挥孔子哲学"，从文化渊源和人生哲学上对新文化运动进行了全面清算，公开举起"新孔学"和"东方化"的旗子，认为世界未来文化是中国儒家文化的复兴。促使梁漱溟成为保守主义者的原因虽然很复杂[②]，但受第一次世界大战和战后兴起的"东方文化救世论"思潮的影响无疑是其重要原因之一。因为在书中他曾大量引述梁启超的《欧游心影录》对战后欧洲破败景象的描绘，以及罗素、杜威等人批评西方文化、赞扬中国文化的言论，以作为中国文化优于西方文化、世界未来文化只能是中国儒家文化复兴的证据。最能证明第一次世界大战和战后兴起的"东方文化救世论"对他影响的，是《东西文化及其哲学·序言》的一段文字。他在谈到他为什么要研究东西文化问题，写作《东西文化及其哲学》一书时写道："我又看着西洋人可怜，他们当此物质的疲敝，要想得精神的恢复，而他们所谓精神又不过是希伯来那点东西，左冲右突，不出此圈，真是所谓未闻大道，我不应

---

① 梁漱溟：《桂林梁先生遗书·思亲记》，载《梁漱溟全集》第一卷，第 594 页。
② 详见郑大华《梁漱溟传》，人民出版社，2001，第 41—51 页。

当引导他们于孔子这一条路来吗？"① 此种言论，与梁启超在其《欧游心影录》中介绍的战后西方兴起的"东方文化救世论"如出一辙。所以，吴稚晖在《一个新信仰的宇宙观及人生观》一文中就认为，梁在《东西文化及其哲学》中提倡儒家文化，认为世界未来文化是中国儒家文化的复兴，是上了梁启超的圈套。

张君劢早年曾留学日本和德国，是梁启超的忠实追随者。1919 年陪梁启超出访欧洲之前，和梁启超一样，思想并不保守。② 然而三年后当他从德国回国时（他先陪梁启超出席巴黎和会并到西欧各国参观访问，梁回国后，他则留在德国师从大哲学家倭伊铿学习哲学），则成了著名的文化保守主义者和现代新儒家的代表人物。张君劢成为文化保守主义者的标志，是 1923 年 2 月他在清华学校演讲的《人生观》以及随后发表的几篇有关人生观的文章。在这些文章中，他批评科学万能论，反对科学对人生观的支配，认为西方近三百年是物质文明，中国是精神文明，并对西方的物质文明进行了猛烈抨击，大力提倡"玄学"或"新宋学"，主张以中国的宋明理学来解救西方的物质文明之弊。张君劢思想的这种变化，与他三年的欧洲生活不无关系。他在欧洲的三年，正是战后西方文化陷入严重危机和"东方文化救世论"思潮兴起的时期，而他居住的德国又正好是《西方的没落》一书作者的故乡，是战后中国文化热热度最高的国家。他曾在文章中向国内介绍过《西方的没落》（译为《欧洲之末运》），并指出战后欧洲的失望情绪，"则以德国为尤甚"。三年的耳闻目睹，不能不对他的思想产生影响。所以，他回国后发表的第一篇演讲和文章，主要谈的就是"欧洲文化之危机"。文中他认为，欧洲文化已到了末路，欧洲人都在企盼政治、社会和文化变革，而陷欧洲文化于危机的原因有三：一是思想上的变动，反主智主义开始取代主智主义；二是社会组织的动摇，社会主义受到人们的普遍重视；三是欧战的结果，给人类造成了极大的破坏。③

章士钊的情况与梁启超有些相似，其一生的思想经历过多次转折。

---

① 梁漱溟：《东西文化及其哲学》，载《梁漱溟全集》第一卷，第 543 页。
② 详见郑大华《张君劢传》，中华书局，1997，第 10—57 页。
③ 张君劢：《欧洲文化之危机及中国新文化之趋向（在中华教育改进社讲演）》，《东方杂志》第 19 卷第 3 号，1922 年 2 月 10 日。

1915 年辜鸿铭发表《春秋大义》一书，劝告欧洲人毁弃一切宪法，学步中国，信奉孔孟儒学，他著文予以批判，斥之为"邪说"。[①] 1917 年他在演讲中认为"西洋种种的文明制度，都非中国所及"，中国应急起直追，否则将"无法可以救亡"。[②] 同时，他对兴起的新文化运动亦表示同情，其主编的《甲寅》日刊几乎成为陈独秀主编的《新青年》的姊妹刊物。[③] 总之，1918 年之前的章士钊在文化上不是一个保守派。然而自 1919 年起他却逐渐走向了保守。这一年他挑起"新旧之争"，倡言新旧文化调和，批评新文化运动的文化主张。1922 年他第二次欧游归国后，又一改以前温和批评新文化运动的态度，"开始对新文化运动进行全面的攻击"，并公开反对中国走工业化道路，倡言"以农立国"。章士钊走向保守的原因尽管很复杂，如他早年所具有的调和思想，以及对新文化运动反传统主义的反应等，但第一次世界大战和战后西方兴起的"东方文化救世论"思潮的影响，是促使他"转向保守的有力动因"。1921 年他为了考察战后欧洲社会，第二次游历欧洲期间的所见所闻，特别是与他见面的文学家萧伯纳（Bernard Shaw）、社会学家潘悌（Penty）、史学家威尔思（H. G. Wells）等人对西方政治和文化的批评，使他的思想"产生了重大变化，从此相信，惟有传统文化、制度才是救国的真正凭借"[④]。他后来在追溯其思想变化的历程时就坦然承认，是战后西方世界出现的文化危机促使他自己的思想发生了变化："近人辄言西方文化已衰，起而代之，应为东方文化。其初疑是妄言，诞者所云；继见西哲之主是者弥众……而其政情群态，日感不安，代议政治之势，既一落千丈，赀佣调解，复濒绝境，工业旧制之能维持不敝与否，大是疑问。如此看来，俱足显明前说之非无理据。"[⑤] 对章士钊思想颇有研究的台湾学者沈松侨也认为：第二次的欧洲之行使章士钊从西方获得了反西方的武器，也完成了走向保守主义的历程，"此后，章士钊积极从事捍卫传统的工作，甚至成

① 秋桐（章士钊）：《说宪》，《甲寅》月刊第 1 卷第 8 号，1915 年 8 月 10 日。
② 章氏 1917 年 7 月在天津南开中学的演讲，转引自陈独秀《近代西洋教育——在天津南开学校演讲》，《新青年》第 3 卷第 5 号，1917 年 7 月 1 日。
③ 参见陈独秀《答吴又陵》，《新青年》第 2 卷第 5 号，1917 年 1 月 1 日。
④ 沈松侨：《五四时期章士钊的保守思想》，（台北）《"中央研究院"近代史研究所集刊》第 15 期（下），1986 年 6 月。
⑤ 孤桐（章士钊）：《论南京倡投壶礼事》，《国闻周报》第 3 卷第 32 期，1926 年 8 月 22 日。

为五四时期最为反动的保守人物"①。

与清末民初的章太炎、刘师培、康有为等人比较，新文化运动时期的文化保守主义者有三个方面的明显差异：

首先，章太炎、刘师培、康有为、林纾等人大多出自旧的营垒，他们的出身、所受的教育和学术训练都是传统的，无论是章太炎、刘师培，还是康有为，都可以在旧士大夫中称为饱学之士。如章太炎、刘师培是古文经学大师，康有为是今文经学的殿军，都有很深的旧学根底。而新文化运动时期的文化保守主义者一般出身新学，从小受的是新式教育，不少人还留过学，取得过外国大学的学士、硕士、博士学位，因此他们并不像有的书上所描绘的那样是清朝的遗老遗少，或出口必言"之乎者也"的老古董。如杜亚泉自幼学习自然科学知识，担任过绍兴中西学堂的理科教习，自 1904 年起，任商务印书馆编译所理化部长，主持编著、出版了包括轰动科学界的《植物学大辞典》《动物学大辞典》在内的大量科学教科书和专著，被誉为 20 世纪初介绍西方科学"成绩卓著的人物之一"。章士钊先留日后留英，尤其擅长逻辑学，并受潘悌等重农学派的影响极深。张君劢留日又留德，曾师从唯心主义哲学大师、诺贝尔文学奖获主倭伊铿学习西方哲学三年，并经常到巴黎听柏格森的课，与杜里舒也有交往，1923 年杜里舒应邀来华讲学，是他充当的全程翻译，他先后著有文章介绍倭伊铿、柏格森和杜里舒的哲学，是中国当时对柏格森生命哲学、倭伊铿精神哲学和杜里舒生机主义哲学都有一定了解的少数学者之一。陈嘉异也曾留学过英国，对西方各种学说都能旁征博引。梁启超虽出自旧学，但他十分留意西方各种学说，加上又长期居住国外，因此，其西学根底远非章太炎、刘师培和康有为等人可比。梁漱溟尽管没有出过国门，但他自幼上的就是新式学堂，念的是ABCD，而于儒家经典则没有认真读过几本。学衡派的吴宓、梅光迪、胡先骕等人是留美学生，深受白璧德新人文主义的影响。吴宓 1917 年从清华学校赴美留学，1921 年获哈佛大学文学硕士学位，回国后，应梅光迪之邀，任教于南京的东南大学；梅光迪 21 岁时庚款赴美，1919 年获哈佛大学硕士

---

① 沈松侨：《五四时期章士钊的保守思想》，（台北）《"中央研究院"近代史研究所集刊》第 15 期（下），1986 年 6 月。

学位，1920 年返国，1921 年出任东南大学西洋文学系主任；胡先骕原是植物学家，曾在美国加州大学伯克利分校就学，回国后又赴哈佛大学进修人文学科。

其次，由于出身、经历不同，章太炎、刘师培、康有为等人往往是以传统理论提供的武器来护卫过去的传统，而新文化运动时期的文化保守主义者则除传统的武器外，主要是以西方的学理来护卫传统的价值。例如，章太炎、刘师培、康有为等人为了证明中国文化不比西方文化落后，往往牵强附会地在中国传统文化中寻找西方近代文化的种子。康有为依循今文经学的路子，发挥孔子的所谓微言大义，从《孟子》《中庸》《礼运》中发掘出平等、博爱和人权思想，以达尔文的进化论附会公羊学的"三世说"。章太炎则沿着汉学家的治学方法，通过对传统文献的考订研究，认为魏、晋至唐的均田制蕴含有"社会主义之精神"，资产阶级的议会制度在中国也早已有之，西方不过承其余绪而已，不值得人们去顶礼膜拜。新文化运动时期的文化保守主义者则与此相反，他们主要是在西方思想中寻找其保守主义的理论依据的。梁漱溟在《东西文化及其哲学》中，遍引柏格森、倭伊铿、罗素、杜威、克鲁泡特金等人的话和西方近代生物学、心理学的研究成果，来证明自己的观点：西方文化正在中国化，未来世界文化是中国文化的复兴；他还援柏格森的生命哲学入儒，用生命哲学重新解释和发挥儒家哲学的变易思想、认识论思想和宋明理学的"存天理，灭人欲"思想，从而建立起了中西合璧式的"新孔学"。[①] 张君劢从柏格森和倭伊铿的哲学中借用了"先验理念""主体""精神"等一系列概念，以为自己维护和弘扬中国传统文化，批评唯科学主义的理论依据，1923 年他应邀在清华学校演讲《人生观》，其题目就源于倭伊铿的一本书《大思想家的人生观》。[②] 学衡派的吴宓、梅光迪、胡先骕等人奉哈佛大学教授、新人文主义者白璧德为导师，用他的"新人文主义"理论来反对新文化运动，"倡明旧学，融化新知"。梅光迪就说过："在许多基本观念及见解上，美国的新人文主义运动乃是中国人文主义运动的思想泉源及动力。""（白璧德的著作）对我来说，那

---

① 参见郑大华《梁漱溟与现代新儒学——为纪念梁漱溟诞辰 110 周年而作》，《求索》2003 年第 2 期。

② 参见郑大华《张君劢与现代新儒学》，《天津社会科学》2003 年第 4 期。

是一个全新的世界；或者说，是个被赋予了全新意义的旧世界。"① 吴宓也承认："宓亲受教于白璧德师及穆尔先生。亦可云，宓曾间接承继西洋之道统，而吸收其中心精神。宓持此所得之区区以归，故更能了解中国文化之优点与孔子之崇高中正。"② 梁启超借用西方人的话来宣布西方的物质文明和科学万能之梦已经破产，需要中国文化去拯救之。和章太炎、刘师培、康有为等人用中国传统的方式来阐述其保守主义的思想不同，新文化运动时期的文化保守主义者则注重借用西方现代的研究方法，从哲学和文化学层次上去建构自己保守主义的文化理论。因此，他们的思想比起章太炎、刘师培、康有为、林纾等人更具有原创性和影响力。

再次，无论是章太炎、刘师培，还是康有为，在中国近代知识分子形成和发展的过程中，都属于承上启下的一代，其地位有点像意大利文艺复兴时期的诗人但丁，既是旧时代的最后一位诗人（士大夫），又是新时代的第一位诗人（知识分子）。这种地位和出身，决定了他们既不同于旧士大夫，具有近代知识分子的某些取向，但同时又和旧士大夫一样，不以某一领域或学科为自己的专长和职业，是"通才"而非"专家"，尤其在经济上很难做到真正的独立。而新文化运动时期的文化保守主义者，除杜亚泉等个别人外，大多是章太炎、刘师培、康有为的学生辈或学生的学生辈，是真正意义上的近代知识分子，他们都有自己专长的领域和职业。如张君劢的专长在哲学，对西方哲学特别是倭伊铿、柏格森的生命哲学、黑格尔哲学、康德哲学有较深研究，当过北京大学和燕京大学的哲学教授；梅光迪、吴宓的专长在文学，吴宓还是中国现代比较文学的开山，非常熟悉美国新人文主义大师白璧德的文学理论，两人都是东南大学西洋文学系教授；胡先骕作为著名的生物学家，是现代中国生物学科的奠基者之一；柳诒徵的中国文化史研究和汤用彤的中国佛教史研究也非常有名，柳诒徵于20世纪20年代写的《中国文化史》，是中国第一本采用西方章节体写的中国文化史著作；梁漱溟虽然是自学成才，但他对印度佛教哲学的研究很有心得，1919年他作为北大哲学系讲师所出版的《印度哲学概论》，是中国第一本比较完

---

① 罗岗、陈春艳编《梅光迪文录》，辽宁教育出版社，2000，第229页。
② 吴宓：《空轩诗话》，载吕效祖主编《吴宓诗及其诗话》，陕西人民出版社，1992，第250—251页。

整的印度哲学教材，60 年代台湾还出版过该书的重印本；如此等等。正因为新文化运动时期的文化保守主义者大多是学有专长的专家，他们能充分利用自己的专业知识，宣传保守主义的文化思想，批评新文化运动。因此，与章太炎、刘师培、康有为等人不同，新文化运动时期的文化保守主义者在文化、文学、哲学、史学等不同的人文学科和领域里都有自己的代表人物，而且这些代表人物的学术成就与地位比之同时代的主张西化的学者如胡适、钱玄同、傅斯年辈毫不逊色。

正是由于上述三个方面的差异，再加上受第一次世界大战和战后西方兴起的"东方文化救世论"思潮的影响，社会上本来就存在着对西方文化怀疑和失望的情绪，新文化运动时期的文化保守主义者的文化思想和理论因而在社会上，特别是在思想文化领域产生了章太炎、刘师培、康有为等人的文化思想与理论无法相比的巨大影响力，从而推动了文化保守主义思潮的发展，并使之成了当时能与反传统的西化思潮、主张"俄化"的马克思主义思潮鼎足而立的主要社会文化流派之一。

五、新文化运动的参与者和批评者

受新文化运动的激烈反传统和第一次世界大战后兴起的"东方文化救世论"思潮的影响，形成于清末民初的文化保守主义思潮在新文化运动时期有了进一步发展，梁启超、梁漱溟、张东荪、章士钊等人成了著名的文化保守主义者。关于文化保守主义者与新文化运动的关系，换言之，文化保守主义者在新文化运动中扮演的是什么样的角色？目前学术界存在着较大的分歧，有认为属于新文化派的一部分的；有认为是新文化运动的反对者的；有认为文化保守主义者从事的是有别于陈独秀、胡适等新文化派的"另一种启蒙"，陈独秀、胡适等新文化派是"浪漫主义"的思想启蒙，而文化保守主义者是"理性主义"的思想启蒙，凡此种种，不一而足。本书认为，文化保守主义者既不是新文化派的一部分，也不是新文化运动的反对者，而是新文化运动的参与者和批评者。参与和批评，一身而二任。

之所以说文化保守主义者不是新文化派的一部分，因为他们并不赞成新文化派所有的思想和主张，如本卷第九章第二节中所阐述的那样，反孔批儒和倡导伦理道德革命，是新文化运动的一项重要内容，文化保守主义者虽然也对儒学以及传统的伦理道德有所反思甚至批判，但总的来看，他们对儒学以及传统的伦理道德持的是认同态度，他们反对新文化运动对孔子的批判，更不主张伦理道德革命。这也是他们与以陈独秀、胡适为代表的新文化派的主要思想分歧。他们虽也主张"输入学理"，如以梁启超为代表的《改造》杂志群体，就对输入学理做出过重要贡献；但他们输入学理的侧重点则与新文化派有所不同，新文化派输入的主要是西方的功利主义学说，而文化保守主义者输入的主要是西方的人本主义学说。在"再造文明"方面，文化保守主义者和新文化派虽然也都主张向西方学习，但新文化派，尤其是胡适等人主张以西方文化取代中国文化，他们所要再造的文明是以美国为榜样、为蓝本的西式文明；而文化保守主义者所主张的则是"中体西用"式的中西文化调和，他们所要再造的文明仍然是以中国文化为主体、同时吸收了某些西方文化的文明。凡此种种说明，文化保守主义者与新文化派有着一些原则性的分歧，他们不是新文化派的一部分。直到晚年，梁漱溟还承认，自己在北大讲学期间（1917—1924），"与新潮流、新思想相距甚远"，"对新派人物中的种种主张不赞同的甚多"。① 与新文化派所具有的那种不妥协的反封建主义精神和向西方学宽博胸怀相比，文化保守主义者则表现出对中国传统文化尤其是儒学及其伦理道德的过多眷念和对西方近代文化欲迎还拒的矛盾心态。

之所以说文化保守主义者不是新文化运动的反对者，因为他们并不一概地反对新文化运动。比如，民主和科学是新文化运动的两面旗帜，但文化保守主义者，无论是杜亚泉，还是梁启超，或是梁漱溟、张君劢，以及吴宓、梅光迪、刘伯明，甚至包括大革命之前的章士钊，都没有明确地表示过反对，相反持的是认同或支持的态度。梁漱溟在《东西文化及其哲学》中就一再强调：民主和科学"这两种精神完全是对的，只能为无批评无条件的承认"。又说："怎样引进这两种精神实在是当今所急的；否则，我们将永此不配谈人格，我们则永此不配谈学术。你只要细审从来所受病痛是怎样，就知道我这话非激。"② 不久在《答胡评〈东西文化及其哲学〉》一文中

---

① 江东林：《梁漱溟问答录》，湖南人民出版社，1988，第 38 页。
② 梁漱溟：《东西文化及其哲学》，载《梁漱溟全集》第一卷，第 532—533 页。

梁漱溟又再次指出：民主和科学"是有绝对价值的，有普遍价值的，不但在此地是真理，掉换个地方还是真理，不但今天是真理，明天还是真理，不但不能商量此间合用彼间合用不合用，硬是我所说'现在所谓科学和德谟克拉西的精神是无论世界上那一地方人所不能自外的'。中国人想要拒绝科学和德谟克拉西，拒绝得了么？"① 就是作为民主之重要内容的个性解放，文化保守主义者也很少有人公开反对过。梁漱溟就批评中国传统思想和文化尤其是儒学的礼法制度扼杀人的个性，使人个性不能得到自由发展。他在《东西文化及其哲学》中写道："古代礼法，呆板教条，以致偏欹一方，黑暗冤抑，苦痛不少"，宋以前这种礼法对人们的束缚还不十分厉害，"宋以后所谓礼教名教者又变本加厉，此亦不能为之曲讳。数千年以来使吾人不能从种种在上的权威解放出来而得自由；个性不得申张，社会性亦不得发达，这是我们人生上一个最大的不及西洋之处"。② 除以吴宓、梅光迪、刘伯明为代表的"学衡派"和章士钊外，新文化运动时期的其他文化保守主义者一般也不反对文学革命和白话文运动，梁启超就是文学革命和白话文运动的积极倡导者。梁漱溟也对白话文运动持的是赞同的态度，认为追求"华丽古奥的文言文"会阻碍社会的发展，而使中华民族不得竞存于世界。为此，他在 1917 年写成的《吾曹不出如苍生何》这本反军阀和内战的小册子中，就把"发布论文及白话小册子"作为组织反内战的"息兵运动"的一个重要步骤。他的《东西文化及其哲学》和于此前后发表的文章也都是用白话文写成的，这对白话文运动的发展起了一定的推动作用。文化保守主义者也积极输入各种新思想、新学说，只是其侧重点与新文化派有所不同而已。正因为自己并不反对新文化运动，所以梁漱溟在《东西文化及其哲学》中就一再强调，尽管自己提倡东方化，但"我的提倡东方化与旧头脑的拒绝西方化不同"③，自己不是反对新文化运动的顽固守旧派。后来主张全盘西化的陈序经在他那本著名的《东西文化观》中也认为"梁先生并非一个绝对固执的复古者可比"④。实际上，不只梁漱溟，新文化运动时期的其他文化保

---

① 梁漱溟：《答胡评〈东西文化及其哲学〉》，载《梁漱溟全集》第四卷，第 741 页。
② 梁漱溟：《东西文化及其哲学》，载《梁漱溟全集》第一卷，第 479 页。
③ 梁漱溟：《东西文化及其哲学》，载《梁漱溟全集》第一卷，第 349 页。
④ 陈序经：《东西文化观》，（台北）牧童出版社，1976，第 64 页。

守主义者也是如此。

正因为新文化运动时期的文化保守主义者，既不是新文化派的一部分，也不是新文化运动的反对者，所以他们对新文化运动的态度，是参与而不失其批评。换言之，他们是新文化运动的参与者和批评者。1923 年 11 月 28 日，梁漱溟在北京大学所做的一次演讲中，曾反复申述了这样一个观点，即：他不是新文化派的敌人，而是他们的朋友。他说：胡适和陈独秀都把自己看成了"他们的障碍物"，阻碍了他们的思想革新运动，这令自己十分难过。"我不觉得我反对他们的运动！我不觉得我是他们的敌人，他们是我的敌人。我是没有敌人的！我不看见现在思想不同的几派——如陈、如胡……有哪一派是与我相冲突的，相阻碍的。他们觉得我是敌人，我却没有这种意思。"他认为自己和陈独秀、胡适都是难得遇着的好朋友。陈独秀、胡适他们所作所为都是对的，都是好极的，他们在前努力，自己是来吆喝鼓励他们的！所以自己和陈独秀、胡适不是敌人，而是"一伙子"。当然，他也承认自己与陈独秀、胡适他们的确存在着"根本不同"，自己有自己的精神，他们有他们的价值。但自己并不要打倒陈独秀、胡适而后才能成功，陈独秀、胡适的成功也就是自己的成功。"所以就不同一面去说，我们还是不相为碍的，而是朋友。"[①]

梁漱溟的这段演讲很形象地说明了包括他在内的新文化运动时期的文化保守主义者与新文化派和新文化运动的关系，即：不是陈独秀、胡适他们的"敌人"，说明包括梁漱溟在内的文化保守主义者不是新文化运动的反对者；又在思想上与陈独秀、胡适他们存在着"根本的不同"，说明包括梁漱溟在内的文化保守主义者不是新文化派的一部分，否则，就不会存在"根本的不同"；而是陈独秀、胡适他们的"朋友"，说明包括梁漱溟在内的文化保守主义者是新文化运动的参与者和批评者。正因为他们参与了新文化运动，所以他们才能成为陈独秀、胡适等新文化派的朋友。同时，朋友与战友不同，战友是在同一条战壕中并肩战斗，朋友只是礼尚往来，所以战友之间的关系是互相支持的关系，而朋友之间除礼尚往来外，是可以相互批评的，能够发表不同的意见。有不同的意见，就会有争论。所以新文化

---

① 梁漱溟：《答胡评〈东西文化及其哲学〉》，载《梁漱溟全集》第四卷，第 738、739 页。

运动时期的争论，政治方面的争论主要是在中国早期马克思主义者与非马克思主义者之间进行，而思想文化争论的主角则是新文化派和文化保守主义者。

第二节　东西文化论战

新文化运动时期，以杜亚泉、梁启超、章士钊、梁漱溟、张君劢为代表的"东方文化派"[①]曾围绕东西文化问题与以陈独秀、胡适为代表的新文化派展开过一场大的论战。关于这场论战，20世纪90年代以来学术界虽然做过一些研究，但这些研究在评价这场论战时，往往从性质的是非出发，或肯定陈独秀、胡适等新文化派之是，批评杜亚泉、梁启超、章士钊、梁漱溟、张君劢等东方文化派保守；或肯定杜亚泉、梁启超、章士钊、梁漱溟、张君劢等东方文化派之是，批评陈独秀、胡适等新文化派激进，很少从学理的层面对两派的观点做具体深入的分析，指出他们的理论得失。

一、论战的大致进程

东方文化派与新文化派的东西文化论战始于1915年《青年杂志》的创

---

① "东方文化派"是"五四"时人对当时出现的一些文化保守主义者的统称，最早使用"东方文化派"这一提法的是瞿秋白（见瞿著《东方文化与世界革命》，载《新青年》季刊第1期，1923年6月15日）；最早给"东方文化派"定名作解的是邓中夏（见邓著《中国现在的思想界》，载《中国青年》第6期，1923年11月24日）；1934年3月出版的第一本关于新文化运动的专著《中国新文化运动概观》（作者伍启元），进一步将这一提法固定化。从此，这一提法沿用至今。其代表人物有《东方杂志》主编杜亚泉及其后继者钱智修；有1919年访欧回国不久即发表《欧游心影录》一文，宣告西方"物质文明"和"科学万能之梦"已经"破产"的梁启超；有《东西文化及其哲学》一书的作者梁漱溟；有自称是"一东方文化之信徒"的陈嘉异；有反对科学对人生观指导的"玄学鬼"张君劢；有提倡"以农立国"的章士钊；等等。需要指出的是，人们虽然把这些人统称为东方文化派，但实际上他们的主张并不完全相同，把他们统称为一派是很不科学的。早在上个世纪的20年代中叶，就有人指出："东方文化派这个名词，似稍嫌笼统而且包含的类别很复杂。"（昌群：《什么是文化工作》，《中国青年》第6卷第17号，1926年11月22日）当然，作为活跃于新文化运动时期的文化保守主义者，他们又有着基本一致的文化取向和理论特征：反对西化，提倡东方文化，反对物质文明，提倡精神文明，主张新旧调和和东西调和。所以，为叙述的方便起见，我们仍沿用了"东方文化派"这一人们比较熟悉的用法，尽管它并不科学。这是首先要向读者予以说明的。

办。在其创刊号上，陈独秀就旗帜鲜明地提出要中国"改弦更张"，向西方学习，走民主与科学的道路，并对中国旧思想，特别是孔孟之道进行了批判。他还对中西文化进行了比较，结论是以儒家思想为核心的中国传统文化是理应被淘汰的"古之遗"，而西洋近代文化才是真正的有存在和发展价值的"近世文明"。同期还发表有汪叔潜的《新旧问题》一文，认为中国固有文化是"旧"文化，西洋近代文化是"新"文化，二者性质极端相反，彼此不能并存。不久，陈独秀又在《青年杂志》上发表《东西民族根本思想之差异》一文，进一步比较了东西方文明的不同特点，认为"东西洋民族不同，而根本思想亦各成一系，若南北之不相并，水火之不相容也"[①]。与此同时，李大钊、胡适、常燕生、鲁迅、周作人、毛子水等也先后在《新青年》和其他刊物上发表文章，或批判中国传统文化，主张向西方文化学习；或通过对东西方文化的比较，得出了东方或中国文化落后于西方文化的结论。

陈独秀等人对中国传统文化的批判，以及关于中国文化比西方文化落后的观点和主张，引起了顽固守旧分子和文化保守主义者的不满。但由于顽固守旧分子思想过于陈旧，在思想文化界已没有多少市场，当时在思想文化界有一定影响力的是文化保守主义者。最早起来发表文章与陈独秀等人展开论争的是《东方杂志》主编杜亚泉。早在 1913 年，杜氏就发表过《论社会主义运动之趋势与吾人处世之方针》一文，认为中国对西方的物质文明可以吸取，国体政体也可参考西方进行改革，但中国固有的道德、文学、宗教以及社会风俗、家族制度则比西方的好，不宜也不应改变。《青年杂志》创刊后，他成了新文化派的重要论敌。从 1916 年起，他以伧父为笔名，连续在《东方杂志》上发表文章，反对陈独秀等人的观点和主张。如他发表在《东方杂志》第 13 卷第 10 号（1916 年 10 月 10 日）的《静的文明与动的文明》一文，将东西文化差异的实质归结为"静"与"动"的不同，只承认东西文化有"性质"之异，而无"程度"之别，公开与陈独秀等人的观点唱反调。他发表在《东方杂志》第 14 卷第 4 号上的另一篇文章——《战后东西文明之调和》（1917 年 4 月 15 日），认为第一次世界大战已使西洋文明破绽百露，中国人不应对它再抱崇信的态度，更不要受西洋物质文明的"眩

---

① 陈独秀：《东西民族根本思想之差异》，《青年杂志》第 1 卷第 4 号，1915 年 12 月 15 日。

惑"，忽视科学思想传入带来的"害处"，作为东洋社会之代表的中国，"当此世界潮流逆转之时，不可不有所自觉与自信"，"确信吾社会中固有之道德观念，为最纯粹最中正者"，主张"以科学的手段，实现吾人经济的目的。以力行的精神，实现吾人理性的道德"。[①]1918 年春夏之交，杜氏更利用自己为《东方杂志》主编的条件，先后发表了他自己的《迷乱之现代人心》（第 15 卷第 4 号 1918 年 4 月 15 日）、钱智修的《功利主义与学术》（第 15 卷第 6 号 1918 年 6 月 15 日）和平佚的译文《中西文明之评判》（第 15 卷第 6 号 1918 年 6 月 15 日）。杜文的大意，是说西方文化的大规模输入造成了中国国是的丧失和精神界的破产，其挽救之道，在于用儒家思想来"统整"西方文化中对我"可用者"，从而使中国文明发扬光大。[②]钱文认为，西方文明对中国影响最大的是功利主义，对中国文化学术事业危害最大的也是功利主义，故"功利主义不去，则学术必无精进之望"[③]。《中西文明之评判》一文，主要是介绍台里乌司等三位西方学者对辜鸿铭于欧战前后在德国刊行的两本德文著作的评论。辜氏的书，一本叫《中国对于欧洲思想之辩护》，另一本是《中国国民之精神与战争之血路》，其主要内容是说以孔子伦理为代表的中国文明，实优于基于物质主义的西方文明。台氏对辜氏的上述观点表示赞同。《东方杂志》发表这三篇文章，无疑是向陈独秀等新文化派公开挑战。

　　面对《东方杂志》的公开挑战，陈独秀作《质问〈东方杂志〉记者——〈东方杂志〉与复辟问题》一文，发表在《新青年》第 5 卷第 3 号（1918 年 9 月 15 日）上，就《东方杂志》的三篇文章提出 16 条质问，其中驳《中西文明之评判》9 条，驳《功利主义与学术》6 条，驳《迷乱之现代人心》1 条，但这一条最长，其中又包括 7 点，主要内容是驳杜氏的"统整"说，他质问杜亚泉：中国学术文化之发达，是以儒家统一以后的汉魏唐宋为盛，还是以儒家统一以前的晚周为盛？欧洲中世纪，耶教统一全欧千余年，文艺复兴之后的文明诚混乱矛盾，但比之中国和欧洲中世纪，优劣如何？西洋文明于物质生活以外，是否也有精神文明？中国所谓精神文明，是否指

---

① 伧父（杜亚泉）：《战后东西文明之调和》，《东方杂志》第 14 卷第 4 号，1917 年 4 月 15 日。
② 伧父（杜亚泉）：《迷乱之现代人心》，《东方杂志》第 15 卷第 4 号，1918 年 4 月 15 日。
③ 钱智修：《功利主义与学术》，《东方杂志》第 15 卷第 6 号，1918 年 6 月 15 日。

的是儒家的君道臣节名教纲常？除儒家的君道臣节名教纲常之外，是否绝无其他文明？陈氏坚决反对把"儒术"当作中国不可动摇的"国基"，把儒家的君道臣节纲常名教当作永不可变的"信条"，他并指出民主共和与功利主义有其一致性，《东方杂志》记者反对功利主义，企图用"儒术"来"统整"人心，这与帝制复辟有必然的思想联系。①

陈文发表的时间是 1918 年 9 月 15 日。12 月 15 日，杜亚泉在《东方杂志》第 15 卷第 12 号上发表《答〈新青年〉杂志记者之质问》，全面回答陈文的驳难，并进一步阐述了自己保守主义的文化主张，他坚持认为："君道臣节名教纲常为基础之固有文明，与现时之国体，融合而会通之，乃为统整文明之所有事。"②他在文中还为钱智修的《功利主义与学术》一文辩护，公开表示赞同辜鸿铭的观点。针对杜氏的辩解，次年 2 月，陈独秀在《新青年》第 6 卷第 2 号（1919 年 2 月 15 日）上再发表《再质问〈东方杂志〉记者》，继续批驳杜氏的"统整"论，指出杜氏以卫护学术思想之统一为名，要求实行学术"统整"，这有害于文明进化，是一种妨碍学术自由发展的专制行为；相反，标新立异，乃是文化发展兴隆之道。陈氏也承认，中国的固有文明在古代有它"相当的价值"，但它属于"古代文明"，"不足以支配今之社会"。③

在陈独秀和杜亚泉争论的同时或前后，李大钊、吴敬恒、傅斯年、陈嘉异等也纷纷发表文章，参与论战，李大钊等人支持陈独秀，陈嘉异则站在杜亚泉一边。1918 年 7 月 1 日，李大钊发表《东西文明根本之异点》一文，从字面上看，他和杜氏一样，把东西文明的特性，概括为"动的文明"和"静的文明"，但结论则与杜氏相反，认为西方近代文化比中国传统文化优越，中国文化的出路，就在"以彻底之觉悟，将从来之静止的观念、怠惰的态度，根本扫荡，期与彼西洋之动的世界观相接近，与物质的生活相适应"。④

陈独秀与杜亚泉的论战，拉开了新文化运动时期东西文化论战的序幕。

① 陈独秀：《质问〈东方杂志〉记者——〈东方杂志〉与复辟问题》，《新青年》第 5 卷第 3 号，1918 年 9 月 15 日。
② 伧父（杜亚泉）：《答〈新青年〉杂志记者之质问》，《东方杂志》第 15 卷第 12 号，1918 年 12 月 15 日。
③ 陈独秀：《再质问〈东方杂志〉记者》，《新青年》第 6 卷第 2 号，1919 年 2 月 15 日。
④ 李大钊：《东西文明根本之异点》，《言治》季刊第 3 册，1918 年 7 月 1 日。

不久，五四运动爆发。五四运动推动了新文化运动的发展，新文化派与东方文化派之间的文化争论也由此而进一步深入展开。如果说五四运动前争论主要围绕东西文化差异的比较和杜氏的"统整"说进行（当然亦涉及其他问题），那么，五四运动后双方争论的主要是新旧文化的关系问题。1919年9月，章士钊在寰球中国学生会发表演说，针对新文化派提出的"新"与"旧"在性质上极端相反，两者不能并存，要开"新"就不能守"旧"的观点，鼓吹新旧调和，认为宇宙的进化是"移行"的，而不是"超越"的，世间物种不论进化到何种阶段，都是"新旧杂糅"，"新旧杂糅"就是"调和"。他进而以欧洲第一次世界大战后的情况为例，论证"物质上开新之局，或急于复旧，而道德上复旧之必要，必甚于开新"，公开主张复兴旧道德。①演说词后来发表在《东方杂志》等刊物上。章氏的演说词发表后，立即遭到张东荪的批评。这年的10月1日，张氏在《时事新报》上发表《突变与潜变》一文，指出生物的变化只有突变与潜变两种，前者是变的表现，后者是变因的发生，所以调和论是站不住脚的。10月10日，《新闻报》又登出章士钊的《新思潮与调和》文章，答辩张东荪的批评，坚持认为世上的一切事物都是新旧"杂存"。两天后（10月12日），《时事新报》又有张东荪的《答章行严君》发表，认为章氏所说的新旧"杂存"只是新旧"共存"，"新的逐渐增加，旧的逐渐汰除"，所以"共存"不是"调和"，他严正声明，自己不赞成"新旧调和论"。

　　章、张二人的观点，分别得到了一些人的支持。陈嘉异、杜亚泉等支持章士钊，1919年11月15日，陈在《东方杂志》第16卷第11号上发表《我之新旧思想调和观——为质张君东荪与章君行严辩论而作》，从事物区别的相对性立论，论证新旧事物间的"自然调和"，反驳张东荪的新旧不可调和、新旧变异是突变的观点。当时支持张东荪的主要有蒋梦麟、罗家伦、毛子水、常乃德（即常燕生）。蒋梦麟和杜亚泉之间还就新旧思想的调和问题展开过辩论。1919年10月，蒋氏于《时事新报》发表《新旧与调和》一文，批评调和论，认为不讲新旧之争而讲"调和"，就是等于让"新"的停止活

---

① 章行严（章士钊）：《新时代之青年——章行严君在寰球中国学生会之演说》，《东方杂志》第16卷第11号，1919年11月15日。

动，等于反对社会进化。11月，杜氏作《何谓新思想》一文刊于《东方杂志》第 16 卷第 11 号，反驳蒋氏的观点，并对蒋文中之"新思想"的定义提出质疑，批评新文化派揭橥的反传统之"新思想"并不是"新"，也不是"思想"，而只是出于感性的一时冲动。不久，蒋氏于《时事新报》再撰《何谓新思想》，反诘杜氏的批评，指出新思想和旧思想分别代表着"向进化方面走"，和"向旧有文化安乐窝"这两种不同的"态度"，新旧不能调和。翌年 2 月，《东方杂志》第 17 卷第 2 号转载蒋文，并附杜氏评论，以回应蒋文。

新文化派的领袖们也积极撰文参与新旧文化关系论战。1919 年 12 月 1日，陈独秀在《新青年》第 7 卷第 1 号发表《调和论与旧道德》的"随感录"一文，批评章士钊等提出的"物质上开新，道德上复旧"的"新旧调和"论，认为无论东洋西洋一切民族的社会上不良现象，都是旧道德所造成的，都在革除之列。同一天，李大钊也在《新潮》第 2 卷第 2 号有《物质变动与道德变动》一文发表，他运用刚刚学来的唯物史观，对"物质上开新，道德上复旧"的"新旧调和"论进行了唯物主义的剖析，指出：道德的性质和状况是与经济的性质和发展状况相适应的，经济变动是道德变动的根本原因，所以"物质既不复旧，道德断无单独复旧的道理；物质既顺急门开新，道德亦必跟着开新"，"断无自相矛盾，自相背驰的道理"。[①]

新文化运动时期的东西文化论战是一波未平，一波又起。1920 年初，《晨报》副刊连载刚访欧归来的梁启超撰写的访欧游记《欧游心影录》，梁在文中以亲历者的身份描绘了战后西方的破败景象和西方一些人士对中国文化的赞颂和期待，主张以中国古代文明为主体，吸收一些西方文明，来构成新的文明，并号召中国青年以"孔老墨三位大圣"和"东方文明"去拯救西方文明。[②]这年秋，梁漱溟开始在北大做《东西文化及其哲学》的演讲，其部分演讲稿陆续刊载在《少年中国》上。1921 年暑假，他又应邀到山东演讲《东西文化及其哲学》，是年底，演讲稿整理出版。这是他出版的第一部有重大影响的著作。在此书中，梁"评判东西文化各家学说，而独发挥孔子哲学"，从文化渊源和人生哲学上对新文化运动做了全面清算。他开宗明

---

① 李大钊：《物质变动与道德变动》，《新潮》第 2 卷第 2 号，1919 年 12 月 1 日。
② 梁启超：《欧游心影录节录》，载《饮冰室合集》第 7 册，专集之二十三，第 36 页。

义，指出当时中国急迫要解决的问题是文化向何处去，有三条道路可选择，即西方化、东方化和中西文化折衷调和。他明确表示反对西方化，折衷调和他认为也不可能，唯一选择是东方化。他在书中还比较了东西文化的差异，认为东西方文化走的是三种不同的文化路向，西方文化走的是以"意欲向前要求为根本精神"的第一文化路向，东方的中国文化走的是以"意欲自为调和持中为根本精神"的第二文化路向，印度文化走的是以"意欲向后要求为根本精神"的第三文化路向，它们之间的差异是源于所走文化路向的不同。

《欧游心影录》和《东西文化及其哲学》的理论与主张，无疑是宣布新文化运动选错了方向，中国不应走西方文化的道路。而当时正值第一次世界大战刚刚结束，一股具有世界意义的"东方文化救世论"思潮正在兴起，因此，《欧游心影录》的发表，尤其是《东西文化及其哲学》的出版，在思想文化界产生了巨大反响，并围绕此书的评价形成了新文化运动时期东西文化论战的又一高潮。一些文化保守主义者虽然不太赞同梁氏的某些具体观点，特别是他那武断、主观的态度，但他们一致喝彩梁对新文化运动的全面清算，甚至认为《东西文化及其哲学》是"继绝世，开太平"的大发明，是"救济二十世纪之文化共通事业"的"开宗明义第一章"。文化保守主义者还纷纷发表鼓吹东方文明的文章，呼应梁提出的中国应走东方化道路的主张。陈嘉异于 1921 年在《东方杂志》第 18 卷第 1、2 号上发表了一篇《东方文化与吾人之大任》的长文，公开声明自己是东方文化的崇拜者，反对一切赞扬西方文化的言论和观点。他认为东方文化具有西方文化所不具有的四大优点：第一，它（主要是中国文化）是独立的，创造的；第二，它具有调和精神生活和物质生活的优越性，而且能够用精神生活统御物质生活，使二者"熔冶为一"；第三，它能调节民族精神和时代精神，而尤以民族精神为其根柢，使其能得到"运用发展"；第四，它有由国家主义而达世界主义的优越性，而尤以世界主义为归宿，能够成为世界文化。[①] 刚刚创办不久的《学衡》杂志也投入了论战，先后发表刘伯明的《学者之精神》《再论学者之精神》、梅光迪的《评提倡新文化者》《论今日吾国学术界之需要》、

---

① 陈嘉异：《东方文化与吾人之大任》，《东方杂志》第 18 卷第 1、2 号，1921 年 1 月 10 日、25 日。

吴宓的《论新文化运动》、胡先骕的《论批评家之责任》等文，批评新文化派的文化主张。

在新文化运动方面，尽管当时新文化派阵营已发生分裂，胡适、吴稚晖、常燕生等人仍坚持其反传统主义的西化立场，在政治取向上胡适是自由主义的代表人物，而陈独秀、李大钊、瞿秋白等人则接受了马克思主义，成为中国早期的马克思主义者，但在反击文化保守主义者对新文化运动的清算这一点上他们又有一致性。主张西化的胡适、吴稚晖、常燕生和早期马克思主义者瞿秋白、恽代英、杨明斋都纷纷挥笔上阵，批判梁漱溟和其他文化保守主义者的文化观点。1923 年 4 月 1 日，胡适在《读书杂志》第 8 期上发表《读梁漱冥（应为"溟"——引者）先生的〈东西文化及其哲学〉》一文，就梁书的主要观点提出了批评。他首先批评了梁的"文化路向说"，认为它是"主观化的文化哲学"，"犯了拢统的大病"，因为它用"整齐好玩"的公式来规范"繁多复杂的文化"，结果只能是主观和武断的"闭眼瞎说"。在批评梁说的基础上，胡提出了自己的文化理论："有限的可能说"，认为各民族文化走的都是一条"本能"的路，只是有快慢的不同。[1] 中国早期马克思主义者杨明斋 1924 年出版了一本批判专著《评中西文化观》，全书分为四部分：第一部分评梁漱溟的《东西文化及其哲学》，第二部分评梁启超的《先秦政治思想史》，第三部分评章士钊的《农国辨》，第四部分是总解释，属通论性质，杨氏依据马克思主义理论，从宏阔的文化背景和具体的历史事实出发，对梁漱溟等人的文化观点和主张做了逐章逐段的批驳，并阐述了一种新的文化观。

这里需要指出的是，新文化派阵营中的西化派与中国早期马克思主义者虽然在批判文化保守主义者的文化观点和主张上是同盟军，但他们之间对于中国未来文化应走什么样的道路又存在着争论，西化派当然主张中国应走西化的道路，而中国早期马克思主义者则认为"俄化"才是中国文化道路的唯一选择。1923 年瞿秋白在主持《新青年》季刊时，就连续发表了《东方文化与世界革命》《现代文明的问题与社会主义》等文章，认为落后于时代的封建宗法文明和资产阶级文明都在淘汰之列，代之而起的是"通过世

---

[1] 胡适：《读梁漱冥（溟）先生的〈东西文化及其哲学〉》，《读书杂志》第 8 期，1923 年 4 月 1 日。

界革命"而建立的"社会主义文明"，这种社会主义文明"以扩充科学的范围为起点，而进于艺术的人生"，是一种"艺术性的技术文明"。[①]

二、论战的主要问题

新文化运动时期东方文化派与新文化派的东西文化论战涉及的问题非常广泛，但就其整个论战的过程而言，主要争论的是东西文化的差异比较、新旧文化的关系看待和中国文化出路的选择这三个问题。

东西文化存在差异，这是新文化运动时期人们的普遍共识。但这种差异的实质何在？东西文化孰优孰劣？对此，人们的认识又大相径庭。一般而言，新文化派认为是"古今之别"。新文化派中首先把东西文化说成是"古今之别"的是陈独秀。1915 年他在《青年杂志》第 1 卷第 1 号发表的《法兰西人与近世文明》一文中，依据进化理论，把人类的文明划分为古代与近代两个时期，并从思想上对其特征做了说明："古代文明，语其大要，不外宗教以止残杀，法禁以制黔首，文学以扬神武。此万国之所同，未可自矜其特异者也。""近代文明之特征，最足以变古之道，而使人心社会划然一新者，厥有三事：一曰人权说，一曰生物进化论，一曰社会主义是也。"以此特征来观察东西文化，陈氏认为，东方的印度和中国这两种文明"虽不无相异之点，而大体相同，其质量举未能脱古代文明之窠臼"。因此，尽管在生物时间上它们也属于"近世"，但从文化进化的程度而言，"犹古之遗也"，是古代文明。真正可称为"近世文明者，乃欧罗巴人之所独有，即西洋文明也，亦谓之欧罗巴文明。移植亚美利加，风靡亚细亚者，皆此物也"。[②]陈独秀对人类文明史的分期以及对古代和近代文明之特征的认识，并不完全正确，但他第一次从文化之时代性上说明了东西文化之差异的实质就在文明程度的不同，前者是"古之遗"，而后者已进入"近世文明"，这在东西文化比较史上是一个飞跃。因为在此之前，各种主张采纳或学习西方文化的人，持的是"西学中源"说，认为近世之西方文化不过是古代中国文化失遗的"古礼"而已，中国学习西方，并非是"以夷变夏"，只是使

---

① 瞿秋白：《现代文明的问题与社会主义》，《东方杂志》第 21 卷第 1 号，1924 年 1 月 10 日。
② 陈独秀：《法兰西人与近世文明》，《青年杂志》创刊号，1915 年 9 月 15 日。

遗失的"古礼"重新返回中国。

继陈独秀之后，胡适也对东西文化之差异的实质做了"古今"的说明。如前所述，他的《读梁漱冥（溟）先生的〈东西文化及其哲学〉》一文，在批评了梁氏的"三大文化路向说"后，提出了自己的"有限的可能说"。他指出，梁氏把文化界定为"民族生活的样法"，这我们可以承认，但"民族生活的样法"并不像梁氏说的那样走的是不同的"路向"，而是"根本大同小异"的。为什么呢？因为生活只是生物对环境的适应，而人类生理的构造根本上大致相同，故在大同小异的问题之下，解决的方法也不出那大同小异的几种。这个道理叫作"有限的可能说"。譬如，饥饿的问题只有通过"吃"才能解决，而吃的东西无非是饭，或面包，或棒子面，而总不出植物与动物两种，决不会吃石头。居住的问题，自穴居到广厦层楼，"根本上也只有几种可能"。御寒问题，从赤身裸体到穿皮毛人衣，"也不出那有限的可能"。其他如家庭组织、社会关系、精神生活、语言文字以及文学、美术、舞蹈、音乐等等，莫不如是。故此，胡氏不同意梁漱溟所谓东西文化走的是不同的"文化路向"的观点，而认为人类走的都是"生活本来的路"。"我们拿历史眼光去观察文化，只看见各种民族都在那'生活本来的路'上走，不过因环境有难易，问题有缓急，所以走的路有迟速的不同，到的时候有先后的不同。"比如，现在的欧洲民族，在历史上也曾有过一千年的黑暗时代，也曾十分迷信宗教，也曾极力压抑科学，也曾为卫道的热心烧死了不少科学家和独立思想的人。只是近三百年来，"受了环境的逼迫，赶上了几步，在征服环境的方面的成绩比较其余各民族确是大的多多"，成就了今日的特点：民主与科学。而中国和印度的落后，"也不过是因为缺乏那些逼迫和鞭策的环境与问题"，并不是如梁氏所说，他们的生活方式上有什么持中和向后的根本毛病，或他们的生活上有直觉和现量的根本区别。胡适由此要人们相信，东西文化的差异不是什么类型或"路向"的不同，而是"时间上、空间上的一种程度的差异"，是发展速度的差异，是时代性的差异，是"古今之别"。[①]

把东西文化之差异的古今性质表达得再清楚不过的大概要算常燕生了。

---

① 胡适：《读梁漱冥（溟）先生的〈东西文化及其哲学〉》，《读书杂志》第 8 期，1923 年 4 月 1 日。

1920 年他在《国民》第 2 卷第 3 号发表《东方文明与西方文明》。在文中他将人们所列举的种种东西方文明的不同特征列了一张表：

东方文明的特色	西方文明的特色
重阶级	重平等
重过去	重现在
重保守	重进取
重玄想	重实际
重宗教	重科学
重退让	重竞争
重自然	重人为
重出世	重入世

　　常氏认为，人们所举的东西文化之上述不同特色并没有错，"但这两个关系是前后的，不是对峙的"。东方和西方不是自古以来就存在着这种种差异，实际上"所谓东洋文明的几种要素，往往在古代西洋诸国里也可以找出来"。如"重宗教"，是古代民族所同有的，其他如重阶级、重过去、重保守、重玄想、重退让、重自然、重出世，无论东方还是西方，在古代"全是一样，并没有分别"。只是由于西洋文明已从古代进入现代，因而具有了上表所列的种种新的特色，而"东方文明从古以来并没有改变。我们现在所勉强可以叫做东方文明的一点东西，仍然就是几百年几千年以前的那点东西。所以古代文明所有的特质现在仍然保存"。据此，常燕生得出结论："一般所谓东洋文明和西洋文明之异点，实在就是古代文明和现代文明的特点。"人们之所以会把这两种文明的差异说成是"东西之别"，一个重要的原因是，他们一方面"误以近代文明的特质当作西方文明的特质"，另一方面又"误以古代文明的特质当作东方文明的特质"。[①]

　　与新文化派把东西文化的差异归结为"古今"不同，东方文化派者则认为东西文化是"中外（类型）之异"。1916 年，针对陈独秀把东西文化归之为"古今"的观点，杜亚泉在《东方杂志》第 13 卷第 10 号上著文，将东

---

① 常乃德（常燕生）：《东方文明与西方文明》，《国民》第 2 卷第 3 号，1920 年 10 月 1 日。

西文化概括为"静的文明"与"动的文明"。他在文中首先就中西社会及其差异做了一番比较,指出:一、西洋社会"由多数异民族混合而成",因此民族之间的对抗和纷争始终存在;中国民族虽非统一,言语风俗亦有不同,但"发肤状貌,大都相类,不至如欧洲民族间歧异之甚",故没有发生西方那种民族之间的对抗乃至战争。二、西洋社会发达于地中海沿岸,"交通便利,宜于商业,贸迁远服,操奇计赢,竞争自烈";中国社会发达于内陆及黄河流域,"土地沃衍,宜于农业,人各自给,安于里井,竞争较少"。正由于中西社会之民族构成和地理环境的不同,导致了中西文化之间的多种差异:西方"以自然为恶","注重于人为","一切以人力营治之";中国"以自然为善","注重于自然","一切皆以体天意,遵天命,循天理为主"。"西洋人之生活为向外的",以个人为中心;"我国人之生活为向内的","勤俭克己,安心守分"。西方"有种种之团体,若地方,若阶级,若国家,若民族,皆为一团体而成一种之人格,对于他团体为权利义务之主体";中国"无所谓团体",城镇乡,是地理上的名称,省道县,是行政上的划分,国家是封建时代的遗物,均"无人格的观念存于其间"。西方社会"既以竞争胜利为生存必要之条件,故视胜利为最重而道德次之。且其道德之作用,在巩固团体内之各分子,以对抗他团体,仍持为竞争之具。而所谓道德者,乃从人与人之关系间规定其行为之标准,故多注意于公德。而于个人之行为,则放任自由"。中国社会"往往视胜利为道德之障害,故道德上不但不崇拜胜利,而且有蔑视胜利之倾向。道德之作用在于消灭竞争,而以与世无争、与物无竞为道德之最高尚者。所谓道德,即在拘束身心,清心寡欲,戒谨于不睹不闻之地,为己而不为人,故于个人私德上兢兢注意"。西方以"战争为常态,和平其变态","无时不在战争之中",就是和平时期也是为下一次战争做准备;中国以"和平其常态,战争其变态",有时虽然也发生战争,战争的目的是为了恢复和平。……凡此种种,在杜亚泉看来,不外"动"与"静"的区别。故此,他写道:"综而言之,则西洋社会为动的社会,我国社会为静的社会。由动的社会,发生动的文明,由静的社会,发生静的文明。两种文明各现特殊之景趣与色彩。"[1]

---

[1] 伧父(杜亚泉):《静的文明与动的文明》,《东方杂志》第 13 卷第 10 号,1916 年 10 月 10 日。

　　梁漱溟的《东西文化及其哲学》的第二、三章（如何是东方化？如何是西方化？），主要讲的也是东西方文化的差异问题。他认为，所谓文化"不过是那一民族生活的样法"，而"生活就是没尽的意欲（Will）……和那不断的满足与不满足罢了"。于是他从"意欲"的可能满足与不满足着眼提出了人生的三大问题：第一大问题是人对物的问题，只要人们不断努力和不断积累经验和知识，意欲——对物的要求——总会得到满足；第二大问题是人对人的问题，由于"我意欲向前要求时为碍的在有情的'他心'，这全在我的宇宙范围之外，能予我满足与否是没有把握的"，所以意欲——对他人的要求——的满足与否无法肯定；第三大问题是人与自身生命的问题，无论人们如何努力都无法改变"人老要死"这种不可抗拒的因果必然之势，意欲——对自己生命的要求——是无论如何也不能得到满足的。与这三大问题相适应，便产生了三种不同的"生活样法"或"文化路向"。第一大问题处理的是物我关系，这只有依赖于意欲向前追求，征服自然，因此第一大问题产生的"生活样法"或"文化路向"是"向前面要求"；第二大问题处理的是人我关系，为只能于意欲向内用力，反求诸己，以求得内心的和谐与满足，因此第二大问题产生的"生活样法"或"文化路向"是"对于自己的意欲变换、调和、持中"；第三大问题处理的是身与心、灵与肉、生与死的关系，他既不能向外追求，也不能反求诸己，只能通过禁欲主义的修炼，使自己从内在自我和外部世界存在的虚幻中解脱出来，因此它所产生的"生活样法"或"文化路向"是"转身向后去要求"。① 依据"三个不同的路向"，梁漱溟分别考察了东西文化的不同"彩色"，并得出结论：西方文化、中国文化和印度文化其"彩色"所以会有不同，其原因就在于它们走的文化路向不同，西方文化走的是意欲"向前面要求"的第一文化路向，中国文化走的是"对于自己的意欲变换、调和、持中"的第二文化路向，印度文化走的是"转身向后去要求"的第三文化路向。这三种不同的文化路向导致了西方文化、中国文化和印度文化"根本精神"的不同或根本差异。所以，他认为中西文化差异的根源就在于它们是"一中一外"，中国的落后不是由于中国文化比西方文化走得慢，少走了几十里路，而是他走的不是与西方

---

① 梁漱溟：《东西文化及其哲学》，载《梁漱溟全集》第一卷，第 352、380—382 页。

同一条文化路向。

除上述这两种观点外，东方文化派当时提出的另一颇有影响的东西文化是"中外或类型之异"的理论，即所谓东方是精神文明，西方是物质文明的东西文化比较论。梁启超就认为："东方的学问，以精神为出发点；西方的学问，以物质为出发点。""东方的人生观，无论中国印度，皆认物质生活为第二位，第一，就是精神生活。物质生活，仅视为补助精神生活的一种工具。"[①] 张君劢在他 1923 年于清华学校所做的《人生观》的讲演中也指出：中国"自孔孟以至宋元明之理学家，侧重内生活之修养，其结果为精神文明。三百年来之欧洲，侧重以人力支配自然界，故其结果为物质文明"[②]。

依据他们对东西文化差异之性质的不同认识，新文化派和东方文化派对东西文化的优劣也做出了相反的评判。在新文化运动前期，由于新文化派把东西文化的差异看成是"古今之别"，是不同历史时期的文化之间的差异，而根据进化理论，今是胜于古的，因此他们符合逻辑地认为，已进入近代的西方文化比仍停滞在古代的东方文化具有不可比拟的优越性。到了新文化运动的中后期，新文化派内部发生分化，其中的反传统主义的西化派仍然认为西方近代资本主义文化是人类文化的归宿，而中国早期马克思主义者则认为西方近代资本主义文化和东方古代封建主义文化一样，也已落伍过时，属于应被淘汰的文化，只有社会主义的新文化才充满生命力，代表人类文化发展的方向。和新文化派不同，在东方文化派看来，既然东西文化是"中外之异"，所以就无法判定它们孰优孰劣。杜亚泉就认为，东西文化犹如异地并生的两种草木，殊科异类，各具特色，彼此无优劣之分。以"发生之效果而论"，动的文明，冒险进取，生活虽"日益丰裕"，但"身心忙碌"；静的文明，消极柔弱，生活尽管"日益贫啬"，然而身心安闲。"以个人幸福论，丰裕与安闲孰优孰劣，殊未易定"，二者都有存在的价值和理由。[③] 不唯如此，文化保守主义者在比较东西方文化时，还得出了东方的"精神文明""静的文明"和第二、第三文化路向优于或高于西方的"物质文明""动的文明"和第一文化路向的结论。

---

① 梁启超：《东南大学课毕告别辞》，载《饮冰室合集》第 5 册，文集之四十，第 12 页。
② 张君劢：《人生观》，载《人生观之论战》（上），第 9 页。
③ 伧父（杜亚泉）：《静的文明与动的文明》，《东方杂志》第 13 卷第 10 号，1916 年 10 月 10 日。

　　与东西或中西文化之差异的比较相关联的是如何看待新旧文化的关系问题。在这一问题上新文化派和东方文化派也存在着尖锐对立。新文化派认为，第一，"所谓新者无他，即外来之西洋文化也。所谓旧者无他，即中国固有之文化也"。而这两种文化的性质是"极端相反"的，如果认为"新"者为适，那就必须排斥"旧"者，反之亦然。"旧者不根本打破，则新者绝对不能发生，新者不排除尽净，则旧者亦终不能保存，新旧之不能相容，更甚于水火冰炭之不能相入也。"① 第二，中国的旧文化在古代虽然有它的价值，但到了现代则成了过时的东西，已失去存在的价值和意义，用常燕生的话说："我们诚然记得周秦的学术，汉唐的文章，宋元的技艺，都是文明界上伟大的出产。但这是过去的，过去的文明只应和过去的文明并论。汉唐宋明的文明，纵然在当时超越一切，但现在已经不是汉唐宋明的那个时代了。陈年的流水账，救不了现在的饥荒。我们怎么就能拿汉唐宋明的老牌号来遮掩目前的丑态呢？"② 据此，西化派从新胜于旧、今胜于古的前提出发，反对新旧调和，反对保存旧的文化传统，而主张"破旧立新""以新代旧"或"弃旧图新"。

　　不同于西化派，东方文化派则反对将西方文化和中国文化与新旧文化等同起来，认为新旧是一个历史的范畴，其含义因时、地和内容的变化而异，"昨以为新，今日则旧"。如戊戌时期，"主张仿效西洋文明者为新，而以主张固守中国习惯者为旧"。但欧战以后，时移势异，西洋文明破绽百出，弊端丛生，西方劳动阶级正谋创造新文明，因此"吾人若因时代之关系，而以新旧二字为之标志，则不能不以主张创造未来文明者为新，而以主张维持现代文明者为旧"。与此相应，在中西文化关系上，"则不能不以主张刷新中国固有文明贡献于世界者为新，而以主张革除中国固有文明同化于西洋者为旧。故现时代之所谓新旧，与戊戌时代之所谓新旧，表面上几有倒转之观"③。而且人们对新旧的看法也各不相同，有的人视之为新的东西，在另一些人的眼里可能是旧的，如西化论者以为新而大力输入、宣传的西方达尔文的进化论和实证主义哲学，其实在西方早已是过时的东西了。所以

① 汪叔潜：《新旧问题》，《青年杂志》第1卷第1号，1915年9月15日。
② 常乃德（常燕生）：《东方文明与西方文明》，《国民》第2卷第3号，1920年10月1日。
③ 伧父（杜亚泉）：《新旧思想之折衷》，《东方杂志》第16卷第9号，1919年9月15日。

对文化之优劣的评判，不能仅仅以新或旧为标准。更何况人文科学与自然科学不同，不完全以新旧作为价值判断的依据。

东方文化派还进一步论证说，就文化演化的趋向而言，也是新中有旧，旧中有新，是一个由新而旧、由旧而新的递嬗过程，新旧不能也无法分开，新是旧的发展，旧是新的根基，没有旧也就没有新。"新也，旧也，不过一程度问题。"章士钊举了一个例子，以说明"新""旧"是不能截然"析疆分界"的。他说，胡适提倡白话文，"在一定范围以内，其说无可驳者"。可是胡适一定要提倡"说话须说现在的话，不可说古人的话"，那就行不通了。因为"不说古人的话"，现在不就"无话可说"了吗？现在的话是从古人那里承续来的。[①] 所以，东方文化派认为，西化派以"新胜于旧""今胜于古"为理由，反对新旧调和、反对继承传统文化的观点是根本站不住脚的。章士钊在《新时代之青年》中指出："凡欲前进，必先自立根基。旧者根基也。不有旧，决不有新；不善于保旧，决不能迎新；不迎新之弊，止于不进化，不善保旧之弊，则几于自杀。"[②] 杜亚泉在《接续主义》一文中也认为："有保守而无开进……复何所用其接续乎？若是则仅可谓之顽固而已。……反之，有开进而无保守，使新旧间之接续，截然中断，则国家之基础，必为之动摇。"[③] 故此，东方文化派不同意西化派提出的"破旧立新""以新代旧"或"弃旧图新"的主张，而赞同"新旧杂糅""新旧调和"或"存旧立新"。

当然，无论是比较东西文化差异，还是说明新旧文化关系，其目的都是为了对中国文化的出路做出选择。在新文化运动前期，新文化派的一致看法是：既然中国固有文化是旧文化，根本不适应现代需要，西方近代文化是新文化，比中国固有文化优越，那么，中国文化的出路只能是"西方化"，而不是"东方化"或"中西文化调和"。将这一思想表达得最清楚不过的是我们前面曾经引用过的陈独秀的那段话："无论政治学术道德文章，西洋的法子和中国的法子，绝对是两样，断断不可调和牵就的。这两样孰好孰歹，

---

① 章行严（章士钊）:《新时代之青年——章行严君在寰球中国学生会之演说》,《东方杂志》第16卷第11号，1919年11月15日。

② 章行严（章士钊）:《新时代之青年——章行严君在寰球中国学生会之演说》,《东方杂志》第16卷第11号，1919年11月15日。

③ 伧父（杜亚泉）:《接续主义》,《东方杂志》第11卷第1号，1914年7月1日。

是另外一个问题，现在不必议论；但或是仍旧用中国的老法子，或是改用西洋的新法子，这个国是，不可不首先决定。若是决计守旧，一切都应该采用中国的老法子，不必白费金钱派什么留学生，办什么学校，来研究西洋学问。若是决计革新，一切都应该采用西洋的新法子，不必拿什么国粹，什么国情的鬼话来捣乱。"[①] 陈氏当然是要"决计革新"，采用"西洋的新法子"，用西方文化来取代中国文化的。所以有的研究者称新文化派的主张为"文化取代论"。到了新文化运动的中后期，如前所指出，中国早期马克思主义者开始走上思想文化舞台，他们虽然在反击文化保守主义者方面与新文化阵营内部的西化派结成了同盟军，但在中国未来文化选择的问题上他们和反传统主义的西化派又有争论。他们反对中国走"西方化"的道路，认为"俄化"，亦即走俄国十月社会主义革命道路才是中国文化的正确选择。

对新文化派以西方文化取代中国文化的主张，东方文化派是不赞成的。钱智修在《功利主义与学术》一文中就批评新文化派"于学术必推尊欧美，或以欧美为师承之日本，而本国儒先之说，皆弁髦而土苴之。盖以本国与欧美较，国势有强弱之不同，因之论学亦存主奴之见也"。钱氏认为，"夫谓学术无国界，是也。然是特谓学者当放宽眼界，揽古今中外之菁英，而供其采择耳。既言采择，则必有弃取，既有弃取，则必以学术本体之短长为弃取之标准"。但新文化派则"不问其本体之短长，而惟以隶属洋籍者为长"，甚至"欲废本国文字，而用英语或世界语，以为可歼除旧学之根株，容纳世界之新学"，其结果"不惟吾国旧学，不能因其与欧美世系不同，遽科以族灭之刑。即以容纳新学论，亦未为得当"。[②] 梁漱溟在《东西文化及其哲学》中对新文化运动进行了全面清算，在他看来，新文化派以西方文化取代中国文化的主张，"没给人以根本人生态度；无根的水不能成河，枝节的作法，未免不切"[③]。

在批评新文化派主张的同时，东方文化派提出了他们自己对于中国文化之出路的主张。他们认为，中西文化是"中外之异"，类型之别，彼此难分优劣，不存在谁取代谁的可能，更何况它们各有所长，也各有所短，而

① 陈独秀：《今日中国之政治问题》，《新青年》第 5 卷第 1 号，1918 年 7 月 15 日。
② 钱智修：《功利主义与学术》，《东方杂志》第 15 卷第 6 号，1918 年 6 月 15 日。
③ 梁漱溟：《东西文化及其哲学》，载《梁漱溟全集》第一卷，第 531 页。

且这种长短又正好互补，因此，中国文化的出路只能是"一面开新，一面复旧"，取西方文化之长，补中国文化之短，实现中西文化的折衷调和。例如，杜亚泉就指出，中国文化的出路，在于一面"统整吾固有之文明，其本有系统者则明了之，其间有错出者则修整之。一面尽力输入西洋学说，使其融合于吾固有文明之中。西洋之断片的文明如满地散钱，以吾固有文明为绳索，一以贯之"。他相信，"今后果能融合西洋思想以统整世界之文明，则非特吾人之自身得赖以救济，全世界之救济亦在于是"。① 梁启超则提出了著名的调和中西文化的"四步论"（详见上一子目）。陈嘉异在吸收梁启超的主张的基础上，也提出了自己调和中西文化的"四步论"："第一，以科学方法整理旧籍，将吾先民之学术思想，乃至吾国社会所以形成之原理，一一抉择阐发，为统系之说明，使人咸知东方文化之真面目，究竟安在，而后东方文化确有可存在与其讨论之范围。第二，既知东方文化真义之所在，即当择善而从，笃信其说，复本其原理以求实现，为奋斗的生涯，以建一有意义有价值的生活。第三，吾人即本此奋斗之精神，以文字的译述，团体的宣传，尽量灌输东方文化之精蕴于欧美人士，以为文化之交换。第四，一面以极精锐之别择力，极深到之吸收力，融合西方文化之精英，使吾人生活上内的生命（精神）与外的生命（物质），为平行之进步，以完成个人与社会最高义的生活。同时即本互助之努力（东西两文化交换之结果），以创造一最高义的世界文化。" ② 梁漱溟虽然在理论上赞同陈独秀的新旧文化、古今文化无法调和的观点，而反对中西文化之间的调和，然而在实际上他主张的也是"对于西方文化是全盘承受，而根本改过"，同时"批评的把中国原来态度重新拿出来"这一中西文化的调和模式。③ 东方文化派并且认为，只有实现中西文化的互补调和，中国才能"国粹不失，欧化亦成"，从而建立起以中国文化为本位的新的民族文化系统。

三、文化理论的得与失

就新文化运动时期东方文化派与新文化派关于东西文化论战所争论的三

---

① 伧父（杜亚泉）：《迷乱之现代人心》，《东方杂志》第 15 卷第 4 号，1918 年 4 月 15 日。
② 陈嘉异：《东方文化与吾人之大任（续）》，《东方杂志》第 18 卷第 2 号，1921 年 1 月 25 日。
③ 梁漱溟：《东西文化及其哲学》，载《梁漱溟全集》第一卷，第 528 页。

个主要问题的实质而言，是要不要向西方（后来包括俄国）学习、如何学习以及如何对待中国传统文化的问题。在这个问题上，新文化派相对东方文化派而言，他们的文化观点和主张显然更符合历史的要求一些，因而具有进步的意义。也正是在这点上，我们应充分肯定新文化派的历史功绩，但这是就价值或历史的评价立论。如果从学理上来分析，新文化派也好，东方文化派也好，他们的文化观点和主张又都具有片面性。

　　首先，就新文化派和东方文化派对东西或中西文化差异性质的不同认识来看，实际上，新文化派所说的"古今之别"和东方文化派所说的"中外之异"，指涉的是文化的时代性和民族性。所谓文化的时代性和民族性是文化的两种属性。文化的时代性，是指为社会发展特定历史阶段上的一般状况所决定的文化之时代特征，它反映的是世界各民族在相同的时代或相同的社会发展阶段上的文化共同要求。文化的民族性，是指体现在特定民族文化类型中，并作为基本内核而存在的民族文化心理素质的特征，它是形成民族文化的基础，具有与民族共存亡的超时代性。民族性是不能做善恶之价值判断的，各民族文化之民族性没有高下优劣之分，都有存在的理由和意义。时代性是可以并应该做出价值之善恶判断的，文化的性质由时代性所决定，处于不同时代和历史发展阶段的民族文化因此而划分出先进与落后、优越与低劣。作为文化的两种属性，时代性与民族性既彼此联系，又相互依存。任何文化形态，既是一定时代的文化，又是一定民族的文化；既是特定民族在一定时代的文化，又是一定时代的特定民族文化，是时代性与民族性的集合体。

　　以文化的这两种属性分析东西或中西文化，从文化的时代性来看，中国传统文化在性质上是古代，特别是封建时代的文化，而西方近代文化是近代资本主义文化，它们是一古一今，在时代性上后者比前者具有不可比拟的优越性；但就文化的民族性来考察，中西文化体现的是两种不同民族的文化特征，彼此并无高下优劣之分。如前所述，文化是时代性与民族性的集合体，所以东西或中西文化既是"古今之别"，又是"中外（类型）之异"。

　　然而新文化派和东方文化派却不作如是观。新文化派虽然正确地认识到中西文化是"古今之别"，认识到它们分属于不同的历史时代，但拒不承认它们同时又是"中外（类型）之异"，体现的是两种不同民族的文化特征。常燕生就一再声明："我对于世界文化问题的意见，向来主张世界上并没有东西文化之区别，现今一般所谓东西文化之异点，实即是古今文化之异点，所以拿东西文化来作对称的研究，实在根本不成理由。"因为在他看来，一切文化根本都是向着"利用厚生"的目的而发展的，只有"量"的不同，而绝无"质"的不同。① 东方文化派则反是。他们虽然正确地指出了中西文化是"中外（类型）之异"，是两种不同民族的文化，但又否认它们是"古今之别"，属于不同的历史时代。杜亚泉在《静的文明与动的文明》一文中就认为，东西文化"乃性质之异，而非程度之差"②。所谓"性质"，也就是常燕生说的"质"，指的是文化的民族性；所谓"程度"，也就是常燕生说的"量"，指的是社会发展水平，亦即文化的时代性。

由于新文化派和东方文化派对文化之时代性和文化之民族性及其相互关系缺乏全面、正确的认识，所以在比较东西或中西文化时，往往各执一端，无法沟通对话，所争问题也始终得不到解决。新文化派一般都十分重视中西文化的时代落差，但对中西文化的民族特征很少领会，以时代性的比较取代了民族性的分析。因此，他们往往把中西文化之间时代性的差别，说成是整个文化的差别。如陈独秀在《东西民族根本思想之差异》一文中，比较系统地比较了东西文化之间的差异："（一）西洋民族以战争为本位，东洋民族以安息为本位"；"（二）西洋民族以个人为本位，东洋民族以家族为本位"；"（三）西洋民族以法治为本位，以实利为本位；东洋民族以感情为本位，以虚文为本位"。具体而言，西洋民族是"彻头彻尾个人主义之民族"，"举一切伦理，道德，政治，法律，社会之所向往，国家之所祈求，拥护个人之自由权利与幸福而已。思想言论之自由，谋个性之发展也。法律之前，个人平等也。个人之自由权利，载诸宪章，国法不得而剥夺之，所谓人权是也。人权者，成人以往，自非奴隶，悉享此权，无有差别。此纯粹个人主义之大精神也"，东洋民族则处于"宗法社会"，"以家族为本位，而个人无权利"，"尊家长，重阶级，故教孝"。"国家组织，一如家族，尊元首，

① 常燕生：《东西文化问题质胡适之先生——读〈我们对于西洋近代文明的态度〉》，《现代评论》第 4 卷第 90 期，1926 年 8 月 28 日。

② 伧父（杜亚泉）：《静的文明与动的文明》，《东方杂志》第 13 卷第 10 号，1916 年 10 月 10 日。

重阶级，故教忠。忠孝者，宗法社会封建时代之道德。"其"恶果"有四："一曰损坏个人独立自尊之人格；一曰窒碍个人意思之自由；一曰剥夺个人法律上平等之权利（如尊长卑幼同罪异罚之类）；一曰养成依赖性，戕贼个人之生产力。"西洋民族"重视个人自身之利益"，所以"以法治实利为重"，"不独国政为然，社会家庭，无不如是。商业往还，对法信用者多，对人信用者寡；些微授受，恒依法立据"。"父子昆季之间，称贷责偿，锱株（铢）必较，违之者不惜诉诸法律；亲戚交游，更无以感情违法损利之事。""以法治实利为重者，未尝无刻薄寡恩之嫌；然其结果，社会各人，不相依赖，人自为战，以独立之生计，成独立之人格，各守分际，不相侵渔。以小人始，以君子终；社会经济，亦因以厘然有叙。"东洋民族则因"重家族，轻个人"，于是"亲养其子，复育其孙"，"事畜之外，兼及昆季"，乃至"累代同居"，结果"外饰厚情，内恒愤忌。以君子始，以小人终；受之者习为贪惰，自促其生以弱其群耳"，"貌为家庭和乐，实则黑幕潜张，而生机日促"，对家庭及社会都带来了较大的危害。[①] 显而易见，陈独秀在这里比较的主要是中西文化之时代性。中西文化的上述种种差异，根源就在它们所处时代的不同：个人本位、法治本位是资本主义社会的产物，而家庭本位、感情本位则是封建社会之宗法关系和小农经济的本质特征。然而，由于陈独秀不懂得任何文化都是时代性与民族性的集合体，中西文化除时代性的不同外，还有民族性的差异；因此，他误以为中西文化之时代性的不同，就是整个中西文化乃至中西民族的不同。于是他把这篇主要比较中西文化之时代性区别的文章冠以"东西民族根本思想之差异"的题名，并多次指出文中所列中西文化之种种差异，就是整个中西文化或"东西民族根本思想之差异"。在陈氏这里，文化的时代性与文化具有同一含义。

与新文化派相反，东方文化派则过分看重中西文化之间的类型差异，或文化之民族性的不同，非常珍惜中国文化之民族特征，不赞成把中国文化的民族性等同于落后性，把中国文化的特点等同于缺点，但没能理会中西文化之间的时代差异，以民族性的比较取代了时代性的分析。因此，他们往往把中西文化之间的时代性差别，说成是民族性的差别，是中西文化不

---

① 陈独秀：《东西民族根本思想之差异》，《青年杂志》第 1 卷第 4 号，1915 年 12 月 15 日。

同的民族特征。以上引杜亚泉的《静的文明与动的文明》为例。杜氏从比较东西方民族思想观念入手，认为由于社会成立历史和地理环境的不同，形成了东西方不同的民族特征，即：西方"有团体"，东方"无团体"；西方"有人格"，东方"无人格"；西方"尚竞争"，东方"贬竞争"；西方"重公德"，东方"重私德"；……实际上，杜亚泉在这里所列举的东西方文化的种种特征，不少是东西方文化之时代性不同的反映，前者是近代资本主义社会的内容，后者是古代封建社会具有的特征。在欧洲的中世纪，也没有现代意义上的团体和人的自由与解放，有的只是神权（宗教）、政权（统治者）对人的压迫与束缚。但由于杜业泉不懂得文化具有民族性和时代性这两种既相互联系、又各自独立的属性，不懂得一定的文化是一定社会形态的产物，文化的基本内容是随着社会形态的发展而变化、进步的，由此产生的文化特征是文化的时代性，而非文化的民族性。因此，他把中西文化的时代性差异一律视之为不同的民族特征，并因此而得出了中西文化"乃性质之异，而非程度之别"的结论。梁漱溟也是如此。他在《东西文化及其哲学》中津津乐道、大力提倡的所谓中国文化的"民族性"：知足、寡欲、乐天、安命、无争的人生态度，其实是中国封建社会以一家一户为特征的小农经济的产物，体现的是中国传统文化的时代特征。

把中西文化之差异的实质归结为"古今之别"，这有助于人们发现中国传统文化与西方近代义化的时代差距，从而认识到向西方学习的必要性和紧迫性，但它又容易导致人们对本民族文化的全盘否定，因为在时代性上，中国传统文化几乎比西方近代文化落后了整整一个时代。一些西化派（如胡适、陈序经）也正是通过中西文化之时代性的比较而得出中国传统文化百不如人之结论的。反之，把中西文化之差异的实质归结为"中外之异"，这有助于人们发现中国文化存在的价值和意义，从而增强民族自豪感和自信心，但它又容易促使人们滋长消极的文化自满情绪，拒不承认中国固有文化的落后，反对用西方近代文化对中国传统文化进行批判、改造和变革。一些文化保守主义者就是以文化之民族性的不同为理由反对新文化运动提出的向西方文化学习的主张的。

在新文化运动时期真正能从文化之时代性和民族性两个方面考察东西或中西文化之差异的只有李大钊。1918 年他在《言治》季刊第 3 册发表《东西文明根本之异点》一文。一方面，他和杜亚泉一样，从地理环境论出发，将东西文化归结为"静的文明"与"动的文明"，并通过比较东西文化的种种差异得出结论："平情论之，东西文明互有长短，不宜妄为轩轾于其间。"另一方面，他又与杜亚泉不同，他对东西文明之"静"与"动"以及种种差异的比较，则是以肯定东方文化在时代性上落后于西方文化为前提的。文中写道："今日立于东洋文明之地位观之，吾人之静的文明、精神的生活已处于屈败之势。彼西洋之动的文明、物质的生活虽就其自身之重累而言，不无趋于自杀之倾向，而以临于吾侪，则实居优越之域。"① 当然由于历史和自身的原因，李大钊对东西文明之"静""动"的概括和种种差异的比较，也有不准确之处，特别是他把一些时代性差异，说成是东西文明的民族特征。

与他们对东西文明之差异的认识一样，新文化派和东方文化派对新旧文化之关系的认识也是正确与谬误并存。因为人类文化的演进是变革与承续、间断性与连续性之对立统一的辩证过程。一方面，文化是随着时代的前进而发展的。既然文化随着时代的前进而发展，那么，在发展的过程中就必然会出现变革，出现间断性，也正是这种变革和间断性才带来了文化在时代性方面的质变，带来了文化的全面飞跃，从而使奴隶时代的文化有别于原始时代的文化，封建时代的文化有别于奴隶时代的文化，资本主义时代的文化有别于封建时代的文化，社会主义时代的文化有别于资本主义时代的文化；另一方面，文化之发展又具有连续性，以往的文化积累是一切新文化赖以产生的基地和母体，新的文化只能从旧的文化中发展而来，新旧之间存在着一种连绵不断的承续关系。那种所谓纯粹的新文化在现实社会中是根本找不到的，就是新文化派视之为"新文化"的西方近现代文化，其实也是从西方古代文化发展而来的。

新文化派虽然正确认识到文化演进过程中变革的性质及其意义，认识到只有变革传统文化，才能实现文化发展中的飞跃，才能医治中华民族经济上的落后、政治上的腐败和精神上的愚昧，从而使她立于世界民族之林，但他们却忽略了文化演进过程中的连续性。陈独秀就视文化演进中的连续性为"劣等民族"的"惰性""恶德"所造成的"一种不幸的现象"，而"不

---

① 李大钊：《东西文明根本之异点》，《言治》季刊第 3 册，1918 年 7 月 1 日。

可说是社会进化上一种应该如此的道理"。① 加上他们认为中国固有文化是封建时代文化，在今天已失去了其存在的价值和意义，故此他们主张"破旧立新"。他们甚至从中国传统文化是"旧文化"，西方近现代文化是"新文化"这一认识前提出发，错误地认为文化的变革不是本土文化的更新，而是外来文化的"移植"，是用外来"新文化"取代本土"旧文化"的所谓"以新代旧"或"弃旧图新"。

如果说对新旧文化关系的认识，新文化派强调了文化演进中的"变革"和"间断性"，而忽略了"继承"和"连续性"，那么，东方文化派则正好相反，强调了文化演进中的"继承"和"连续性"，而忽略了"变革"和"间断性"，他们提出的"新旧调和""新旧杂糅"或"存旧立新"的主张，和新文化派提出的"破旧立新""以新代旧"或"弃旧图新"的主张一样，也是一种片面的文化理论。因为：

第一，他们不懂得文化变革的性质及其在文化演进过程中的伟大意义。辩证唯物主义认为，发展就是对立面的斗争，事物发展的根本原因在于事物内部的矛盾运动。"新"与"旧"作为矛盾的双方存在于同一体中，彼此互相依存。就矛盾的同一性而言，"新"与"旧"的确不能分开，也可以说没有"旧"就没有"新"。但是，矛盾的同一性是相对的，其对立与斗争则是绝对的，在一定的条件下矛盾的双方互相转化，打破原有的同一性，从而在新的基础上达到新的同一，事物就呈现出质的变化，并非"旧"事物的再现与重复。因此，从根本上说，事物的进化是以"新"战胜"旧"为前提的。文化保守主义者提出的"新旧调和""新旧杂糅"或"存旧立新"的主张，则片面夸大、凝固了"新""旧"的同一性，而否定了它们之间的斗争性；只主张事物的"量"变，而反对或不承认事物的"质"变；只主张文化的"渐进"，而反对或不承认文化的"飞跃"。因此，他们一再强调新中有旧，旧中有新，不能保守便不能开新，新旧是一个连续不断的过程，而不承认事物在矛盾斗争基础上的发展，不承认文化发展的间断性。杜亚泉就提倡"接续主义"："盖接续云者，以旧业与新业相接续之谓。""往者过，来者续，接续者如斯而已。"他甚至把新旧斗争看作是人们"利欲与意气"

---

① （陈）独秀：《调和论与旧道德》，《新青年》第 7 卷第 1 号，1919 年 12 月 1 日。

的结果，而加以全盘否定。① 章士钊则声称，社会历史的演变，"乃移行的而非超越的"，"既曰移行，则今日占新面一分，蜕旧面亦只一分"，因此，在任何"乍占乍蜕"阶段都是处在"新旧杂糅"的状态中。②

　　第二，他们否认"新""旧"之间有质的规定性，认为"新也旧也，不过是一程度问题"，其含义"或由知识之差违，或由情感之殊异"而定，文化本身并无"新"与"旧"的分别。③ 后来章士钊在自己主编的《甲寅》周刊上发文批评新文化派那种认为历史"有所谓畜牧时代，有所谓农业时代，有所谓军国民时代"，文学"有所谓周秦文学，两汉文学，唐宋元明清文学，而唐时又分初、盛、晚"的观点，"皆是杜撰，毫无标准"。因为在他看来，"盖所谓初与盛及盛与晚之分，果在何年，年定何月，月定何日，日定何时，时定何分，分定何秒，此不能言，即无时代可分"。依此诡辩，章氏认为："新云旧云，皆是执著之名言"，实际上，所谓"新"时代，"旧"时代，"新"事物，"旧"事物，"新"文化，"旧"文化……都是无法确定的，人们根本不可能区分什么是"旧"，什么是"新"。④

　　正因为新文化派和东方文化派对文化之变革与继承、间断性与连续性的辩证关系都缺乏全面认识，所以他们对待中国传统文化是各执一端：新文化派力图"变革"彻底，而东方文化派则唯恐"连续"中断。与此相联系，新文化派批判传统非常激烈，而东方文化派则维护传统十分积极，他们都不能对传统文化持正确的态度。如果说新文化派在批判传统文化的时候，将一些优秀的民族文化遗产，如戏曲、曲艺、中医、中药、拳术、气功、汉字也算作为传统文化的"糟粕"而加以否定的话，那么，东方文化派在维护传统文化的时候，则将传统文化的不少糟粕误认为"精华"而加以继承和弘扬。譬如，几乎所有的东方文化派都视旧伦理、旧道德为"立国之本"，具有永恒的意义，从而对它采取继承和弘扬的态度。杜亚泉在《国民今后之道德》一文中就指出："吾以为中国道德之大体，当然可以不变，不特今日

---

① 伧父（杜亚泉）：《接续主义》，《东方杂志》第 11 卷第 1 号，1914 年 7 月 1 日。
② 章行严（章士钊）：《新时代之青年——章行严君在寰球中国学生会之演说》，《东方杂志》第 16 卷第 11 号，1919 年 11 月 15 日。
③ 伧父（杜亚泉）：《再论新旧思想之冲突》，《东方杂志》第 13 卷第 4 号，1916 年 4 月 10 日。
④ 孤桐（章士钊）：《进化与调和》，《甲寅》第 1 卷第 15 号，1925 年 10 月 24 日。

不变，即再历千百年而亦可以不变。"① 陈嘉异之所以认为中国固有文化比西方近代文化优越，其理由之一，就是他认为"吾族所有之德目，如仁爱等名词，以及'四海一家'、'民胞物与'之语，无不含有极普遍极博大之精神。质而言之，吾族之传统道德，实世界道德、人类道德而非仅国家道德"②。梁启超也认为："道德是要永久的，无所谓适于古者不适于今，合于今者不合于后的。"③……这也是东方文化派认为中国是"精神文明"，西方是"物质文明"，要用"精神文明"去解救"物质文明"所带给西方人的种种弊端的重要原因。

显而易见，把中国旧伦理、旧道德说成是中国"立国之本"，具有超时代、超民族界限的行为准则，这是错误的，反映了东方文化派保守主义的文化取向。因为，历史唯物主义告诉我们，伦理道德作为社会意识形态是社会关系的产物，并最终决定于人们的社会存在。在阶级社会中，伦理道德是有阶级性的，它反映的是这个或那个阶级的利益、理想和生活方式。那种所谓超阶级、超时代、超民族的伦理道德在现实社会中是根本不存在的。就中国的旧伦理、旧道德而言，它本质上是中国封建时代的社会关系的产物，反映的是那个时代的阶级尤其是封建地主阶级的利益、理想和生活方式，是封建时代人们的行为准则，而非一切时代人们的行为准则。随着社会的进步、社会关系的变化，中国的旧伦理、旧道德必然会发生改变，失去其存在的意义和价值。当然，历史唯物主义也不否认，在每一时代和每一阶段的伦理道德中，都含有可为后代所继承的伦理道德因素。但这些伦理道德因素的存在又不可避免地带有时代和阶级的烙印，具有时代和阶级的局限性。例如，中国的尊老敬长往往是与封建礼教联结在一起的，爱国主义往往与忠君、忠封建王朝的思想联结在一起……因此，就是对于这些含有普遍性意义的伦理道德因素，也必须经过认真地清理和改造，剔除其封建性糟粕，才可为我们继承和弘扬。

东方文化派认为中国旧伦理、旧道德是"立国之本"，是具有普遍和永恒意义的行为准则，因此，他们特别反对新文化运动的批判旧道德，提倡

---

① 高劳（杜亚泉）：《国民今后之道德》，《东方杂志》第 10 卷第 5 号，1913 年 11 月 1 日。
② 陈嘉异：《东方文化与吾人之大任（续）》，《东方杂志》第 18 卷第 2 号，1921 年 1 月 25 日。
③ 梁启超：《教育应用的道德公准》，载《饮冰室合集》第 5 册，文集之三十九，第 31 页。

新道德，或认为"道德新旧，其差至微，而中国旧道德，与新者尤少抵牾"，如唐虞之让德传贤，孟子之君轻民贵，均与共和之原理结合，所以民国建设，如此容易，与旧道德的作用是分不开的，"由此言之，吾国道德，实无根本改革之必要"。[1] 或认为我国之爱国思想，冒险进取精神，虽"远不逮欧美"，然于"消极道德，则颇有一日之长。故人臣以难进易退为美谈，论士者以行己有耻为标准。下至穷檐蔀屋之民，乡党自好之流，亦有不以一时之苟得，堕其硁硁自守之心者"。可是自新文化运动提倡所谓新道德，打倒所谓旧道德以来，"于西洋之新道德，曾未得其形似，而数千年所服膺信守之旧道德，则已弃若弁髦，牿亡殆尽。道德之亡，国亦随之，不待国旗之改色，政权之尽握于外人，而情势则已章灼可见矣"。[2] 就此言之，新文化运动是罪莫大焉。

不言而喻，东方文化派的以上识见是十分错误的。毛泽东曾经说过："反对旧道德提倡新道德，反对旧文学提倡新文学"，这是新文化运动的"两大旗帜"，"立下了伟大的功劳"。[3] 毛泽东对新文化运动反对旧道德提倡新道德的评价，是完全符合历史实际的。因为正如我们所指出的，中国的旧伦理、旧道德是中国封建时代社会关系的产物，反映的是那个时代的阶级，尤其是封建地主阶级的利益、理想和生活方式，其实质是要维护人与人之间不平等的尊卑关系和宪法制度。如果不对旧伦理、旧道德进行彻底的批判，就不可能把人们从被压迫、被奴役的不平等的境遇中解放出来，"以实其自主自由之人格"，从而实现思想启蒙，使真正的民主共和政体在中国建立起来。正是在这个意义上，我们认为对于新文化运动的反对旧道德、提倡新道德，怎样充分肯定都不为过。东方文化派对新文化运动的反对旧道德提倡新道德的攻击和批评，只能说明他们的保守主义文化取向罢了。

东方文化派对于新文化运动反对旧道德提倡新道德的攻击和批评虽然是错误的，但我们也应看到：第一，他们尽管认为旧伦理、旧道德是中国的"立国之本"，是具有永恒和普遍意义的行为准则，然而并不主张全盘维护中国旧伦理、旧道德。东方文化派的一个基本观点，就是认为"道德有体

---

① 高劳（杜亚泉）:《国民今后之道德》，《东方杂志》第 10 卷第 5 号，1913 年 11 月 1 日。
② 钱智修:《消极道德论》，《东方杂志》第 10 卷第 4 号，1913 年 10 月 1 日。
③ 毛泽东:《新民主主义论》，载《毛泽东选集》第二卷，第 700 页。

有用，体不可变，而用不能不变"。至于何为"体"，何为"用"，东方文化派的看法又各不相同。杜亚泉在《国民今后之道德》中认为，"吾国自古迄今，言道德者均以仁为大本"，而"用"主要指的是那些为实现"仁"或"仁爱"精神而建立起来的外炼规范。这种"仁"或"仁爱"之"体"是永恒的，不仅不能变，并且应该"扩而充之"，但其"用"则不能不与时俱进，"变其不合时势者"。因为，道德初立，除某些人类本能的因素外，主要是"缘社会各具之特情"而成。"夫既以切合社会状况，为道德成立之本因，则社会遇有变动时，其道德自不能不稍稍变易。"具体来说，中国旧道德应变者有三："一，改服从命令之习惯而为服从法律之习惯"；"二，推家族之观念而为国家之观念"；"三，移权利之竞争而为服务之竞争"。[1] 在钱智修的《消极道德论》看来，中国旧伦理、旧道德之"体"，"廉耻二字尽之矣"，这是不能变的，其他则为"用"，可以变。[2]

第二，基于他们对道德之"体""用"的上述认识，东方文化派主张新旧道德的调和，也就是以中国旧道德之"体"，纳西方新道德之"用"。杜亚泉就认为，中西道德各有所长，二者调和，可取"相辅相成之效"。如西方的"奋斗的处世方法"，就可以与中国的"克己处世的方法"互补。"能克己则奋斗始有实力……能奋斗则克己始可实行。"以家庭制度为例。中国的大家庭制度是"互助的制度"，西方的小家庭制度是"独立的制度"。这两种制度各有优劣。西方的小家庭制度的优点在于：无压制之苦，有利于青年独立，少早婚滥育之害，而其弊则在离亲别居，少无人督导，老孤苦无依。中国的大家庭制度则相反，优点在亲其系，子其子，有利于社会稳定，其弊是束缚青年人的身心，养成一种依赖思想，财产不独立，这既扼杀了优秀者的进取，又造成了无数庸懦安食的冗民。据此，杜亚泉主张"于（中国——引者）互助之制度中采用（西方——引者）独立之精神"，从三个方面对中国大家庭制度进行改革：（一）让子女独立门户，自由发展，"将专制的大家庭渐变为独立的小家庭"；（二）讲求"契合之精神"，革除祭祖中的繁文缛节与迷信劳民的做法；（三）适应"自由独立之时尚"，改革家庭风范，

---

① 高劳（杜亚泉）：《国民今后之道德》，《东方杂志》第 10 卷第 5 号，1913 年 11 月 1 日。
② 钱智修：《消极道德论》，《东方杂志》第 10 卷第 4 号，1913 年 10 月 1 日。

不使弟子"对于家庭视同牢狱，寂无生趣"。① 钱智修的《消极道德论》，也主张熔东西之道德于一炉。

第三，新文化派反对旧道德、提倡新道德的历史功绩虽应充分肯定，但用毛泽东的话说，由于他们在反对旧道德、提倡新道德的过程中，主张"弃旧图新"，"对于现状，对于历史，对于外国事物"还"没有历史唯物主义的批判精神"，因此也存在着一些理论上偏失。② 如前所述，中国旧伦理、旧道德从本质上来说是中国封建时代社会关系的产物，反映的是那个时代的阶级，尤其是封建地主阶级的利益、理想和生活方式，但其中也包含有可为后代所继承的价值的因素。新文化派在批判旧道德的同时，则在不同程度上把这些可为后代所继承的有价值的因素也否定了。例如旧的封建"孝道"应该批判，但尊老敬长则不能不讲。可是有的新文化派则将它们都视为旧伦理、旧道德而加以抨击，甚至主张称父为"仁兄"。再如，西方的新道德也应该提倡，但有的新文化派则不加批判地对西方"称贷责偿，锱株（铢）必较"也大加赞赏。就此而言，东方文化派对新文化运动反对旧道德、提倡新道德的批评不无纠偏的作用。尤其需要指出的是，东方文化派在批评新文化运动反对旧道德、提倡新道德的同时，则提出了旧道德的抽象继承问题。杜亚泉就认为，道德的具体内容既然是与时俱进的，因此，一些旧的道德范畴如忠、孝、节、义等，都可以缘内涵的更迭而获得继承。如"忠"之一义，从君臣狭义言，"固已根本破坏"，然人民忠于国家、忠于职守，仍不可废弃，"是所忠之客体变，而忠之主体固未尝或变也"。③ 这样"忠"就获得了新的意义。尽管旧伦理、旧道德能否如此抽象地继承，可以讨论，但它至少说明东方文化派已经注意到了中国旧伦理、旧道德中所包含的那些可为后代继承的有价值的因素。

对于中国文化出路的选择，新文化派主张向西方学习，走"西方化"的道路，亦即用西方文化取代中国文化，文化保守主义者则主张"中西文化调和"。必须承认，新文化派的以西方文化取代中国文化的主张，主要是针对封建复古主义分子和文化保守主义者，以中西文化之民族特征不同为借

---

① 高劳（杜亚泉）：《家庭之改革》，《东方杂志》第14卷第4号，1917年4月15日。
② 毛泽东：《反对党八股》，载《毛泽东选集》第三卷，第831—832页。
③ 高劳（杜亚泉）：《国民今后之道德》，《东方杂志》第10卷第5号，1913年11月1日。

口，而反对向西方学习，即使学也必须以中国传统文化为本位、为主体所提出来的，因此它的提出有其历史的合理性及其意义，应该给予积极的肯定。东方文化派不加分析地对它一概否定是不正确的，不是科学的实事求是的态度。但就理论本身而言，"西方化"是非常错误的。因为如我们已指出的那样，文化是时代性与民族性的统一体。首先，从时代性来看，我们承认西方近代文化比中国传统文化进步，承认中国有向西方学习的必要性，但这不能得出必须用西方文化取代中国文化的结论。第一，时代性的表现是多方面的，有的反映的是统治阶级的意志，有的反映的是被统治阶级的愿望，有的反映的是社会生产力和科学技术进步的共同要求……既然时代性是多方面的，那么，我们在学习西方近代文化和变革中国固有文化时，就应根据不同情况区别对待。第二，时代性与民族性共存于一体之中，必然会打上民族性的烙印，表现为特定时代的文化所具有的民族特色。西方文化亦是如此，它具有自己的民族特色。这种民族特色并不见得完全适合中国的民族性格和历史环境。因此，我们在引进西方文化时必须使它与中国文化结合起来，成为民族新文化的一部分。其次，就民族性而言，各民族文化，虽因所处历史时代的不同而有先进与落后的区别，但就其自身所形成的特质或赖以整合的模式机制而言，却具有同等的价值，根本不存在谁取代谁的问题。正因为"西方化"的理论本身是错误的，所以新文化派在与文化保守主义者争论时，不能正确回答文化保守主义者提出的中西文化究竟各自有无长短，彼此能否调和的问题。

如果说新文化派以西方文化取代中国文化的主张在理论上是错误的，那么，东方文化派实现中西文化互补调和的主张在抽象原则上则可成立，因为不同民族的民族性的长处和短处还是存在并可以比较和互相补益的。历史已经证明，任何一个民族所以能够生存和发展，其民族性的长处是主要的，这也是各民族文化相互交往的基础。正是通过不同民族文化之间的取长补短，世界各民族文化才得以共同发展和繁荣。东方文化派实现中西文化互补调和的主张，其错误不在抽象原则本身，而在他们对中西文化长处和短处及其相互关系的认识。

什么是西方文化之长，中国文化之短？什么是中国文化之长，西方文化之短？东方文化派的具体说法虽不完全一样，但他们有一个共同的看法，即认为西方文化所长、中国文化所短者是生产力的发达和科学技术的进步（物质），中国文化所长、西方文化所短者是旧伦理、旧道德（精神），前者成就了西方的"物质文明"，后者成就了中国的"精神文明"。

视生产力的发达和科学技术的进步为西方近代文化之长和中国传统文化之短，这没有错，尽管西方近代文化之长和中国传统文化之短远不止于斯。但把中国旧伦理、旧道德说成是中国传统文化之长和西方近代文化之短，则体现了东方文化派保守主义的文化取向。因为如前所述，作为社会意识形态，中国旧伦理、旧道德是中国封建时代社会关系的产物，反映的主要是封建地主阶级的利益、理想和生活方式，虽然它也包含有一些具有普遍意义并能为我们批判继承的因素，然而从本质上来看，它不唯不是中国传统文化之长，相反是中国传统文化的糟粕，应该予以批判和清除。

不唯如此，受中国传统的泛道德主义观念的影响和支配，东方文化派认为，就西方近代文化之长——生产力的发达和科学技术的进步与中国传统文化之长——旧伦理、旧道德的比较而言，后者比前者具有更为重要的价值和意义。因为，生产力的发达和科学技术的进步，固然能给人们带来经济的繁荣、物质生活的富足，但不能使人们的精神生活愉悦充实，而后者对于人们实现其生活的真义更为重要，这又只有诉诸伦理道德才可获得。故此，东方文化派指出："于人类生活有最重要之关系者，一曰经济，二曰道德。盖人类所需之衣食住及其他生活资料，苟有所缺乏，则生活不能维持，经济关系之重要，固无待言。然使经济充裕，而无道德以维系之，则身心无所拘束，秩序不能安宁，生活仍不免于危险。故既富加教，实为人类保持生活之大纲。"[①] 如果套用中国传统的"体""用"范围来表示，那么，在东方文化派看来，生产力和科学技术是"用"，伦理、道德是"体"。由此出发，东方文化派径直得出了中国传统文化优越于西方近代文化的结论。

东方文化派进而指出，正因为西方近代文化是长于生产力的发达和科学技术的进步，而缺少中国那一套伦理道德，所以，它虽成就了"灿烂的物质文明"，使西方人的物质享受相当丰富，但由于没有中国的伦理道德以维系人心，导致了"强权主义、奋斗主义、活动主义、精力主义，张而大

---

① 伧父（杜亚泉）：《战后东西文明之调和》，《东方杂志》第 14 卷第 4 号，1917 年 4 月 15 日。

之，为帝国主义、军国主义"以及"战争万能主义"。① 其结果，不仅使人性尽失，人变成了一味追求金钱、权力、物欲的动物，"一生到死，急急忙忙的，不任一件事放过：忙进学校，忙上课，忙考试，忙升学，忙毕业，忙得文凭，忙谋事，忙花钱，忙快乐，忙恋爱，忙结婚，忙养儿女，还有最后一忙——忙死"②，生活始终动荡不安，而且也破坏了人与自然的和谐，"从他们那理智分析的头脑把宇宙所有纳入他那范畴悉化为物质，看着自然只是一堆很破碎的死物，人自己也归到自然内只是一些碎物合成的，无复囫囵浑融的宇宙和深秘的精神"。因此，"弄得自然对人象是很冷而人对自然更是无情，无复那古代以天地拟人而觉其抚育万物，象对人类很有好意而人也恭敬他，与他相依相亲的样子"。尤其在人与人的关系上，他们像对物一样来对待人，"其人对人分别界限之清，计较之重，一个个的分裂、对抗、竞争，虽家人父子也少相依相亲之意；象是觉得只有自己，自己从（以）外都是外人或敌人。人处在这样冷漠寡欢、干枯乏味的宇宙中，将情趣斩伐的净尽，真是难过的要死！"③ 只认钱不认人，"谁同谁都是要算帐，甚至于父子夫妇之间也都如此"。一句话，西方人是物质生活幸福而精神生活痛苦。"从他那向前的路一味向外追求，完全抛荒了自己，丧失了精神；外面生活富丽，内里生活却贫乏至于零！"④

中国人则反是，由于长于伦理道德，而短于生产力的发达和科学技术的进步，因此物质文明之不发达，乃至有时且受自然界之压迫，但精神生活则是丰富、幸福的，没有西方人那种种精神上的疏离、困惑和痛苦。如中国人对物不主征服和开发，而持的是与自然融洽游乐的态度，宇宙人生是不分的，人生恬静不忙碌，寡欲节事，乐安自足。对于物质生活有一点就享受一点，没有过分的期望和要求，这样就避免了人与自然的对立，物质生活与精神生活分裂的痛苦。所以，尽管"中国人的车不如西洋人的车，中国人的船不如西洋人的船……中国人的一切起居享用都不如西洋人，而中国人在物质上所享受的幸福，实在倒比西洋人多。盖我们的幸福乐趣，在

① 伦父（杜亚泉）:《战后东西文明之调和》,《东方杂志》第 14 卷第 4 号，1917 年 4 月 15 日。
② 梁启超:《东南大学课毕业别辞》,载《饮冰室合集》第 5 册，文集之四十，第 10 页。
③ 梁漱溟:《东西文化及其哲学》,载《梁漱溟全集》第一卷，第 504—505 页。
④ 梁漱溟:《东西文化及其哲学》,载《梁漱溟全集》第一卷，第 479、505 页。

我们能享受的一面，而不在所享受的东西上。——穿锦绣的未必便愉快，穿破布的或许很乐"①。又如在人与人的关系上，"西洋人是要用理智的，中国人是要用直觉的——情感的；西洋人是有我的，中国人是不要我的"，互以对方为重。"为人可以不计自己的，屈己以从人的。他不分什么人我界限，不讲什么权利义务，所谓孝弟礼让之训，处处尚情而无我。……家庭里，社会上，处处都能得到一种情趣，不是冷漠、敌对、算帐的样子，于人生的活气有不少的培养，不能不算一种优长与胜利。"②如此等等，都说明中国人比西方人在精神上幸福。

　　东方文化派把中国说成是"精神文明"，西方说成是"物质文明"，并认为中国的"精神文明"优长于西方的"物质文明"的观点，显然是错误的。因为所谓文化，本来就是精神文化和物质文化的有机整体，正如人的生活也是精神生活和物质生活的有机结合一样，它们之间是无法分割的。胡适在《我们对于西洋近代文明的态度》一文中就曾批评过东方文化派把中国说成是"精神文明"、西方说成是"物质文明"的荒谬，他指出："凡一种文明的造成，必有两个因子：一是物质的（Material），包括种种自然界的势力与质料；一是精神的（Spiritual），包括一个民族的聪明才智，感情和理想。凡文明都是人的心思智力运用自然界的质与力的作品；没有一种文明是精神的，也没有一种文明单是物质的。"③譬如，一个瓦盆和一个蒸汽炉，一只舢板船和一艘大汽船，一部单轮小车和一辆电力街车，都是人的智慧利用自然界的质与力制造出来的，既有物质的基础，也同有人的心思才智，它们只存在着精粗巧拙的差异，而没有什么精神与物质的根本不同，没有人能分清哪些是精神文明，哪些又是物质文明。应该说，胡适的批评是正确的。

　　当然，我们说"精神文明"与"物质文明"、"精神生活"与"物质生活"是不可分的，但这并不是说"精神文明"与"物质文明"、"精神生活"与"物质生活"完全是同步发展、亦步亦趋的。马克思主义认为，物质文明和物质生活是精神文明和精神生活的基础，但精神文明、精神生活也有其

①　梁漱溟：《东西文化及其哲学》，载《梁漱溟全集》第一卷，第478页。
②　梁漱溟：《东西文化及其哲学》，载《梁漱溟全集》第一卷，第479页。
③　胡适：《我们对于西洋近代文明的态度》，《现代评论》第4卷第83期，1926年7月10日。

相对的独立性及其特殊的发展规律。特别是精神文明中的道德部分，它的发展与物质文明进步的关系更是错综复杂的。虽然，从总的方面来看，从人类社会发展的趋向来看，精神文明是随着物质文明的进步而有所进步的，但是，精神文明的每一进步在每一个时代并不都是同物质文明的进步成正比。物质文明进步了，但精神文明尤其是伦理道德不仅没有进步相反倒退了的现象时有发生。就此言之，东方文化派强调精神文化、精神生活与物质文化、物质生活的分别，反对在过度追求科学技术和物质文明发展的同时，忽视人类自身情感的陶冶和道德修养精神方面的发展，实有其合理性。他们对西方文化中精神生活与物质生活分裂现象的揭露和批判，不仅有助于我们对西方近代文化的全面、正确的认识，而且也给我们提出了这样一个尖锐的现实问题：即我们在进行现代化的时候，怎样才能不重蹈西方人的覆辙，使精神文明的建设与物质文明的建设能得到协调同步的发展。

基于对中西文化之长短及其现状的上述认识，东方文化派认为，尽管中国的"精神文明"远优于西方的"物质文明"，但就人类文明所要实现的目标来看，无论是中国的精神文明，还是西方的物质文明，都非人类文明的极致。东洋文明虽精神幸福，但物质不发达，西洋文明虽物质发达，但精神不幸福。"今日东西洋文明，皆现一种病的状态。""而缺点之补足、病处之治疗，乃人类协同之事业，不问人种与国民之同异，当有一致之觉悟者也。"[①] 据此，他们主张"拿西洋的文明来扩充我（国）的文明，又拿我（国）的文明去补助西洋的文明"，实现中西文化的取长补短、相互调和。具体而言，就是用中国的旧伦理、旧道德去解救西方文明因物质发达所带来的种种弊端，又用西方高度发达的生产力和先进的科学技术来弥补中国物质文明的不足。

承认中西文明都不是人类文明的极致，都有自己的长处和短处，也都有吸取对方之长以弥补自己之短的必要，这就使东方文化派在文化取向上不仅与那些全盘肯定并主张照抄照搬西方文化、完全放弃本民族文化的"全盘西化"论者不同，而且与那些全盘肯定并主张维护中国传统文化、拒斥一切外来文化、反对任何形式改革的顽固守旧分子也区别了开来。然而，他们对中西文化之长短的认识以及在此基础上提出的中西文化互补调和的具

①　伧父（杜亚泉）：《战后东西文明之调和》，《东方杂志》第 14 卷第 4 号，1917 年 4 月 15 日。

体主张又极其错误，反映了他们保守主义的文化心态。

首先，从东方文化派提出的"拿我（国）的文明去补助西洋的文明"一面来看。自 19 世纪 70 年代以来，特别是第一次世界大战发生后，西方近代文化的确是弊端丛生，危机日深，精神生活与物质生活分离，精神文明与物质文明极不协调。就此而言，东方文化派把西方说成是"物质文明"虽不正确，但他们对西方近代文化种种弊端的揭露和批判则又是深刻的。然而这只是问题的一个方面；问题的另一方面是，他们提出的解救西方文化弊端的药方不是别的，而是中国的传统文化；对于弥补西方文化的弊端来说，中国传统文化不是无可吸收之处。但是，西方文化所患的是"现代病"，是资本主义社会的痼疾，靠中国传统文化是拯救不了的。东方文化派的中西调和，以中救西的主张，实质上是一种"东方文化救世论"思潮。

其次，从东方文化派提出的"拿西洋的文明来扩充我（国）的文明"之主张来看，它不过是早年洋务派的"中学为体，西学为用"论的翻版和复活。因为如前所述，在东方文化派看来，道德为本，生产力和科学技术为用，道德是目的，生产力和科学技术是工具，所以引进西方先进的生产力和科学技术必须以中国旧伦理、旧道德为本位、为主体，"一以贯之"。但洋务运动失败的历史已经证明，"中体西用"并非中国文化的出路。

总之，无论是对东西文化差异的比较，还是对新旧文化关系的看待，或是对中国文化出路的选择，从学理的层面来看，新文化派和东方文化派都是正确与错误并存。分开来看，二者针锋相对，构成悖论；合而视之，则又互为纠偏，彼此补充，存在着一种对立统一的辩证关系。对他们任何一方简单地肯定或否定，都不是实事求是的正确态度。

第三节　科学与人生观论战

"东西文化论战"方兴未艾之时，1923 年中国思想界又掀起了一场"罕见的大波澜"。这年 2 月，张君劢在清华学校给出国留学生做了一场题为《人生观》的演讲，宣称科学不能解决人生观问题，引起他的朋友、地质学家丁文江的不满，他便于是年的 4 月在《努力周报》上撰文反驳张的观点。随后其他一些学者纷纷上阵，或支持张君劢，或拥护丁文江，并由此掀起了一场民国思想文化史上著名的"科学与人生观论战"，又称"科学与玄学论战"，简称"科玄论战"。

一、论战的缘起

实际上，在东西文化论战方兴未艾之时爆发这样一场科学与人生观论战，绝非偶然，有其深刻的思想和社会根源。

肇始于 1915 年的新文化运动，是以民主和科学，亦即"德先生"和"赛先生"为自己的旗帜的。然而，一如他们把民主看成是医治中国政治的万灵药方一样，新文化派也对科学做了唯科学主义的理解。所谓唯科学主义，又称为科学万能论，据美籍华裔学者郭颖颐在《中国现代思想中的唯科学主义（1900—1950）》一书中定义，它"是一种从传统与遗产中兴起的信仰形式，科学本身的有限原则，在传统与遗产中得到普遍应用，并成为文化设定及该文化的公理。更严格地说，唯科学主义（形容词是'唯科学'Scientistic）可定义为是那种把所有的实在都置于自然秩序之内，并相信仅有科学方法才能认识这种秩序的所有方面（即生物的、社会的、物理的或心理的方面）的观点"[1]。鸦片战争后，随着西方近代科学在中国的植根、生长，这种自启蒙运动以来在西方思潮中就一直存在，并随着 19 世纪中叶进化论和实证主义哲学的兴起而得到迅速发展的科学万能论或唯科学主义也在中国兴起和发展起来。我们最早可以在戊戌时期的严复等维新思想家那里找到其倾向。严复在《原强》一文中曾指出："不为数学、名学，则吾心不足以察不遁之理，必然之数也；不为力学、质学，则不足以审因果之相生、功效之互待也。"[2] 很显然，严复这里所讲的数学、力学（物理）、质学（化学）已经逾越了自然科学的本分，而具有了普遍的方法论意义。到了新文化运动时期，这种唯科学主义或科学万能论思潮更为强劲。用胡适的话说："这三十年来，有一外名词在国内几乎做到了无上尊严的地位；无

论懂与不懂的人，无论守旧和维新的人，都不敢公然对他表示轻视或戏侮的态度。那个名词就是'科学'。"① 究其原因，第一，是受西方唯科学主义思潮的影响。自启蒙运动以来，在西方近代思潮中就存在着一股强劲的唯科学主义倾向，尤其到了 19 世纪中叶后，随着进化论和实证主义哲学的兴起，唯科学主义得到迅速发展，不仅在西方颇为盛行，而且也极大地影响着近代中国的思想界。第二，是受中国传统思维定势的影响。由于以儒家思想为核心的中国文化一个最显著的特征是"重义理而轻艺事"，强调人伦道德，而鄙视物质技术，重视形而上的研究，而忽视形而下的探索，于是形成了一种道高于器（技），形而上高于形而下的思维定势。这种思维定势必然影响胡适、陈独秀等人对于科学的理解，从而使他们把科学作为形而上化的"普遍之道"加以认同和追求。第三，是重建价值—信仰体系的需要。从戊戌变法开始，由于西学的大量传入和以儒家为核心的传统文化越来越遭到人们的抨击，旧的价值—信仰体系就已呈现出解体的趋势。到辛亥革命后，王权的普遍衰落所引起的社会动荡不安，更使人们感到迷茫和困惑，渴望有一种新的价值。而唯科学主义正好具有作为一种价值—信仰体系所必须具有的双重品格：可信性和普遍性。作为一种科学，它是实证的，强调的是因果之间的必然联系，使人们感到真实可靠；而作为被放大的方法学，它涵盖文化的各个层面乃至世界的万事万物，是放之四海而皆准的普遍真理。②

新文化运动时期的唯科学主义或科学万能论思潮主要以两种形式出现：一种是唯物论唯科学主义，代表人物有吴稚晖和陈独秀。吴稚晖极力地推崇物质文明，要求"整个中国都忘掉所谓的精神文化（因此，应抛掉任何种类的精神文化），以完善科学工业知识来取得'一个干燥无味的物质文明'"③。他曾在《新青年》第 5 卷第 2 号上发表《机器促进大同说》一文，极力证明机器——科学的化身将促进大同社会的实现："到了大同世界，凡是劳动，都归机器……每人止要作工两小时，便已各尽所能，于是在每天

① 胡适：《〈科学与人生观〉序》，载亚东图书馆编辑《科学与人生观》（上），亚东图书馆，1923，第 2 页。
② 参见郑大华《五四时期的反（唯）科学主义思潮》，《东方文化》1991 年第 1 期。
③ 郭颖颐：《中国现代思想中的唯科学主义（1900—1950）》，第 30 页。

余下的二十二小时内，睡觉八小时，快乐六小时，用心思去读书发明八小时……到那时候，人人高尚纯洁优美……全世界无一荒秽颓败之区，几如一大园林……这并不是'乌托邦'的理想，凡有今时机器较精良之国，差不多有几分已经实现，这明明白白是机器的效力。"[①]另外他还笃信"摩托救国"论。显然，吴稚晖对未来社会的构想完全是以机器、科学为基础的。郭颖颐曾指出："吴稚晖对这种文明形式（'摩托救国'——引者）的热爱来源于他对科学及其原则之万能的相信。"[②]陈独秀也属于唯物论唯科学主义者。但他与吴稚晖不同，严格地说，陈独秀是一个辩证唯物主义者，他相信物质决定论即物质一元论，信仰马克思主义和共产主义，但在相信科学万能上与吴稚晖又是一致的。在新文化运动之初，他就提出了"德先生"与"赛先生"的口号，认为只有这两先生才能救中国。在《新青年》创刊的发刊词《敬告青年》一文中，陈独秀向人们介绍科学："科学者何？吾人对于事物之概念，综合客观之现象，诉之主观之理性而不矛盾之谓也。"他强调科学的重要性，指出："士不知科学，故袭阴阳家符瑞五行之说……农不知科学，故无择种去虫之术。工不知科学，故货弃于地，战斗生事之所需，一一仰给于异国。商不知科学，故惟识罔取近利"，最后他认为"凡此无常识之思，惟无理由之信仰，欲根治之，厥维科学"。[③]1920年他在《新文化运动是什么？》一文中又再次重申："科学有广狭二义：狭义的是指自然科学而言，广义的是指社会科学而言。社会科学是拿研究自然科学的方法，用在一切社会人事的学问上，象社会学、论理学、历史学、法律学、经济学等，凡用自然科学方法来研究、说明的都算是科学；这乃是科学最大的效用。"[④]陈独秀对于科学的崇信由此可见一斑。他甚至认为科学应是一种信仰。一种是经验论唯科学主义，代表人物有胡适。胡适早年留学美国，师从实验主义哲学的创始人杜威。1917年，胡适学成回国，带回来的重要礼物就是杜威的实用主义。给胡适重大影响的还有赫胥黎。他曾在《介绍我自己的思

---

① 吴敬恒（稚晖）：《机器促进大同说（录自〈劳动杂志〉第一卷第五号）》，《新青年》第5卷第2号，1918年8月15日。
② 郭颖颐：《中国现代思想中的唯科学主义（1900—1950）》，第33页。
③ 陈独秀：《敬告青年》，《青年杂志》创刊号，1915年9月15日。
④ 陈独秀：《新文化运动是什么？》，《新青年》第7卷第5号，1920年4月1日。

想》一文中写道："我的思想受两个人的影响最大：一个是赫胥黎，一个是杜威先生……这两个人使我明了科学方法的性质与功用。"① 胡适十分崇信科学方法，他认为这也就是"尊重事实和证据"，他曾说过："我们也许不轻易信仰上帝的万能了，我们却信仰科学的方法是万能的。"②

由于把科学做了唯科学主义的理解，认为科学是万能的，因此，当时科学几乎得到了"全国一致的崇信"③。《东方杂志》第 12 卷第 7 号发表过一篇名为《科学之价值》的文章，作者"造五"认为，科学不仅是"实理的""分类的""进步的""归纳的"，同时也是"万能的"，"古代道德政治之书，科学包含之而有余；现在及未来之学问，科学阐明之而无不可"，"人智有限……科学万能"。④ 此种言论在当时报刊上随处可见。在《东方杂志》第 12 卷第 8 号上，章锡琛译著的《科学与道德》一文，极力宣扬科学的教育功效，且"于道德教育，必有裨益，且为必不可缺之事也"⑤。《新青年》第 7 卷第 1 号上发表的《科学的起源和效果》一文，除了介绍科学的起源，还着重指出"科学的本身，是有益于人类的"，"这些（科学的——引者）定律原理论等等，都是真实的，所以无论用于何处，恰恰适宜，永不欺骗我们的"。⑥

然而到了第一次世界大战后，情况则有了改变。这场战争所造成的巨大灾难首先使欧洲思想界在战后发生了重大变化。第一，先前一度被尊崇的实证主义哲学渐渐失去了它先前的光环，而柏格森、倭伊铿的哲学开始受到人们的关注。张君劢曾把柏格森、倭伊铿的哲学与康德以来的以理性为出发点的哲学做了一下比较。他指出："昔之研究在物理者，今则在生命方面；昔之研究在自觉者，今则在非自觉；昔之研究在理性者，今则以为非理性所能尽；昔之研究在分析者，今则在把捉实在全体。此则所谓主智主义与反主智主义是也。"⑦ 柏格森、倭伊铿的哲学正是战后欧洲人要求变革现

① 胡适：《介绍我自己的思想》，载《胡适全集》第 4 卷，第 658 页。
② 胡适：《我们对于近代西洋文明的态度》，《现代评论》第 4 卷第 83 期，1926 年 7 月 10 日。
③ 胡适：《〈科学与人生观〉序》，载《科学与人生观》（上），第 2 页。
④ 造五：《科学之价值》，《东方杂志》第 12 卷第 7 号，1915 年 7 月 10 日。
⑤ 章锡琛译著《科学与道德》，《东方杂志》第 12 卷第 8 号，1915 年 8 月 10 日。
⑥ 王星拱：《科学的起源和效果》，《新青年》第 7 卷第 1 号，1919 年 12 月 1 日。
⑦ 张君劢：《欧洲文化之危机及中国新文化之趋向（在中华教育改进社讲演）》，《东方杂志》第 19 卷第 3 号，1922 年 2 月 10 日。

状的反映。第二，第一次世界大战后，欧洲人陷入悲观失望的泥淖，在很多人心目中，西方文明陨落了、灭亡了。战争中的杀戮、经济的严重破坏以及人性的丧失，促使欧洲人开始质疑欧洲本身的文明，质疑近几百年来建立的丰富的物质文明。用德人台里乌司氏的话说，"此次战争，使欧洲文明之权威，大生疑念。欧人自己亦对于其文明之真价，不得不加以反省"，弗兰士承认欧洲文明的破产，说道："谓欧洲目下之现态，使东洋人视为欧洲文明之破产，亦不无理由。"[①] 战败的德国人已感觉到"世界末日"的到来，但战胜的法国人英国人脸上也没有胜利的笑容。法朗西（Aratole France）是法国当时著名的大文豪，被誉为"人道的法兰西之化身"，他也不无遗憾地宣称："欧洲方病而垂死，而法国则尤然。"[②] 欧洲人对于欧洲文明的质疑也引起对于科学的质疑，因为正是"无所不能"的科学一手造就了所谓的欧洲丰富的物质文明，"乃至有人说工商业由科学发达来，工商组织既已流毒如此，故对于产生工商之科学，亦生疑问"[③]。

战后欧洲思想界的变化影响了中国的思想界。人们（其中包括那些曾醉心于科学的人）开始认识到，科学的价值原来是中立的，其功用并非万能，也不是纯粹的善，它既能为人类造福，也可以给人类带来巨大灾难。如严复是中国最早提倡民主与科学的先进人物之一，但第一次世界大战的爆发使他对科学的功用产生了新的认识，在《何嗣五赴欧观战归，出其纪念册子索题，为口号五绝句》中他写道："太息春秋无义战，群雄何苦自相残。欧洲三百年科学，尽作驱禽食肉看。"他还自注道："甲寅欧战以来，利器极杀人之能事，皆所得于科学者也。孟子曰：'率鸟兽以食人。'非是谓欤？"[④] 在给熊纯如的信中，严复赞赏自己的女婿洛生留学美国："洛生气质极佳，今日出洋，学得一宗科学，回来正及壮年，正好为国兴业。"但是他又"亲见脂（支）那七年之民国与欧罗巴四年亘古未有之血战，觉彼族三百年之进化，只做到'利己杀人，寡廉鲜耻'八个字"，于是他又希望洛生"勿沾太

---

① 平佚：《中西文明之评判》，《东方杂志》第 15 卷第 6 号，1918 年 6 月 10 日。
② 罗罗：《法兰西文化之危机》，《东方杂志》第 17 卷第 22 号，1920 年 11 月 25 日。
③ 张君劢：《欧洲文化之危机及中国新文化之趋向（在中华教育改进社讲演）》，《东方杂志》第 19 卷第 3 号，1922 年 2 月 10 日。
④ 王栻主编《严复集》第二册，第 403 页。

重之洋气"。① 科学的功用和价值开始在中国受到怀疑和挑战，人们要求重新审视科学的功用和价值的呼声日益高涨。《东方杂志》第 16 卷第 5 号刊登过一篇名为《新欧洲文明思潮之归趋及基础》的文章，指出在科学衍生的"商工中心之时代"，社会成为机械的、唯物的、经济万能的，这样就造成"少数资本家之跋扈，遂使贫富之差别愈深，终至激生阶级斗争。且因绝对尊重经济的扩张主义，于是内则酿成同胞之自战，外则酿成国与国之激争"。② 虽然我们不能把无产阶级与资产阶级之间的矛盾尖锐以及世界大战的爆发完全归结在科学上，但是由相信科学万能而产生的机械的、唯物的经济万能主义确实导致资本家更加贪婪，各资本主义国家为寻求更大的经济利益而不惜发动战争。不久出版的《东方杂志》第 16 卷第 10 号又有质疑物质文明和机器文明的《机器与人生》刊出，作者在文中发问，物质文明和机器文明"将引人类入于何境？能否援助人类达其最后之目的耳？"作者认为，这种文明只能使人类成为"机器的奴隶"。③ 此类怀疑科学的功用和价值的文章在当时的其他报刊中也时有发表。

最先对唯科学主义或科学万能论提出严厉批评的大概是梁启超。梁启超是中国近代史上一位久负盛名的思想家，是清末民初言论思想界的执牛耳者。他曾经一度如饥似渴地学习和吸纳西方文化，并且树立了科学立世的信念："科学之力日盛，则迷信之力日衰，自由之界日张，则神权之界日缩。"④ 那时梁启超对科学的信仰是坚定的。因此，他曾不遗余力地向国人介绍牛顿、达尔文、培根等西方名人的学说，希望借此树立科学的大旗。但1919 年欧洲之行使梁启超对于科学立国的信念发生了动摇，在《欧游心影录》中他发出了西方"科学万能之梦"已经破产的惊呼，他写道：欧战前的一百年间，是科学全盛的时代，人们相信科学是万能的，只要科学成功，黄金世界便指日实现。如今科学虽然成功了，一百年物质的进步，比前三百年的所得还要多几倍，但人类不仅没有从中享受到任何幸福，相反

---

① 王栻主编《严复集》第三册，第 692 页。
② 君实：《新欧洲文明思潮之归趋及基础（节译日本〈新公论〉杂志）》，《东方杂志》第 16 卷第 5 号，1919 年 5 月 15 日。
③ Arthur Ponsonby 著，碌碌译《机器与人生》，《东方杂志》第 16 卷第 10 号，1919 年 10 月 15 日。
④ 梁启超：《保教非所以尊孔论》，载《饮冰室合集》第 1 册，文集之九，第 53 页。

得到的是许多灾难。欧洲人"好像沙漠中失路的旅人，远远望见个大黑影，拼命往前赶，以为可以靠他向导，那知赶上几程，影子却不见了，因此无限凄惶失望。影子是谁？就是这位'科学先生'。欧洲人做了一场科学万能的大梦，到如今却叫起科学破产来"①。在发出西方"科学万能之梦"已经破产惊呼的同时，他还抨击了科学万能论或唯科学主义的危害。第一，对哲学的侵入。孔德的《实证哲学》和达尔文的《种源论》同年出版后，以康德和黑格尔为中心的旧哲学就发生了"根本动摇"。"这些唯物派的哲学家，托庇科学宇下建立一种纯物质的纯机械的人生观，把一切内部生活外部生活，都归到物质运动的'必然法则'之下。这种法则，其实可以叫做一种变相的命运前定说……说命运是由科学的法则完全支配"，如果依着这一"必然法则"，"所谓人类心灵这件东西，就不过物质运动现象之一种，精神和物质的对待，就根本不成立；所谓宇宙大原则，是要用科学的方法试验得来，不是用哲学的方法冥想得来的"，这样，"哲学家简直是投降到科学家的旗下了"。②第二，对道德的威胁。根据实验心理学，人类精神也成了一种物质，同样受"必然法则"所支配。人类的自由意志也不自由了，同样受"必然法则"支配。如此说来，"我为善不过那'必然法则'的轮子推着我动，我为恶也不过那'必然法则'的轮子推着我动，和我什么相干？如此说来，这不是道德标准应如何变迁的问题，真是道德这件东西能否存在的问题了"。人的心灵如果没有道德的约束将是很可怕的，"死后既没有天堂，只好尽这几十年尽地快活。善恶既没有责任，何妨尽我的手段来充满我个人欲望"，"近年来什么军阀、什么财阀，都是从这条路产生出来，这回大战争，便是一个报应"。③第三，对文学的干预。在科学万能时代，文学"纯然成为一种科学的文学"。自然派文学家正好适应了这种"科学的文学"，他们认为"即真即美"，"他们把社会当作一个理科试验室，把人类的动作行为，当作一瓶一瓶的药料，他们就拿他分析化合起来"。分析的结果是人的丑处和兽性更为突出，于是他们把这些"赤条条和盘托出，写得个淋漓尽致。真固然是真，但照这样看来，人类的价值差不多到了零度了"。自然

① 梁启超：《欧游心影录节录》，载《饮冰室合集》第7册，专集之二十三，第12页。
② 梁启超：《欧游心影录节录》，载《饮冰室合集》第7册，专集之二十三，第11页。
③ 梁启超：《欧游心影录节录》，载《饮冰室合集》第7册，专集之二十三，第11、12页。

派文学的兴盛，"越发令人觉得人类是从下等动物变来，和那猛兽弱虫没有多大分别，越发令人觉得人类没有意志自由，一切行为，都是受肉感的冲动和四围环境所支配"。已受自然派文学影响的人，"总是满腔子的怀疑，满腔子的失望。十九世纪末全欧洲社会，都是阴沉沉地一片秋气，就是为此"。①

继梁启超的《欧游心影录》后，梁漱溟在他1921年演讲并出版的《东西文化及其哲学》中也对那种逾越本分的科学概念表示出了严重的不安，认为科学本身就含有有害的生命观、粗糙的功利主义和过度的行动主义，如果不对它加以必要的节制，相反如同新文化派所主张的那样，把科学的功用无限放大，乃至用它的方法来指导和解决包括精神生活在内的一切宇宙人生问题，涵盖文化的各个层面，那么，其结果不仅会破坏人与自然的和谐，造成二者的紧张，自然被人征服，而人又成了自然的奴隶，甚而会使人放弃对生存意义和道德价值的追求，导致人性的丧失，本来富有情感的人，将变成一味追求物欲的动物。他指出，近代西方文化所暴露出来的那些贫富不均，人情淡薄，"谁同谁都是要算账，甚至于父子夫妇之间也都如此"的等等弊端②，从某种意义上说，就是这种唯科学主义所造成的苦果。

梁启超和梁漱溟都是具有一定社会地位和影响力的学者，特别是梁启超自戊戌变法以来就一直以他那敏锐的思想和生花的文笔执思想文化界之牛耳，在知识分子，尤其是青年学生中颇有号召力，因此他们对科学功用与价值的怀疑和挑战，就自然地会引起社会的一定反响。胡适在谈到《欧游心影录》的社会影响时曾指出："自从《欧游心影录》发表之后，科学在中国的尊严就远不如前了。一般不曾出国门的老先生很高兴地喊着，'欧洲科学破产了！梁任公这样说的。'"③这种反响又与对新文化运动的批评、与对传统文化的回归和认同交织在一起，于是形成了一股势力不小的对科学功用与价值怀疑和挑战的思潮。

对科学功用与价值的怀疑和挑战，无疑违背了新文化派对科学的重视与理解，也必然激起他们的不满与反对。因此，当张君劢借《人生观》演讲再次向科学的功用与价值提出怀疑和挑战时，一场大规模的论战便不可避免了。

---

① 梁启超：《欧游心影录节录》，载《饮冰室合集》第7册，专集之二十三，第13—14页。
② 梁漱溟：《东西文化及其哲学》，载《梁漱溟全集》第一卷，第479页。
③ 胡适：《〈科学与人生观〉序》，载《科学与人生观》（上），第6页。

二、论战的过程

科学与人生观论战自 1923 年 2 月张君劢在清华学校演讲《人生观》开始，至 1923 年底基本结束①，大致可分为开始、扩大和总结几个阶段。

论战的开始　张君劢在清华学校演讲的题目，源于德国哲学家倭伊铿的《大思想家的人生观》，其主题思想是要说明科学并非万能的，由于听讲者是即将赴美学习科学的留学生，所以他开宗明义就提醒他们不要以为天下事像二加二等于四那样都有公例，都受因果律的支配，实际上人们习以为常的人生问题就没有一个是非真伪的统一标准。因为虽然同为人生，但由于彼此观察点不同，得出的意见也就必然各异，故"天下古今之最不统一者，莫若人生观"②。

为了进一步说明人生观没有公例可循，他指出："人生观之中心点，是曰我。与我对待者，则非我也。"我与亲族，我与异性，我与财产，我对社会制度之激渐态度，我的内在心灵与外在物质，我与所属之全体，我与他我，我对世界的希望，我对世界背后有无造物主之信仰，都有种种区别。"凡此九项，皆以我为中心，或关于我以外之物，或关于我以外之人，东西万国，上下古今，无一定之解决者，则以此类问题，皆关于人生，而人生为活的，故不如死物质之易以一例相绳也。"③

在说明了人生观何以没有公例可循的原因之后，张氏对科学与人生观的特点进行了一番比较，认为科学与人生观有五个不同特点：第一，科学为客观的，人生观为主观的；第二，科学为论理学为方法所支配，人生观则起于直觉；第三，科学的方法为分析，人生观则为综合；第四，科学受因果律所支配，人生观则是自由意志的；第五，科学起于对象之相同现象，人生观则起于人类的单一性。正因为科学与人生观的特点不同，"故科学无论如何发达，而人生观问题之解决，决非科学所能为力，惟赖诸人类之自身而已"。④否定科学对人生观的指导作用，强调主观意志的绝对自由，宣扬

---

① 此后，《中国青年》《新青年》等刊物先后发表了陈独秀、邓中夏、瞿秋白等人的文章，代表了中国早期马克思主义者的看法。
② 张君劢：《人生观》，载郭梦良编辑《人生观之论战》（上），泰东图书局，1923，第 1 页。
③ 张君劢：《人生观》，载《人生观之论战》（上），第 1—4 页。
④ 张君劢：《人生观》，载《人生观之论战》（上），第 4—9 页。

和提倡自由意志的人生观，这就是张氏演讲《人生观》的要旨所在。他后来在总结这场论战时也曾明确指出：这场论战"若去其外壳，而穷其精核，可以一言蔽之，曰自由意志问题是矣！"①

张君劢的这篇演讲刊载在《清华周刊》第272期上。他的好友、地质学家丁文江读后不禁"勃然大怒"，以为科学如果像张君劢说的那样不能支配人生观，那科学还有什么用处？两人面对面地辩论了两个多小时，但谁也没有说服谁。于是，为了"玄学的鬼附在张君劢身上，我们学科学的人不能不去打他"，更为了"提醒没有给玄学鬼附上身的青年学生"，"证明不但张君劢的人生观是不受论理学公例的支配，并且他讲人生观的这篇文章也是完全违背论理学的"。②丁文江先后在《努力周报》发表了《玄学与科学——评张君劢的"人生观"》和《玄学与科学——答张君劢》两篇长文，反驳张氏观点。首先，反驳了张氏所宣扬的科学不能支配人生观的观点。他指出，"所谓科学方法，不外将世界上的事实分起类来，求它们的秩序，等到分类秩序弄明白了，我们再想出一句最单简明白的话来，概括这许多事实，这叫做科学的公例"。诚然，由于事实比较复杂，科学目前对人生的一些问题还不能"分类"，求得它的"秩序"，找出一个"概括的公例"，但这并不能说明科学方法"不适用于人生观"。③因为科学认识有一个发展过程，目前还不能认识的，随着认识的发展，总有一天会得到认识，"我们现在所已知道有限，将来所知道的无穷"④。所以张氏以科学现在还不能完全认识复杂的人生问题为由，认为科学不能支配人生观的观点似是实非，科学完全可以支配人生观。其次，反驳了张氏对科学功用的责难。他针对张氏所宣扬的科学的特点是向外的、物质的、机械的观点，指出："科学不但是无所向外，而且是教育同修养最好的工具"，因为科学的目的是要破除个人主观的成见，求人人所能共认的真理，这不仅可以使科学的人有求真理的能力，而且也有爱真理的诚心。在反驳了张君劢对科学的责难之后，丁文江进一步

---

① 张君劢：《〈人生观之论战〉序》，载《人生观之论战》（上），第12页。
② 丁在君（文江）：《玄学与科学——评张君劢的"人生观"》，载《人生观之论战》（中），第1—2页。
③ 丁在君（文江）：《玄学与科学——评张君劢的"人生观"》，载《人生观之论战》（中），第3页。
④ 丁在君（文江）：《玄学与科学——答张君劢》，载《人生观之论战》（中），第46页。

阐述了"在知识里面科学方法万能"的观点。"科学的方法，是辨别事物的真伪，把真事实取出来详细的分类，然后求他们的秩序关系，想一种最单简明了的话来概括他。所以科学的万能，科学的普遍，科学的贯通，不在他的材料，在他的方法。"[1] 他主张推广科学的势力范围，将它从自然界推广扩充到人事界，"使它做人类宗教性的明灯"。再次，反驳了张氏对宋明理学家以及宋明理学是所谓"精神文明"的肯定，指出这种连国家都不能保的"精神文明"是不配拿来做招牌，攻击科学的。[2]

面对丁文江的反驳，张君劢又撰《再论人生观与科学并答丁在君（丁文江字在君——引者）》的长文，刊于北京《晨报·副刊》上，就他的自由意志的人生观做了进一步的阐述。首先，为了论证科学与人生观的区别，他采纳德国构造心理学家翁特对科学的分类法，即分科学为物质科学和精神科学，认为精神科学没有如同物质科学那样的"牢固不拔""一成不变"的"公例"可求。既然精神科学没有"公例"可求，那么，与精神科学"相表里"的人生观就更是"不可测度"的了，不能为科学的因果律所支配。科学不能支配人生观，那什么能支配人生观，解决复杂的人生问题呢？他认为，"科学决不能支配人生，乃不能不舍科学而别求一称（应为"种"——引者）解释于哲学或玄学中（或曰形上学）"[3]。张氏所说的"玄学"包括两方面内容，一是中国传统的儒家人生观，特别是宋明理学家的心性之学；二是 19世纪以来西方的柏格森、倭伊铿、詹姆士等人的"新玄学"。他还将孔孟思想，特别是宋明理学家的心性之学与柏格森、倭伊铿等人的"新玄学"进行了一番比较，认为二者颇多吻合之处，如柏格森的"直觉主义"、倭伊铿的"精神哲学"，都"与我先圣尽性以赞化育之义相吻合"。故此，他得出结论："吾则以为柏氏倭氏言有与理学呈（足）资发明者，此正东西人心之冥合，不必以地理之隔绝而扩（摈）弃之。"[4] 由此可见，张君劢所说的"玄学"其实质是中国的孔孟儒学，特别是宋明理学家的心性之学与 19 世纪以

---

[1] 丁在君（文江）:《玄学与科学——评张君劢的"人生观"》，载《人生观之论战》（中），第18页。

[2] 丁在君（文江）:《玄学与科学——评张君劢的"人生观"》，载《人生观之论战》（中），第24—25页。

[3] 张君劢:《再论人生观与科学并答丁在君（下篇）》，载《人生观之论战》（上），第69页。

[4] 张君劢:《再论人生观与科学并答丁在君（下篇）》，载《人生观之论战》（上），第93页。

来的西方柏格森、倭伊铿等人的"新玄学"的混合物。他又称这种混合物为"新宋学"。

论战的扩大　就在张君劢和丁文江你来我往，围绕科学与人生观的问题展开激烈论战的时候，学界的其他名流也纷纷介入战斗，论战进一步扩大。站在张君劢一边的主要有梁启超、林宰平、张东荪，支持丁文江的主要有吴稚晖、王星拱、唐钺和胡适。

1923 年 5 月，梁启超以"暂时局外中立人"的身份在《时事新报》上发表宣言，声称科学与人生观问题，"是宇宙间最大的问题"，关于这个问题的论战，"是我国未曾有过的论战"。为了使论战能为"彻底的讨论"，从而使双方的意见"发挥尽致"，同时为以后类似的思想论战树立一"模范"，他拟定了两条"战时国际公法"，希望大家遵守。第一，讨论的问题集中于一点，而且要针锋相对，剪除枝叶，倘若因一问题引起别问题，宁可别为专篇，更端讨论；第二，措词要庄重恳挚，万不可有嘲笑或谩骂语，倘若一方偶然不检，他方不要效法。[①]不久，他又发表了《人生观与科学》一文。尽管他在文中一再声明，说由于论战的双方都是他的好朋友，他两边都不加入，也不想"斡旋两造做'调人'"，然而就其文章的主要内容来看，很明显他是站在张君劢一边的。他虽然认为科学方法可以解决一部分人生问题，但又强调人生问题的"最重要的部分是超科学的"，并明确表示赞成"君劢尊直觉尊自由意志"的观点，不相信科学能统一人生观，同时批评丁文江过于相信科学万能，其反驳张君劢的文章很像专制宗教家口吻，殊非科学家的态度。他断言，无论社会如何进步，科学如何发达，作为"生活的原动力"的"情感"之表现形式"爱"和"美"都不会改变，都将"永远保持他们那种'上不臣天子下不友诸侯'的身分"。[②]

和梁启超一样，林宰平也是张君劢和丁文江两人的好朋友，在论战中也是明显地站在张君劢一边的。1923 年 6 月，他在《时事新报》刊出《读丁在君先生的〈玄学与科学〉》一篇长文，把丁文批驳得几乎体无完肤，从而为玄学派"放了一鸣惊人的响炮"。他首先指出，丁文的题目叫《玄学与科

[①] 梁启超：《关于玄学科学论战之战时国际公法》，载《人生观之论战》（下），第 1—2 页。
[②] 梁启超：《人生观与科学》，载《人生观之论战》（中），第 88—89 页。

学》，但所批判的却是张君劢的人生观，这使人感到奇怪，因为玄学与人生观不是一回事。接着，他对丁氏的科学万能论提出了批评，认为丁氏主张以科学来统一人生观，统一一切，这不是科学家的态度，而是"学者的野心"。至于丁氏说"科学不在他的材料，而在他的方法"，在林氏看来，这是"主张科学方法与科学不分"，"其结果必至天地间无一不是科学"，从而使科学一语"变成滥套"。①

作为著名哲学家，张东荪主要是从探讨科学与哲学的关系立论，对丁文江提出批评的。他指出，"本体论与宇宙论为玄学"，可见玄学就是哲学，不过范围较狭而已。丁氏表面上似乎在用科学攻玄学，但实际上"只是采取与自己性质相近的一种哲学学说来攻击与自己性质相远的那种哲学学说"。丁氏虽然口口声声要打"玄学鬼"，却从来没有给玄学下一个明确的定义，对于玄学与哲学的关系也始终没有论及，甚至"对于科学的真正性质（都）没有说明白"。因为根据丁氏的解释，凡对于经验的事实，分类以求其秩序就是科学，凡用科学方法的都是科学。但实际上"科学乃是对于杂乱无章的经验以求其中的'比较不变的关系'"。他还批评丁氏将科学与汉学的考据混为一谈，认为如此宣传科学"有害无益"。因为科学方法不是汉学家的考据，"科学注重在实验，考据不过在故纸堆中寻生活"。② 总而言之，他认为丁氏对科学的宣传和解释是"不懂科学"和"劳而无功"。

被胡适誉为科学与人生观论战中科学派"押阵老将"的吴稚晖，先后发表《一个新信仰的宇宙观及人生观》和《箴洋八股化之理学》两篇参战文章，全面阐述了他的"漆黑一团"的宇宙观和"人欲横流"的人生观。他指出，张君劢所以主张"自由意志"，其原因就在于他没有认识到宇宙是"漆黑一团"的宇宙，其演变和发展的秩序是"先有意志，才起变动"，但这个"意志"不是人的主观精神，而是物质自身运动的方式。张君劢所以认为科学不能支配人生观，也在于他不懂得什么是人、人生和人生观。什么是人、人生和人生观呢？"人便是外面止剩两只脚，却得到了两只手，内面有三斤二两脑髓，五千零四十八根脑筋，比较占有多额神经系质的动物。""所

---

① 林宰平：《读丁在君先生的〈玄学与科学〉》，载《人生观之论战》（上），第113页。
② 张东荪：《劳而无功——评丁在君先生口中的科学》，载《人生观之论战》（上），第144—145、149、157页。

谓人生，便是用手用脑的一种动物，轮到'宇宙大剧场'的第亿垓八京六兆五万七千幕，正在那里出台演唱。请作如是观，便叫做人生观。"吴氏把自己的人生观概括成三句话，即"（甲）清风明月的吃饭人生观；（乙）神工鬼斧的生小孩人生观；（丙）覆天载地的招呼朋友人生观"。[1] 他又称之为"人欲横流"的人生观。这种人生观，皆可以由科学来支配。吴稚晖还以进化论为武器批判了张君劢"复活新宋学"的主张。

科学派方面发表参战文章最多的是心理学家唐钺，论战期间他一共发表文章六篇，主要从心理学角度对玄学派进行批判。他首先批判了张君劢的自由意志论，指出一切心理现象都是有因的，都受因果律的支配，人的意志虽然自由，但这种自由"与得正当了解的因果性，完全没有冲突的；自由不是超越法律的支配"。现实中就根本不存在"与过去未来没有因果关系的孤立的意志，假如真有，就是意志的错乱，不！就是心灵生活的完全破坏"[2]。他也不赞成梁启超提出的情感绝对超科学的观点，认为情感中并不存在什么神秘的力量，"爱"和"美"这两种情感形式既可分析也可理解。比如，他举例说，中国有句俗话，叫作"情人眼里出西施"，以为爱是"玄而又玄"的。但实际上并非如此。"有些男人爱上一个在普通人以为很丑的女人，大家就讲这是不可理解的。自心病学者看来，就知道这个女人一定有某点——如多发，或凸目，或特种的口音之类——可以使那个男人喜欢，而这个男人所以喜欢这一点又是因为他小时对于这点曾感受极大愉快的缘故。这些事情，本人往往自己不知道；但是，用某种方法，可以证明这种因果关系。"[3] 唐氏还为丁文江辩护，反驳了玄学派对丁氏的指责。他在《科学的范围》一文中写道："自丁在君先生发表'凡是用科学方法的研究都是科学'（这是大意，原文见他的《玄学与科学》篇中）的意思以后"，玄学派大起恐慌，以为这样一来学术界的地盘都被科学占尽了。但实际上从丁氏的文章中并不能演绎出这种结论，丁文的意思是说"天地间无一不是科学的材料"。这话并没有错。因为科学与科学的材料是有区别的，说天地间所有现象都是科学的材料，并不意味着天地间一切都是科学。如天地间有人，就

---

① 吴稚晖：《一个新信仰的宇宙观及人生观》，载《人生观之论战》（下），第34、41、48页。
② 唐钺：《心理现象与因果律》，载《人生观之论战》（中），第105页。
③ 唐钺：《一个痴人的说梦》，载《人生观之论战》（中），第112页。

有人类学；有艺术，就有艺术学；有宗教，就有宗教学。但"说艺术、宗教的科学的研究是科学，不是说艺术、宗教就是科学，同说鱼的科学研究是科学，不是说鱼就是科学一样"。①

胡适是科学派的重要人物，始终关心着论战的进程。但由于他当时身体不好，大半时间在南方养病，因此只写了一篇《孙行者与张君劢》的参战文章。文中指出，张君劢的"自由意志论"不过是柏格森哲学的翻版，"是柏格森的高徒的得意腔调"。文中还指出张氏论断中有三个自相矛盾的地方，这说明尽管"张君劢翻了二七一十四天的筋斗，原来始终不曾脱离逻辑先生的一件小小法宝——矛盾律——的笼罩之下！"②

论战的总结　论战进行到 1923 年底，已接近尾声。这年 11 月，上海亚东图书馆主人汪孟邹打算将收集到的近 25 万字的论战文章结集出版，并约请他的两位好朋友、也是安徽小同乡的胡适和陈独秀分别为文集写一篇序言。几乎同时，上海泰东图书局也准备出版论战文集，并约请张君劢为之写序。1923 年 12 月，上海亚东图书馆的《科学与人生观》和上海泰东图书局的《人生观之论战》几乎同时问世。《科学与人生观》分上、下两册，收集的论战文章共 29 篇。《人生观之论战》分上、中、下三册，收集的论战文章也是 29 篇，除少收王星拱一文，多收屠孝实一文外，其余各篇均与《科学与人生观》同。如果说这两本文集的编辑出版标志着这次论战的基本结束，那么，胡适、陈独秀和张君劢分别为这两本文集所写的序言，则是科学派、中国早期马克思主义者和玄学派对这次论战的初步总结。

胡适首先批判了梁启超、张君劢所散布的"欧洲科学破产论"，坚信"那光焰万丈的科学，决不是这几个玄学鬼摇撼得动的"。同时充分肯定了科学派为科学辩诬，要求发展科学、发展科学教育的现实意义，肯定了科学派对玄学派的批判。他指出当时中国的科学还十分落后，"这遍地的乩坛道院，这遍地的仙方鬼照相，这样不发达的交通，这样不发达的实业"，都说明中国所面临的根本任务是发展科学，而不是"排斥科学"，"中国此时还不曾享着科学的赐福，更谈不到科学带来的'灾难'"。至于人生观，他

---

① 唐钺：《科学的范围》，载《人生观之论战》（下），第 1、5 页。
② 胡适：《孙行者与张君劢》，载《人生观之论战》（下），第 1—4 页。

认为当时只有做官发财的人生观，只有靠天吃饭的人生观，只有求神问卜的人生观，只有《安士全书》的人生观，只有《太上感应篇》的人生观，"中国人的人生观还不曾和科学行见面礼"。但在中国"正苦科学的提倡不够，正苦科学的教育不发达，正苦科学的势力还不能扫除那迷漫全国的乌烟瘴气"的情况下，玄学派却在那里散布"欧洲科学破产"的谬论，放肆菲薄科学，历数科学家的人生观的罪状，反对用科学来支配人生观，这就不能不激起信仰科学的人的批判。"信仰科学的人看了这种状况，能不发愁吗？能不大声疾呼出来替科学辩护吗？"这种批判和辩护是完全正当和必要的。"这便是这一次'科学与人生观'的大论战所以发生的动机。明白了这个动机，我们方才可以明白这次大论战在中国思想史上占的地位。"[1]

在肯定科学派批判玄学派之正当性和必要性的同时，胡适也指出了科学派的批判所存在的缺陷，即"人人都在那里拢统地讨论科学能不能解决人生问题或人生观问题。几乎没有一个人明白指出，假使我们把科学适用到人生观上去，应该产生什么样子的人生观"。因为，"君劢的要点是'人生观问题之解决，决非科学所能为力。'我们要答复他，似乎应该先说明科学应用到人生观问题上去，曾产生什么样子的人生观；这就是说，我们应该先叙述'科学的人生观'是什么，然后讨论这种人生观是否可以成立，是否可以解决人生观的问题，是否像梁先生说的那样贻祸欧洲，流毒人类"。[2]他认为造成这一缺陷的原因有两个：第一，是张君劢的原文不曾明白地攻击科学家的人生观，只是笼统地说科学不能解决人生观问题，这就引导科学派也只笼统地在科学能不能解决人生观问题上做文章，"几乎没有一个人明白指出，假使我们把科学适用到人生观上去，应该产生什么样子的人生观"[3]。第二，科学派虽然都抽象地承认科学可以解决人生问题，却不愿公然承认那具体的纯物质的、纯机械的人生观为科学的人生观。"我说他们'不愿'，并不是说他们怯懦不敢，只是说他们对于那科学家的人生观还不能像吴稚晖先生那样明显坚决的信仰，所以还不能公然出来主张。这一点确是这一次大论争的一个绝大的弱点。"幸好有吴稚晖把他的"漆黑一团"的宇

① 胡适：《〈科学与人生观〉序》，载《科学与人生观》（上），第7—8页。
② 胡适：《〈科学与人生观〉序》，载《科学与人生观》（上），第9、12页。
③ 胡适：《〈科学与人生观〉序》，载《科学与人生观》（上），第12页。

宙观和"人欲横流"的人生观提出来做个"押阵大将",否则,这场论战就真正成了"一场混战"。①

为了弥补科学派的这一缺陷,胡适在对吴稚晖的"漆黑一团"的宇宙观和"人欲横流"的人生观加以"扩充和补充"的基础上,提出了一个包括十点内容的"科学的人生观",即:

(1)根据于天文学和物理学的知识,叫人知道空间的无穷之大。

(2)根据于地质学及古生物学的知识,叫人知道时间的无穷之长。

(3)根据于一切科学,叫人知道宇宙及其中万物的运行变迁皆是自然的。

(4)根据于生物的科学的知识,叫人知道生物界的生存竞争的浪费与惨酷。

(5)根据于生物学,生理学,心理学的知识,叫人知道人不过是动物的一种,他和别种动物只有程度的差异,并无种类的区别。

(6)根据于生物的科学及人类学,人种学,社会学的知识,叫人知道生物及人类社会演讲的历史和演讲的原因。

(7)根据于生物的及心理的科学,叫人知道一切心理的现象都是有因的。

(8)根据于生物学及社会学的知识,叫人知道道德礼教是变迁的,而变迁的原因都是可以用科学方法寻求出来的。

(9)根据于新的物理化学的知识,叫人知道物质不是死的,是活的;不是静的,是动的。

(10)根据于生物学及社会学的知识,叫人知道个人——"小我"——是要死灭的,而人类——"大我"——是不死的,不朽的;叫人知道"为全种万世而生活"就是宗教,就是最高的宗教;而那些替个人谋死后的"天堂""净土"的宗教,乃是自私自利的宗教。

他强调指出,他的这种"科学的人生观"是建筑在二三百年的科学常识之上的一个大假设,因此,也可以叫作"自然主义的人生观"。②

陈独秀的序,主要宣传了马克思主义的唯物史观,对科学派和玄学派都有批评,但不是各打五十大板,主要批评的是张君劢的"自由意志论",

---

① 胡适:《〈科学与人生观〉序》,载《科学与人生观》(上),第 13 页。
② 胡适:《〈科学与人生观〉序》,载《科学与人生观》(上),第 25—27 页。

并对丁文江等人的观点给予了一定的支持。他首先肯定了科学派的进步性，但同时又指出，科学派表面上好像取得了这场论战的胜利，然而实际上并没有攻破玄学派的大本营，"不过打散了几个支队，有的还是表面上在那里开战，暗中却已投降了"。究其原因就在于科学派不懂得唯物史观，他们批判玄学派唯心论的武器也是唯心论，"是以五十步笑百步"。[①] 接着他运用唯物史观对张君劢的"自由意志的人生观"进行了分析和批判。张氏在《人生观》的演讲中列举了九种人生观的不同表现，如大家族主义和小家族主义，男尊女卑与男女平等，私有财产制与公有财产制，守旧主义与维新主义，物质文明与精神文明，个人主义与社会主义，为我主义与利他主义，悲观主义与乐观主义，有神论与无神论，以此说明人生观是主观的、起于直觉的、综合的、自由意志的、起于人格之单一性的，而不为客观的、论理的、分析的、因果律的科学所支配，但陈独秀运用唯物史观的分析则得出结论：这"种种不同的人生观，都为种种不同客观的因果所支配，而社会科学可一一加以分析的论理的说明，找不出那一种是没有客观的原因，而由于个人主观的直觉的自由意志凭空发生的"[②]。即使是梁启超所讲的古代那些超科学的神秘的情感行为，如孝子割股疗亲，程婴杵臼代人而死，田横乃木自杀，也无所谓优不优，合理不合理，有价值无价值，它不过是农业的宗法社会封建时代所应有之人生观。"这种人生观乃是农业的宗法社会封建时代之道德传说及一切社会的暗示所铸而成"，在工业的资本主义社会是没有这种举动，没有这样的感情，没有这样的自由意志的。[③]

在批判了张君劢的"自由意志论"后，陈独秀也指出了丁文江的两点错误：第一，沿袭赫胥黎、斯宾塞诸人的谬误，自号存疑的唯心论，即"承认宇宙间有不可知的部分而存疑"，这就为玄学派宣扬自由意志的人生观提供了口实。实际上我们对于暂时尚未发现的物质固然可以存疑，但对于玄学派所讲的超物质而独立存在并且可以支配物质的什么心、什么神灵与上帝，则已无疑可存。第二，玄学派把欧战的责任归到科学家和物质文明身上"固然是十分糊涂"，但丁文江反其道而用之，把欧战的责任归到玄学家、教育

---

① 陈独秀：《〈科学与人生观〉序》，载《科学与人生观》（上），第1页。
② 陈独秀：《〈科学与人生观〉序》，载《科学与人生观》（上），第7页。
③ 陈独秀：《〈科学与人生观〉序》，载《科学与人生观》（上），第8—9页。

家和政治家身上也"离开事实太远",欧战的爆发是资本主义发展的必然产物,是英德两大工业资本争夺世界市场的必然结果。所以,丁氏对欧战原因的解释虽与张君劢不同,但实质一样,都"离了物质的即经济的原因",来解释历史现象,是一种唯心主义的历史观。总之,陈氏强调指出,"只有客观的物质原因可以变动社会,可以解释历史,可以支配人生观"。[①]

张君劢的序,除了进一步阐述自己的"自由意志的人生观"外,主要是反驳陈独秀的"唯物史观"和胡适的"科学的人生观"。他否认社会发展有规律可循,尤其反对马克思主义唯物史观中的社会存在决定社会意识的理论。在他看来,不是社会存在决定社会意识,相反是社会意识决定社会存在,推动社会发展变化的不是生计条件,而是人类的心思才力。因此,他不接受陈独秀的批评,认为陈氏用唯物史观,用社会存在决定社会意识的理论,分析解释他《人生观》演讲中所举的九项人生问题是不对的,因为这九项问题皆起于"人类之自由意志",不受科学的因果律所支配。"故独秀虽能举尽社会家言以难吾九端之列举,然吾之根本主张,仍是一丝一毫不能动摇也"。张君劢还进一步指出,由于推动社会发展变化的是人的心思才力,因此所谓社会科学,不过"粗疏的事实之贯串耳!意见之争持耳!说明的性质之分类与总括耳!"[②]职是之故,他明确表示不能接受马克思主义的唯物史观,认为个人心理与社会生活都超于科学之外,是不能用"客观的原因"加以说明的。

在批评了陈独秀的"唯物史观"后,张君劢对胡适的"科学的人生观"提出了批评。他指出,科学与人生观的性质完全不同,科学有一定的公例,而人生观则可以人类意志左右其间,所以将二者合为一名,不仅完全错误,甚至"真可谓之不词而已"。但胡适却在他的《〈科学与人生观〉序》中列举所谓"科学的人生观"十大条,每条之中皆由根据某某科学,叫人知道某某事,企图以科学之力,造成一种新的人生观。就此,张氏反问胡适道:"科学家之所教人者,其为不变之公例乎。其为个人对世界万物之态度乎?……若科学所教人者,仅得一人生观,则第一条根据天文学与物理学

---

① 陈独秀:《〈科学与人生观〉序》,载《科学与人生观》(上),第10—11页。
② 张君劢:《〈人生观之论战〉序》,载《人生观之论战》(上),第8页。

叫人知道者，非天文学物理学之公例，而为天文学物理学的人生观矣，是可通乎！第二条根据地质学与古生物学叫人知道者，非地质学古生物学之公例，而为地质学与古生物学人生观矣，是可通乎！"张氏认为，胡适的论战文章只做了一个"破题"，还不曾做到"起讲"，只拿出一个"教授科目表"，而没有拿出"人生问题之科学来"。[①]

张氏认为，科学所以不能解决人生问题，原因就在于科学之大原则，曰有因必有果，故视此世界为一切俱在，而于此一切俱在中求其因果之相生，于是有天文、地理、物理、化学之公例发现。与此相反，"人生之总动力，为生之冲动，就心理言之，则为顷刻万变之自觉性，就时间言之，则为不断之绵延"[②]。此"生之冲动"，人各得其一部，故一人有一人之个性，因个性之异，而各人之人生观也就各不相同。假如像胡适说的那样，尽去其他教材，而代之以种种科学，但个性既不统一，代之以种种科学又有什么用处呢？就此，张氏写道："虽然，吾知之矣，自由创造，适之（胡适字适之——引者）所欲也，科学亦适之所欲也，二者不可兼，适之其将奈之何？"[③]

张氏认为，此次论战涉及的问题虽多，但其争论的核心，是意志自由问题。在他看来，人事之所以进而不已，皆起于意志，意志如果是自由的，则人事之变迁自为非因果的、非科学的；意志如果是不自由的，则人事之变迁自为因果的、科学的。由此，他得出三点结论："第一，科学上之因果律，限于物质，而不及于精神。第二，各分科之学之上，应以形上学统其成。第三，人类活动之根源之自由意志问题，非在形上学中，不能解决。"[④]贬低科学，反对理性，提倡形上，崇尚意志，这就是张君劢主张自由意志人生观的自然结果。

三、论战的评价

这场被胡适称之为"空前思想的大笔战"，主要是围绕科学方法是否万能、能不能支配人生观这一问题展开的。[⑤]就玄学派和科学派所争论的主

---

① 张君劢：《〈人生观之论战〉序》，载《人生观之论战》（上），第10页。

② 张君劢：《〈人生观之论战〉序》，载《人生观之论战》（上），第11页。

③ 张君劢：《〈人生观之论战〉序》，载《人生观之论战》（上），第12页。

④ 张君劢：《〈人生观之论战〉序》，载《人生观之论战》（上），第16页。

⑤ 中国早期马克思主义者介入论战后，则成了马克思主义唯物史观与资产阶级唯心史观的论战，但那是在1923年底以后，此时论战已接近尾声。

要问题来看，发生在新文化运动后期的这场论战，实际上是现代西方以科学——逻辑为重心的实证分析哲学和以人文——历史为指向的人本哲学这两大哲学思潮的争论在中国的延伸和继续。但由于种种原因，其争论的水平远远没有达到同时代西方有关争论的高度，双方除了直接引用、介绍或转述西方近代现代思想家的思想外，并没有提出什么新的见解和理论创见。这正如张君劢所说的那样："今国中号为学问家者，何一人能真有所发明？大家皆抄袭外人之言耳。"①

尽管科学派和玄学派围绕科学方法是否万能、能不能支配人生观的问题争论十分激烈，但由于他们抄袭的都是"外人之言"，玄学派主要抄袭的是柏格森、倭伊铿的生命哲学，科学派主要抄袭的是马赫主义和实验主义，因此他们在以下两个方面有着惊人的一致性：首先，他们都是唯心主义者。上引陈独秀的《〈科学与人生观〉序》就明确指出，科学派"主将丁文江大攻击张君劢唯心的见解，其实他自己也是以五十步笑百步"。因为他所使用的武器，也是唯心主义的。用唯心主义批判唯心主义，是这场论战的一个显著特征。在这个意义上，我们同意论者的如下评价："从本质说这场论争并非科学与玄学的论战，而是一派玄学唯心论与另一派玄学唯心论的争吵。"②其次，他们都反对马克思主义的唯物史观。比如，陈独秀的《〈科学与人生观〉序》发表后，不仅张君劢在《〈人生观之论战〉序》中对陈氏所宣传的马克思主义的唯物史观进行了批判与攻击，胡适也写了《答陈独秀先生》一文，批评陈独秀宣传马克思主义的唯物史观，并公开声称："我们虽然极端欢迎'经济史观'来做一种重要的史学工具，同时我们也不能不承认思想知识等事也都是'客观的原因'，也可以'变动社会，解释历史，支配人生观'。所以我个人至今还只能说，'唯物（经济）史观至多只能解释大部分的问题'。"③

当然，这并不是说科学派与玄学派的争论就毫无意义。事实上，在当时中国科学十分落后、封建主义文化非常盛行的情况下，科学派对玄学派贬低科学方法，反对科学教育，颠倒物质文明与精神文明的关系，提倡复古

① 张君劢：《再论人生观与科学并答丁在君》，载《人生观之论战》（上），第45页。
② 冯契主编《中国近代哲学史》下册，上海人民出版社，1989，第643页。
③ 胡适：《答陈独秀先生》，载《科学与人生观》（上），第32页。

主义，要求复兴"玄学"或"新宋学"进行批判，起而捍卫科学尊严，提倡科学精神，宣传理性主义，主张"科学的人生观"，无疑有利于科学技术的发展和人的思想启蒙。这也是科学派在论战中所以能得到广大知识青年的支持或同情的重要原因。正如有的学者在评价这场论战时所指出的那样："科学的、理性的人生观更符合当时变革中国社会的需要，更符合向往未来、追求进步的人们的要求。承认身、心、社会、国家、历史均有可确定可预测的决定论和因果律，从而可以用以反省过去，预想未来，这种科学主义的精神、态度、方法，更适合于当时中国年轻人的选择。不愿再'返求诸己'回到修心养性的'宋学'，也不能漫无把握不着边际地空喊'意志自由'、'直觉综合'；处在个体命运与社会前途休戚攸关的危机时代，倾向于信仰一种有规律可循、有因果可寻从而可以具体指导自己行动的宇宙——历史——人生观，是很容易理解的事。十八、十九世纪西方近代的科学及其精神和方法，对落后的中国，还是新鲜的和先进的东西，人们欢欣鼓舞地去接受它，是很自然的。"① 因此，尽管这场论战最后没有人判定谁输谁赢，但实际上是科学派打赢了这场战争。与科学派得到广大知识青年的同情或支持相反，玄学派则被人们唾骂为"玄学鬼"。日后成为现代新儒家的徐复观晚年曾回忆说："忆余年少时在沪购一书曰《人生观之论战》，于京沪车中急读一过，内容多不甚了了。惟知有一派人士，斥君劢、东荪两张先生为'玄学鬼'；玄学鬼即系反科学，反民主，罪在不赦。自此，'玄学鬼'三字，深入脑际。有人提及二张之姓名者，辄生不快之感。"②

　　张君劢及其支持者虽被人唾骂为"玄学鬼"，但他们在论战中提出的一些问题并非完全没有学术价值。从当时中国社会发展的趋向上看，从发展社会生产力，引进西方科学技术，实现国家现代化这一历史的要求上看，他们的基本主张和观点无疑是错误的。但"如果纯从学术角度看，玄学派所提出的问题和所作出的某些（只是某些）基本论断，例如认为科学并不能解决人生问题，价值判断与事实判断有根本区别，心理、生物特别是历史、社会领域与无机世界的因果领域有性质的不同，以及对非理性因素的重视

① 李泽厚：《中国现代思想史论》，东方出版社，1987，第59页。
② 徐复观：《中国知识分子精神之回向——寿张君劢先生》，载陈克艰主编《中国知识分子精神》，华东师范大学出版社，2004，第54页。

和强调等等，比起科学派虽乐观却简单的决定论的论点论证要远为深刻，它更符合于二十世纪的思潮"①。实际上，随着科学技术进步所造成的工具理性与价值理性的严重分离，人们越来越认识到，无论科学如何发展，也无论科学方法如何完善，人和人生问题始终都是一个独特的领域，它不是科学发展所能完全解决得了的，人的情感的慰藉，也不可能于科学中求得，世界上没有也不可能像科学派所认为的那样有一种"万能"的方法，所谓"科学方法万能"只不过是人们的一种主观愿望而已。而这些正是张君劢及其支持者在人生观论战中着力论证的东西。

这场由张君劢在清华学校的演讲而引起的科学与人生观论战，在现代中国思想文化史上有着重要的影响和地位。首先，它是唯科学主义思潮和人本主义思潮在中国的第一次正面交锋，在交锋中科学与人生观问题被凸显了出来。此后，中国资产阶级哲学明确区分为两大阵营，两条路线，一方走的是科学的、实证的道路，另一方则走的是人本的、形而上学的道路。其次，由于中国早期马克思主义者的介入，以及他们对玄学派、科学派的批评和对马克思主义唯物史观的宣传，扩大了马克思主义的影响，人生观论战后，马克思主义在青年中得到更广泛的传播。第三，它是现代新儒学发展历程中的一件大事，张君劢的演讲以及他后来的参战文章，从某种意义上说，型塑了现代新儒家的致思方向，张本人也因此而成了现代新儒学的"开启者"之一。②

四、余波：泰戈尔访华引起的思想文化斗争

1924 年 4 月 12 日至 5 月 30 日，亦即"科学与人生观论战"已逐渐平息之际，亚洲第一位诺贝尔文学奖获得者、印度著名诗人泰戈尔来华访问，引起中国知识界的不同反应，欢迎者有之，批评者有之，介于欢迎与批评之间者亦有之。这些不同反应，既是新文化运动时期错综复杂的思想文化斗争的反映，同时又引发了大革命时期新的错综复杂的思想文化斗争。此前学术界尤其是文学界虽然对泰戈尔访华有一些研究，但这些研究很少把

---

① 李泽厚：《中国现代思想史论》，第 59 页。
② 参见郑大华《张君劢与现代新儒学》，《天津社会科学》2003 年第 4 期。

泰氏的访华与新文化运动时期和大革命时期的思想文化斗争联系起来。

泰戈尔（1861—1941）是印度当代著名的诗人、哲学家和社会活动家。"他的哲学和社会理论反映了印度资产阶级民族主义思想本质上所固有的种种特征。"①泰戈尔自己也说过，他思想上的最大优点和最大缺点是"自相矛盾"②，即在不同时间，不同地点，面对不同对象，表达的思想截然不同，在他身上，保守与进步、传统与现代、出世与入世、贵族与平民、东方与西方等种种矛盾交织在一起。比如，他既主张向西方学习，同时又发表过不少批评西方文化的言论，并认为东方的精神文明优越于西方的物质文明；他既反对英国对印度的殖民统治，同时又不赞成甘地领导的不合作运动，更反对用游行示威或暴力等手段谋求民族独立，而提倡与殖民者的合作与和解；他既赞美科学给人类带来的巨大进步，同时又把西方现代社会出现的种种弊病归因于科学，对科学的功用和价值提出了质疑乃至否定；他既关注现实，热爱生活，创作大量激昂慷慨、具有火焰一般热情的爱国诗篇，同时又主张脱离社会，退隐田园，在大自然里冥思苦想，并写有不少"爱自然、爱人类、爱星空、爱月夜的只给人一点美感的诗歌"③；如此等等。这里尤需指出的是，到了第一次世界大战的前后，由于西方文化弊端的暴露无遗和"东方文化救世论"思潮的兴起，泰戈尔思想也日趋保守和退隐，他到处发表演说，批评西方文化，提倡东方文明，鼓吹东西调和、新旧调和、阶级调和，俨然成了东方文化的代表者和保护神。1913年泰戈尔以诗集《吉檀迦利》获诺贝尔文学奖。这是亚洲人第一次获得此项殊荣，泰戈尔也因此而成为一位世界级的文化名人。这一年他到美国访问，受到热烈欢迎。也是这一年出版的《东方杂志》第13卷第4号刊载的钱智修的文章《台峨尔氏之人生观》，第一次将泰戈尔介绍给了中国广大读者。1915年10月，陈独秀在创刊不久的《青年杂志》第2期上发表译自《吉檀迦利》的4首短诗，题为《赞歌》，并在文后附有简短介绍，说泰氏是"提倡东洋之精

---

① 黄心川：《略论泰戈尔的哲学和社会思想》，《哲学研究》1979年第1期。
② 克里希那·克里巴拉尼：《泰戈尔传》，倪培耕译，漓江出版社，1984，第209页。
③ 季羡林：《泰戈尔与中国》，载沈益洪编《泰戈尔谈中国》，浙江文艺出版社，2001，第242页。注：该文原刊于《社会科学战线》1979年第2期，但知网已查不到。

神文明者也……印度青年尊为先觉。其诗文富于宗教哲学之理想"①。这大概是泰戈尔诗的最早中译。此后，有关泰戈尔生平思想的介绍和泰戈尔著作的中译日益增多起来。进入 20 年代后，他的许多作品如《飞鸟集》《新月集》《园丁集》《春之循环》《吉檀迦利》等都有中译本出版，有的还不止一个版本，其文学思想和创作理论对新文化运动时期成长起来的一代新诗人产生过很重要的影响。正如徐志摩所说，当时"太戈尔在中国，不仅已得普遍的知名，竟是受普遍的景仰。……在新诗界中，除了几位最有名神形毕肖的太戈尔的私淑弟子以外，十首作品里至少有八九首是受他直接或间接的影响的"②。

泰戈尔一生非常敬仰中国文化，对中国人民充满友爱之情。从童年起，他就开始关心中国。1881 年他刚 20 岁时，便写过一篇题为《死亡的贸易》的论文，严厉谴责了英国殖民主义者毒害中国人民的鸦片贸易，同时对中国人民流露出了深切的同情。他在文中写道："这种贸易和积累财富的方法，只有用客气的口气才能叫做贸易。它简直就是强盗行为。"③1920 年，他在美国对中国留美学生冯友兰说："中国是几千年的文明国家，为我素所敬爱。我从前到日本没到中国，至今以为遗憾。……然而我终究必要到中国去一次的。"④ 果然到了 1923 年春，泰戈尔派他的秘书英国人恩厚之到北京，找到徐志摩等人说，只要中国方面能承担旅费，泰戈尔很愿意来中国访问。本来由梁启超主持的讲学社就有邀请泰戈尔来华访问的打算，因此在得知泰戈尔愿意来华访问的消息后，讲学社便把旅费寄给了泰戈尔，并希望他能于秋季成行。后来由于生病等原因，直到 1924 年 4 月 12 日泰戈尔才和印度人那格、鲍斯、沈，英国人恩厚之、美国人葛玲小姐等抵达中国。

在此后近 50 天的时间里，泰戈尔从南到北，在徐志摩等人的陪同下，遍游上海、杭州、南京、济南、北京、太原、汉口等城市，先后在各种集会上发表演讲三四十次。在这些演讲中，泰戈尔一方面回顾和歌颂了中印

---

① 达噶尔作，陈独秀译《赞歌》，《青年杂志》第 1 卷第 2 期，1915 年 10 月 15 日。
② 徐志摩：《太戈尔来华》，《小说月报》第 14 卷第 9 号，1923 年 9 月 10 日。
③ 转引自季美林《泰戈尔与中国》，载《泰戈尔谈中国》，第 233 页。
④ 冯友兰：《与印度泰谷尔谈话（东西文明之比较观）》，《新潮》第 3 卷第 1 号，1921 年 10 月 1 日。

两国人民之间源远流长的文化交流和伟大友谊，表达了他对中国人民的深情厚谊，并高度赞美了中国的传统文化和古老的精神文明。他多次强调，他"此番到中国，并非是旅行家的态度，为瞻仰风景而来；也并非是一个传教者，带着什么福音；只不过是为求道而来罢了。好象是一种进香人，来对中国的古文化行敬礼，所持的仅是敬爱数字"①。又说："我相信你们的前途有一个伟大的将来，也就是亚洲的将来，我盼望那一天你们的民族兴起，表现你们内在的精神，那是我们与有荣华的一桩盛业。"② 另一方面他又大力宣扬了所谓西方是物质文明，东方是精神文明，精神文明远远高于物质文明的保守主义理论。他把物质文明比作金刚石，把精神文明比为稻粒，认为"物质文明，虽然负着有光致的表面，但却不如精神生活有活泼自然的愉慰，能给人以真的充实的生命"。所以，物质文明"只能用来辅助精神生活的发展，而不能使精神为其所制服所扑灭，而造成无上之烦闷"。他说，他之所以"崇拜中国的文化，就是因为他的历史上向来是使物质受制于精神"，但是现在中国和印度一样，受西方文化的影响，"将无价的精神，都渐渐化成贱价的物质的死的现象了。这是非常可为悲痛的"。作为中国人民的真诚朋友，他"不忍看着中国文化的日趋于危险之境，所以要真诚地警告"中国人，"要晓得幸福便是灵魂的势力的伸张，要晓得把一切精神的美牺牲了去换得西方的所谓物质文明，是万万犯不着的！""我们应当竭力为人道说话，与惨厉的物质的魔鬼相抗。不要为他的势力所降服，要使世界入于理想主义，人道主义，而打破物质主义！""西方的物质文明，几年前已曾触过造物主的震怒，而受了极巨的教训了（指第一次世界大战及其后果——引者），我们东方为什么也似乎一定非走这条路不可呢？"③ 泰戈尔在演讲中也对科学的功用和价值提出了批评和质疑，认为科学的无限发展，"抑制了人类的精神"，而人类精神被抑制的世界"不是一个现实的世界，而是一个抽象的没有人性的力量的世界"。④ 科学容易使人类"彼此相残杀、相侵略、不

① 记者：《东方文明的危机——太戈尔先生在上海各团体欢迎会讲》，《文学》第 118 期，1924 年 4 月 21 日。
② 太戈尔讲，徐志摩译《第一次的谈话》，《小说月报》第 15 卷第 8 号，1924 年 8 月 10 日。
③ 记者：《东方文明的危机——太戈尔先生在上海各团体欢迎会讲》，《文学》第 118 期，1924 年 4 月 21 日。
④ 泰戈尔：《在中国的谈话》，载《泰戈尔谈中国》，第 32 页。

相结识、不求了解"①，因此科学的发展必须置于"新的精神和道德力量"的控制之下，"使得人们能消化科学发展的成果，控制使用新武器或新机器，否则，这些东西将主宰、奴役和杀戮人们"②。泰戈尔反对东方学习西方，认为东方如果"像一条长得过长的阑尾那样跟在西方后面，试图鞭打天空，反抗诸神"，那是"行不通的，也是枉然的。对人性来说，这不仅过分，而且是一种失望和欺骗"，"东方想要复制西方的生活，那复制品一定会是伪造的"。③他主张东西调和、新旧调和，西方要采纳东方的精神文明，特别是其"结晶之爱"，从而"使（西方）悲惨之世界，得有救济良方"；东方要学习西方发达物质文明的手段，特别对西方"无价之宝库"科学，更应多加"师承"，从而改变东方物质文明过于落后的状态。

泰戈尔的来华访问及其所发表的讲演，引起了中国知识界的不同反应。以梁启超、梁漱溟、张君劢为代表的"东方文化派"和"玄学派"对泰氏的访问和讲演持的是欢迎和认同的态度。泰戈尔访华就是由梁启超主持的讲学社邀请的。4月12日泰戈尔抵达上海时，到上海汇山码头迎接的人群中便有张君劢，泰氏到中国后中方第一次欢迎茶话也是在张君劢家举行的，张君劢的欢迎词对泰氏极尽赞美之能事。为了欢迎泰戈尔访华，5月初梁启超在北京师范大学连续两天发表题为《印度与中国文化之亲属的关系》的讲演，希望人们"用一千多年前洛阳人士欢迎摄摩腾的情绪来欢迎泰谷尔哥哥，用长安人士欢迎鸠摩罗什的情绪来欢迎泰谷尔哥哥，用庐山人士欢迎真谛的情绪来欢迎泰谷尔哥哥"，他认为一千多年来印度传入中国的文化可以用"绝对的自由"与"绝对的爱"来概括，而"泰谷尔这个人和泰谷尔的诗，都是'绝对自由'与'绝对爱'的权化"，他把泰戈尔比作"二千年前做《佛本行赞》的马鸣菩萨"，并"盼望他这回访问中国所发生的好影响，不在鸠摩罗什和真谛之下"。④5月8日，北京学术界举行庆祝会，庆祝泰戈尔64岁生日，梁启超不仅出席了庆祝会，而且还应泰氏的请求，为泰氏取

① 泰戈尔：《在中国的谈话》，载《泰戈尔谈中国》，第26页。
② 泰戈尔：《在中国的谈话》，载《泰戈尔谈中国》，第32页。
③ 泰戈尔：《在中国的谈话》，载《泰戈尔谈中国》，第82页。
④ 梁任公讲，汪震、王寿康、李林昌笔记《论坛：印度与中国文化之亲属的关系》，《晨报·副刊》第96号，1924年5月3日。

了个"竺震旦"的中国名字，"希望我们对于他（指泰氏——引者）的热爱跟着这名儿永远嵌在他心灵里"。梁漱溟也多次参加泰戈尔的欢迎会或演讲会，还在家中接待过泰戈尔，和泰氏讨论过佛教与儒学的异同问题。就连不久之前还一再声明反对泰戈尔打算把印度哲学传入中国的"一代怪杰"辜鸿铭，也在泰氏访问北京时与之相聚甚欢，并一起拍照留影。

梁启超、梁漱溟和张君劢等人之所以欢迎和认同泰戈尔，除了出于主人对客人的尊重和礼貌外，一个重要原因，就在于他们的思想和文化观念与泰戈尔有很多相同或相似之处。譬如，他们都认为西方是物质文明，东方是精神文明，东方的精神文明优越于西方的物质文明；都对科学的功用和价值提出过怀疑和挑战，否认科学能够指导人生观；也都反对向西方学习，而主张东西调和、新旧调和。沈泽民在《太戈尔与中国青年》一文中便明确指出，我们虽然不能说"太戈尔就是中国的辜鸿铭或康有为；但至少他是个梁启超或张君劢。玄学与科学之争中，张君劢表示他自己是一个玄学派，主张精神的独立，太戈尔更过之，他认神的存在"[1]。沈泽民的话可谓一针见血。

除以梁启超、梁漱溟和张君劢等为代表的"东方文化派"和"玄学派"外，对泰戈尔访华和演讲持欢迎和认同态度的还有以诗人徐志摩和文学家郑振铎为代表的一些诗人、作家和爱好文学的青年。特别是徐志摩，简直是泰氏的崇拜者。早在泰氏决定访问中国而未来中国之前，他就先后发表了《诗人太戈尔》《泰山日出》《太戈尔来华》和《太戈尔来华的确期》等文章，向泰氏表示由衷的欢迎和敬意，他把泰氏比之为"泰山日出"，是"散发祷祝的巨人"[2]；认为"泰戈尔的名字，就是印度民族不死的铁证"，"他那高超和谐的人格，可以给我们不可计量的慰安，可以开发我们原来瘀塞的心灵泉源，可以指示我们努力的方向与标准，可以纠正现代狂放恣纵的反常行为，可以摩挲我们想见古人的忧心，可以消平我们过渡时期张皇的意气，可以使我们扩大同情与爱心，可以引导我们入完全的梦境"[3]。因此，

---

[1]（沈）泽民：《太戈尔与中国青年》（注：目录上是《泰戈尔与中国青年》，但发文时标的是《太戈尔与中国青年》，这种现象在当时较为普遍），《中国青年》第 27 期，1924 年 4 月 18 日。

[2] 徐志摩：《泰山日出》，《小说月报》第 14 卷第 9 号，1923 年 9 月 10 日。

[3] 徐志摩：《太戈尔来华》，《小说月报》第 14 卷第 9 号，1923 年 9 月 10 日。

"他到中国来一次，不是一件容易，随便的事；他的使命，世界上没有第二个人可以替代的"①。泰氏到达中国之后，徐志摩受讲学社的委托，全程陪同他到各处旅行，并给他的演讲作翻译，有时还将他的演讲词翻译出来交各大报刊发表。5 月 30 日泰戈尔离开中国取道日本回国，徐志摩一直将他送到香港才依依不舍地分别。泰戈尔为了感谢徐志摩的热情接待，特地给他取了一个印度名字素思玛。后来泰戈尔将他在中国的讲演稿在印度辑录出版，在扉页上写着："感谢我友徐志摩的介绍，得与伟大的中国人民相见，谨以此书为献。"和徐志摩一样，郑振铎（西谛）也是泰戈尔的崇敬者，他曾先后翻译过泰氏的《飞鸟集》和《新月集》，发表过《太戈尔研究》《太戈尔的艺术观》等重要论文。为迎接泰戈尔访华，他主编的《小说月报》曾前后三次出版《太戈尔号》，他自己也撰写了《欢迎太戈尔》一文，认为"世界上使我们值得去欢迎的恐怕还不到几十个人。太戈尔便是这值得欢迎的最少数的人中的最应该使我们带着热烈的心情去欢迎的一个人"，因为泰戈尔"是给我们以爱与光与安慰与幸福的，是提了灯指导我们在黑暗的旅路中向前走的是我们一个最友爱的兄弟，一个灵魂上的最密切的同路的伴侣"。②泰氏来华后，他又亲自参加各种欢迎活动，并在《小说月报》上连篇累牍地发表介绍泰戈尔及其作品和思想的文章。

如果说以梁启超、梁漱溟和张君劢等为代表的"东方文化派"和"玄学派"欢迎、认同泰戈尔，是因为他们的思想和文化观念与泰戈尔有许多相同或相似性，那么，以新月派诗人徐志摩、文学研究会发起人之一郑振铎为代表的一些诗人、作家和爱好文学的青年欢迎、认同泰戈尔，既有人格上的认同，也有艺术观上的共鸣。徐志摩、郑振铎等人都是浪漫的理想主义者，他们希望"每一朵花"和"各个人"都"实现他可能的色香"，但现实的黑暗则告诉他们这是根本不可能的，因此他们需要发现和构造一个超越现实的理想乐园，需要"爱、自由与美"，需要用艺术建筑一个"生与美的生存世界"。于是他们在泰戈尔泛神论和泛美思想中找到了知音。用郑振铎的话说，"现在的世界，正如一个狭小而黑暗的小室。什么人都受物质主

---

① 徐志摩：《太戈尔来华的确期》，《小说月报》第 14 卷第 10 号，1923 年 12 月 10 日。
② 郑振铎：《欢迎太戈尔》，《小说月报》第 14 卷第 9 号，1923 年 9 月 10 日。

义的黑雾笼罩着，什么人都被这'现实'的小室紧紧的幽闭着。这小室里面是可怖的沉闷，干枯与无聊。在里面的人，除了费他的时力，费他的生命在计算着金钱，在筹思着互相剥夺之策，在喧扰的在暗中互相争辩着嘲骂着如盲目者似的以外，便什么东西都不知道，什么生的幸福都没有享到了"；然而泰戈尔却"在荆棘丛生的地球上，为我们建筑了一座宏丽而静谧的诗的灵的乐园。这座诗的灵的乐园，是如日光一般，无往而不在的，是容纳一切阶级，一切人类的；只要谁是愿意，他便可以自由的受欢迎的进内"，"我们对于这个乐园的伟大创造者，应该怎样的致我们的祝福，我们的崇慕，我们的敬爱之诚呢？"[①]

和梁启超、梁漱溟、张君劢、徐志摩、郑振铎等人的欢迎、认同相反，以陈独秀、瞿秋白为代表的早期中国共产党人，对泰戈尔的访华和演讲则持的是反对和批评的态度。早在泰氏访华之前，针对当时学术思想界掀起的宣传介绍泰戈尔其人、其作品的热潮，陈独秀（署名实庵）写了篇《我们为什么欢迎泰谷儿》的文章，发表在1923年10月27日出版的中国共产党中央机关刊物《中国青年》第1卷第2期上，认为"像泰谷儿那样根本的反对物质文明科学与之昏乱思想，我们的老庄书昏乱的程度比他还高，又何必辛辛苦苦的另外来翻译泰谷儿？昏乱的老庄思想上，加上昏乱的佛教思想，我们已经够受了，已经感印度人之赐不少了，现在不必又加上泰谷中（儿）了！"[②]泰戈尔到达中国后，陈独秀、瞿秋白、沈泽民、恽代英、雁冰（茅盾）等人更是轮番上阵，先后在《中国青年》《向导》以及《民国日报》副刊《觉悟》等刊物上发表《太戈尔与东方文化》（实庵，《中国青年》第27期，1924年4月18日）、《评太戈尔在杭州上海的演说》（实庵，《民国日报》副刊《觉悟》，1924年4月25日）、《太戈尔来华后的中国青年》（亦湘，《中国青年》第27期，1924年4月18日）、《过去的人——太戈尔》（秋白，《中国青年》第27期，1924年4月18日）、《太戈尔与中国青年》（泽民，《中国青年》第27期，1924年4月18日）、《评"人类第三期之世界"》（泽民，《中国青年》第31期，1924年5月17日）、《对于太戈尔的

---

① 郑振铎：《欢迎太戈尔》，《小说月报》第14卷第9号，1923年9月10日。
② 实庵（陈独秀）：《我们为什么欢迎泰谷儿》，《中国青年》第2期，1923年10月27日。

希望》（雁冰，《民国日报》副刊《觉悟》，1924 年 4 月 14 日）、《太戈尔与东方文化——读太氏京沪两次讲演后的感想》（雁冰，《民国日报》副刊《觉悟》，1924 年 5 月 16 日）、《巴尔达里尼与太戈尔》（独秀，《向导》第 67 期，1924 年 5 月 28 日）、《太戈尔与金钱主义》（实庵，《向导》第 68 期，1924 年 6 月 4 日）等文章，批判泰戈尔，特别是他在中国的讲演。其中陈独秀发表的批判文章最多，言辞也最为激烈，甚至迹近于骂人，比如他的一篇文章的题目就叫作《太戈尔是一个什么东西》，说泰戈尔在北京"未曾说过一句正经"的话，只是和清帝、舒尔曼、安格联、法源寺的和尚、佛化女青年及梅兰芳这类人周旋了一阵——"他是一个什么东西"。[①] 概而言之，以陈独秀、瞿秋白为代表的共产党人对泰戈尔的批判主要集中在以下几个方面：

第一，是批判泰戈尔的西方是物质文明、东方是精神文明、东方的精神文明优于西方的物质文明论。沈泽民指出，所谓文明，"是一个民族的共同的生活意向与生活状态"，其中既包括物质文明，也包括精神文明，世界上既没有纯粹过物质文明的民族，也没有纯粹过精神文明的民族，即使是被泰戈尔说成是精神文明代表的印度人，总得要穿衣，吃饭，物质文明代表的西洋人，快活了也知歌舞，悲伤了也知哭泣。"这就是说，所谓精神和物质，不过偏畸重轻之别罢了，并不一边绝对是辟谷的神仙，一边是纯粹的衣架饭袋。"实际上，泰氏所说的精神文明或东方文明，"是手工业时代的一种现象"；物质文明或西方文明，是机器工业时代的表征。而"照人类进化的程序看来"，机器工业时代比农业手工业时代处于人类进化的更高一个阶段，所以如果可以把文明二分为东方文明或精神文明，西方文明或物质文明，那么也是西方文明或物质文明优于东方文明或精神文明，而非东方文明或精神文明优于西方文明或物质文明。我们要达到一个更好更理想的社会，"太戈尔的精神主义是不行的"，只有"更加努力去进求物质文明的发达"才有可能。[②] 陈独秀批评泰戈尔宣扬西方是物质文明，东方是精神文明，东方的精神文明优于西方的物质文明的目的，是要"复活"东方特有之

---

① 实庵（陈独秀）：《太戈尔是一个什么东西》，《向导》第 67 期，1924 年 5 月 28 日。
② （沈）泽民：《评"人类第三期之世界"》，《中国青年》第 31 期，1924 年 5 月 17 日。

文化。而所谓"东方特有之文化"，在陈独秀看来，无非"（一）尊君抑民，尊男抑女"、"（二）知足常乐，能忍自安"、"（三）轻物质而重心灵"这几样东西，这些东西如果一旦复活只能造成社会大的退步，所以他请泰戈尔"不必多放莠言乱我思想界"。①

第二，是批判泰戈尔对科学的功用及价值的挑战和质疑。陈独秀指出，泰戈尔对科学的功用及价值的挑战和质疑，说明他对科学及物质文明本身的价值存在着根本误解，因为他把现代社会的种种弊端和"恼闷"都归罪于科学所引起的物质文明的发达，但实际上产生现代社会的种种弊端和"恼闷"的"最大原因有二"：（一）是弱小民族因科学落后物质文明不发达，遂造成民族间的侵略；（二）是少数人垄断物质文明的恩惠，遂造成阶级间的掠夺。"这些侵略掠夺之无限恼闷，都非科学与物质文明本身的罪恶，而且只有全世界普通的发展科学与物质文明及全社会普遍的享受物质文明才能救济，这乃真正是科学与物质文明在人生历程中所处地位。"就像"一颗炸弹可以杀人，也可以开山通路；一条铁道可以运兵打战，也可以运粮拯饥"一样，科学既能给人类带来祸害，也能为人类带来幸福，其本身并无罪恶可言，有罪恶的是操纵科学的"资本家和帝国主义者"，是"私有财产制度"。②亦湘强调，所谓科学"桎梏心灵，干涸情感"一类的话，都是泰戈尔等"反科学者捏造诬陷"出来的，"中国的科学尚幼稚到这般地步，万万不可容许这等反科学的思想的流行"。③

第三，是批判泰戈尔的国家观和"爱"的阶级调和论。瞿秋白指出，泰戈尔以为国家只是一个抽象概念，就像道德也只是一个抽象概念一样，而不是把国家看成是"代表一阶级的统治权"，所以他虽然反对国家，主张保证平民利益，但不反对"那些根性上不能没有国家的阶级制度"，不反对统治印度的英国资产阶级，也不赞成把平民组织起来。"可是在有阶级的社会里，要保证平民的利益，表现事实上的'广爱'，——非有组织不可，因为强暴的资产阶级是有组织的。既有组织，那就平民革命之后，仍旧须有平

---

① 实庵（陈独秀）：《太戈尔与东方文化》（注：目录标题是《泰戈尔与东方文化》，但正文中文章标题是《太戈尔与东方文化》），《中国青年》第27期，1924年4月18日。
② 实庵（陈独秀）：《评太戈尔在杭州上海的演说》，《民国日报》副刊《觉悟》，1924年4月25日。
③ 亦湘：《太戈儿来华后的中国青年》，《中国青年》第27期，1924年4月18日。

民自己的国家。只有这种国家能实行有规划的经济生产计划，——逐步取消资本主义之经济的无政府状态，逐步消灭阶级的差别的时候，——国家才能完全消灭。可见要想越过'反对英国人资产阶级'的一阶段，而直接否认国家制度，——必定不可能。"① 陈独秀指出，泰戈尔在讲演中反对被压迫人民和被压迫民族的反抗斗争，强调"人类要用爱来调和"，"'爱'，自然是人类福音，但在资本帝国主义未推倒以前，我们不知道太戈尔有何方法可以实现他'用爱来调和人类'这个志愿"。没有方法实现的志愿，只是无用的废物，中国孔夫子的仁义叫了几千年，西方基督的爱也叫了几千年，然而爱并没有实现，人类还存在着压迫和剥削，存在着相互残杀。"此时太戈尔又来叫'爱'，我要问问你这'爱'之叫声，能够感动欧美资产阶级使他们实行人类相爱，使他们自己取消资本帝国主义，不去掠夺劳动阶级不去侵略弱小民族吗？"在陈独秀看来，泰戈尔所宣扬的"爱"的阶级调和论，无异于劝要吃人的老虎不要吃人，劝将被老虎吃的人不仅让老虎吃，而且还要爱老虎。"如此，老虎固然要重谢太戈尔先生，可是苦了被老虎吃的人！"②

以陈独秀、瞿秋白为代表的中国共产党人之所以要反对泰戈尔访华，并对他的思想和讲演提出严厉批判，有其深刻的社会思想背景。我们后面将对此进行分析。除中国共产党人外，当时对泰戈尔访华提出批评的还有郭沫若和闻一多等人。郭沫若是我国最早接受泰戈尔影响的新诗人之一。1914 年，他初到日本留学时，正值日本出现"泰戈尔热"，受其影响，开始读泰戈尔的诗，还编过《泰戈尔诗选》寄出版社，他的早期作品，如《女神》等，留有鲜明的泰戈尔影响的烙印。他曾自述作诗"是先受了太戈尔诸人的影响力主冲淡"③。并因泰戈尔的影响，"便和哲学上的泛神论（Pantheism）的思想接近了"④。但到 1923—1924 年，由于受革命潮流的推动，郭沫若逐渐抛弃了泛神论思想，开始在思想上转向马克思主义，1924 年春，他翻译了日本马克思主义者河上肇的《社会组织与社会革命》。郭沫若思想上的这一变化，使他对泰戈尔从原来的接受转为批评。泰戈尔访华

① （瞿）秋白：《太戈尔的国家观念与东方》，《向导》第 61 期，1924 年 4 月 16 日。
② 实庵（陈独秀）：《评太戈尔在杭州上海的演说》，《民国日报》副刊《觉悟》，1924 年 4 月 25 日。
③ 郭沫若：《我的作诗经过》，载《沫若文集》第十一卷，人民文学出版社，1959，第 147 页。
④ 郭沫若：《创造十年》，载《沫若文集》第七卷，人民文学出版社，1958，第 58 页。

前夕，他在《创造周报》第 23 号上发表的《太戈儿来华的我见》一文中指出："'梵'的现实，'我'的尊严，'爱'的福音，这可以说是太戈儿的思想的全部"，然而根据唯物史观的见解，"世界不到经济制度改革之后，一切甚么梵的现实，我的尊严，爱的福音，只可以作为有产有闲阶级的吗啡，椰子酒；无产阶级的人终然只好永流一身的汗血"。文中还对泰戈尔"以东洋的精神文明代替西洋的物质文明"的观点提出了批评，认为"在西洋过于趋向动态而迷失本源的时候，太戈儿先生的森林哲学大可为他们救济的福音，但在我们久沉湎于死寂的东方民族，我们的起死回生之剂却不在此而在彼"。① 与郭沫若主要批评的是泰戈尔的泛神论思想和东西文明文化观不同，作为诗人和文学家，闻一多主要批评的是泰戈尔的文艺思想。他指出："文学的宫殿必须建在现实的人生的基石上"，而泰戈尔受印度"否定生活"思想的影响，"没有把捉到现实"，他"摘录了些人生的现象，但没有表现出人生中的戏剧；但不会从人生中看出宗教，只用宗教来训释人生"，所以"我们读《吉檀迦利》《采果》《园丁》《新月》等，我们仿佛寄身在一座云雾的宫阙里，那里只有时隐时现、似人非人的生物"。②

　　一些被称之为自由主义的知识分子如胡适、周作人等对于泰戈尔的访华及其讲演则介于欢迎、认同和反对、批评之间，他们既不同意泰戈尔宣扬的东方是精神文明，西方是物质文明，精神文明优越于物质文明的观点，也不赞成以陈独秀、瞿秋白为代表的中国共产党人对泰戈尔访华及其讲演的反对和批判，而主张依据自由主义的宽容立场，来对待泰氏的访华及讲演。1924 年 5 月 14 日，周作人在《晨报·副刊》发表《"大人之危害"及其他》一文，声明自己对于泰戈尔的访华及讲演"在反对与欢迎两方面都不加入"，因为他"觉得地主之谊的欢迎是应该的，如想借了他老先生的招牌来发售玄学便不正当，至于那些拥护科学的人群起反对，虽然其志可嘉，却也有点神经过敏了"。为尽地主之谊，周作人和胡适都应邀出席了北京学术界为泰戈尔举行的欢迎会和泰氏 64 岁生日庆祝会，胡适还在生日庆祝会上借梁启超给泰戈尔取名为"竺震旦"一事逗笑说："今天一方面是祝贺老诗哲 64 岁

---

① 郭沫若：《太戈儿来华的我见》，《创造周报》第 23 号，1923 年 10 月 14 日。
② 闻一多：《太戈尔批评》，《时事新报》文学副刊，1923 年 12 月 3 日。

生日，一方面又是祝贺一位刚生下来不到一天的小孩的生日。"但他们对泰氏的讲演不置一词，在泰氏访华期间，胡适没有就此事公开发表过任何评论。

中国思想界对泰戈尔访华及讲演的不同反应，既是新文化运动时期错综复杂的思想文化斗争的反映，同时又引发了大革命时期新的错综复杂的思想文化斗争。如前所述，新文化运动时期是各种思潮相互激荡、彼此争鸣的时期。先是以《东方杂志》主编杜亚泉、《欧游心影录》作者梁启超、《东西文化及其哲学》作者梁漱溟、鼓吹以农立国的章士钊为代表的一些文化保守主义者即东方文化派围绕"东西文化"问题与以陈独秀、李大钊、胡适为代表的新文化派展开激烈争论。紧接着，1923 年又爆发了"科学与人生观"论战，以张君劢、梁启超为代表的"玄学派"反对科学对人生观的指导，认为科学在西方已经破产，中国的精神文明优于西方的物质文明。他们的观点遭到了以丁文江、胡适为代表的科学派和以陈独秀、瞿秋白为代表的中国共产党人的批判，如果说在论战的初始和中期阶段批判"玄学派"的主要是以丁文江、胡适为代表的科学派，那么从 1923 年底开始，以陈独秀、瞿秋白为代表的中国共产党人则成了批判"玄学派"的主力军。就"科学与人生观"论战的主要内容来看，实际上是"东西文化论战"的继续和发展。在这两场大的思想文化论战进行的过程中，又穿插发生过社会主义、无政府主义等论战。与此同时，1921 年中国共产党成立后，立即成为中国人民反帝反封建斗争的领导者，1922 年 7 月召开的中国共产党第二次全国代表大会又在中国近代历史上第一次明确地提出了反对帝国主义、反对封建主义的民主革命纲领，并指出要通过民主革命进一步创造条件，实现社会主义和共产主义。会后在中国共产党的领导下，中国人民反帝反封建斗争进一步高涨。

泰戈尔就是在这样的历史背景下来到中国访问的。如前所述，他希望来华访华，并得到梁启超主持的讲学社的邀请，是在 1923 年春，当时"科学与人生观"论战的序幕刚刚拉开。到泰戈尔来华时，论战的高峰虽已过去，但以陈独秀、瞿秋白为代表的中国共产党人还在撰文继续批判"玄学派"。在这样的历史背景下，梁启超等人邀请同样反对西方的科学与物质文明，而肯定东方精神文明的泰戈尔来华访问，就不能不使人对他们的动机产生怀疑：拉大旗作虎皮，请泰戈尔为自己助战。恽代英便认为"几个中国的

'玄学鬼'搬来"泰戈尔的目的，是"为他们张目"。[1]周作人也认为梁启超等人邀请泰戈尔访华有"想借了他老先生的招牌来发售玄学"的嫌疑[2]。就当时的情况来看，不排除这种可能性。泰戈尔来华临行前，曾写信给他的老朋友、法国文学家罗曼·罗兰，谈到他心里的矛盾：作为艺术家他应该孤独宁静，而作为理想家或思想家他又应该同许多人联系合作，宣传自己的思想。"我要到中国去，以什么身份，我不知道。是做为诗人呢？还是要带去好的忠告和健全的常识？"[3]正因为泰戈尔还没有决定以什么样的身份面对中国听众，4月13日他到中国后发表的第一次讲演，主要讲的是源远流长的中印文化交流和中印两国人民之间的传统友谊，并一再声明"我不是一个哲学家，你们只须当我诗人看待。在你们的心里替我预备着一个地位，不要在公开的讲坛上安置高座"[4]。但他到中国后，欢迎他并整天伴随他左右的是张君劢、林长民、梁启超、徐志摩、郑振铎一干人等，这些人不仅开口闭口讲的都是东方是精神文明、西方是物质文明，而且在宣传介绍泰戈尔及其思想和作品时，也主要宣传介绍的是他反对科学和西方物质文明、提倡东方精神文明以及他那光风霁月、脱离现实的一面。泰戈尔到达中国后《小说月报》记者所写的第一篇欢迎文章《欢迎太戈尔先生》，在介绍他的思想时便用诗一样的语言写道："他的理想是东方的理想，能使我们超出于现代的物质的以及其他种种的束缚。他勇敢的发扬东方的文明，东方的精神，以反抗西方的物质的、现实的、商贾的文明与精神；他预言一个静默的美丽的夜天，将覆盖于现在的扰乱的世界的白昼，他预言国家的自私的心将死去，而东方的文明将于忍耐的黑暗之中，显出它的清晨，乳白而且静寂。"[5]对于张君劢、林长民、梁启超、徐志摩、郑振铎一干人的所作所为，鲁迅看得清清楚楚。他后来在《花边文学·骂杀与捧杀》一文中写道："人近而事古的，我记起了泰戈尔。他到中国来了，开坛讲演，人给他摆出一张琴，烧上一炉香，左有林长民，右有徐志摩，各各头戴印度帽。徐诗

---

① （恽）代英：《告欢迎泰戈尔的人》，《民国日报》副刊《觉悟》，1924年4月19日。

② 陶然（周作人）：《"大人之危害"及其他》，《晨报·副刊》1924年5月14日。

③ 转引自季羡林《泰戈尔与中国》，载《泰戈尔谈中国》，第238页。

④ 太戈尔讲，徐志摩译《第一次的谈话》，《小说月报》第15卷第8号，1924年8月10日。

⑤ 记者：《欢迎太戈尔先生》，《小说月报》第15卷第4号，1924年4月10日。

人开始介绍了：'唵！叽哩咕噜，白云清风，银磬……当！'说得他好像活神仙一样，于是我们的地上的青年们失望，离开了。神仙和凡人，怎能不离开呢？但我今年看见他论苏联的文章，自己声明道：'我是一个英国治下的印度人。'他自己知道得明明白白。大约他到中国来的时候，决不至于还胡涂，如果我们的诗人诸公不将他制成一个活神仙，青年们对于他是不至于如此隔膜的。现在可是老大的晦气。"① 在《华盖集续编·马上日记之二》中鲁迅又写道："这两年中，就我所听到的而言，有名的文学家来到中国的有四个。第一个自然是那最有名的泰戈尔即'竺震旦'，可惜被戴印度帽子的震旦人弄得一榻胡涂，终于莫名其妙而去。"② 正是在主人们的期望、诱导和安排下，泰戈尔开始以思想家、哲学家而非诗人的身份到处发表讲演，批评西方的科学和文化，宣传他那一套所谓西方是物质文明，东方是精神文明，精神文明优于物质文明的文化理论。

以梁启超、张君劢为代表的"玄学派"想拉大旗作虎皮，利用泰戈尔来为自己张目，这必然要引起当时还在继续撰文批判"玄学派"的中国共产党人的警惕。据茅盾回忆："泰戈尔的访华，使当时的一部分知识分子十分激动，也引起了共产党的注意。中央认为，需要在报刊上写文章，表明我们对泰戈尔这次访华的态度和希望。"后来他们写文章批判泰戈尔，"是响应共产党对泰戈尔的评价，也是对别有动机而邀请泰戈尔来中国'讲学'的学者、名流之反击"。③ 亦湘在《太戈儿来华后的中国青年》一文中也指出，泰戈尔只是一位诗人，不是什么大思想家大哲学家，他的思想，他的哲学，也仅仅于是诗人的思想、诗人的哲学，原来是用不到有科学的根据和客观的真理的，也用不着加上不合理或错误一类的批评，况且泰戈尔本人是来中国游览的，并未曾打算到中国做讲演，宣传他的主义，所以我们应当做的是尽地主之谊，竭诚地招待好这位世界所公认的诗人，用不着"意外多事"似的刻意欢迎或反对。"但是因为国内的文学家、玄学家、东方文化派，一定要顺便请他来讲学，用以传布自己的主张和扩充自己的势力。有了这种作用，于是我们对太戈儿的思想，不能不施以批评；于其来华，起了相

---

① 鲁迅：《花边文学·骂杀与捧杀》，载《鲁迅全集》第五卷，第 585—586 页。
② 鲁迅：《华盖集续编·马上日记之二》，载《鲁迅全集》第三卷，第 341 页。
③ 茅盾：《我走过的道路》（上），人民文学出版社，1981，第 245、248 页。

当的反对。"① 实际上当泰氏刚刚踏上中国的土地，时任《东方杂志》主笔的坚瓠就断言，随着泰戈尔来到中国，"东方文化与精神生活……等等问题，必又成为论坛的争端"②。

除了反击"东方文化派"和"玄学派"借泰戈尔的访华而为自己"张目"外，以陈独秀、瞿秋白为代表的中国共产党人之所以要反对泰戈尔来华，批判他的讲演，也是与当时的革命斗争形势分不开的。我们前面已经指出，1922 年 7 月 16 日至 23 日召开的中国共产党第二次全国代表大会，在中国近代历史上第一次明确地提出了反对帝国主义、反对封建主义的民主革命纲领。会后在中国共产党的领导下，工人阶级的罢工斗争风起云涌，其中著名的有安源路矿大罢工、开滦煤矿大罢工和京汉铁路大罢工，这些罢工虽然多数在帝国主义和封建军阀的破坏镇压下失败了，但它们显示了中国工人阶级的力量，扩大了中国共产党在全国人民中的影响，并推动了中国共产党与孙中山领导的中国国民党的合作。1924 年 1 月中国国民党第一次全国代表大会的召开，标志着第一次国共合作的正式形成。而国共合作的正式形成，又促进了工农运动的高涨和革命形势的进一步发展，国内阶级斗争十分激烈。在这样的形势下，泰戈尔来到中国宣扬他的东方是精神文明，西方是物质文明，东方的精神文明优于西方的物质文明的文化观，大讲他的爱的哲学，鼓吹新旧调和、阶级调和，要求中国人民特别是青年人不要"仇恨"或"藐视"西方帝国主义者，而应当"用心中最美好的东西，而非最卑劣的东西，去赢得西方的心，为它着想，同它打交道"③。而以徐志摩、郑振铎为代表的一些诗人和作家在向中国青年宣传介绍泰戈尔的作品时，也主要是他的"高唱超现实的灵的快乐的"作品④，如《新月集》《飞鸟集》《园丁集》《春之循环》《吉檀迦利》等，"好像诗人一生只写了一些这样的作品，其他密切联系实际的作品根本不存在；好像诗人终生与春花秋月为伍，远远脱离现实，遨游在虹之国、白云之国里"⑤。这些显然与日益高

---

① 亦湘：《太戈儿来华后的中国青年》，《中国青年》第 27 期，1924 年 4 月 18 日。
② 坚瓠：《欢迎太戈尔》，《东方杂志》第 21 卷第 6 号，1924 年 3 月 25 日。
③ 泰戈尔：《在中国的谈话》，载《泰戈尔谈中国》，第 28—29 页。
④ 亦湘：《太戈儿来华后的中国青年》，《中国青年》第 27 期，1924 年 4 月 18 日。
⑤ 季羡林：《泰戈尔与中国》，载《泰戈尔谈中国》，第 243 页。

涨的革命形势不合拍，因而也就不能不引起当时正领导中国人民进行反帝
反封建斗争的中国共产党人的反对。亦湘就批评泰戈尔"始终是一个浪漫
的诗人，'是一个道德的懦怯者'"，缺乏激烈的反抗的精神，他的行为，他
的诗歌，都不是引导他的国民向帝国主义反抗，向以帝国主义管领印度的
官吏革命。他只能想出一个"懦怯者"退避躲藏的绝妙方法：即于物质方
面失败后，逃入精神生活方面去享乐；当帝国主义从现实的一条路上来侵
略压迫时，便引导他的国民避入"超现实的幻的灵的乐园"的一条路上去
寻觅他们的安慰。"我们中国现在的情势，完全处在被帝国主义包围及支配
的下面。我们在这时期，非积极的反抗，就只有甘心的屈服，所以我们现
在所需要的文学是革命的文学，所需要的思想是联合被压迫民族共起反抗
国际帝国主义而独立的思想。决用不着太戈儿那种懦怯的逃藏在灵的世界
中去享乐的文学和思想。"① 雁冰在《对于太戈尔的希望》一文中写道："我们
以为中国当此内忧外患交迫，处在双重压迫——国外的帝国主义和国内的军
阀专政——之下的时候，唯一的出路是中华民族底国民革命。"在此情形下
高谈爱的哲学和东方文化，"实等于'诵五经退贼兵'"，所以我们不欢迎高
谈爱的哲学和东方文化的泰戈尔。"我们又以为中国青年底思想本就太蹈空，
行为本就太不切实，意志本就太脆弱"，在此情形下高唱灵的乐园，只会变
本加厉地把青年引到"空灵"方面，所以"我们不欢迎专造灵的乐园让我
们底青年去陶醉"的泰戈尔。②

于是一场新思想文化领域的斗争围绕欢迎还是反对泰戈尔访华而展开。
借用亦湘的话说，斗争的一方，是欢迎泰戈尔的"文学家、玄学家和复古的
东方文化派"，这些人"不仅是尊他的文学的天才和作品的伟大，人格的高
洁，性情的慈爱，态度的静穆，并且在文学家呢，因此而高唱超现实的灵
的快乐的文学；玄学家呢，因此而大发挥其灵魂的神秘的不可解说的精神
生活用来反对物质文明及科学；而复古的东方文化派，也同样的要借以拥
护和再兴东方文化。所以欢迎太戈尔的人们，于仅仅欢迎太戈尔以外，又
各自负着各自的用意和希望"。斗争的另一方，主要是反对泰戈尔的以陈独

---

① 亦湘：《太戈儿来华后的中国青年》，《中国青年》第 27 期，1924 年 4 月 18 日。
② 雁冰：《对于太戈尔的希望》，《民国日报》副刊《觉悟》，1924 年 4 月 14 日。

秀、瞿秋白为代表的共产党人，这些人"也并非不相对的承认太戈儿人格的高洁，性情的慈爱，态度的静穆，和文学的价值；不过同时对于他的思想的玄妙，虚灵和笼统，性情的重于保守，以为不但无益于中国发展的前途，或且有很不好的影响"。① 斗争的双方分别以《小说月报》、《晨报·副刊》和《中国青年》、《民国日报》副刊《觉悟》为主要阵地，《小说月报》和《中国青年》还都分别出版过欢迎和批判的泰戈尔专号、特号。为了表示对泰戈尔访华及其讲演的反对，在共产党的影响下，一些左派青年还组成"驱象团"，到泰戈尔讲演的会场散发批判泰戈尔的文章和传单。这既使泰戈尔很难堪，同时也使会议组织者脸面尽失。

　　虽然与此前的"东西文化论战"和"科学与人生观论战"不同，此次思想文化领域的斗争是围绕欢迎或反对泰戈尔访华而展开的，但就内容和实质而言无疑是此前的"东西文化论战"和"科学与人生观论战"的继续和发展，以陈独秀、瞿秋白为代表的共产党人在反对、批判泰戈尔时，其矛头始终指向的是以梁启超、梁漱溟、张君劢为代表的"东方文化派"和"玄学派"，并经常将泰戈尔与梁启超、梁漱溟、张君劢相提并论。如沈泽民认为泰戈尔虽然人格"一定比梁启超张君劢等辈高出万万"，但在思想上"必是梁启超张君劢一类新顽固党的人物"。② 陈独秀的《精神生活与金钱》一文将泰戈尔、张君劢捆在一起，说他们都是"金钱"的奴隶并质问他们，"难道所谓精神生活还得要依靠金钱养活着吗？"③ 在《太戈尔与梁启超》一文中，他用梁启超替换了张君劢，说得过诺贝尔赏金的泰戈尔和做过财政总长的梁启超都是"好个没良心的东方文化代表者"，因为"他们都得了饱暖以上的饱暖，却忘了普天下众人的饥寒"，在北京"携着手大倡其心灵生活与精神文明"。④ 如此等等。

　　以胡适、周作人为代表的一些所谓自由主义知识分子没有参加这场围绕欢迎还是反对泰戈尔访华而展开的思想文化斗争。本来，在泰戈尔决定访华而未来之时，针对当时学术思想界掀起的宣传介绍泰戈尔其人、其作品

① 亦湘：《太戈儿来华后的中国青年》，《中国青年》第27期，1924年4月18日。
②（沈）泽民：《太戈尔与中国青年》，《中国青年》第27期，1924年4月18日。
③（陈）独秀：《精神生活与金钱》，《向导》第74期，1924年7月16日。
④ 实庵（陈独秀）：《太戈尔与梁启超》，《向导》第63期，1924年4月30日。

的热潮，陈独秀曾致信胡适，希望他出来参与"批泰"，并提醒"此事颇与青年思想有关"。但没有得到胡适的响应。胡适、周作人等人对于泰戈尔访华所持的"宽容"态度，说明新文化派内部因思想上的分歧，此前中国早期马克思主义者与自由主义知识分子结成的反对东方文化派和玄学派的联合阵线已不复存在。如前所述，新文化派内部的思想分歧起始于1919年夏发生在李大钊和胡适之间的"问题与主义"之争。从此，新文化内部逐渐形成为马克思主义的俄化派和自由主义的西化派（他们也是反传统主义者，所以亦可以称之为反传统主义的西化派，当然，有的西化派也不是自由主义知识分子，如吴稚晖）这样两大派别。杨东莼在1931年出版的《本国文化史大纲》中曾谈到过新文化派内部的分歧情况。他说："五四以后，《新青年》上最显明的主张，便是提倡德谟克拉西与赛恩斯，前者是反封建的武器，后者是反迷信的工具。不到几时，《新青年》受了苏俄革命的影响，便断片地介绍了马克司的学说；而李大钊竟在北大讲授唯物史观。后来思想分野，李大钊和陈独秀一派、便信奉马克司主义，而成为中国××党的指导人物；胡适一派，便信奉杜威的实用主义，提出'多研究些问题、少谈些主义'的口号。九年（即1920年——引者）陈独秀所主持的《向导周报》，因此就成为鼓吹××主义的言论机关；十一年（即1922年——引者）胡适所主持的《努力周报》，因此就成为鼓吹好人政府的言论机关。"[①] 以陈独秀、李大钊为代表的中国早期马克思主义者和以胡适为代表的中国自由主义知识分子虽然在中国今后是走俄化的道路还是走西化的道路上存在着严重分歧，但他们在文化上都反对东方文化派和玄学派所宣扬的东方是精神文明、西方是物质文明、东方的精神文明优于西方的物质文明论，反对东方文化派和玄学派提出的中西调和、新旧调和的主张以及对科学功用和价值的挑战与质疑，所以在"东西文化论战"和"科学与人生观论战"中，他们还能结成反对东方文化派和玄学派的联合战线，尽管在联合战线内部也存在着激烈争论。然而在这次围绕是欢迎还是反对泰戈尔访华而展开的思想文化斗争中，以胡适、周作人为代表的一些自由主义知识分子不仅作了"壁上观"，甚至讥讽陈独秀等人反对泰戈尔访华"不免有些神经过敏"。

---

① 杨东莼：《本国文化史大纲》，北新书局，1931，第493页。

　　对于胡适、周作人等所谓自由主义知识分子的这种态度，陈独秀非常气愤。1924 年 6 月 1 日他以"求实"为笔名，在《民国日报》副刊《觉悟》上发表《送太戈尔——并慰失意的诸位招待先生》一文，将胡适与张君劢、徐志摩和郑振铎等人相提并论。他在文中写道：泰戈尔在一片反对和批判声中，"精神大为懊丧"地离开了中国，这自然是自况"如高空中之青天，知道太戈尔有如喜马拉亚山之诚实伟大"的徐志摩，歉然申说"任我们怎样的欢迎他，似乎都不能表示我们对于他的崇慕与敬爱之心的百一"的郑振铎，"希望太戈尔此次之来，可更增进华印间之友谊"的张君劢，以及"有礼的，能容忍"的"君子国之国民"胡适之——这诸位先生"很感着不快"的事啦！在文中他还讽刺胡适"是拥护（？）言论自由而说'公道话'（？）的学者"。①

　　泰戈尔访华本来是一次正常的中外文化交流，但由于它发生在"五四"后的 1924 年，这是思想文化论争十分激烈且又错综复杂的时期，引起中国知识界的不同反应，并由此引发了一场新的思想文化论争。作为这场论争中心人物的泰戈尔，扮演的却是一个"道具"的角色。邀请和欢迎者，要借他来为自己张目；反对和批判者，批他实际上批的是邀请和欢迎他的人。他兴冲冲而来，却"精神大为懊丧"地离去。在离开中国的前夜所做的告别讲演中，他半是怨言半是委屈："你们一部分的国人曾经担着忧心，怕我从印度带来提倡精神生活的传染毒症，怕我摇动你们崇拜金钱与物质主义的强悍的信仰。我现在可以分付（吩咐）曾经担忧的诸君，我是绝对的不曾成心与他们作对；我没有力量来阻碍他们健旺与进步的前程，我没有本领可以阻止你们人们奔赴贸利的闹市。我可以分付他们，我并且不曾折服一个怀疑者使他憬悟他的灵魂的实在，我不曾使他信服道德的美的价值是高于物质的势力。""我的不幸的运命从我的本土跟着我来到异乡，我的数分不完全是同情的阳光。"②谁应为此负责，是邀请和欢迎者，还是反对和批判者，或是泰戈尔本人？回顾这段历史，有许多问题值得我们认真嚼味和总结。

---

① 求实（陈独秀）：《送太戈尔——并慰失意的诸位招待先生》，《民国日报》副刊《觉悟》，1924 年 6 月 1 日。
② 太戈尔讲，徐志摩译《告别辞》，《小说月报》第 15 卷第 8 号，1924 年 8 月 10 日。

第四节　学衡派对新文化—新文学运动的批评

"学衡派"因《学衡》杂志而得名。《学衡》杂志是 1922 年 1 月，由南京东南大学教授吴宓、梅光迪等人在该校副校长刘伯明的支持下创办的一份以"论究学术，阐求真理，昌明国粹、融化新知"为宗旨，以宣传白璧德新人文主义、批评五四新文化—新文学运动为主要内容的保守主义刊物。自创刊到终刊，前后为《学衡》撰稿者不下百人，但其灵魂和核心是吴宓、梅光迪、刘伯明、胡先骕、柳诒徵、吴芳吉等，他们先后有《评提倡新文化者》《评今人提倡学术之方法》《论批评家之责任》《论新文化运动》《评〈尝试集〉》《评胡适〈五十年来中国之文学〉》《论今日文学创造之正法》《吾人眼中之新旧文学观》等一系列批评五四新文化—新文学运动的文章在《学衡》上发表。后来人们把这一以《学衡》为阵地的文化保守主义文人群体称之为"学衡派"。

一、学衡派的形成以及对白璧德新人文主义的译介

学衡派的形成始于《学衡》杂志的创办，而《学衡》杂志的创意始于白璧德的弟子梅光迪。[①] 梅光迪（1890—1945），字迪生，又字觐庄，安徽宣城人。12 岁应童子试，18 岁肄业于安徽高等学堂。1911 年考取清华官费留学生，旋赴美，初入威斯康星大学，1913 年转入西北大学文学院学习，1915 年春毕业。是年夏，与胡适、任鸿隽等留美同学在绮色佳城度假，彼此讨论中国文字与文学问题，胡适认为"今日文言乃是一种半死的文字"，而白话"是一种活的语言"，梅光迪则不以为然，两人发生激烈争论。不久，因柯瑞恩介绍，得读白璧德的《现代法国批评大家》，惊为圣人复生，遂入哈佛大学研究院，专攻文学。其时，"白璧德先生以新人文主义倡于哈佛，其说远承古希腊苏格拉底、柏拉图、亚里士多德之精义微言，近接文艺复兴诸贤及英国约翰生、安诺德之遗绪，撷西方文化之菁英，考镜源流，辨

[①] 吴宓曾说过："《学衡》创意始于梅光迪君，而柳诒徵先生及刘伯明、胡先骕诸君首先赞之，此志之宗旨及理想，实由梅君所草定。"（吴宓著，吴学昭整理《吴宓自编年谱》，生活·读书·新知三联书店，1995，第 227 页）

章学术，卓然自成一家言，于东方学说，独近孔子"①。作为白璧德的第一位中国门生，梅光迪完全接受了乃师的新人文主义学说，并以此为理论依据继续就中国文字与文学问题与胡适展开论战，最后将胡适"逼上梁山"，公开举起"文学革命"的大旗。1917年胡适学成归国，投身新文化运动并"暴得大名"，成了新文化派的主要代表人物后，仍留在美国的梅光迪也积极"'招兵买马'，到处搜求人才，联合同志，拟回国对胡适作一全盘之大战"②，以决雌雄。在梅氏所搜求的人才中，白璧德另一中国弟子吴宓最与他志同道合。

吴宓（1894—1978），字雨僧，陕西泾阳人。1911年入清华学校学习。1915年冬，亦即陈独秀在上海创办《青年杂志》，发起新文化运动不久，他与同学汤用彤、黄华等在清华学校发起成立了一个以"融合新旧，撷精立极，造成一种学说，以影响社会，改良群治"为宗旨的同仁小团体"天人学会"③。他还打算创办杂志以践履学会宗旨。因为在他看来，要"造成一是学说，发挥国有文明，沟通东西事理，以熔铸风俗、改进道德、引导社会"，应"以印刷杂志业，为入手之举"。④1917年9月，吴宓到美国留学，先入弗吉尼亚大学英国文学系，一年后转入哈佛大学比较文学系，师从新人文主义大师白璧德。其时，国内新文化—新文学运动正如火如荼地蓬勃展开，而吴宓则对新文化—新文学运动持批评的态度。他在日记中写道："近见国中所出之《新潮》等杂志，无知狂徒，妖言煽惑，耸动听闻，淆乱人心，贻害邦家，日滋月盛，殊可惊扰。又其妄言'白话文学'，少年学子，纷纷向风。于是文学益将堕落，黑白颠倒，良莠不别。弃珠玉而美粪土，流潮所趋，莫或能挽。"⑤吴宓对新文化—新文学运动的这种态度，与梅光迪对新文化—新文学运动的态度不谋而合。于是经原清华同学施济元的牵线搭桥，梅光迪结识了吴宓，并与之"屡次作竟日谈"。据吴宓在《自编年谱》中记述："梅君慷慨流涕，极言我中国文化之可宝贵，历代圣贤、儒者思想之高

---

① 郭斌:《梅迪生先生传略》，载中国社会科学院近代研究所中华民国史组编《胡适来往书信选》下册，中华书局，1980，第146页。
② 吴宓著，吴学昭整理《吴宓自编年谱》，第177页。
③ 吴宓:《空轩诗话》，载吕效祖主编《吴宓诗及其诗话》，陕西人民出版社，1992，第211页。
④ 吴宓著，吴学昭整理注释《吴宓日记》第一册，生活·读书·新知三联书店，1998，第410页。
⑤ 吴宓著，吴学昭整理注释《吴宓日记》第二册，第90—91页。

深，中国旧礼俗、旧制度之优点，今彼胡适等所言所行之可痛恨。昔伍员自诩'我能覆楚'，申包胥曰：'我必复之'。我辈今者但当勉为中国文化之申包胥而已，云云。宓十分感动，即表示：宓当勉力追随，愿效驰驱，如诸葛武侯之对刘先主'鞠躬尽瘁，死而后已'。"①

这是梅、吴结交之始。此后不久（1919 年 10 月），梅光迪学成归国，他只好将"招兵买马"、搜求与新文化派回国一战之"人才"的任务交由吴宓来完成。犹如梅光迪，吴宓首先想到的也是自己的同门师兄弟。当时在哈佛与吴宓一道师从白璧德的中国学生有张鑫海（后改歆海）、汤用彤、楼光来、林语堂等人。陈寅恪那时也在哈佛游学，他虽然算不上是白璧德的学生，但因吴宓的关系，不仅听过白璧德的课，还在吴宓的引见下拜谒过白璧德。上述诸人中，除林语堂受新文化运动影响较大，且和胡适的个人私交也深，故"不肯接受白璧德教授的标准说"外②，其他诸人都是白璧德新人文主义学说的信奉者。他们也和吴宓一样，既"具有深厚的国学基础，对西方文化也相当了解，在对待祖国传统文化的问题上，不赞成胡适、陈独秀等的全面抨击、彻底否定、破旧立新，而主张昌明国粹，融化新知，重视传统与现代之间的继承性，在现有的基础上完善改进"③。因"志同道合，情趣相投"，他们很快便成了吴宓的好朋友和他事业的支持者。被吴宓称为"年少美才，学富志洁，极堪敬爱"的张鑫海，曾向吴宓表示："羽翼未成，不可轻飞。他年学问成，同志集，必定与若辈（指陈独秀、胡适等新文化派——引者）鏖战一番。"④

吴宓等人欲与陈独秀、胡适等新文化派"鏖战一番"的志向，得到了乃师白璧德的指点和鼓励。白氏虽然不懂中文，但也许是他夫人出生在中国的原因，他对中国发生的新文化运动及所引起的新旧之争非常关心。1920 年 9 月，他应美国东部之中国学生年会的邀请，在会上发表了一篇 *Humanistic Education in China and the West* 的演讲。在演讲中他一方面对"今日中国进步派之目的"表示"同情"，另一方面他又批评进步派所发

---

① 吴宓著，吴学昭整理《吴宓自编年谱》，第 177 页。
② 刘志学主编《林语堂自传》，河北人民出版社，1991，第 75 页。
③ 吴学昭：《吴宓与陈寅恪》，清华大学出版社，1992，第 19 页。
④ 吴学昭：《吴宓与陈寅恪》，第 19 页。

动的新文化运动是"功利感情运动"，并号召中西人文主义者联合起来，为
建立"一人文的、君子的国际主义"而努力，"初不必假宗教之尊严，但求
以中和礼让之道，联世界为一体"。"吾所希望者，此运动若能发轫于西方，
则在中国必将有一新孔教之运动，摆脱昔日一切学究虚文之积习，而为精
神之建设。要之，今日人文主义与功利及感情主义正将决最后之胜负，中
国及欧西之教育界，固同一休戚也。"① 不久，吴宓将自己发表在《中国留美
学生月报》上的《中国之旧与新》一文呈白璧德审阅。据吴宓的日记记载，
白璧德告诉他，自己对中国的事情非常关心，希望东西各国的人文主义者
"应联为一气，协力行事"，这样"淑世易俗之功。或可冀成"。他特别对自
己的几位中国弟子，如张鑫海、汤用彤、楼光来、吴宓以及陈寅恪等"期
望至殷"②，期望他们"乘时发大愿力，专研究中国之学，俾译述以行远传
后"③。恩师的指点和鼓励，无疑大大增强了弟子们回国与陈、胡等新文化派
"鏖战一番"的信心。吴宓更是迫不及待，未及回国，就连续写了《论新文
化运动》和《再论新文化运动——答邱昌渭》两文，投登《留美学生季报》，
公开竖起了批评新文化运动的大旗。

　　就在美国的吴宓等人为回国与陈、胡等新文化派"鏖战一番"积极做准
备的同时，先期回国的梅光迪也在为践履与胡适作"一全盘之大战"的计划
积极活动。他先任南开大学英文系主任，翌年，应留学美国西北大学时的
同学、时任东南大学副校长刘伯明的邀请，转任东南大学英文系教授。在
这里，他先后结识了和他一样对新文化运动持批评态度的胡先骕（留美，东
南大学生物系主任）、柳诒徵（曾游学日本，东南大学历史系教授）、邵祖
平（东南大学附中国文教师）等人，并与上海中华书局约定，由梅氏等人
编辑一份名为《学衡》的月刊，交由中华书局印刷发行。他还通过刘伯明
征得东南大学校方同意，聘请远在美国的吴宓回国任东南大学英语系教授。
在校方向吴宓发出聘书后，1921 年 5 月，梅光迪致信吴宓，希望他能来东
南大学任教，并出任《学衡》杂志的总编辑。同时梅氏在信中还和吴宓商
议，计划在东南大学创办一西洋文学系。本来早在 1919 年春，吴宓就已经

---

① 胡先骕译《白璧德中西人文教育谈》，《学衡》第 3 期，1922 年 3 月。
② 吴宓著，吴学昭整理注释《吴宓日记》第二册，第 212—213 页。
③ 吴宓著，吴学昭整理注释《吴宓日记》第二册，第 196 页。

接受了北京高等师范学校开出的月薪 300 元、任系主任 3 年的聘书，但为了践履与朋友的义约，回国与陈、胡等人"鏖战一番"，同时也为了拟议中的"西洋文学系"，吴宓在接到梅光迪的信后，便毫不犹豫地辞却了北京高师的优厚聘任，决定到东南大学当月薪只有 160 元的教授。6 月下旬，吴宓告别师友，踏上了归国的途程。

1921 年秋，吴宓入东南大学英语系任教。此时，《学衡》杂志已由刘伯明、梅光迪等人发起，并主持筹办。吴宓到校后，即接手具体的编务工作，并在他的寓所召开了第一次也是唯一的一次全体社员大会。出席会议的除吴宓、梅光迪和刘伯明外，还有胡先骕、萧纯锦（留美，东南大学经济系主任）、徐则陵（留美，东南大学历史系主任）、马承堃（暨南大学教授）、柳诒徵、邵祖平，共 8 人。会议决定杂志体例，分为通论、述学、文苑、杂俎、书评和附录 6 门，并推定梅光迪、马承堃、胡先骕、邵祖平分别为通论、述学、文苑、杂俎各门的主任编辑，吴宓为杂志的总编辑兼干事，具体负责杂志的编务及日常事宜。后来虽然又陆续增补柳诒徵、汤用彤为干事，缪凤林为副总编辑，但实际上编务工作自始至终都是由吴宓一人承担的。

经过几个月的筹办，1922 年 1 月《学衡》第 1 期由中华书局印刷发行。其《简章》标明的宗旨、体裁及办法是："（一）宗旨　论究学术，阐求真理，昌明国粹，融化新知。以中正之眼光，行批评之职事。无偏无党，不激不随。（二）体裁及办法　（甲）本杂志十国学，则主以切实之工夫，为精确之研究，然后整理而条析之，明其源流，著其旨要，以见吾国文化，有可与日月争光之价值。而后来学者，得有研究之津梁，探索之正轨，不至望洋兴叹，劳而无功，或盲肆攻击，专图毁弃，而自以为得也。（乙）本杂志于西学，则主博极群书，深窥底奥，然后明白辨析，审慎取择，庶使吾国学子，潜心研究，兼收并览，不至道听途说，呼号标榜，陷于一偏而昧于大体也。（丙）本杂志行文则力求明畅雅洁，既不敢堆积饾饤，古字连篇，甘为学究，尤不敢故尚奇诡，妄矜创造，总期以吾国文字，表西来之思想，既达且雅，以见文字之效用，实系于作者之才力。苟能运用得宜，则吾国文字，自可适时达意，固无须更张其一定之文法，摧残其优美之形质也。"[1]

---

[1]《学衡杂志简章》，《学衡》第 1 期"扉页"，1922 年 1 月。

《学衡》自 1922 年 1 月创刊，到 1933 年 7 月停办，共出版 79 期。其中 1922 年 1 月—1926 年 12 月为月刊，即第 1—60 期；1927 年因国内政局动荡，停刊 1 年；1928 年复刊，以双月刊印行，至 1929 年 11 月，计出版 12 期，即第 61—72 期；1930 年因总编辑兼干事吴宓赴欧游学，再停刊 1 年；1931 年 1 月再次复刊后，时出时断，至 1933 年 7 月停办，计印行 7 期，即第 73—79 期。据考证，由于战乱和其他原因，刊物标明的出版日期有时与实际出版日期不符，如第 60 期标明出版的日期是 1926 年 12 月，但实际出版的日期不会早于 1927 年 6 月，因为这一期是王国维自沉于昆明湖后纪念王国维的专号，而王氏是 1926 年 6 月自杀的。杂志为 16 开本，每期正文 120 页，另有 4 页套色插图。第 1 期的卷首插图是孔子和苏格拉底像。从第 13 期起，每期均附有英文《学衡》简章和本期英文目录。自创刊到终刊，所载文章均无稿酬。杂志同时向国内外公开发行，第 60 期曾刊登过一则启事，说"国内及日本，每期三角，全年（六期）一元五角。欧美各国，每期四角，全年（六期）二元"。

《学衡》创刊不久，即面临重重困难。先是 1923 年 11 月刘伯明的不幸去世，使《学衡》在东南大学失去了强有力的支持。刘伯明（1887—1923），江苏江宁人，早年曾留学日本，后又到美国求学，获美国西北大学哲学博士学位，是《学衡》筹办、初创阶段的东南大学副校长兼文科主任，他曾利用自己在东南大学的行政地位和学术影响全力庇护和支持过《学衡》，梅光迪、吴宓就是通过他聘请到东南大学任教的，1922 年 9 月又是在他的支持下，东南大学增设西洋文学系，梅光迪为主任，吴宓为该系教授，随后又将汤用彤、李思纯、楼光来等人聘到西洋文学系执教，从而使东南大学成了《学衡》的活动基地。所以，有学者认为，刘伯明与东南大学及《学衡》的关系，犹如蔡元培与北京大学及《新青年》，只是性质不同。[1] 刘伯明的不幸去世，对创刊不久的《学衡》来说无疑是一沉重打击。吴宓曾为刘氏去世写有上下各 112 字的挽联，认为刘氏在《学衡》的筹办、初创阶段起到了"领袖群贤"的作用，同时他也为《学衡》失去刘氏的强有力支持而忧心忡忡。果然，刘氏去世后，东南大学的其他执政者对西洋文学系持

---

① 沈卫威：《回眸"学衡派"——文化保守主义的现代命运》，第 17 页。

冷落态度，1924 年春夏之交，校方更进一步宣布裁并西洋文学系，迫使西洋文学系主任梅光迪远赴美国讲学，长期未归。同年暑假总编辑吴宓也离开东南大学，先任东北大学教授，不久受聘国立清华大学，主持筹建国学研究院并任主任。翌年 3 月，东南大学发生"易长风潮"，柳诒徵愤而向东南大学辞职，转赴东北大学、北京高师等校任教。胡先骕则已于 1923 秋再度赴美攻读植物学博士学位。梅光迪、吴宓、柳诒徵、胡先骕等都是《学衡》筹办、初创阶段的灵魂和核心人物，是以东南大学为基地聚集起来的《学衡》群体的中坚，如今他们先后离开东南大学，星流云散，这对《学衡》无疑又是一个沉重打击。

以东南大学为基地的《学衡》群体中坚星散后，《学衡》实际上是靠吴宓一人在奋力支撑着。当时《学衡》面临的困难一是经费不足，二是人事矛盾。作为同仁刊物，《学衡》出版经费主要是靠杂志创刊时的原始社员每人出 100 元作基金来解决。为维持在政治上的独立地位，杂志又拒绝接受来自官方的补贴。[①] 开始时还能勉强维持，到了后期则已难以为继。为了解决经费困难，吴宓除每期自掏腰包津贴 100 元外，还常常向亲友募捐借贷以维持刊物的正常运行。在人事方面，由于《学衡》的编务工作长期由吴宓一人主持，特别是他北上后仍由他在清华遥领，这就难免不引起其他人尤其是南京同人的不便和不满，从而产生矛盾。先是梅光迪自第 13 期起，不再为《学衡》撰稿，并对人说："《学衡》内容愈来愈坏。我与此杂志早无关系。"[②] 不久，邵祖平又与吴宓发生争执。再后来胡先骕等人也对吴宓主持《学衡》编务持反对态度。1927 年 11 月胡先骕专程到北平与吴宓商谈《学衡》的有关事宜。据同月 14 日的《吴宓日记》记载，胡氏认为，"《学衡》缺点太多，且成为抱残守缺，为新式讲国学者所不喜。业已玷污，无可补救"，因此他建议，"今可改在南京出版，由柳（诒徵）、汤（用彤）、王易三人主编"。但在此之前"须先将现有之《学衡》停办，完全另行改组。丝毫不用《学衡》旧名义，前后渺不相涉，以期焕然一新。而免新者为旧者所带坏"。在吴宓做出让步，同意"改良内容，仍存（《学衡》——引者）名义"

① 如《学衡》创刊不久，时任北洋政府教育部长的章士钊表示愿资助 1000 元作为杂志的补贴，被拒绝。
② 吴宓著，吴学昭整理《吴宓自编年谱》，第 235 页。

的情况下，胡先骕还是坚持认为"《学衡》名已玷污，断不可用。今之改组，决不可有仍旧贯之心，而宜完全另出一新杂志。至于原有之《学衡》，公（指宓）所经营者，即使可以续出，亦当设法停止"。吴宓见事已至此，再谈无益，只好"改谈他事。而中心至为痛伤"。[①] 他在当天的日记中写道："夫宓维持《学衡》之种种愚诚苦心，以梅、胡诸基本社友，乃亦丝毫不见谅。宓苟有罪，罪在无功。交涉失败，续办难成，此宓之罪。至若其他种种，悉为宓咎，夫岂可者？人之责宓把持者，何不代宓分劳？何不寄稿？何不垫款？又何至以《学衡》之名义为奇耻大辱，避之惟恐不遑。（偶谈及印学衡社丛书事，胡君谓书可印，单本各名，而断不可冠以学衡社等字，亦不必作为丛书。）社外阻难，宓所不恤，社内攻讦，至于如此。同室操戈，从旁破坏，今世成风，岂《学衡》社友之贤者亦不免此。"[②] 这次胡先骕提出的改组后来未成事实，《学衡》仍由吴宓主编。到了 1932 年，柳诒徵和缪凤林在南京创办钟山书局，并再次提出与中华书局解除合约，将《学衡》交由钟山书局自印发行。吴宓开始坚决反对，但无奈南京方面坚持己见，最后只好于 1933 年 7 月在第 79 期出刊后辞去总编辑之职，改由缪凤林继任。其结果所谓"自印发行"没了下文，第 79 期也就成了《学衡》的终刊。

尽管困难重重，但《学衡》创刊后还是集合起了一大批"志同道合"者，并因此而形成了一个"学衡派"。据不完全统计，自创刊到停办的 12 年中，除"文苑"与"杂俎"外，《学衡》共发表文章 400 多篇，先后为《学衡》撰文者（包括译文）达百人以上，其中撰稿较多者有柳诒徵（55 篇）、吴宓（42 篇）、缪凤林（24 篇）、景昌极（23 篇）、王国维（20 篇）、胡先骕（18 篇）、张荫麟（14 篇）、刘永济（12 篇）、林损（12 篇）、汤用彤（8 篇）、郭斌龢（8 篇）、刘伯明（7 篇）、孙德谦（7 篇）、徐震堮（6 篇）、梅光迪（5 篇）、胡稷咸（4 篇）、吴芳吉（4 篇）、王恩洋（4 篇）、李思纯（3 篇）、刘朴（3 篇）、陈柱（3 篇）、叶玉森（3 篇）、杨成能（3 篇）等。这些人既是《学衡》杂志的主要作者，也是学衡派的中坚力量。考查这些人的资料，可以发现这样三个特点：（一）他们大多是归国留学生，尤其是留美

---

① 吴宓著，吴学昭整理注释《吴宓日记》第三册，第 437—438 页。
② 吴宓著，吴学昭整理注释《吴宓日记》第三册，第 438 页。

学生，如刘伯明、梅光迪、吴宓、胡先骕、汤用彤、刘朴、张荫麟、郭斌龢等都曾留学过美国，不少人还获得过美国大学的博士、硕士或学士学位；（二）他们大多是东南大学和清华学校的师生，更确切地说，前期主要以东南大学为主，总编辑兼干事吴宓转任清华国学研究院主任后，则变为东大和清华并重；（三）我们前面介绍过的，他们大多是大学教授，有的还是学贯中西的著名学者，无论其出身、所受教育，还是从事的职业或社会地位，都与以胡适为代表的新文化派没有多大的差别。

《学衡》杂志创办后，译介白璧德新人文主义是其主要的内容之一。学衡派中最先将白璧德新人文主义介绍到中国来的是胡先骕。1922 年 2 月，他在《学衡》第 2 期上发表《评〈尝试集〉》（续）一文，其中谈到白璧德和他的新人文主义，并依据白璧德的新人文主义理论对胡适所主张的"绝对自由主义"的诗作理论提出了批评。接着，《学衡》第 3 期又登出胡先骕翻译的《白璧德中西人文教育谈》一文。先是 1920 年 9 月，白璧德应美国东部中国留学生年会的邀请，在会上就中西人文教育的问题发表演说。《中国留美学生月报》1921 年第 17 卷第 2 期刊登了这篇题为 "Humanistic Education in China and the West" 的演说稿。胡先骕的《白璧德中西人文教育谈》即此演说稿的译文，内容是批评中国的新文化运动，并肯定以孔子学说为代表的中国传统文化的积极意义。译文的前面有吴宓写的按语。按语提纲挈领式地对白璧德及其学说进行了介绍，说"白璧德先生（Irving Babbitt）为哈佛大学文学教授，而今日美国文学批评家之山斗也，与穆尔先生（Paul Elmer More）齐名。其学精深博大，成一家言，西洋古今各国文学而外，兼通政术哲理。又娴梵文及巴利文，于佛学深造有得，虽未通汉文，然于吾国古籍之译成西文者靡不读。特留心吾国事，凡各国人所著书，涉及吾国者，亦莫不寓目"①。

《白璧德中西人文教育谈》发表后，在中国思想界产生了一定的反响，不断有人给《学衡》主编吴宓去信，"金以白璧德等人之学说裨益吾国今日甚大，嘱多为译述介绍，以窥究竟"②。本来，大力宣传和译介白璧德新人文

---

① 胡先骕译《白璧德中西人文教育谈》，《学衡》第 3 期，1922 年 3 月。

② 吴宓译《白璧德之人文主义》译文前的"编者识"，《学衡》第 19 期，1923 年 7 月。

主义是梅光迪、吴宓等人创办《学衡》的目的之一，《白璧德中西人文教育谈》发表后所产生的社会反响更进一步推动了此项工作的进行。因此，继《白璧德中西人文教育谈》后，《学衡》又先后发表：梅光迪的《现今西洋人文主义》（第 8 期），《安德诺之文化论》（第 14 期）；吴宓的《白璧德之人文主义》（第 19 期），《白璧德论民治与领袖》（第 32 期），《白璧德论欧亚两洲文化》（第 38 期），《穆尔论现今美国之新文学》（第 63 期），《白璧德论今后诗之趋势》（第 72 期），《穆尔论自然主义与人文主义之文学》（第 72 期）；徐震堮的《白璧德释人文主义》（第 34 期）；张荫麟的《白璧德论班达与法国思想》（第 74 期）等译介白璧德新人文主义的文章。这里需要指出的是，《学衡》对白璧德新人文主义的译介，是有选择的，概而言之，他们译介的主要是那些可以用来作为批评五四新文化—新文学运动、宣传文化保守主义的武器和理论的内容。①

　　第一，白璧德释新人文主义。首先，鉴于人们习惯于将人文主义称之为人道主义，白璧德在含义上对人道主义与人文主义做了严格区分：前者"以泛爱人类代替一切道德"，专重知识与广泛同情，而不问其他，如德国大诗人、大戏剧家希雷尔（J.C.F.Schiller，1795—1805）的欲"纳众生于怀中，接全球以一吻"，就是典型的人道主义。而后者"爱人也必加以选择"，以为有同情而不加选择，其弊失之于滥，有选择而没有同情，其弊失之于傲，同时强调人的克制与自律，"视其一身德业之完善，较之改进全人类为尤急"，这正如盖留斯（Aulus Gellius）在《雅典之夜》里所界定的："Humanitas（人文——引者）一字，被人谬用以指泛爱，即希腊人所谓博爱（Philanthropy），实则此字含有规训与纪律之义，非可以泛指群众，仅少数优秀入选者可以当之。要之，此字之含义，主于优秀选择，而非谓平凡群众也。"② 一言以蔽之，人道主义与人文主义的分别就在于："人道主义重博爱，人文主义则重选择。"③

　　白璧德又自称其新人文主义为实证的人文主义，这种实证的人文主义是

---

① 比如，白璧德 1924 年出版的《民治与领袖》一书，除《绪论》外共 7 章，《学衡》只译介了其中的绪论和第五章《论欧亚两洲文化》。

② 徐震堮译《白璧德释人文主义》，《学衡》第 34 期，1924 年 10 月。

③ 吴宓译《白璧德之人文主义》，《学衡》第 19 期，1923 年 7 月。

建立在他对自文艺复兴和启蒙运动以来西方思想的反省基础之上的。他指出，自文艺复兴和启蒙运动以来，在西方思想中占支配地位的是以培根为代表的科学的自然主义和以卢梭为代表的感情的自然主义。前者"本于科学，则有实证主义与功利主义"，后者"本于想象，现有浪漫的感情主义"。科学的自然主义"以为人苟遵从自然之律，则可凭科学之力，驱役自然以为吾用"。感情的自然主义"以人自合于自然之中，而求安身立命"，"则凭感情"。这两种思想的中心观念，是所谓"人类无穷进步之说"。为了进步，它们"只知遵从物质之律，不及其他"，甚至不惜"将旧传之规矩，尽行推翻，而不知凡个人及社会之能有组织，能得生存，其间所以管理制裁之道，决不可少"。结果，进步则进步了，但也带来了严重的社会问题，"近今欧洲大战，又非无故也，徇物而不知有人，其结局必当如是"。[①]

　　针对科学的自然主义和感情的自然主义带来的严重社会问题，白璧德提出了两条挽救时弊的措施：（一）昌明"人事之律"。所谓"人事之律"，就是要求人要有理性和道德意识，能遵守纪律，讲求秩序，抑制私欲，崇尚和平，用古今一切有关个人内心修养的道德规范来培养自己，熏陶自己，约束自己，完善自己。用白璧德的话说，"即收敛精约之原理，而使人精神上循规蹈矩、中节合度是也。此原理可由宗教中得之，亦可于宗教以外得之，其来源无甚区别，但为必不可缺者"。他指出，本来物质与人事，截然分途，各有其律，互不干涉，但自文艺复兴和启蒙运动以来，尤其是19世纪以来，科学的自然主义对科学的"至极崇信"，"以物质之律施之人事"，"遂致科学与道德分离"，逼人类为"物质之律"的奴隶，丧失人性，私欲横流，从而使社会陷于矛盾、冲突与仇杀，"将成率兽食人之局"。"今欲使之返本为人，则当复昌明'人事之律'，此二十世纪应尽之天职也。"否之，"以为此乃可有可无者，则必日趋衰颓，万劫不复矣"。他认为，在当时"外形之规矩、之拘束悉已破坏无遗"的情况下，"则内心精神之绳检之工夫愈为重要"。今个人即使不能学为圣贤，"然当学为人，万不可舍弃人道而下堕于在理智之下之性欲之陷阱。宜立足于人文界，寻求人事之律而遵守之。宜勉为实证派之人文学者，毋再长此为自然主义之奴隶，视人与物同等，

---

① 吴宓译《白璧德之人文主义》，《学衡》第 19 期，1923 年 7 月。

或以人为飞扬之想象之傀儡，受其玩弄也"。[1]（二）实行"人文教育"。所谓
"人文教育"，就是"教人以所以为人之道"，这种"为人之道"，"宜博采东
西，并览今古，然后折衷而归一之"。比如西方的柏拉图和亚里士多德，东
方的释迦和孔子，"皆最精于为人之正道"，今宜取之而加以变化，以"用
作生人之模范"，从而使人明白为人的道理。"人皆知所以为人，则物质之
弊消，诡辩之事绝。"而"人文教育"的方式，"不必复古，而当求真正之
新。不必谨守成说，恪遵前例，但当问吾说之是否合于经验及事实。不必
强立宗教，以为统一归纳之术，但当使凡人皆知为人之正道。仍可行个人
主义，但当纠正之，改良之，使其完美无疵"。[2]白璧德尤其看重"洞悉古
来文化之精华"于"人文教育"的积极意义："夫为人类之将来及保障文明
计，则负有传授承继文化之责者，必先能洞悉古来文化之精华，此层所关
至重。"因为"古来文化之精华"是那些"能洞明规矩中节之道及人事之律"
的东西圣贤们所创造的，可以"教导今世之人如何而节制个人主义及感情，
而复归于适当之中庸"。白璧德还力主恢复古代"希腊人闲暇之义"。他指
出，培根之徒误以"闲暇"为"休息"、为"怠惰"，卢梭之徒误以"闲暇"
为"寻梦"、为"入魔"，实际上所谓"闲暇"，既非休息，也非工作，而是
"以人之智力专用于高尚之思想，及美术诗文宗教之域"，从而提高人的修
养和精神境界。"苟欲图真正人生理想之实现，不以物质之律自足，而并遵
依人事之律，则此层修养之工夫为必不可少，若此者乃可谓之闲暇也。"[3]

为了抵制卢梭的不加规范、任性纵欲的"浪漫的感情主义"，白璧德提
出了人生境界上、中、下三等说，即上者为"天界"，中者为"人界"，下
者为"物界"。有时他又分别称之为"神性""人性"和"兽性"。[4]立于"天
界"者为圣贤，他们以宗教为本，笃信天命，甘守无违，中怀和乐，虽破
除国家、谢绝人事、脱离尘世，亦在所不惜；立于"人界"者为人文主义
者，他们以道德为本，准酌人情，尤重中庸，讲求人禽之辨，能克制自己；
立于"物界"者为卢梭之徒，他们以物欲为本，有欲而动，率性而行，无所

---

① 吴宓译《白璧德之人文主义》，《学衡》第 19 期，1923 年 7 月。
② 胡先骕译《白璧德中西人文教育谈》之"吴宓附识"，《学衡》第 3 期，1922 年 3 月。
③ 吴宓译《白璧德之人文主义》，《学衡》第 19 期，1923 年 7 月。
④ 吴宓译《白璧德之人文主义》，《学衡》第 19 期，1923 年 7 月。

谓仁义道德，不信天理人情之说，只见物象，以为世界乃机械而已。他认为"天界"高不可攀，只有少数人才能达到，大多数人处于"人界"与"物界"之间，如果能够注重自我克制，不断完善自己，就能进入"人界"，成为人文主义者，否则，如果任性纵欲，放纵本能，将会堕入"物界"，成为卢梭之徒，而与禽兽无别。因此，他主张要用"一切时代共通的智慧"来丰富自己，完善自己，从而使一个"较低的我"变为一个"较高的我"，以提高自己的人生境界。

白璧德的人生境界上、中、下三等说，是以"人性二元之说"为前提的，而"人性二元之说"则是白璧德新人文主义的理论基础。① 此说认为，人性既非纯善，也非纯恶，而是善恶同存、理欲并具。二者常相争持，无时无息。一个人是行善，还是行恶，是成为好人，还是成为坏人，关键是看"理"和"欲"在争斗中谁占上风。"欲"为积极的，"理"为消极的，"欲"常思行事，而"理"则"制止之，阻抑之"。"欲"见可求可恋之物近前，则立时奔腾激跃。欲往取之，而"理"则暂止之，迅为判断，如果认为可求可恋之物属于正当，则任"欲"之所为而纵之；否则，则止"欲"，使不得往。这时，"欲"必不甘心被制止，"理""欲"必苦战一场，"理"胜则"欲"屈服，久而久之，其人便会养成一个"为善"的习惯。"理"败则"欲"为所欲为，久久而更无忌惮，其人便会养成一种"为恶"的习惯。所以"理"与"欲"经常处于交战之中。用白璧德借用狄德罗的话说，亦即理性与欲望在"心坎中内乱战争"。② 他认为，正是人的内心"理"与"欲"的这种内战，决定着人的道德境界和社会治乱。所以他特别注重人的内心生活和道德修养，强调"以理制欲"，即以道德意志节制个人欲望的重要意义。"以理制欲"，既不同于禁欲，也不同于纵欲，而是在理性的控制下使欲望得到适当的满足。因此，他又提出人的行为应当遵从"合度之律"，尽可能地在理与欲两端之间保持"精当之平衡"，而不走极端。③

---

① 学衡派就曾指出："自柏拉图、亚里士多德以下，均谓世界二元，善恶同存，人性二元，理欲并具。以善克恶，以理制欲，其道非如水火之相激，乃以正当之方法及环境，使人类之本性完全发达而止至善。今世若白璧德先生等立说实本于此。"（《柏格森新著〈道德宗教之两源〉》，天津《大公报·文学副刊》第 227 期，1932 年 5 月 9 日）

② 吴宓译《白璧德论民治与领袖》，《学衡》第 32 期，1924 年 8 月。

③ 徐震堮译《白璧德释人文主义》，《学衡》第 34 期，1924 年 10 月。

与"人性二元之说"相联系的，是"一多之问题"。所谓"一"，指的是精神世界中的绝对价值，"多"指的是现实世界中的相对价值。换言之，"一"代表的是"道德"或"理智"，"多"代表的是"知识"或"意志"。有的人"过信理智"，而主张绝对；有的人则"崇信变幻"，而相信相对。在白璧德看来，"主张绝对及主张相对者，皆有妄用理智，颠倒事实，以自欺惘之病"。所以他既不赞成"绝对"，也不赞成"相对"，而主张"一"与"多"的统一。用他的话说："人生乃兼备一与多，和合而不可分离者也（既为绝对，又为相对，二者兼具，非可执一，故人生哲学必为二元，一元必误也）。"①

第二，白璧德论欧亚两洲文化。白璧德认为，世界上共有四位圣人，其中三位在亚洲，即创立基督教的耶稣、创立佛教的释迦和创立儒学的孔子，一位在欧洲，即古希腊时代的人文大师亚里士多德。"若欲窥见历世积储之智慧，撷取普通人类经验之精华，则当求之于我佛与耶稣之宗教教理，及孔子与亚里士多德之人文学说。舍是无由得也。论其本身价值之高，及其后世影响之巨，此四圣者，实可谓为全人类精神文化史上最伟大之人物也。自此诸圣之生以迄今日，世界中之经验，固皆导源于诸圣。即其生世以前，人类之经验，亦多借诸圣为归宿，岂不伟哉！"②

白璧德指出，孔子虽然生在亚洲，但他与亚洲的其他两位圣人耶稣和释迦不一样，他"以人文化世，而不以宗教为务"，所以，他的学说在许多方面与欧洲的亚里士多德"不谋而合"。因为他们都不是宗教家，而是伟大的人文主义者，"皆以中庸为教"。当然，这是一方面，另一方面，孔子的人生观和亚里士多德的人生观又不"截然"相同。而这不"截然"相同的地方，"足以显示欧洲人与亚洲人习性之殊异焉"。具体来说，亚里士多德一生，除研究人文学问之外，还"究心于自然科学"，是著名的自然科学家。"夫以知识广博、而好奇心甚盛如亚里士多德者，而犹望其兼具孔子及其他东方圣人（指耶、佛）所再三申明之谦卑之义，岂非难哉！"如果说亚里士多德是"知识泰斗"的话，那么，孔子则是"道德之完人"。他主张反躬内省，以礼制欲，其学说主要是一种道德学说，"孔子固非神秘派之轻视理智

---

① 吴宓译《白璧德论欧亚两洲文化》，《学衡》第 38 期，1925 年 2 月。
② 吴宓译《白璧德论欧亚两洲文化》，《学衡》第 38 期，1925 年 2 月。

者，然由孔子观之，理智仅附属于意志而供其驱使"。在白璧德看来，西方思想家中，只有苏格拉底"专务道德，与孔子同"。但苏格拉底的道德观念，也有"过重理智之流弊"。到了文艺复兴以后，西方人连苏格拉底的学说也抛弃了，而以知识为道德，甚至笃信培根的学说，视知识为权力，其结果带来了严重的社会问题。

白璧德进一步指出，18世纪的所谓"启蒙运动"，实起源于中世纪，到13世纪而大著，一方侈谈理智之解放，一方又特设宗教审判庭以遏止思想自由。此二事同时发生，虽然值得人们深思，但理智的真正解放，是在文艺复兴时代。其时之人，已失其古希腊人的谦卑之美德，他们虽然和古希腊人一样，视人生为知识之问题，"惟其所谓知识者，非苏格拉底所倡之道德知识，而为自然界之知识耳"。由于重知识而轻道德，理智不受"高上意志之管束"而"过度横恣"，"故古者谦卑之义与凭理智研究之新精神，常在一人之心中互争不息"，或主张上帝恩典，或尊崇知识理性，彼此不能相容。这种脑（理智）与心（信仰）之间的战争，也是"西方自希腊迄今之大病根也"。①

白璧德认为，上帝恩典之说，是欧洲中世纪社会的基础，此说如果被摧毁，欧洲文明也就不可能得到保存。所以当务之急分，是使欧洲人明白这样一个道理，即一个人不仅能"自立"，且尤须"谦卑"，既要有理智，但理智必须受"高上意志之管束"。而要做到这一点，"则当搜求一种新理新说，以补上帝之恩典之说所留遗之缺陷，而存其功用。……欲得此新理新说，当借助于亚洲之人历来之经验"，因为"西方文化之大病，厥为理智与信仰之交争，东亚则未尝见此病也。释迦我佛与孔子既能谦卑，又能自立而具批评之精神，兼斯二者，实可为今人所取法。今人虽在近世生活之中，亟应取亚洲古昔之精神文明，以为药石，否则西方专骛速度与权力，将如疯如醉矣"。当然，白璧德指出，亚洲古昔之精神文明，如今也面临着严重危机。"例如中国今日受西方之压迫，行将起工业革命（汉口情形今已类似美国之比次堡 Pittsburg 矣），其结果，中国旧传之道德必将破坏，特迟速之间耳。而中国之人，精神道德，必致大乱而不可收拾。"②

---

① 吴宓译《白璧德论欧亚两洲文化》，《学衡》第38期，1925年2月。
② 吴宓译《白璧德论欧亚两洲文化》，《学衡》第38期，1925年2月。

第三，白璧德对中国新文化运动的批评。如我们前面已介绍的那样，白璧德尽管不懂中文，但他对中国发生的新文化运动及所引起的新旧之争非常关心。1920 年 9 月，他应美国东部中国留学生年会的邀请，在会上就中西人文教育的问题发表演说，针对他所见的一些中国人认为中国今日需要有像西欧那样的文艺复兴，而与古昔完全脱离，且以西方文化为压迫之动机的观点提出了批评。他首先指出，自 16 世纪以来的西方运动，其性质为极端之扩张。这主要表现为两个方面：一方面是人类之知识与管理自然界之能力的扩张，它以英国的培根为代表，崇尚机械之功用，注重组织与效力；一方面是人类之感情的扩张，它以法国的卢梭为代表，对人尚博爱，对己则尚个性之表现。这两个方面的中心观念，是进步主义。19 世纪的西方人相信随着科学的不断发展进步，人类将日进于丁尼孙所讲的圣神光明之域，然而结果却是第一次世界大战的发生，给人类带来的是空前的大灾难。于是人们开始怀疑，"吾西方之脱离古昔，是否将数种重要之元素亦随之而弃去"，也就像德国人所讲的，"于倾弃浴水时，将盆中之小儿亦随之弃掷也"。

白璧德认为，发生在当时中国的新旧之争，和西方历史上的新旧之争有些相似，争论的双方，一方为迂腐陈旧之故习，一方为努力于建设进步、有组织、有能力的中国青年。中国要想免遭日本和西方列强的侵略，就必须有组织，有能力，必须具备欧西之机械；中国要想有欧洲同样之工业革命，就必须脱去昔日盲从之故俗，及伪古学派形式主义之牵锁。就此而言，中国进步派的目的无疑能够得到人们的同情。但他们主张完全抛弃中国古昔之经籍，而趋向欧西极端卢梭派之作者，如易卜生、士敦堡、萧伯纳等，则又不对。"须知中国在力求进步时，万不宜效欧西之将盆中小儿随浴水而倾弃之。简言之，虽可力攻形式主义之非，同时必须审慎，保存其伟大之旧文明之精魂也。"

他进一步指出，中国立国之基在道德，其道德观念，既非今日欧洲的自然主义，亦非古今印度的宗教主义，而富于一种人文精神，所重视者，为人生在世和人与人之间的关系。今日中国的进步运动，虽然亦以文化和道德相标榜，但其所谓文化道德，"亦正如吾西人今日之不惜举其固有之宗教及人文的道德观念而全抛弃之"。所以和"今日西方之运动一样"，今日中国的进步运动亦"实无道德之观念，但假道德之名"，"误混道德与物质之进步为一物焉"。

在白璧德看来，中国孔子的学说与西方自亚里士多德以下的人文主义哲人的学说"均相契合"，皆认为"人诚欲为人，则不能顺其天性，自由胡乱扩张，必于此天性加以制裁，使为有节制之平衡发展"。但世人之十九，宁喜无秩序之生活，不愿清醒而安静。只有少数被孔子称之为君子的人，才"愿为人文主义之自制工夫也"。这种人文主义在中国古代以一种教育系统维持着，其后尽管堕入了伪古学派的形式主义，但科举取官制度，以人文的学问为标准，而加以严格的选择，其选择之法，则一本贫民主义。此种联合贵族平民之选择精神，实为欧洲所未有。所以中国旧的教育制度可以改革，尽可淘汰其浮表之繁文缛节，孔教教育中的寻章摘句、辨析毫末等弊端亦可删除不讲，"然中国旧学中根本之正义，则务宜保存而勿失也"。

总之，白璧德指出："中国之人为文艺复兴运动，决不可忽略道德，不可盲从今日欧西流行之说，而提倡伪道德。若信功利主义过深，则中国所得于西方者，止不过打字机、电话、汽车等机器。或且因新式机器之精美，中国人亦以此眼光观察西方之文学，而膜拜卢骚以下之狂徒。治此病之法，在勿冒进步之虚名，而忘却固有之文化，再求进而研究西洋自希腊以来真正之文化，则见此二文化，均主人文，不谋而有合，可总称为邃古以来所积累之智慧也。"[①]

二、对新文化运动的批评

批评五四新文化—新文学运动，是《学衡》杂志的主要内容之一，也是学衡派的重要思想特征。学衡派之所以被认为是保守主义的文化派别，其原因也在于此。概而言之，在新文化问题上，学衡派在以下几个方面与新文化派存在着严重分歧。

第一，是如何建设新文化。有人认为，学衡派所以反对新文化运动，是因为他们反对新文化。这是不对的。梅光迪曾明确表示，"夫建设新文化之

---

① 胡先骕：《白璧德中西人文教育谈》，《学衡》第 3 期，1922 年 3 月。

必要，孰不知之"①。吴宓也认为："新文化运动，其名甚美"，所以，"今有不赞成该运动之所主张者，其人非必反对新学也，非必不欢迎欧美之文化也"。他还再三申明："吾之所以不慊于新文化运动者，非以其新也，实以其所主张之道理，所输入之材料，多属一偏，而有害于中国之人。"②实际上，学衡派和新文化派的分歧，不在于要不要新文化，而在于如何建设新文化。

学衡派与新文化派在建设新文化方面的分歧之一，是关于新旧文化的关系。如我们在本章第二节中介绍东方文化派与新文化派的争论时已指出的那样，新文化派从"今胜于古、新胜于旧"的进化观出发，主张"弃旧图新"或"破旧立新"，认为中国的新文化只能在抛弃旧文化或破除旧文化的前提下建立起来。和新文化派相反，学衡派则反对"今必胜于古，新必胜于旧"的进化观，认为文化演化是一新中有旧、旧中有新、由新而旧、由旧而新的过程，新旧之间存在着一种连绵不断的传承关系，新是旧的蜕变，旧是新的根基，旧有之物，增之损之，修之琢之，改之补之，乃成新器。举凡典章文物，理论学术，均就已有者层层改变递嬗而为新，未有无因而至者。"故若不知旧物，则决不能言新。"同时，新旧的概念又是相对的，因时因地因人的不同而异，昨以为新，今以为旧；常人以为新，识者以为旧，中国以为新，西方以为旧。所以，"凡论学应辨是非精粗，论人应辨善恶短长，论事应辨利害得失，以此类推，而不应拘泥于新旧。旧者不必是，新者未必非，然反是则尤不可"。③更何况人文科学与自然科学不同，尤其不能以新旧为评判是非优劣的标准。李思纯引用斯宾格勒在《西方的没落》一书中提出的文化演化四阶段——"生""住""异""灭"的理论，认为中国今日文化就不见得一定比过去的文化优越，旧有文化就毫无继承之价值。④吴宓更明确地指出："物质科学，以积累而成，故其发达也，循直线以进，愈久愈详，愈晚出愈精妙。然人事之学，如历史、政治、文章、美术等，则或系于社会之实境，或由于个人之天才，其发达也，无一定之轨辙，故后来者不必居上，晚出者不必胜前。因之，若论人事之学，则尤当分别研究，不能以

---

① 梅光迪：《评提倡新文化者》，《学衡》第1期，1922年1月。
② 吴宓：《论新文化运动（节录〈留美学生季报〉）》，《学衡》第4期，1922年4月。
③ 吴宓：《论新文化运动（节录〈留美学生季报〉）》，《学衡》第4期，1922年4月。
④ 李思纯：《论文化》，《学衡》第22期，1923年10月。

新夺理也。"因此，他主张"并览古今"，而反对局限于"新"。①

基于对新旧文化关系的上述认识，学衡派对新文化派的"弃旧图新"或"破旧立新"的主张提出了严厉批评。早在 1921 年，吴宓未回国之前，就在美国的《中国留学生月报》上发表过《中国之新与旧》一文，批评新文化运动一味趋新。《学衡》创刊后，他将自己以前写的《再论新文化运动——答邱昌渭》一文改名为《论新文化运动》，发表在《学衡》第 4 期上。该文指出，昔之弊在墨守旧法，凡旧者皆尊之，凡新者皆斥之，所爱者则假以旧之美名，所恶者则诬以新之罪状。今之弊在假托新名，凡旧者皆斥之，所恶者则诬以旧之罪状，所爱者则假以新的美名。这二者都是错误的，都不可取。但就今日国人的心理而言，第一层流弊已渐消失，而第二层流弊方日炽盛，已成为最主要的危险。故今日救时之偏，就是要指出"一味趋新"之害，辨明新旧之间的关系，从而使国人能"绝去新旧之浮见，而细察个中之实情，取长去短，亲善远恶，以评判之眼光，行选择之正事，而不为一偏之盲从"。② 不久，他又在《学衡》第 6 期上发表《葛兰坚论新》一文，译介美国哈佛大学教授、新人文主义者葛兰坚的有关"新者未必胜旧"的新人文主义观点，并在文前的"译者识"中对新文化派的"一味趋新"再次提出了批评，他写道："吾中国之人，近数年来，震眩于西学，舍本以求，而趋新之风遂炽，论人论事，不问是非，但责新旧，不知'事物之价值，在其本身之良否，而尤与于新旧'。"③ 犹如吴宓，易峻在《评文学革命与文学专制》一文中也指出，"今之守旧者，每存一凡新皆邪之观时（此应为衍字——引者）念。而骛新者，则存一凡旧皆腐之观念。前者固失之顽固，而不达时世；后者尤褊激而流于偏枉"。他尤其不满于新文化派提出的"弃旧图新"或"破旧立新"的主张，认为"若必谓旧者须完全废为陈迹，新者须彻底新创，否则为守旧，为泥古不化，此则未免偏激"。④

如我们在论述东方文化派和新文化派关于东西文化争论时所指出的，由于新文化派不懂得人类文化的演进是一变革与承续、间断性与连续性之对

---

① 吴宓：《论新文化运动（节录〈留美学生季报〉）》，《学衡》第 4 期，1922 年 4 月。
② 吴宓：《论新文化运动（节录〈留美学生季报〉）》，《学衡》第 4 期，1922 年 4 月。
③ 吴宓、陈训慈合译《葛兰坚论新》之"译者识"，《学衡》第 6 期，1922 年 6 月。
④ 易峻：《评文学革命与文学专制》，《学衡》第 79 期，1933 年 7 月。

立统一的辩证过程，因此他们提出的"弃旧图新"或"破旧立新"的主张，在理论上是片面的，在实践上是有害的，学衡派对其主张进行批评，强调新旧文化之间存在着连绵不断的传承关系，因此，"今欲造成新文化，则当先遍知旧有之文化"①，这对纠正新文化运动之偏失无疑有它的积极意义。就此而言，我们应予以充分肯定。但这只是问题的一方面，问题的另一方面，学衡派在批评新文化派之主张的同时，也和东方文化派一样，只看到新文化和旧文化之间"剪不断，理还乱"的联系，而没有领会新文化还是旧文化的变革，是旧文化的质的飞跃，甚至不承认新旧文化之间有质的规定性。吴宓就认为，"何者为新？何者为旧？此至难判定者也。原夫天理、人情、物象，古今不变，东西皆同。盖其显于外者，形形色色，千百异状，瞬息之顷，毫厘之差，均未有同者，然其根本定律则固若一"。譬如，天上云彩，早上和晚上的各异，但都是由水蒸发而成云，凝降而成雨，这并没有什么性质区别，"故百变之中，自有不变者存，变与不变，二者应兼识之，不可执一而昧其他"。他据此而得出结论："天理、人情、物象，既有不变者存，则世中事事物物，新者绝少。所谓新者，多系旧者改头换面，重出再见，常人以为新，识者不以为新也。"②邵祖平则宣称："道德文艺二端，只有真善美适之归宿，而非区区新旧所可范围"，它不像巴黎市上出售的妇女衣帽，瞬息数变，有所谓"新""旧"之分。③

学衡派和新文化派在建设新文化方面的分歧之二，是关于中西文化的关系。新文化派从西方文化是新文化，中国文化是旧文化，二者性质截然相反，断无调和两存之余地的前提出发，认为中国新文化之建设只能是西方文化的移植，用西方的"新"文化取代中国的"旧"文化。和新文化派相反，学衡派则认为，根据 Matthew Arnold 对文化的定义，文化者，古今思想言论之最精美者也。文化既然是古今思想言论之最精美者，那么，"今欲造成中国之新文化，自当兼取中西文明之精华，而熔铸之，贯通之。吾国古今之学术德教，文艺典章，皆自当研究之，保存之，昌明之，发挥而光大之。而西洋古今之学术德教，文艺典章，亦当研究之，吸取之，译述之，

---

① 吴宓：《论新文化运动（节录〈留美学生季报〉）》，《学衡》第 4 期，1922 年 4 月。
② 吴宓：《论新文化运动（节录〈留美学生季报〉）》，《学衡》第 4 期，1922 年 4 月。
③ 邵祖平：《论新旧道德与文艺》，《学衡》第 7 期，1922 年 7 月。

了解而受用之"。具体而言，他们认为，中国之文化，以孔教为中枢，以佛教为辅翼；西洋之文化，以希腊罗马之文章哲理和耶教融合孕育而成，因此，今欲造成中国之新文化，就必须认真研究孔教、佛教、希腊罗马的文章哲学和耶教的真义，取孔教之人本主义与柏拉图、亚里士多德以下之学说相比较，融会贯通，撷精取粹，再加以西洋历代名儒巨子之所论述，熔为一炉，这样才能"国粹不失，欧化亦成，所谓造成新文化，融合东西两大文明之奇功，或可企致"。①

　　既然新文化只有通过中西文化之精华的熔铸、贯通才能造成，因此，学衡派坚决反对新文化派提出的中国新义化之建设只能是西方文化的移植，用西方的"新"文化取代中国的"旧"文化的主张。他们指出，在光绪末年，国人忧国粹与欧化的冲突，以为欧化盛则国粹亡，因而倡导保存国粹，反对欧化。而到了新文化运动期间，新文化派则反其道而行之，以为国粹盛则欧化亡，因而主张"先灭绝国粹而后始可输入欧化"。"其实二说均非是"，因为"西洋真正之文化与吾国之国粹，实多互相发明，互相裨益之处，甚可兼蓄并收，相得益彰"。新文化派之所以认为国粹与欧化不能并存，要输入欧化就必先灭绝国粹，原因有二：其一，他们只以"新旧"画线，"但以新称，此外则皆加以陈旧二字一笔抹杀"，而在他们的眼中，只有西洋文化才是"新文化"。② 其二，他们对于西洋文化，"无广博精粹之研究，故所知既浅，所取尤谬"③。因为对西洋文化有无精深研究，直接影响着人们对于中国固有文化的态度，"读西洋之名贤杰作者，则日见国粹之可爱"，否之，"专取糟粕，采卑下一派之俗论者，则必反而痛攻中国之礼教典章文物矣"。学衡派进一步指出，新文化派视国粹和欧化为相互对立的两极，以为只有在"灭绝"国粹的基础上才能输入欧化，造成新文化，因而对中国固有文化的攻击不遗余力，然而其结果，"于造成新文化融合东西文明之本旨，实南辕而北辙"。④

　　第二，是如何对待中国传统文化。学衡派与新文化派在对待中国传统文

---

① 吴宓：《论新文化运动（节录〈留美学生季报〉）》，《学衡》第 4 期，1922 年 4 月。
② 吴宓：《论新文化运动（节录〈留美学生季报〉）》，《学衡》第 4 期，1922 年 4 月。
③ 梅光迪：《评提倡新文化者》，《学衡》第 1 期，1922 年 1 月。
④ 吴宓：《论新文化运动（节录〈留美学生季报〉）》，《学衡》第 4 期，1922 年 4 月。

化方面的分歧之一，是关于孔子及儒学的评价。如前所述，反孔批儒，是新文化运动的一项重要内容。但学衡派对于新文化派的反孔，持的是反对的态度。首先，他们指出，评价孔子，乃至任何一个历史人物，重要的是要考证事实，从历史事实出发，而不能像新文化派那样主观武断，"轻下孟浪之语"。比如，新文化派的反孔之说，最足以煽惑今人之心理者，是说孔子尊君，易演成独夫专制之弊。然而事实上，不论孔子不独尊君，且不主张专制，就时代上说，桀、纣、幽、厉皆先于孔子，他们的专制由何人学说演成？西方各国没有实行共和之前，也是君主政体，其专制独裁之国君，如法之路易十四、俄之尼古拉一世，难道也是奉了孔子之教乎？由此可见，"君主专制同也，而孔教之有无不同，则孔教非君主专制之主因必矣"。再如，新文化派把近世以来中国腐败与落后的原因归咎于孔子，以为只要焚经籍，毁孔庙，中国即可以勃然复兴，然而事实上，造成近世中国腐败与落后的"病根"，在清之旗人，在鸦片之病夫，在污秽之官吏，在无赖之军人，在托名革命之盗贼，在附会民治之名流政客，以及地痞流氓，而这些人都不是孔子之教的信奉者。所以，与其说孔子之教是造成近世中国腐败与落后的"病根"，还不如说造成近世中国腐败与落后的"病根"在于"不行孔子之教"。因为"孔子教人以仁，而今中国大多数之人皆不仁。不仁者，非必如袁世凯、陆建章、陈宦、汤芗铭等，杀人如草芥，而后谓之不仁也。凡视全国人民利害休戚漠然不动其心、而惟私利私便是图者，皆麻木不仁者也。拘墟之人，不谋地方之公益，不知国民之义务，固属不仁，而巧诈者托名公益，敛费自肥，其不仁尤甚"。① 其次，学衡派提出，评价孔子，要做两种区分：一是要区分"真孔"（即秦以前的孔子及其思想）与"假孔"（即秦以后被人作为招牌改头换面了的孔子及其思想），真孔子不能为假孔子负责。这就如同商店，囤积杂货，随意售卖，而于门前，挂一金制之招牌，但货之良窳，只能由商店老板负责，不能由制招牌的黄金负责，我们不能责此黄金说："汝何以不自爱惜，供商人之浪用，凡商货之窳敝，皆汝金制之招牌之过也。"实际上"自汉以降，号为尊孔，而黄老法家，实为治具"。孔子之道并没有在中国真正实行过，所实行的只是假孔子之道而已。

---

① 柳诒徵：《论中国近世之病源》，《学衡》第 3 期，1922 年 3 月。

二是要区分孔子及其思想与后世的其他制度，前者同样不能为后者负责。比如，新文化派将科举制度之害归咎于孔子，这就不能令人赞同。因为科举制度之害，是本身制度之害，而非孔子之害。以利禄诱人，而假途于孔子之书，与假途于他人之书，其性质相等。这就像腐败之器，无论盛鱼肉，还是盛兰桂，都会腐烂。我们不咎其器，而咎其所盛的东西，这是不对的。"假令当日行科举之时，以老庄扬墨之书为题，其读老庄扬墨之书者，认为考试出题之具，亦无异于其对于孔子之书也。"① 再如，孔子并未创立一夫多妻之制，相反以一夫一妻、匹耦敌体为教，"今以恶纳妾而排击孔子，岂可乎?"②

和新文化派的反孔相反，学衡派对孔子则评价甚高。他们认为，孔子不仅是中国文化之中心，"孔子生前数千年之道德经验，悉集成于孔子，而后来数千年之文化，皆赖孔子而开"③，同时也是与西方的苏格拉底、柏拉图、亚里士多德齐名的世界文化伟人，其"学说为全世界已往文化中最精粹之一部也"④，"值得全世界受过科学洗礼的人去崇拜"。《学衡》创刊号之插图并列孔子和苏格拉底的画像，此即表明学衡派对中西文化这两大哲人的尊崇。他们在文中还经常将孔子和苏格拉底、柏拉图、亚里士多德等人相提并论，认为他们的思想有不少相通之处。吴宓在《我之人生观》中便写道："吾以穷则独善其身，达则兼善天下之义，求之于泰西，得柏拉图。柏拉图之时势与怀抱，与孔子最相近似。"所以他主张对孔子和苏格拉底、柏拉图、亚里士多德的学说进行认真系统的比较研究，然后在此基础上形成中西两大文明的融合。他在《苏格拉底像赞》中写道："查宜苏哲，奋志求真，明法殉道，杀身成仁。天地正气，日月精魂，音容宛在，光焰长存。东圣西圣，此理此心，师表万稷，一体同尊。举世横逆，吾独辛勤，内首不疚，常视斯人。"胡稷咸和郭斌龢也表达过同样的观点。胡稷咸认为："……其（希腊——引者）文明之性质与中国之文明颇相仿佛。哲学家如苏格拉底、柏拉图所研究之主要问题，厥为人类道德之增进，与我国孔孟所讨论者同。……亚里士多德之伦理学中，亦以道德为人类之最高目的。而其所谓中道者，

① 柳诒徵：《论中国近世之病源》，《学衡》第 3 期，1922 年 3 月。
② 吴宓：《论新文化运动（节录〈留美学生季报〉）》，《学衡》第 4 期，1922 年 4 月。
③ 张其昀：《中国与中道》，《学衡》第 41 期，1925 年 5 月。
④ 胡先骕：《论批评家之责任》，《学衡》第 3 期，1922 年 3 月。

又与孔子中庸之教相吻合……与孔孟同主张人本主义。"[1]郭斌龢指出：孔孟之道，中正和平，但主节欲，不主禁欲，更不主纵欲，教人但为圣贤。圣贤即最好之人而已。"此种以人为本之主义，与古希腊人之态度颇相似，平易近情，颠扑不破。"[2]

　　学衡派虽然反对新文化派的反孔批儒，对孔子评价甚高，但他们不赞成神化孔子，他们的一个基本观点，即是认为孔子是伟人而不是神人，人们应对他"崇敬"，而不应"迷信"，像新文化派那样对孔子"一概推翻抹杀，是诚可悲"，但如果一味盲目迷信孔子，也非正道。他们主张"宜以批评精神研究孔子之学说"，还孔子以本来的历史面目和地位。[3]站在今天的立场上来评价学衡派与新文化派围绕孔子的争论，应该说学衡派的这种既尊敬孔子，但不迷信孔子，视孔子为一伟人，而非神人的态度，比起新文化派的激烈反孔可能更正确一些。

　　学衡派与新文化派在对待中国传统文化方面的分歧之二，是关于旧伦理、旧道德的评价。本卷第九章第二节已经论及，批判旧伦理、旧道德，这是新文化运动的又一重要内容。但与新文化派不同，学衡派认为，"以道德论，吾中国数千年孔孟诸哲所示孝弟、仁义、慎独、省身诸义，实足赡用于无穷。难者病其为伦理的道德，节制的道德，狭义的道德，非社会的、自由的、广义的道德也，遂欲起而毁弃之。殊不知人人亲其亲长其长而天下平。伦理何尝不及于社会？大德不逾闲，小德出入可也。节制何尝不及于自由？言忠信，行笃敬，虽蛮貊之邦行矣。狭义何尝不及于广义？审如是也，中国旧道德之主义，固不应有抨击，而必采取西邦重译而至之新道德也"[4]。吴宓在《论新文化运动》一文中再三重申："仁义忠信，慈惠贞廉，皆道德也，皆美事也，皆文明社会不可须臾离者也。"[5]他甚至认为礼教"为吾国之国粹"[6]。柳诒徵将中国文化的特征归结为"乡治之尚德主义"，并认为这种乡治之尚德主义，可以解救近代西方因迷信选举万能而产生的种种

---

① 胡稷咸：《敬告我国学术界》，《学衡》第 23 期，1923 年 11 月。
② 郭斌龢：《新文学之痼疾》，《学衡》第 55 期，1926 年 7 月。
③ 张鑫海：《孔子学说之精意》，《学衡》第 14 期，1923 年 2 月。
④ 邵祖平：《论新旧道德与文艺》，《学衡》第 7 期，1922 年 7 月。
⑤ 吴宓：《论新文化运动（节录〈留美学生季报〉）》，《学衡》第 4 期，1922 年 4 月。
⑥ 吴宓译《论循规蹈矩之益与纵性任情之害》一文按语，《学衡》第 38 期，1925 年 2 月。

政治弊端。① 故此，学衡派不赞成新文化派对中国旧伦理、旧道德的批判。胡先骕指责新文化派缺乏对"家庭制度"是"数千年社会之基础"，"父慈子孝"为"人类道德之起点"的认识，"不仅欲祛除旧家庭之缺点，竟欲举家庭制度根本推翻之"，提倡所谓自由恋爱，儿童公育，甚至攻击父母养育子女，"为贪恋色欲之结果，故无养鞠之恩可言"，这纯粹是"以骇俗为高尚，以激烈为勇敢"的"偏激"行为。② 吴宓批评新文化派以"寡妇守节"，不近人情为由，提倡"铲去贞洁 chastity 之一念"，以为禽兽无贞洁，人类也就不应有贞洁，凡贞洁都是男子强加于妇女的，是对女权的摧残，"此亦不思之甚矣"。③ 柳诒徵写有《明伦》一文。此文开门见山便指责新文化派"为欧美蓝色眼镜所障"，未窥中国旧伦理、旧道德的"真际"，"即妄肆其批评"，比如，胡适的《中国哲学史大纲》谓孝为儒家所创之宗教，并批评孝只教人做孝子，不教人做一个人，而"不知教人知为子之道，正是教人为人"。④ 胡先骕甚至将"五四"后中国出现的社会危机，归因于新文化运动对中国旧伦理、旧道德的批判。他后来在《中国今日救亡所需之新文化运动》一文中写道："五四运动以还，举国上下，鄙夷吾国文化精神之所寄，为求破除旧时礼俗之束缚，遂不惜将吾国数千年社会得以维系，文化得以保存之道德基础，根本颠覆之。夫如是求其政治不窳败，人心不浇漓，国本不动摇者，未之有也。"⑤

　　学衡派虽然不赞成新文化派对中国旧伦理、旧道德的批判，但他们也不赞成顽固守旧派对中国旧伦理、旧道德的全盘维护。柳诒徵在《明伦》一文中，就既批评了新文化派"为欧美蓝色眼睛所障，未窥此中真际，即妄肆"批判中国旧伦理、旧道德的不对，同时又批评了"守旧之士……徒拘牵于宋元以来之思想习惯，不求之于原理，断断争辩"，对中国旧伦理、旧道德采取全盘维护态度的非是。⑥ 吴宓也表达过与柳诒徵相同的意见。他指

---

① 柳诒徵：《中国乡治之尚德主义》，《学衡》第 17 期，1923 年 5 月。
② 胡先骕：《论批评家之责任》，《学衡》第 3 期，1922 年 3 月。
③ 吴宓：《论新文化运动（节录〈留美学生季报〉）》，《学衡》第 4 期，1922 年 4 月。
④ 柳诒徵：《明伦》，《学衡》第 26 期，1924 年 2 月。
⑤ 胡先骕：《中国今日救亡所需之新文化运动》，《国风半月刊（南京）》第 9 号，1932 年 11 月 24 日。
⑥ 柳诒徵：《明伦》，《学衡》第 26 期，1924 年 2 月。

出，对于中国的旧伦理、旧道德，存在着两种相反的态度，即偏于激进者，"则全体破坏，玉石俱焚"；而偏于守旧者，则一味复古，全盘维护。这两种态度各走极端，不合正道。[①] 与东方文化派一样，学衡派的一个基本观点，即认为伦理道德有"本体"（有时他们又称之为"精意"），有"末节"，所谓"本体"，也就是伦理道德的"根本之内律"；所谓"末节"，也就是作为伦理道德的"枝叶之外形"的"风俗、制度、仪节"。前者"教人以理制欲，正其言，端其行，俾百事各有轨辙，社会得以维持"，因而万古不变，各国皆同，"当尊之爱之，而不当攻之非之者也"；后者"各国不同，各时不同，尽可随时制宜，酌量改革，此固无伤乎宗教道德之本体也"。[②] 用吴宓的话说："吾侪居今之世，颇欲讲明礼教之精意，而图保存之。然所图保存者，乃礼教之精意，亘万世而不易者也。至若仪文制度之末节，乃随人民生活社会情状及风俗习惯，刻刻改变，无有留停，自当随时变通斟酌损益，决无强摹古人之理。"[③] 职是之故，学衡派十分重视对中国旧伦理、旧道德之"本体"的阐发。我们前面提到的《明伦》一文，即是柳诒徵专为阐发中国旧伦理、旧礼教的"本体"而作。他在文中开宗明义便指出："何为人伦？何为伦理？何为礼教？此今日研究中国学术、道德、思想、行为之根本问题也。……伦理礼教，至庸常而无奇，亦至精微而难解。"这也是产生新旧之争的重要原因。比如，他举例说，五伦中的第一伦是君臣，按一般人的理解，所谓君臣指的就是皇帝和其大臣。"其实君臣即首领与从属之谓。无论社会何种组织，皆有君臣。"学校有校长，公司有经理，商店有管事，船舶有船主，寺庙有住持，皆君也。凡其相助为理，聘任为佐，共同而治者，皆臣也。"故君臣其名，而首领与从属其实，君臣之名可废，首领与从属之实不可废。"[④] 与柳诒徵相似，根据邵祖平的阐发，"君臣一伦"所要求的"忠君"之"本体"，是忠于国家，忠于上司，因此，"君臣之关系既废，然忠不以之而废也"。[⑤]

　　由此可见，学衡派与新文化派在中国旧伦理、旧道德上分歧的实质，不

① 吴宓：《论孔教之价值》，《国闻周报》第3卷第40期，1926年10月17日。
② 吴宓：《论新文化运动（节录〈留美学生季报〉）》，《学衡》第4期，1922年4月。
③ 吴宓：《论孔教之价值》，《国闻周报》第3卷第40期，1926年10月17日。
④ 柳诒徵：《明伦》，《学衡》第26期，1924年2月。
⑤ 邵祖平：《论新旧道德与文艺》，《学衡》第7期，1922年7月。

是革新（新文化派）和守旧（学衡派）之争，而是如何革新的问题。新文化派从进化论的观点出发，主张"弃旧图新"，用新的伦理道德代替旧的伦理道德。学衡派则根据白璧德的新人文主义，只主张变革旧伦理、旧道德的"末节"，而要保存旧伦理、旧道德的"本体"，所以，他们认为"寡妇守节"的"弊俗"可以革除，但"贞节观念"则不应"铲去"；"旧家庭之缺点"可以"祛除"，但不应根本推翻"家庭制度"；君臣之名可以废除，但首领与从属之实不应否定；女子可以解放，男女社交也可以公开，但这"不过为破除人伦之一端，至其根本道德，固有不应弃绝者也"。"决不可以风俗、制度、仪节有当改良者，而遂于宗教道德之本体攻击之，屏弃之，盖如是，则世界灭而人道熄矣。"[1]据此，他们指责新文化派对中国旧伦理、旧道德的批判，是"以一事而攻击宗教道德之全体，以一时形式之末，而铲绝万古精神之源，实属诬罔不察之极"[2]。

第三，是如何引进西方文化。学衡派并不反对引进西方文化。但他们认为引进西方文化必须遵守以下几项原则：其一，要对西方文化进行认真的研究，有较系统全面的理解和把握。《学衡》刊物的《简章》规定："本杂志于西学则主博极群书，深窥底奥，然后明白辨析，审慎取择，庶使吾国学子，潜心研究，兼收并览。不至道听途说，呼号标榜，陷于一偏而昧于大体也。"[3]学衡派认为，如果对西方文化无广博精湛的研究，就会"知之甚浅，所取尤谬"，结果只能是"厚诬欧化……行其伪学"，画虎不成反类犬。他们因此批评当时"丛书杂志之多而且易，如地菌野草"[4]，有的人仅涉猎一二家当代作者之著作，或一国一派之文学，甚而拾人唾余，略知名字，便率尔下笔，信口雌黄，结果是"非诬即妄"；有的人在学校英文都未及格，也从来没有得见《两周评论报》（Fortnightly Review）所登托尔斯泰批评莎士比亚的原文，便率尔攻击莎士比亚在文学史上的重要地位[5]；有的人连"西文字义未解，亦贸然操翻译之业，讹误潦乱，尽失作者原意，又独取流行

① 上引均见邵祖平《论新旧道德与文艺》，《学衡》第 7 期，1922 年 7 月。
② 吴宓：《论新文化运动（节录〈留美学生季报〉）》，《学衡》第 4 期，1922 年 4 月。
③《学衡杂志简章》，《学衡》第 1 期"扉页"，1922 年 1 月。
④ 梅光迪：《论今日吾国学术界之需要》，《学衡》第 4 期，1922 年 4 月。
⑤ 胡先骕：《论批评家之责任》，《学衡》第 3 期，1922 年 3 月。

作品，遗真正名著于不顾，至于摭拾剿袭，互为模拟，尤其取巧惯习，西洋学术之厄运，未有甚于在今日中国者"①。其二，引进西方文化"必有确定之标准"，即：（一）"须其本体有正当之价值"。而判定"本体有无正当之价值"的标准，当取决于"少数贤哲"之意见，"不当以众人之好尚为归"。（二）"当以适用于吾国为断"。所谓"适用之者"，这在学衡派看来，"或以其与吾国固有文化之精神不相背驰，取之足收培养扩大之功，如雨露肥料之于植物然；或以其为吾国向所缺乏，可截长以补短也；或以其能救吾国之弊，而为革新改进之助也"。他们相信，只有那些"超越东西界限，而含有普遍永久之性质"的西方文化，才能适用于中国，否之，"在彼所称适用，行之吾国，或无当矣"。② 其三，引进西方文化必坚持"自主自立"的原则，必须适合国情民性。学衡派指出，中国和西方无论历史环境，还是风俗习惯都不相同，如在西人以脱帽为敬，而在我国以着帽为敬；西人吃饭用刀叉，而我国吃饭用筷子；西人崇尚宗教，而我国崇尚道德；西人敬上帝，而我国敬祖先；如此等等。既然中西的历史环境和风俗习惯都不同，引进西方文化就必须坚持"自主自立"的原则，必须适合中国的国情民性。否则，再好的西方文化在中国都会逾淮成枳。

　　依据上述几项原则，学衡派对新文化派提出了尖锐的批评。他们首先批评新文化派对西方文化缺少系统认真的研究。梅光迪在《评提倡新文化者》一文中，批评新文化派"于欧西文化，无广博精粹之研究，故所知既浅，所取尤谬。以彼等而输进欧化，亦厚诬欧化矣"③。吴宓对新文化派的批评与梅氏的批评几乎如出一辙，他在《论新文化运动》一文中写道："今新文化运动，其于西洋之文明之学问，殊未深究，但取一家之说，以相号召，故既不免舛误迷离，而尤不足当新之名也。"检阅《学衡》，此类文字，随处皆是。其次，批评新文化派引进西方文化之不当。吴宓指出："夫西洋之文化，譬犹宝山，珠玉璀灿，恣我取拾，贵在审查之能精，与选择之得当而已。今新文化运动之流，乃专取外国吐弃之余屑，以饷我国之人。闻美国业电影者，近将其有伤风化之影片，经此邦吏员查禁不许出演者，均送至吾国

---

① 梅光迪：《论今日吾国学术界之需要》，《学衡》第 4 期，1922 年 4 月。
② 梅光迪：《现今西洋人文主义》，《学衡》第 8 期，1922 年 8 月。
③ 梅光迪：《评提倡新文化者》，《学衡》第 1 期，1922 年 1 月。

演示。又商人以劣货不能行市者，远售之异国，且获重利，谓之 Dumping。呜呼！今新文化运动，其所贩入之文章、哲理、美术，殆皆类此，又何新之足云哉！"他甚至批评新文化派"惟选西洋晚近一家之思想，一派之文章，在西洋已视为糟粕、为毒鸩者，举以代表西洋文化之全体"。[1] 汤用彤批评新文化派"其输入欧化，亦卑之无甚高论"，因为他们"于哲理，则膜拜杜威、尼采之流；于戏剧，则拥戴易卜生、萧伯讷诸家。以山额与达尔文同称，以柏拉图与马克斯并论。罗素抵沪，欢迎者拟之孔子；杜威莅晋，推尊者比之为慈氏。今姑不言孔子慈氏与二子学说轩轾，顾杜威罗素在西方文化与孔子慈氏在中印所占地位，高下悬殊，自不可掩。此种言论，不但拟不于伦，而且丧失国体"。[2] 第三，批评新文化派迷信西洋，搞全盘西化。梅光迪在《评今人提倡学术之方法》中写道：新文化派"崇拜欧化，智识精神上，已惟欧西之马首是瞻，甘处于被征服地位"，欧化之威力魔力，已深他们头脑，故凡为"西洋货"，不问良窳，即可"畅销"，"然欧化之真髓，以有文字与国情民性之隔膜，实无能知"。[3]

我们承认，新文化运动时期，在引进西学问题上确实存在着学衡派批评的那些现象。就此而言，学衡派的批评是正确的。但这只是问题的一方面，问题的另一方面，学衡派对新文化派的有些批评，又似是而实非。学衡派批评新文化派于西学缺乏精深研究，然而事实上新文化派对西学的了解并不在学衡派之下。以学衡派批评的主要对象胡适为例，其西学知识就可以与任何一位学衡派的代表人物相比，而他对西学的翻译和介绍，无论其数量，还是其范围，在学衡派的代表人物中恐怕无人能与之相提并论。当然，我们也承认胡适有他的局限，在西学中，他服膺的主要是杜威的实用主义哲学，他对西学了解最多、介绍最多的也主要是杜威的实用主义哲学。但这也同样是学衡派的局限，在西学中，学衡派服膺的主要是白璧德的新人文主义，他们对西学了解最多、介绍最多的也主要是白璧德的新人文主义。我们总不能以自己的西学知识为标准，只有服膺白璧德的新人文主义、了解和介绍白氏学说，才算对西学有精深研究，否则，就是对西学一知半解。

[1] 吴宓：《论新文化运动（节录〈留美学生季报〉）》，《学衡》第 4 期，1922 年 4 月。
[2] 汤用彤：《评近人之文化研究》，《学衡》第 12 期，1922 年 12 月。
[3] 梅光迪：《评今人提倡学术之方法》，《学衡》第 2 期，1922 年 2 月。

如果此论能够成立，新文化派也可以其人之道，还治其人之身，批评学衡派于西学缺乏研究。学衡派批评新文化派引进西学之不当，是因为新文化派输入了杜威、尼采等人的哲学，易卜生、萧伯纳等人的戏剧以及马克思主义。[1] 我们承认，无论是杜威、尼采的哲学，还是易卜生、萧伯纳的戏剧，甚至马克思主义学说，在西方确有不少批评，但在新文化运动时期，尤其是五四运动后《学衡》杂志创办时的中国，杜威哲学反传统的"变易"观和存疑主义的方法论，尼采哲学要求"重新估定一切价值"的反传统反偶像呐喊，对于解放人们的思想，冲破传统观念的束缚，促进学术的自由发展和繁荣，无疑有它的积极意义。而易卜生的戏剧，特别是他的"社会问题剧"《娜拉》，以冲破家庭束缚，寻求个性自由发展，成了这一时期中国妇女争取自由解放的象征。阿英在《易卜生的作品在中国》一文中曾写道：易卜生作品的翻译和发表，"配合了五四社会改革的需要"，因此，"在当时的中国社会里，就引起了巨大的波澜，新的人没有一个不狂热地喜爱他，也几乎没有一种报刊不谈论他，在中国妇女中出现了不少的娜拉。易卜生的戏剧，特别是《娜拉》，在当时的妇女解放运动中，是起了决定性作用的"。[2] 至于马克思主义对中国社会的发展与进步所起的巨大推动作用，更具有划时代的意义。所以，尽管新文化派对西学的引进可能存在着这样或那样的缺点甚至错误，但他们引进杜威、尼采等人的哲学，易卜生、萧伯纳等人的戏剧，特别是马克思主义学说，在当时有助于思想解放和社会发展，其功绩是主要的。学衡派不作如是观，他们从新人文主义的立场出发，而批评新文化派引进杜威、尼采哲学，易卜生、萧伯纳戏剧，特别是马克思主义之不当，这不是一种实事求是的正确态度。

　　当然，学衡派对新文化派的有些批评虽然似是实非，但他们提出的引进西方文化的几项原则值得我们认真地借鉴和吸取。他们所批评的那些现象，如对西学无甚研究，便以西学行家自居，甚至于西洋文字未解，亦敢贸然翻译西书，以至"讹误潦乱，尽失作者原意"，等等，不仅新文化运动时期存在，现在也仍很盛行，应引起我们的重视。

---

① 见上引汤用彤文。吴宓在《论新文化运动》文中也指责新文化派，"言政治经济则必马克斯，言文学则必莫泊三、易卜生，言美术则必 Rodin 之类是也"。
②《阿英文集》，生活·读书·新知三联书店，1981，第 141 页。

三、对新文学运动的批评

如前所述，新文学运动兴起于 1917 年。这一年《新青年》相继发表了胡适的《文学改良刍议》和陈独秀的《文学革命论》。到《学衡》创刊时，主张白话文，反对文言文，主张新文学，反对旧文学的新文学运动，经五四运动的推动，高歌猛进，已取得决定性的胜利。但学衡派仍发表了大量文章，就文言文与白话文、旧文学与新文学、旧体诗与新体诗等问题对新文学运动提出了批评。

第一，文言文与白话文。学衡派在文言文与白话文问题上对新文学运动提出批评，最早可追溯到 1915 年。前面已经提到，那一年夏，留学美国的胡适与任叔永、赵元任、梅光迪等一班朋友在绮色佳城度假，彼此讨论中国文字与文学问题，胡适认为"今日文言乃是一种半死的文字"，而白话"是一种活的语言"，主张以白话文取代文言。梅光迪则不以为然。两人于是发生激烈争论，你来我往，最后胡适被"逼上梁山"，举起了"文学革命"的义旗。后来学衡派在文言文与白话文问题上向新文化派发难，可以说是此前梅光迪与胡适争论的延续。

新文化派的一个基本观点，是认为文言文是死文字，白话文是活文字，"文言的文字可读而听不懂，白话的文字既可读，又听得懂。凡演说，讲学，笔记，文言决不能应用。今日所需，乃是一种可读，可听，可歌，可讲，可记的言语。要读书不须口译，演说不须笔译；要施诸讲坛舞台而皆可，诵之村姐妇孺而皆懂。不如此者，非活的言语也，决不能成为吾国之国语也，决不能产生第一流的文学也"[1]。故此，他们主张废除文言文，代以白话文。对于新文化派的这一观点，学衡派不以为然。邵祖平认为，文字不过是传达意志、思想和学术的工具，工具能否胜任，要看主人的意志是否坚定，思想是否清晰，学术是否缜密。"故其人如意志游移，思想淆杂，学术偏缺者，其文必不能令人欣赏或领会。文言固然，白话亦何尝不然。"因为，为文必先识字，识文言之字与识白话之字没有不同；文是载道的，文言之能载道与白话之能载道也没有什么不同。实际上，就"传之久

---

[1] 胡适：《留学日记》卷十三，载《胡适全集》第 28 卷，第 393 页。

远，行之寥阔"而言，白话文还不如文言文。"良以白话文之猥缕，篇幅冗长，不及文言之易卒读，一也。白话文以方言之不能统一，俗字谚语，非赖反切不可识，不及文言之久经晓谕，二也。白话文之体裁不完，如碑铭传志之类，不及文言之有程式可寻，三也。"[①]刘朴则强调文言文比白话文更简洁高雅。比如，他举例说：平民家有对联，没听说有以"国的恩惠，家的喜庆，人人长寿，年年丰收"，代"国恩家庆，人寿年收"的；以"门前没有车子马匹，屋里却有芝草兰花"，代"门无车马，室有芝兰"的；以"天地国家祖宗老师的位子"，代"天地国亲师位"的。[②]由此可见，仅就简洁高雅而言，白话文就无法取代文言文。易峻、吴芳吉也认为白话文或繁重枯涩，粘滞芜漫，或浮薄粗俗，直率刻露，不如文言文之简洁雅驯，堂皇富丽，微婉蕴藉。[③]因此，文言比白话尤能写真。[④]

学衡派尤其反对新文化派以死活文字来评价文言文和白话文。邵祖平指出，"'文字之有死活'，以其艺术之优劣之结果定之"，而和文字本身并没有必然的联系。比如，十三经、周秦诸子，前四史以及杜甫韩愈等人的集子，都是用文言写成的，它们或讲德论道，则如见圣哲之衣冠；或说理论事，则如见谈士之纵横；或奇功伟迹，则如见英杰之眉宇；或掩袖起舞，则如见美人之釐泣；其他喜怒哀乐，流离感愤之情，后人读之，莫不虎虎有生气，"岂可诋之为死文字耶？"总之，"文言白话，皆以其可传者而传，即以其可不死者而不死"。[⑤]易峻也称，胡适说文言文是死文字，已死二千多年了，这二千年来凡是有一些价值、有一些生命的文学，都是白话文做的。但事实上五经四书、周秦诸子以及《楚辞》《史记》《汉书》等流传至今的一些用文言文作的文字，仍然具有价值，具有生命力。胡先骕在《评胡适五十年来中国之文学》一文中写道：胡适谓"中国的古文，在二千年前已经成了一种死文字"，"死文学决不能产生活文学"，那么用古文写的司马迁《史记》、杜甫诗难道也是死文学？"夫《史记》与杜诗，为吾国文学最高之

---

① 邵祖平：《论新旧道德与文艺》，《学衡》第 7 期，1922 年 7 月。
② 刘朴：《与刘弘度书》，《学衡》第 11 期，1922 年 11 月。
③ 易峻：《评文学革命与文学专制》，《学衡》第 79 期，1933 年 7 月。
④ 吴芳吉：《四论吾人眼中之新旧文学观》，《学衡》第 42 期，1925 年 6 月。
⑤ 邵祖平：《论新旧道德与文艺》，《学衡》第 7 期，1922 年 7 月。

产品，乃谓之死文学，无论不能取信于人，又岂由衷之言哉！"[1]

为了论证文言文是死文字，白话文是活文字，死文字必然要为活文字所取代，新文化派还将文言文和白话文比之于古希腊的拉丁文和英法德意等欧洲国家的现行文字，"动辄引但丁以塔斯干方言创造意大利新文学，乔塞以英国方言创英国新文学为先例，以为吾国亦须以现代流行之方言，为文学之媒介"[2]。但在学衡派看来，"中国文言之别，决非希腊拉丁语与英法德语之别也"[3]。首先，欧洲国家文字认声，中国文字认形，认声的文字必因语言的变迁而嬗变，认形的文字则虽语言逐渐变化，而字体可以不变。加上我国文法又极简单，无欧洲文法种种不自然之规律，因而文法上也不像欧洲文法那样易于变化。所以，中国周秦之书至今仍然可读，而英国乔塞之诗则非一般英人所能理解。其次，希腊拉丁文的灭亡和欧洲各国现行文字的创立，也是政治影响和民族混淆使其语言文字愈加驳杂而变易的结果。比如意大利语的创立，在5世纪末，北方日耳曼民族崛起，罗马王纲解纽，异族入主其国，虽不乏抱残守缺之士，然大部分文化日就凋落，再加上那些抱残守缺之士仅知因袭，不知创造，故文学极为不振。而法、德、西班牙诸邦，反以其语言新立，素无古代遗留之文学，从事于创造。意大利诗人于是效法法国，取法语或蒲罗文索方言为诗。直到13世纪下半叶，但丁以较近于古拉丁语的塔斯干方言创作出不朽之名作，塔斯干方言才成为意大利的国语。英语的创立也是一样。盎格鲁撒克逊本为野蛮民族，初期并无文学。至11世纪中，诺曼人征服英国后，朝廷、贵族、学校和教会使用的是诺曼法兰西语，盎格鲁撒克逊语仅为普通老百姓所使用。后来诺曼人渐与欧洲大陆隔绝，而与土著同化，到13世纪末，逐渐形成一些与后来英语相近的方言。至乔塞与卫克立夫出，用之以作诗文，"英语于是以立"。和欧洲不同，中国尽管也数为异族所征服，但中国之语言属单音语系，不同于入主中国民族的多音语系，故文字语言受异族的影响较小，就是印度的佛教输入，也只影响到中国的思想，而没能改变中国文字的形状和文法。异族入主中国不但不能对中国的语言文字产生影响，相反还会"舍弃其语言

---

[1] 胡先骕：《评胡适五十年来中国之文学》，《学衡》第18期，1923年6月。

[2] 转引自胡先骕《评胡适五十年来中国之文学》，《学衡》第18期，1923年6月。

[3] 胡先骕：《论批评家之责任》，《学衡》第3期，1922年3月。

文字以同化于吾国，故吾国能保存数千年来文学上不断之习惯与体裁，直至于今日，不但非在英德法诸国希腊拉丁古文与其本国文并列者之比，甚且非意大利文与古拉丁文之比也"①。

　　与新文化派不同，学衡派认为，"文言与白话之别，非古今之别，而雅俗之别也"。文言文是雅文字，白话文是俗文字。而文字上的这种雅俗之别，各国皆然。比如，现今希腊就有两种文字，"一即文言文，一即白话文，二者之差别极大。习希腊古文学者，不难读今日希腊之文言文，而绝不能读其白话文也"。其他如英法德诸国也是一样，"文人学士之文章，岂贩夫走卒之口语可比耶？"英国的伊略脱、白朗特之小说，除谈话外，其叙述描写之文，就不是一般人所能读懂的。②既然文字的雅俗之别是一种普遍的文化现象，因此，也就不存在以俗文字或白话文取代雅文字或文言文的理由和可能。

　　尽管学衡派不赞成新文化派的主张，反对将文言文说成死文字，尤其反对以白话文取代文言文，但他们"并不欲完全否认白话文"，甚至承认白话文和文言文一样，有自己的"特长与优点"。③景昌极肯定白话文口语通俗，最易感人，比如，贾宝玉于心胆俱碎时，脱口便对林妹妹说"你放心"，林妹妹临终直叫"宝玉宝玉你好"，就充分体现了白话文通俗感人的特点。④吴宓认为白话文的特点是"简炼修洁"⑤。易峻更进一步指出，"白话文因其词句组织之平易解放，活动自由，故其表现作用，有较文言文之须受法度声律等拘束，为易于骋其奥衍曲折之致，以达其透切深密之旨，而能明白晓畅者，此殆可公认"⑥。

　　既然文言文和白话文各有其"特长与优点"，所以学衡派主张在维护文言文之正统地位的前提下，文言白话"不妨分道扬镳，各随学科之性质，以

---

① 胡先骕：《评胡适五十年来中国之文学》，《学衡》第 18 期，1923 年 6 月。
② 胡先骕：《评胡适五十年来中国之文学》，《学衡》第 18 期，1923 年 6 月。
③ 易峻：《评文学革命与文学专制》，《学衡》第 79 期，1933 年 7 月。
④ 温切斯特（C.T.Winchester）：《文学评论之原理》，景昌极、钱坤新、梅光迪校译，商务印书馆，1923，第 123 页。
⑤ 吴宓：《论今日文学创造之正法》，《学衡》第 15 期，1923 年 3 月。
⑥ 易峻：《评文学革命与文学专制》，《学衡》第 79 期，1933 年 7 月。

为适用"①。具体而言，胡先骕主张，法令公牍、哲学政治一类的文章，"或取体制之堂皇，或因涵义之邃密"，须用典雅的文言文；而小说戏剧，讲求活泼逼真，不能板着面孔说话，故须用通俗的白话文，至少也须是"文学的国语"。② 吴宓也持类似的观点，认为小说戏剧当用"简炼修洁之白话，外此文体之精粗浅深，宜酌照所适，随时变化，而皆须用文言"③。易峻的主张略有不同，他认为大凡思想学理及小说戏剧和通常记载之文，其关于描写人物说话动作之处，悉宜用白话文。然小说戏剧之中，应用文言文处亦不少，而记载一类之文，尤当以文言文为主。至于表现情感意志的文章，"则固非纯粹文言文，不足以正风雅而优入文艺之域也"④。

学衡派虽然极力维护文言文的正统地位，认为作为俗文字的白话文，只能用于戏剧小说，而不能取代典雅的文言文，用于官方或其他正式文章，但同时他们也认识到，随着时代的发展和社会进步，有必要对文言文进行一些完善或改革。比如梅光迪就提出从四个方面对文言文进行改革：一是摈弃某些陈言腐语；二是重新启用某些好的古字，以增强文言的表现力；三是添入一些为文言文没有的新名词，如"科学""法政"等；四是吸收一些有来源有意义有美术之价值的白话义。⑤ 易峻认为文言文由于受"法度声律等拘束"，不便于说理，而白话文说理明白，他因而主张有选择性地采纳一些白话文，实现以文言文为主的文言白话"调和合作"，从而使"文言文固可无说理困难之憾"。⑥ 在吴宓看来，文言文面临的最大问题是，"中国今日输入西洋之事物理想，为吾国旧日文章之所无，故凡作文者自无不有艰难磨阻之感"，为了解决这一问题，他主张"今须由作者，共为苦心揣摩，徐加试验，强以旧文字表新理想，必期其明白晓畅，义蕴毕宣而后已"。⑦

由上可见，学衡派并不像人们以往所指责的那样，一概反对白话文，他

---

① 易峻：《评文学革命与文学专制》，《学衡》第 79 期，1933 年 7 月。
② 胡先骕：《建立三民主义文学刍议》，《三民主义文艺季刊》创刊号，转引自郑师渠《在欧化与国粹之间——学衡派文化思想研究》，北京师范大学出版社，2001，第 181 页。
③ 吴宓：《论今日文学创造之正法》，《学衡》第 15 期，1923 年 3 月。
④ 易峻：《评文学革命与文学专制》，《学衡》第 79 期，1933 年 7 月。
⑤ 参见胡适《留学日记》卷十四，载《胡适全集》第 28 卷，第 443 页。
⑥ 易峻：《评文学革命与文学专制》，《学衡》第 79 期，1933 年 7 月。
⑦ 吴宓：《论新文化运动（节录〈留美学生季报〉）》，《学衡》第 4 期，1922 年 4 月。

们反对的是以白话文取代文言文。他们的一个最基本的观点，是认为"文字者，世间最传统最守旧之物也，时愈久而愈固，可因革损益，而不可革命推翻者也"①。吸收一些白话文到文言文中来，这是对文言文的"因革损益"，而用白话文取代文言文，这是对文言文的"革命推翻"。所以他们主张前者，而反对后者。用吴宓的话说，"文章之格调可变且易变，然文字之体制不可变，亦不能强变也"②。学衡派尤其不赞成用拼音文字取代汉字，他们指出，我国文字以文之写于纸上者为主，以语之出于口中者为辅，字形有定而全国如一，语音常变而各方不同。如果舍字形而以语音为基础，是首足倒置，这就如同建造房子，先堆散沙，而后在上面竖立巨石，其结果只能是"文字破灭，则全国之人，不能喻意"③。他们特别强调，作为中国古代文化之遗产的经、史、子、集都是用汉字记录的，或者说汉字已成为中国古代文化遗产的载体，如以拼音文字取代汉字，那么中国古代文化遗产之"源流根株，立为斩断"，"其损失之巨，何可言喻"。④今天看来，学衡派的观点有它一定的道理。

第二，旧文学与新文学。"文学的历史进化观"是新文学运动的理论基石。学衡派对于新文学运动的这一理论基石则提出了批评。易峻指出，新文学运动之"根本理论"，即渊源于所谓"文学的历史进化观"，这是一种固执于进化之说、牵强附会的"错误观念"，"一代新文学事业，殆即全由此错误观念出发焉"，这一观念之所以错误，就在于它没有认识到，"文学之历代流变，非文学之递嬗进化，乃文学之推衍发展；非文学之器物的替代革新，乃文学之领土的随时扩大；非文学为适应其时代环境，而新陈代谢，变化上进，乃文学之因缘其历史环境，而推陈出新，积厚外伸也"。因为文学为感情与艺术之产物，其本身并无历史进化之要求，只有时代发展之可能。这与生物不同，生物要适应环境以生存，故有进化，而"文学则惟随各时代文人之创造冲动与感情冲动，及承袭其先代之遗产，而有发展之弹性耳，果何预于进化与退化哉！"易氏强调文学之流变虽毋碍时代发展

---

① 易峻：《评文学革命与文学专制》，《学衡》第79期，1933年7月。
② 吴宓：《论新文化运动（节录〈留美学生季报〉）》，《学衡》第4期，1922年4月。
③ 吴宓：《论新文化运动（节录〈留美学生季报〉）》，《学衡》第4期，1922年4月。
④ 吴宓：《论今日文学创造之正法》，《学衡》第15期，1923年3月。

的常态，却不适合历史进化的规律。因为历史进化，必有其条贯系统和完整步骤，犹如生物进化，莫不一线相承，端绪绵然。但文学的流变则非如此，比如古诗变而为律诗，律诗的格律却比古诗更严。如果说文学的进化使文体趋于解放，那么，古诗变为律诗显然不是进化而是"开倒车"的"退化"。再者，所谓进化，必是后优于前，如同生物进化上人优于猿，猿又优于其他动物。但文学之流变则不一样，很难说曲优于词，词优于诗，五言七言优于骚，骚优于三百篇。总之，文学只有"时代发展"，而无"历史进化"。我们可以说一时代有一时代的文学风尚，或一时代有一时代的文学特色，却不能说"一时代有一时代之文学"，实际上，前时代文学后时代不仅可用，而且后时代文学不过是前时代文学的继承和发展。[①] 吴芳吉同样认为"文学的历史进化观"是一种错误的观念。他指出，就文学史来看，文自二典之后而有群经，群经之后而有诸子，诸子之后而两京，两京之后而有六朝，有八家，看似进化；诗自三百篇后而有楚辞，楚辞之后而有乐府、有古诗，乐府古诗之后而有近体，而有词、有曲，也看似进化。然而文之奇者，莫过于周秦。诗之雅者，莫过于唐宋。后人学文学诗，皆以周秦唐宋为祖述对象。根据"文学的历史进化观"，应该是今胜于古，后优于前，但实际上早在周秦唐宋时代文和诗就已"称极"。由此可见，新派的"文学的历史进化观"是错误的，用它不能解释文学的发展。当然，吴氏也不同意守旧派的"文学退化之说"，认为"文学退化之说"也"未可为信"。在他看来，"文学固非进化，亦非退化，文学乃由古今相孳乳而成也"。如父之生子，子实依父，然父不必贤于其子，子不必不肖于其父。文学也是一样，古人不必胜于今人，今人不必未及古人。

吴芳吉进一步指出，新文化派所以会"陷溺"于"文学的历史进化观"，原因就在于他们"只知有历史的观念，而不知有艺术之道理也。夫文无一定之法，而有一定之美，过与不及，皆无当也。此其中道，名曰文心"。所谓"文心"，也就是文学创作的方法和规律。吴氏认为，文心的作用，如轮有轴，轮行则轴与俱远，轴之所在，始终不易。如秤有锤，秤有轻重，锤与俱移，所止不同，终持其平。古今作者成千上万，文章价值各不相同，

[①] 易峻：《评文学革命与文学专制》，《学衡》第 79 期，1933 年 7 月。

评价其优劣高下者，是其文心。朝代不同，好恶常变，判别其精粗短长者，也是其文心。"盖文心者，集古今作家经验之正法，以筑成悠远之坦途，还供学者之行经者也。"故作品虽多，文心则一，时代虽迁，文心不改。只有文心，而非时代，才是判定作品生灭与否的唯一标准。"是以新派所谓周秦有周秦之文学者，非以其为周秦之时代也，乃周秦人之作品，有能合乎文心之妙者耳。谓唐宋有唐宋之文学者，亦非以其为唐宋之时代也，乃唐宋人之作品，有能入乎文心之深处耳。诚能入乎文心之深，合乎文心之妙，则其作品可永自树立。"如文周孔孟、班马左庄、韩柳欧曾、李杜苏黄等人的作品，"虽亘万世不易，可以时代而拘囿之哉！"吴芳吉尤其不赞成胡适的"古人有古人之文学，今人当有今人之文学"的说法，认为胡氏此说"误于历史观念"，而不知"其作品之文心历久不改，又必温故而后有新故也"。[1]

　　与"文学的历史进化观"相联系的，是文学的新旧问题。胡适等人从"文学的历史进化观"出发，认为中国两千年来的文学都是用文言文写的旧文学，新文学运动就是要打倒这两千多年来旧文学，建设一种用白话文写的新文学。这也就是所谓的"文学革命"。但在学衡派看来，"文学惟有是与不是，而无所谓新与不新，此吾人立论之旨也"[2]。因此，他们不赞成胡适等人的"旧文学"和"新文学"的说法。1924 年 8 月出版的《学衡》第 32期发表有曹慕管的《论文学无新旧之异》一文，对新旧文学的说法提出了批评，认为文学无新旧之异，只有真与不真之分，"新文学一词，根本不能成立，应在废置之列"。学衡派尤其反对胡适等人把中国二千年来的旧文学斥之为"死文学"，认为只有新文学亦即白话文学才是活文学的观点，他们指出，文学的死活不在于新旧，而在于其自身有无价值。比如古希腊、罗马时代的《荷马史诗》和苏格拉底、柏拉图的作品，年代不谓不久远，但能说它们是死文学吗？它们不仅没有死，而且至今仍是人类文化的瑰宝。同样，中国的"五经四书"、周秦诸子以及《楚辞》《史记》《汉书》等古文，李杜元白的诗，韩柳欧苏的文，宋元各家的词曲，"皆此二千年来文彩皇皇之旧文学，又何以至今即算死了？"胡适等人一方面鄙薄古人，认为古人的文言

---

① 吴芳吉：《三论吾人眼中之新旧文学观》，《学衡》第 31 期，1924 年 7 月。
② 吴芳吉：《再论吾人眼中之新旧文学观》，《学衡》第 21 期，1923 年 9 月。

文学是死文学，另一方面又不能不读古人的书，"古人之书如有可读，即古人之文学并未死矣"①。由此可见，将中国二千年来的旧文学说成是死文学是不对的，"岂知文学之可贵端在其永久性，本无新旧之可分。古人文学之佳者，光焰万丈长，行且与天壤共存"②。他们相信：只要中华民族不亡国灭种，则此数千年来随民族生命文化滋长而来之"旧文学"，就断不会归于死亡。

易峻指出，胡适等人以为白话文脱口而出，浑然天真，词句生动，表情达意能活泼自然，故白话文学亦即新文学是活的；而文言文有法度声律等拘束，词句矫揉造作，表情达意颇嫌笨滞缧绁，故文言文学亦即旧文学是死的。此类见解表面看来好像有一定道理，但实际上是"蔽于功用而不知有艺术，蔽于解放而不知有轨物，蔽于实质而不知有形式，蔽于一偏而不知有其他"。我们承认白话文学有活泼自然之优点，然而艺术是多方面的，并含有神秘性，活泼自然固然为美，但活泼自然必须要有其他法度格律声词配置运用其间，这样才能克尽艺术之能事。否则，如果只求自然活泼，而抹杀其他美感成分，那就必然会流入芜漫浮薄一途。"新文学家惟挟一求平易解放之念以行乎文学之途，恶旧文学之匪易为功，以为能达意表情，即可以极文学之能事。……殊不知此即是辱没文学的艺术，此即是文学艺术破产。"③

与他们不赞成文学有新旧之分一样，学衡派也不赞成文学有"贵族文学"和"平民文学"之分。1917 年《新青年》第 2 卷第 6 号发表陈独秀的《文学革命论》一文，提出"文学革命"的"三大主义"，其中第一大主义便是"推倒雕琢的阿谀的贵族文学，建设平易的抒情的国民文学"。从此，打倒贵族文学，建设国民文学或平民文学则成了新文学运动的口头语。但在学衡派看来，文学分贵族平民"无当于真理"④。邵祖平指出，新文学运动将贵族文学和平民文学看成对立的两极，以为贵族文学是给少数智识人看的，平民文学是给多数老百姓看的，殊不知贵族平民并无定界。以"五经"而论，如《尚书》，为帝王辅弼左右少数人之文，最可称为贵族文学，而

---

① 吴芳吉：《三论吾人眼中之新旧文学观》，《学衡》第 31 期，1924 年 7 月。
② 缪凤林：《文德篇》，《学衡》第 3 期，1922 年 3 月。
③ 易峻：《评文学革命与文学专制》，《学衡》第 79 期，1933 年 7 月。
④ 曹慕管：《论文学无新旧之异》，《学衡》第 32 期，1924 年 8 月。

《诗经》，为太史远近里巷所采之文，最可称为平民文学，但实际上，《尚书》除各典谟体制奥涩难读外，其他如诸训誓叙事问答之词，可以对群臣百工，可以对众士师旅，岂不又成了平民文学？《诗经》仅三百篇，至汉而成绝学，传之者仅韩生申公少数几个人，岂不又成了贵族文学？唐代樊宗师之文，李义山之诗，读者病其难解。元微之之宫词，白香山之诗，解者乃为宫女和老妪。然樊李元白，皆一代之作家，其间并无优劣之分。"是知作品之佳，雅俗共赏，正不必强分贵族与平民也。"[①]刘朴也认为文学分贵族和平民，没有可依据的标准。因为作者门阀不可以定，名实不可以定，作品难易不可以定，毁誉不可以定，读者旨趣不可以定，程度不可以定。比如，以读者的程度而言，如果程度高的人才能读懂的作品是贵族文学，反之大多数普通老百姓都能读懂的作品是平民文学，那么，"且今国人不识字者居其泰半，虽（被新文学运动）称（为）平民文学之《水浒》《红楼》，亦将为贵族也"。他进一步指出，今日新文学运动所讲的贵族平民，也就是昔日所讲的馆阁山林。然而"山林之作，非尽寒俭，而要以清雅为宗。馆阁之制，非尽浓滞，而要以华赡为贵"。馆阁山林所以"不分畛域"，也是因为"标准"无法确定。[②]曹慕管认为新文学家提出文学有平民文学和贵族文学，是想用政客手段，葬送中国古来文学于"贵族"二字之中。[③]

学衡派还对胡适在《文学改良刍议》中提出的建设新文学的"八事"提出了批评。其中吴芳吉的批评最具代表性。胡适提出"须言之有物"，以为"物"包括思想、情感，并非古人所说的文以载道。吴芳吉则认为言之有物的范围狭小，意思板滞，其易滋生流弊。胡适提出"不模仿古人"，以为模仿为奴性之事。吴芳吉则认为模仿不可不有，又不可不去，不模仿，则无以资练习，不去模仿，则无以自表现。此二者皆不可以为教，致使人固执而易失其真。旧派文人已误于前，新派文人再误于后，同样是似是实非。胡适提出"须讲求文法"，以为不讲文法，是为不通。吴芳吉则认为新派文人所讲的文法，总其大要，不外"欧化"二字。其结果自文法之言兴，而古文之精义失，然古之文法犹胜欧化之文法，古之文法所着眼的是文章之大

① 邵祖平：《论新旧道德与文艺》，《学衡》第 7 期，1922 年 7 月。
② 刘朴：《辟文学分贵族平民之伪》，《学衡》第 32 期，1924 年 8 月。
③ 曹慕管：《论文学无新旧之异》，《学衡》第 32 期，1924 年 8 月。

体，而欧化之文法所着眼的乃区区之形迹。因此，与其说新派文人能讲求文法，还不如说他们是作法以自毙。胡适提出"不作无病之呻吟"，以为无病呻吟易陷入悲观，陷于虚幻。吴芳吉则认为为文只要本于感情，合于理性，当乐便乐，而乐得其所，当哀便哀，而哀得其正，就无所谓病，无所谓呻。胡适提出"务去烂调套语"，以为作者应该自己铸词描写亲闻亲见亲历之事，状物写意，不失其真。吴芳吉则认为一辞一语用之甚广，传之弥久，必有其可取之处；有可取之处，则必为人人所欣赏，所爱用，用之既广，便诋其为烂套，是不对的，人们不欲用文字辞语则已，苟欲用之，则没有人能脱彼烂套。胡适提出"不用典"，以为一受其毒，便不可救药。吴芳吉则认为文学缘于历史生活，人不习知历史，则必不能从事文学。所谓典故，即历史之事。凡征引历史之事，及前人言语入文者，是为用典。如果不能禁人断绝历史知识，便不能禁人用典，但用典要善用，要慎重，不必强用，亦不必拒用。旧派文人受用典之毒，新派文人受不用典之毒。胡适提出"不讲对仗"，以为对仗是微细纤巧之末技，而非讲求之急务。吴芳吉则认为微细纤巧，乃对仗之末流耳，非对仗之本也。作为一种已传之三千年的文体，对仗流于微细纤巧，本不足为怪，但我们不能因此而抹杀整个对仗。如果没有对仗，不但文体不美，而且意蕴不达。所以上自圣经贤传，诸子百家，下逮小说白话，旁及语录、佛书，无论英雄儿女，君子庸人，欲求作文、欲求达意，就必利用对仗。胡适提出"不避俗语俗字"，以为作文作诗，与其用三千年前之死字，不如用 20 世纪之活字；与其作不能行远不能普及之秦汉六朝文字，不如作家喻户晓之《水浒》《西游》文字。吴芳吉则认为中国文学的大患，在于从事文学的人多半未识文学之本体，未明文学之真谛，而不在作为文学工具的语言。旧派文人鲜知其故，故以文学为消遣品，为应酬之物。新派文人鲜知其故，故以文学为实用之伦，为发明之事，其结果造成文学崩败而不可收拾。①

　　和吴芳吉的全面批驳不同，胡先骕、吴宓等人则重点批驳了胡适在"八事"中提出的"不摹仿古人"的主张。胡先骕指出，人的技能智力，自语言以至于哲学，凡是后天得来的，都须经历若干的模仿，"始能逐渐而有所

---

① 吴芳吉:《再论吾人眼中之新旧文学观》,《学衡》第 21 期, 1923 年 9 月。

创造"，所以胡适的"不摹仿古人"的主张是根本错误的。[①] 吴宓认为，文章成于模仿，古今之大作者，"其幼时率皆力效前人，节节规抚，初仅形似，继则神似，其后逐渐变化，始能自出心裁，未有不由摹仿而出者也"。如韩愈文起八代之衰，然而其少时的作品，"犹用湘累成句"。莎士比亚早年的戏剧，无异于同时代之人，晚年才出神入化，成为一代大师。文学之变迁，多由作者不模仿此人而转为模仿彼人，舍本国作者而转为模仿异国作者，舍近代作者而转为模仿古代作者，"于是异采新出，然其不脱摹仿一也"。[②] 应该说，胡先骕、吴宓等人对胡适"不摹仿古人"的批评，无论是在理论上，还是在经验上，都是站得住脚的。因为文学的发展具有很强的继承性，后人总是在模仿或继承前人的基础上有所发展，有所创造，用现代文学史家的话说："始于模仿，终于超越，是艺术的正道。古往今来，概莫如此。"[③] 这里顺便提一句，在文学革命中极力反对"摹仿古人"的胡适，在 30 年的中西文化争论中，却大力主张模仿西方，认为只有模仿得惟妙惟肖，才能够谈所谓的创造，这也是他主张西化的一个理由。

　　在批评胡适的"不摹仿古人"之主张的同时，胡先骕等人还进一步探讨了模仿与创造的关系问题。吴宓认为，一个成功的作者必经历"摹仿""融化"和"创造"这样三个阶段，"由一至二，由二至三，无能逾越者也"。模仿是创造的基础，创造是模仿的归宿，模仿的目的是为了创造，而要创造就"必以摹仿为入手。世有终身止于摹仿或融化之境界者，然决无不能摹仿而能创造者也"[④]。胡先骕也认为模仿是创造的基础，没有不模仿而能创造的，但仅模仿而不能创造者"固不足以其技名"，所以模仿的目的还在于创造，他并将模仿基础上的创造，比之为"脱胎"。[⑤] 缪凤林在《答梦华君》中进一步把模仿与创造的关系，说成是"因"与"创"的统一："因者，取前人之经营者以为本也；创者，温故知新，而益扩充前人之经营也。有因而无创，不过古人之再见；有创而无因，则虽在天才，亦必空疏而无当，

---

① 胡先骕：《评〈尝试集〉》（续），《学衡》第 2 期，1922 年 2 月。
② 吴宓：《论新文化运动（节录〈留美学生季报〉）》，《学衡》第 4 期，1922 年 4 月。
③ 郭启宏：《模仿和创造：〈黄鹤楼〉、〈凤凰台〉诸诗钩沉》，《光明日报》1997 年 3 月 5 日。
④ 吴宓：《论今日文学创造之正法》，《学衡》第 15 期，1923 年 3 月。
⑤ 胡先骕：《评〈尝试集〉》（续），《学衡》第 2 期，1922 年 2 月。

因创兼具，始能有真正之贡献。"①

第三，旧体诗与新体诗。在新旧文学的争论中，新旧诗的争论占有很重要的地位。《学衡》发表的第一篇有影响的批评新文学运动的文章，便是胡先骕的《评〈尝试集〉》。这篇分两期刊载的文章从"《尝试集》诗之性质""声调格律音韵与诗的关系""文言白话用典与诗之关系""诗之模仿与创造""古学派浪漫派之艺术观与其优劣""中国诗进化之程序及其精神""《尝试集》之价值及其效用"等方面，全面批评了胡适的诗作及其理论，认为胡适的《尝试集》虽然号称是中国新诗的开山之作，但实际上，"以一百七十二页之小册，自序、他序、目录已占去四十四页，旧式之诗词复占去五十页，所余之七十八页之《尝试集》中，似诗非诗似词非词之新体诗复须除去四十四首。至胡君自序中所承认为真正之白话诗者，仅有十四篇，而其中《老洛伯》《关不住了》《希望》三诗尚为翻译之作"。剩下的 11 首新诗，无论以古今中外何种之眼光观之，其形式精神，皆无可取。如《人力车夫》《你莫忘记》《示威》所表现的是"枯燥无味之教训主义"；《一颗遭劫的星》《老鸦》《乐观》《上山》《周岁》所表现的是"肤浅之象征主义"；《一笑》《应该》《一念》所表现的是"纤巧之浪漫主义"；《蔚蓝的天上》所表现的是"肉体之印象主义"；《我的儿子》所表现的是"无谓之理论"；《新婚杂诗》《十二月一日奔丧到家》与《送叔永回四川》这几首"最佳之作"，描写景物是其长处，但"无真挚之语"，且有不深切和纤细之感。总之，一句话，胡适的"《尝试集》之价值与效用，为负性的"。②

继胡先骕之后，吴宓、吴芳吉等人也先后有《论今日文学创造之正法》《四论吾人眼中之新旧文学观》等批评新文学派的新诗创作及其理论的文章发表。吴宓指出，新文学派的新诗，"二三字至十余字一行，无韵无律，意旨晦塞"，虽号称诗，"其实并非诗"。③吴芳吉认为，有兴有材、有字有句、有体有格者，才可以为诗；有气象、有神韵、或兼长、或偏胜者，才可以为好诗。以此来看新文学派的所谓新诗，"或仅有兴无材，或有材无字，或有字无句，或有句而无体无格，或并此而皆无之，更无语乎气象神韵"。在

---

① 缪凤林：《答梦华君》，《时事新报》副刊《学灯》，1922 年 5 月 10 日。
② 胡先骕：《评〈尝试集〉》，《学衡》第 1 期，1922 年 1 月。
③ 吴宓：《论今日文学创造之正法》，《学衡》第 15 期，1923 年 3 月。

吴芳吉看来，新文学派的白话新诗还不如他们的白话文。"白话文者，纵使词不达意，犹可逆揣其意而润色之。若为白话诗者，恒有迷离扑朔难以捉摸之感，谓其洸（汪）洋自恣，而词意两不丰腴；谓其芜秽不通，而涂改无从着手。"[1] 邵祖平则批评新文学派的新诗，既不用韵，又不拘平仄，不顾章法，没有任何诗意，读起来"味同嚼蜡"。[2]

胡先骕、吴宓、吴芳吉等都是很有成就的诗人，不仅古典诗学的修养深厚，对西方诗学也有相当的了解。他们与以胡适为代表的新文学派关于诗作的一个重要分歧，是要不要受声调格律音韵的约束问题。胡适等人主张诗体解放，认为声调格律音韵是"束缚自由的枷锁镣铐"，应该"一切打破"，以免使自由的思想受到形式的桎梏。对此意见，胡先骕他们表示坚决反对。胡先骕批评胡适等人不知道诗有格律，"实诗之本能"，古今中外，莫不皆然。中国的诗经过几千年的演化，最终形成为四言五言七言与单数字句，这与中国语言文字的特点以及中国人的审美情趣有关。欧洲语言多为复音，故不能如中国四言五言七言之整齐，但必以高音低音错综而为音律，同时限定每句所含音律的数量。胡适以为句法太整齐了，不符合语言的自然，所以中国的诗变为长短句的词是一大进步，然而何以在句法不整齐的元曲之后，又会有句法整齐的剧本弹词和乡民曲本呢？由此可见，诗歌有自己的特点规律，"诗歌句法整齐，反较不整齐为自然"。胡先骕还从西方大诗人大评论家论"整齐之句法为诗所不能阙之性质"的广征博引中批评胡适等人的观点，指出"中国诗之整齐句法，不足为病"。[3] 犹如胡先骕，吴宓也从分析比较中西语言文字差异入手，强调诗之有声调格律，中西皆然，他指出，希腊拉丁诗以长音短音定音律，名曰长短音律；英文诗以重读轻读定音律，名曰轻重音律；中国诗以平仄即字音的高低定音律，名曰平仄音律。诗有音律，能更好地表现出节奏的美感。另外，英文诗以音段为单位，每句中的单词和字母总数虽然不同，但音段数是相同的或成一定比例。表面观之，一首诗的句子有长有短，形式很不整齐统一，然而如果以音段计算，则又是统一的。中国文字是一字一音，字数与音数一致，故

---

① 吴芳吉：《四论吾人眼中之新旧文学观》，《学衡》第 42 期，1925 年 6 月。
② 邵祖平：《无尽藏斋诗话》，《学衡》第 21 期，1923 年 9 月。
③ 胡先骕：《评〈尝试集〉》，《学衡》第 1 期，1922 年 1 月。

欲求音数有定，字数就必须有定。正因为如此，中国诗每句的长短必须相同或成一定比例。[①]

从诗有声调格律，中西皆然这一认识出发，学衡派诸人不赞成胡适提出的"作诗如作文"，"作诗如说话"的观点，认为诗作为一种艺术，是用心做出来的，不是随便说出来或写出来的，"诗固赖情感，然非凡属情感皆可入诗。情感当矣，又非凡属文字皆可入诗。文字当矣，又非任为体制皆可成诗。此作诗初步之抉择矣"[②]。否则，如果像胡适所提倡的那样，不遵守诗固有的"义法与艺术之标准"，随心所欲，"胡乱下笔，不但不能作诗，且连字也不能写"，这也是新文学派的新诗成就所以不高的一个重要原因。吴芳吉在《四论吾人眼中之新旧文学观》中便批评新文学派"不知何谓诗，但以私心所好谓之诗耳"，所以"其制作乃与诗相距不知几万里矣"。他尤其对新文学派作诗不讲求音韵格律，甚至视音韵格律为"束缚自由的枷锁镣铐"提出了批评。他认为新文学派所创作的一些新诗，"非诗也，乃作诗之先搜集如许诗料而已"，其条理殊无组织，其词藻亦未修整。这些诗能给人的印象，不过初见时的那一刹那。待刹那既逝，则诗也与之俱灭，并无一字一句能让人留恋。"所以然者，彼于诗之内外文质，既皆毁弃无余，则其诗亦如游魂之无所丽，纵有情理，讵能感人？"由此，他得出结论："音韵与格律之作用，非仅不如新派之拟为缰锁，且诗之能有永久性者，亦惟音韵格律是赖。盖情随人而有异，理缘物而无端，惟有音韵格律，故能持之不变，此上古之诗所以至今能常新也。"[③]他打比方说，就像衣料非衣，必待剪裁而后才能成衣一样，诗料亦非诗，必待锻炼而后才能成诗，而音韵格律所起的就是"剪裁"和"锻炼"的作用，它可以使诗的内外文质有所附丽，从而传之久远。否则，所谓诗便成了无法感人的游魂，转瞬即逝。吴宓也特别强调遵守音韵格律的重要意义，认为"旧有之平仄音韵之律，以及他种艺术规矩，悉宜保守之，遵依之，不可更张废弃"。在他看来，旧有的诗格律绝虽稍嫌板滞，但也视诗人的运用而定，诗格本身并不困人，因此，

---

① 吴宓、陈训慈合译《葛兰坚论新》之"译者识"，《学衡》第 6 期，1922 年 6 月。
② 吴芳吉：《四论吾人眼中之新旧文学观》，《学衡》第 42 期，1925 年 6 月。
③ 吴芳吉：《四论吾人眼中之新旧文学观》，《学衡》第 42 期，1925 年 6 月。

胡适等人的"枷锁镣铐"之说，是"今之诬蔑者之所为，不可信也"[1]。胡先骕也批评胡适等人所作的白话诗，名为诗，实际上多数"仅为白话"而已，"其中虽不无稍有情意之处，然亦平常日用语言之情意，而非诗之情意也"。他认为，胡适等人的白话诗之所以更像白话文，原因就在于胡适等人以为"作诗如作文"，而不知道诗与文的区别，"文之意义，重在表现 denote；诗之意义，重在含蓄 counate 与暗示 suggest。文之职责，多在合于理性；诗之职责，则在能动感情"。[2]

胡先骕尤其对胡适所提出的文言不能入诗的观点提出了批评。他指出，诗的功用，在能表现美感与情韵，而不在文言白话之别。白话之能表现美感与情韵者，固可以入诗，同样，能表现美感与情韵的文言，亦万无不能入诗之理。他认为，胡适之诗和胡适之诗论的一大缺点，"即认定以白话为诗，不知拣择之重要，但知剿袭古人之可厌，而遂因噎废食，不知白话固可入诗，然文言尤为重要也"[3]。吴芳吉更进一步认为，文言不仅可以入诗，而且"为诗必先为文，为新诗必先为古文。盖知古文而后可以知古诗，知古诗而后可以知新诗矣"，"新派诗人不屑学为古文，故其为诗虽字句之末，体格之要，皆不知所审辨，而其所谓诗者，以是亦非诗矣"，他甚至断言："吾民国他日苟欲创有伟大文学，则吾同志必以精求古文古诗入手，舍此更无正途。"[4]

和胡适等人推崇新体诗（亦即白话诗）、贬斥旧体诗（亦即古诗）相反，学衡派诸人则对旧体诗评价甚高。胡先骕在《评〈尝试集〉》中对中国诗的进化过程进行了考察，他认为"中国四千年之诗，按其性质，可分为四大时期，各大时期中，又可分为若干小时期"。第一大时期，始自唐虞终于周末。此时期的诗发源于歌谣，大体为四言，技术简陋，喜用比兴与重言，各章之间，意义相似，仅易数字而已。第二时期始于西汉，迄于陈隋，其特点是五言代四言，全篇代分章，赋体代比兴。第三时期始于盛唐，迄于五代。这一时期的特点，在形式上为七古律诗大兴，在技术上无论章法

---

① 吴宓：《论今日文学创造之正法》，《学衡》第 15 期，1923 年 3 月。
② 胡先骕：《评〈尝试集〉》，《学衡》第 1 期，1922 年 1 月。
③ 胡先骕：《评〈尝试集〉》，《学衡》第 1 期，1922 年 1 月。
④ 吴芳吉：《四论吾人眼中之新旧文学观》，《学衡》第 42 期，1925 年 6 月。

句法，都比第二时期更为严谨，产生了像李白、杜甫那样的大诗人。第四时期自宋代到清末，此时期的特点，为用字、造句、立意、遣词，务以新颖曲折为尚。经过上述四个时期的发展，中国诗已"进于技术完美之域"：在内容上，"则自然之美、人情之隐，以及经史、百家、道藏、内典所含蕴之哲理"，都可以入诗；在体裁上，"无论何种题目何种情况，皆有合宜之体裁，以为发表思想之工具"。总之，中国的旧体诗已非常完美，不仅"在旧文化中恐难有拓殖之余地"，而且亦"无庸创造一种无纪律之新体诗以代之也"。① 吴芳吉则认为，诗的最高境界是真美善的统一，而中国"古诗者，诗之能真能美能善者也"，古诗"平和中正"，无论"抒情、说理、叙事、写景俱宜矣"。②

学衡派诸人虽然对旧体诗评价甚高，但他们并不因循守旧，泥古不化，失去对旧体诗的反省意识和变革意识。吴宓承认，旧体诗由于缺乏材料，即作者不能以今时今地之闻见事物和思想感情写入诗中，而是"陈陈相因，反复堆塞"前人的"道过之语意"，的确有些"令人生厌"，这也是旧体诗所以为"后世诟病"的重要原因。他认为，文学家的责任，"须能写今时今地之闻见事物和思想感情，然又必深迪历来相传之文章之规矩，写出之后，能成为优美锻炼之艺术。易言之，即新材料与旧格律也。此二者兼之甚难，然必须兼之，始合于文学创造之正轨"。据此，他主张对中国旧体诗进行"改良"，一方面，古近各体以及旧有之平仄音韵之律和其他艺术规矩，"悉宜保守之，遵依之，不可更张废弃"；另一方面，宜以唐代大诗人杜甫为师，"而熔铸新材料以入旧格律"。所谓新材料，依据吴氏的解释，它包括"五大洲之山川风土国情民俗，泰西三千年来之学术文艺典章制度宗教哲理史地法政科学等之书籍理论，亘古以还名家之著述，英雄之事业，儿女之艳史幽恨，奇迹异闻"，以及"吾国近三十年国家社会种种变迁，枢府之掌故，各省之情形，人民之痛苦流离，军阀、政客、学生、商人之行事，以及学术文艺之更张兴衰，再就作者一身一家之所经历感受，形形色色，纷纭万象"。③ 他相信，由于变革的时代和日益扩大的中外交通，为诗人

---

① 胡先骕：《评〈尝试集〉》，《学衡》第 1 期，1922 年 1 月。
② 吴芳吉：《四论吾人眼中之新旧文学观》，《学衡》第 42 期，1925 年 6 月。
③ 吴宓：《论今日文学创造之正法》，《学衡》第 15 期，1923 年 3 月。

提供了取之不尽、用之不竭的"新材料"，只要我们坚持"旧格律与新材料并重""以新材料入旧格律"的"作诗之法"，就一定能创作出不朽的鸿篇巨制来。吴芳吉认为，中国古诗"虽包罗宏富"，但除少数外，难免有四个共同的毛病：一是"贪生怕死，叹老嗟卑"；二是"吟风弄月，使酒狎娼"；三是"疏懒兀傲，遁世逃禅"；四是"赠人咏物，考据应酬"。处今日"旷古未有之大变革"时代，我们不想创作出符合于"时代精神"的作品则已，如果要想创作出符合于"时代精神"的作品，就必须对旧体诗进行变革，以除去这四个毛病。他甚至从"穷则变，变则通，通则久"这一传统的变易观出发，认为只有变革，旧体诗才能发展，只有变革，旧体诗才能获得新生。用他在《白屋吴生诗稿自叙》中的话说："余恋旧强烈之人，然而不得不变者，非变不通，非通无以救诗亡也。"他并设想了三种变通之道：一是"修剪枝叶"；二是"迁地另植"；三是"连根拔去"。然而这三种变通之道在他看来都不可行：修剪枝叶，止于去秽，而不足以敷荣，止于矫枉，而不足以新生；迁地另植，其术难行，因无种不能生，有种则依然是旧；连根拔去，不仅世所未有，而且也势不可能，这无异于蚍蜉撼树，自不量力。他认为，除"内感不足"外，旧体诗还面临着西方诗的挑战和冲击。对于西方诗如果使其"喧宾夺主，非我所堪；而深闭固绝，于情不顺。与其畏而避之，不如狎而玩之；与其怪而异之，不如汲引而同化之"。具体而言，要视中西诗的异同而区别对待。中西诗于文字全异，于文艺半同，于文理全同，我们只要"舍其全异，取其全同，酌其或同或异"，中国的旧体诗就一定能"生气蓬勃，光辉焕射，必有异于前矣"。他强调指出，中国的旧体诗"虽老"，但并未"全枯"，既不须迁地，更不须拔除，只要对西方诗加以"汲引"和"同化"，"使两枝接合，一体蓄滋，在我不失其初，所谓松柏自有常性，在人交受其益，有如河海不择细流，既无忘乎本根，复有斐于华实"。① 就是宣称中国诗已"进于技术完美之域""在旧文化中恐更难有拓殖之余地"的胡先骕，也认为中国诗不能"固步自封，长此终古"，而有进一步完善、发展之必要。在他看来，中国诗工则工矣，美则美矣，但"诗理"——亦即思想文化的底蕴有些不足。周诗仅限于人事，魏晋诗的老庄之

---

① 吴芳吉：《白屋吴生诗稿自叙》，《学衡》第67期，1929年1月。

学和唐诗的佛学色彩非常浓厚，宋诗虽能熔经铸史以入诗，但其成效差强人意。"此时代使然，初非此数诗人思力薄弱也，亦犹摆伦、协黎、威至威斯之诗，不足以餍阿诺德之望也。"因此，他希望随着中国哲学、科学、政治、经济、社会、历史、艺术等学术的发展，"一方面新文化既已输入，一方面旧文化复加发扬"，中国诗人要在充实"诗理"方面苦下功夫，从而真正做到"美术与思想"的完美结合，"为中国诗开一新纪元"。①

吴芳吉进一步认为，经过完善、变革和发展的旧体诗也是新诗。据此，他提出了两种新诗说：一是以胡适为代表的新文学派所创作的欧化了的白话诗，一是包括他自己在内的一些诗人在吸收了西方诗的一些因素的基础上而创作的文言诗。他在《白屋吴生诗稿自叙》中写道："余所谓新诗，较新派之诗又有说者。吾侪感于旧诗衰老之不惬人意则同，所以各自创其新诗者不同也。新派之诗，在何以同化于西洋文学，使其声音笑貌，宛然西洋人之所为。余之所谓新诗，在何以同化于西洋文学，略其声音笑貌，但取精神情感，以凑成吾之所为。故新派多数之诗，俨若初用西文作成，然后译为本国诗者。余所理想之新诗，依然中国之人，中国之语，中国之习惯，而处处合乎新时代者。故新派之诗与余所谓之新诗，非一源而异流，乃同因而异果也。"②吴宓也表达过与吴芳吉类似的思想。他提出，就材料与形式而言，诗的创作大致可分为四类：一是旧材料—旧形式；二是旧材料—新形式；三是新材料—旧形式；四是新材料—新形式。作者可以从中选择适合于自己的类别。新文学派选择的是第四类，而他自己选择的是第三类，"虽彼此途径各殊，体裁各别……然诗之根本精神及艺术原理，当无有二"③。吴宓的这段话告诉我们，他和新文学派在诗作上的区别是体裁上的，新文学派创作的是新体诗，而他自己创作的是旧体诗，但其根本精神和艺术原理二者则基本相同，也就是说，"他们殊途同归，都是在进行新诗的创作"④。胡先骕虽然没有明确提出经过完善、变革和发展的旧体诗也是

---

① 胡先骕：《评〈尝试集〉》（续），《学衡》第 2 期，1922 年 2 月。
② 吴芳吉：《白屋吴生诗稿自叙》，《学衡》第 67 期，1929 年 1 月。
③ 吴宓：《吴宓诗集》卷末附录六《论诗之创作》，载《〈大公报〉文学附刊论文选录》，中华书局，1935，第 104—105 页。
④ 郑师渠：《在欧化与国粹之间——学衡派文化思想研究》，第 206 页。

新诗，但其意思还是很明白的。他认为"今日新诗人创作新诗之方法错误，然社会终有求产出新诗之心。苟一般青年知社会之期望，而勤求创作之方，则虽'此路不通'，终有他路可通之一日"①。而这所谓"他路"，根据他的意思，也就是他提出的努力充实旧体诗的"诗理"，从而真正做到"美术与思想"的完美结合。

四、对新文化派文风的批评

除批评新文化运动和新文学运动外，学衡派还对新文化派的文风提出了批评。

第一，他们批评新文化派"排斥异己"，搞学术专制。梅光迪在《评今人提倡学术之方法》一文中，批评新文化派"排斥异己，入主出奴，门户党派之见，牢不可破，实有不容他人讲学，而欲养成新式学术专制之势"。如于文学，斥作文言者为"桐城谬种""选学妖孽"。其论学，很少心平气和，使反对者毕其词，甚至不问反对者之理由，即肆行谩骂，令人难堪。凡反对自己的，则加以"旧""死""贵族""不合世界潮流"等头衔，欲不待解析辩驳，而使反对者立于失败地位。此等名词，已成为普通陷人之利器，如帝王时人的"大不敬""谋为不轨"，可任用以入人于罪也。其尤甚者，移学术之攻击，为个人之攻击，以学术之不同，而涉及作者本身。②胡先骕在《论批评家之责任》中也批评新文化派"无论他人之言是否合理，他人之学是否优长，苟与一己所持之片面理由不符，则必始终强辩，强辩不胜，则必谩骂"。例如林琴南，其文名早已享誉海内，他翻译的西方小说，连胡适亦称可为中学古文的范本。然而新文化派则以他的文章偶有一二处违背文法之故，便"称之为不通"，谩骂不遗余力。再如陈独秀，作为新青年的所谓宗师，因易家钺以其言略损及令誉，便痛詈之如仇雠，至比之于狗彘不若。这是老妪骂街之恶习，知识分子应该羞为之。他指出，对于他人之议论，不能强以尽同于自己，自己的主张，恐也未必全是，故他人的议论或有不当之处，尽可据论理以折之。而不可施以谩骂。且彼与我持异议者，

①　胡先骕：《评〈尝试集〉》（续），《学衡》第2期，1922年2月。
②　梅光迪：《评今人提倡学术之方法》，《学衡》第2期，1922年2月。

不必全无学问，全无见解，全无道德。即使批评者所论或有不当，亦不应当非笑，更不能"谩骂之不遗余力也"①。然而新文化派则不是这样。新文化派"非思想家，乃诡辩家"，"非创造家，乃模仿家"，"非学问家，乃功名之士"，"非教育家，乃政客也"。②吴宓也批评新文化派听不得任何与己不同的意见，"苟稍与论是非，即以顽旧斥之"③。

第二，他们批评新文化派"滥著述"。缪凤林指出，我国学者之言著述，其义有二：一曰言之有物，一曰言之有益。而要做到"言之有物"和"言之有益"，必须下一番苦功、费时费月不可，而"未可以速致也"。但新文化派则"昧于此义"，于是有率尔以从事者矣，有不知而妄作者矣。"洋洋万言，下笔立就，出版之书，汗牛充栋，计其量非不多也，计其质则非言之无物，即言之无益，其十九且并此二者而兼之。"④梅光迪也对所谓"新文化"领袖人物"一年能著书五六种"的现象提出了批评，他指出，学问家为真理而求真理，重在自信，而不在世俗之知；重在自得，而不在生前之报酬，故其毕生辛勤，守而有待，不轻出所学以问世，必审虑至当，而后发一言；必研索至精，而后成一书。我国的学术大师，每每告诫学者，不要轻易著述，更不要滥著述。但是，所谓"新文化"的领袖人物则不然，其于学问，本无彻底研究与自信自得之可言，然而为了"遂其名誉金钱之欲望耳"，竟于"一年内成中国学术史五六种"。⑤他尤其强调，做学问是死工夫，不能有半点的虚伪与投机，"凡治一学，必须有彻底研究。于其发达之历史，各派之比较得失，皆当悉其原委，以极上下古今融会贯通之功，而后能不依傍他人，自具心得，为独立之鉴别批评"。然而所谓"新文化"的领袖人物，则"徒以剽袭贩卖为能，略涉外国时行书报，于其一学之名著及各派之实在价值，皆未之深究，即为枝枝节节偏隘不全之介绍。其或道听途说，毫无主张，如无舵之舟，一任风涛之飘荡然。故一学说之来，不问其是非真伪，只问其趋时与否……徒居被动地位，为他人之应声虫之宣言也"，所以

---

① 胡先骕：《论批评家之责任》，《学衡》第 3 期，1922 年 3 月。
② 梅光迪：《评提倡新文化者》，《学衡》第 1 期，1922 年 1 月。
③ 吴宓、陈训慈：《葛兰坚论新》，《学衡》第 6 期，1922 年 6 月。
④ 缪凤林：《文德篇》，《学衡》第 3 期，1922 年 3 月。
⑤ 梅光迪：《评提倡新文化者》，《学衡》第 1 期，1922 年 1 月。

他们出的书虽快又多，"而究其内容，无非陈陈相因，为新式之老生常谈"，没有任何学术价值。"以彼等而言提倡新文化，岂非羊蒙虎皮乎！"①

第三，他们批评新文化派文过饰非，相互吹捧。缪凤林指出，文人不能相轻，但也不能文过饰非，滥相推许。文人有知识之贞操，未可漫无标准，取与之间，更不能有丝毫的苟且，所谓"许人一文，尚如许人一女也"。中国历史上有名的文学评论著作，如《文心雕龙》《诗品》之类，"弥纶群言，深极骨髓，擘肌分理，唯务折衷"。在西方也有"文学评论为文章之司命"之语，非优秀作品，不足当其选，而一经品题，则身价十倍，成为定论。文学之价值也因此而能保持"不坠"。然而，新文化派则不如此，他们每出新书，则相互写文介绍，彼此吹捧，即使是毫无价值的作品，也"尊为名著，夏虫井蛙，可笑可怜"。他尤其对新文化派的"滥序"提出了批评。他指出，书之有序，目的是为了讲明作书之旨，如果作书之旨既明，则不必有序。"否则，亦一序已足。故书不当有两序，更不可滥为人作序。"古人为人作序，有两个原则，一是"不苟"，二是"不妄"。唐时庄充曾写信请杜牧为自己还未完成的文章作序，杜牧回信谢绝说，"自古序其文者，皆后世宗师其人而为之，今吾与足下并生今世，欲序足下未已之文，固不可也"。这是"不苟"之义。李光地注《易》成，乞序于方苞，历数年不成。方苞解释道：自己正在研究《周官》，没有时间对《易》进行认真研究，与其说一些不关痛痒的话，于世无益，还不如"不作耳"。这是"不妄"之义。然而新文化派却置"不苟""不妄"于不顾，"且变本加厉，学虽未究，可为之序矣。书虽未见，可为之序矣"。②梅光迪也批评新文化派每"出一新书，必序辞累篇，而文字中又好称'我的朋友'某君云云"。他认为，新文化派此举的目的有二："一则欲眩其交游之众，声气之广，与其所提倡者势力之大；一则欲使其朋友有可称述价值，博魁儒大师之名，而己更借以自荣。"古时，也有学者借朋友以自鸣。但古时的学者，借朋友以自鸣其不得意；新文化派的学者，则借朋友以自鸣其得意。"前者无病呻吟，有寒酸气；后者耀威弄势，如新贵暴富，有庸俗气，二者皆真学者与君子所不取也。"③

① 梅光迪：《论今日吾国学术界之需要》，《学衡》第 4 期，1922 年 4 月。
② 缪凤林：《文德篇》，《学衡》第 3 期，1922 年 3 月。
③ 梅光迪：《评今人提倡学术之方法》，《学衡》第 2 期，1922 年 2 月。

第四，他们批评新文化派哗众取宠，显耀自己。梅光迪指出，《论语》有"君子不称己"的教诲。所谓"不称己"，是说做学问的人不要哗众取宠，显耀自己。因为学术的目的，在求真理，而真理乃超脱私人万众公有之物，与求之者本身无关。学者阐发真理，贡献于世，世人想知道的，是阐发的真理，而非阐发真理之人。后人追怀前贤，因其学而慕其人，故于他的生平事迹遗像，多有记载保存，甚至写成传记。但这是社会报恩的行为，如果学者哗众取宠，自己写自己的传记，吹捧自己，这是自登广告，自开展览会，"非但伤雅，亦于义无当矣"。然而所谓"新文化"的领袖人物则是哗众取宠之辈，他们"于己之交游琐事，性情好恶，每喜津津道之，时或登其照像，表其年龄"。示人照片，是想让人们知道他们"乃风采奕奕之英俊，或雍容尔雅之儒生"，从而"生爱敬之心"，以为他们"不愧为领袖人物也"。示人年龄，是想让人们知道他们"乃如许青年，而成就已若此，乃不世出之人才也"。梅氏尤其对所谓"新文化"的领袖人物为"炫其为文敏妙"，到处宣称自己一年能著书五六种，为"显其精力过人"，每每在文后或书后加署"作于某火车中""某日黎明脱稿"的行为提出了批评。他指出，著述的价值，视内容而定，与如何脱稿、在什么地方脱稿毫无关系。"昔人有惨淡经营数十年而成一书者，有非静室冥坐清晨脑健，不能构思者。若果为不刊之作，世人决不究其成书之迟速与起稿时之情形也。"[①]

应该说，学衡派对新文化派文风的批评，言辞虽然有些激烈，带有明显的意气之争，甚至用一些研究者的话说，他们对胡适等人通过新文化—新文学运动而暴得大名颇有些忌妒心理，但他们批评的那些现象在新文化运动时期确实存在，尽管并不都是新文化派所为。所以，学衡派的批评有它的积极意义。尤其是对于今天的学术界来说，更值得认真地思考和反省。

五、学衡派的评价

学衡派的形成与白璧德新人文主义的影响和白璧德本人的鼓励是分不开的，而学衡派形成之后，又大量译介过白璧德新人文主义，正是通过他们的译介，白璧德的新人文主义传入中国，并且参与了中国现代思想的复杂

---

① 梅光迪：《评今人提倡学术之方法》，《学衡》第 2 期，1922 年 2 月。

过程。尽管作为一种保守主义的文化理论，白璧德新人文主义有着许多明显的甚至致命的弱点，比如它对道德力量的过分强调，对自然主义尤其是对卢梭及其浪漫主义缺乏同情理解，以及重人文而轻科学的倾向，但它对现代文明的反省，对新旧关系的论证，对"人事之律"的重视，以及对中国新文化运动的批评，等等，对于纠正新文化运动之偏颇无疑有它的积极意义，我们似乎不能因其保守主义的性质而一概否定。新文化运动最显著也是最值得肯定的特征，就是有各种思想和文化的参与，既有中国的，也有外国的；既有激进的，也有保守的；既有主流的，也有非主流的，它们彼此驳难，相互竞争，共同推动着新文化运动的发生与发展。这其中当然也包括了白璧德的新人文主义。译介白璧德的新人文主义，这是学衡派对中国现代思想文化的一大贡献。

受白璧德新人文主义的影响，在文化观上，学衡派强调新旧调和和东西调和，反对新文化派提出的"弃旧图新"和"以西代中"，不赞成新文化派对孔子和儒学的激烈批判，认为孔子既不是"神"，也不是"鬼"，而是伟大的"人文主义者"，只主张伦理道德的改革而反对伦理道德的革命；在文学观上，学衡派以道德为文学批评的首要标准，视新文学运动为浪漫主义而加以反对，并在"文学的历史进化观"、文学的新与旧、模仿与创造等问题上与以胡适为代表的新文化派主张不同；在人生观上，学衡派认同白璧德的人生境界三等说和"人生二元之说"，主张以"人生二元之说"为"道德之基本"，既反对禁欲，也反对纵欲，希望人们能够做一个"以理制欲"的人文主义者。就学衡派的这些观点来看，如果以现代、进步、革命为价值取向，显然是不合时宜的，但要是以学理为评价标准，它们又有许多合理的因素，至少可以起到对新文化运动（包括新文学运动）的纠偏作用。作为一场伟大的思想启蒙运动，新文化运动的历史意义应该给予充分地肯定，但我们也必须承认，就如同历史上的一切伟大的进步运动一样，新文化运动也存在着缺陷和不足。就此而言，学衡派不仅仅是新文化运动的批评者，同时也是新文化运动的参与者，他们以一种与主流文化异质，但对主流文化具有某种纠偏作用的思维方式和思想系统参与了新文化运动，其意义是不容忽视的。如果说在新文化运动方兴未艾的20年代人们还把学衡派称之为"学骂"，认为"夫所谓《学衡》者，据我看来，实不过聚在'聚宝之门'

左近的几个假古董所放的假毫光；虽然自称为'衡'，而本身的秤星尚且未曾钉好，更何论于他所衡的轻重的是非"①，那么，到了 40 年代人们则对学衡派有了"一番新的认识"，开始认识到"一种影响于后世几千百年的思想或学说，其本身必含有两个不可分的成分：一是属于时代的……另一个成分是超时代的，那是总集一种文化之大成而带有承先启后的作用，才能继续影响于后世，息息与整个历史文化相关。'五四'运动所攻击的，是儒家思想的时代的部分……'学衡社'所欲发扬的，是那超时代的部分，那是一个民族文化的基石。……不过'五四'运动的攻击得其时，'学衡社'的发扬非其时，须知在一个深厚的文化基业上，没有破坏，如何能先言建设？于是一般遂加'学衡社'以'顽固'之名，是极不清楚的看法"②。此种认识，值得我们认真地思考。

---

① 鲁迅：《热风·估〈学衡〉》，载《鲁迅全集》第一卷，第 377 页。
② 贺昌群：《哭梅迪生先生》，《思想与时代》第 46 期，1947 年 6 月 1 日。